DAS ERSTE JAHR

DER RIDDLER

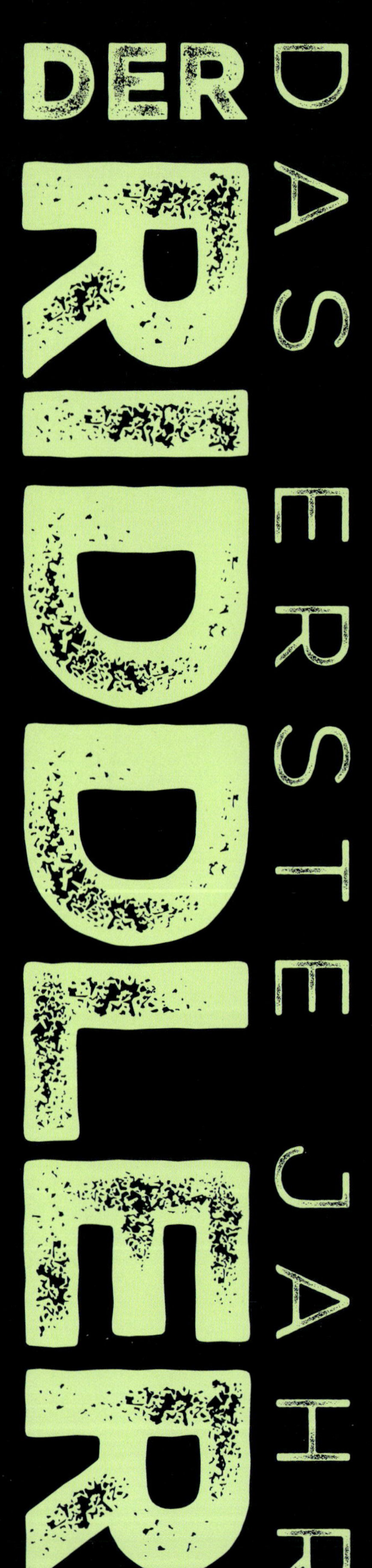

STORY
PAUL DANO

ZEICHNUNGEN,
TUSCHE & FARBEN
STEVAN SUBIC

ÜBERSETZUNG
BERND KRONSBEIN

LETTERING
ASTARTE DESIGN

ORIGINAL-COVER
BILL SIENKIEWICZ

BATMAN
GESCHAFFEN VON
BOB KANE MIT
BILL FINGER.

KAPITEL 1:
EIN NEUANFANG
CHAPTER 1: A NEW BEGINNING
THE RIDDLER: YEAR ONE 1
DEZEMBER 2022

KAPITEL 2:
MENSCHEN LÜGEN, ZAHLEN NICHT
CHAPTER 2: PEOPLE LIE. NUMBER'S DON'T
THE RIDDLER: YEAR ONE 2
FEBRUAR 2023

KAPITEL 3:
ICH WEISS JETZT, WAS ICH WERDEN MUSS
CHAPTER 3: I KNOW NOW WHAT I MUST BECOME
THE RIDDLER: YEAR ONE 3
APRIL 2023

KAPITEL 4:
ES IST NIRGENDS SO SCHÖN WIE ZU HAUSE
CHAPTER 4: THERE'S NO PLACE LIKE HOME
THE RIDDLER: YEAR ONE 4
JUNI 2023

KAPITEL 5:
VOM LICHT GEBLENDET
CHAPTER 5: BLINDED BY THE LIGHT
THE RIDDLER: YEAR ONE 5
AUGUST 2023

KAPITEL 6:
TAG DES JÜNGSTEN GERICHTS
CHAPTER 6: JUDGMENT DAY
THE RIDDLER: YEAR ONE 6
OKTOBER 2023

DES RÄTSELS LÖSUNG

Gut zehn Jahre nachdem **Christopher Nolan** seine grandiose *Batman*-Filmtrilogie abgeschlossen hatte, kam 2022 *The Batman* ins Kino. **Matt Reeves** (*Cloverfield, Planet der Affen: Survival*) war der neue Mann hinter der Kamera, während **Robert Pattinson**, berühmt geworden durch die *Twilight*-Filme, ins Kostüm des **Dunklen Ritters** schlüpfte. Verblüffend genug: Reeves versuchte nicht, das Erfolgsrezept von Nolan nachzukochen, sondern machte sein ganz eigenes Ding. *The Batman* zeigte einen Helden, der weder umfangreiche Gadgets noch jahrelange Erfahrung hatte. Er stocherte noch ziemlich im Dunkeln, und das ist wörtlich zu nehmen. Denn *The Batman* ist sicher einer der düstersten Blockbuster aller Zeiten und der Schurke **Riddler** ziemlich weit entfernt von dem Bösewicht im grellen Kostüm, den *Batman*-Leser seit Jahrzehnten kennen. Hier ist der Rätselmeister kein irrer Superschurke, sondern einer der „kleinen Leute" – Leute, die so enttäuscht vom „System" sind, dass sie sich gegen „die da oben" wehren wollen. Auch mit Gewalt.

Tatsächlich erfahren wir zwar schon im Film, wie aus **Edward Nashton** ein verblendeter Terrorist und Serienmörder wurde, aber nur in groben Zügen. *Der Riddler: Das erste Jahr* erzählt diese Vorgeschichte nun ausführlich. Und niemand Geringerer als **Paul Dano**, der den Schurken im Film spielte, erzählt diese Geschichte. Der Schauspieler war wohl prädestiniert dafür, sich noch einmal eindringlich mit Edwards Leben zu beschäftigen. Tatkräftig unterstützt wurde Dano vom serbischen Comic-Künstler **Stevan Subic**, der die Gefühlswelt des zukünftigen Riddlers und dessen Sturz in den Wahnsinn eindrucksvoll in Szene setzte und damit an jenes Großwerk erinnert, das 1989 von **Grant Morrison** und **Dave McKean** vorgelegt wurde und für mächtig Furore sorgte: *Batman – Arkham Asylum*. Kann man ein größeres Kompliment machen?

Bernd Kronsbein

DER RIDDLER: DAS ERSTE JAHR erscheint bei **PANINI COMICS**, Schloßstraße 76, D-70176 Stuttgart. Druck: Lito Terrazzi S.r.l. – Prato. Pressevertrieb: Stella Distribution GmbH, D-22297 Hamburg. Direkt-Abos auf **www.paninicomics.de**. Anzeigenverkauf: BLAUFEUER VERLAGSVERTRETUNGEN GmbH, info@blaufeuer.com. Es gelten die Anzeigenpreise gemäß der Mediadaten 2024. Geschäftsführer **Hermann Paul**, Publishing Director Europe **Marco M. Lupoi**, Finanzen/Logistik **Felix Bauer**, Marketing Director **Holger Wiest**, Marketing **Thorsten Kleinheinz**, Vertrieb **Alexander Bubenheimer**, PR/Presse **Steffen Volkmer**, Publishing Manager **Lisa Pancaldi**, Redaktion **Tommaso Caretti, Christian Grass, Bernd Kronsbein, Peter Thannisch, Monika Trost, Daniela Uhlmann**, Übersetzung **Bernd Kronsbein**, Proofreading **Pia Oddo**, Lettering **Astarte Design**, grafische Gestaltung **Rudy Remitti, Nicola Spano**, Art Director **Alessandro Gucciardo**, Redaktion Panini Comics **Annalisa Califano, Beatrice Doti**, Prepress **Francesca Aiello, Andrea Bisi**, Repro/Packager **Alessandro Nalli** (coordinator), **Anna Boselli, Mario Da Rin Zanco, Valentina Esposito, Luca Ficarelli, Linda Leporati**. Cover von **Bill Sienkiewicz**, *The Riddler: Year One* 1. Variant-Cover von **Stevan Subic**, *The Riddler: Year One* 1 Variant.

Digitale Ausgaben:
ISBN 978-3-7569-0344-3 (.pdf) / ISBN 978-3-7569-0342-9 (.epub) / ISBN 978-3-7569-0343-6 (.mobi)

Bibliografische Information der Deutschen Nationalbibliothek
Die Deutsche Nationalbibliothek verzeichnet diese Publikation in der Deutschen Nationalbibliografie; detaillierte bibliografische Daten sind im Internet über dnb.d-nb.de abrufbar.

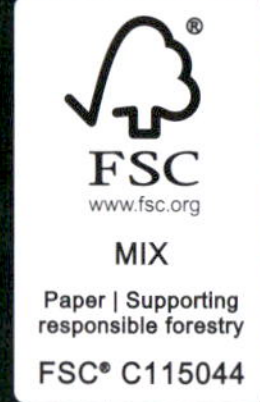

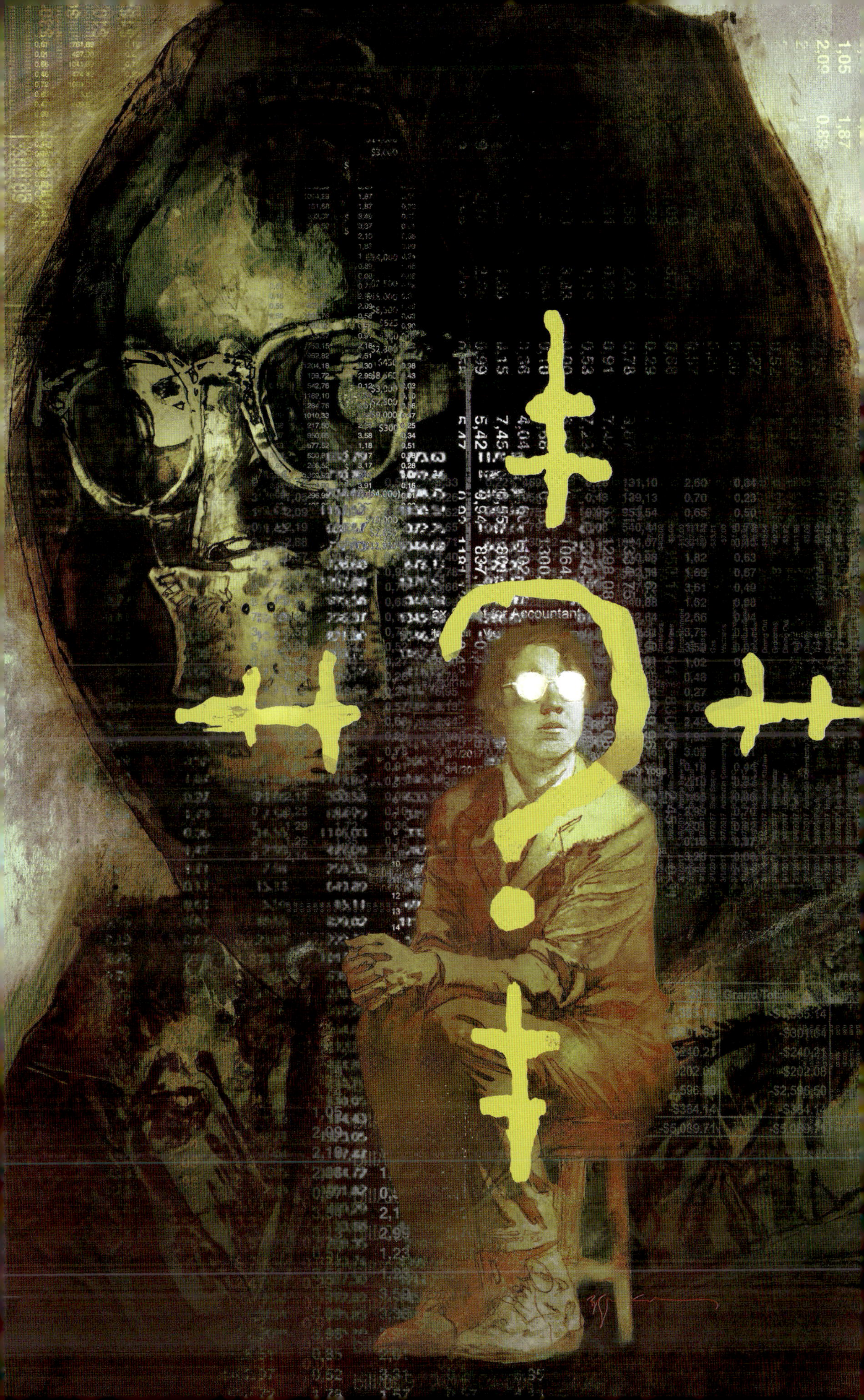

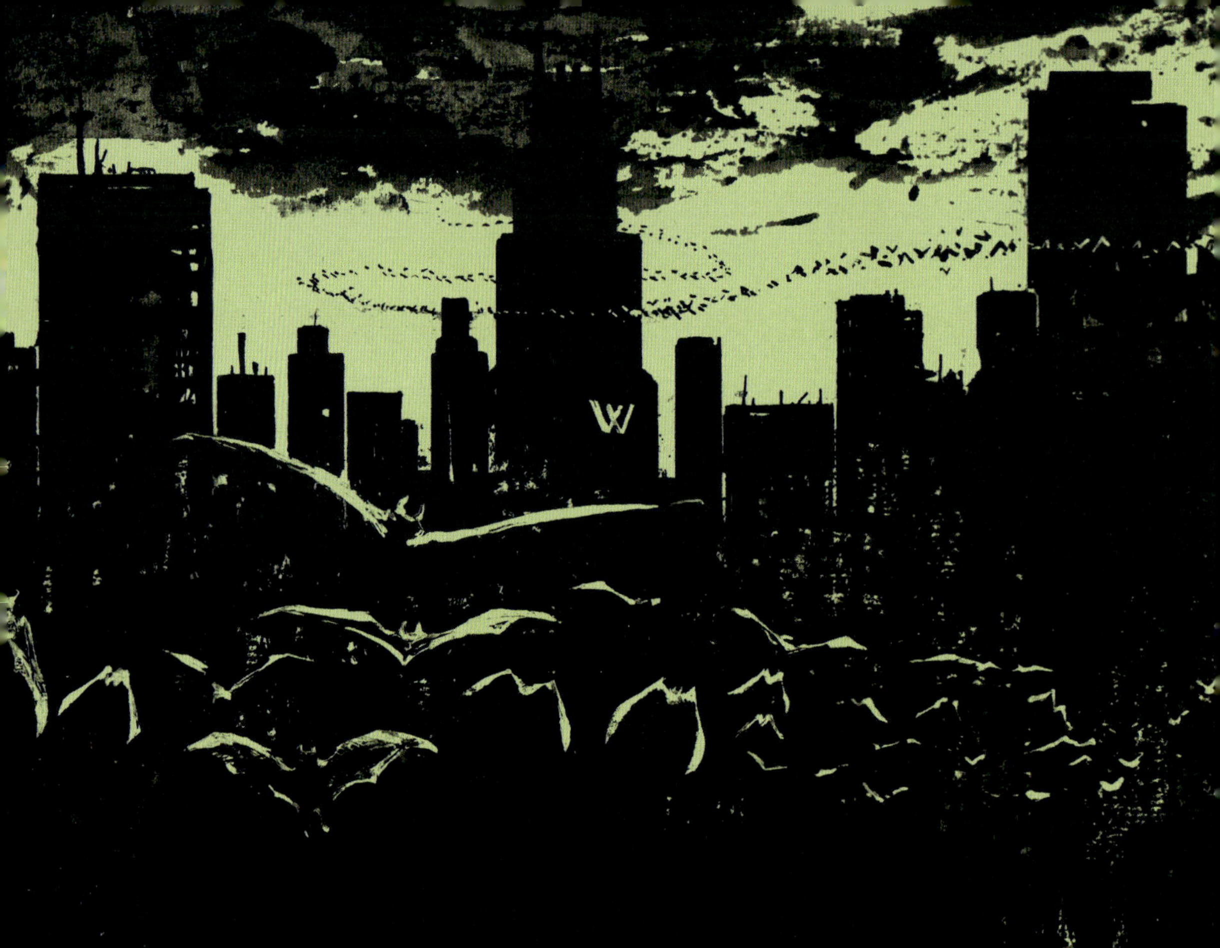

KAPITEL 1: EIN NEUANFANG

STORY

PAUL DANO

ZEICHNUNGEN, TUSCHE & FARBEN

STEVAN SUBIC

ORIGINAL-COVER

BILL SIENKIEWICZ

ATME.

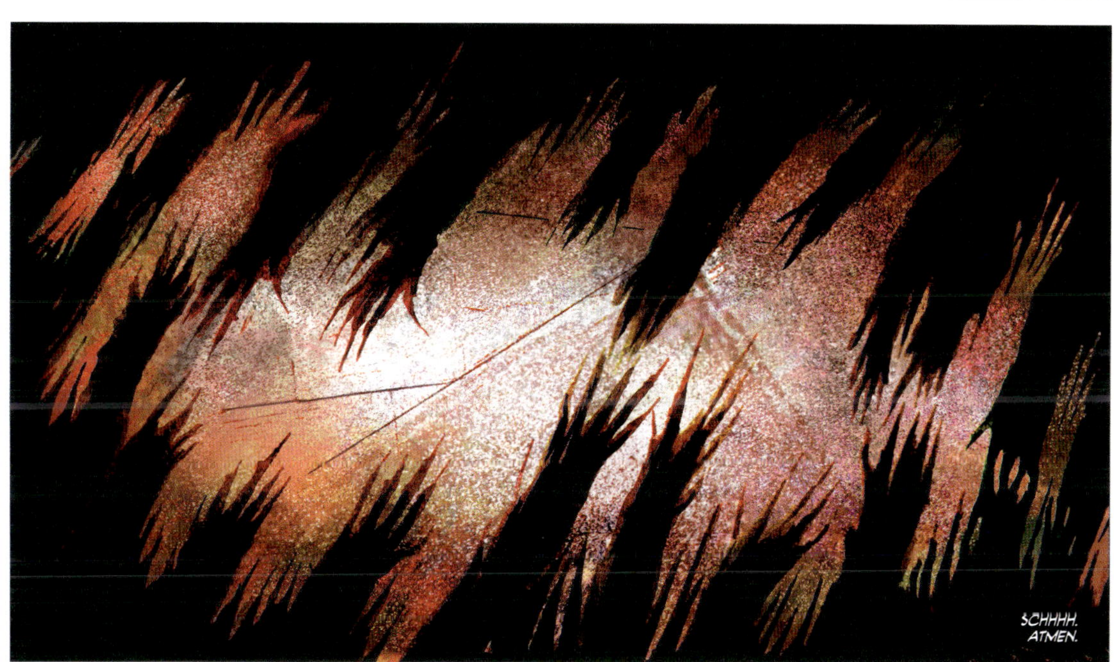
SCHHHH.
ATMEN.

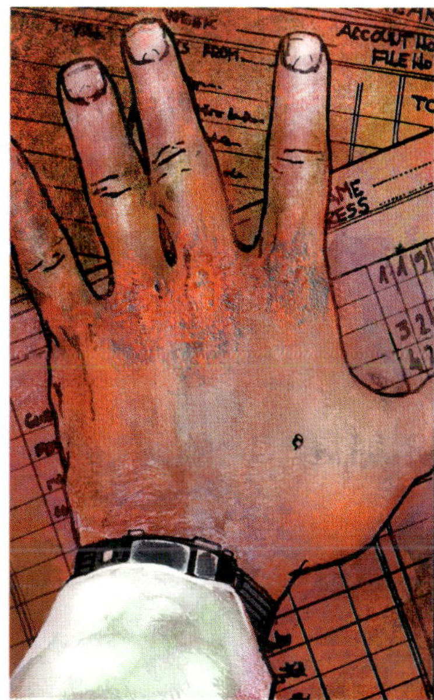

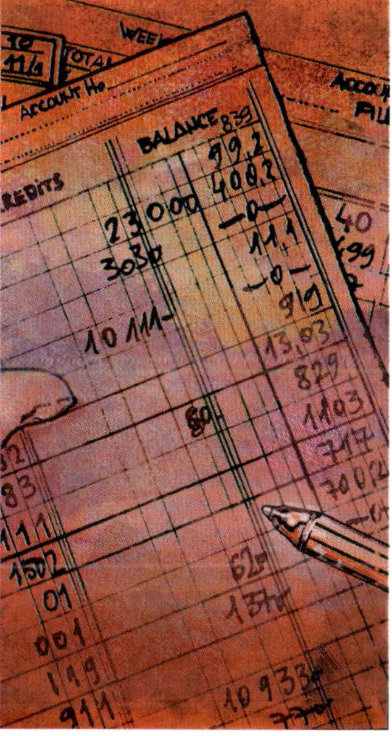

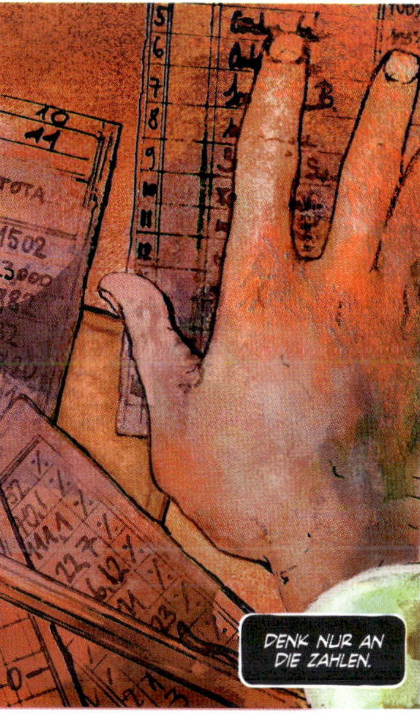
DENK NUR AN
DIE ZAHLEN.

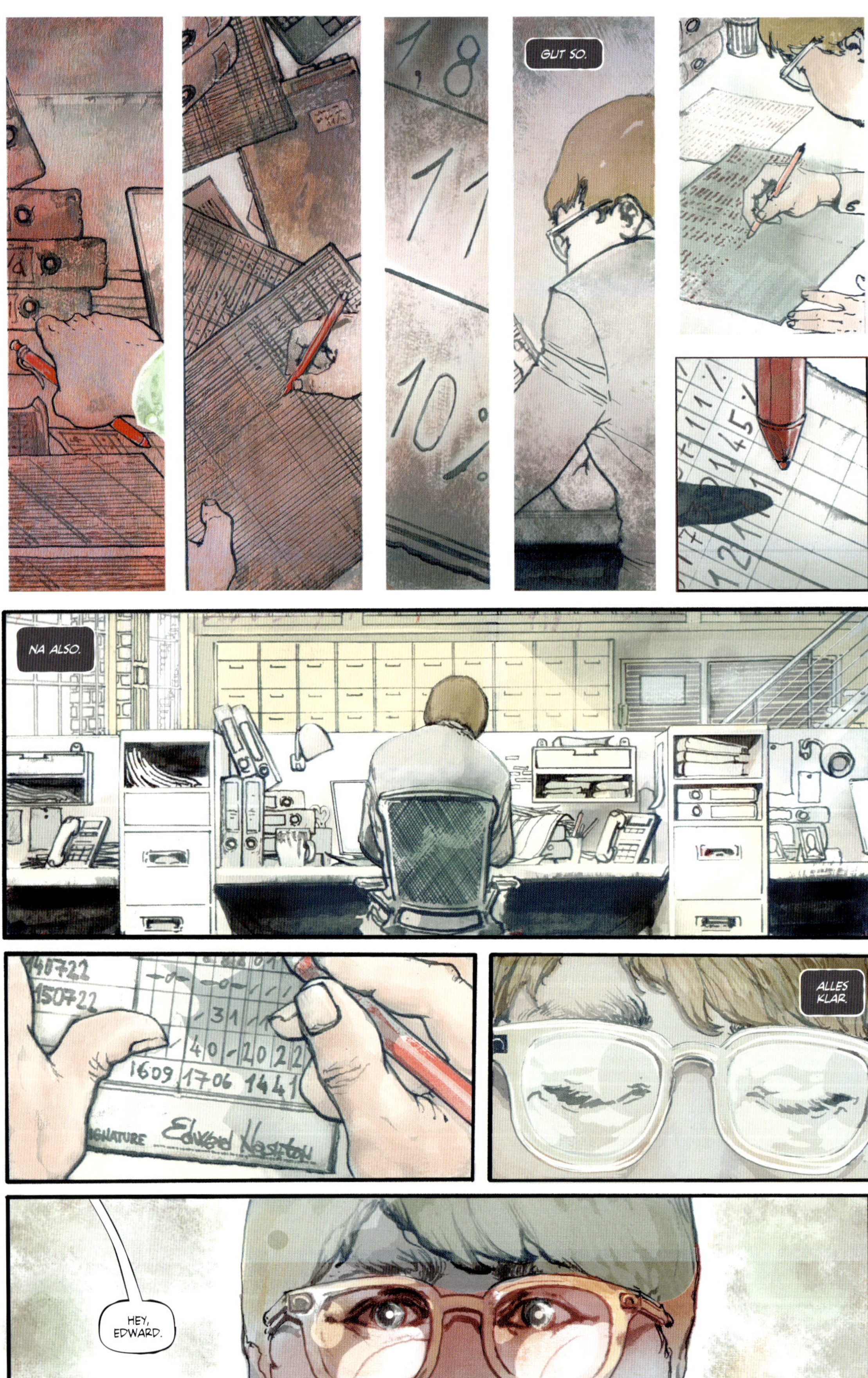
GUT SO.
NA ALSO.
ALLES KLAR.
HEY, EDWARD.

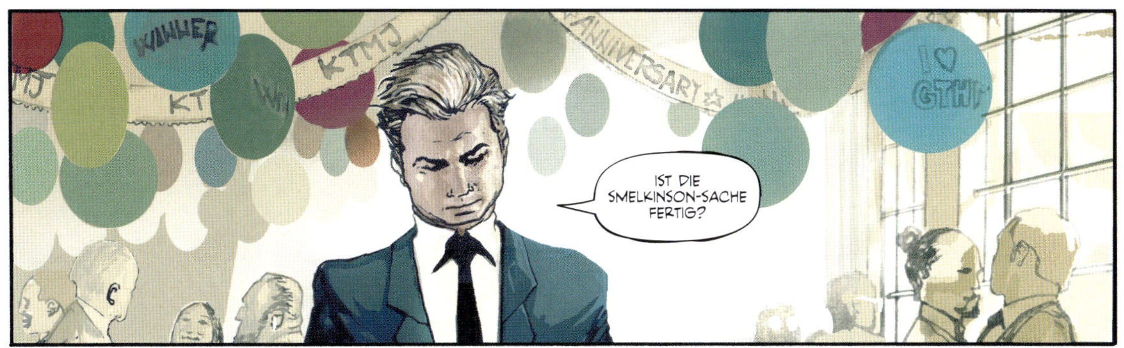
WINNER
KTMJ
ANNIVERSARY
I ♥ GTHM
IST DIE SMELKINSON-SACHE FERTIG?

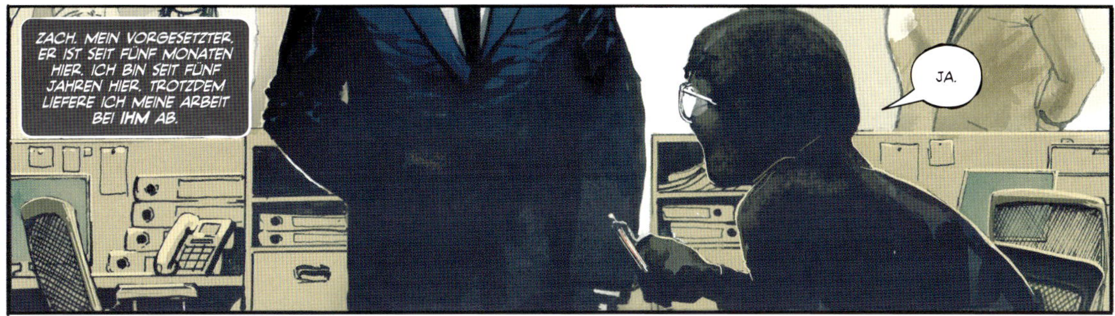
ZACH. MEIN VORGESETZTER. ER IST SEIT FÜNF MONATEN HIER. ICH BIN SEIT FÜNF JAHREN HIER. TROTZDEM LIEFERE ICH MEINE ARBEIT BEI IHM AB.
JA.

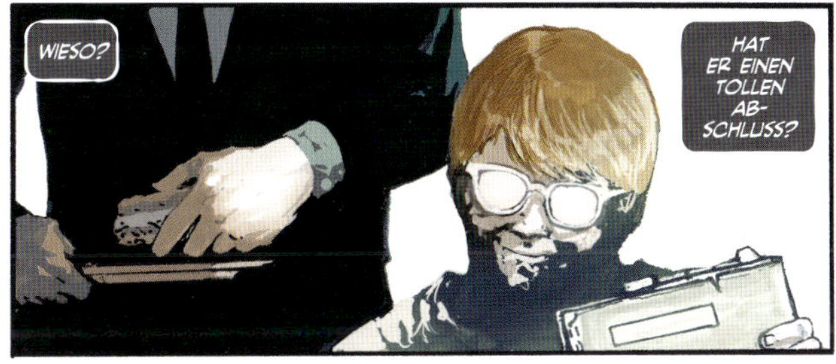
WIESO?
HAT ER EINEN TOLLEN AB-SCHLUSS?

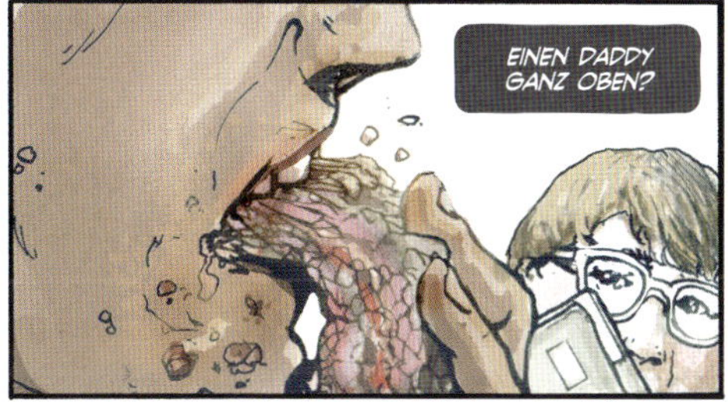
EINEN DADDY GANZ OBEN?

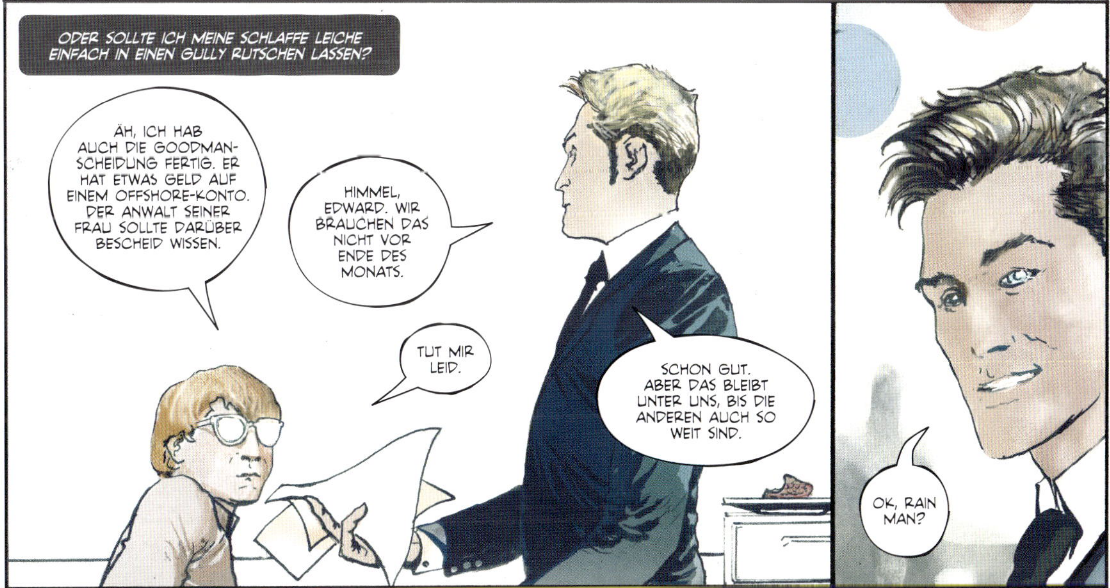
ODER SOLLTE ICH MEINE SCHLAFFE LEICHE EINFACH IN EINEN GULLY RUTSCHEN LASSEN?
ÄH, ICH HAB AUCH DIE GOODMAN-SCHEIDUNG FERTIG. ER HAT ETWAS GELD AUF EINEM OFFSHORE-KONTO. DER ANWALT SEINER FRAU SOLLTE DARÜBER BESCHEID WISSEN.
HIMMEL, EDWARD. WIR BRAUCHEN DAS NICHT VOR ENDE DES MONATS.
TUT MIR LEID.
SCHON GUT. ABER DAS BLEIBT UNTER UNS, BIS DIE ANDEREN AUCH SO WEIT SIND.
OK, RAIN MAN?

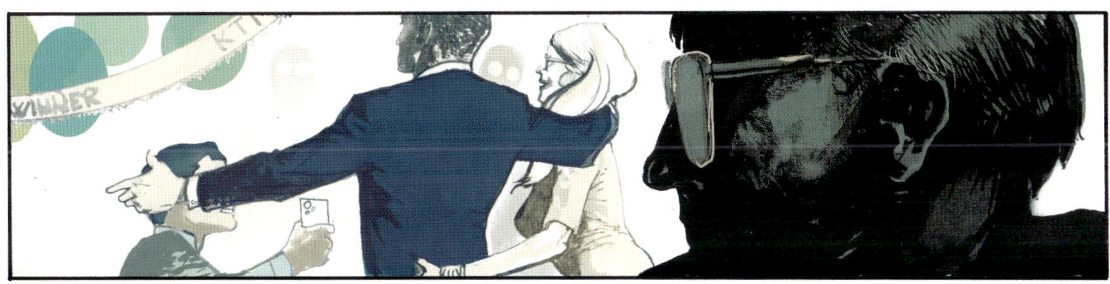
WINNER

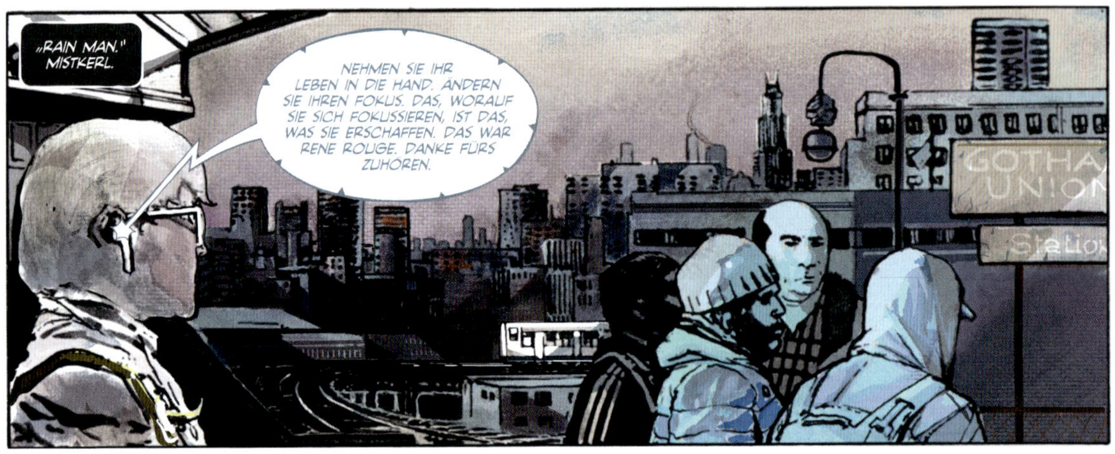
„RAIN MAN."
MISTKERL.
NEHMEN SIE IHR LEBEN IN DIE HAND. ÄNDERN SIE IHREN FOKUS. DAS, WORAUF SIE SICH FOKUSSIEREN, IST DAS, WAS SIE ERSCHAFFEN. DAS WAR RENE ROUGE. DANKE FÜRS ZUHÖREN.
GOTHA
UNION
Station

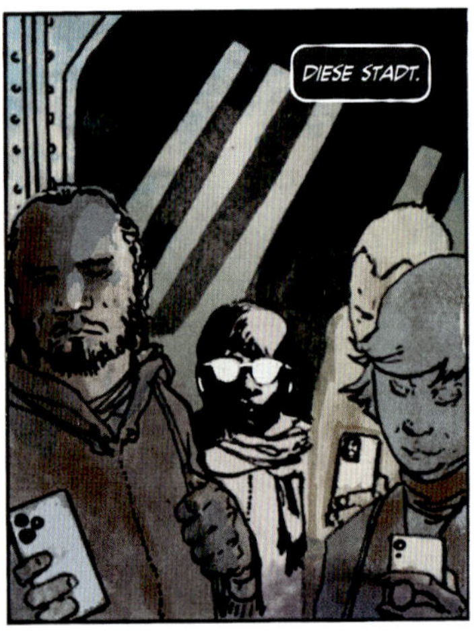
DIESE STADT.

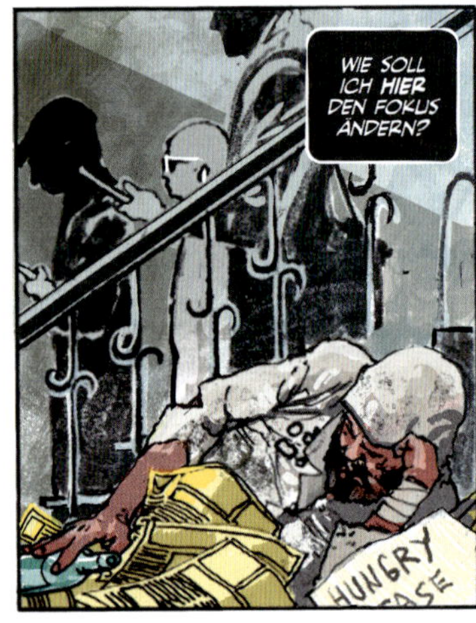
WIE SOLL ICH **HIER** DEN FOKUS ÄNDERN?
HUNGRY

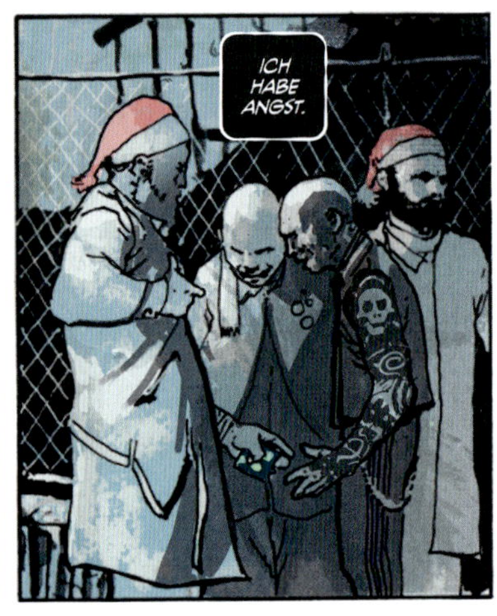
ICH HABE ANGST.

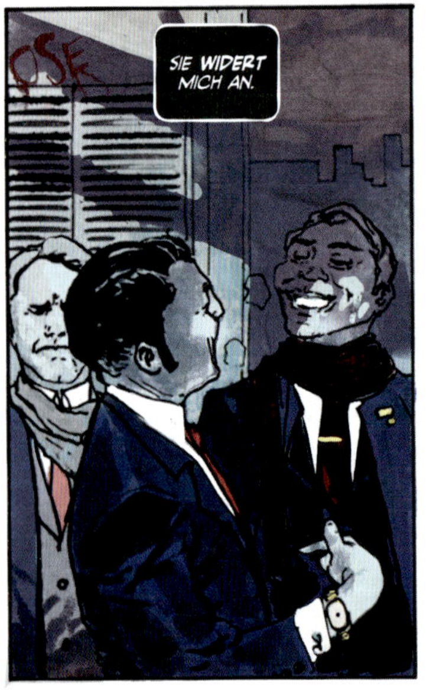
SIE **WIDERT** MICH AN.

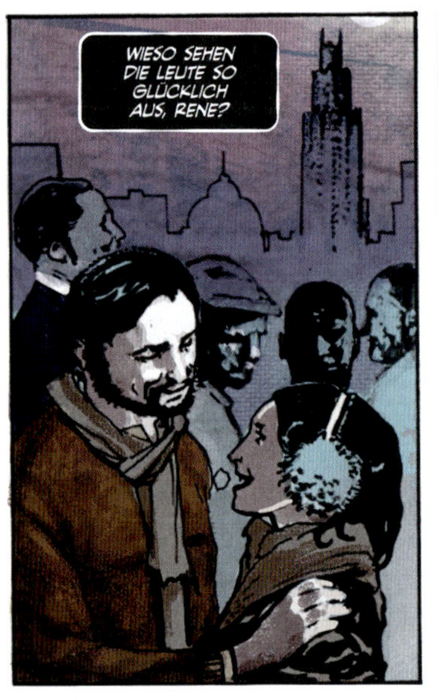
WIESO SEHEN DIE LEUTE SO GLÜCKLICH AUS, RENE?

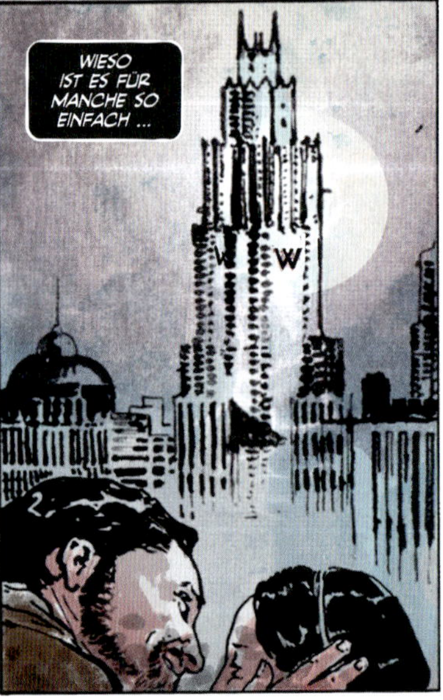
WIESO IST ES FÜR MANCHE SO EINFACH ...

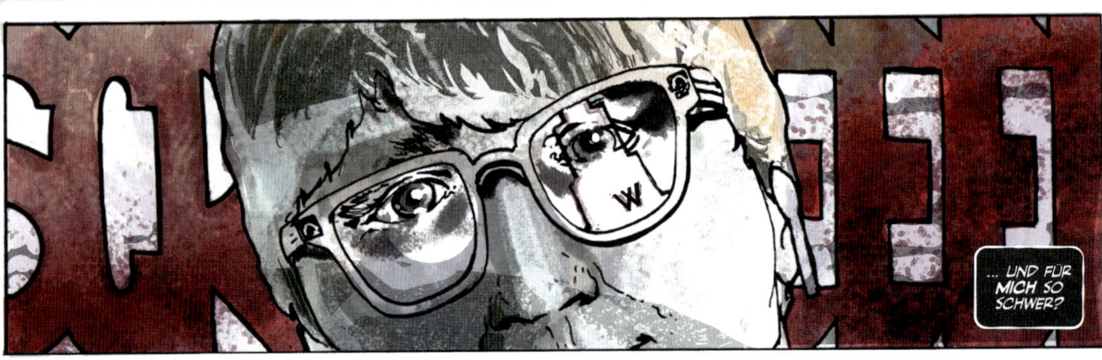
... UND FÜR **MICH** SO SCHWER?

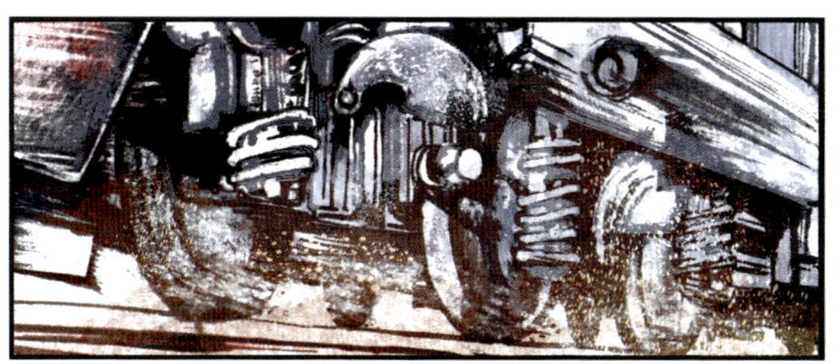

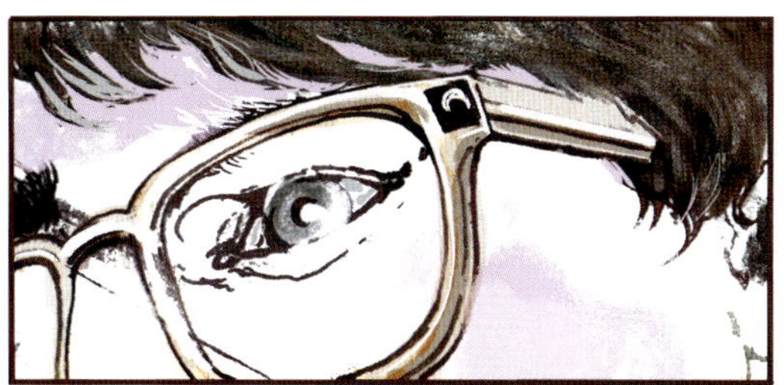

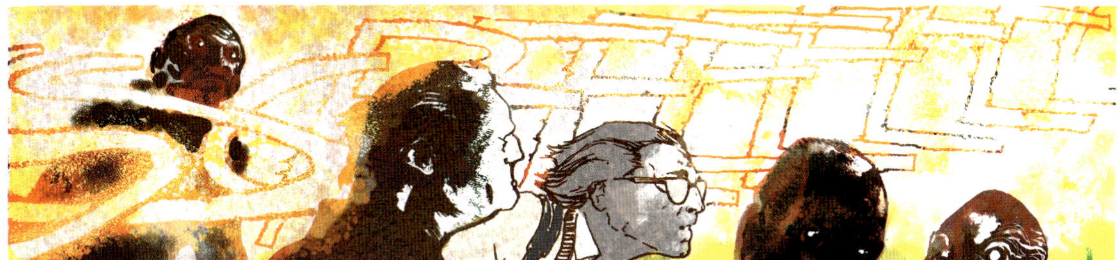

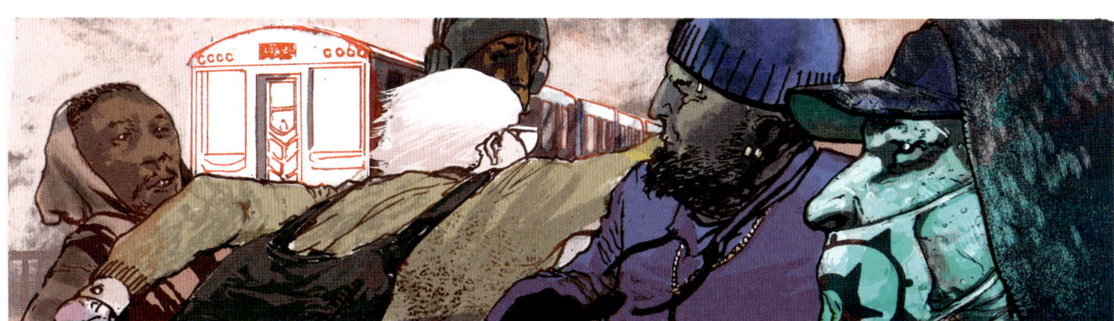

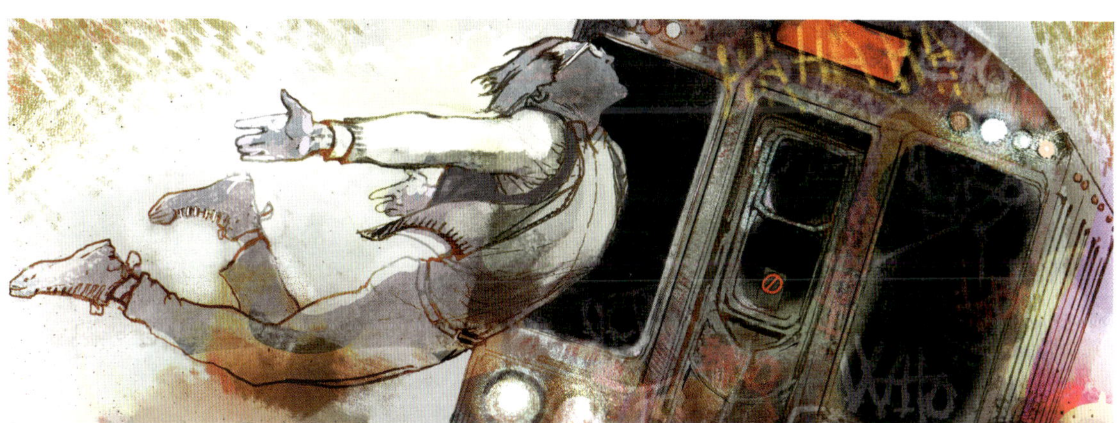

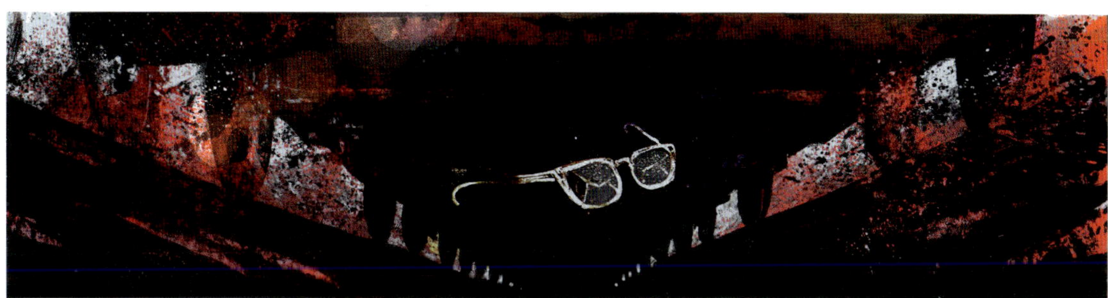

HALT.

ATME.

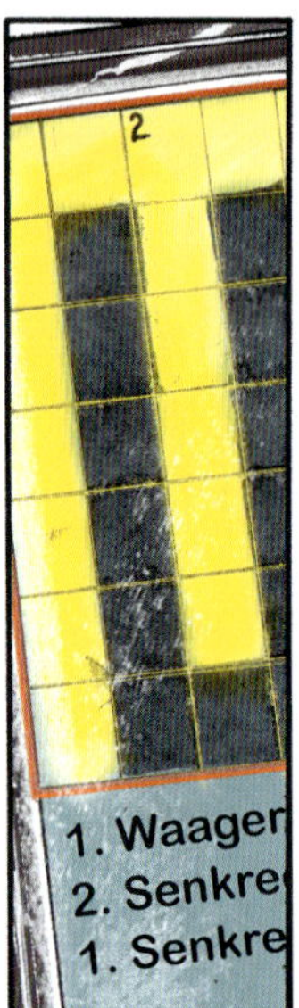

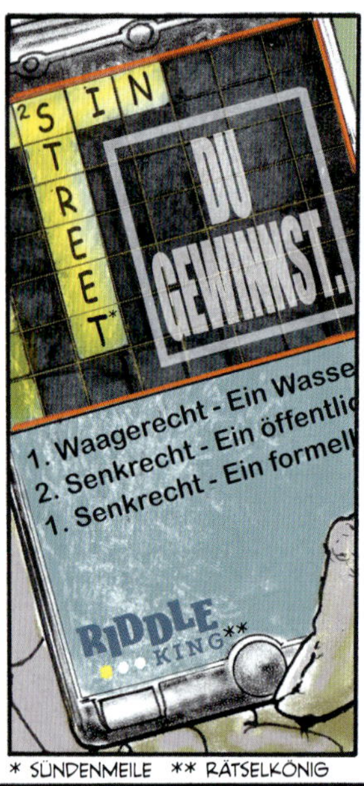

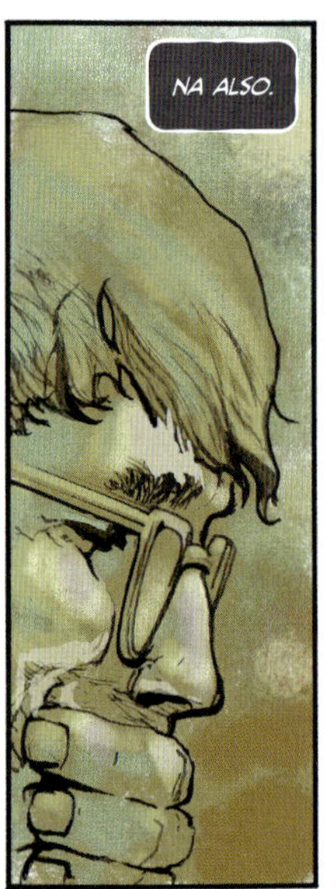

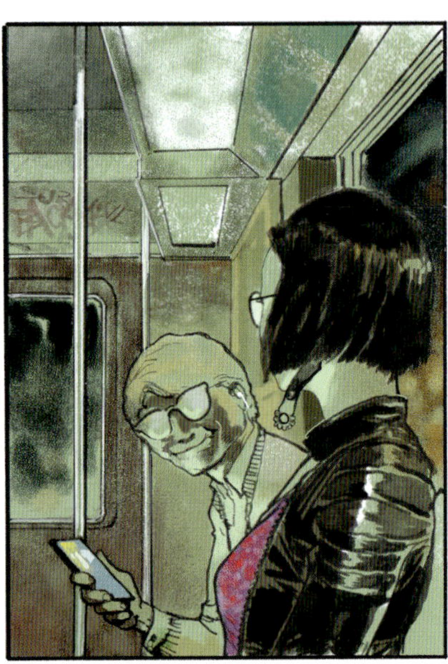

* SÜNDENMEILE ** RÄTSELKÖNIG

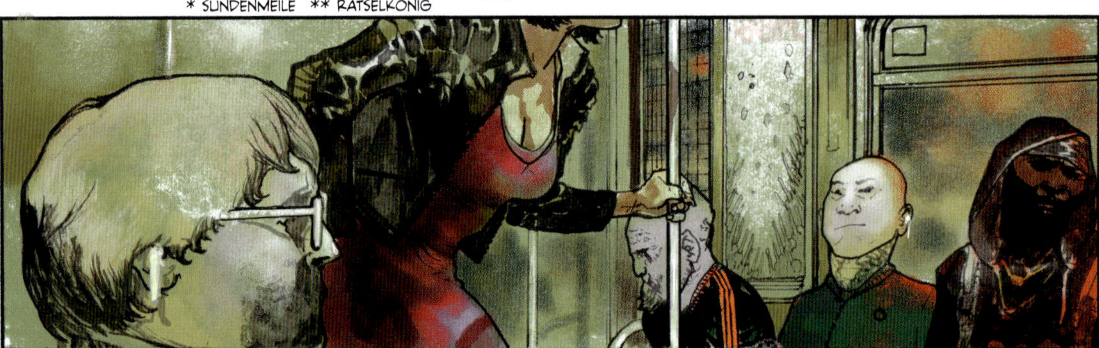

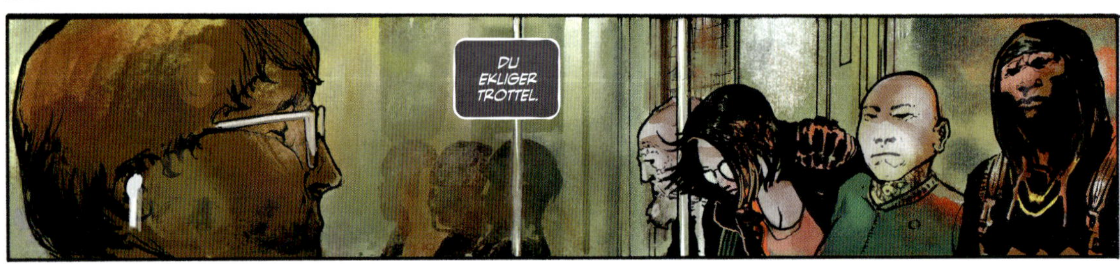

HAST DU WIRKLICH GEDACHT, DASS JEMAND DEIN LÄCHELN ERWIDERT?

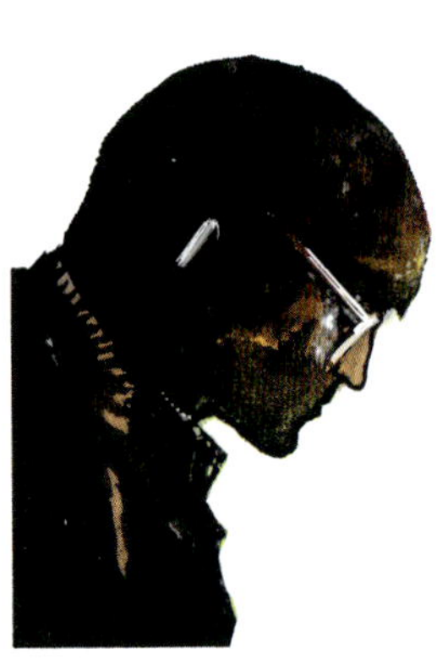

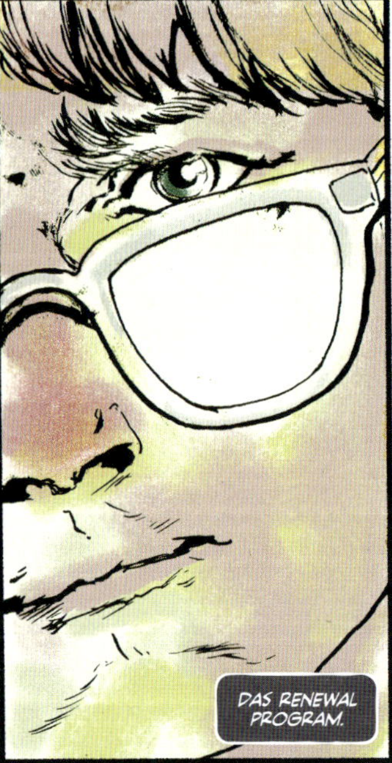

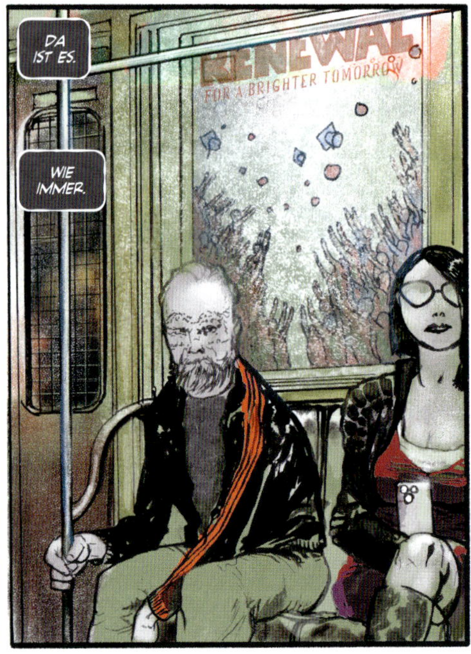

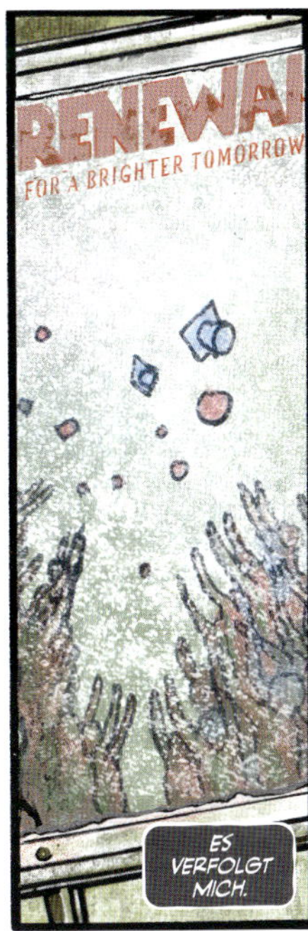
RENEWA
FOR A BRIGHTER TOMORROW
ES VERFOLGT MICH.

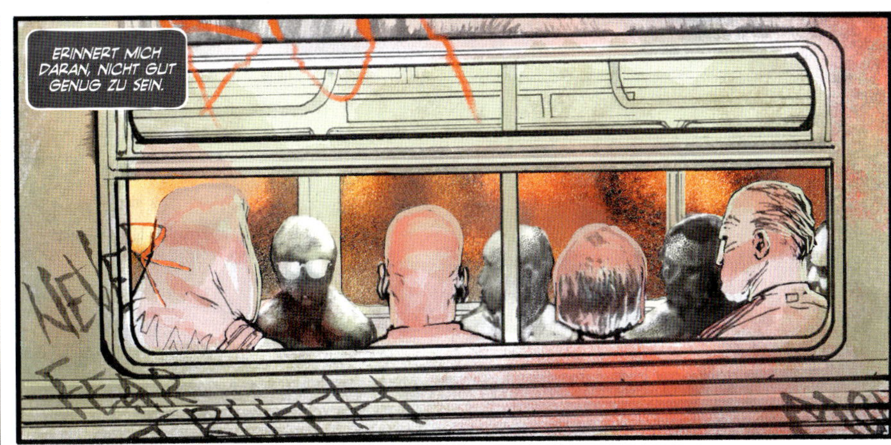
ERINNERT MICH DARAN, NICHT GUT GENUG ZU SEIN.

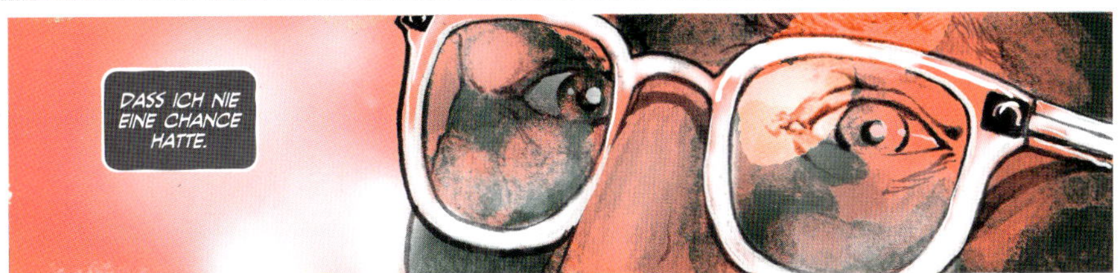
DASS ICH NIE EINE CHANCE HATTE.

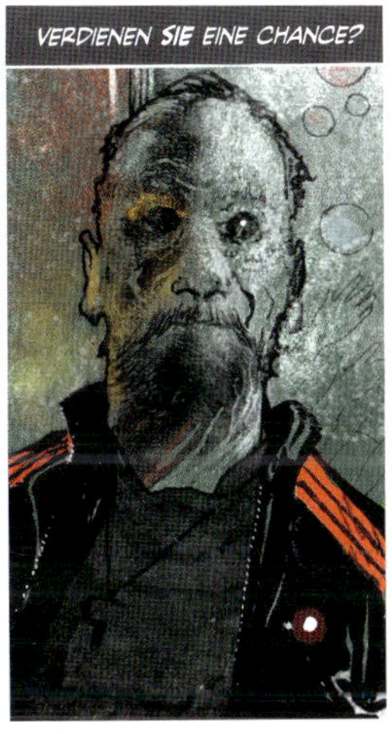
VERDIENEN **SIE** EINE CHANCE?

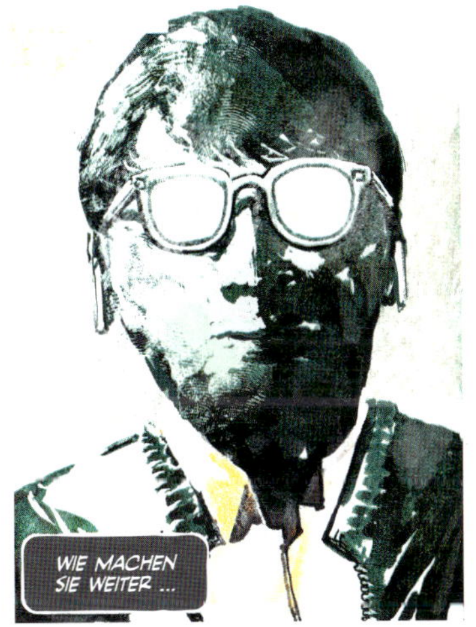
WIE MACHEN SIE WEITER ...

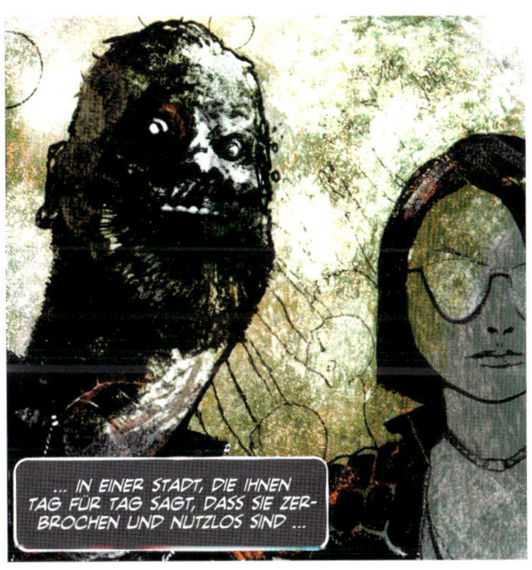
... IN EINER STADT, DIE IHNEN TAG FÜR TAG SAGT, DASS SIE ZERBROCHEN UND NUTZLOS SIND ...

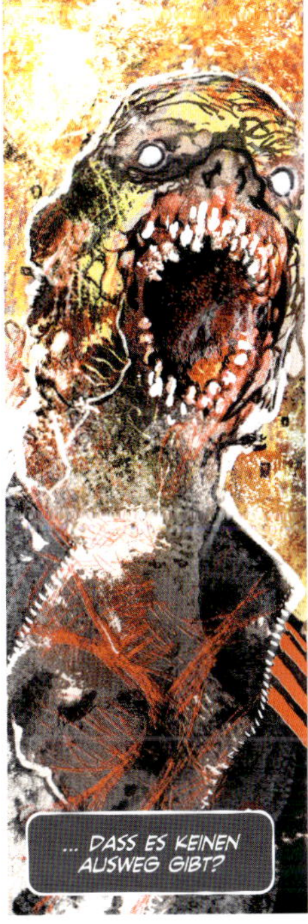
... DASS ES KEINEN AUSWEG GIBT?

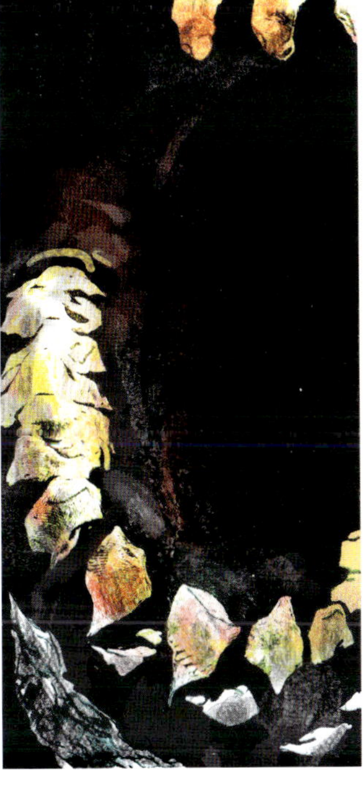

SCHHH.
EINFACH ATMEN.

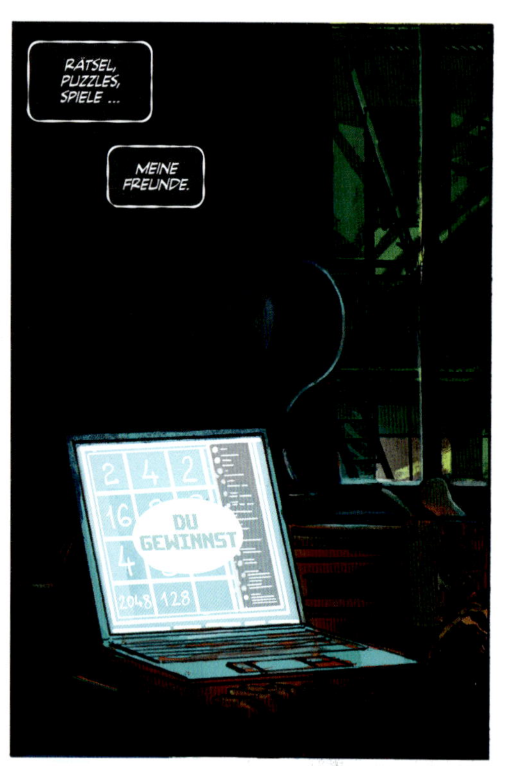
RÄTSEL, PUZZLES, SPIELE ...
MEINE FREUNDE.
DU GEWINNST

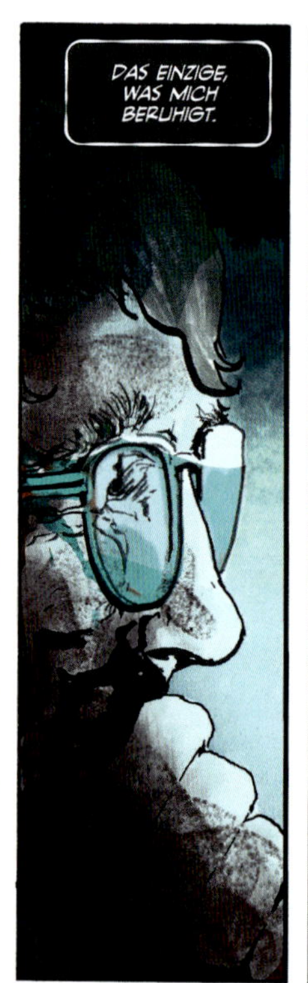
DAS EINZIGE, WAS MICH BERUHIGT.

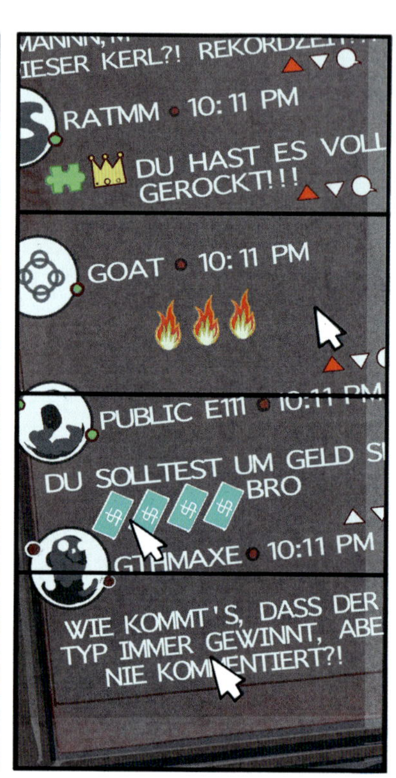
RATMM 10: 11 PM
DU HAST ES VOLL GEROCKT!!!
GOAT 10: 11 PM
PUBLIC E111
DU SOLLTEST UM GELD
BRO
10:11 PM
WIE KOMMT'S, DASS DER TYP IMMER GEWINNT, ABER NIE KOMMENTIERT?!

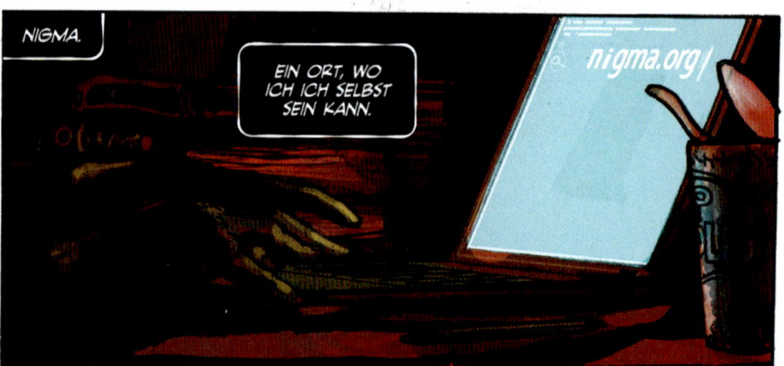
NIGMA.
EIN ORT, WO ICH ICH SELBST SEIN KANN.
nigma.org/

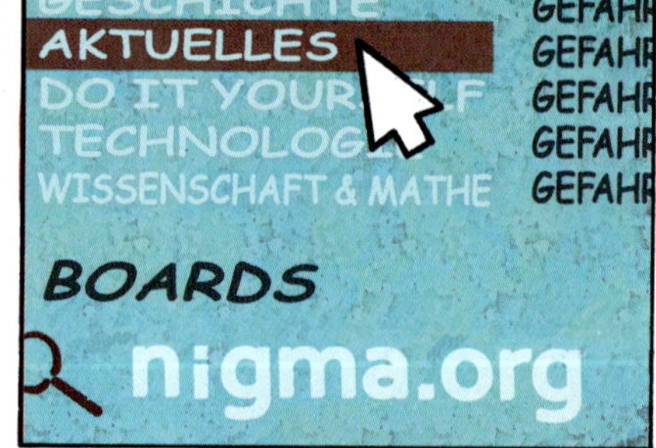
AKTUELLES
TECHNOLOG
WISSENSCHAFT & MATHE
BOARDS
nigma.org

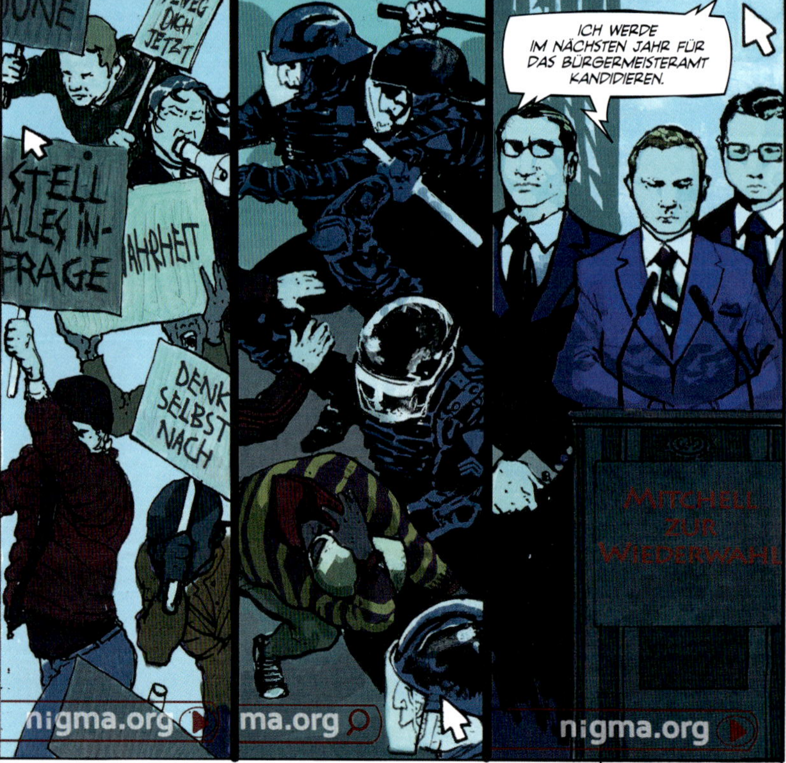
BEWEG DICH JETZT
STELL ALLES IN-FRAGE
AHRHEIT
DENK SELBST NACH
ICH WERDE IM NÄCHSTEN JAHR FÜR DAS BÜRGERMEISTERAMT KANDIDIEREN.
MITCHELL ZUR WIEDERWAHL
nigma.org
nigma.org

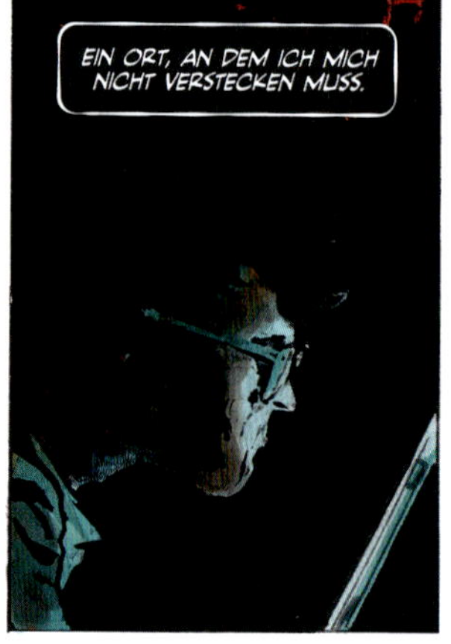
EIN ORT, AN DEM ICH MICH NICHT VERSTECKEN MUSS.

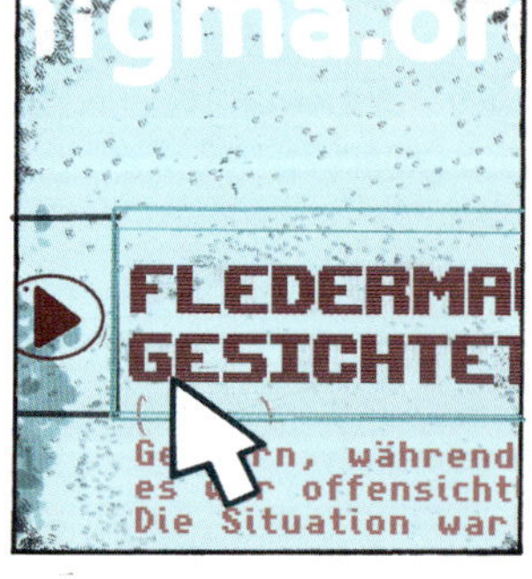

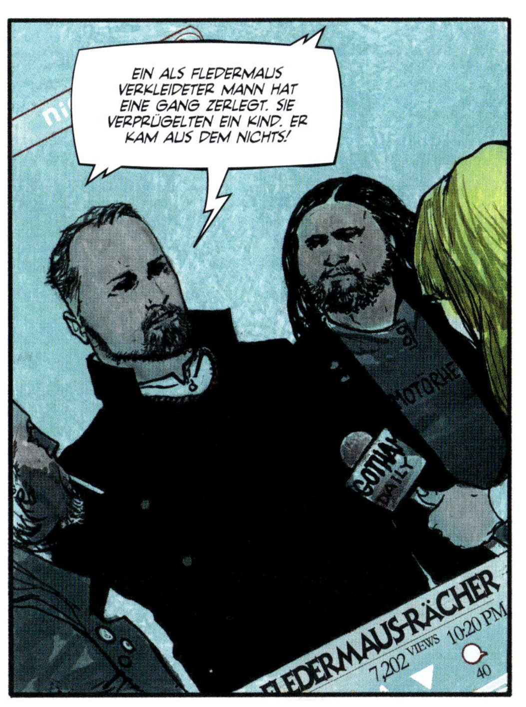

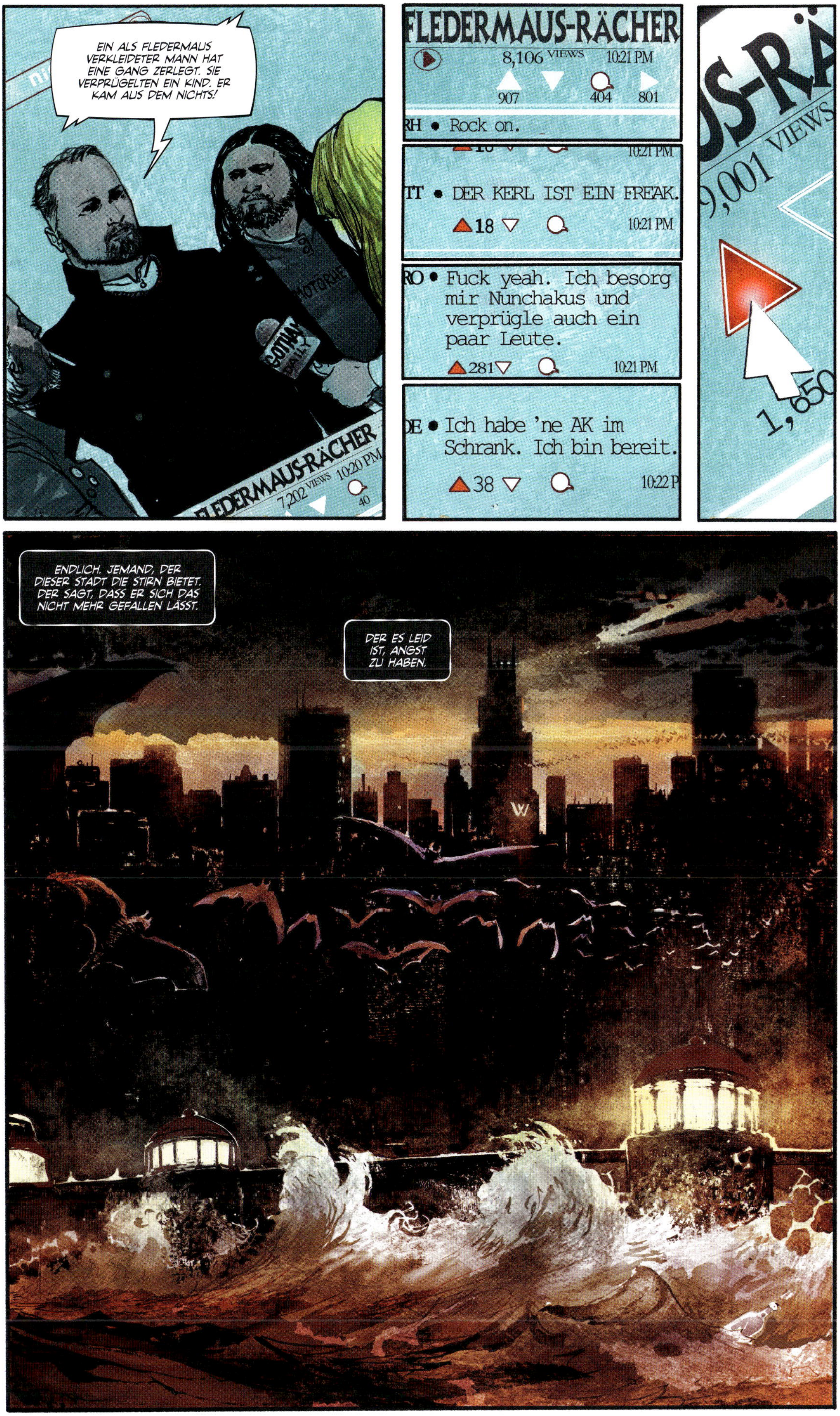

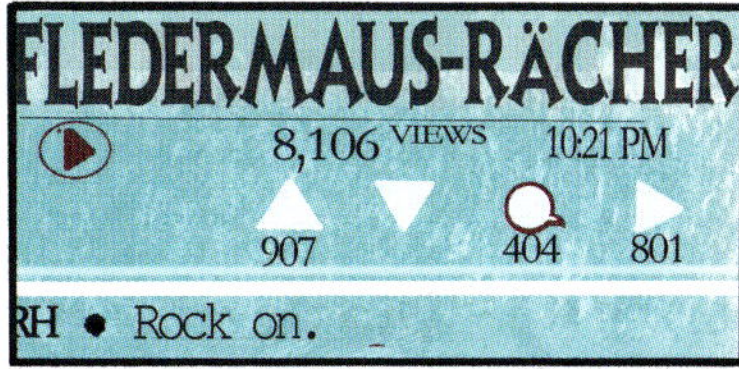

10:21 PM

TT • DER KERL IST EIN FREAK.

18 10:21 PM

RO • Fuck yeah. Ich besorg mir Nunchakus und verprügle auch ein paar Leute.

281 10:21 PM

DE • Ich habe 'ne AK im Schrank. Ich bin bereit.

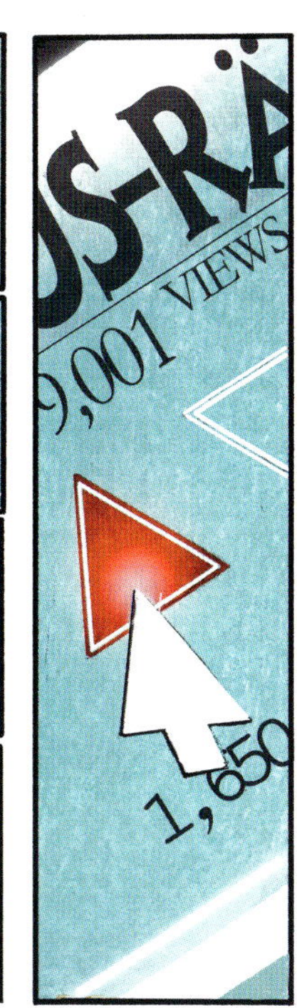

ENDLICH. JEMAND, DER DIESER STADT DIE STIRN BIETET. DER SAGT, DASS ER SICH DAS NICHT MEHR GEFALLEN LÄSST.

DER ES LEID IST, ANGST ZU HABEN.

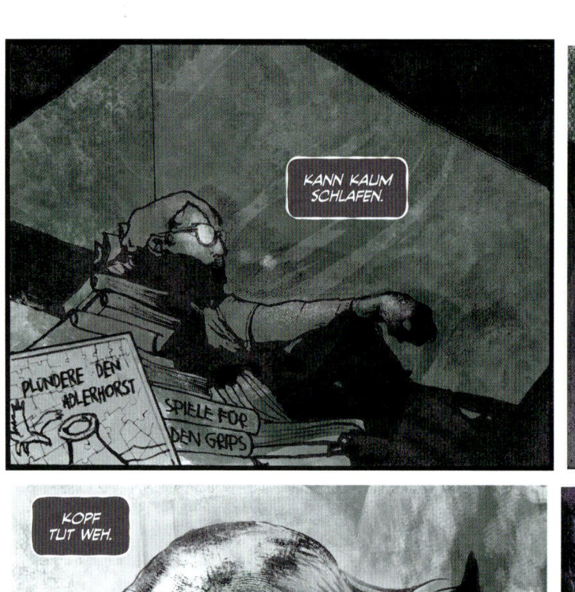
KANN KAUM SCHLAFEN.
PLÜNDERE DEN ADLERHORST
SPIELE FÜR DEN GRIPS
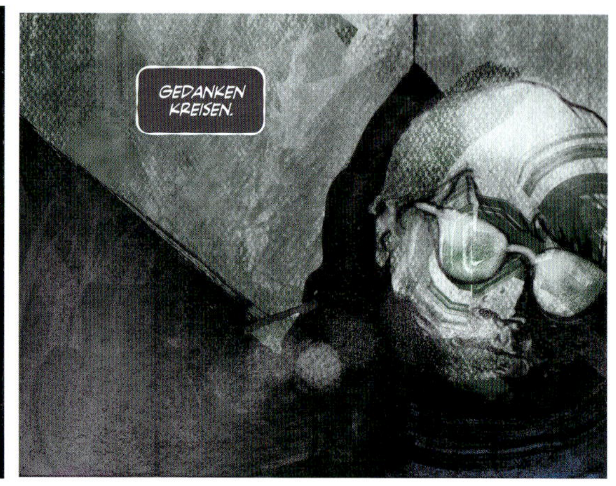
GEDANKEN KREISEN.
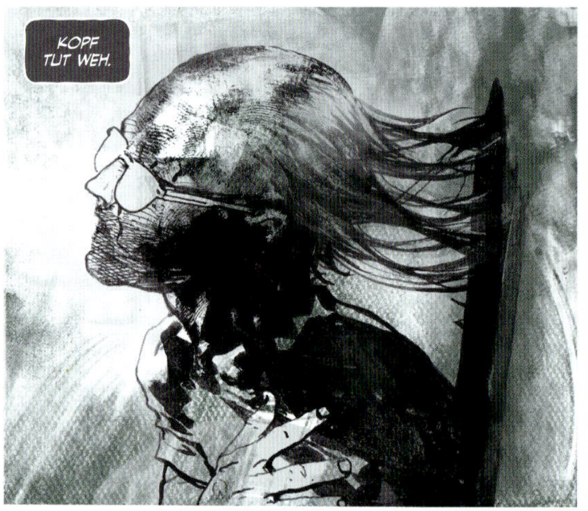
KOPF TUT WEH.
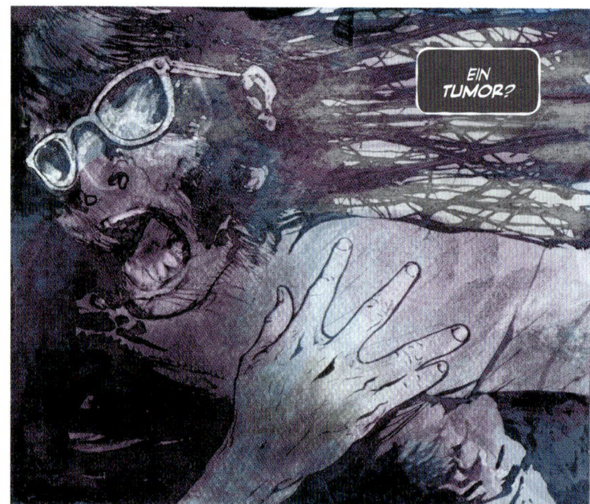
EIN TUMOR?
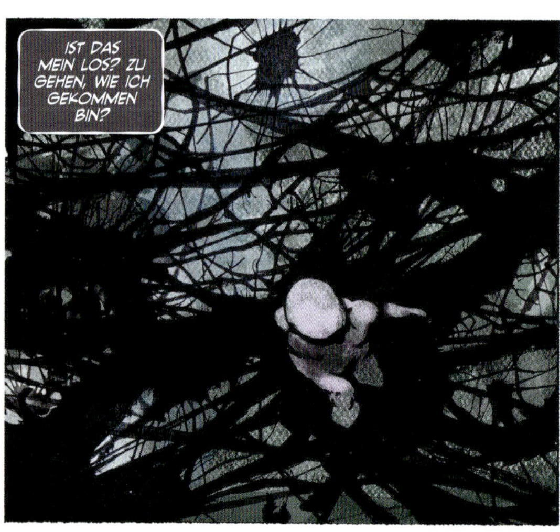
IST DAS MEIN LOS? ZU GEHEN, WIE ICH GEKOMMEN BIN?
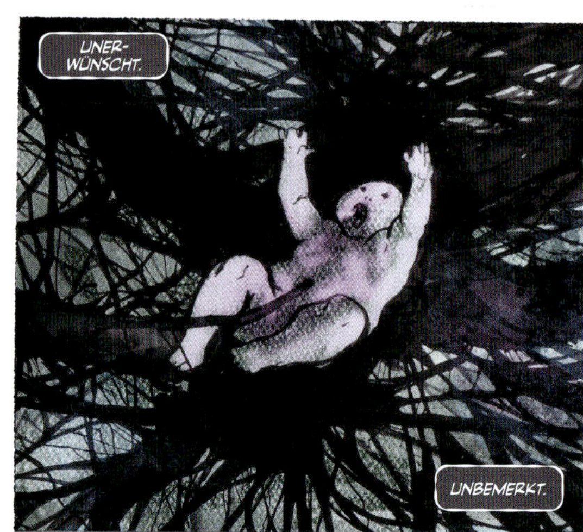
UNER-WÜNSCHT.
UNBEMERKT.
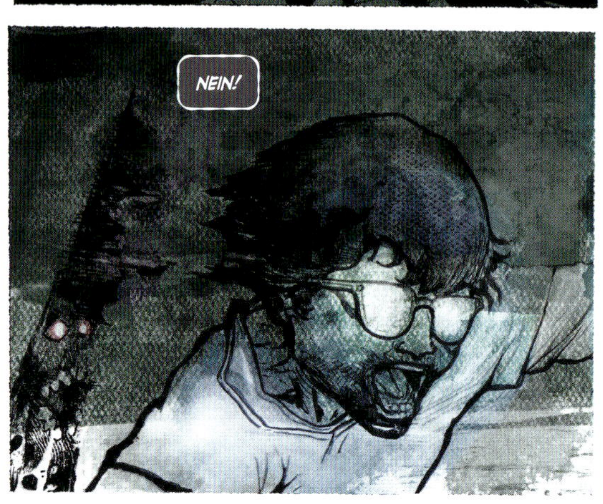
NEIN!
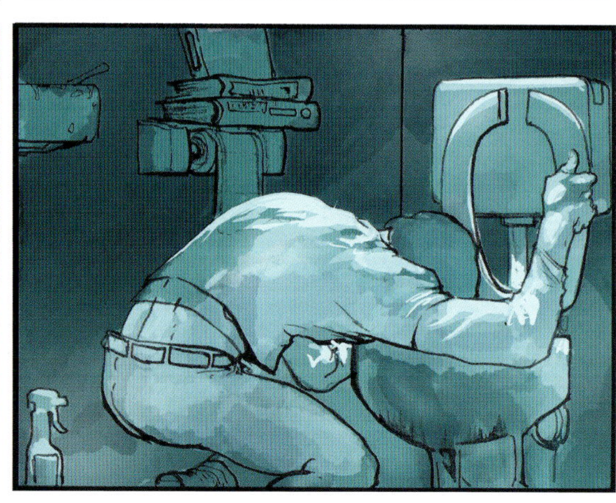

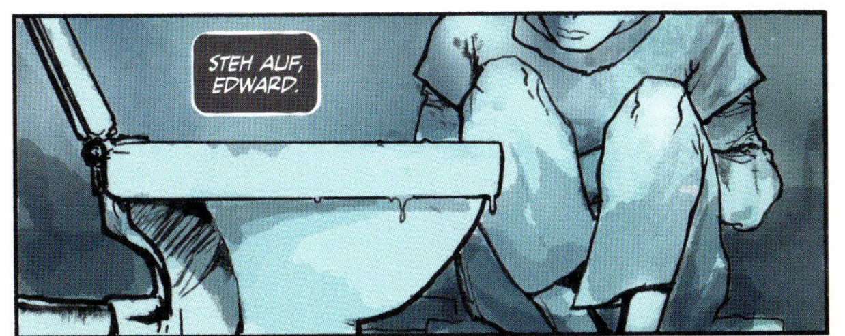
STEH AUF,
EDWARD.

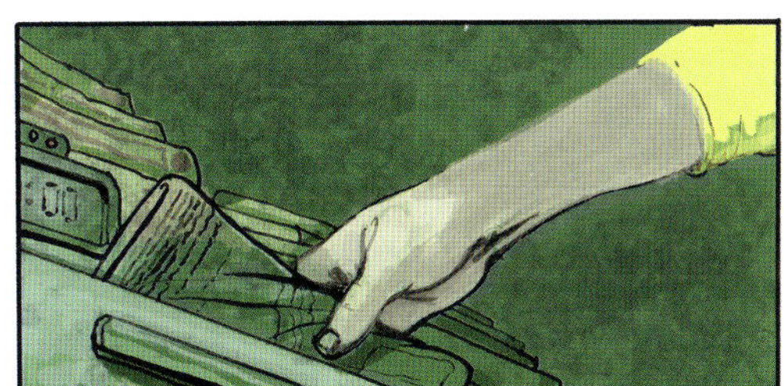

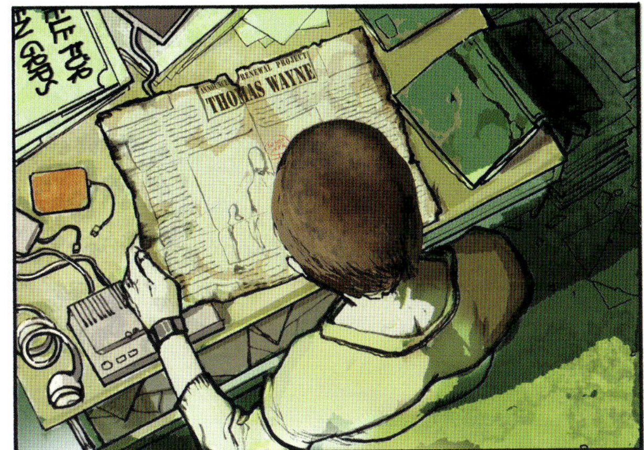
THOMAS WAYNE

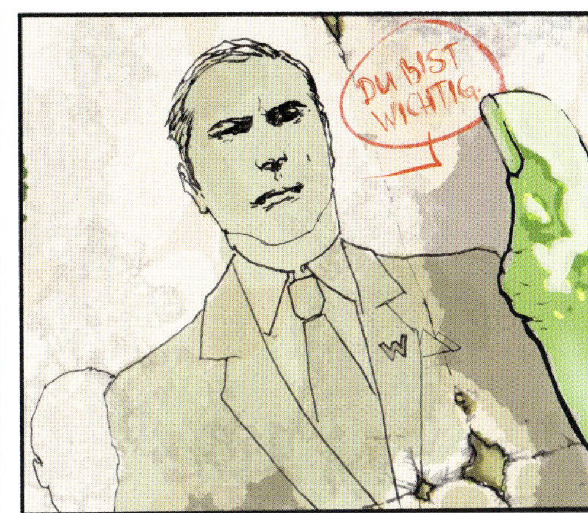
DU BIST
WICHTIG.

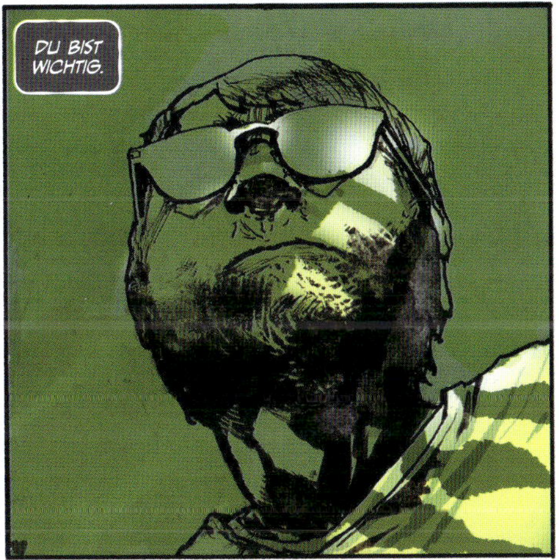
DU BIST
WICHTIG.

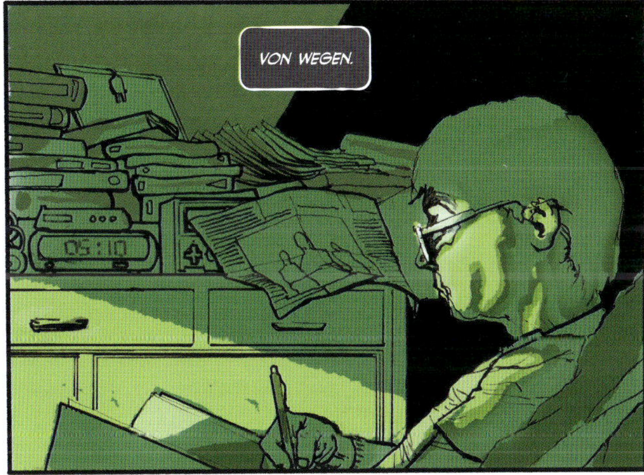
VON WEGEN.

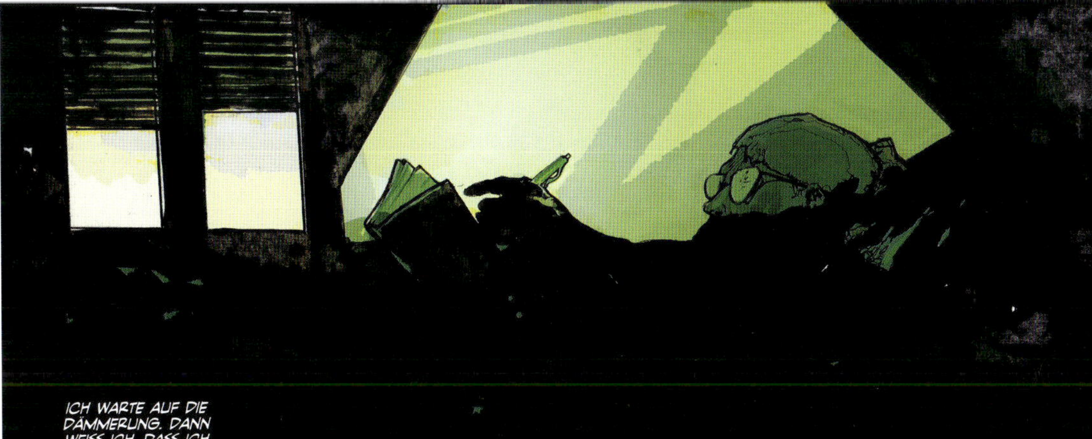
ICH WARTE AUF DIE DÄMMERUNG. DANN WEISS ICH, DASS ICH EINE WEITERE NACHT ÜBERSTANDEN HABE.
EINSTEIN HAT NUR NICKERCHEN GEMACHT. ALLES OKAY.
SCHHH.
EINFACH ATMEN.

WEEK OF THE YEAR WEEK ENDED ACCOUNT NO. FILE NO.

TOTAL RECEIPTS FROM BUSINESS OR PROFESSION

Ich bin gut genug Ich bin gut genug
Ich bin gut genug Ich bin gut genug
Ich bin gut genug Ich bin gut genug
Ich bin gut genug Ich bin gut genug
Ich bin gut genug Ich bin gut genug
Ich bin gut genug Ich bin gut genug
Ich bin gut genug Ich bin gut genug
Ich bin gut genug Ich bin gut genug

3. November

Ich bin gut genug
Ich bin gut genug
Ich bin gut genug
Ich bin gut genug
Ich bin gut genug
Ich bin gut genug
Ich bin gut genug
Ich bin gut genug

Ich bin gut genug Ich bin
Ich bin gut genug Ich bin
Ich bin gut genug Ich bin
Ich bin gut genug Ich bin
Ich bin gut genug Ich bin
Ich bin gut genug Ich bin
Ich bin gut genug Ich bin
Ich bin gut genug Ich bin
Ich bin gut genug Ich bin
Ich bin gut genug Ich bin
Ich bin gut genug Ich bin
Ich bin gut genug Ich bin
Ich bin gut genug Ich bin
Ich bin gut genug Ich bin
Ich bin gut genug Ich bin

Ich bin gut genug Ich bin
Ich bin gut genug Ich bin
Ich bin gut genug Ich bin
Ich bin gut genug Ich bin
Ich bin gut genug Ich bin
Ich bin gut genug Ich bin
Ich bin gut genug Ich bin
Ich bin gut genug Ich bin
Ich bin gut genug Ich bin
Ich bin gut genug Ich bin

gut genug Ich bin gut genug Ich
gut genug Ich bin gut genug Ich
gut genug Ich bin gut genug Ich
gut genug Ich bin gut genug Ich
gut genug Ich bin gut genug Ich
gut genug Ich bin gut genug Ich
gut genug Ich bin gut genug Ich
gut genug Ich bin gut genug Ich
gut genug Ich bin gut genug Ich
gut genug Ich bin gut genug Ich
gut genug Ich bin gut genug Ich
gut genug Ich bin gut genug Ich
gut genug Ich bin gut genug Ich
gut genug Ich bin gut genug Ich
gut genug Ich bin gut genug Ich
gut genug Ich bin gut genug Ich
gut genug Ich bin gut genug Ich
gut genug Ich bin gut genug Ich
gut genug Ich bin gut genug Ich
gut genug Ich bin gut genug Ich
gut genug Ich bin gut genug Ich
gut genug Ich bin gut genug Ich
gut genug Ich bin gut genug Ich
gut genug Ich bin gut genug Ich
gut genug Ich bin gut genug Ich
gut genug Ich bin gut genug Ich

Ich bin gut genug Ich bin gut genug Ich bin gut genug
Ich bin gut genug Ich bin gut genug Ich bin gut genug
Ich bin gut genug Ich bin gut genug Ich bin gut genug
Ich bin gut genug Ich bin gut genug Ich bin gut genug
Ich bin gut genug Ich bin gut genug Ich bin gut genug
Ich bin gut genug Ich bin gut genug Ich bin gut genug
Ich bin gut genug Ich bin gut genug Ich bin gut genug
Ich bin gut genug Ich bin gut genug Ich bin gut genug

TOTAL UP TO THIS WEEK

TOTAL TO DATE

NEIN, BIST DU NICHT

FORM NO. WC-2 (120-0)

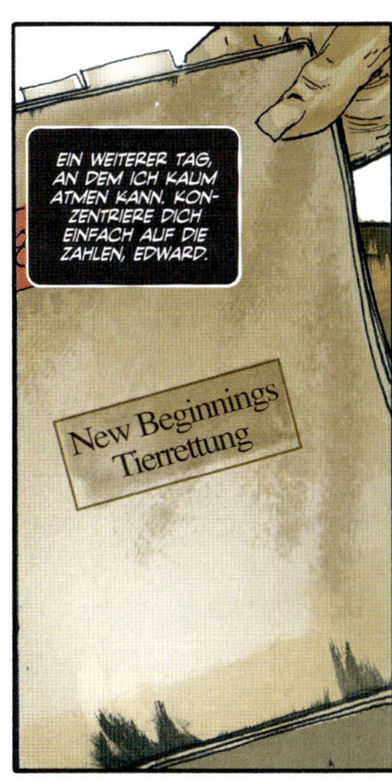
EIN WEITERER TAG, AN DEM ICH KAUM ATMEN KANN. KONZENTRIERE DICH EINFACH AUF DIE ZAHLEN, EDWARD.
New Beginnings Tierrettung

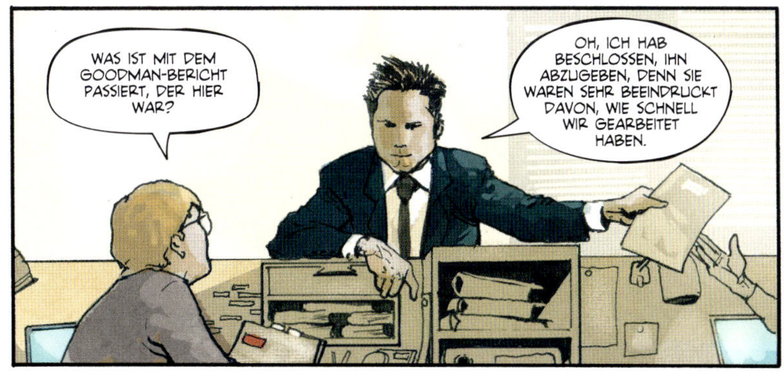
WAS IST MIT DEM GOODMAN-BERICHT PASSIERT, DER HIER WAR?
OH, ICH HAB BESCHLOSSEN, IHN ABZUGEBEN, DENN SIE WAREN SEHR BEEINDRUCKT DAVON, WIE SCHNELL WIR GEARBEITET HABEN.

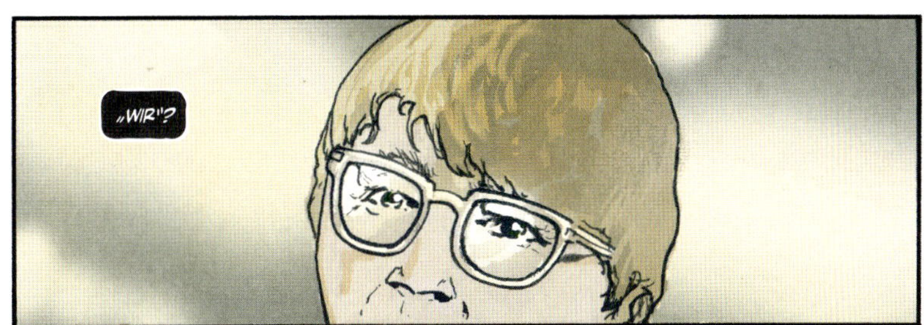
„WIR"?

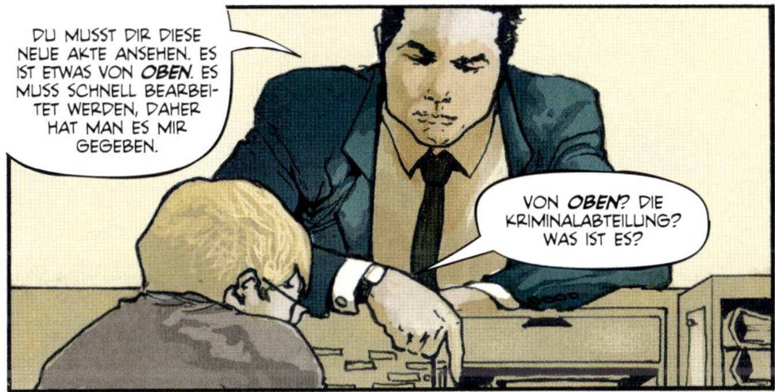
DU MUSST DIR DIESE NEUE AKTE ANSEHEN. ES IST ETWAS VON OBEN. ES MUSS SCHNELL BEARBEITET WERDEN, DAHER HAT MAN ES MIR GEGEBEN.
VON OBEN? DIE KRIMINALABTEILUNG? WAS IST ES?

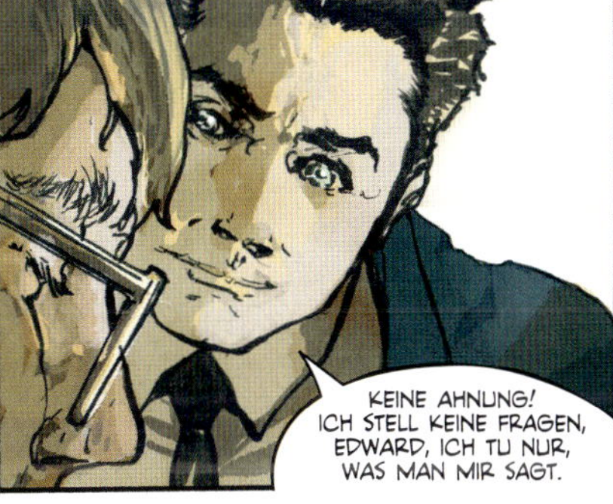
KEINE AHNUNG! ICH STELL KEINE FRAGEN, EDWARD, ICH TU NUR, WAS MAN MIR SAGT.

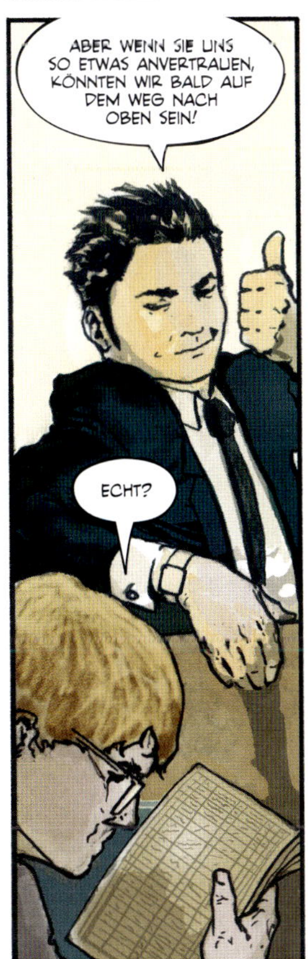
ABER WENN SIE UNS SO ETWAS ANVERTRAUEN, KÖNNTEN WIR BALD AUF DEM WEG NACH OBEN SEIN!
ECHT?

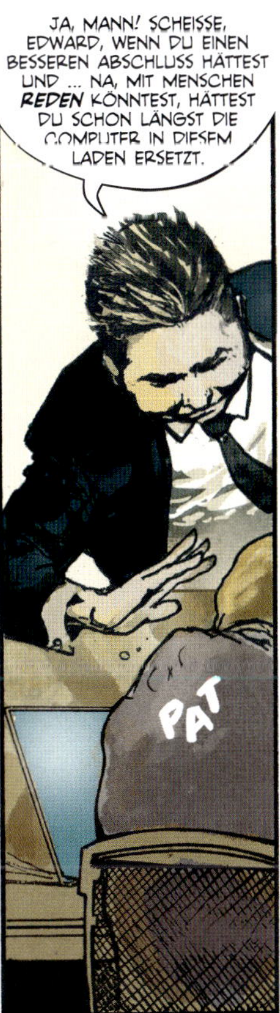
JA, MANN! SCHEISSE, EDWARD, WENN DU EINEN BESSEREN ABSCHLUSS HÄTTEST UND ... NA, MIT MENSCHEN REDEN KÖNNTEST, HÄTTEST DU SCHON LÄNGST DIE COMPUTER IN DIESEM LADEN ERSETZT.
PAT

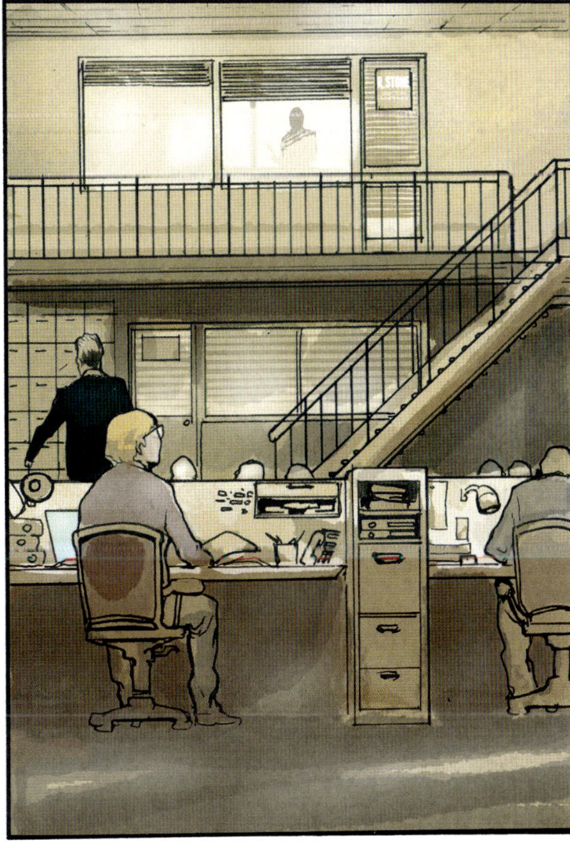

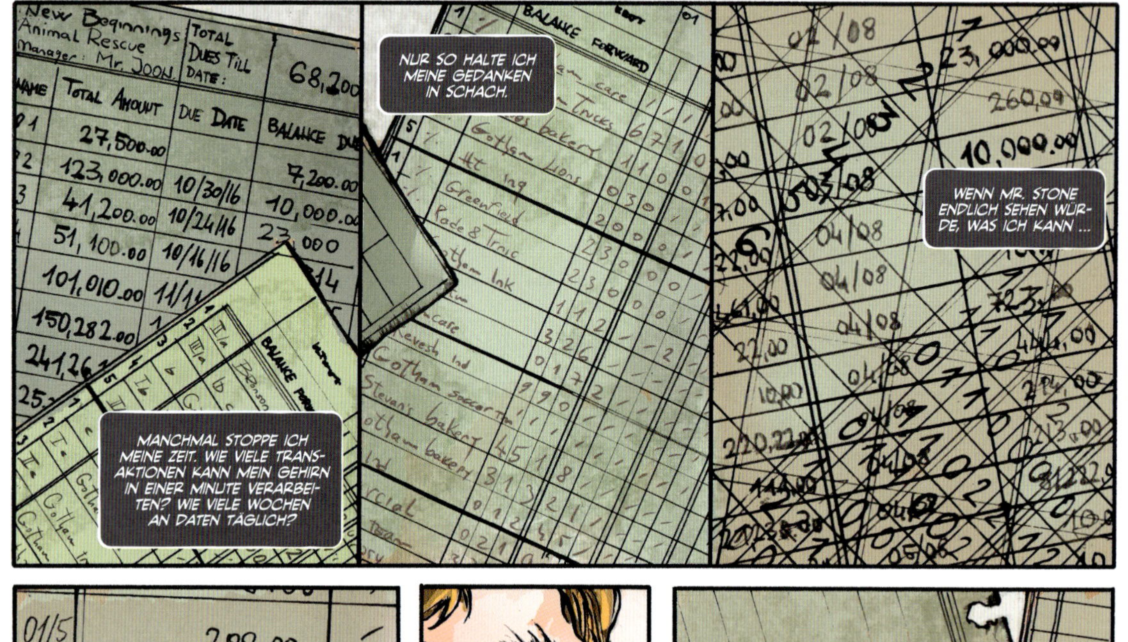
MANCHMAL STOPPE ICH MEINE ZEIT. WIE VIELE TRANSAKTIONEN KANN MEIN GEHIRN IN EINER MINUTE VERARBEITEN? WIE VIELE WOCHEN AN DATEN TÄGLICH?
NUR SO HALTE ICH MEINE GEDANKEN IN SCHACH.
WENN MR. STONE ENDLICH SEHEN WÜRDE, WAS ICH KANN ...
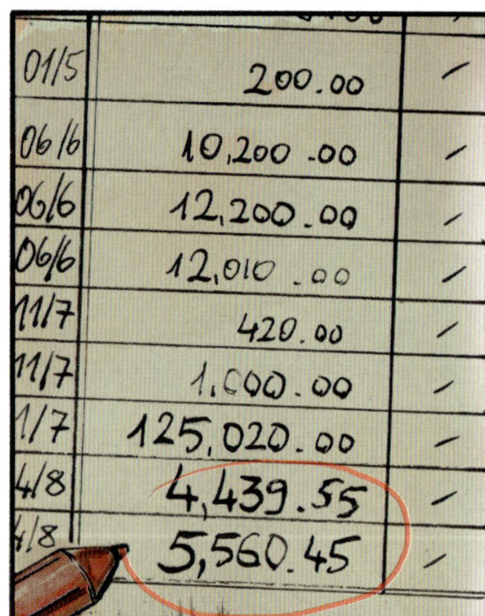
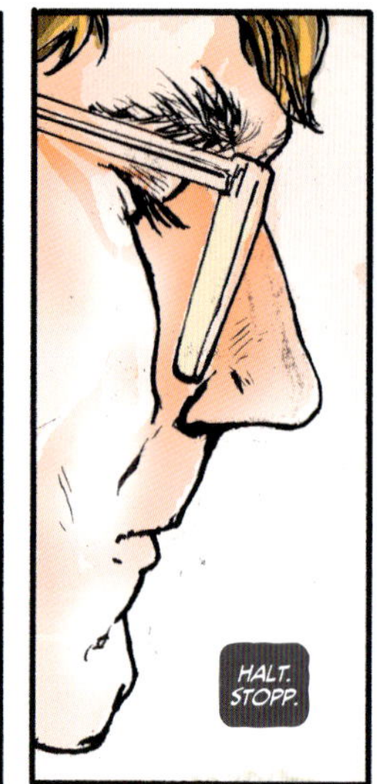
HALT. STOPP.
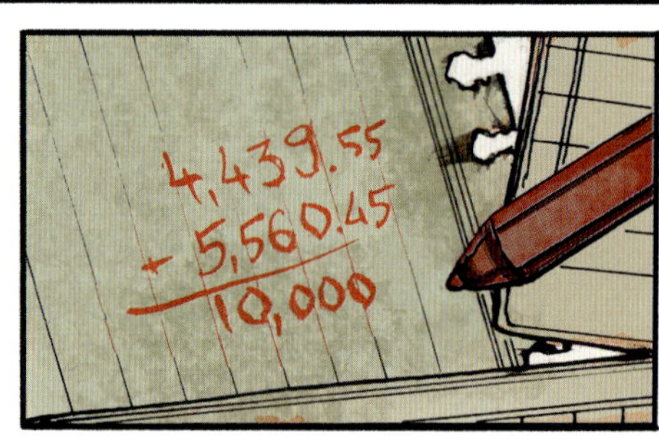
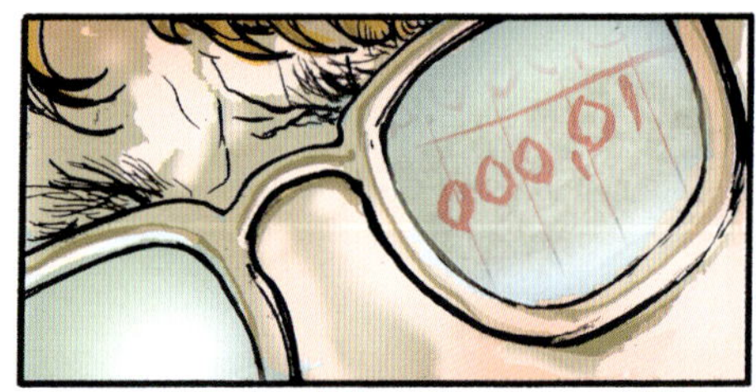
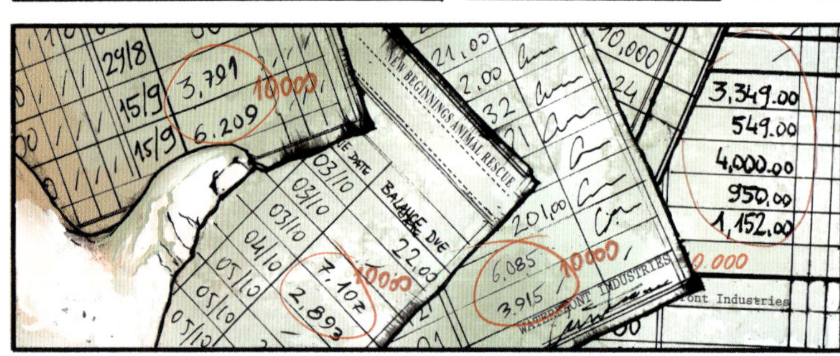
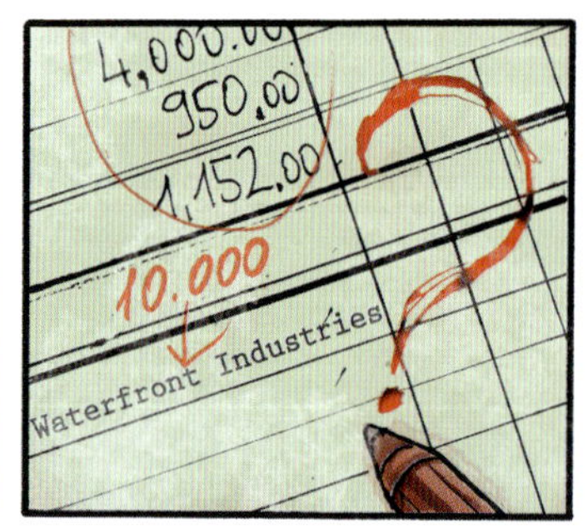
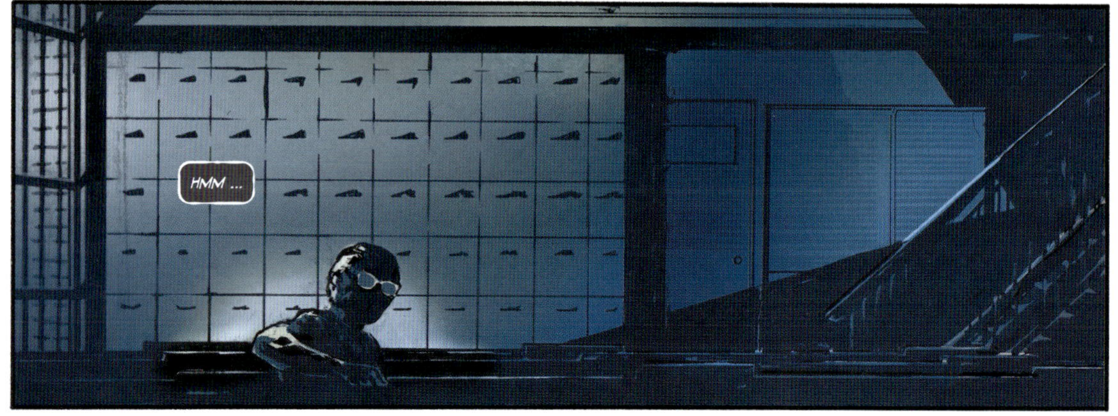
HMM ...

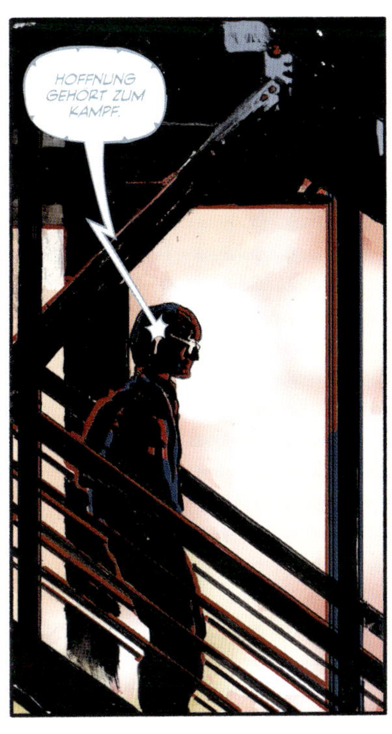
HOFFNUNG GEHÖRT ZUM KAMPF.
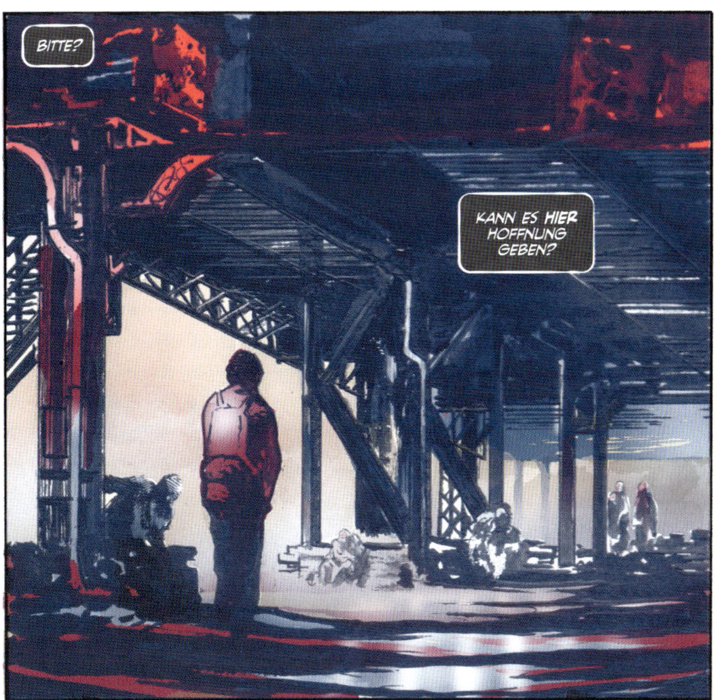
BITTE?
KANN ES HIER HOFFNUNG GEBEN?
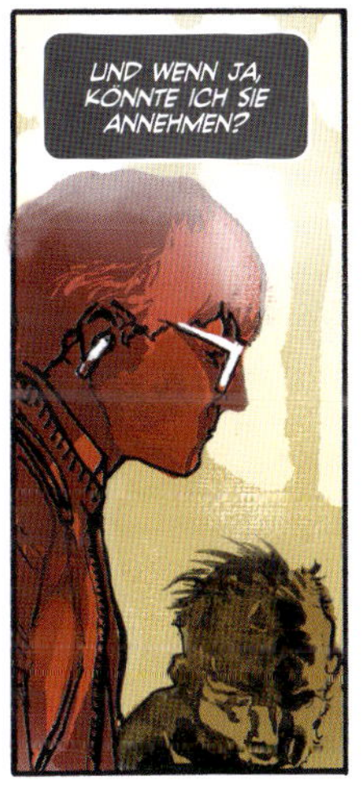
UND WENN JA, KÖNNTE ICH SIE ANNEHMEN?
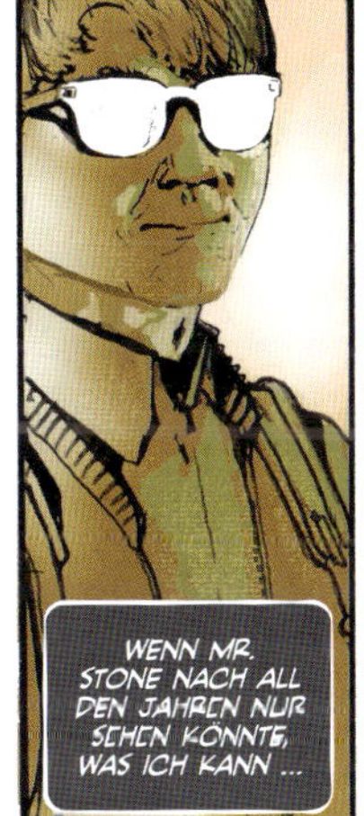
WENN MR. STONE NACH ALL DEN JAHREN NUR SEHEN KÖNNTE, WAS ICH KANN ...
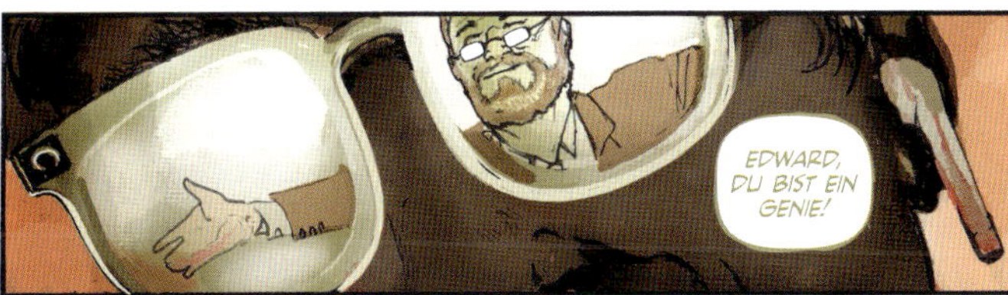
EDWARD, DU BIST EIN GENIE!
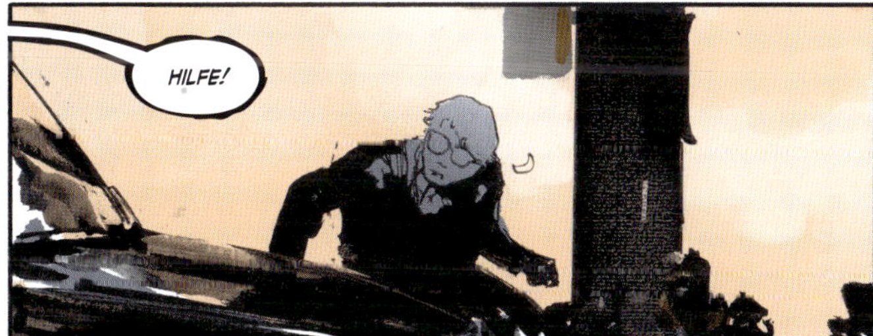
HILFE!
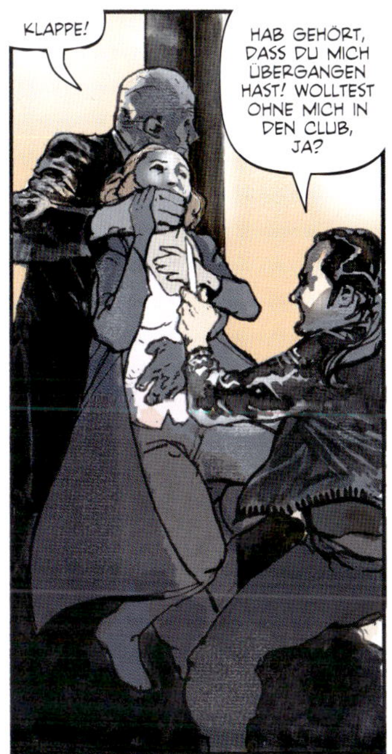
KLAPPE!
HAB GEHÖRT, DASS DU MICH ÜBERGANGEN HAST! WOLLTEST OHNE MICH IN DEN CLUB, JA?
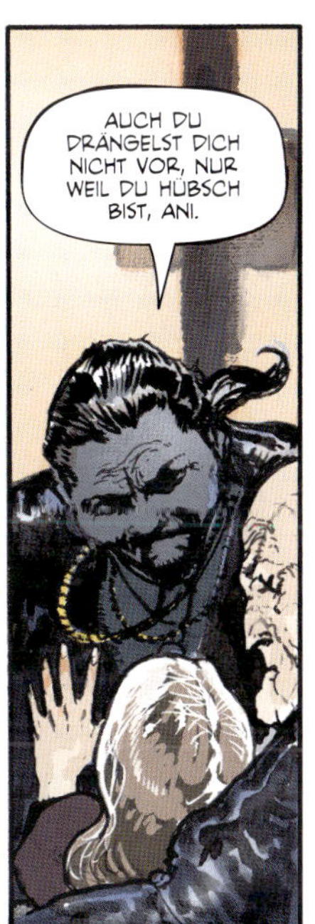
AUCH DU DRÄNGELST DICH NICHT VOR, NUR WEIL DU HÜBSCH BIST, ANI.
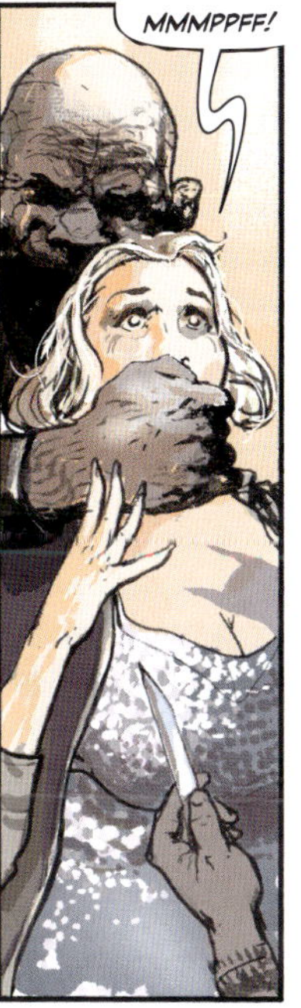
MMMPPFF!
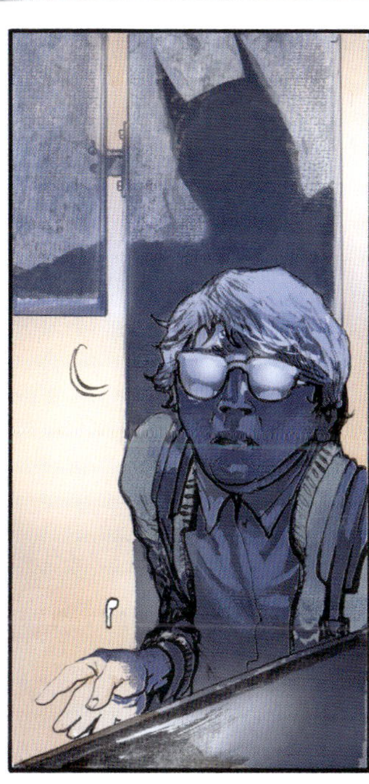

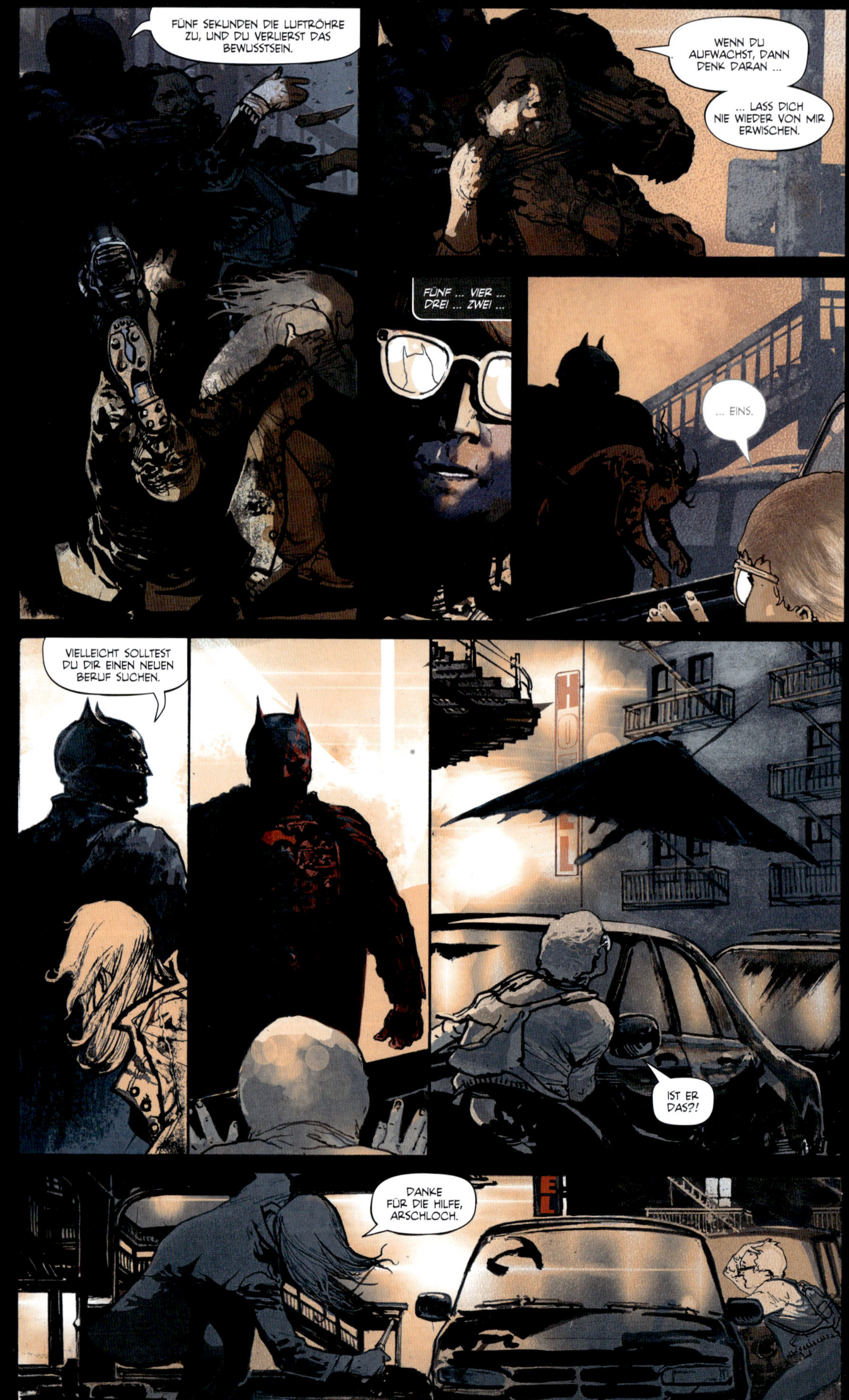
FÜNF SEKUNDEN DIE LUFTRÖHRE ZU, UND DU VERLIERST DAS BEWUSSTSEIN.
WENN DU AUFWACHST, DANN DENK DARAN ...
... LASS DICH NIE WIEDER VON MIR ERWISCHEN.
FÜNF ... VIER ... DREI ... ZWEI ...
... EINS.
VIELLEICHT SOLLTEST DU DIR EINEN NEUEN BERUF SUCHEN.
HOTEL
IST ER DAS?!
DANKE FÜR DIE HILFE, ARSCHLOCH.

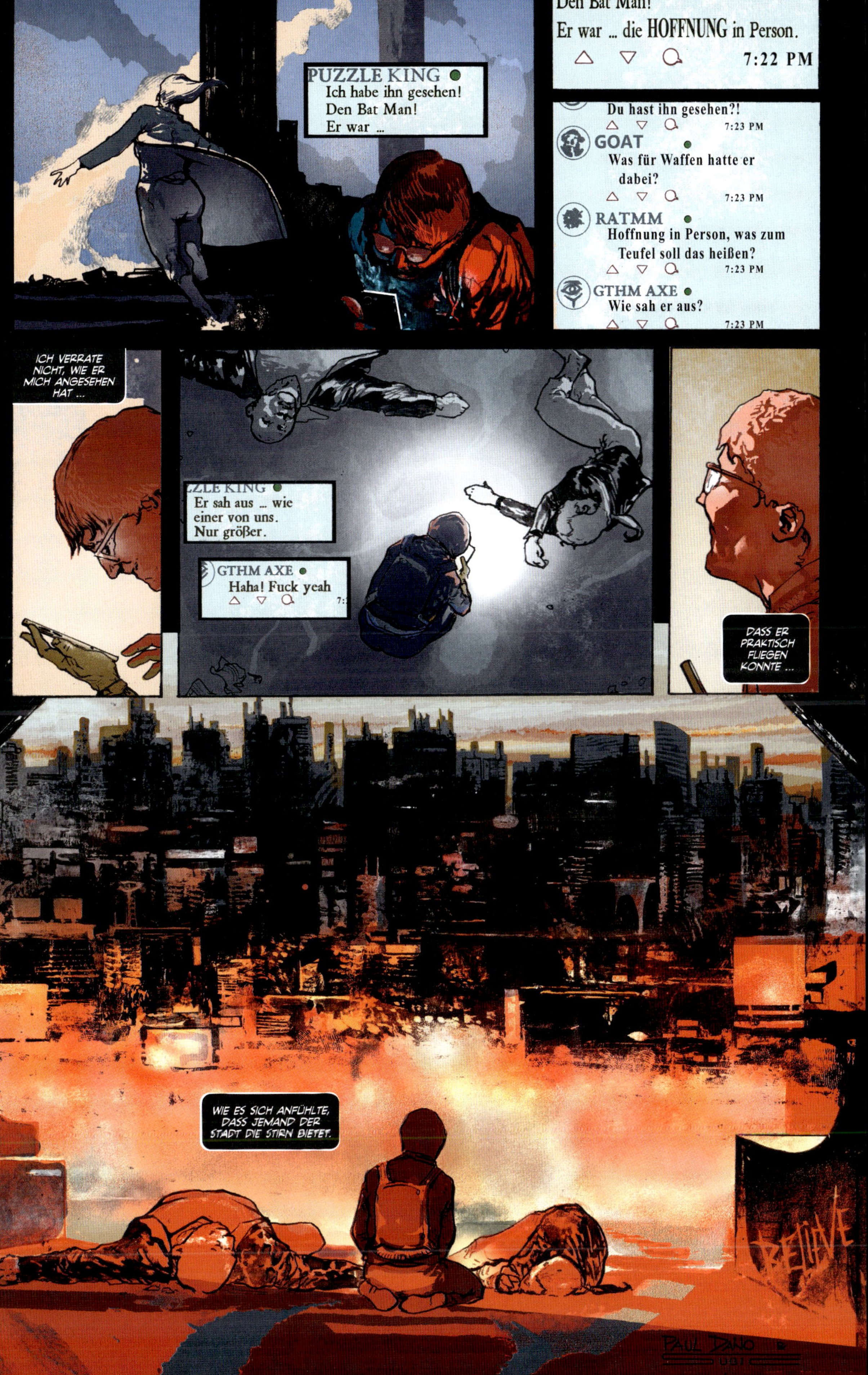
PUZZLE KING
Ich habe ihn gesehen!
Den Bat Man!
Er war ...
Den Bat Man!
Er war ... die HOFFNUNG in Person.
7:22 PM
Du hast ihn gesehen?!
7:23 PM
GOAT
Was für Waffen hatte er dabei?
7:23 PM
RATMM
Hoffnung in Person, was zum Teufel soll das heißen?
7:23 PM
GTHM AXE
Wie sah er aus?
7:23 PM
ICH VERRATE NICHT, WIE ER MICH ANGESEHEN HAT ...
Er sah aus ... wie einer von uns. Nur größer.
GTHM AXE
Haha! Fuck yeah
DASS ER PRAKTISCH FLIEGEN KONNTE ...
WIE ES SICH ANFÜHLTE, DASS JEMAND DER STADT DIE STIRN BIETET.
BELIEVE
PAUL DANO

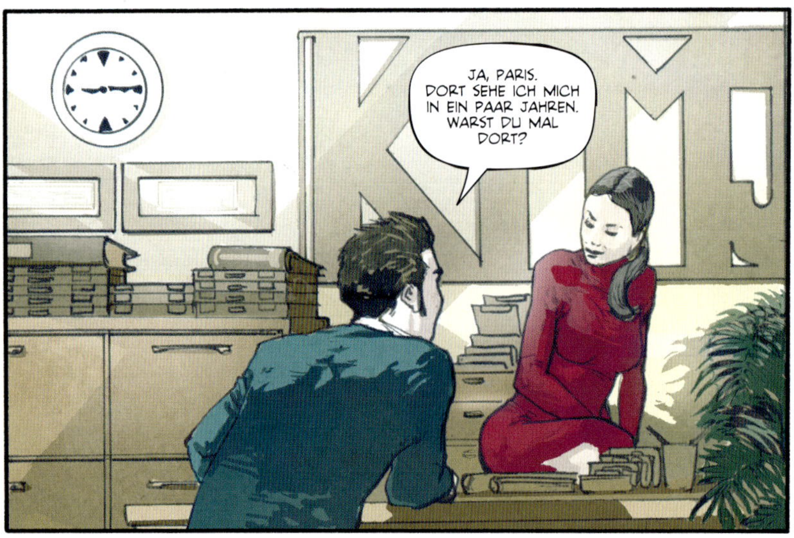
JA, PARIS. DORT SEHE ICH MICH IN EIN PAAR JAHREN. WARST DU MAL DORT?

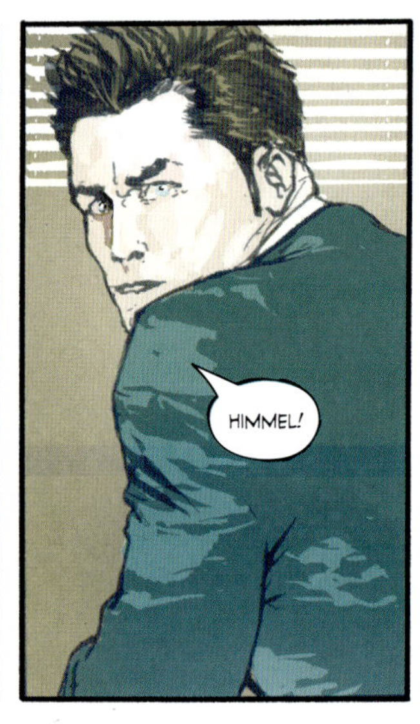
HIMMEL!

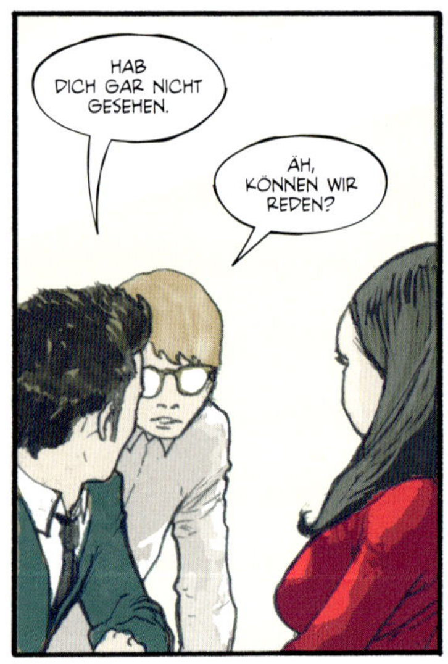
HAB DICH GAR NICHT GESEHEN.
ÄH, KÖNNEN WIR REDEN?

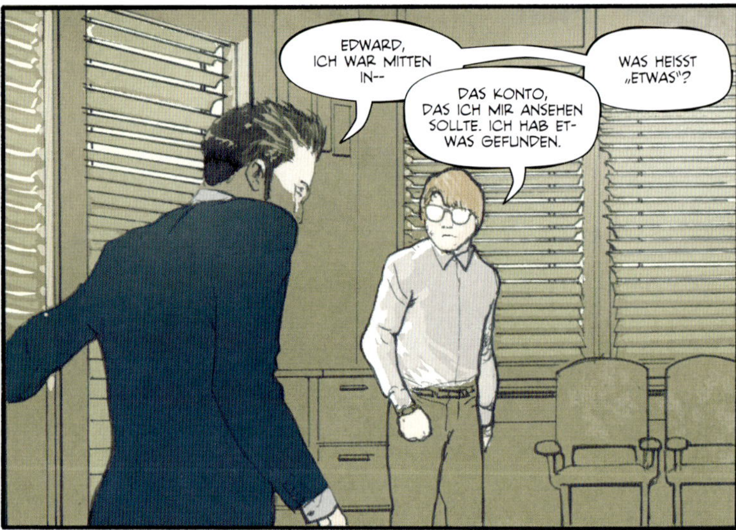
EDWARD, ICH WAR MITTEN IN--
DAS KONTO, DAS ICH MIR ANSEHEN SOLLTE. ICH HAB ETWAS GEFUNDEN.
WAS HEISST „ETWAS"?

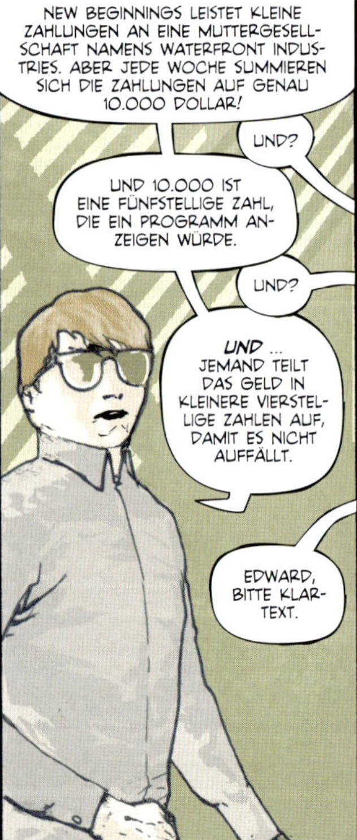
NEW BEGINNINGS LEISTET KLEINE ZAHLUNGEN AN EINE MUTTERGESELLSCHAFT NAMENS WATERFRONT INDUSTRIES. ABER JEDE WOCHE SUMMIEREN SICH DIE ZAHLUNGEN AUF GENAU 10.000 DOLLAR!
UND?
UND 10.000 IST EINE FÜNFSTELLIGE ZAHL, DIE EIN PROGRAMM ANZEIGEN WÜRDE.
UND?
UND ... JEMAND TEILT DAS GELD IN KLEINERE VIERSTELLIGE ZAHLEN AUF, DAMIT ES NICHT AUFFÄLLT.
EDWARD, BITTE KLARTEXT.

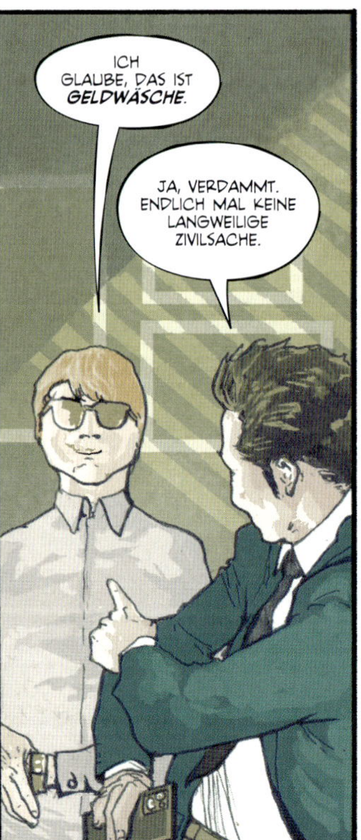
ICH GLAUBE, DAS IST GELDWÄSCHE.
JA, VERDAMMT. ENDLICH MAL KEINE LANGWEILIGE ZIVILSACHE.

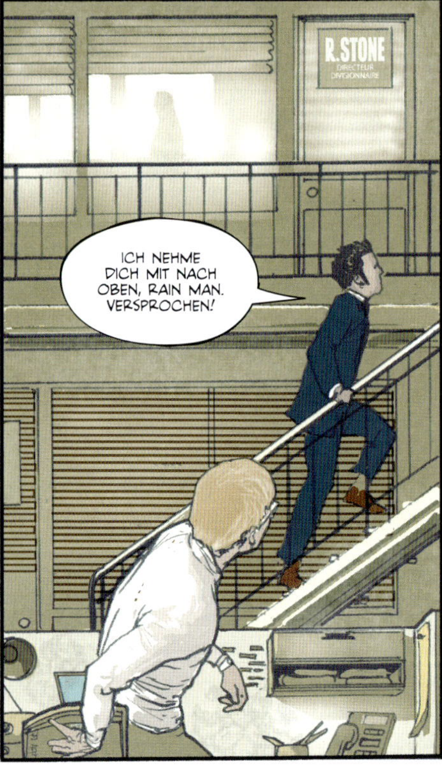
R. STONE
ICH NEHME DICH MIT NACH OBEN, RAIN MAN. VERSPROCHEN!

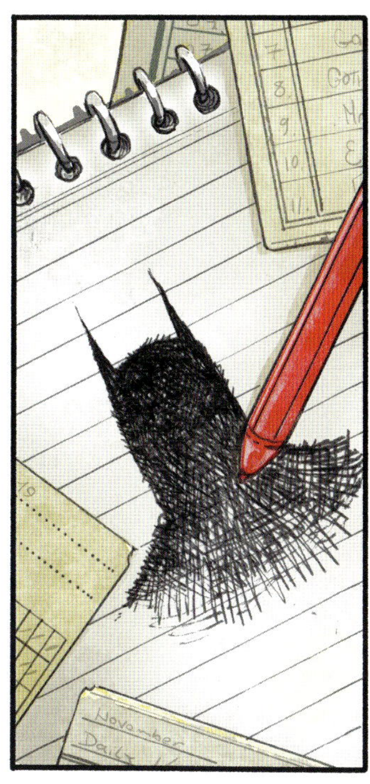

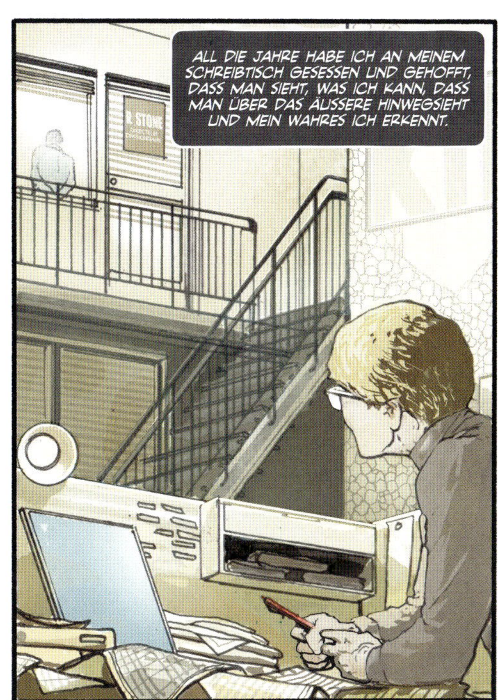
ALL DIE JAHRE HABE ICH AN MEINEM SCHREIBTISCH GESESSEN UND GEHOFFT, DASS MAN SIEHT, WAS ICH KANN, DASS MAN ÜBER DAS ÄUSSERE HINWEGSIEHT UND MEIN WAHRES ICH ERKENNT.

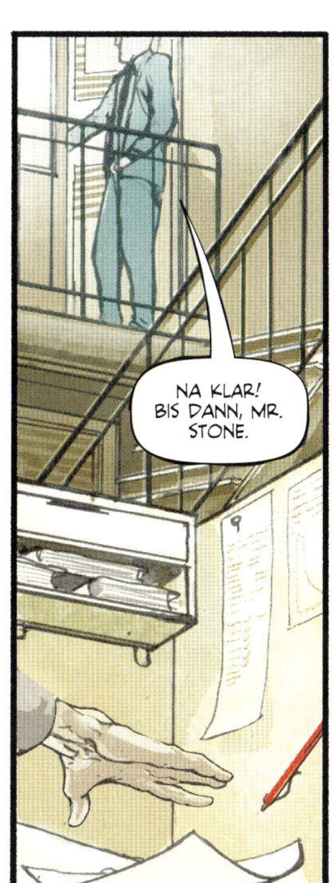
NA KLAR! BIS DANN, MR. STONE.

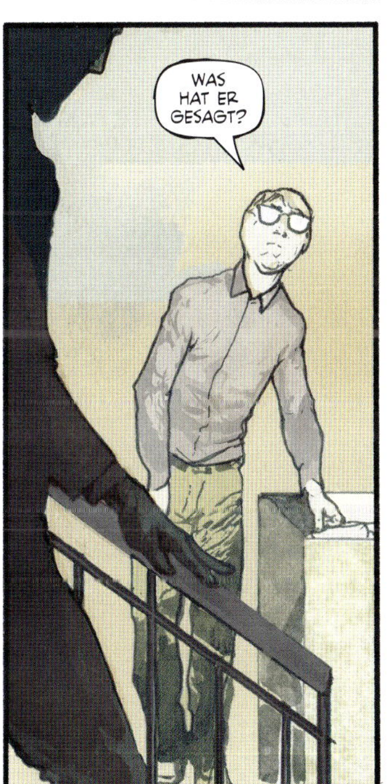
WAS HAT ER GESAGT?

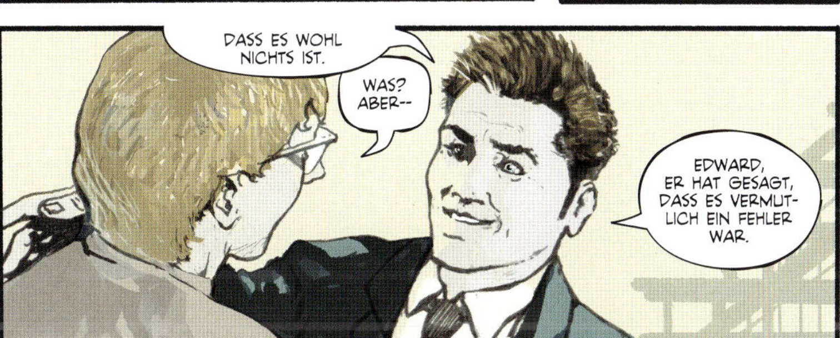
EDWARD, ER HAT GESAGT, DASS ES VERMUTLICH EIN FEHLER WAR.
WAS? ABER--
DASS ES WOHL NICHTS IST.

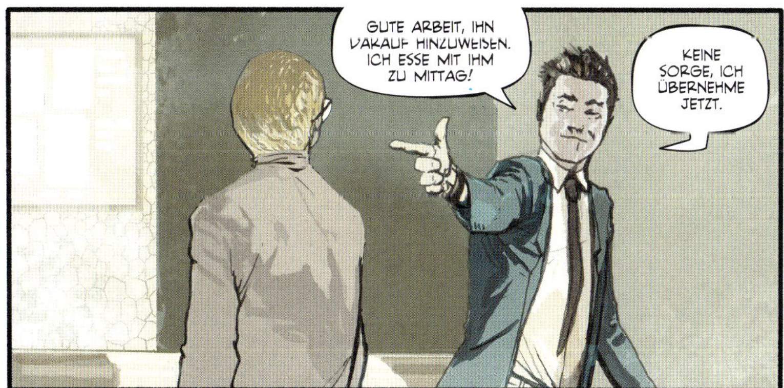
KEINE SORGE, ICH ÜBERNEHME JETZT.
GUTE ARBEIT, IHN DARAUF HINZUWEISEN. ICH ESSE MIT IHM ZU MITTAG!

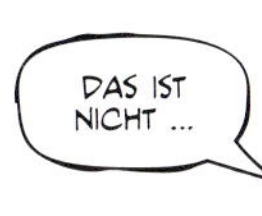
DAS IST NICHT ...

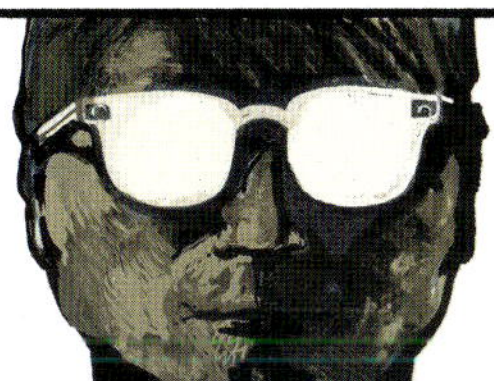

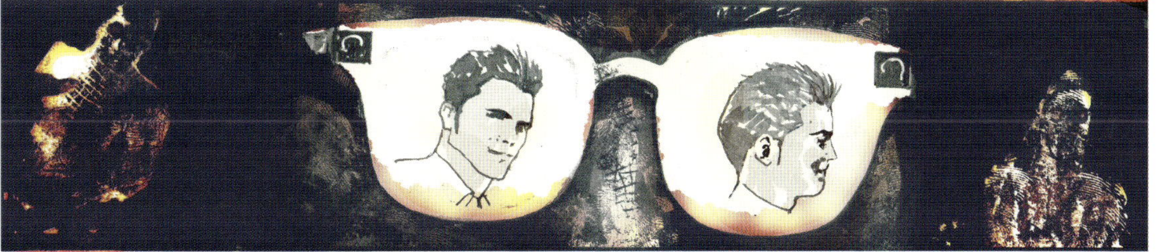

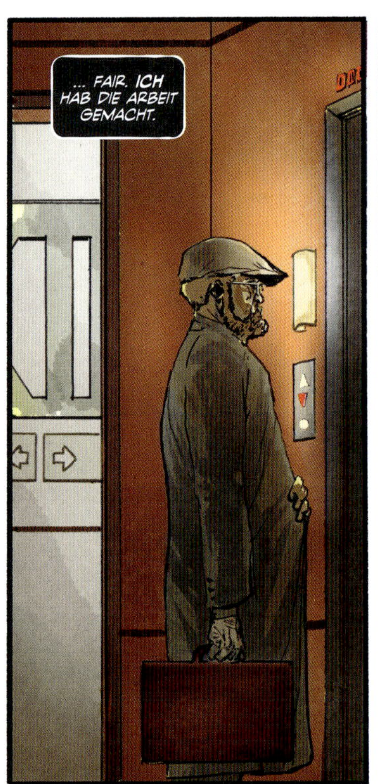
... FAIR. **ICH** HAB DIE ARBEIT GEMACHT.

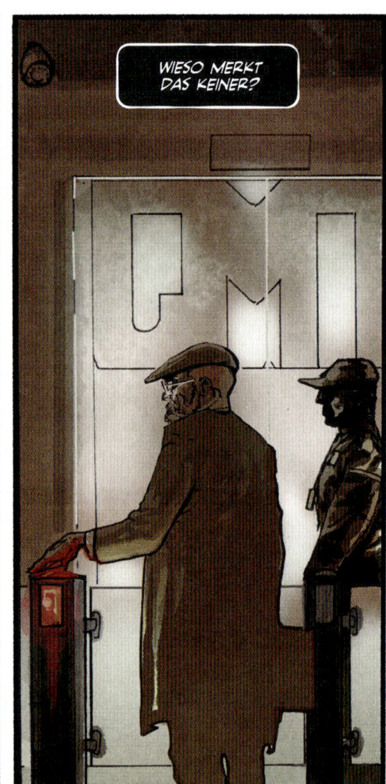
WIESO MERKT DAS KEINER?

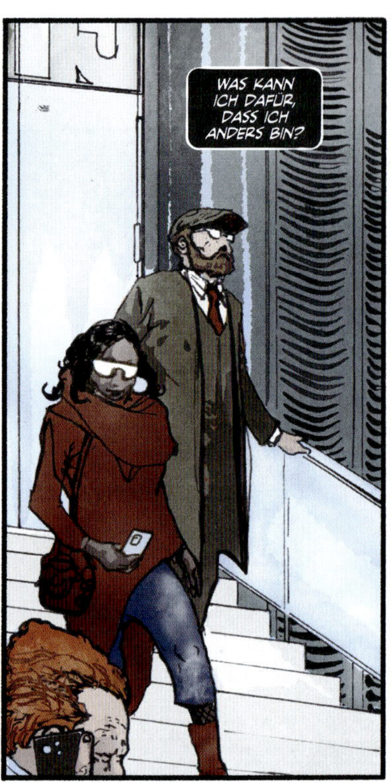
WAS KANN ICH DAFÜR, DASS ICH ANDERS BIN?

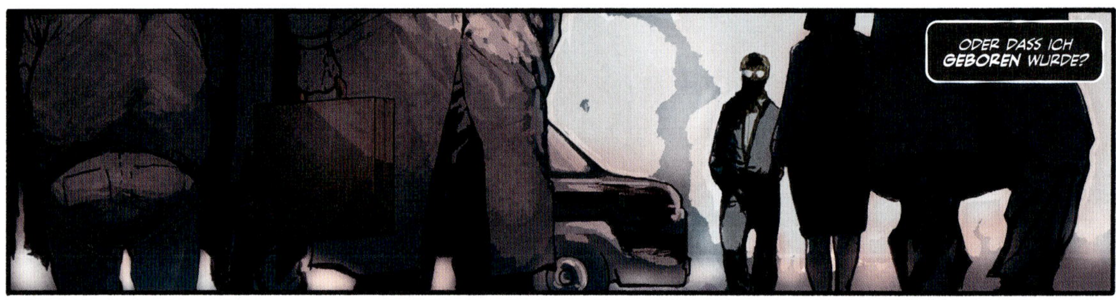
ODER DASS ICH **GEBOREN** WURDE?

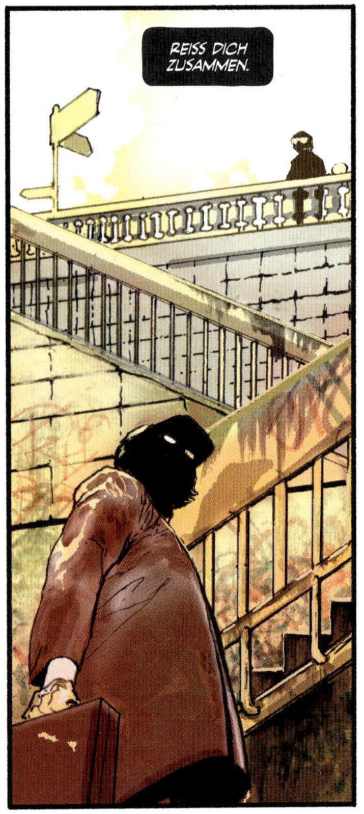
REISS DICH ZUSAMMEN.

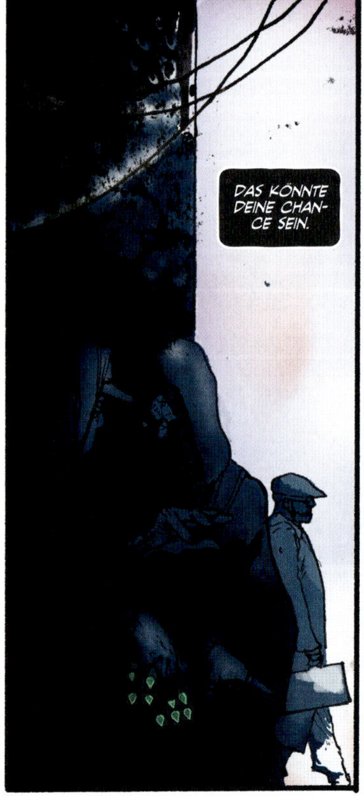
DAS KÖNNTE DEINE CHAN-CE SEIN.

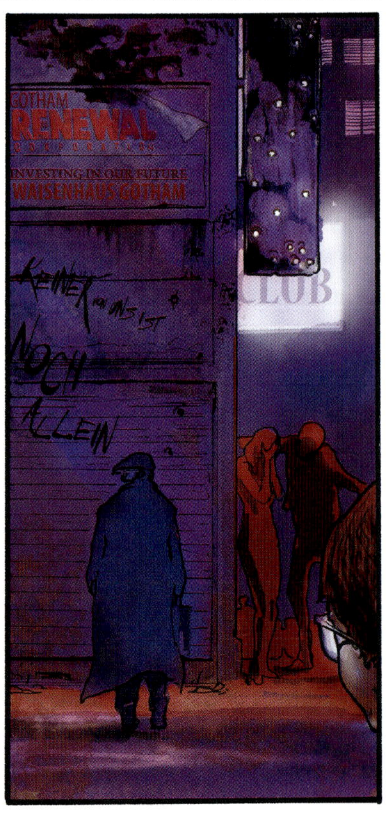
GOTHAM
RENEWAL
INVESTING IN OUR FUTURE
WAISENHAUS GOTHAM
KEINER VON UNS IST
NOCH
ALLEIN
CLUB

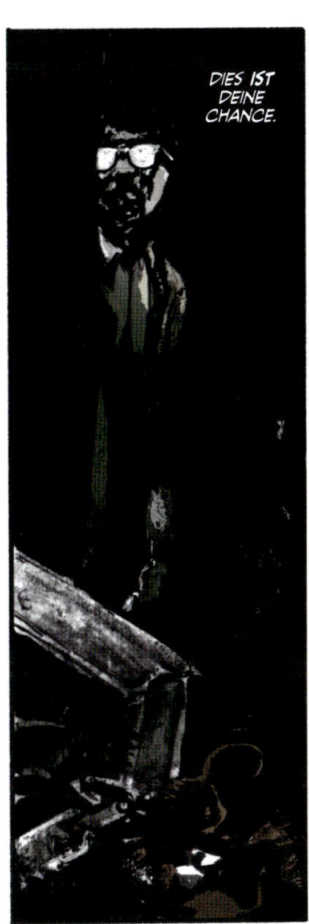
DIES IST DEINE CHANCE.
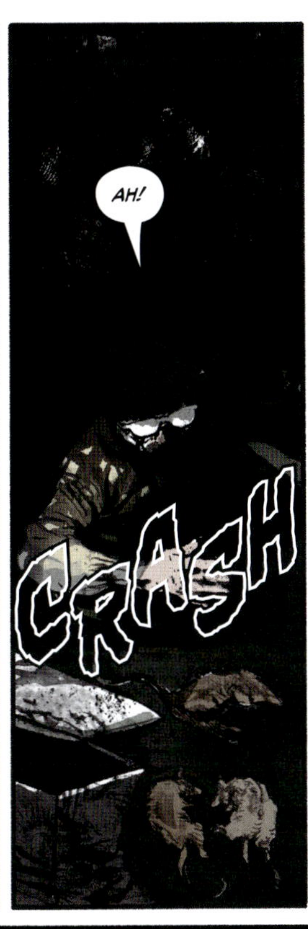
AH!
CRASH
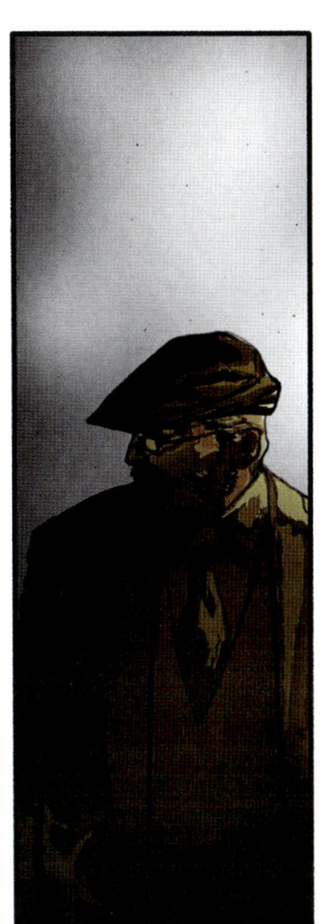
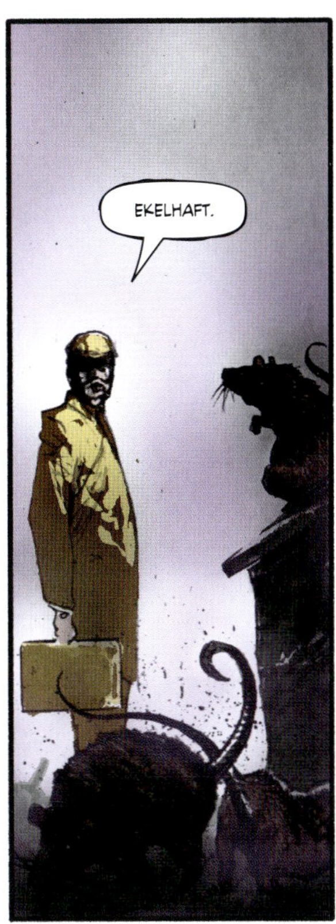
EKELHAFT.
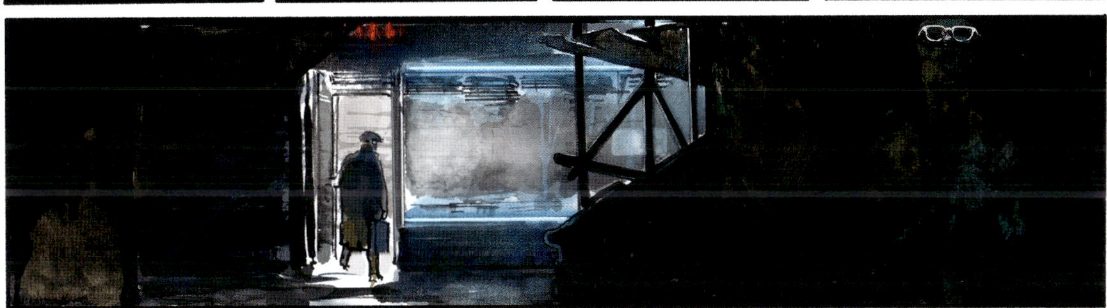
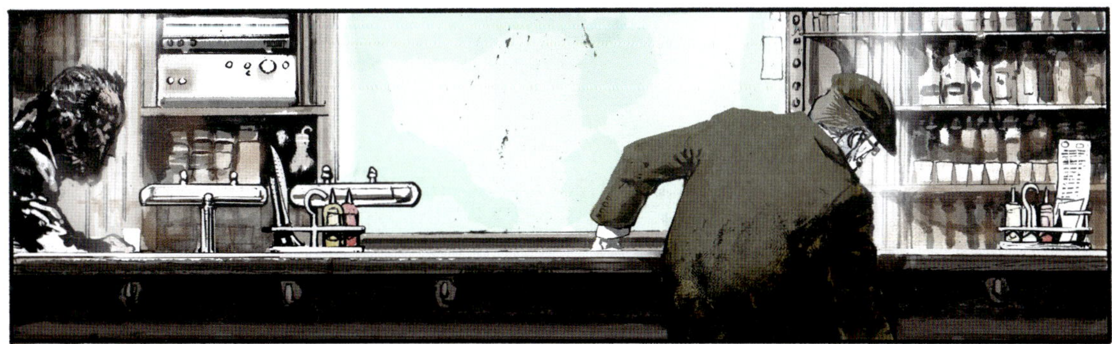
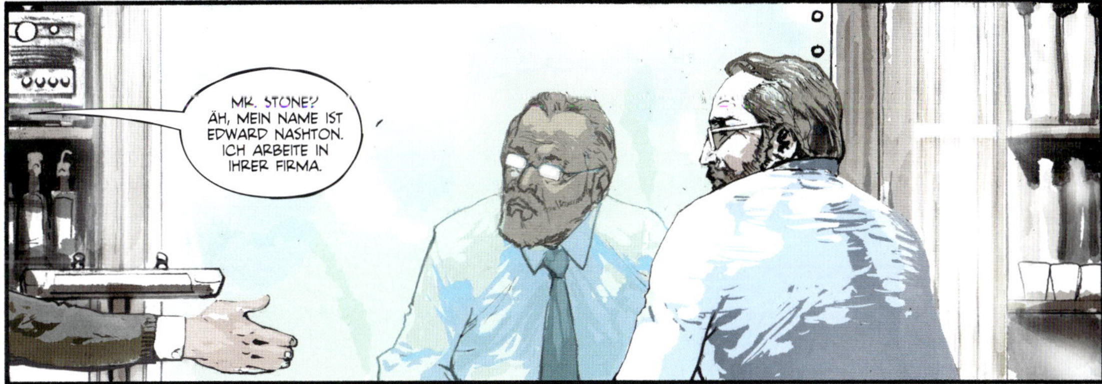
MR. STONE? ÄH, MEIN NAME IST EDWARD NASHTON. ICH ARBEITE IN IHRER FIRMA.

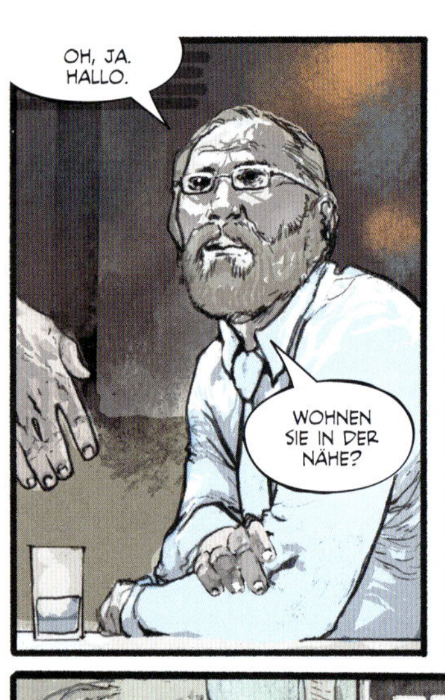
OH, JA. HALLO.
WOHNEN SIE IN DER NÄHE?

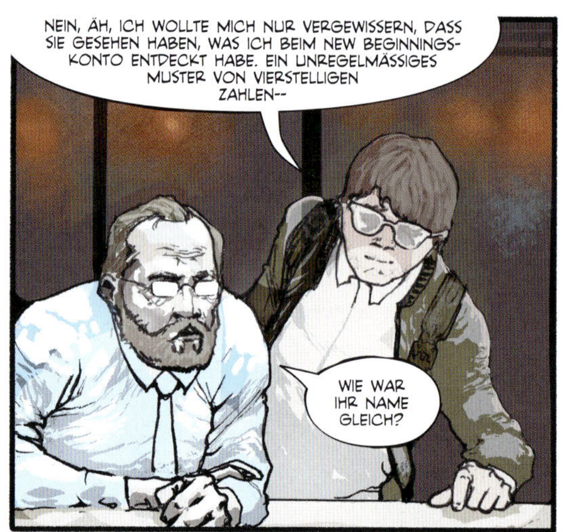
NEIN, ÄH, ICH WOLLTE MICH NUR VERGEWISSERN, DASS SIE GESEHEN HABEN, WAS ICH BEIM NEW BEGINNINGS-KONTO ENTDECKT HABE. EIN UNREGELMÄSSIGES MUSTER VON VIERSTELLIGEN ZAHLEN--
WIE WAR IHR NAME GLEICH?

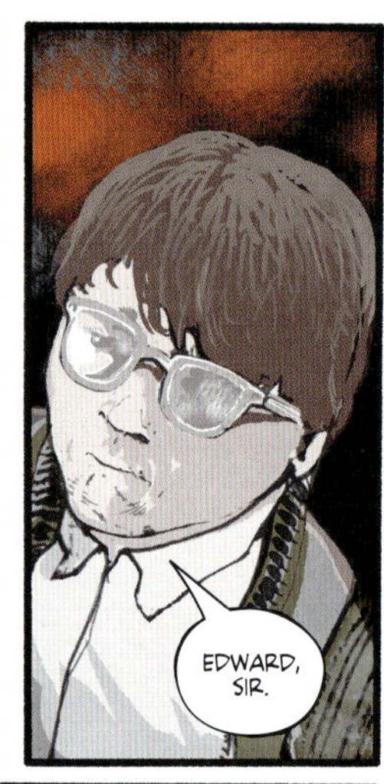
EDWARD, SIR.

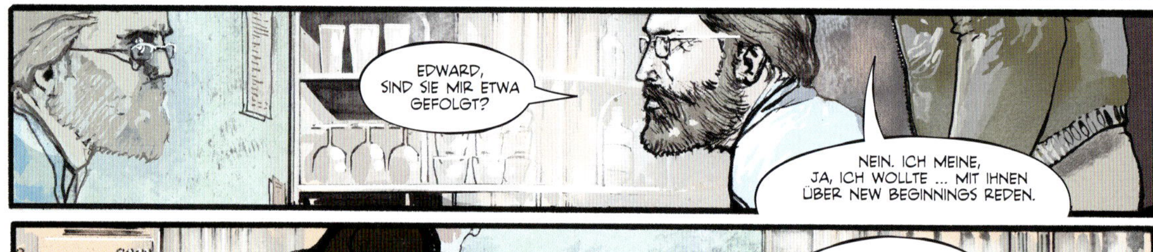
EDWARD, SIND SIE MIR ETWA GEFOLGT?
NEIN. ICH MEINE, JA, ICH WOLLTE ... MIT IHNEN ÜBER NEW BEGINNINGS REDEN.

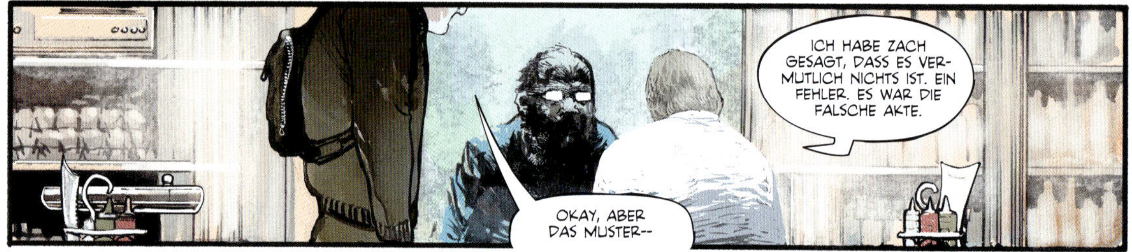
ICH HABE ZACH GESAGT, DASS ES VERMUTLICH NICHTS IST. EIN FEHLER. ES WAR DIE FALSCHE AKTE.
OKAY, ABER DAS MUSTER--

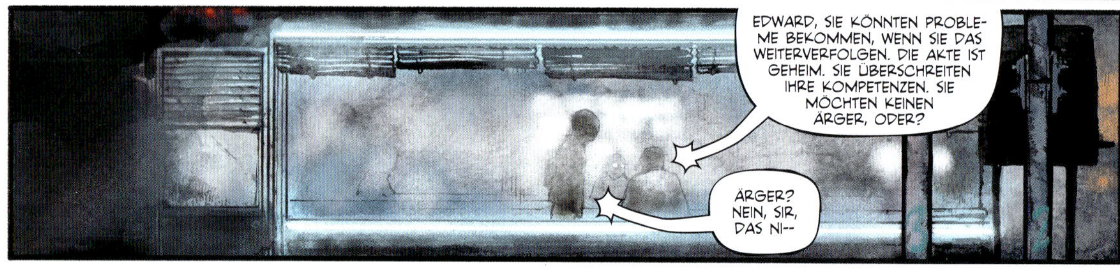
EDWARD, SIE KÖNNTEN PROBLEME BEKOMMEN, WENN SIE DAS WEITERVERFOLGEN. DIE AKTE IST GEHEIM. SIE ÜBERSCHREITEN IHRE KOMPETENZEN. SIE MÖCHTEN KEINEN ÄRGER, ODER?
ÄRGER? NEIN, SIR, DAS NI--

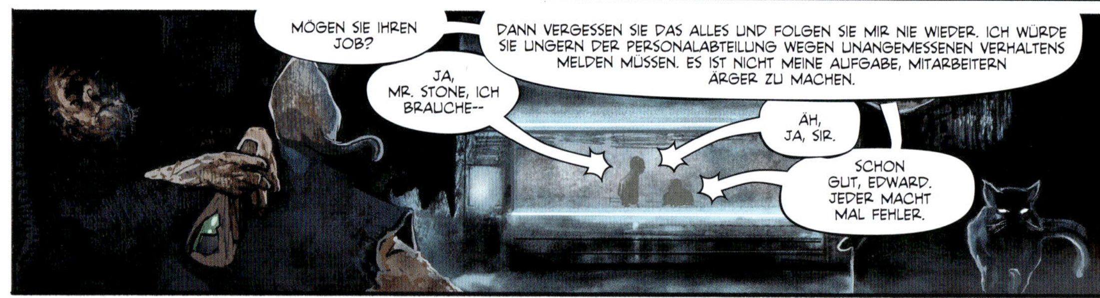
MÖGEN SIE IHREN JOB?
JA, MR. STONE, ICH BRAUCHE--
DANN VERGESSEN SIE DAS ALLES UND FOLGEN SIE MIR NIE WIEDER. ICH WÜRDE SIE UNGERN DER PERSONALABTEILUNG WEGEN UNANGEMESSENEN VERHALTENS MELDEN MÜSSEN. ES IST NICHT MEINE AUFGABE, MITARBEITERN ÄRGER ZU MACHEN.
ÄH, JA, SIR.
SCHON GUT, EDWARD. JEDER MACHT MAL FEHLER.

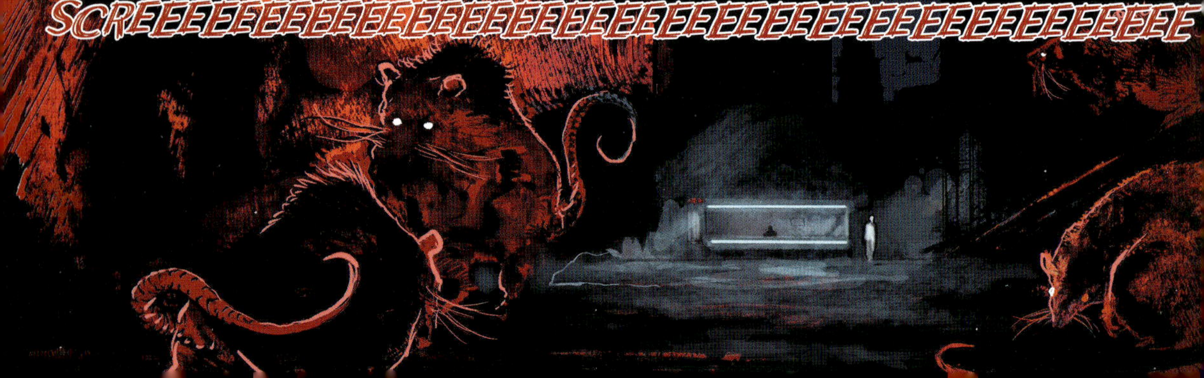
SCREEEEEEEEEEEEEEEEEEEEEEEEEEEEEEEEEEEEEEEEE

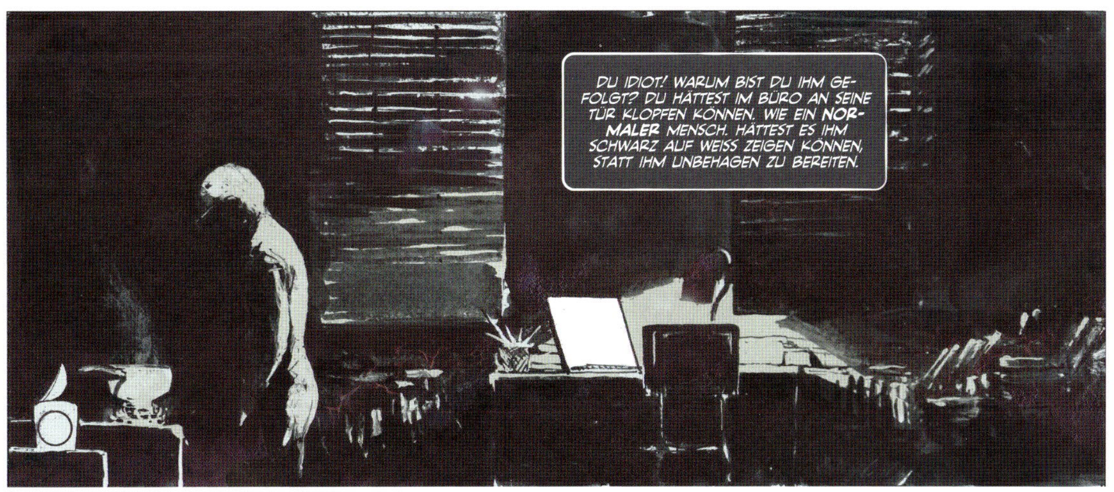

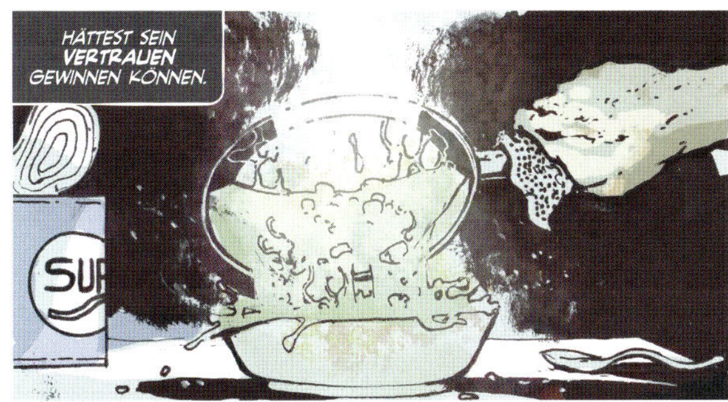

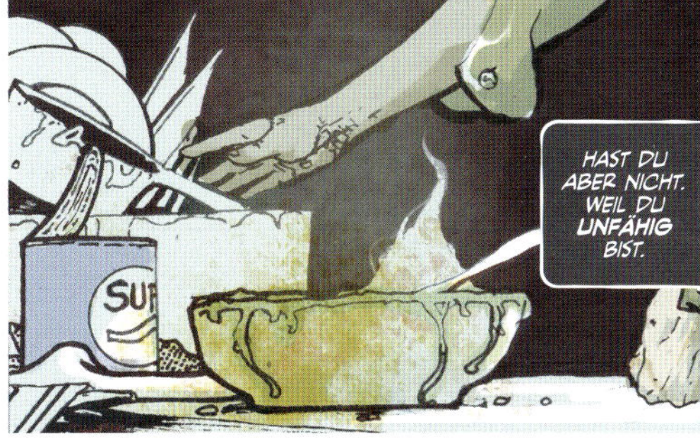

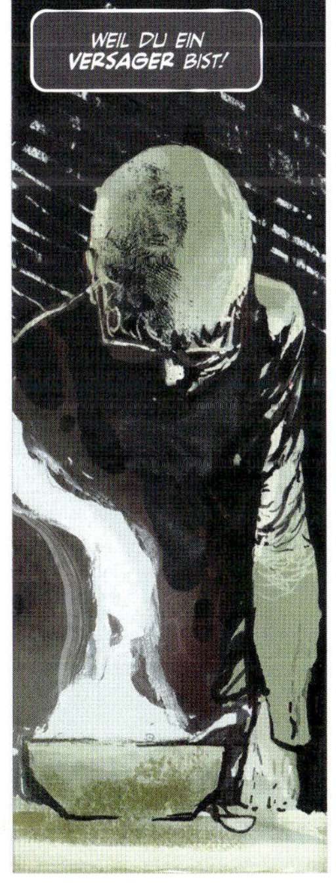

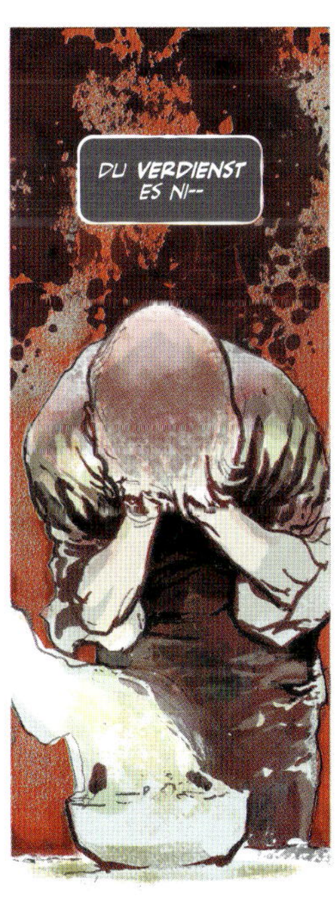

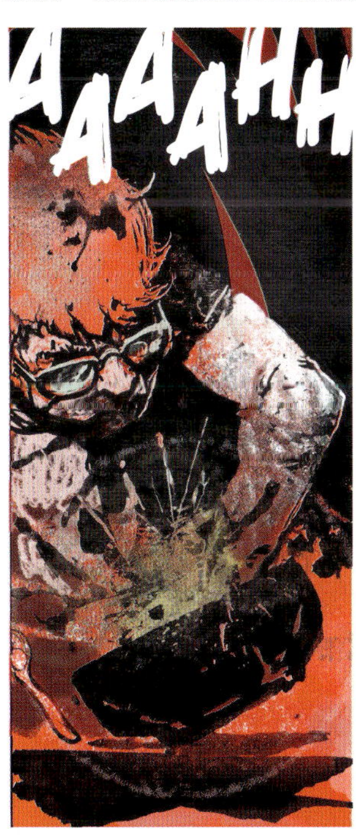

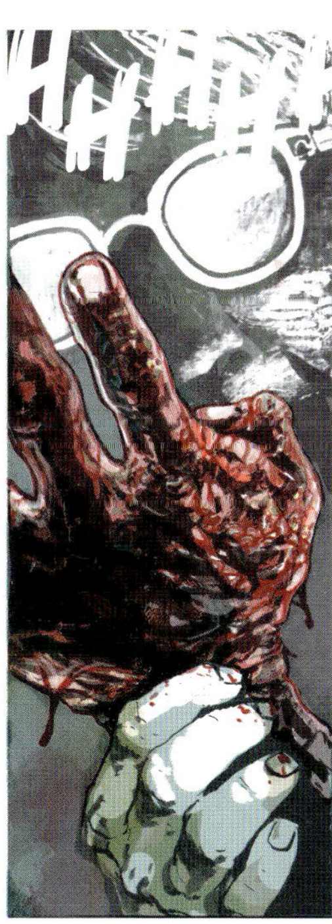

ABER ICH **MACHE** KEINE FEHLER.

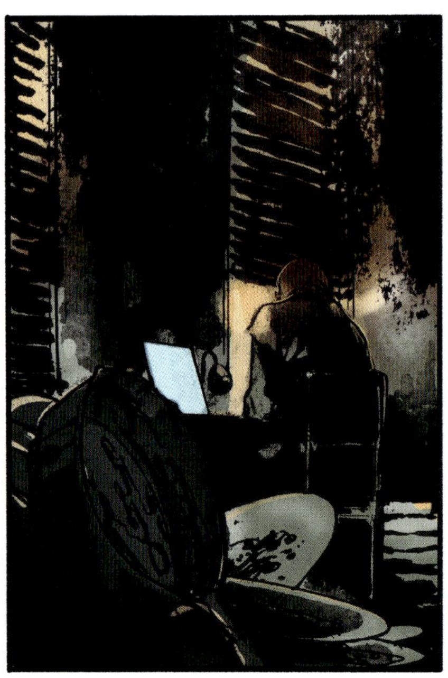

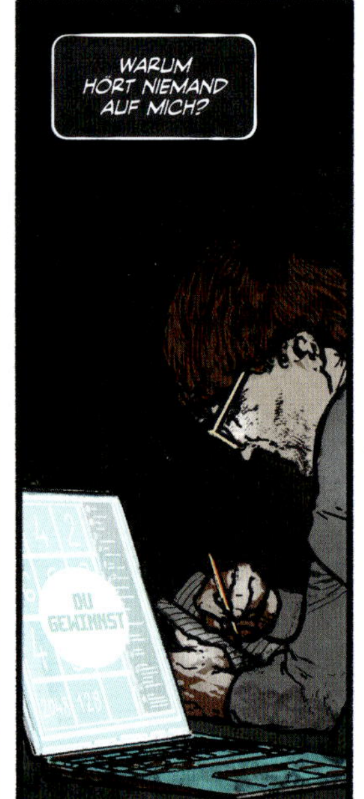

WARUM HÖRT NIEMAND AUF MICH?
DU GEWINNST

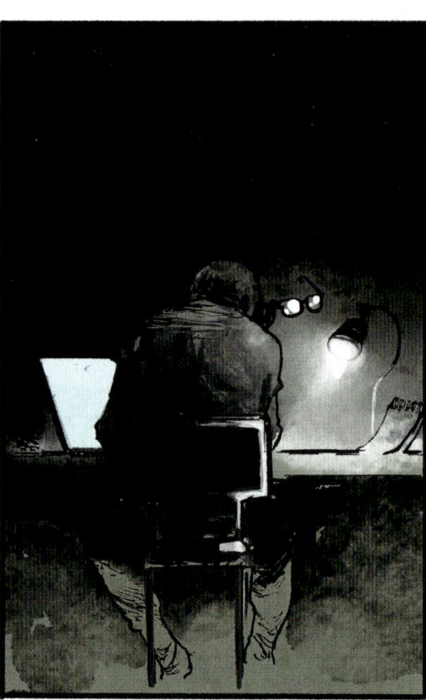

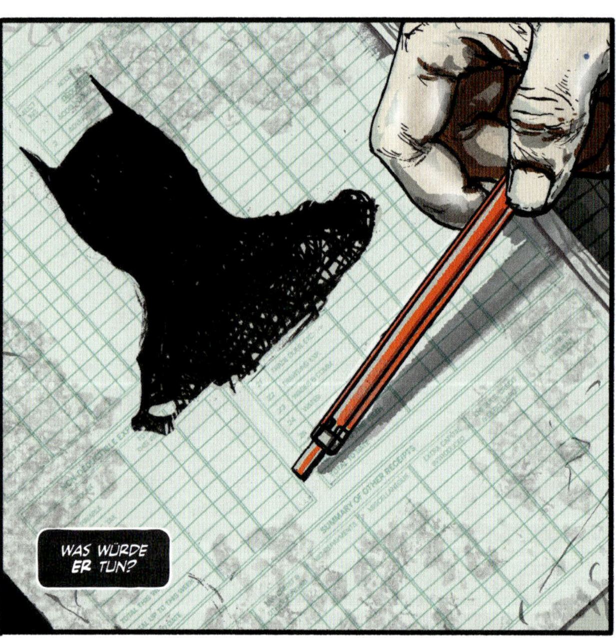

WAS WÜRDE ER TUN?

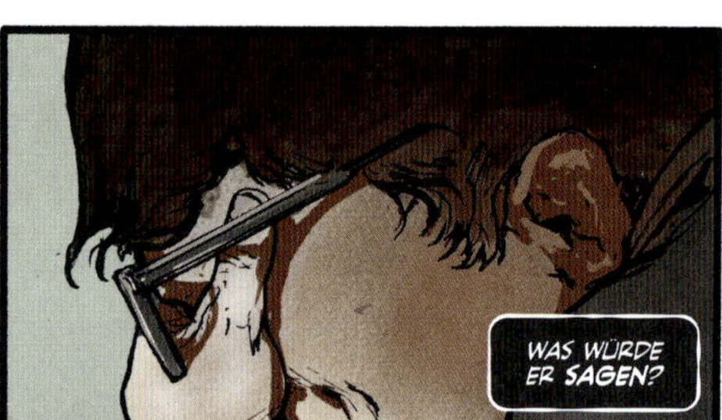

WAS WÜRDE ER SAGEN?

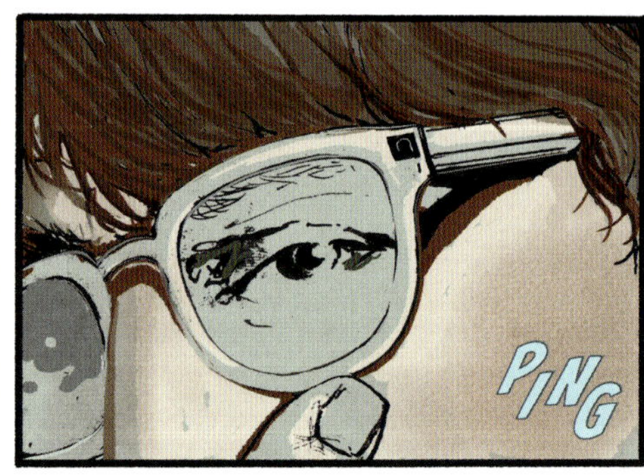

PING

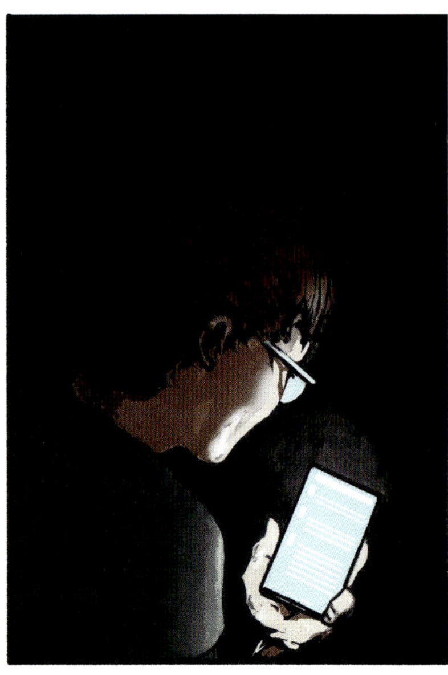

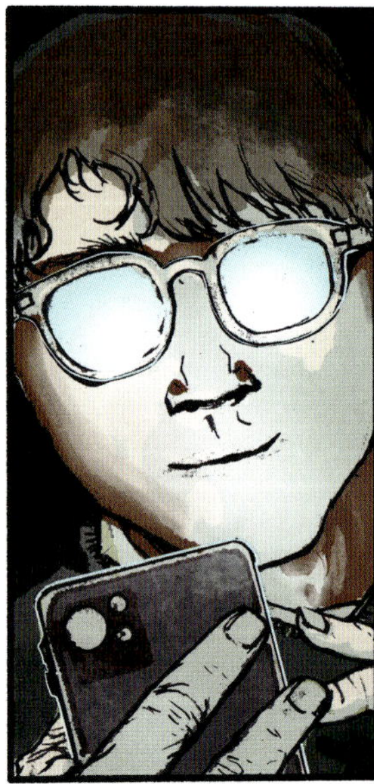

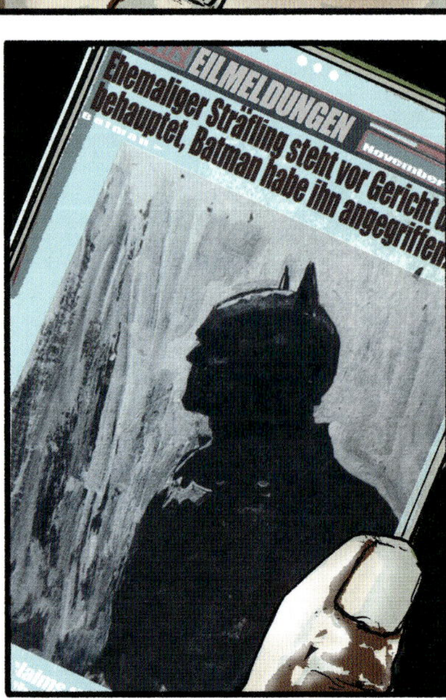

EILMELDUNGEN
Ehemaliger Sträfling steht vor Gericht
behauptet, Batman habe ihn angegriffen

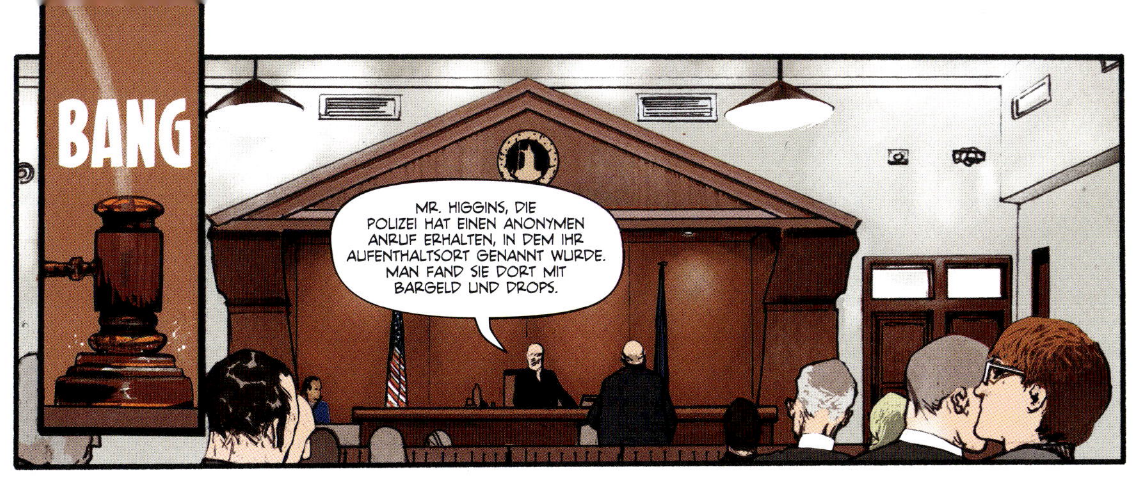
BANG
MR. HIGGINS, DIE POLIZEI HAT EINEN ANONYMEN ANRUF ERHALTEN, IN DEM IHR AUFENTHALTSORT GENANNT WURDE. MAN FAND SIE DORT MIT BARGELD UND DROPS.

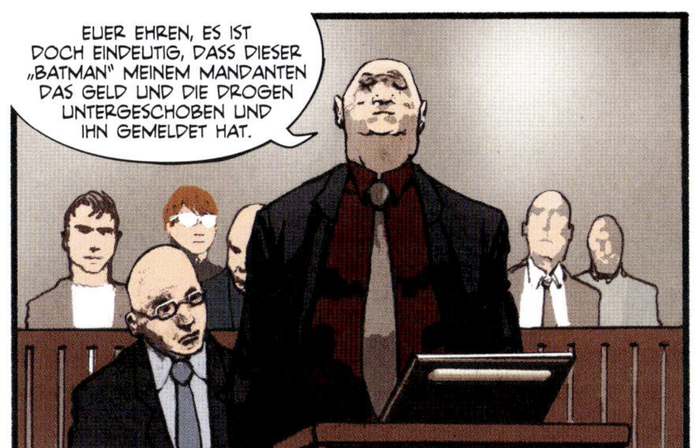
EUER EHREN, ES IST DOCH EINDEUTIG, DASS DIESER „BATMAN" MEINEM MANDANTEN DAS GELD UND DIE DROGEN UNTERGESCHOBEN UND IHN GEMELDET HAT.

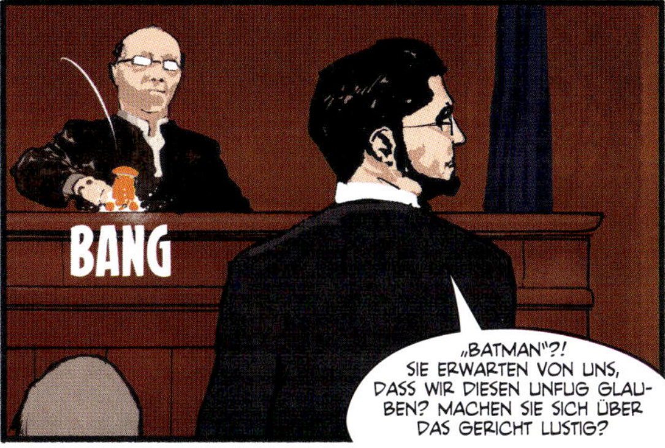
BANG
„BATMAN"?! SIE ERWARTEN VON UNS, DASS WIR DIESEN UNFUG GLAUBEN? MACHEN SIE SICH ÜBER DAS GERICHT LUSTIG?

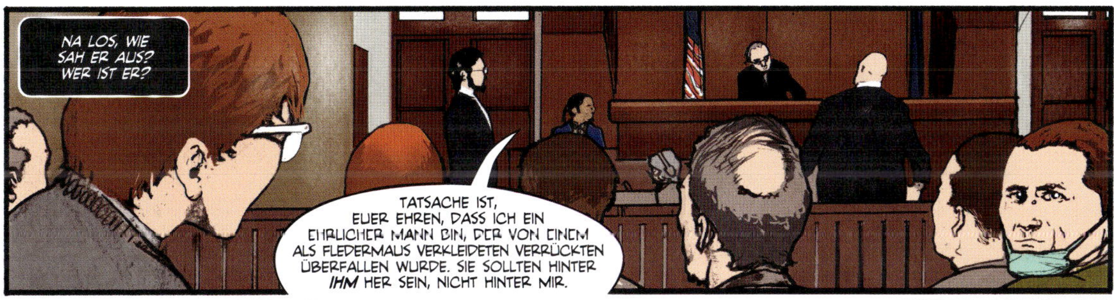
NA LOS, WIE SAH ER AUS? WER IST ER?
TATSACHE IST, EUER EHREN, DASS ICH EIN EHRLICHER MANN BIN, DER VON EINEM ALS FLEDERMAUS VERKLEIDETEN VERRÜCKTEN ÜBERFALLEN WURDE. SIE SOLLTEN HINTER IHM HER SEIN, NICHT HINTER MIR.

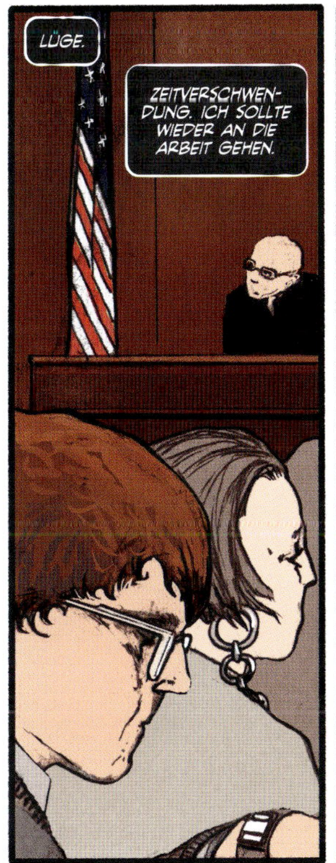
LÜGE.
ZEITVERSCHWENDUNG. ICH SOLLTE WIEDER AN DIE ARBEIT GEHEN.

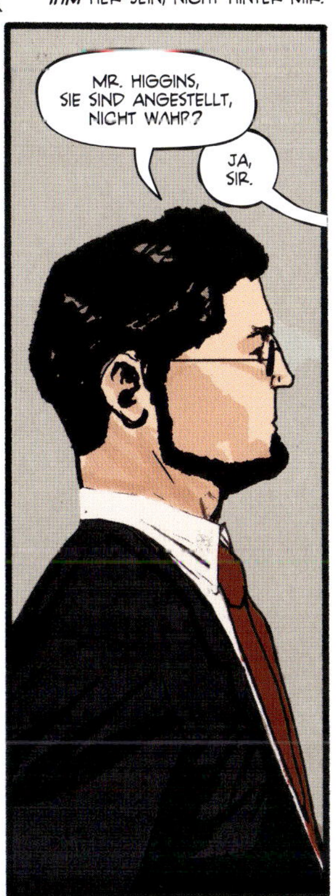
MR. HIGGINS, SIE SIND ANGESTELLT, NICHT WAHR?
JA, SIR.

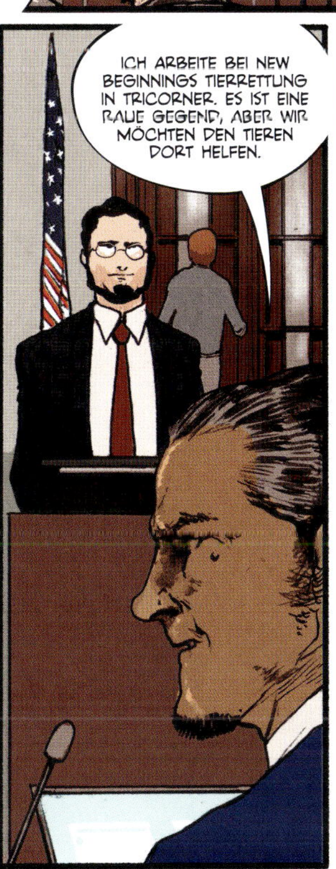
ICH ARBEITE BEI NEW BEGINNINGS TIERRETTUNG IN TRICORNER. ES IST EINE RAUE GEGEND, ABER WIR MÖCHTEN DEN TIEREN DORT HELFEN.

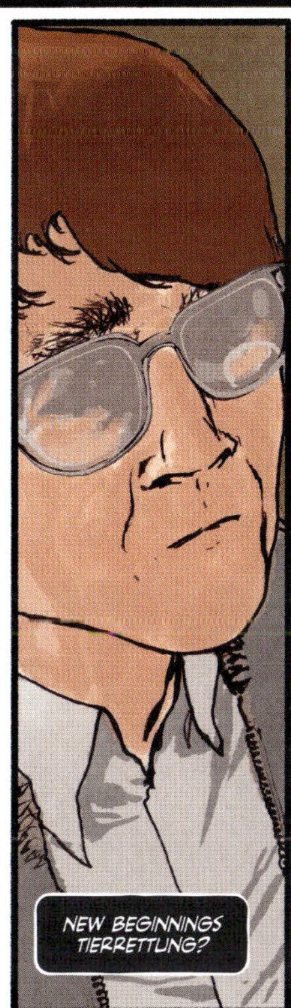
NEW BEGINNINGS TIERRETTUNG?

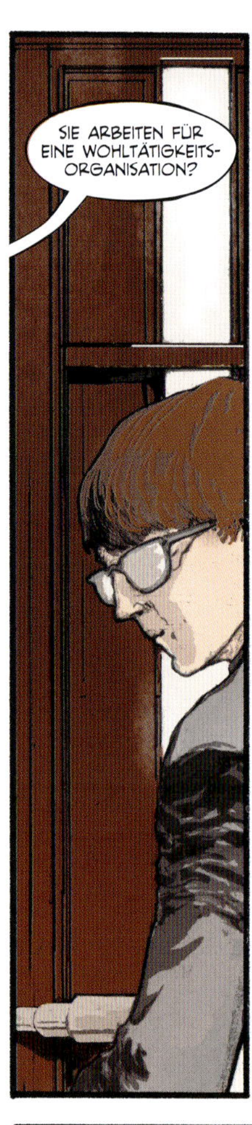
SIE ARBEITEN FÜR EINE WOHLTÄTIGKEITS-ORGANISATION?

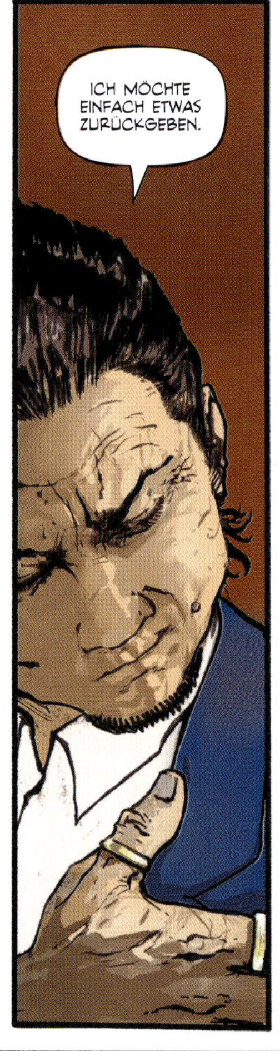
ICH MÖCHTE EINFACH ETWAS ZURÜCKGEBEN.

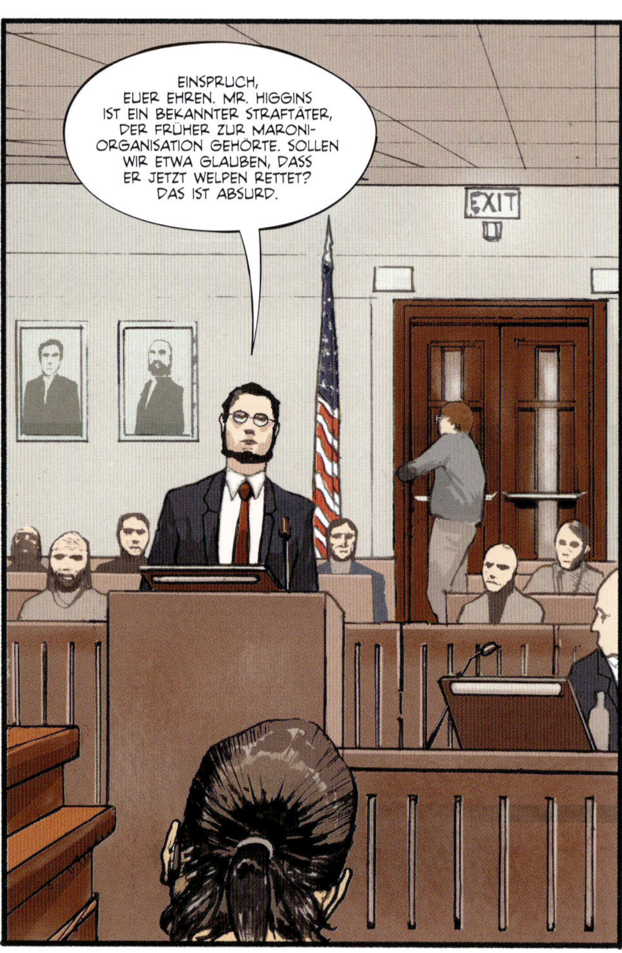
EINSPRUCH, EUER EHREN. MR. HIGGINS IST EIN BEKANNTER STRAFTÄTER, DER FRÜHER ZUR MARONI-ORGANISATION GEHÖRTE. SOLLEN WIR ETWA GLAUBEN, DASS ER JETZT WELPEN RETTET? DAS IST ABSURD.
EXIT

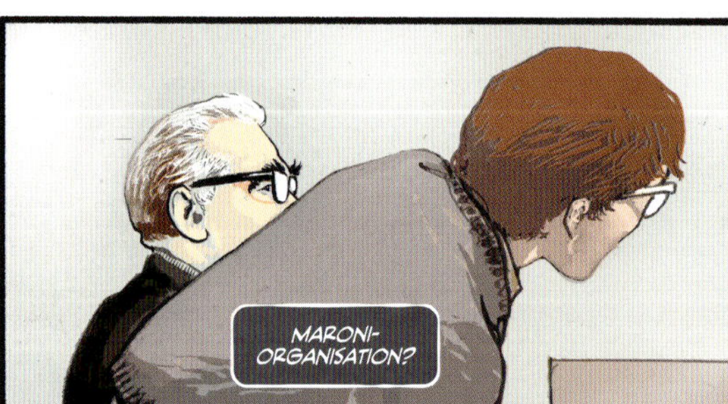
MARONI-ORGANISATION?

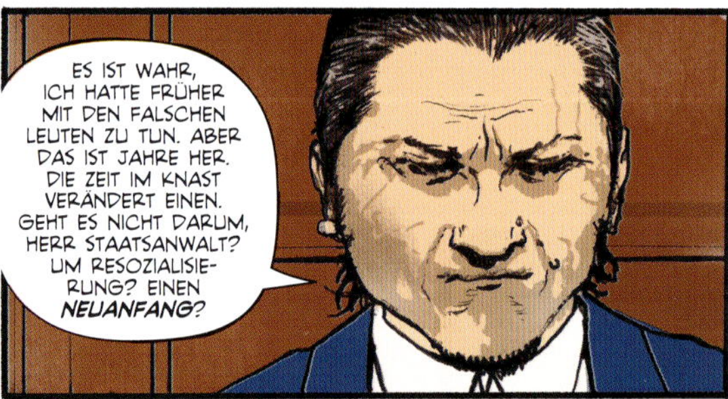
ES IST WAHR, ICH HATTE FRÜHER MIT DEN FALSCHEN LEUTEN ZU TUN. ABER DAS IST JAHRE HER. DIE ZEIT IM KNAST VERÄNDERT EINEN. GEHT ES NICHT DARUM, HERR STAATSANWALT? UM RESOZIALISIE-RUNG? EINEN ***NEUANFANG***?

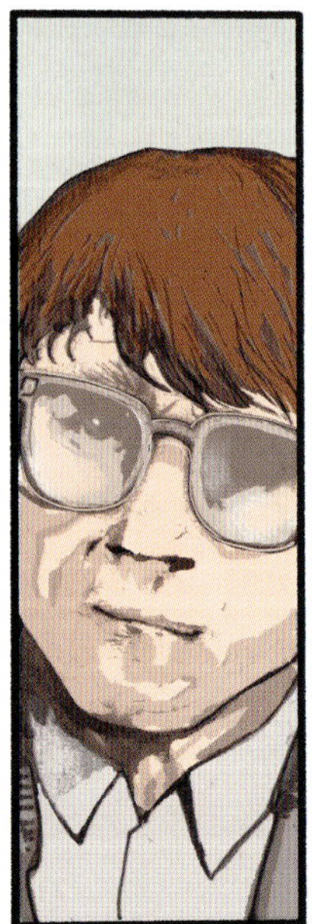

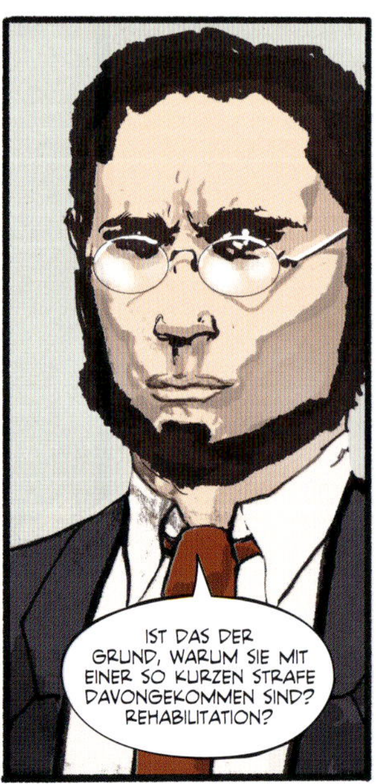
IST DAS DER GRUND, WARUM SIE MIT EINER SO KURZEN STRAFE DAVONGEKOMMEN SIND? REHABILITATION?

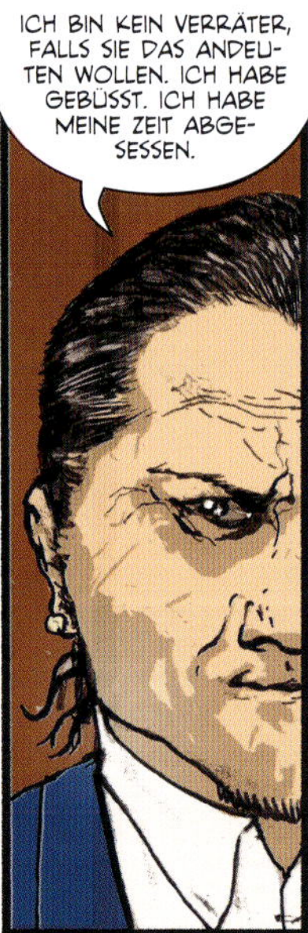
ICH BIN KEIN VERRÄTER, FALLS SIE DAS ANDEUTEN WOLLEN. ICH HABE GEBÜSST. ICH HABE MEINE ZEIT ABGE-SESSEN.

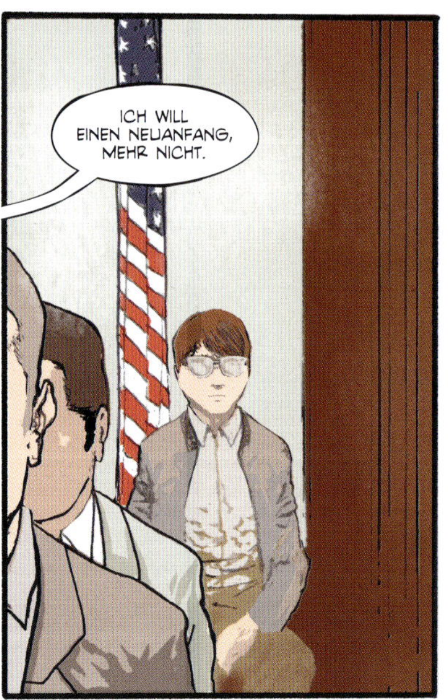
ICH WILL EINEN NEUANFANG, MEHR NICHT.

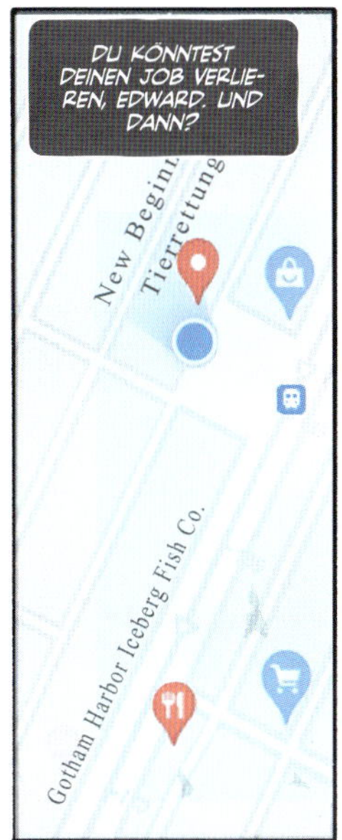
DU KÖNNTEST DEINEN JOB VERLIEREN, EDWARD. UND DANN?
Tierrettung
Gotham Harbor Iceberg Fish Co.

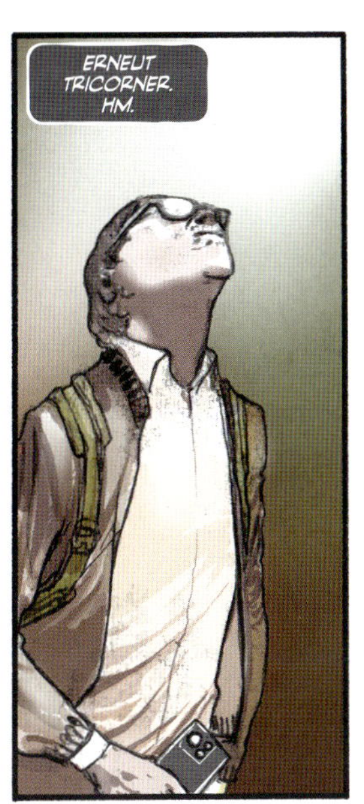
ERNEUT TRICORNER. HM.

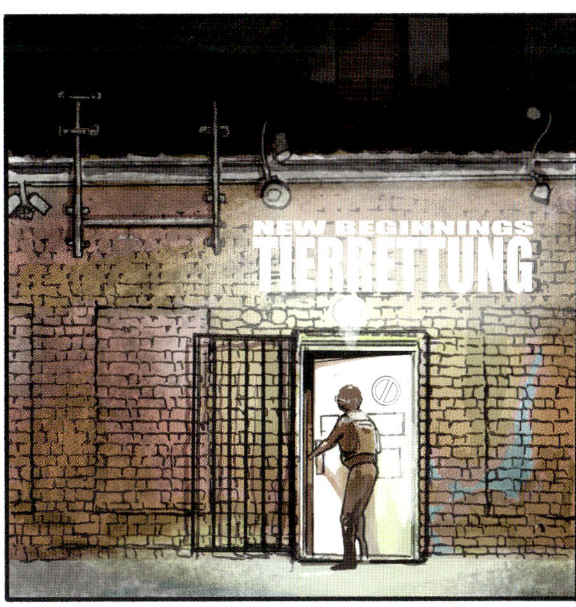
NEW BEGINNINGS
TIERRETTUNG

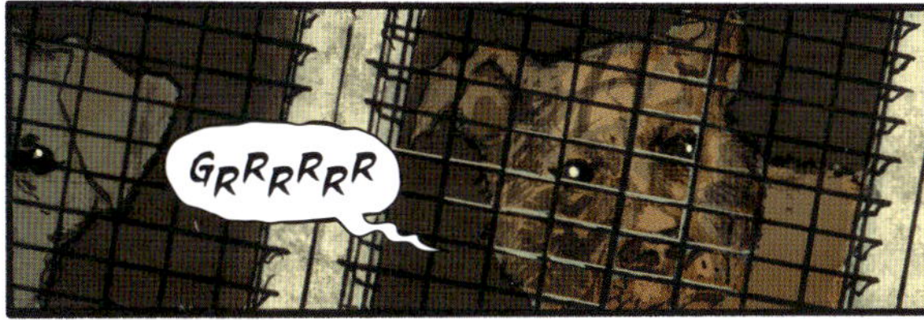
GRRRRRR

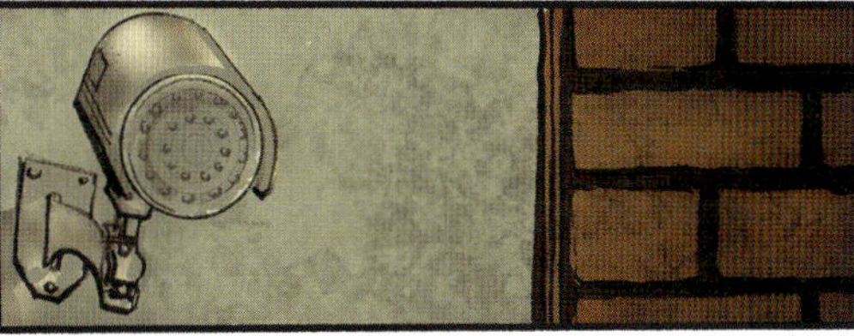

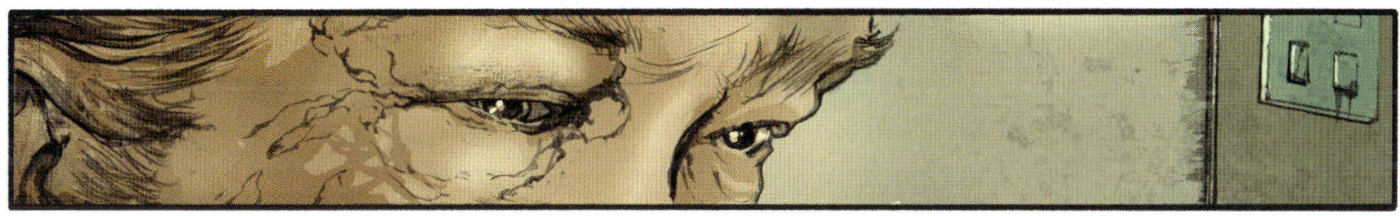

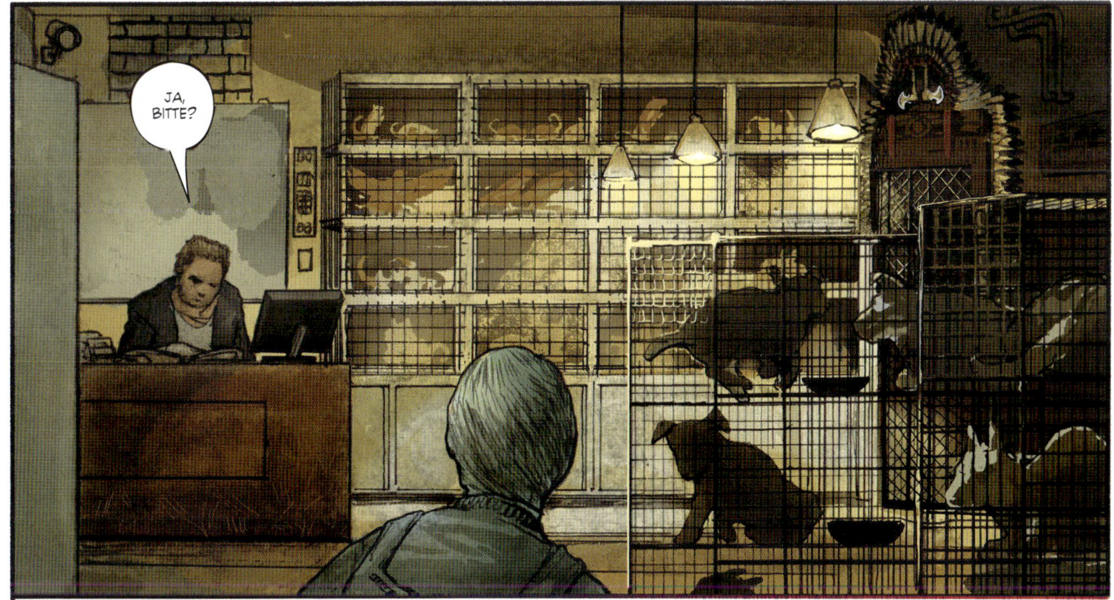
JA, BITTE?

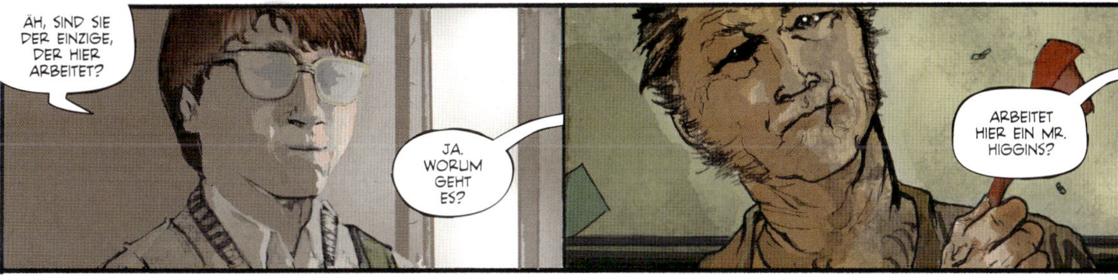
ÄH, SIND SIE DER EINZIGE, DER HIER ARBEITET?
JA. WORUM GEHT ES?
ARBEITET HIER EIN MR. HIGGINS?

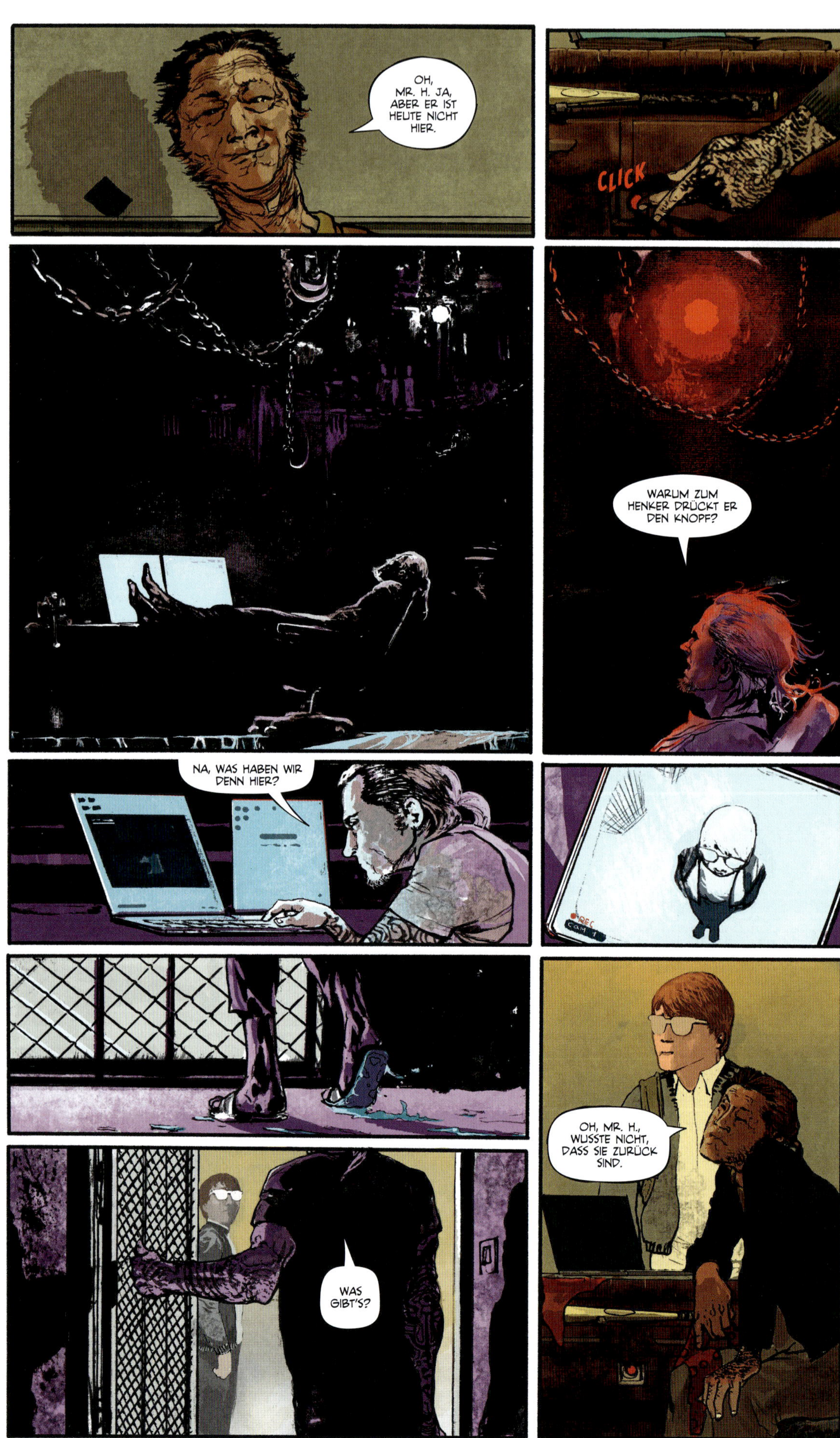

OH, MR. H. JA, ABER ER IST HEUTE NICHT HIER.
CLICK
WARUM ZUM HENKER DRÜCKT ER DEN KNOPF?
NA, WAS HABEN WIR DENN HIER?
REC
CAM 1
OH, MR. H., WUSSTE NICHT, DASS SIE ZURÜCK SIND.
WAS GIBT'S?

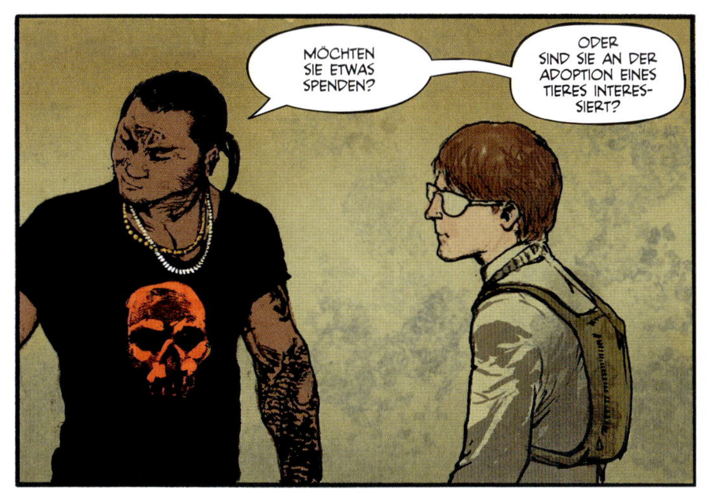
MÖCHTEN SIE ETWAS SPENDEN?
ODER SIND SIE AN DER ADOPTION EINES TIERES INTERES-SIERT?

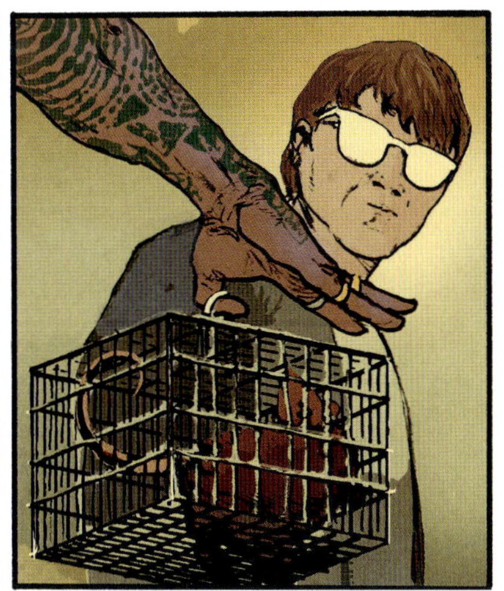

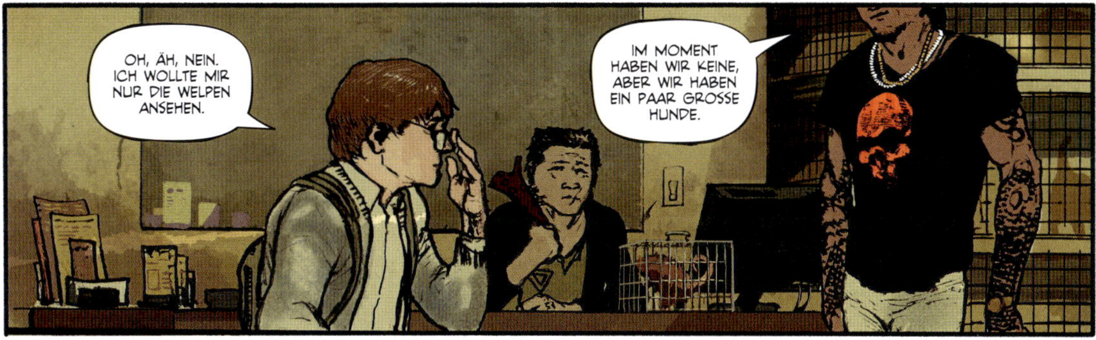
OH, ÄH, NEIN. ICH WOLLTE MIR NUR DIE WELPEN ANSEHEN.
IM MOMENT HABEN WIR KEINE, ABER WIR HABEN EIN PAAR GROSSE HUNDE.

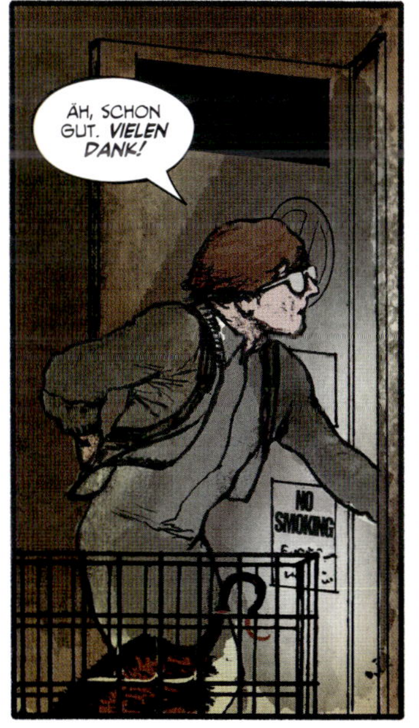
ÄH, SCHON GUT. **VIELEN DANK!**
NO SMOKING

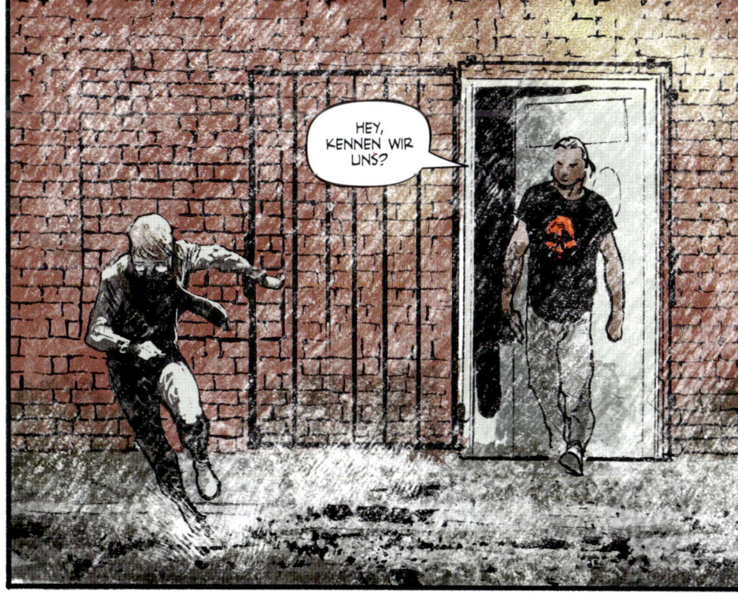
HEY, KENNEN WIR UNS?

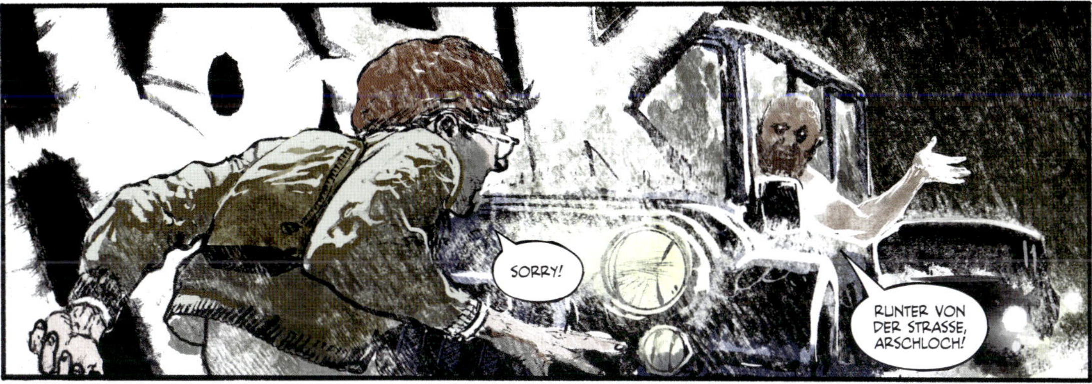
SORRY!
RUNTER VON DER STRASSE, ARSCHLOCH!

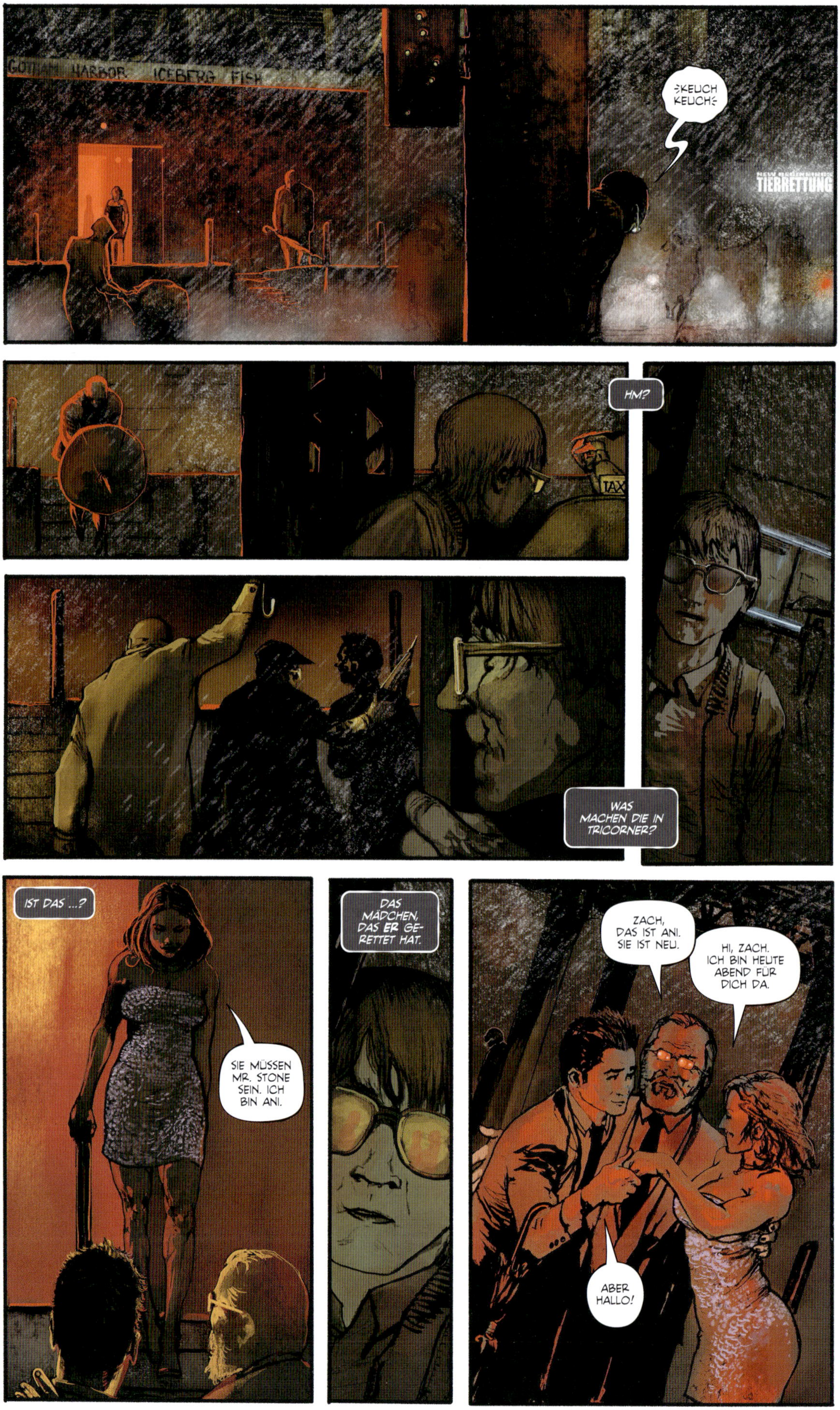

GOTHAM HARBOR ICEBERG FISH

≈KEUCH KEUCH≈

TIERRETTUNG

HM?

WAS MACHEN DIE IN TRICORNER?

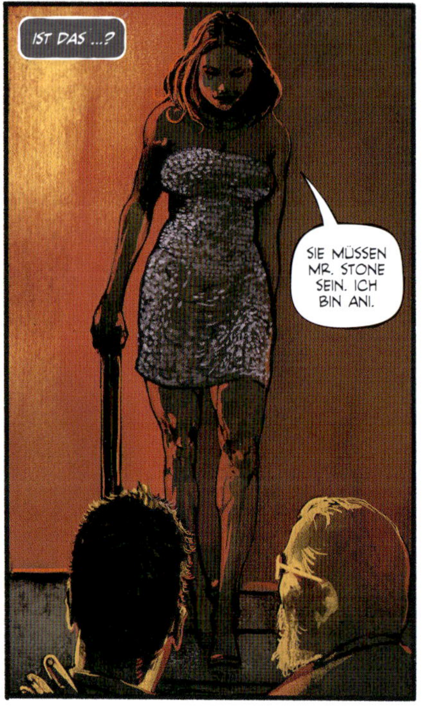

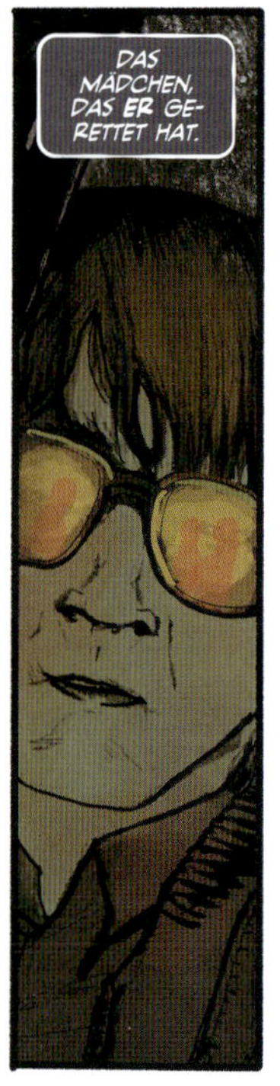

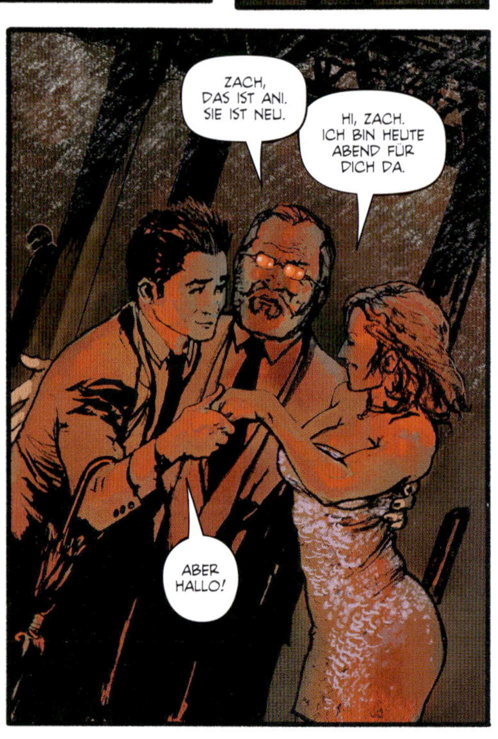

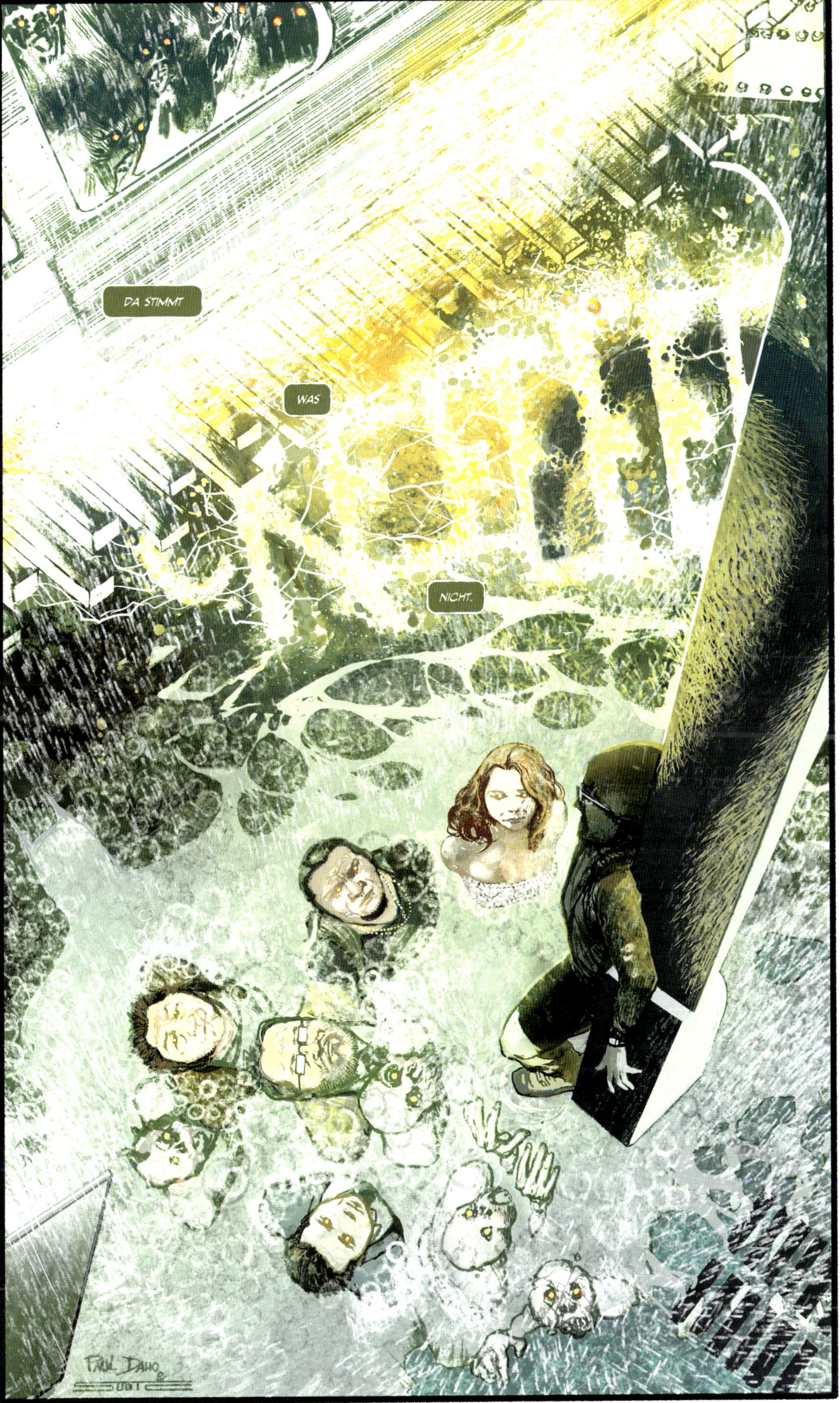
DA STIMMT
WAS
NICHT.

WEEK OF THE YEAR ______ WEEK ENDED ______ ACCOUNT NO. ______ FILE NO. ______

TOTAL RECEIPTS FROM BUSINESS OR PROFESSION

3. November

Ich bin gut genug Ich bin gut genug Ich bin gut genug
Ich bin gut genug Ich bin gut genug Ich bin gut genug
Ich bin gut genug Ich bin gut genug Ich bin gut genug
Ich bin gut genug Ich bin gut genug Ich bin gut genug
Ich bin gut genug Ich bin gut genug
Ich bin gut genug Ich bin gut genug
Ich bin gut genug Ich bin gut genug
Ich bin gut genug Ich bin gut genug

Ich bin gut genug Ich bin gut genug Ich
Ich bin gut genug Ich bin gut genug Ich
Ich bin gut genug Ich bin gut genug Ich
Ich bin gut genug Ich bin gut genug Ich
Ich bin gut genug Ich bin gut genug Ich
Ich bin gut genug bin gut genug Ich
Ich bin gut genug bin gut genug Ich
Ich bin gut bin gut genug Ich
Ich bin gut gut genug Ich
Ich bin gut gut genug Ich

Ich bin gut genug Ich bin gut genug Ich
Ich bin gut genug Ich bin gut genug Ich bin gut genug Ich
Ich bin gut genug Ich bin gut genug Ich bin gut genug Ich
Ich bin gut genug Ich bin gut genug Ich bin gut genug Ich
Ich bin gut genug Ich bin gut genug Ich bin gut genug Ich
Ich bin gut genug Ich bin gut genug Ich bin gut genug Ich
Ich bin gut genug Ich bin gut genug Ich bin gut genug Ich
Ich bin gut genug Ich bin gut genug Ich bin gut genug Ich
Ich bin gut genug Ich bin gut genug Ich

DU BIST WICHTIG.

Ich bin gut genug Ich bin gut genug Ich bin gut genug
Ich bin gut genug Ich bin gut genug Ich bin gut genug
Ich bin gut genug Ich bin gut genug Ich bin gut genug
Ich bin gut genug Ich bin gut genug Ich bin gut genug
Ich bin gut genug Ich bin gut genug Ich bin gut genug
Ich bin gut genug Ich bin gut genug Ich bin gut genug
Ich bin gut genug Ich bin gut genug Ich bin gut genug

NEIN, BIST DU NICHT

TOTAL UP TO THIS WEEK

TOTAL TO DATE

FORM NO. WC -2 (120-0)

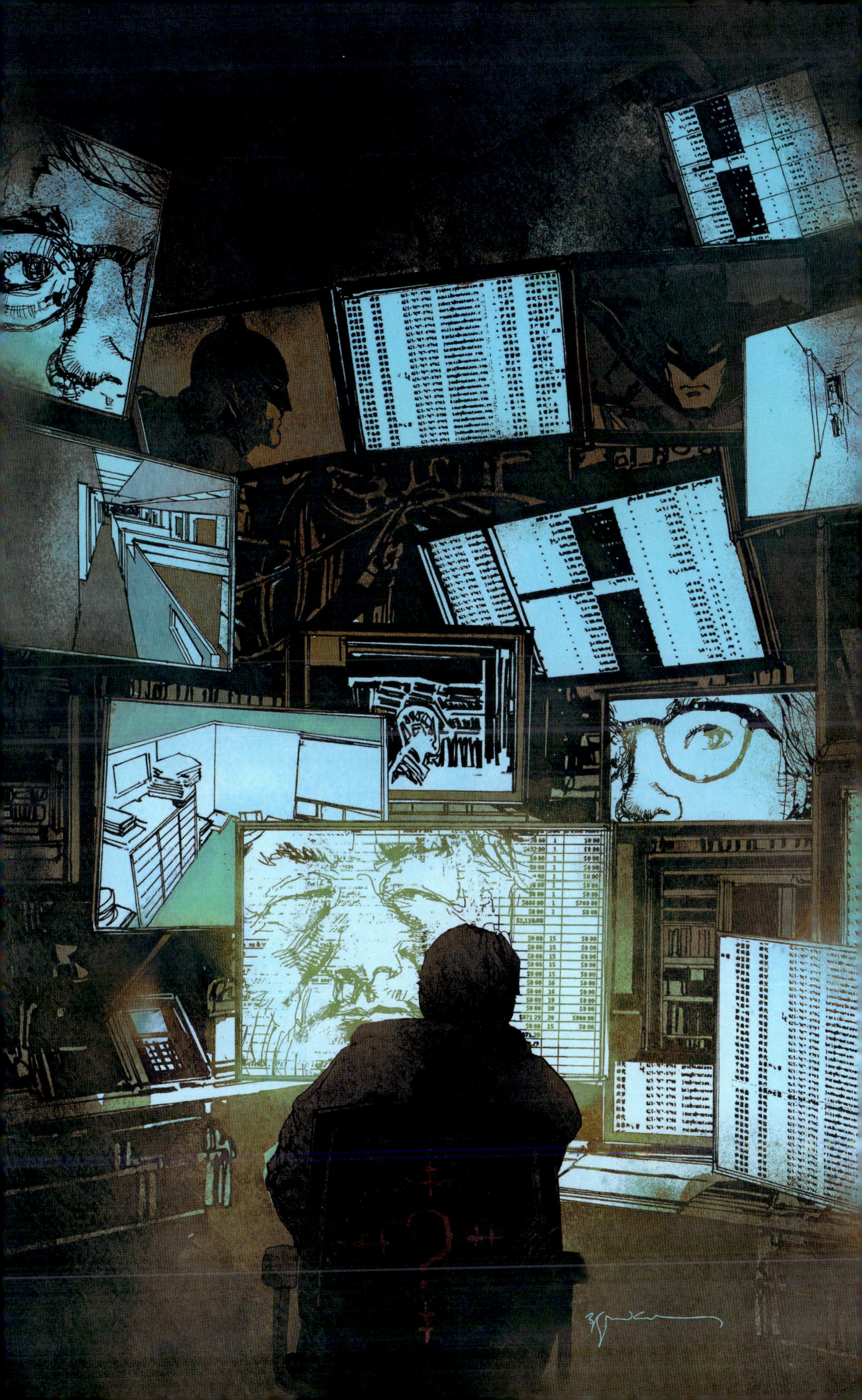

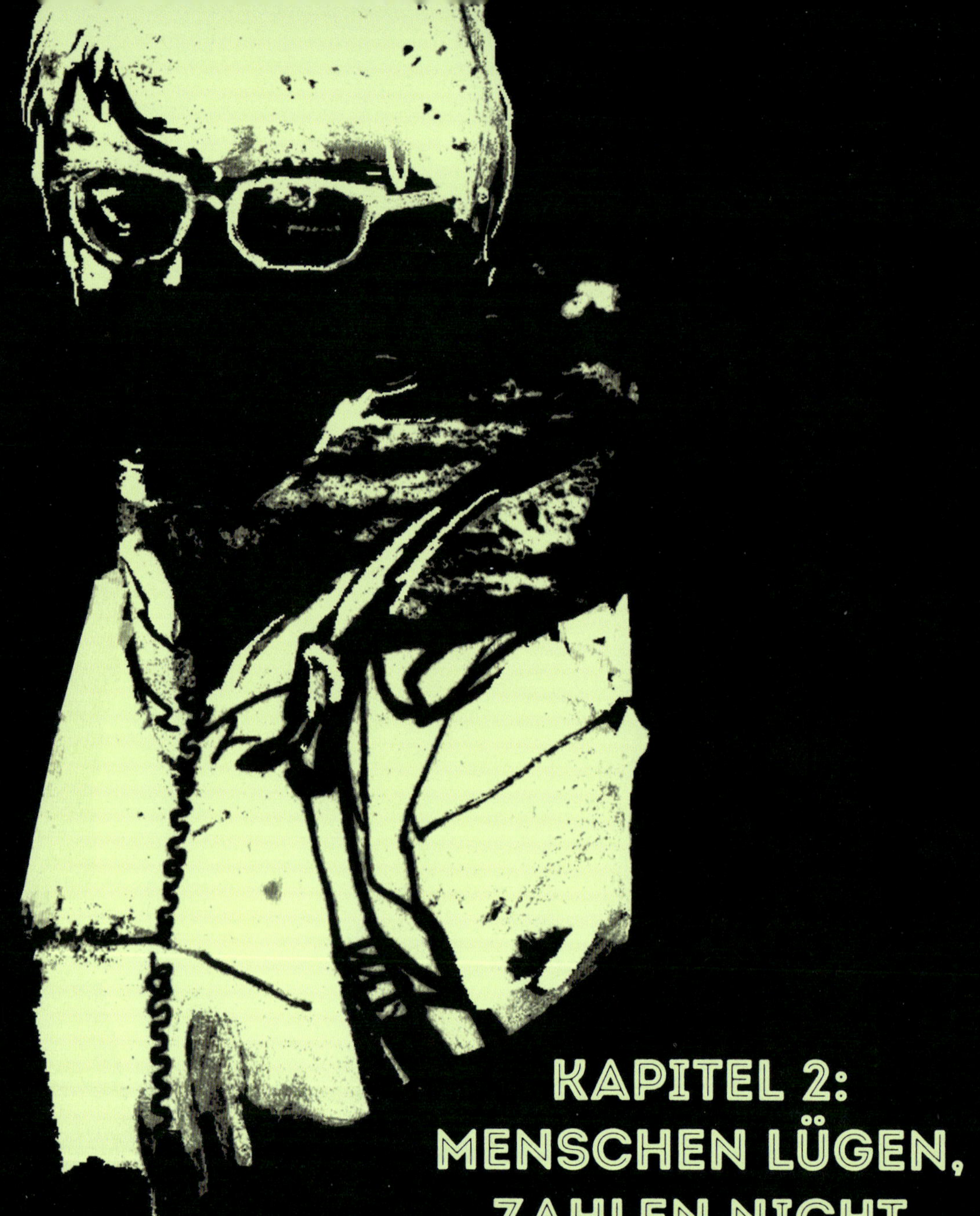

KAPITEL 2: MENSCHEN LÜGEN, ZAHLEN NICHT

STORY

PAUL DANO

ZEICHNUNGEN, TUSCHE & FARBEN

STEVAN SUBIC

ORIGINAL-COVER

BILL SIENKIEWICZ

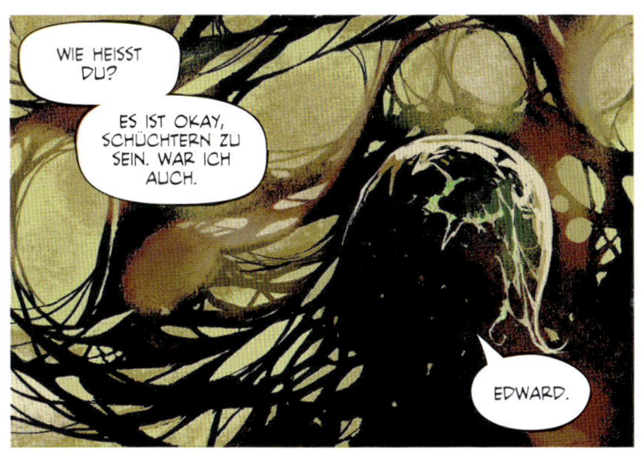
WIE HEISST DU?
ES IST OKAY, SCHÜCHTERN ZU SEIN. WAR ICH AUCH.
EDWARD.

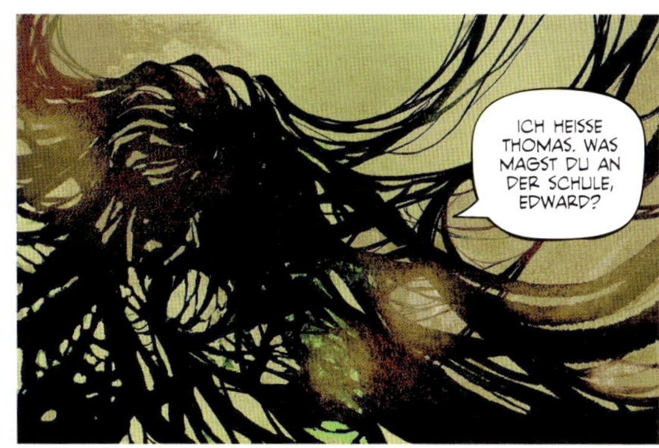
ICH HEISSE THOMAS. WAS MAGST DU AN DER SCHULE, EDWARD?

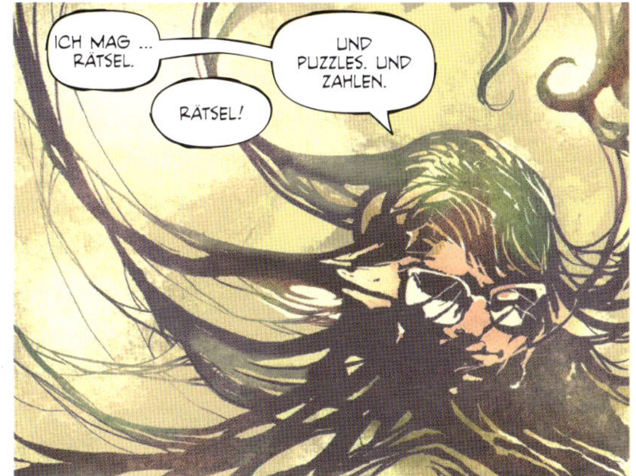
ICH MAG ... RÄTSEL.
RÄTSEL!
UND PUZZLES. UND ZAHLEN.

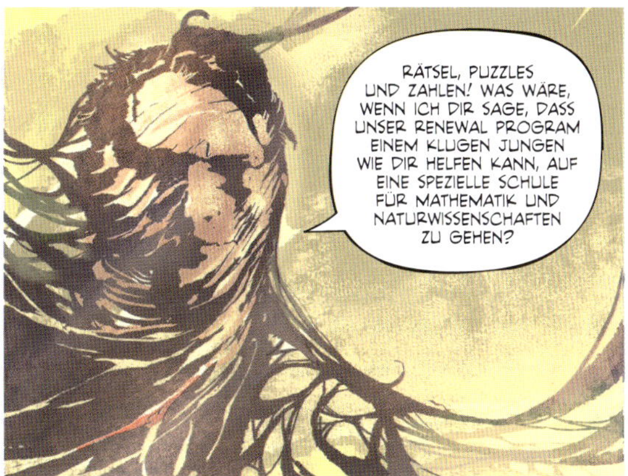
RÄTSEL, PUZZLES UND ZAHLEN! WAS WÄRE, WENN ICH DIR SAGE, DASS UNSER RENEWAL PROGRAM EINEM KLUGEN JUNGEN WIE DIR HELFEN KANN, AUF EINE SPEZIELLE SCHULE FÜR MATHEMATIK UND NATURWISSENSCHAFTEN ZU GEHEN?

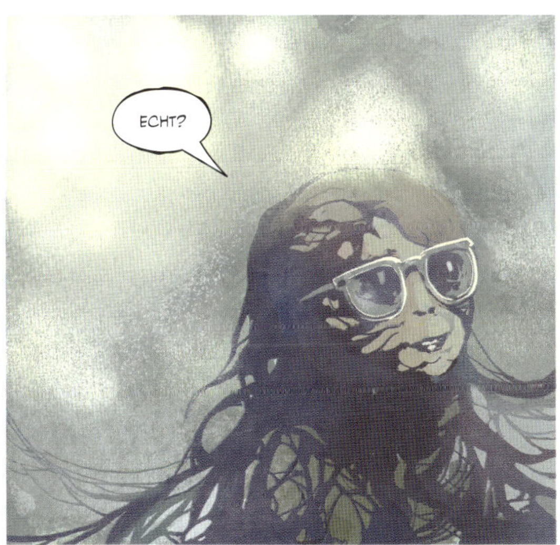
ECHT?

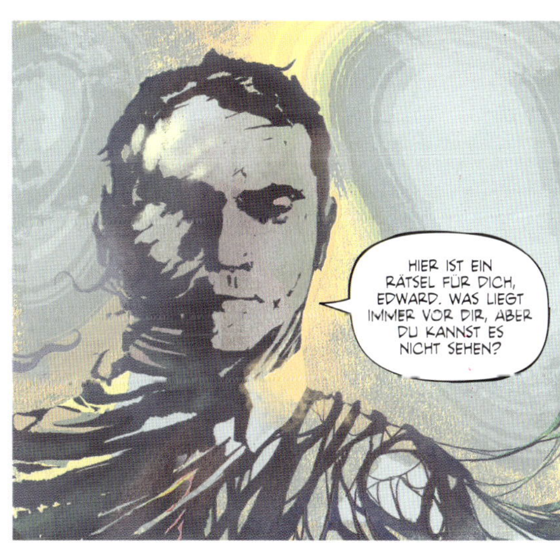
HIER IST EIN RÄTSEL FÜR DICH, EDWARD. WAS LIEGT IMMER VOR DIR, ABER DU KANNST ES NICHT SEHEN?

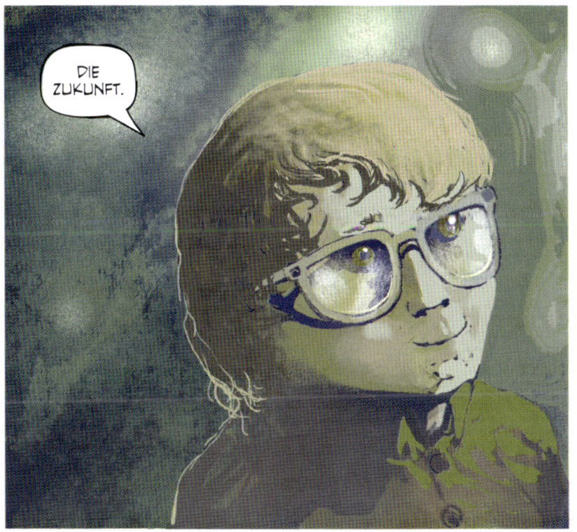
DIE ZUKUNFT.

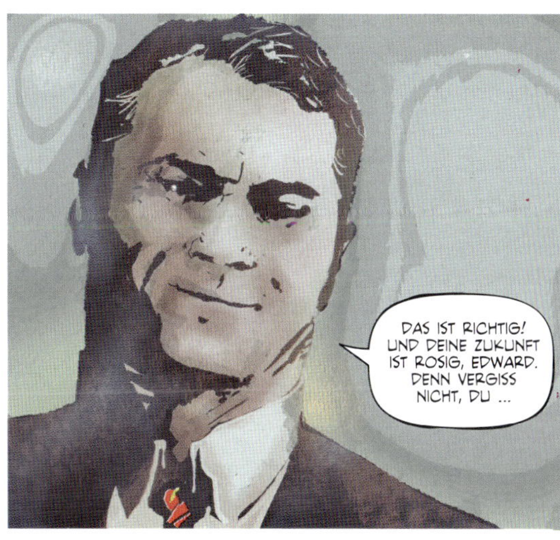
DAS IST RICHTIG! UND DEINE ZUKUNFT IST ROSIG, EDWARD. DENN VERGISS NICHT, DU ...

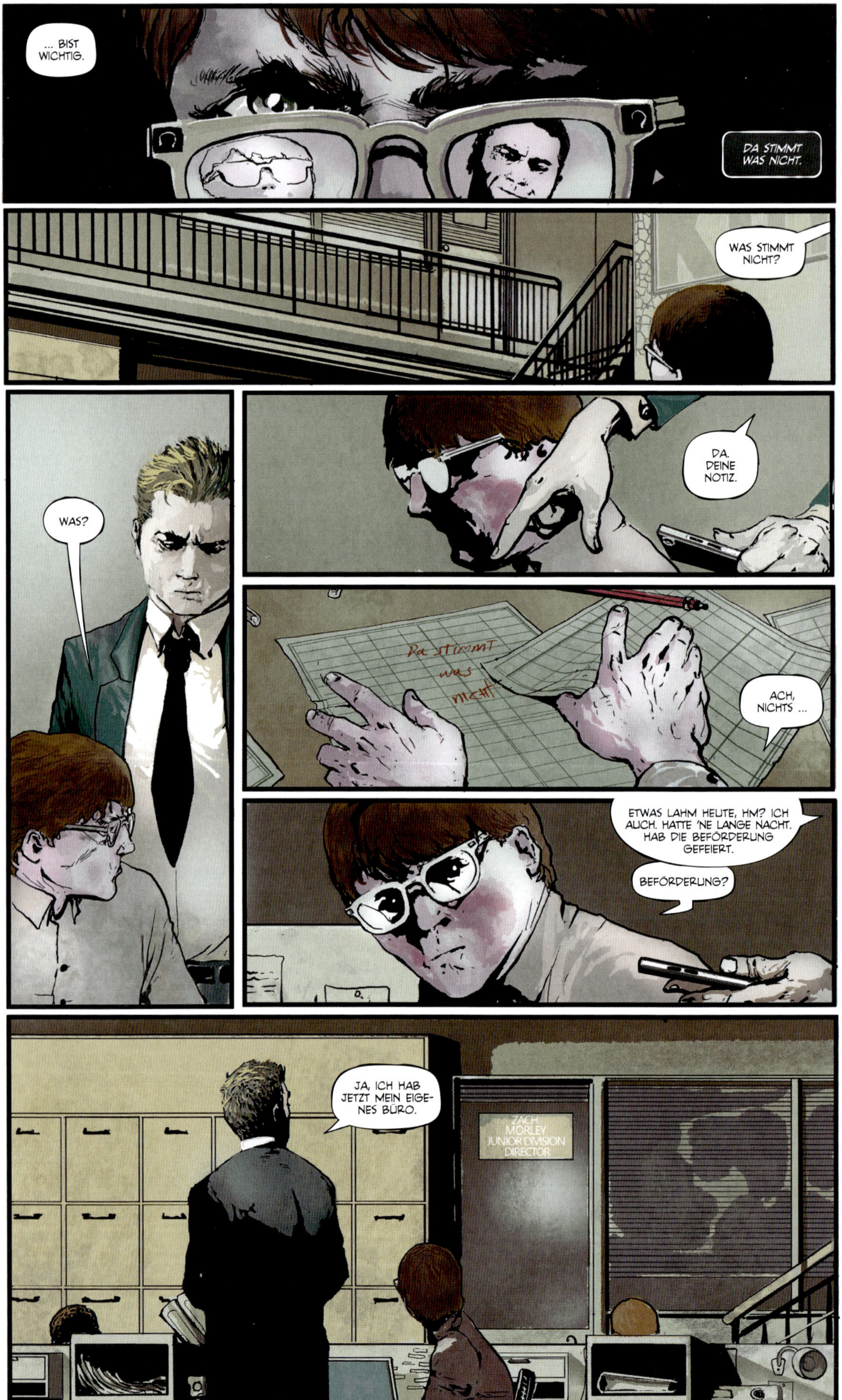

... BIST WICHTIG.

DA STIMMT WAS NICHT.

WAS STIMMT NICHT?

WAS?

DA. DEINE NOTIZ.

Da stimmt was nicht

ACH, NICHTS ...

ETWAS LAHM HEUTE, HM? ICH AUCH. HATTE 'NE LANGE NACHT. HAB DIE BEFÖRDERUNG GEFEIERT.

BEFÖRDERUNG?

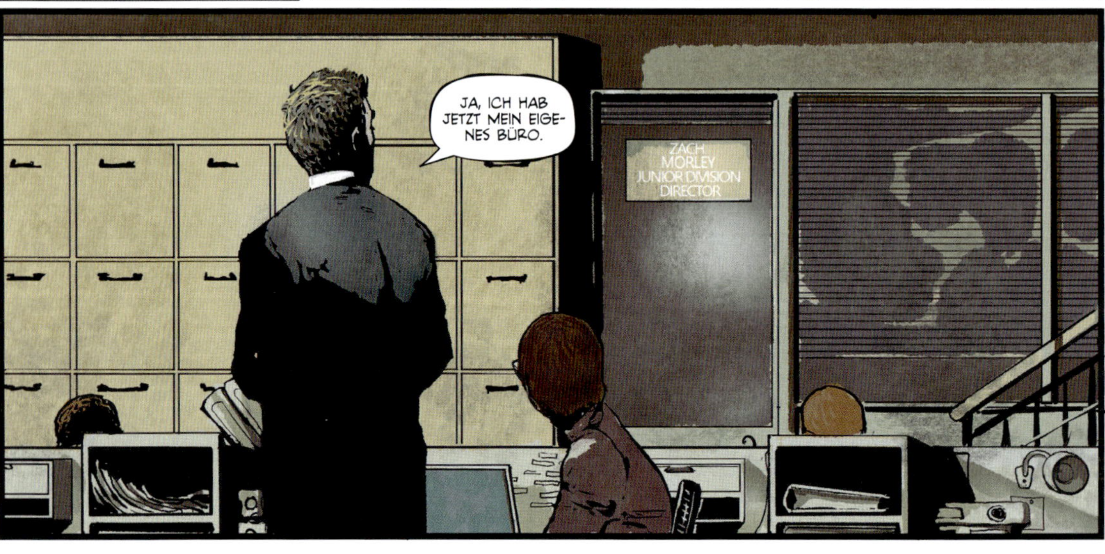

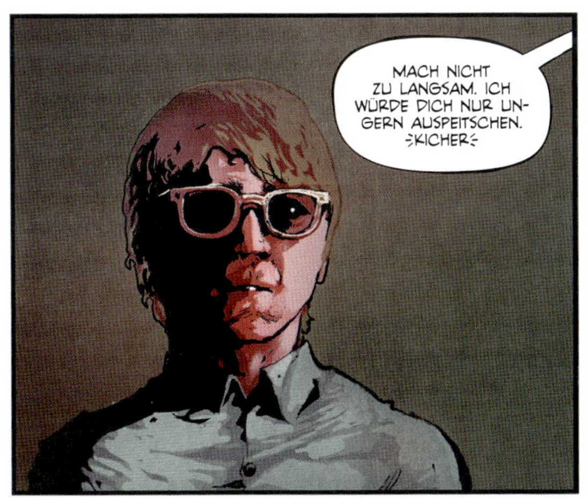
MACH NICHT ZU LANGSAM. ICH WÜRDE DICH NUR UNGERN AUSPEITSCHEN. *KICHER*
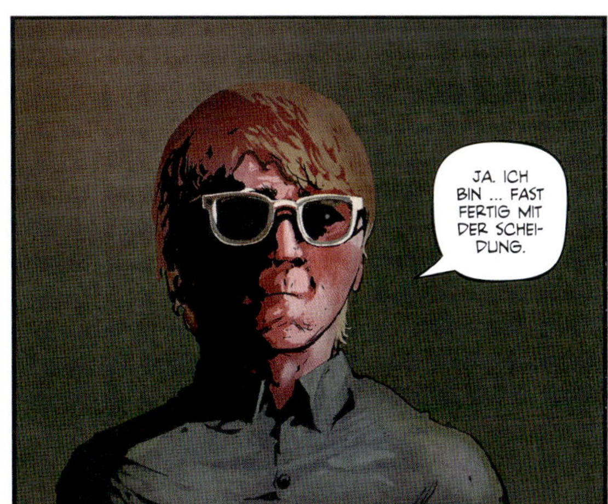
JA. ICH BIN ... FAST FERTIG MIT DER SCHEIDUNG.
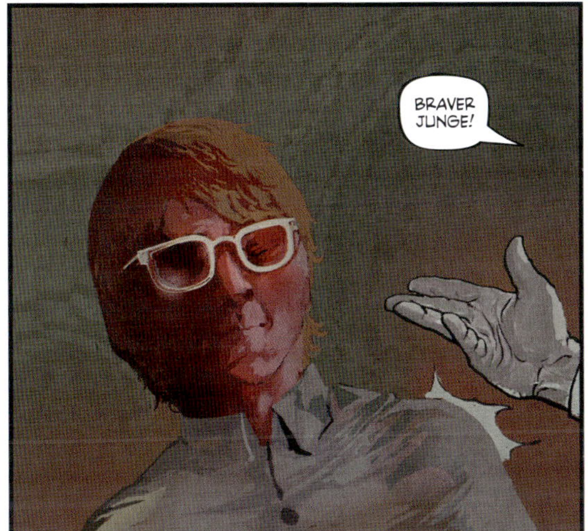
BRAVER JUNGE!
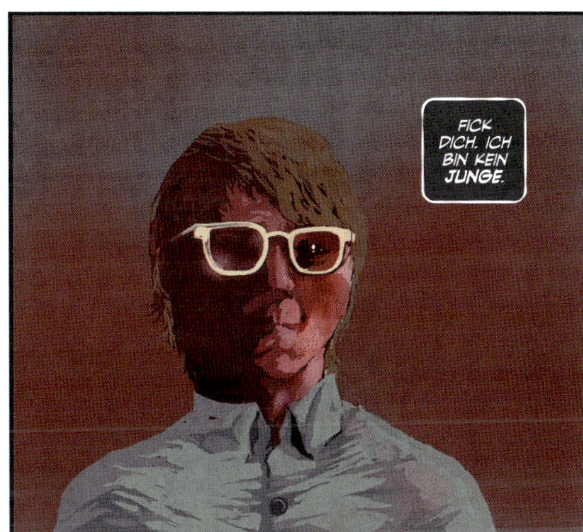
FICK DICH. ICH BIN KEIN JUNGE.
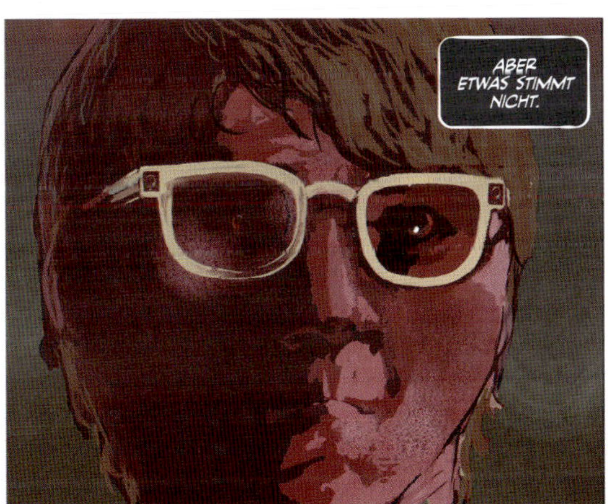
ABER ETWAS STIMMT NICHT.
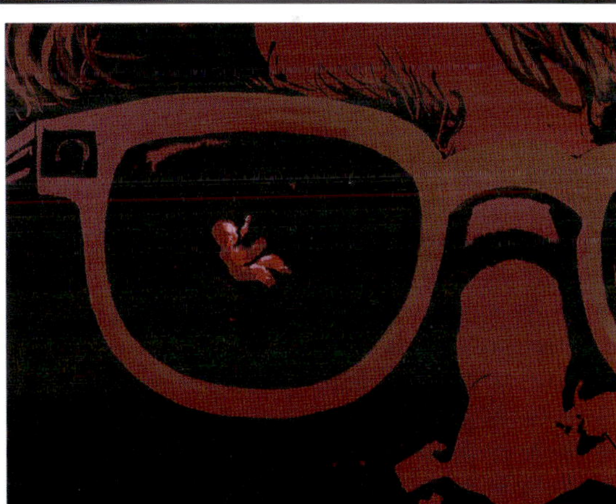
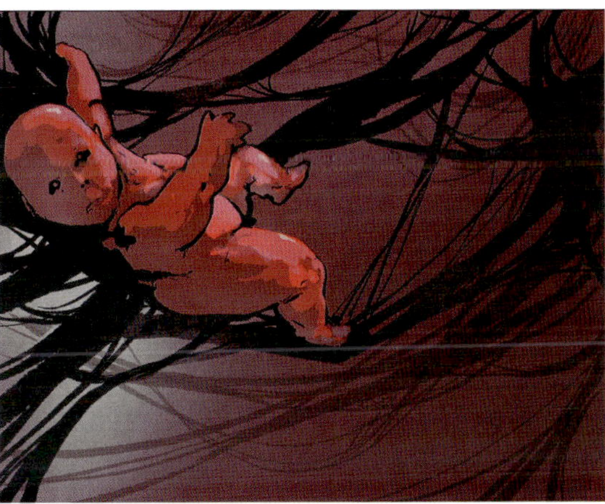
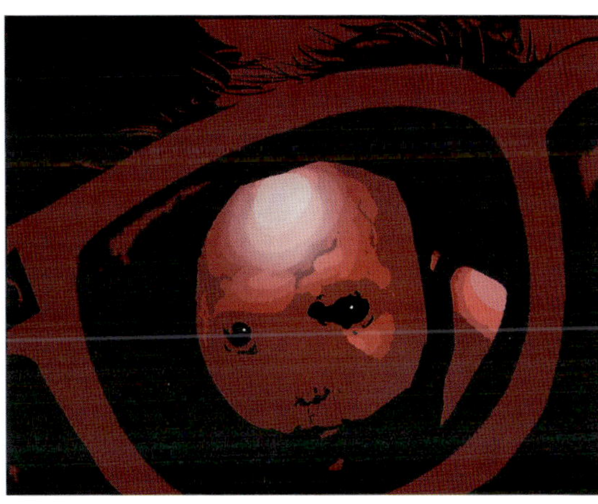

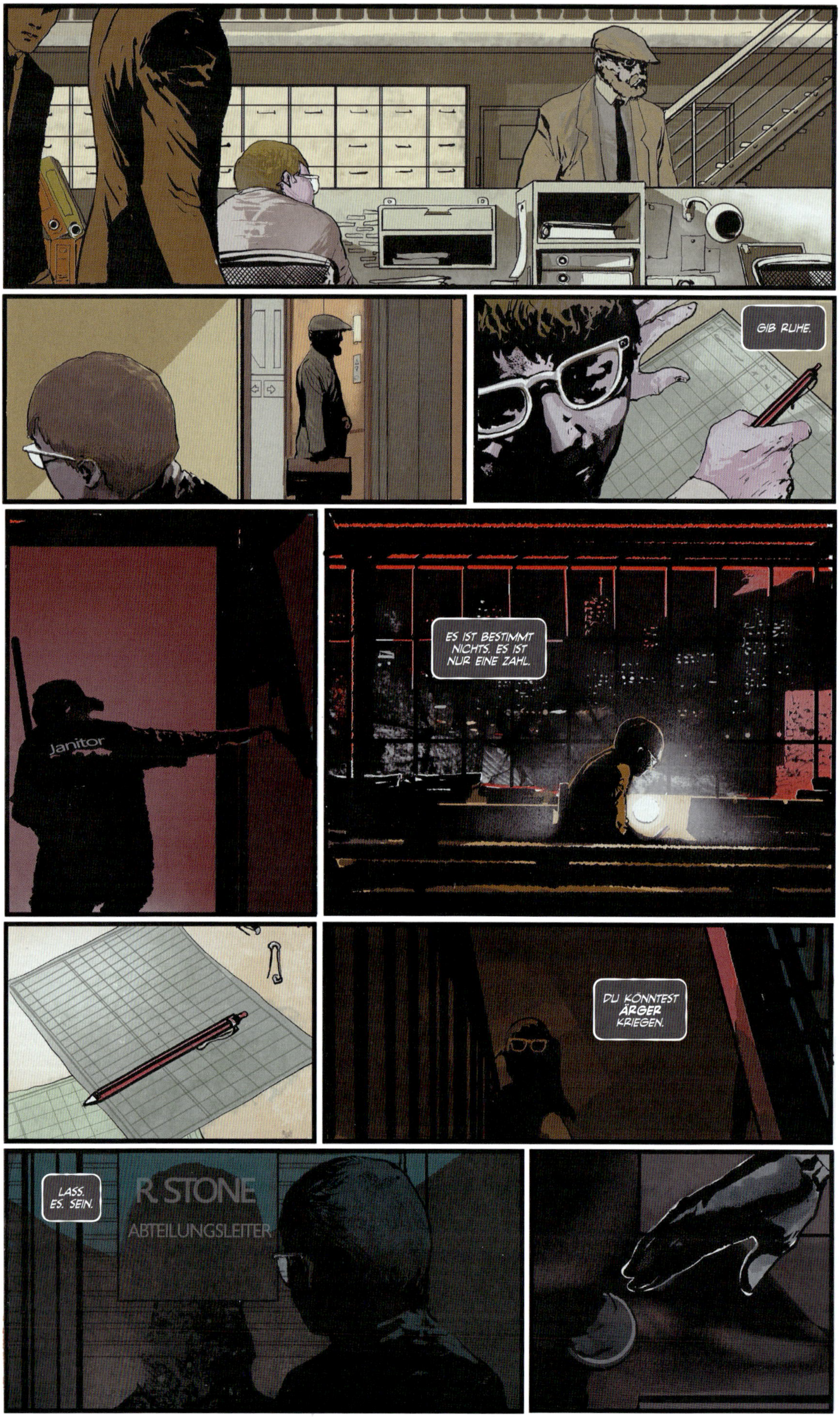

GIB RUHE.

Janitor

ES IST BESTIMMT NICHTS. ES IST NUR EINE ZAHL.

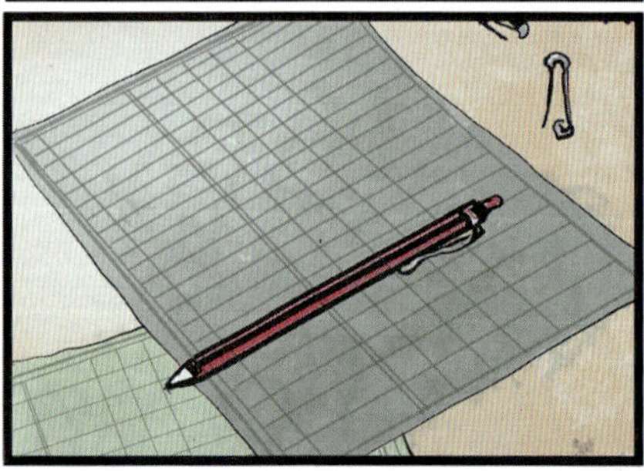

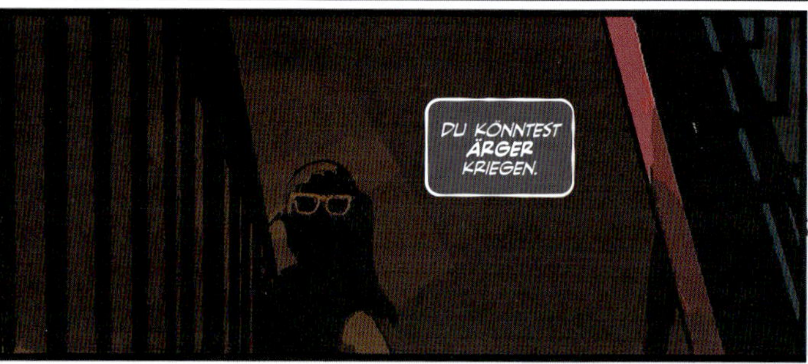

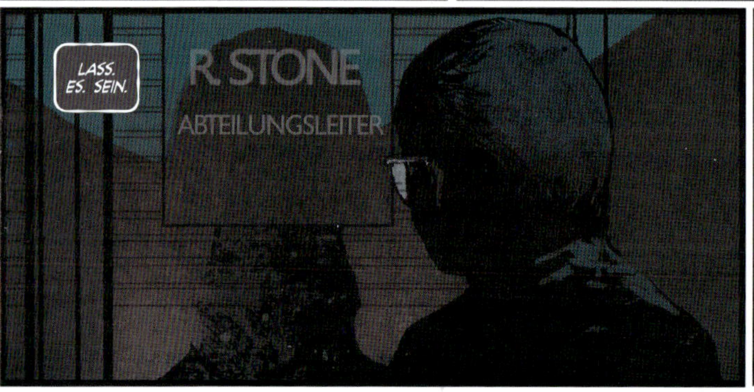

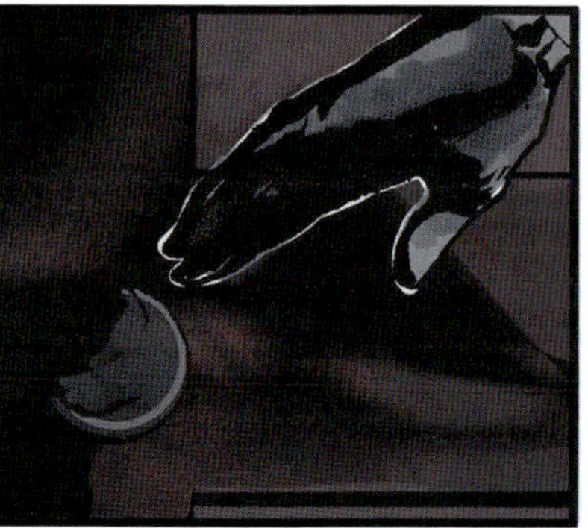

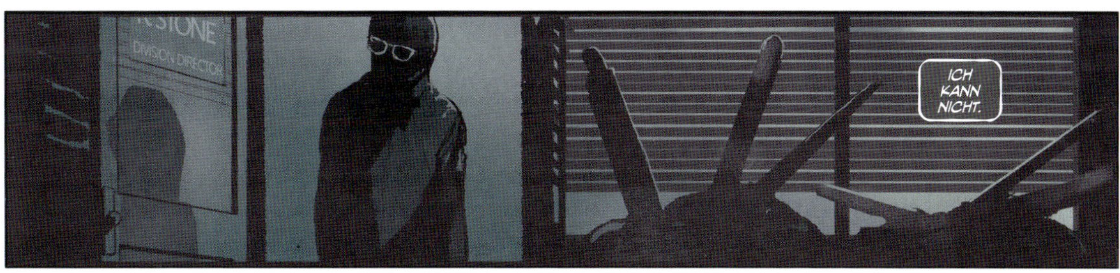
DIVISION DIRECTOR
ICH KANN NICHT.

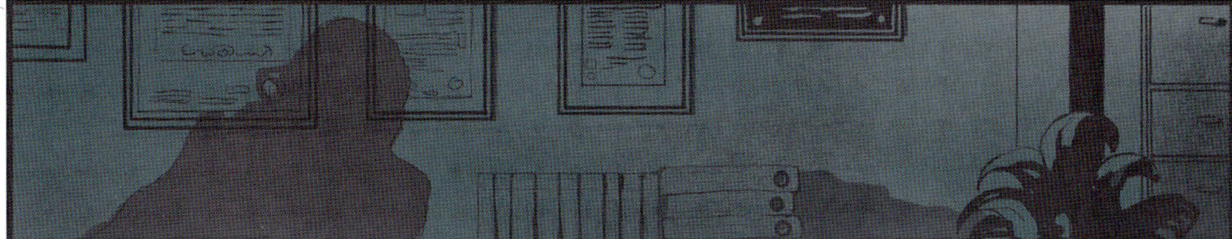

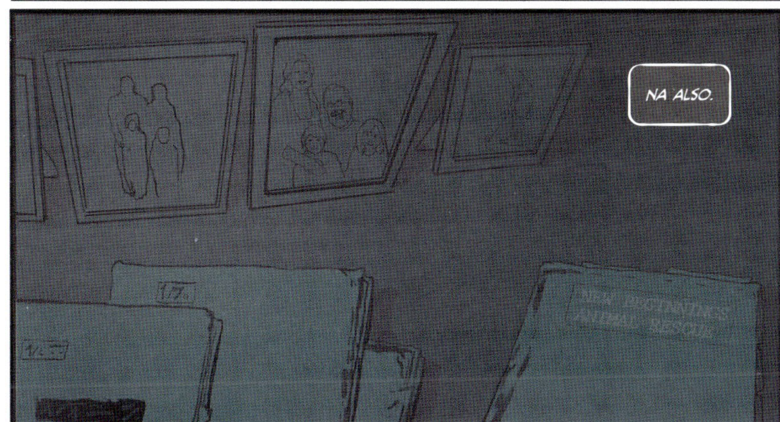
NA ALSO.

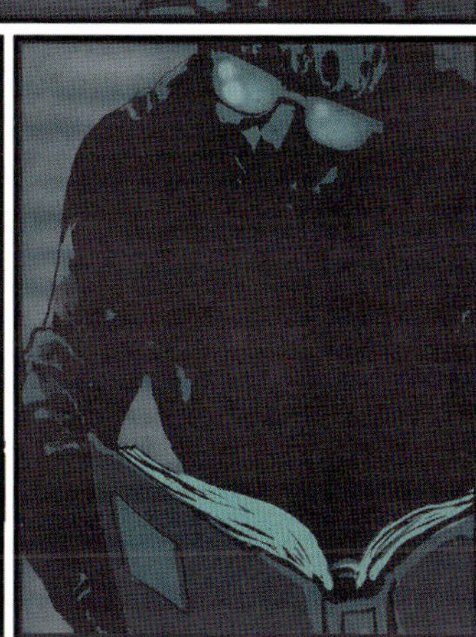

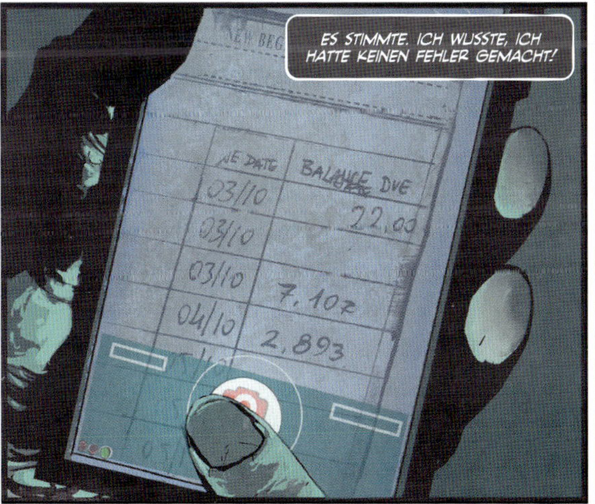
ES STIMMTE. ICH WUSSTE, ICH HATTE KEINEN FEHLER GEMACHT!
BALANCE DUE
03/10
22,00
03/10
03/10
7,107
04/10
2,893

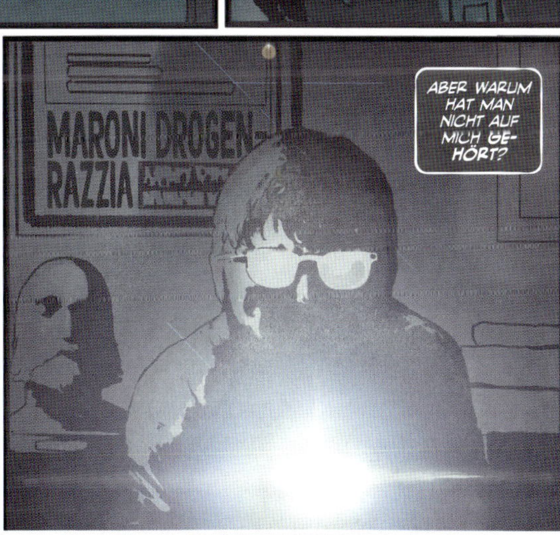
MARONI DROGEN-RAZZIA
ABER WARUM HAT MAN NICHT AUF MICH GEHÖRT?

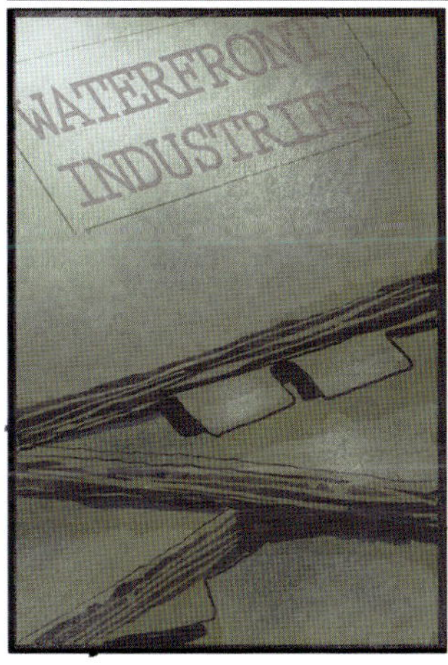
WATERFRONT INDUSTRIES

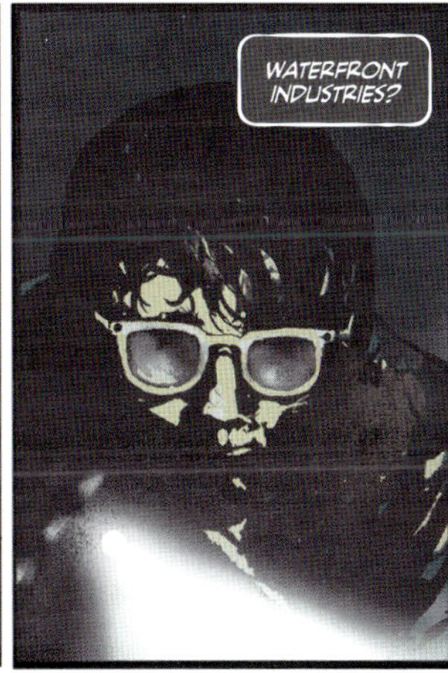
WATERFRONT INDUSTRIES?

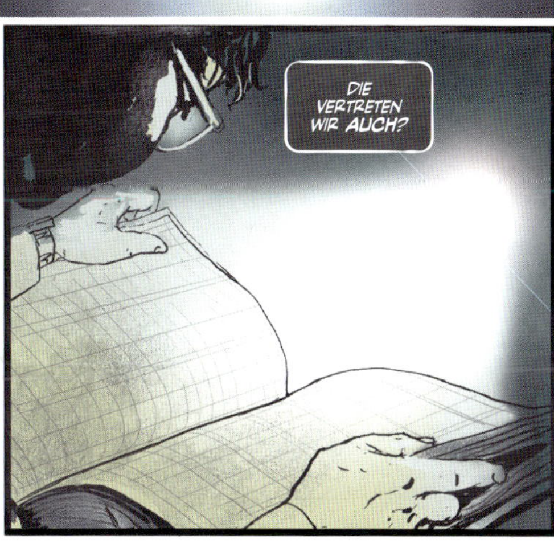
DIE VERTRETEN WIR AUCH?

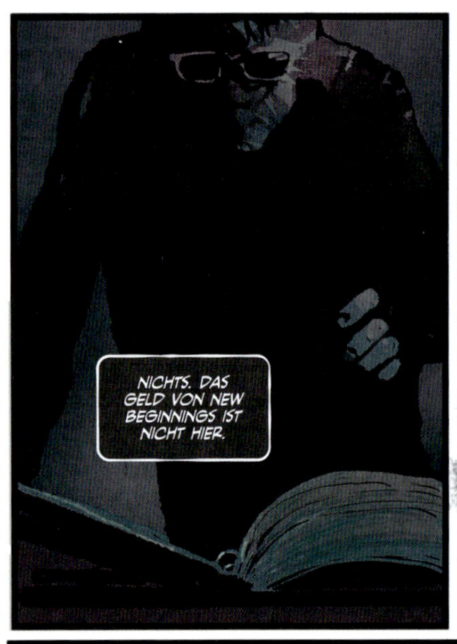
NICHTS. DAS GELD VON NEW BEGINNINGS IST NICHT HIER.
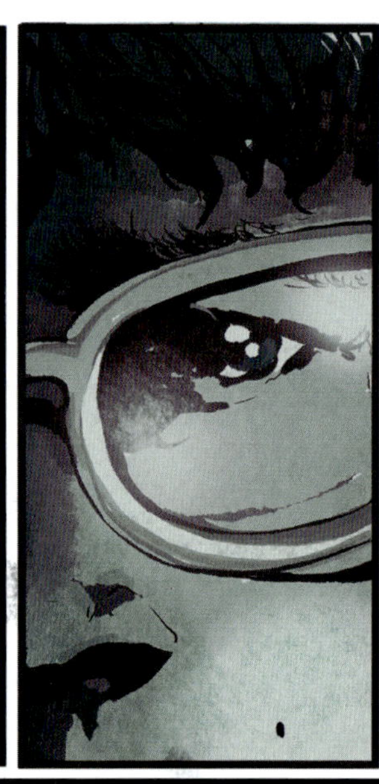
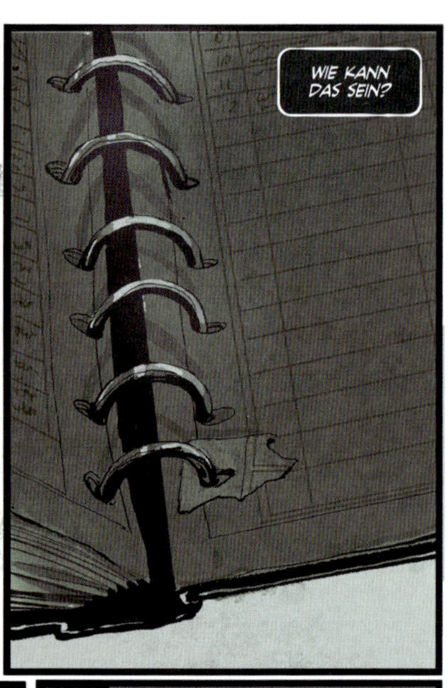
WIE KANN DAS SEIN?
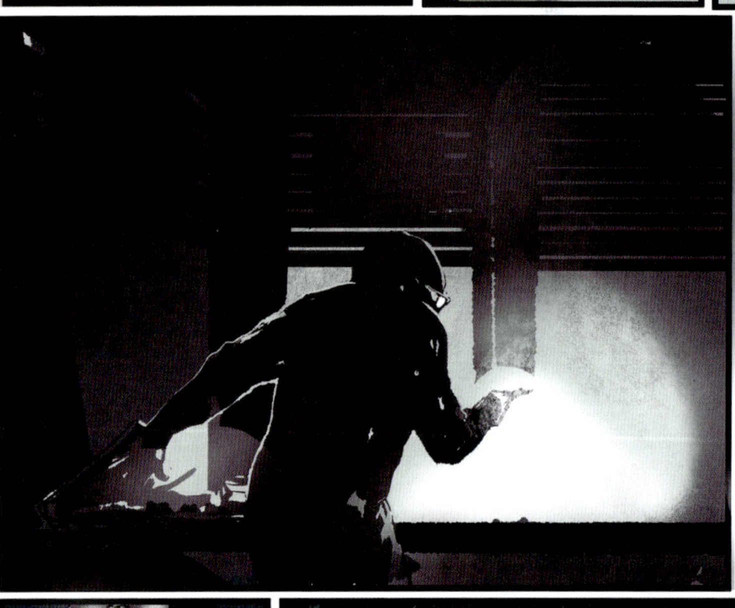
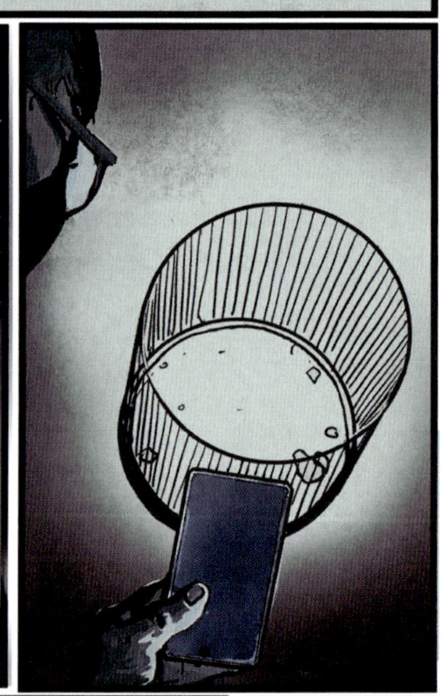
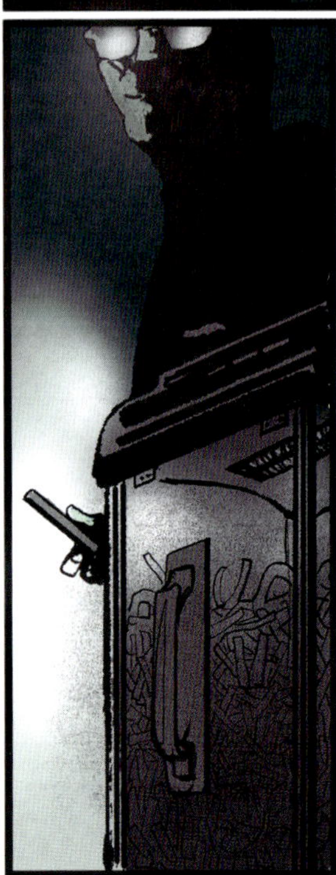
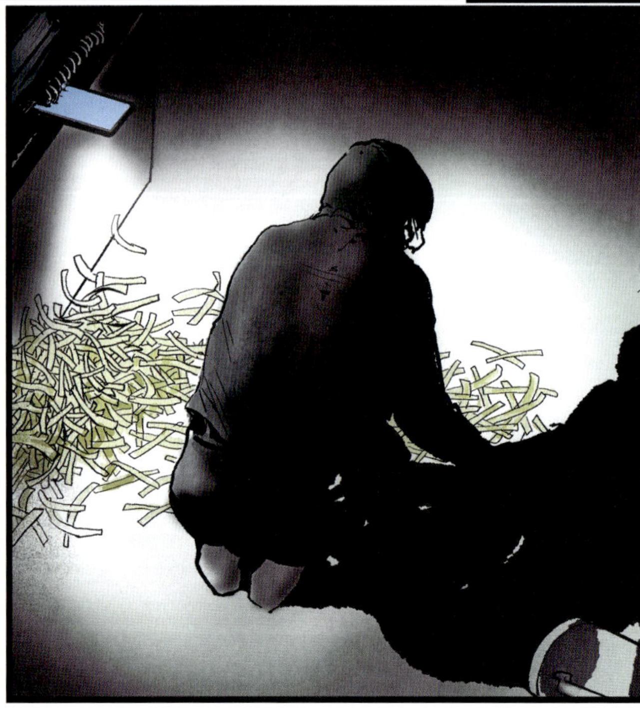
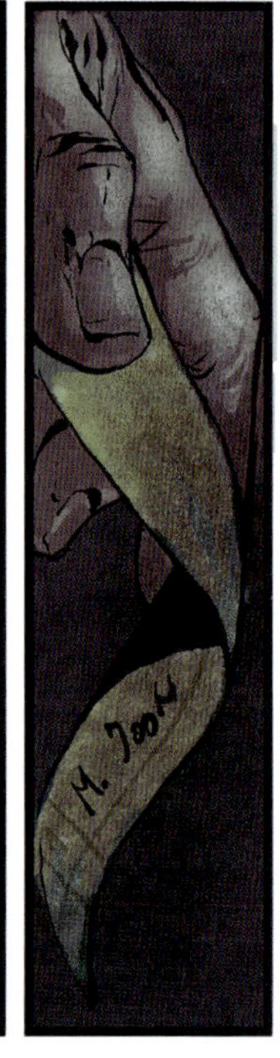
M. JOON

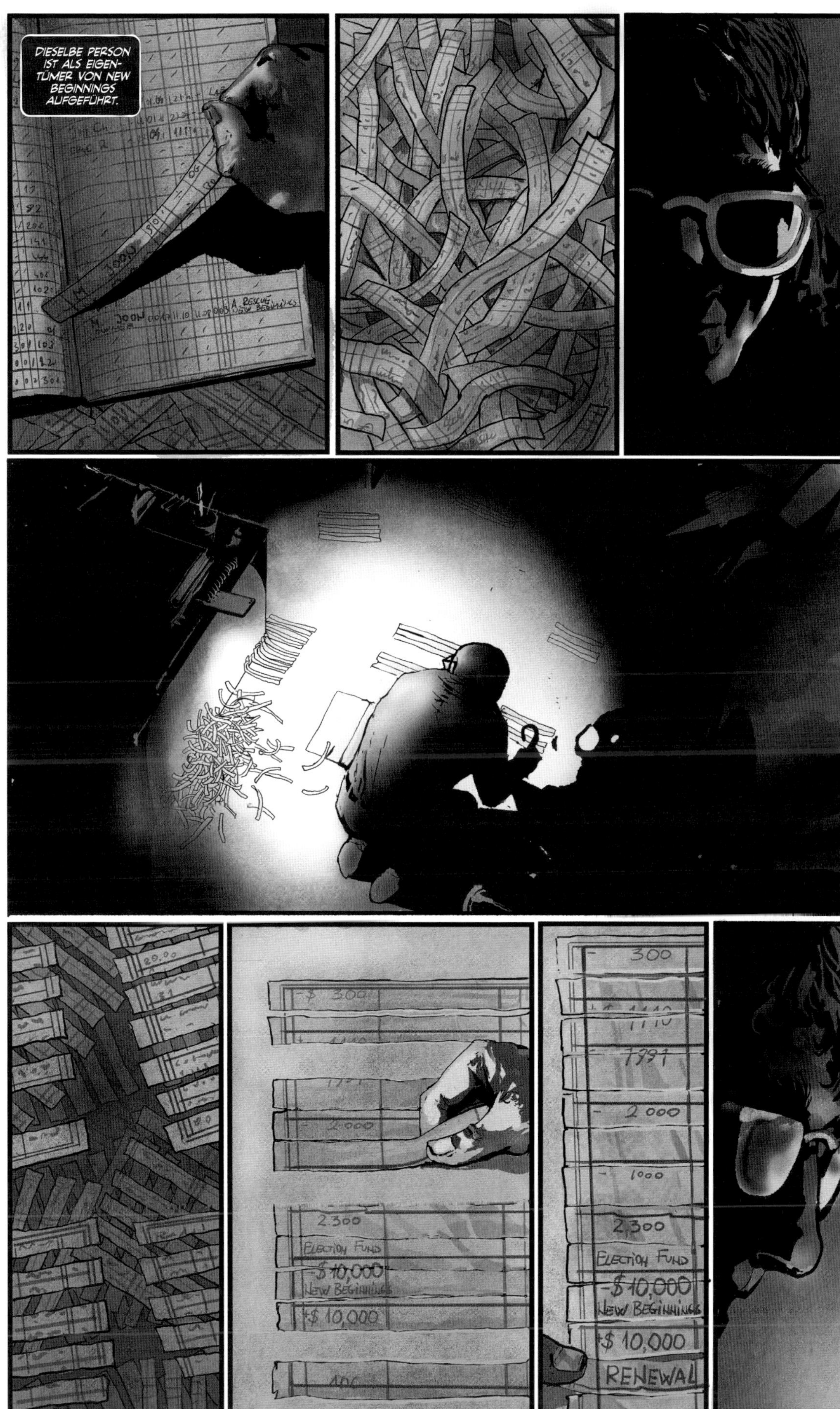
DIESELBE PERSON IST ALS EIGENTÜMER VON NEW BEGINNINGS AUFGEFÜHRT.
300
2.000
2.300
ELECTION FUND
-$10,000
NEW BEGINNINGS
+$10,000
300
2 000
1000
2,300
ELECTION FUND
-$10,000
NEW BEGINNINGS
+$10,000
RENEWAL

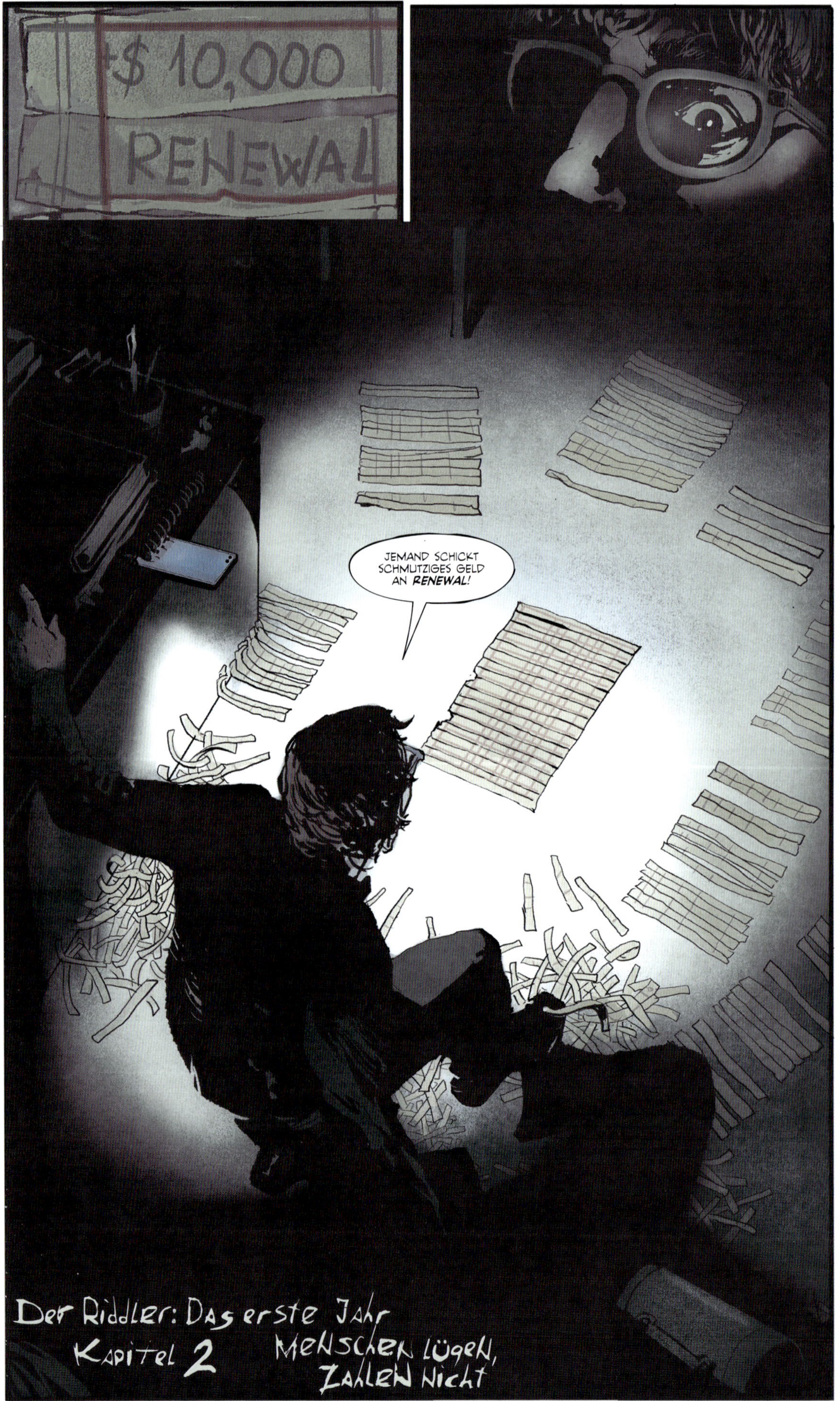
$ 10,000
RENEWAL
JEMAND SCHICKT SCHMUTZIGES GELD AN ***RENEWAL!***
Der Riddler: Das erste Jahr
Kapitel 2
Menschen lügen, Zahlen nicht

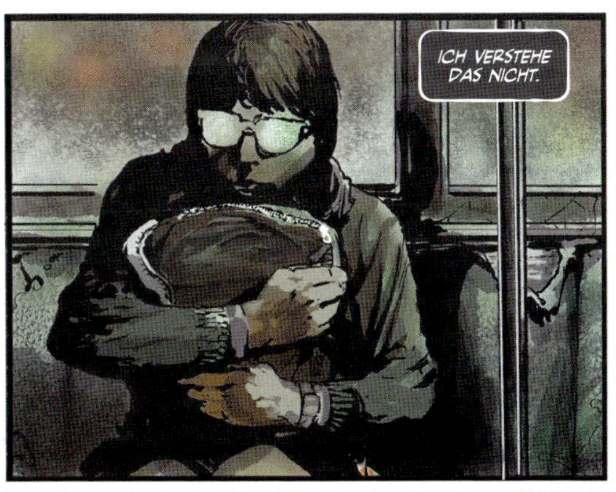
ICH VERSTEHE DAS NICHT.

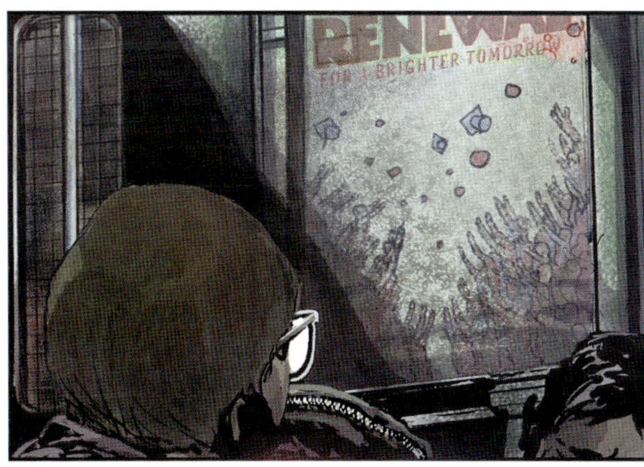

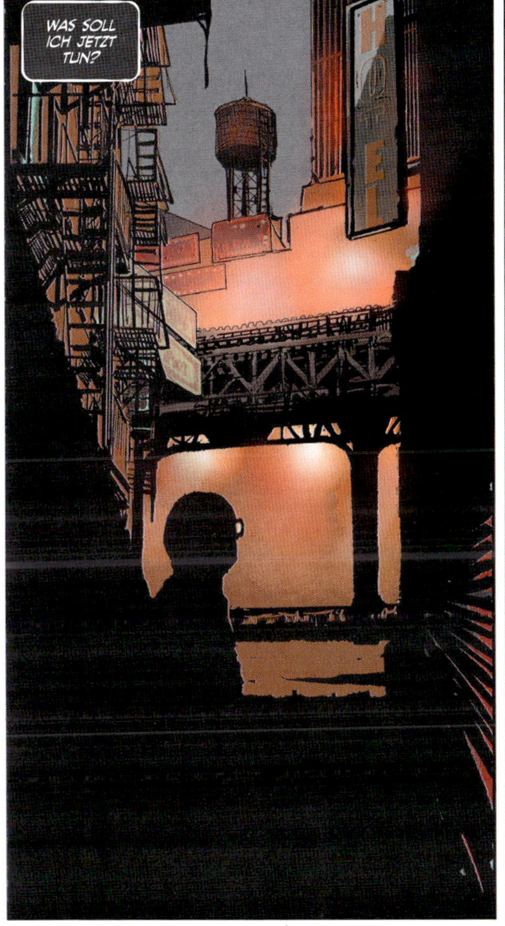
WAS SOLL ICH JETZT TUN?

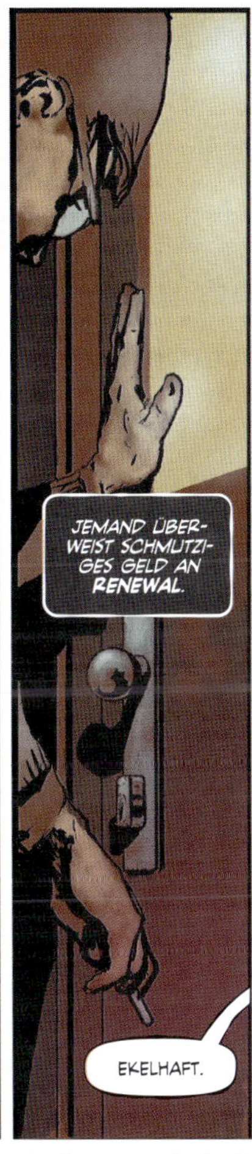
JEMAND ÜBERWEIST SCHMUTZIGES GELD AN *RENEWAL*.
EKELHAFT.

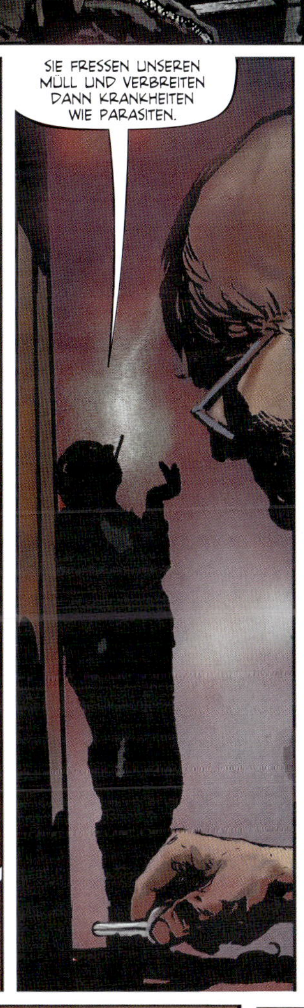
SIE FRESSEN UNSEREN MÜLL UND VERBREITEN DANN KRANKHEITEN WIE PARASITEN.

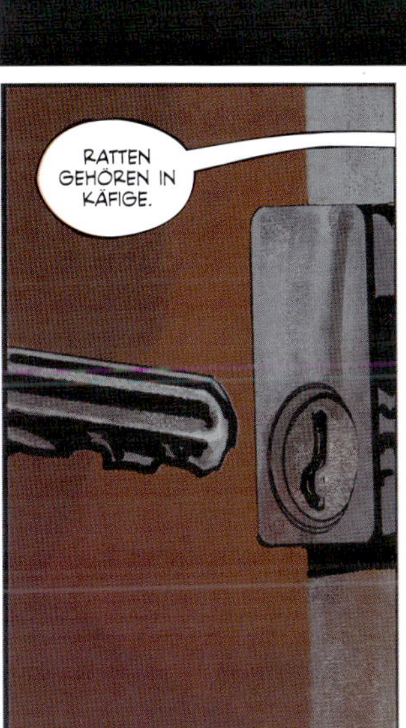
RATTEN GEHÖREN IN KÄFIGE.

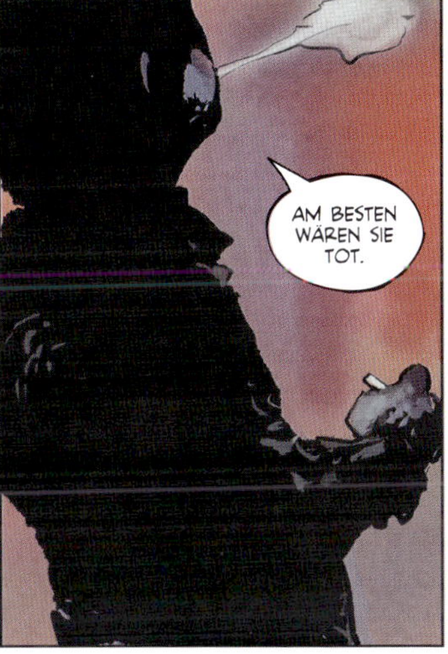
AM BESTEN WÄREN SIE TOT.

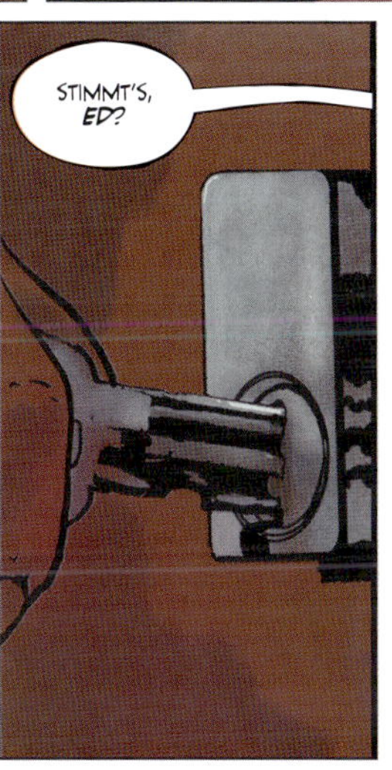
STIMMT'S, *ED*?

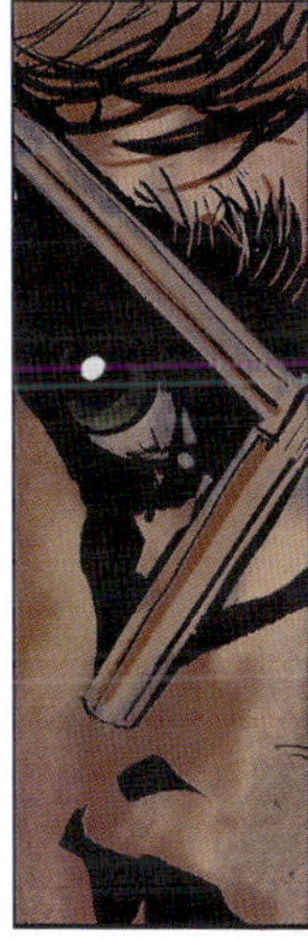

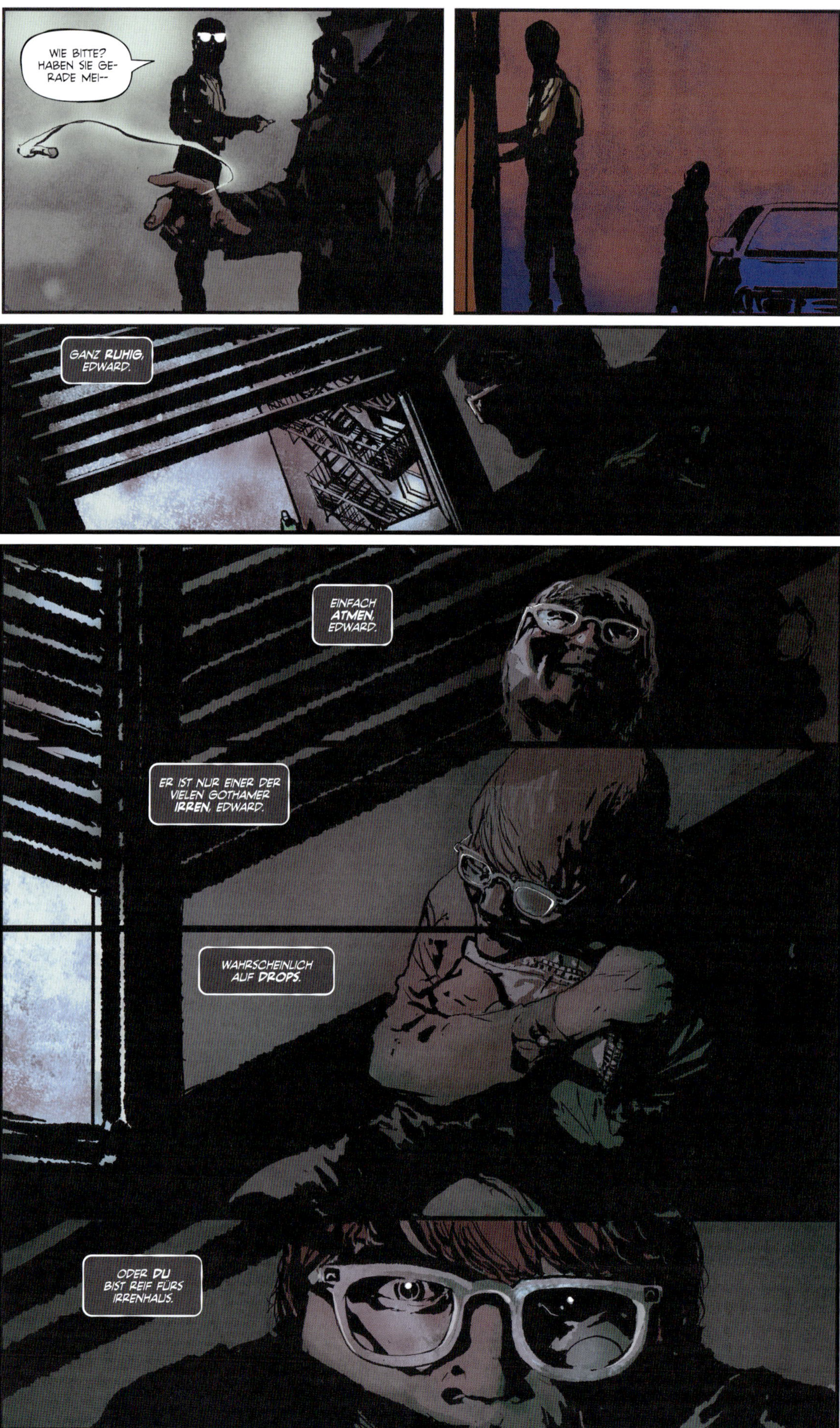
WIE BITTE? HABEN SIE GE-RADE MEI--
GANZ RUHIG, EDWARD.
EINFACH ATMEN, EDWARD.
ER IST NUR EINER DER VIELEN GOTHAMER IRREN, EDWARD.
WAHRSCHEINLICH AUF DROPS.
ODER DU BIST REIF FÜRS IRRENHAUS.

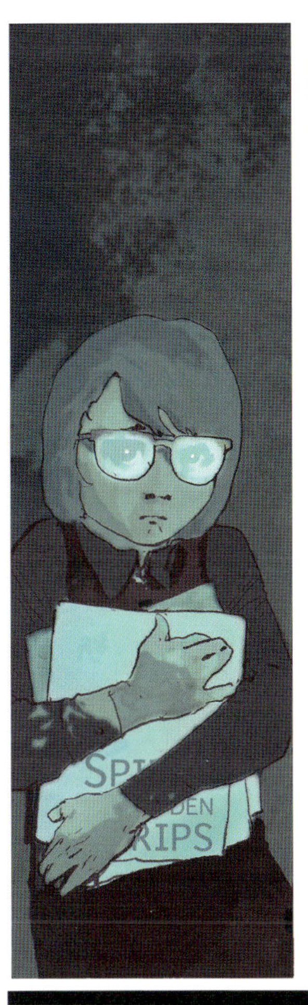

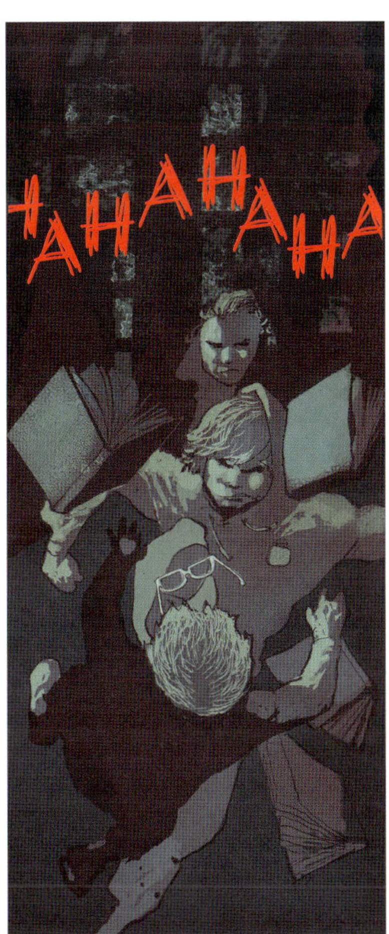

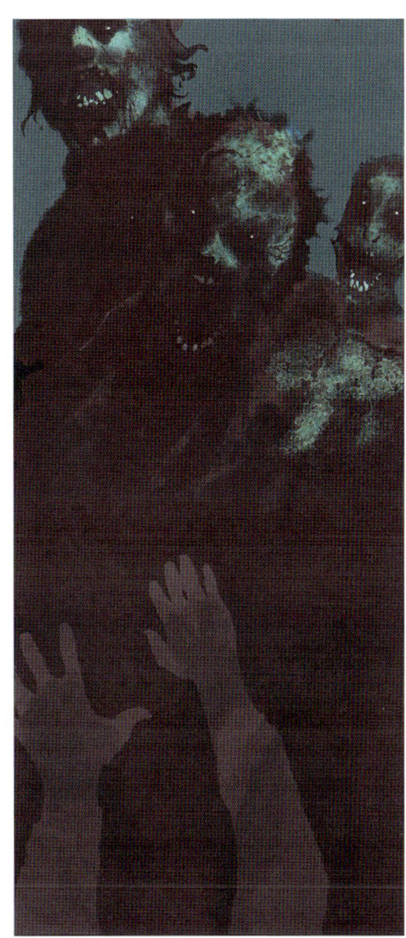

ÄNDERE DEN FOKUS, EDWARD.

DAS, WORAUF DU DICH FOKUSSIERST, IST DAS, WAS DU ERSCHAFFST.

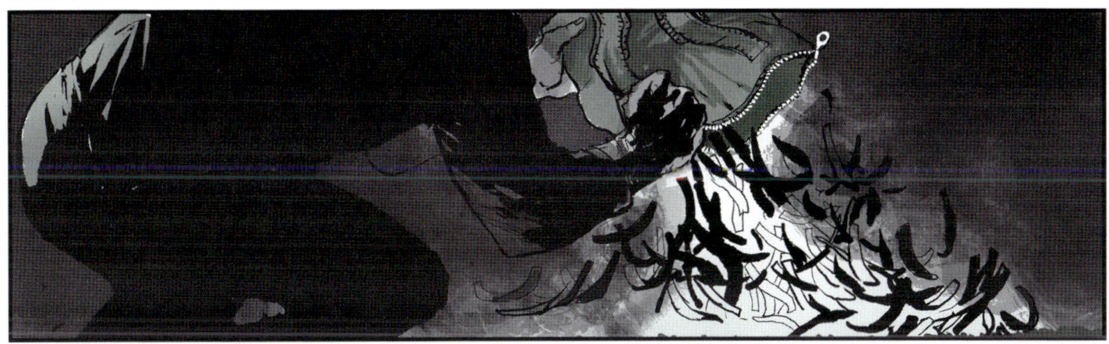

Renewal

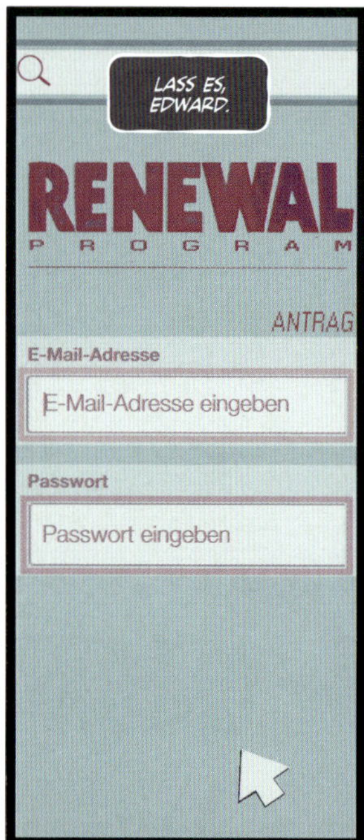
LASS ES, EDWARD.
RENEWAL
PROGRAM
ANTRAG
E-Mail-Adresse
E-Mail-Adresse eingeben
Passwort
Passwort eingeben

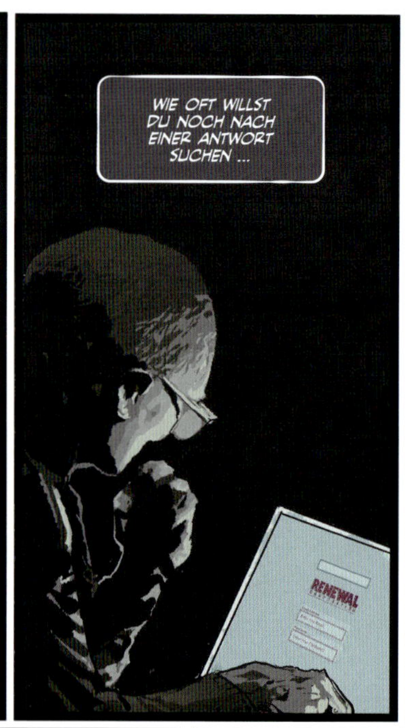
WIE OFT WILLST DU NOCH NACH EINER ANTWORT SUCHEN ...

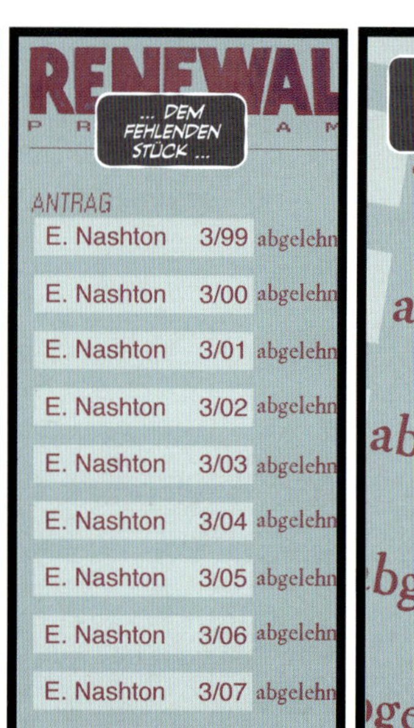
RENEWAL
PROGRAM
... DEM FEHLENDEN STÜCK ...
ANTRAG
E. Nashton 3/99 abgelehn
E. Nashton 3/00 abgelehn
E. Nashton 3/01 abgelehn
E. Nashton 3/02 abgelehn
E. Nashton 3/03 abgelehn
E. Nashton 3/04 abgelehn
E. Nashton 3/05 abgelehn
E. Nashton 3/06 abgelehn
E. Nashton 3/07 abgelehn
E. Nashton 3/08
E. Nashton 3/09
... DAS DU NIE FINDEST.
abgelehnt

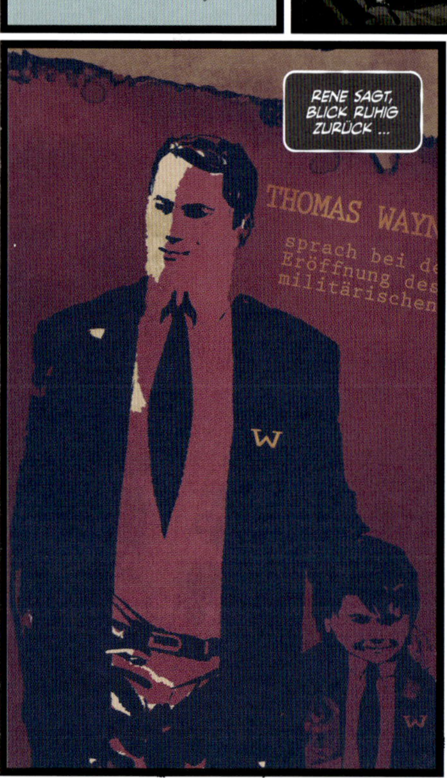
RENE SAGT, BLICK RUHIG ZURÜCK ...
THOMAS WAYN
sprach bei de
Eröffnung des
militärischen

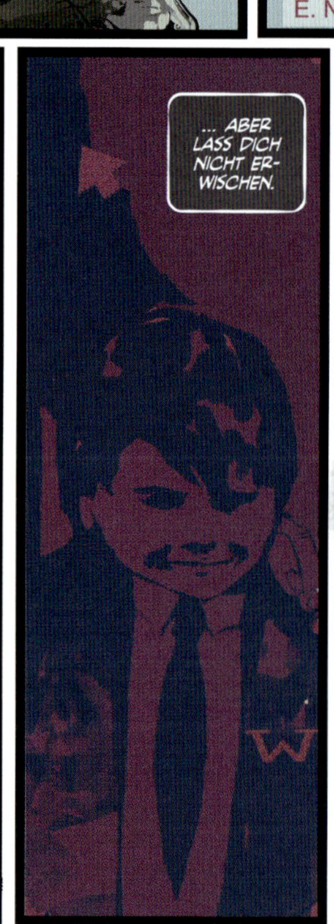
... ABER LASS DICH NICHT ER-WISCHEN.

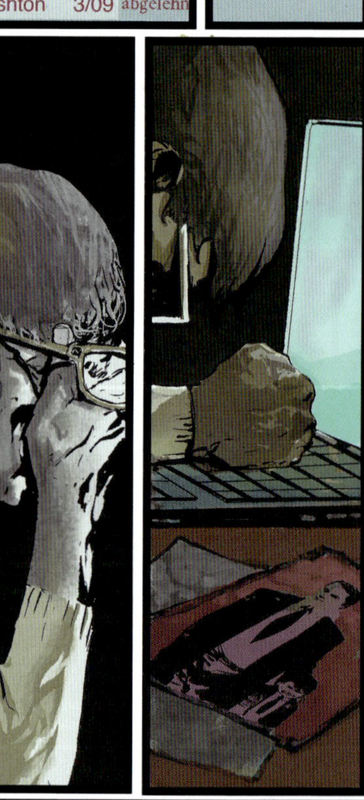

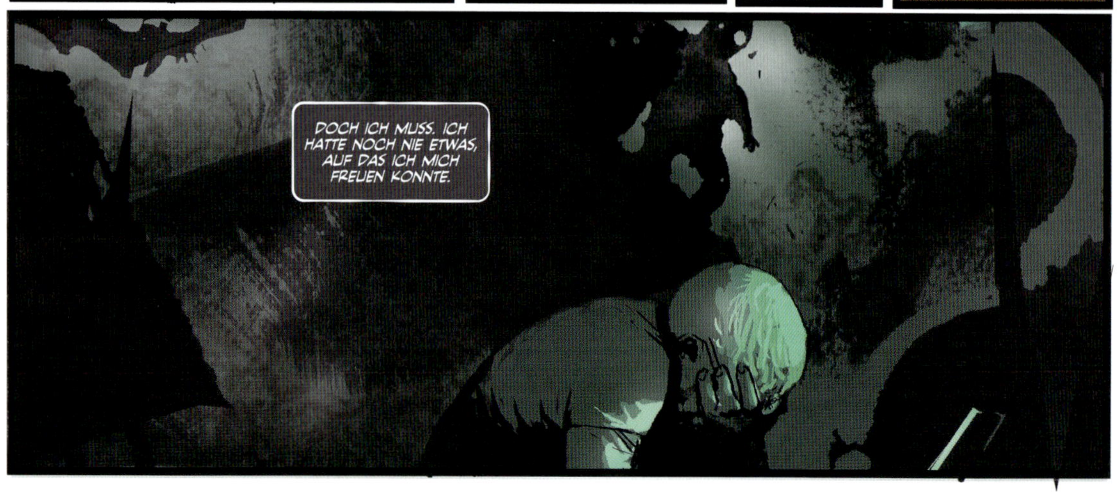
DOCH ICH MUSS. ICH HATTE NOCH NIE ETWAS, AUF DAS ICH MICH FREUEN KONNTE.

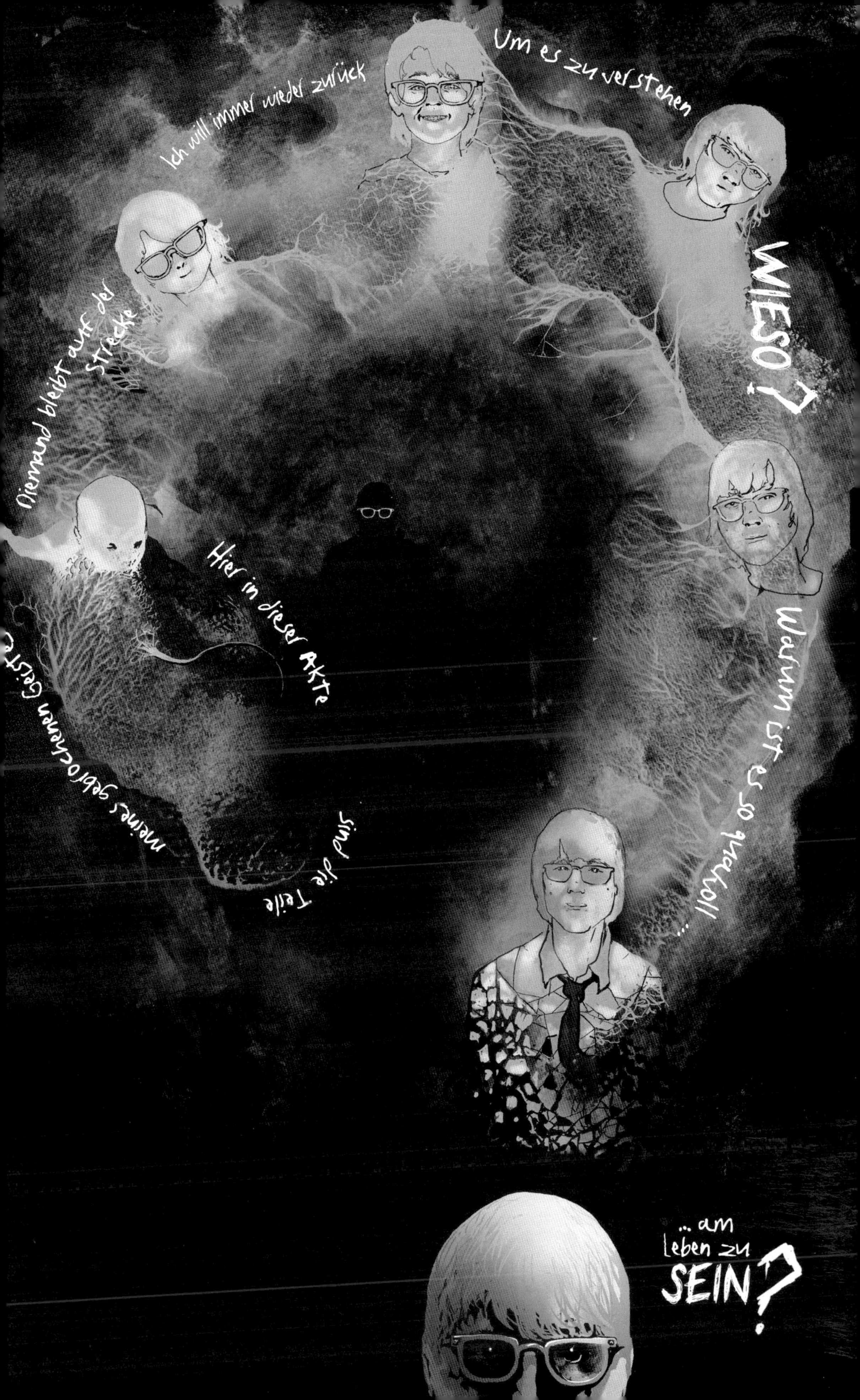

Hier in dieser AKTE
sind die Teile
meines gebrochenen Geistes
Niemand bleibt auf der Strecke
Ich will immer wieder zurück
Um es zu verstehen
WIESO?
Warum ist es so qualvoll ...
... am Leben zu SEIN?

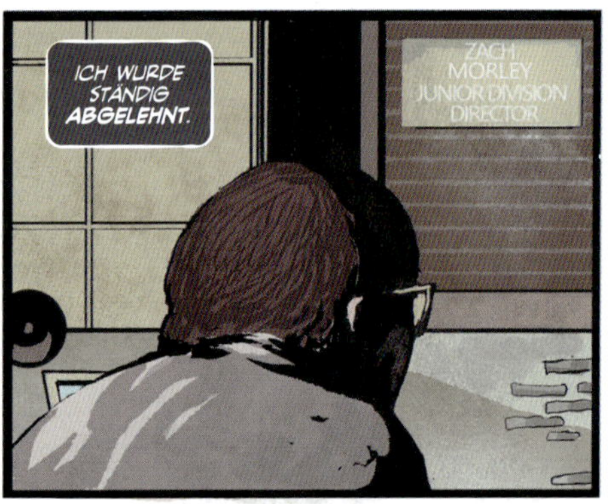

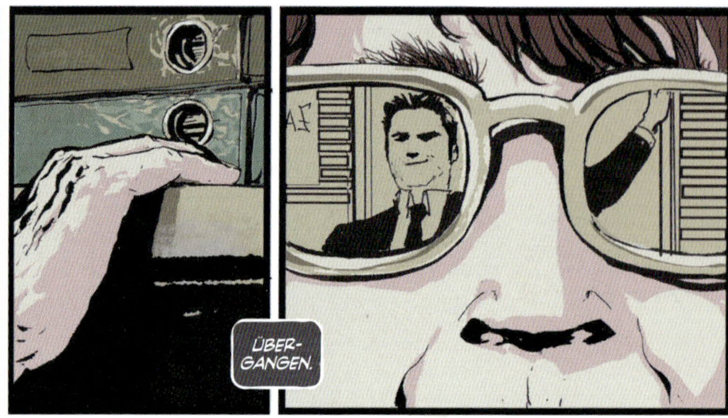

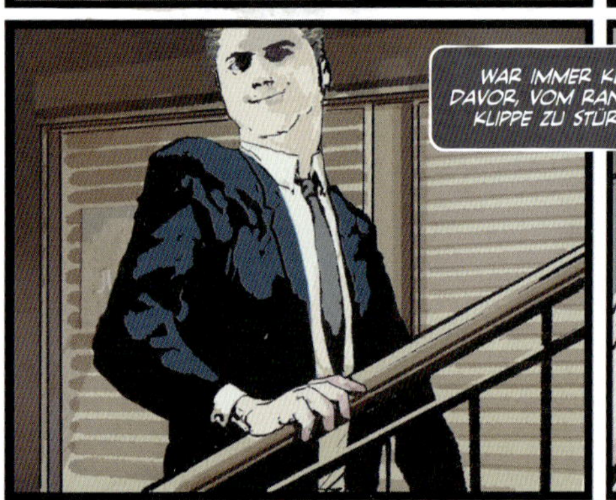

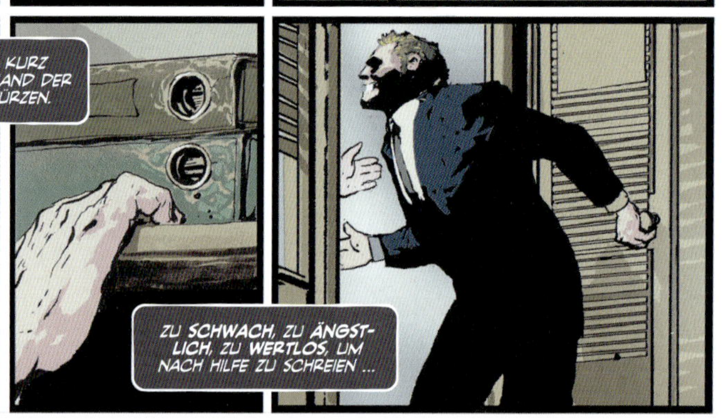

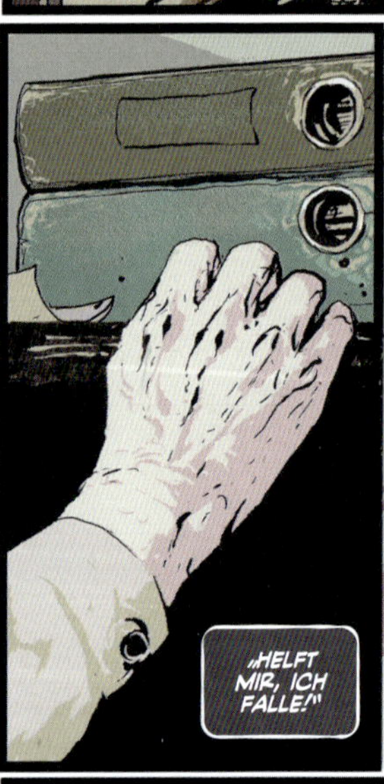

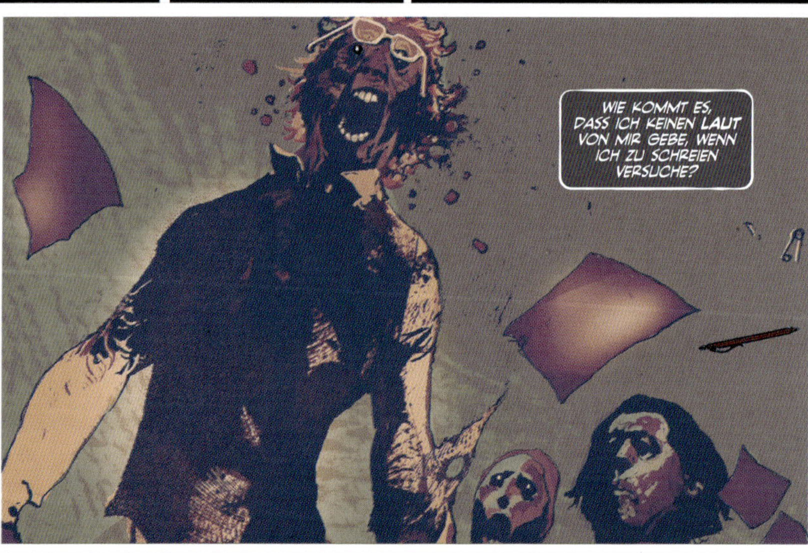

SCHHH.
EINFACH ATMEN.

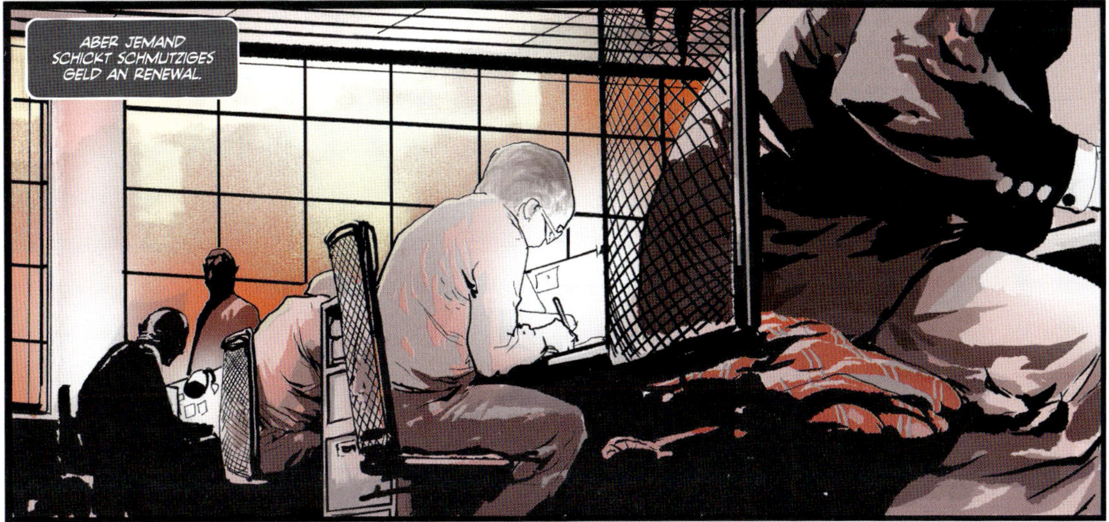
ABER JEMAND SCHICKT SCHMUTZIGES GELD AN RENEWAL.

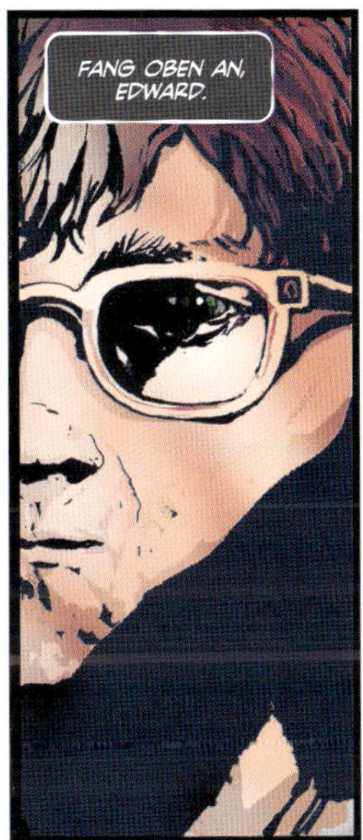
FANG OBEN AN, EDWARD.

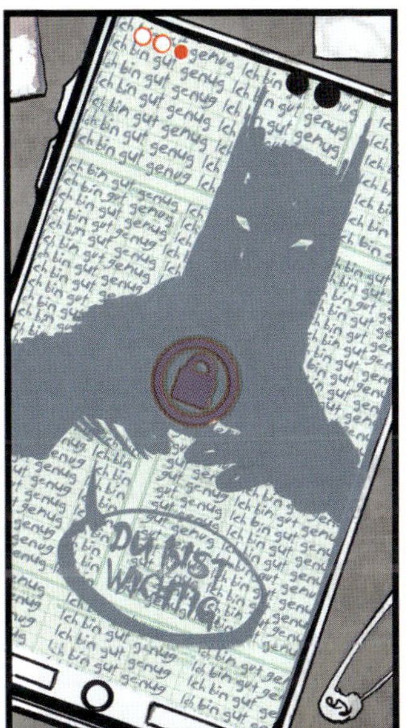
Ich bin gut genug
DU BIST WICHTIG

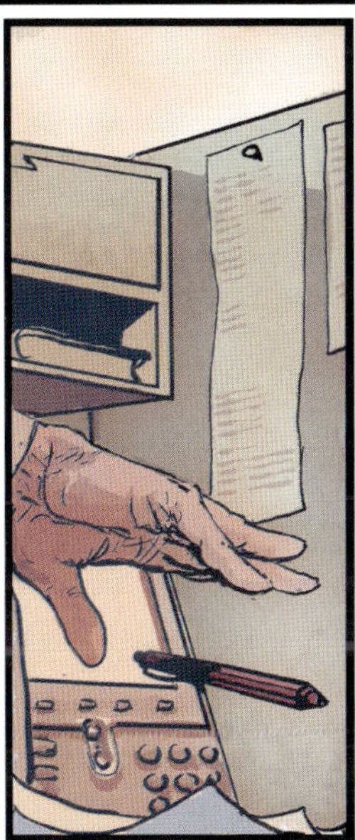

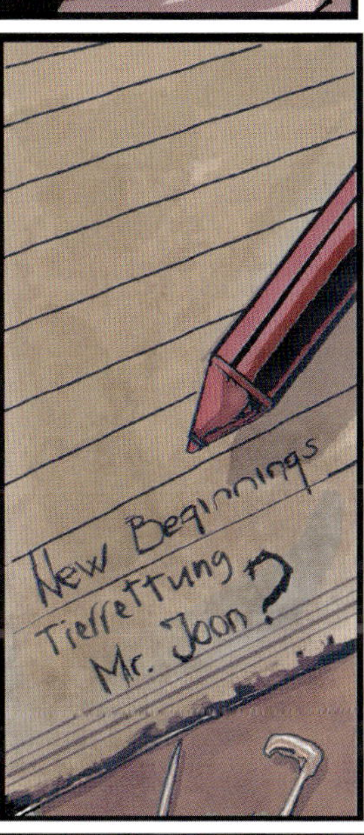
New Beginnings
Tierrettung
Mr. Joon?

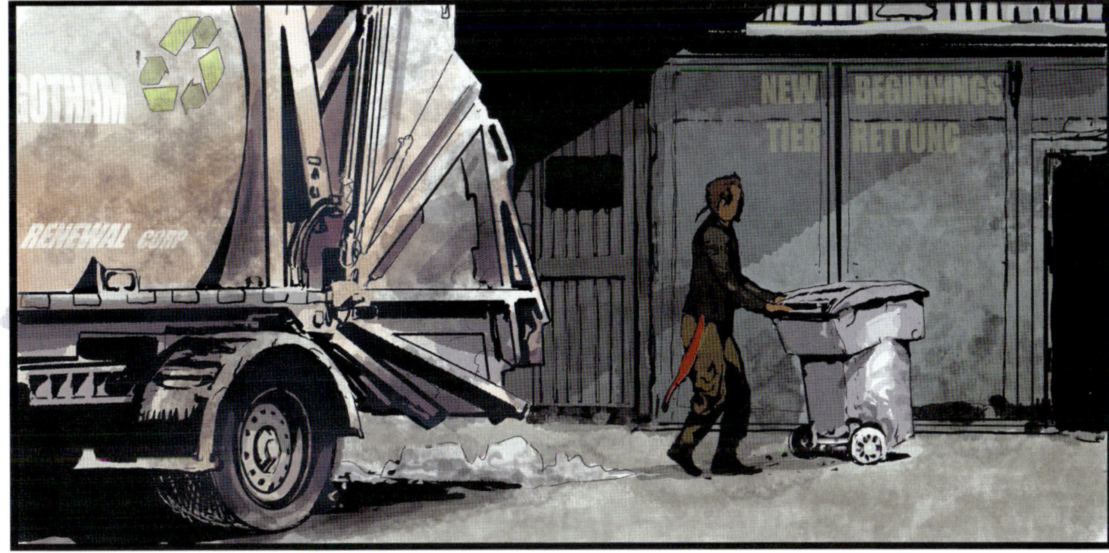
GOTHAM
RENEWAL CORP
NEW BEGINNINGS
TIER RETTUNG

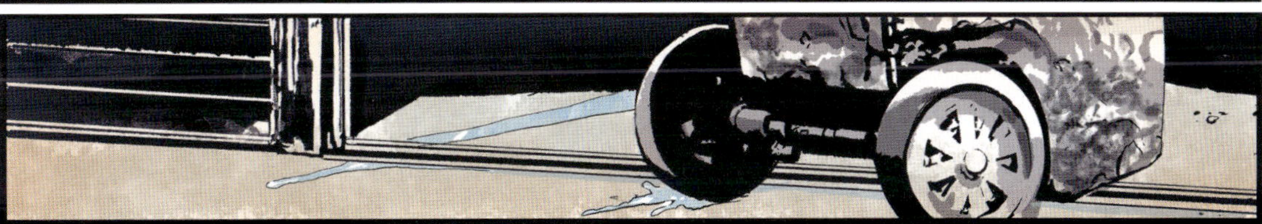

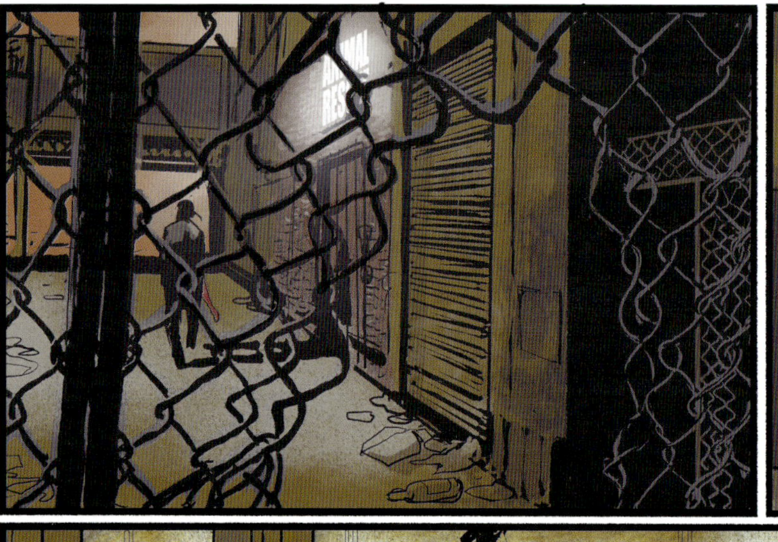

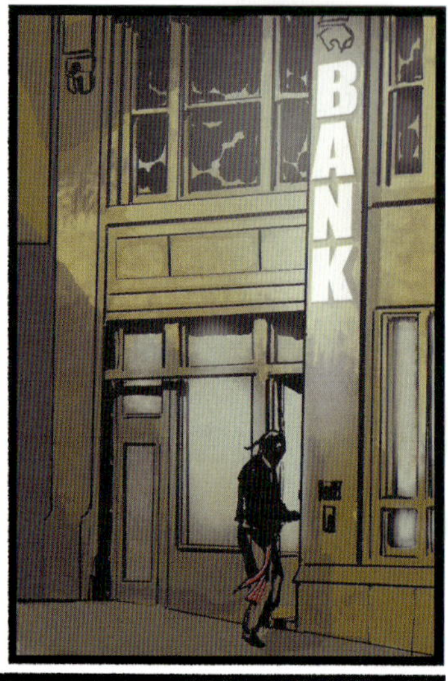
BANK

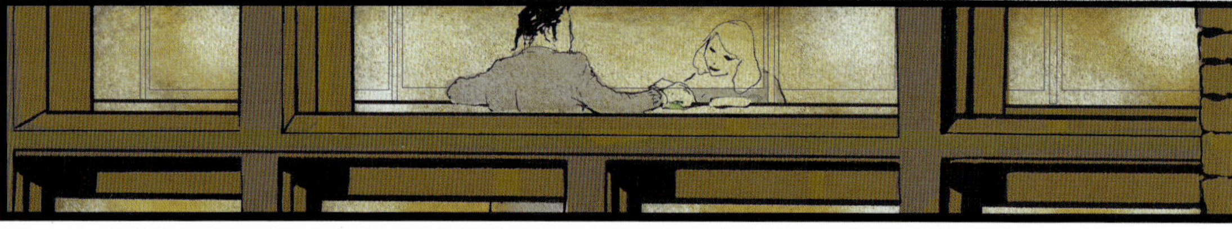

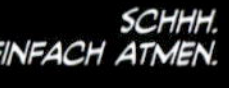
SCHHH.
EINFACH ATMEN.

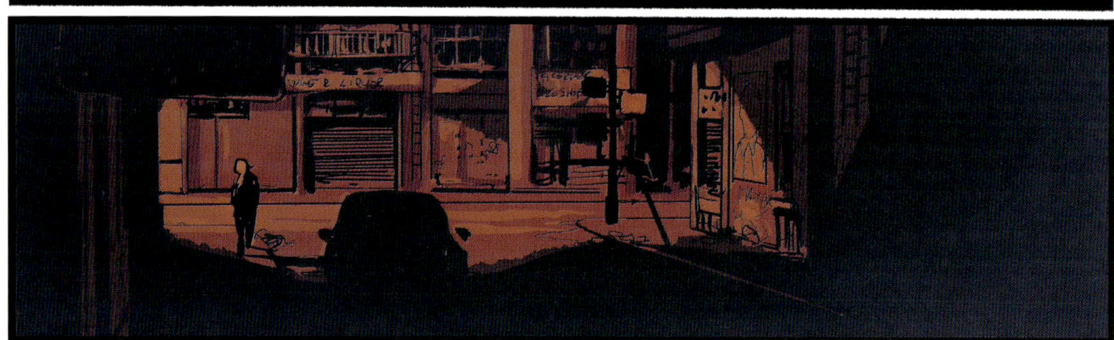

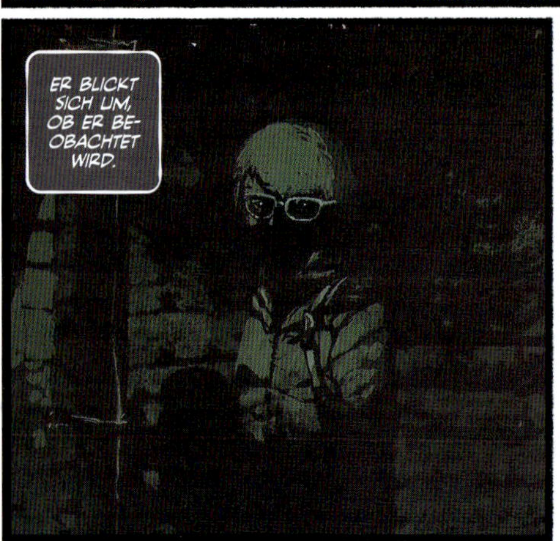
ER BLICKT SICH UM, OB ER BE-OBACHTET WIRD.

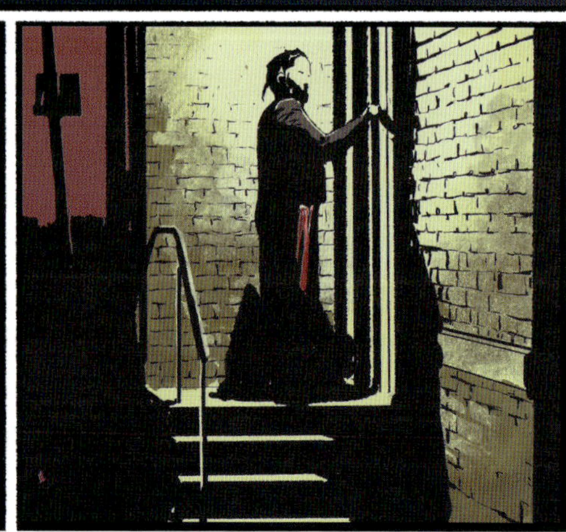

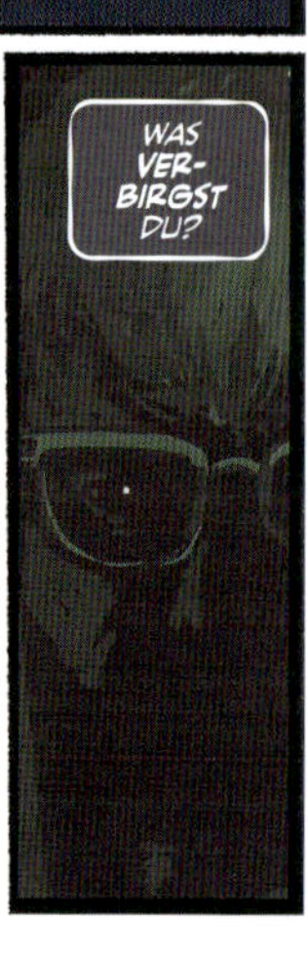
WAS VER-BIRGST DU?

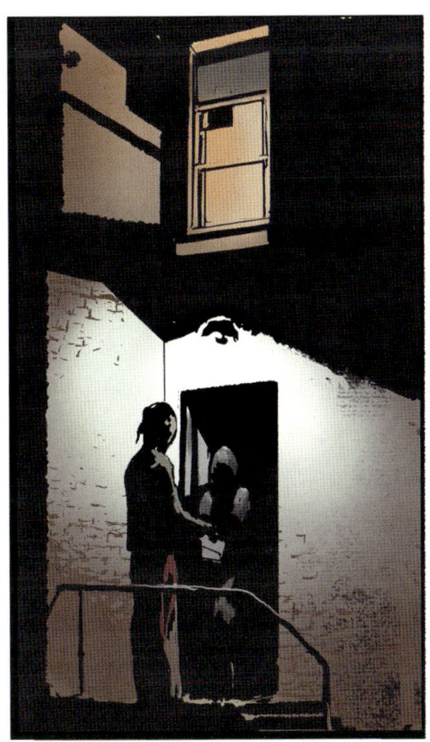
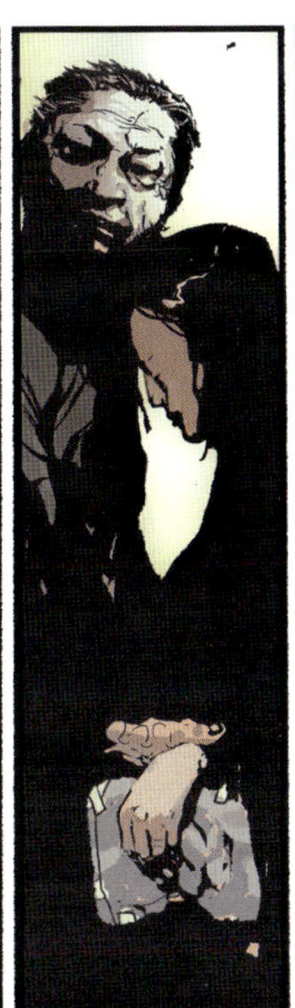
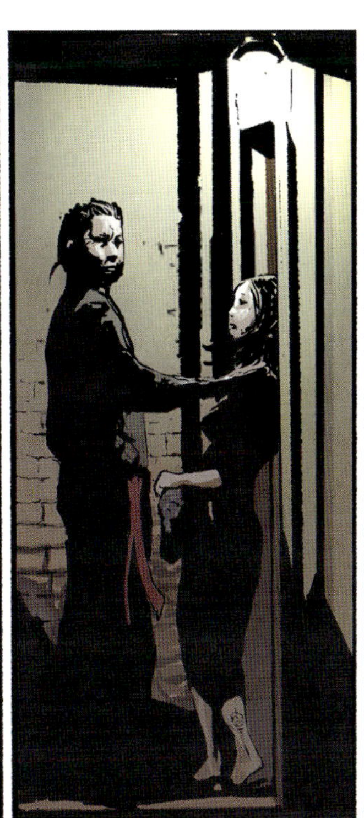
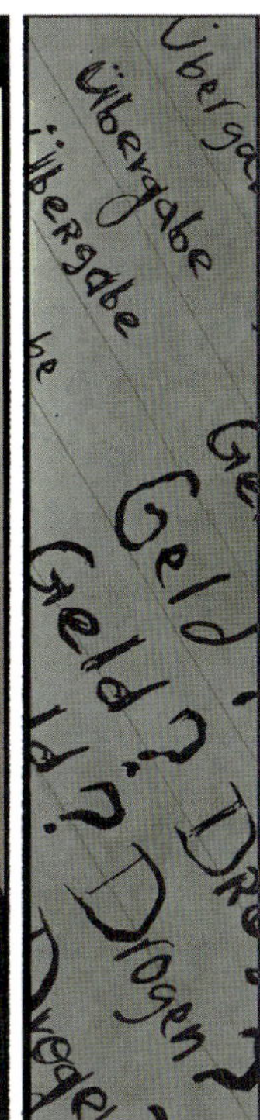
übergabe
übergabe
Geld
Geld?
Drogen?
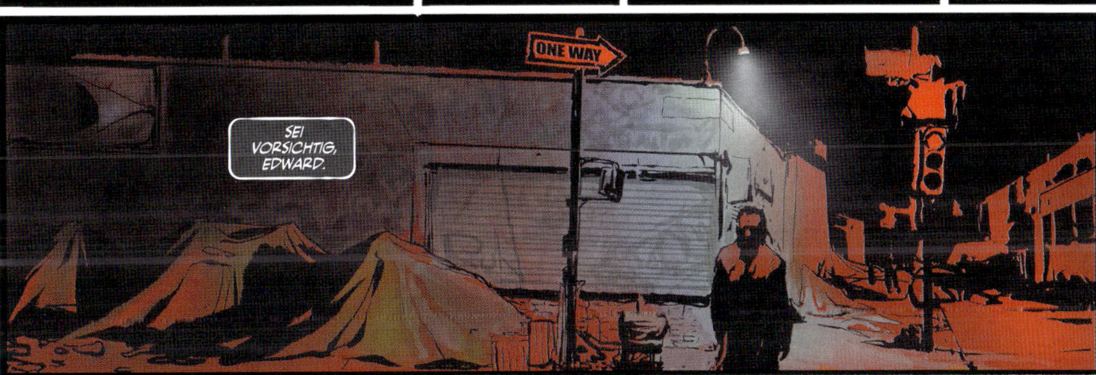
ONE WAY
SEI VORSICHTIG, EDWARD.
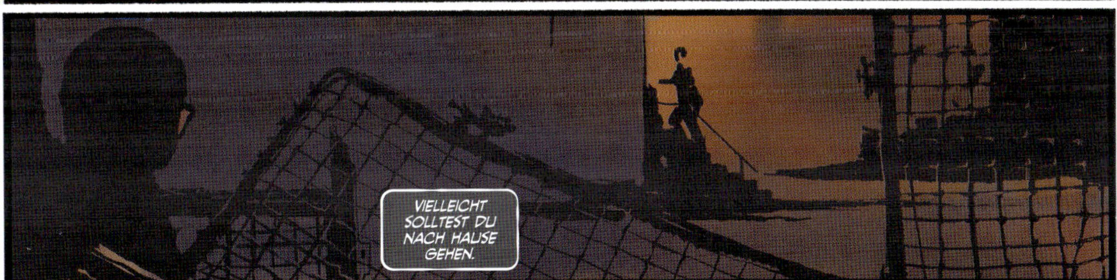
VIELLEICHT SOLLTEST DU NACH HAUSE GEHEN.
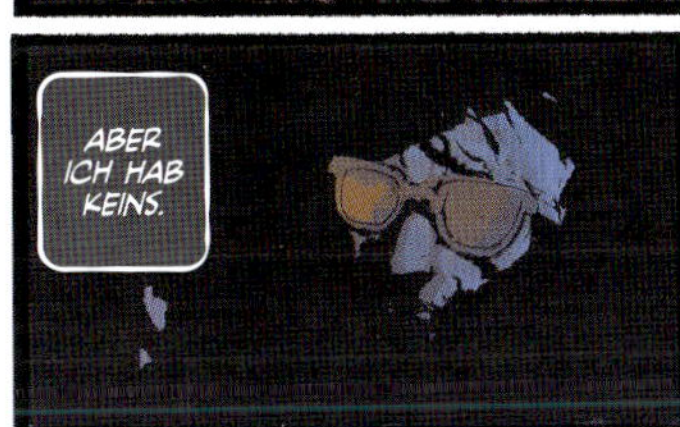
ABER ICH HAB KEINS.
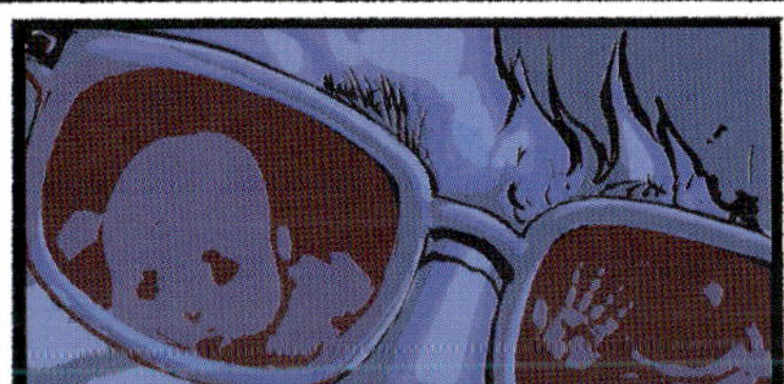
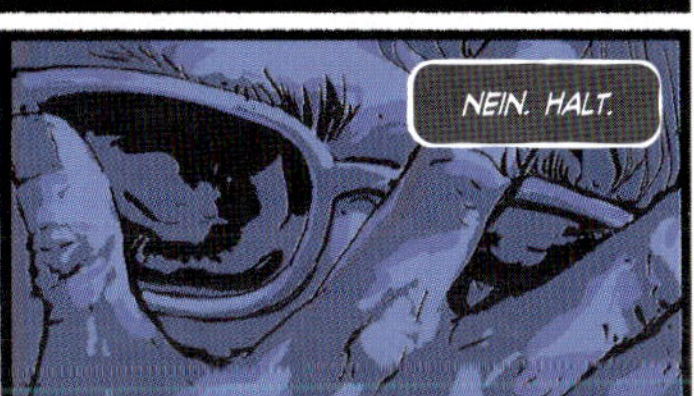
NEIN. HALT.
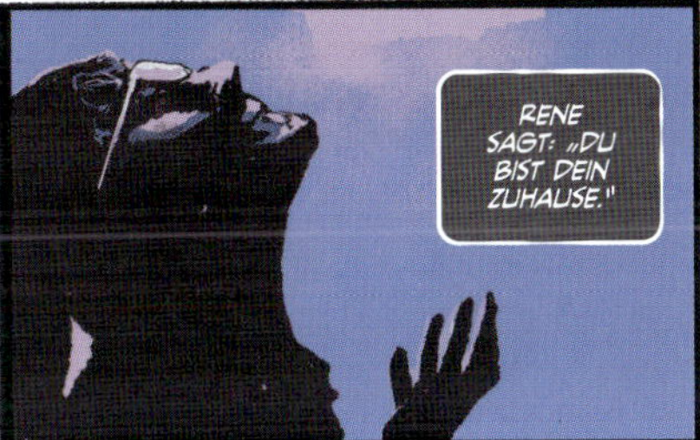
RENE SAGT: „DU BIST DEIN ZUHAUSE.“
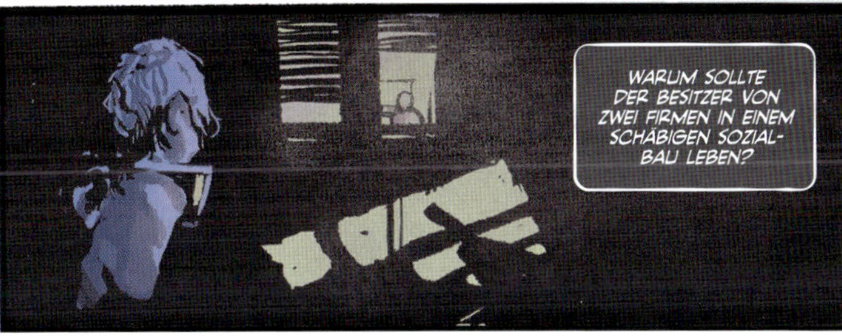
WARUM SOLLTE DER BESITZER VON ZWEI FIRMEN IN EINEM SCHÄBIGEN SOZIAL-BAU LEBEN?

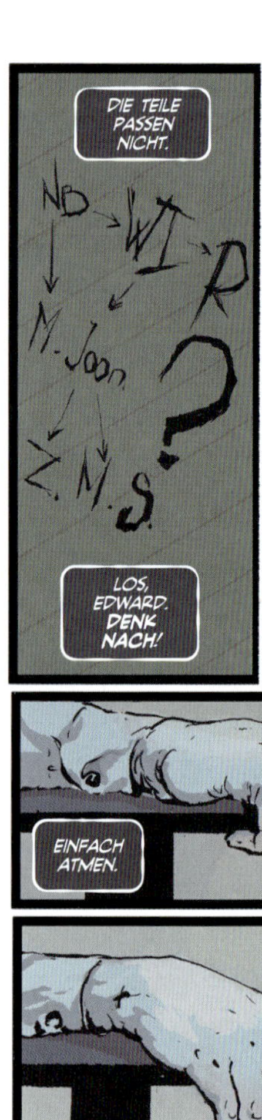
DIE TEILE PASSEN NICHT.
LOS, EDWARD. DENK NACH!
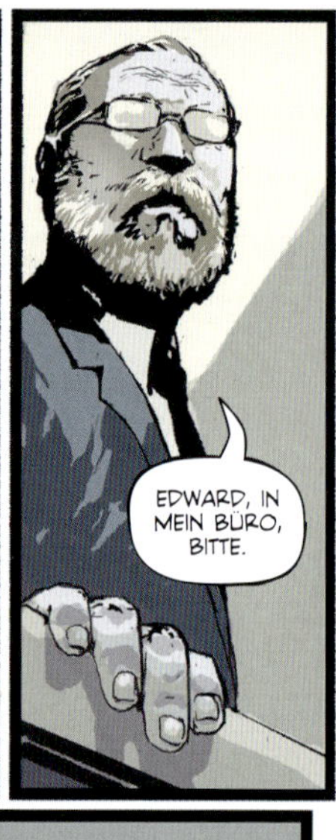
EDWARD, IN MEIN BÜRO, BITTE.
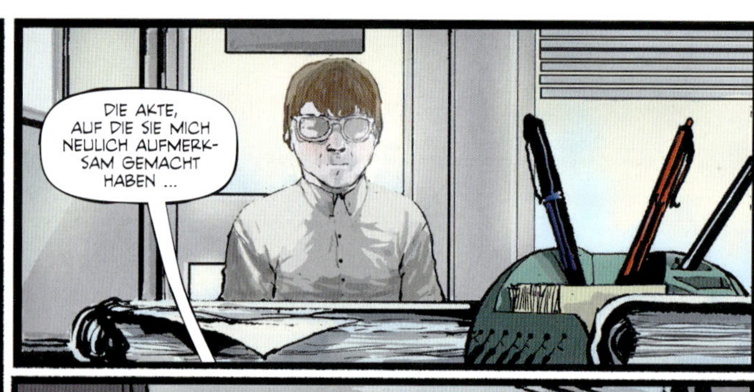
DIE AKTE, AUF DIE SIE MICH NEULICH AUFMERKSAM GEMACHT HABEN ...
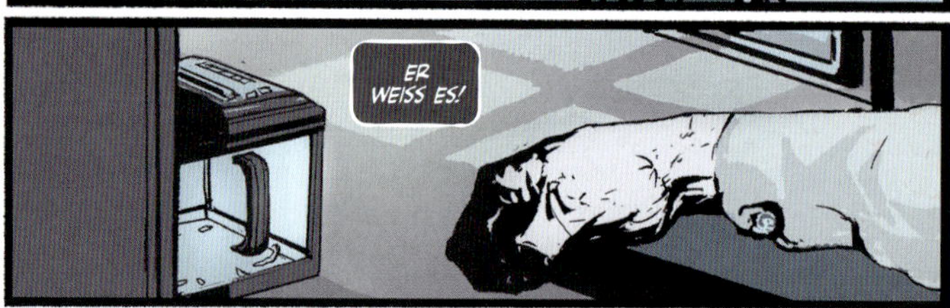
ER WEISS ES!
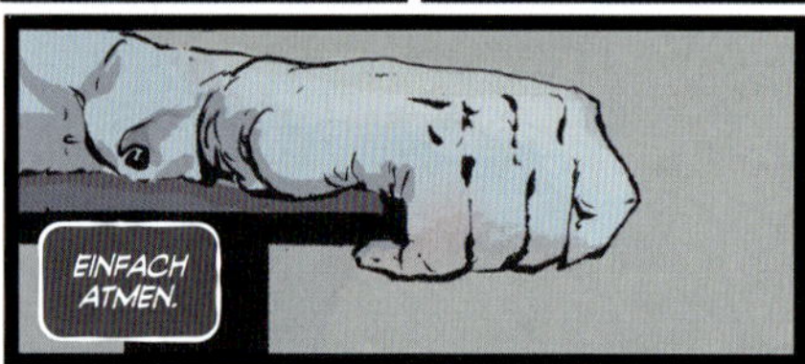
EINFACH ATMEN.
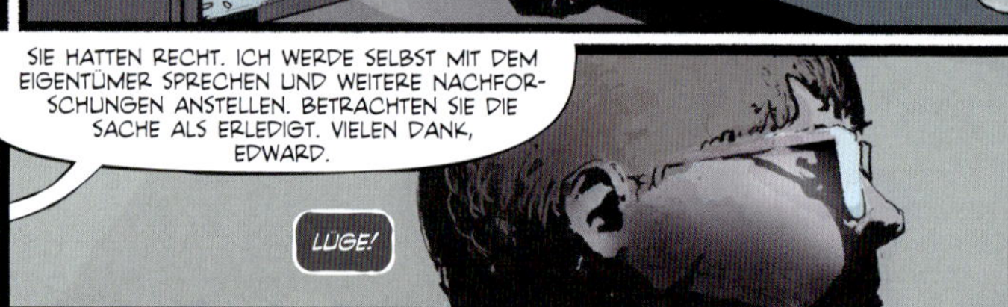
SIE HATTEN RECHT. ICH WERDE SELBST MIT DEM EIGENTÜMER SPRECHEN UND WEITERE NACHFORSCHUNGEN ANSTELLEN. BETRACHTEN SIE DIE SACHE ALS ERLEDIGT. VIELEN DANK, EDWARD.
LÜGE!
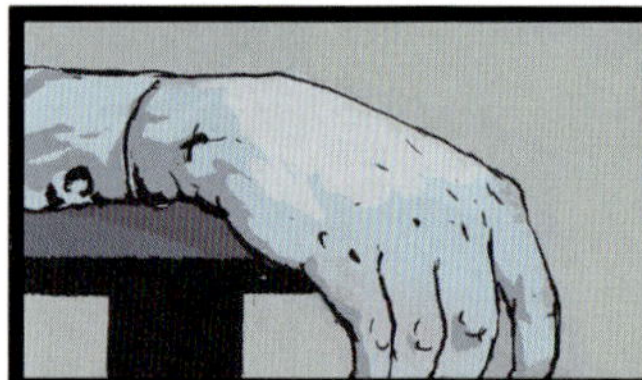
ABER NOCH NIE HAT SICH JEMAND BEI MIR BEDANKT.
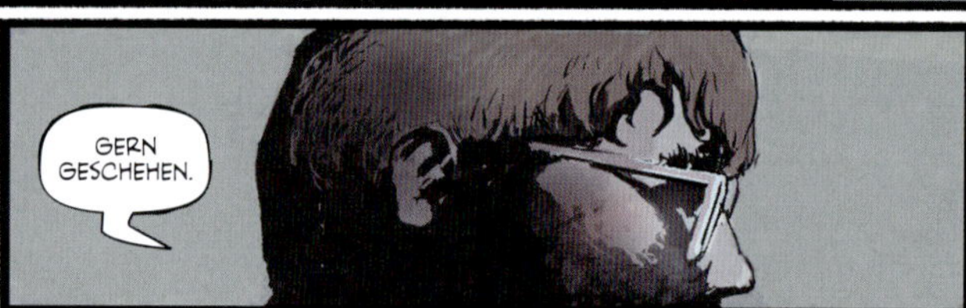
GERN GESCHEHEN.
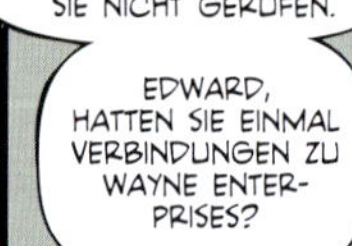
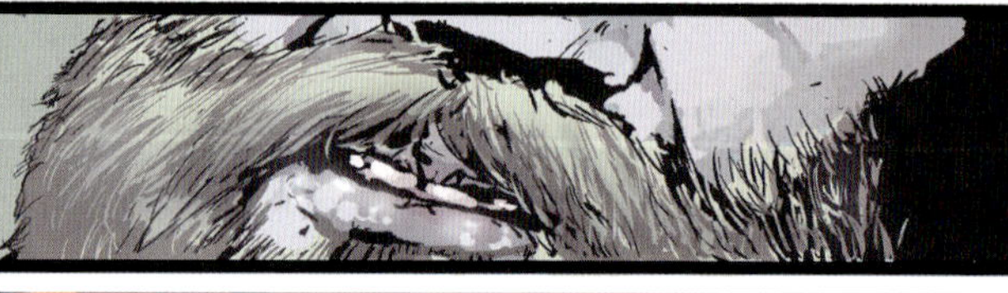
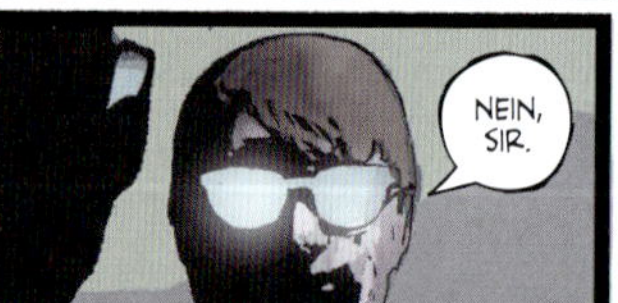
ABER DARUM HABE ICH SIE NICHT GERUFEN.
EDWARD, HATTEN SIE EINMAL VERBINDUNGEN ZU WAYNE ENTERPRISES?
NEIN, SIR.
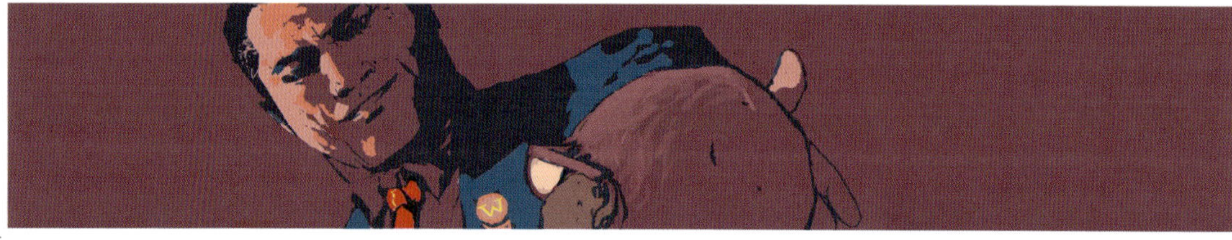
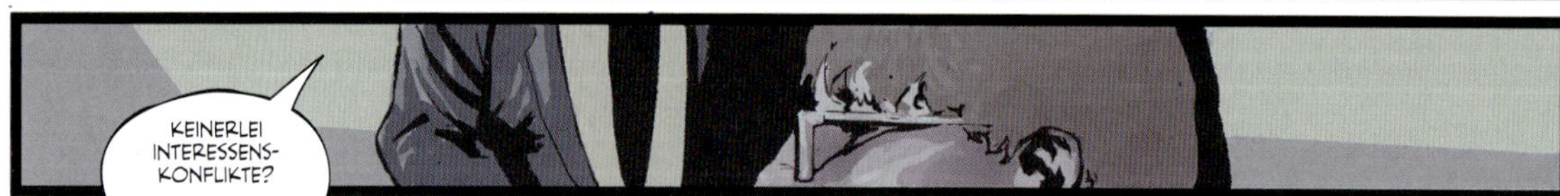
KEINERLEI INTERESSENSKONFLIKTE?
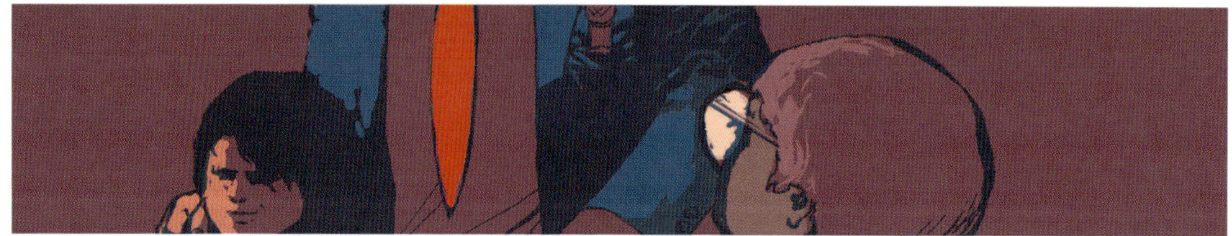
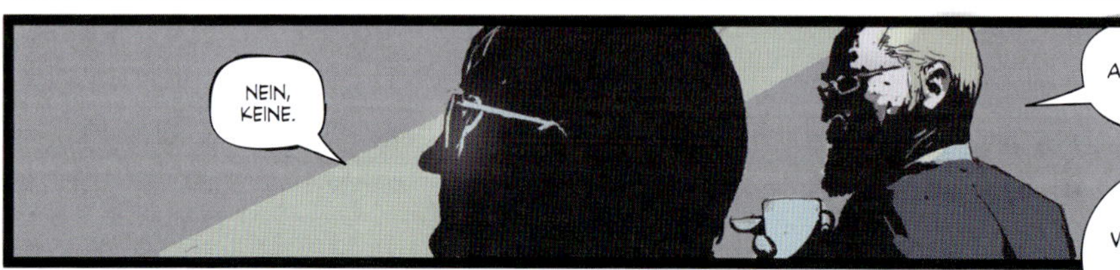
NEIN, KEINE.
GUT. ES SCHEINT, ALS HÄTTE FAST JEDER IN DER STADT WELCHE.
WAYNE WIRD MAL WIEDER VERKLAGT. ICH WÜRDE SIE GERNE FÜR EINE UMFASSENDE ÜBERPRÜFUNG VON DEREN ABRECHNUNGEN HINZUZIEHEN. WÄRE IHNEN DAS RECHT?

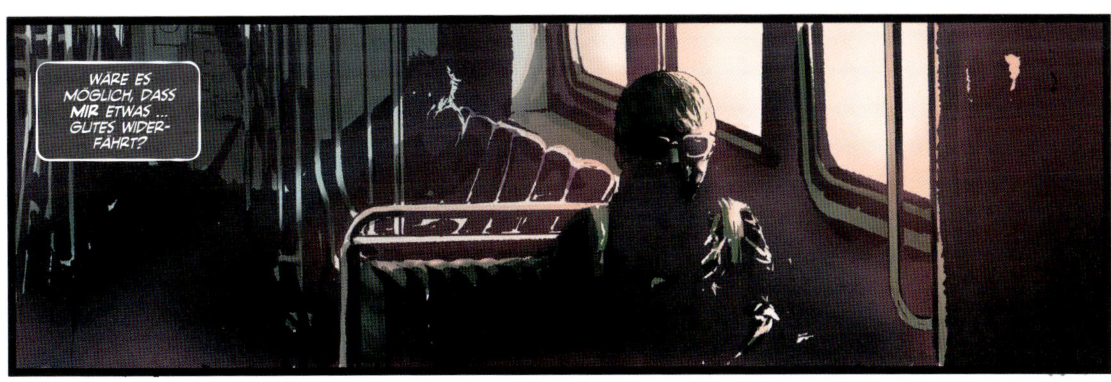
WÄRE ES MÖGLICH, DASS **MIR** ETWAS ... GUTES WIDERFÄHRT?

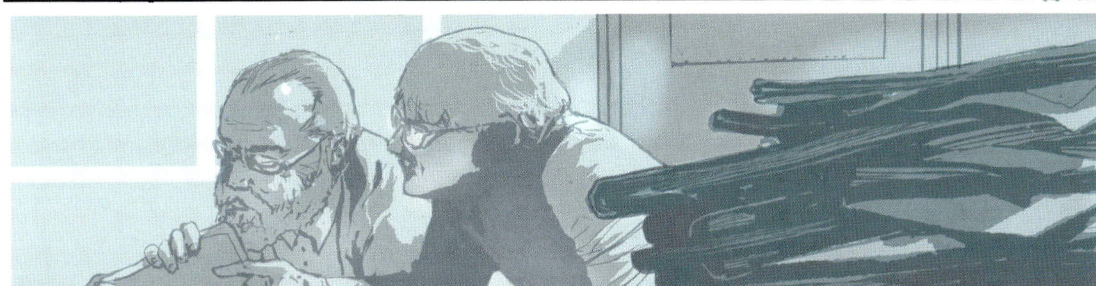

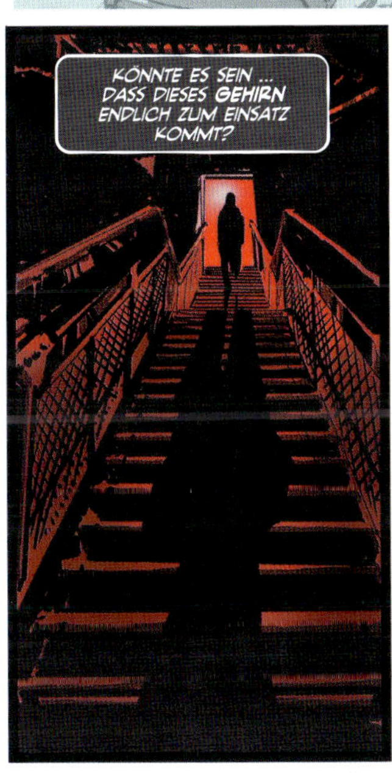
KÖNNTE ES SEIN ... DASS DIESES **GEHIRN** ENDLICH ZUM EINSATZ KOMMT?

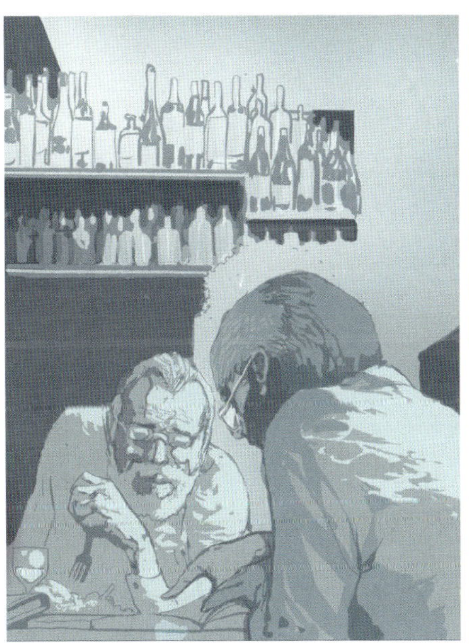

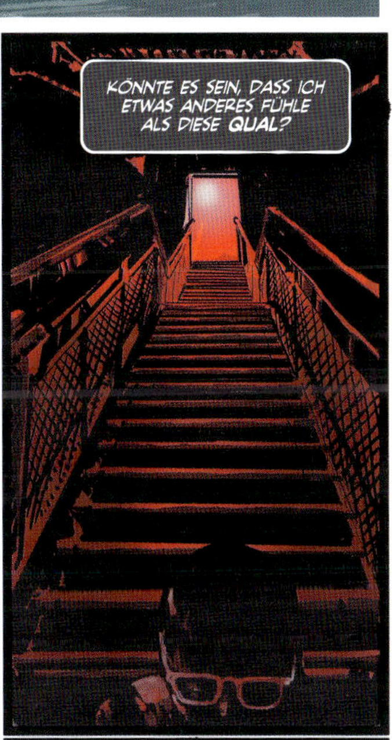
KÖNNTE ES SEIN, DASS ICH ETWAS ANDERES FÜHLE ALS DIESE **QUAL**?

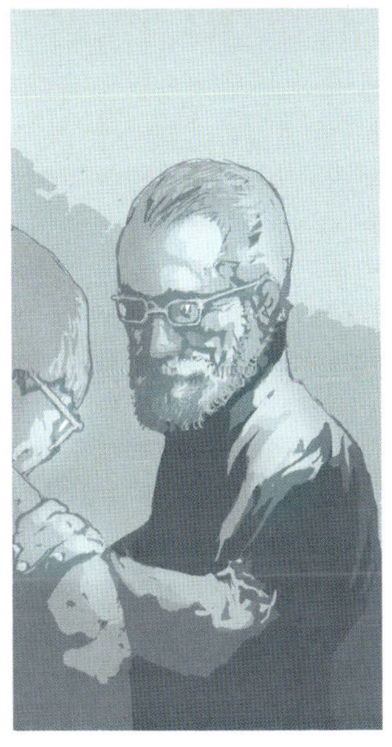

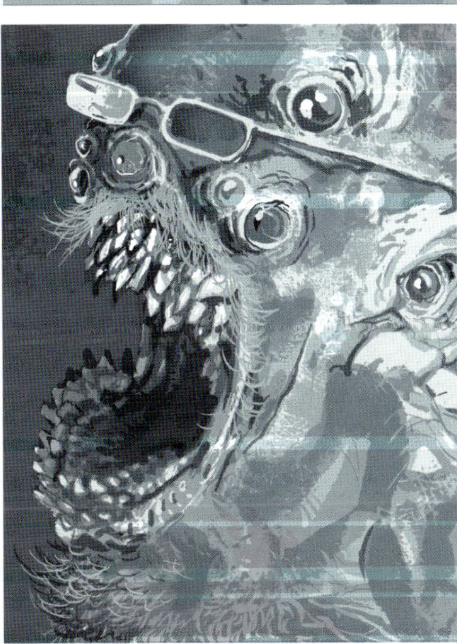

LÜGNER.

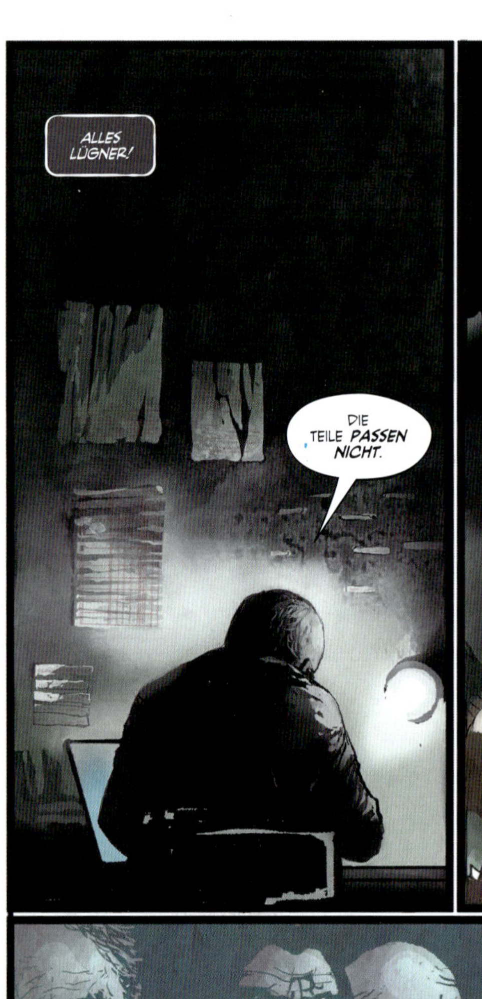
ALLES LÜGNER!
DIE TEILE PASSEN NICHT.

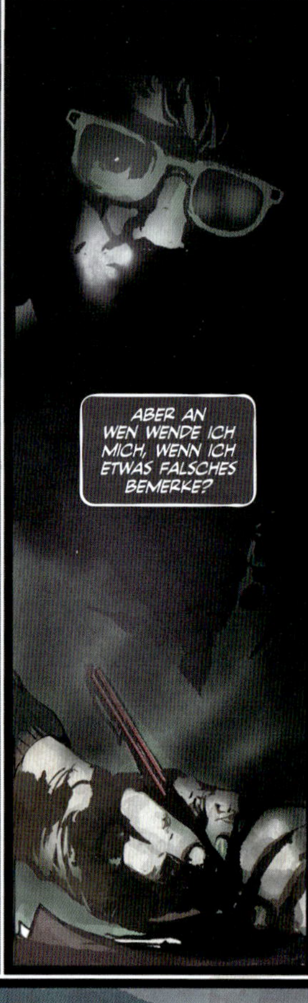
ABER AN WEN WENDE ICH MICH, WENN ICH ETWAS FALSCHES BEMERKE?

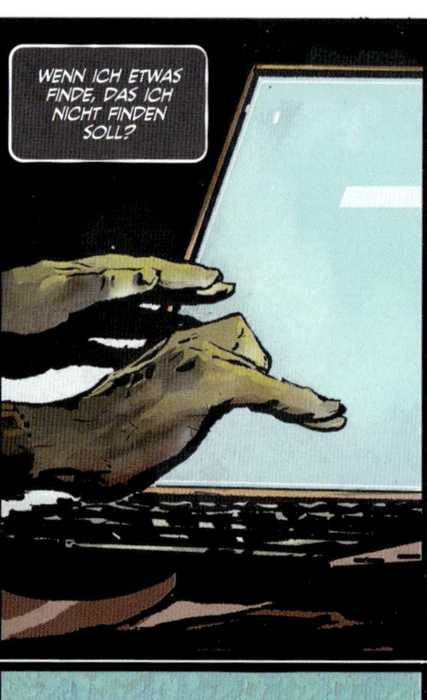
WENN ICH ETWAS FINDE, DAS ICH NICHT FINDEN SOLL?

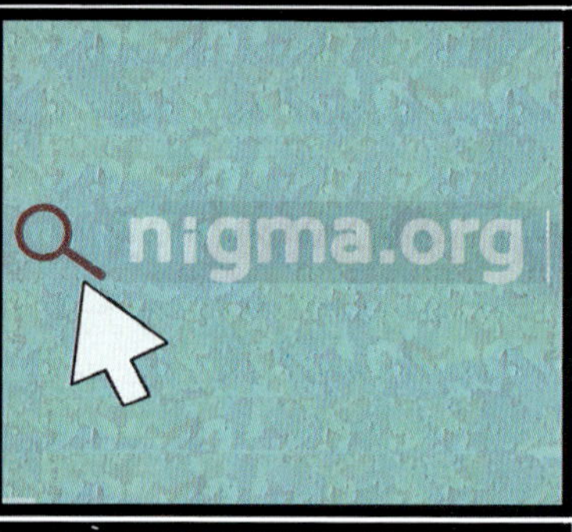
nigma.org

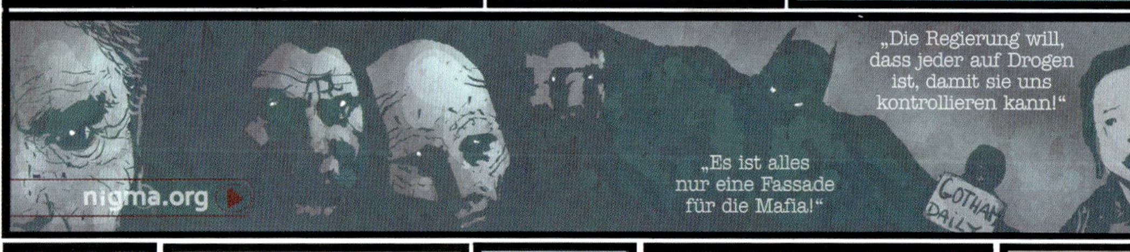
nigma.org
„Es ist alles nur eine Fassade für die Mafia!“
„Die Regierung will, dass jeder auf Drogen ist, damit sie uns kontrollieren kann!“

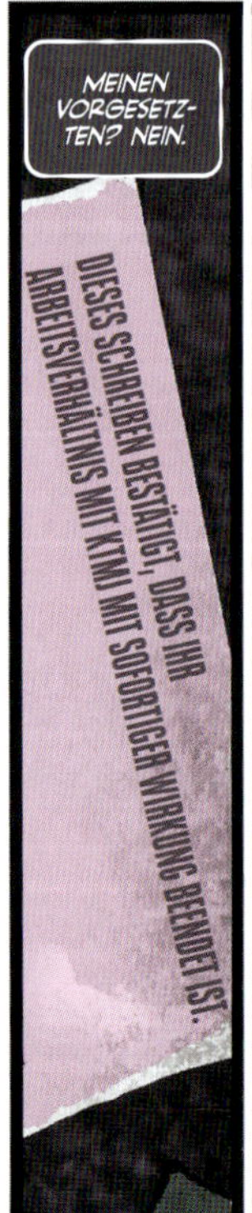
MEINEN VORGESETZTEN? NEIN.
DIESES SCHREIBEN BESTÄTIGT, DASS IHR ARBEITSVERHÄLTNIS MIT KTMJ MIT SOFORTIGER WIRKUNG BEENDET IST.

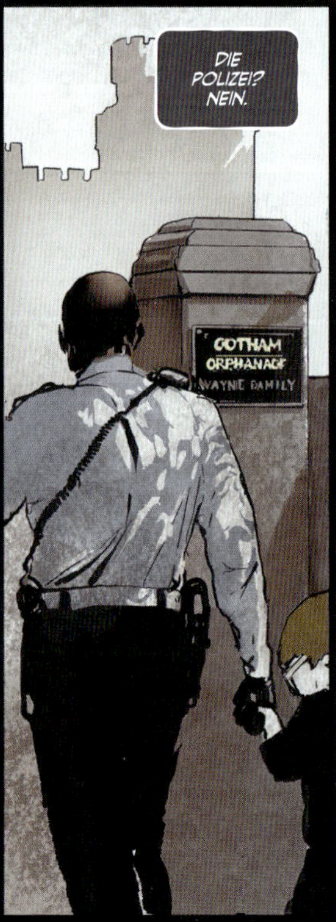
DIE POLIZEI? NEIN.
GOTHAM ORPHANAGE
WAYNE FAMILY

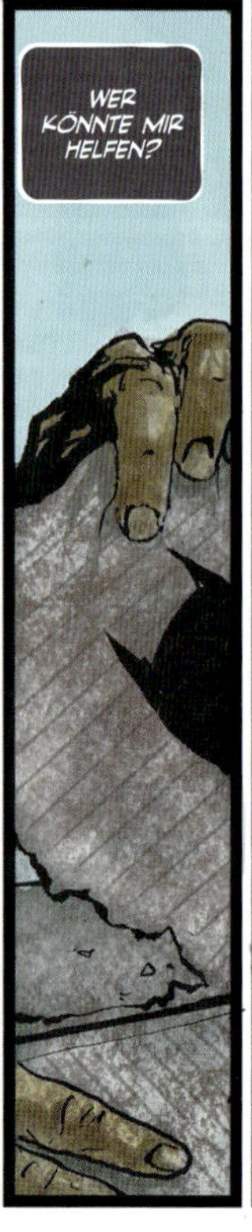
WER KÖNNTE MIR HELFEN?

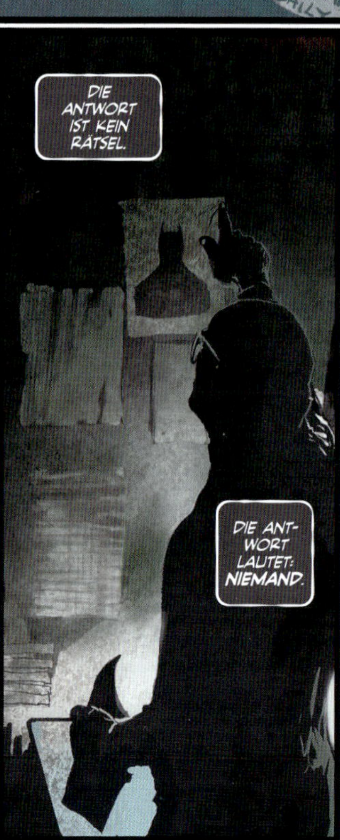
DIE ANTWORT IST KEIN RÄTSEL.
DIE ANTWORT LAUTET: NIEMAND.

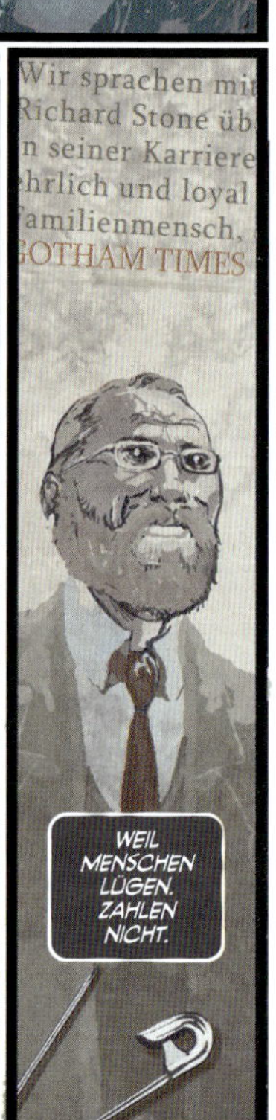
GOTHAM TIMES
WEIL MENSCHEN LÜGEN. ZAHLEN NICHT.

Mittagspause. Kurzer Ausflug nach Tricorner

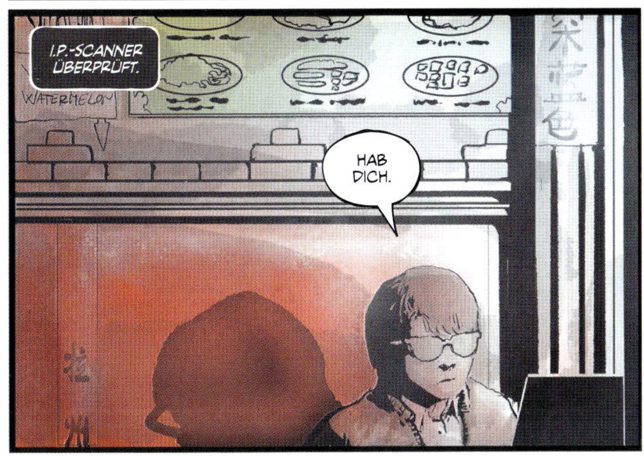

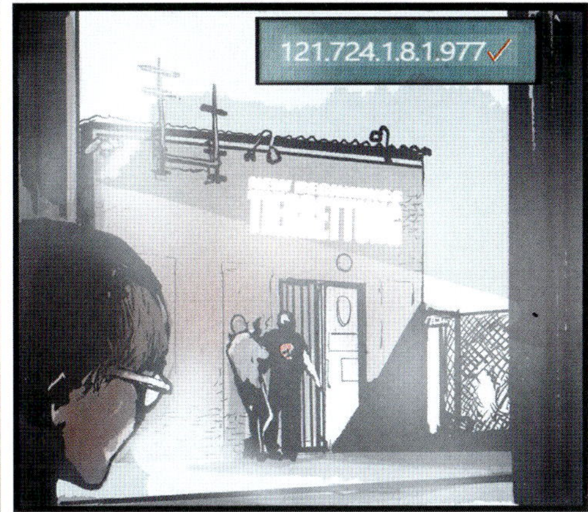

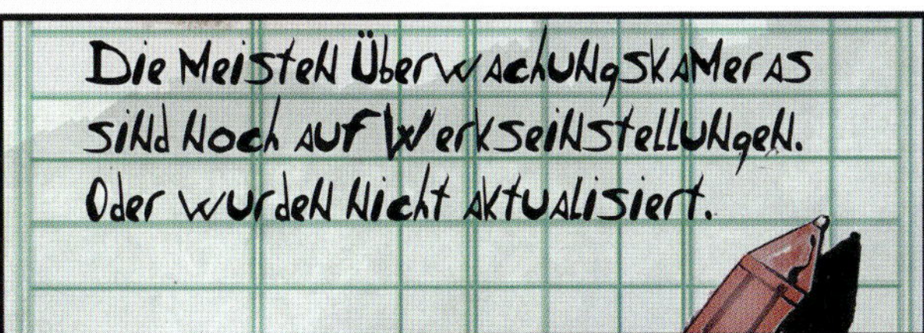

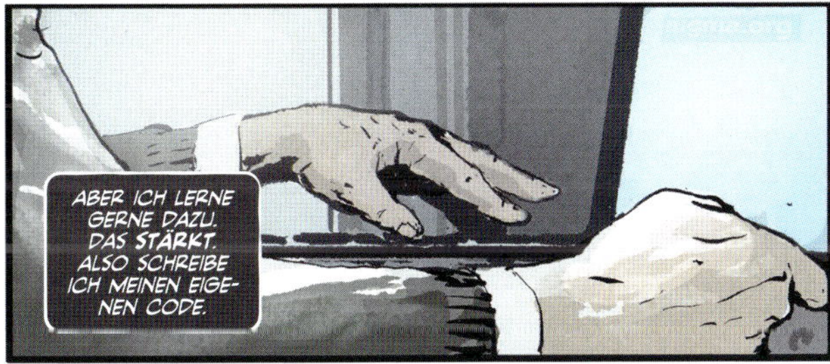

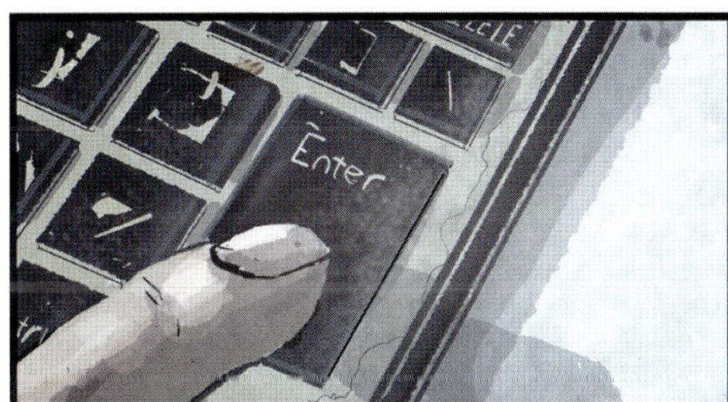

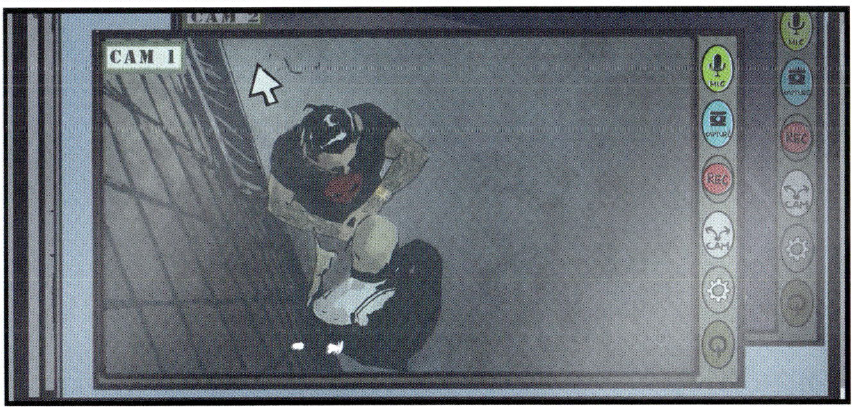

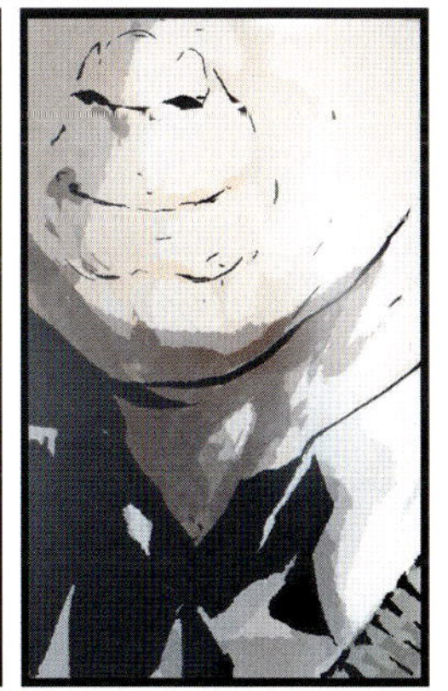

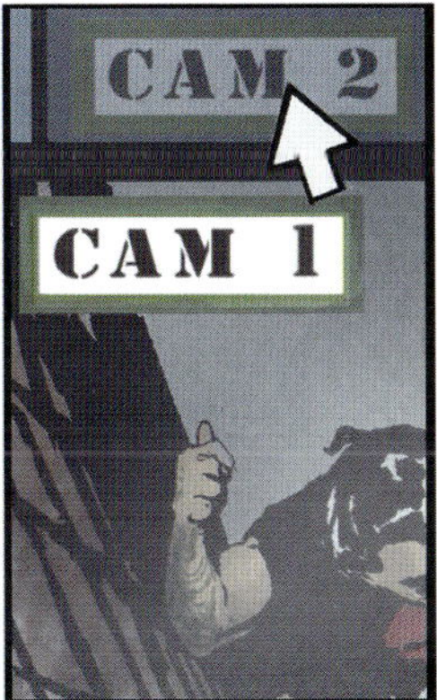

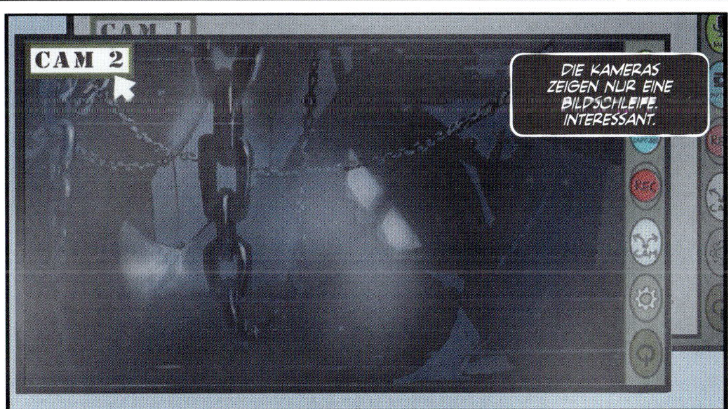

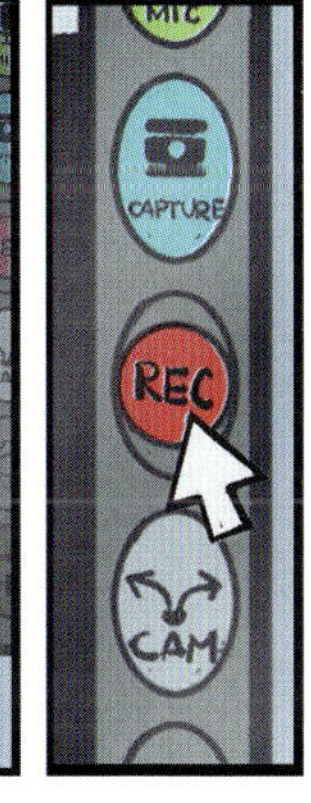

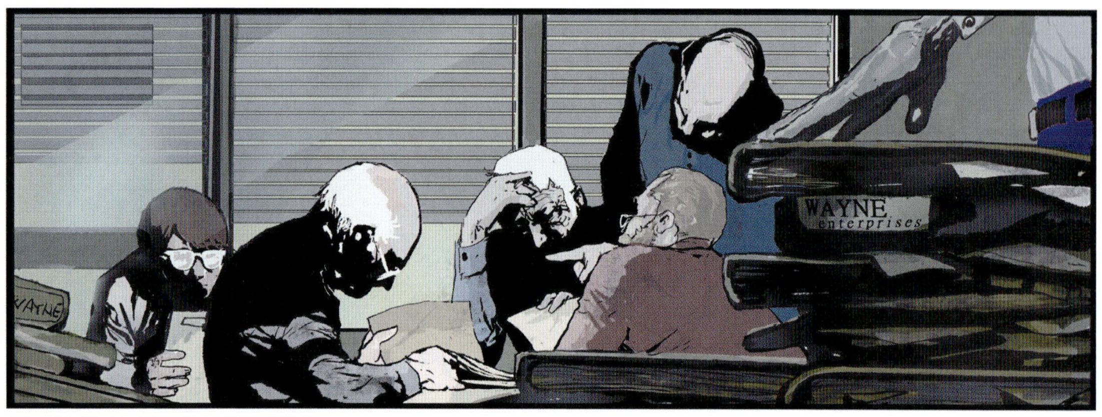
WAYNE enterprises
WAYNE

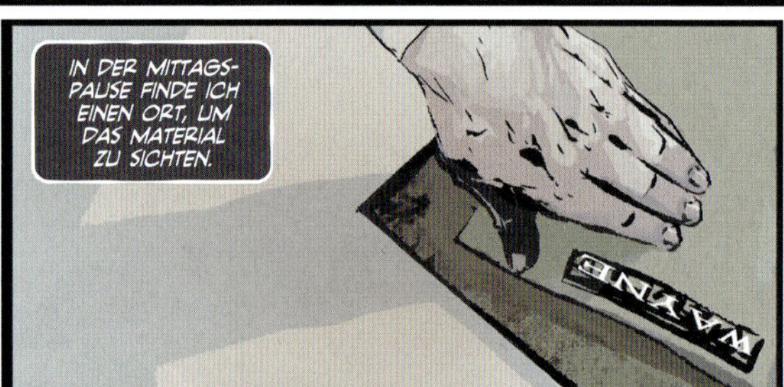
IN DER MITTAGSPAUSE FINDE ICH EINEN ORT, UM DAS MATERIAL ZU SICHTEN.
WAYNE

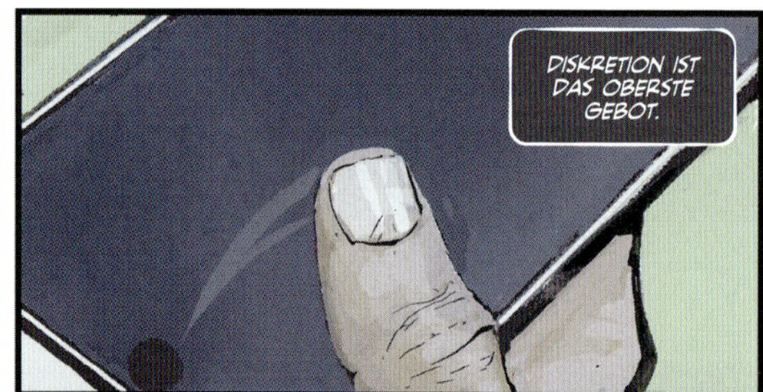
DISKRETION IST DAS OBERSTE GEBOT.

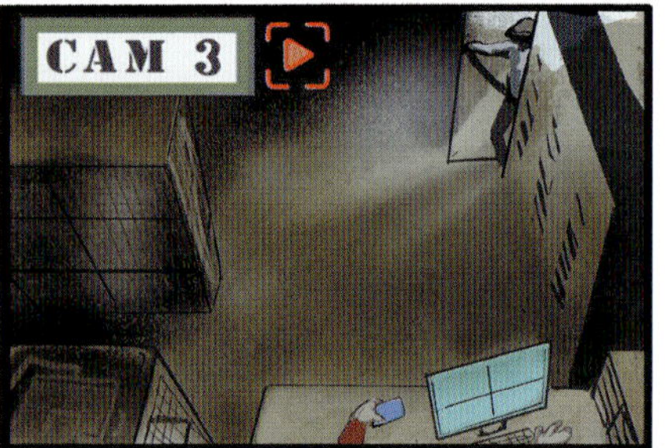
CAM 3

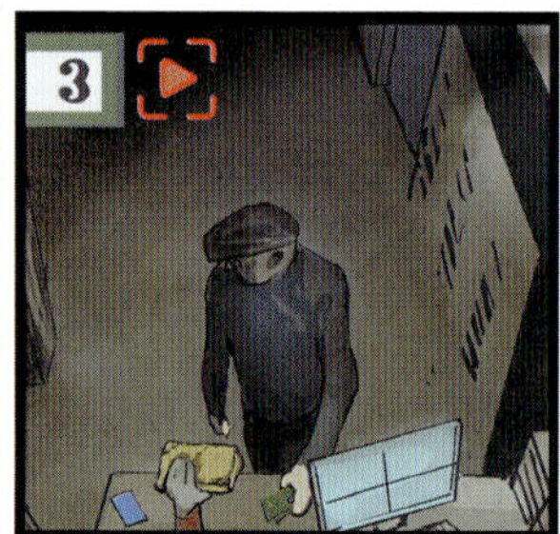
3

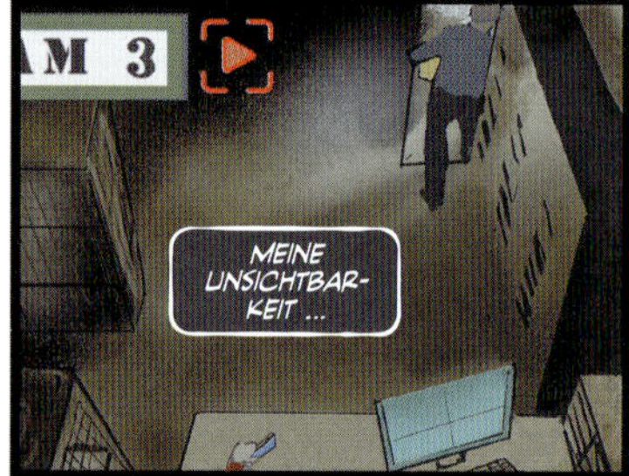
AM 3
MEINE UNSICHTBARKEIT ...

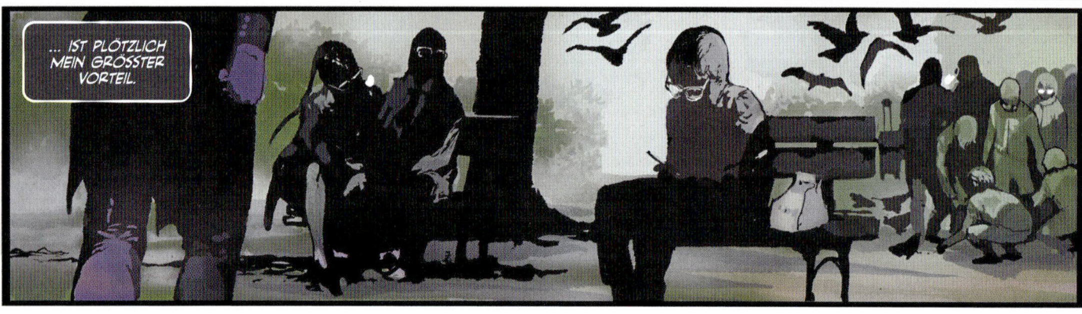
... IST PLÖTZLICH MEIN GRÖSSTER VORTEIL.

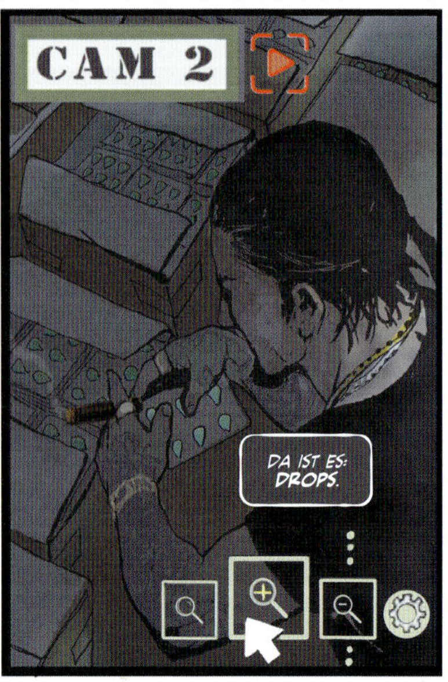
CAM 2
DA IST ES: DROPS.

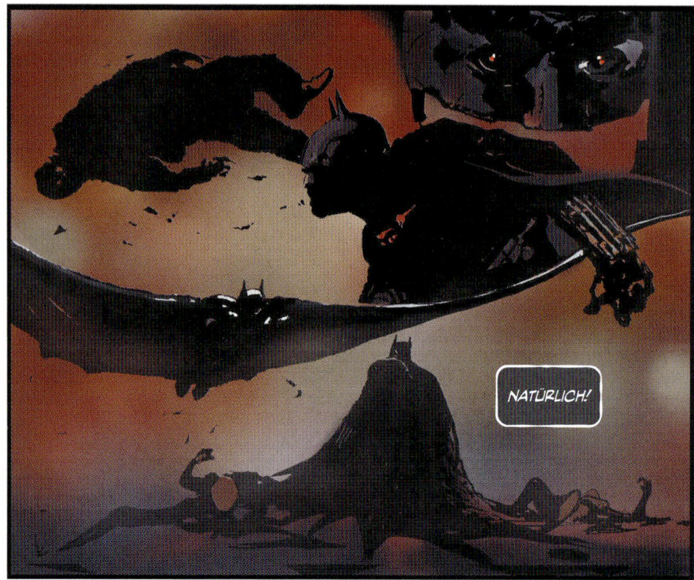
NATÜRLICH!

2. Kamera = jemand, der über sein Produkt wacht ..

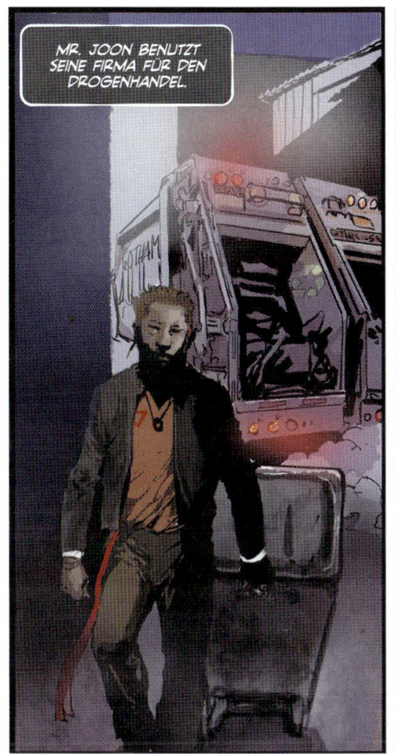

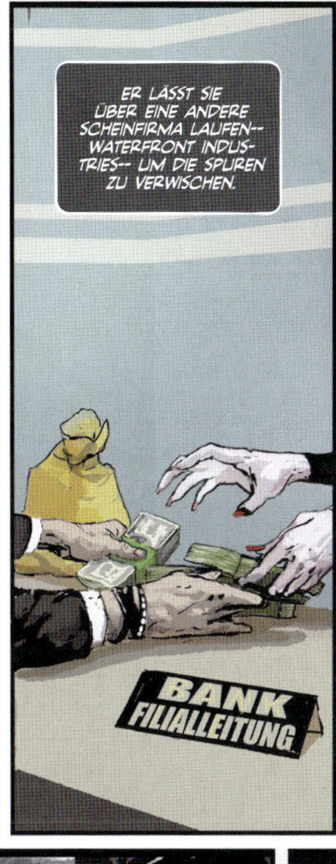

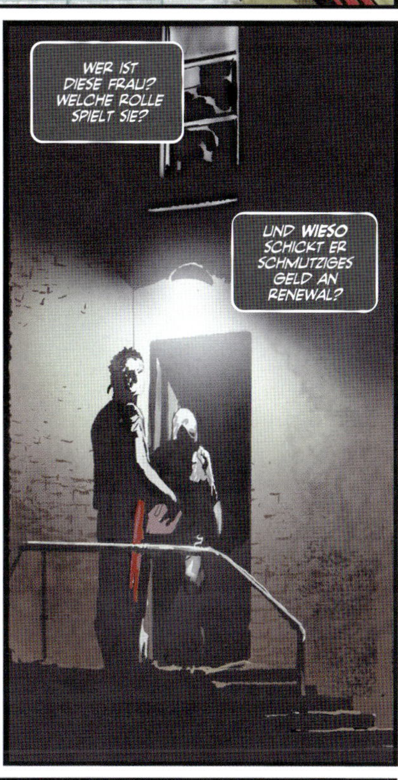

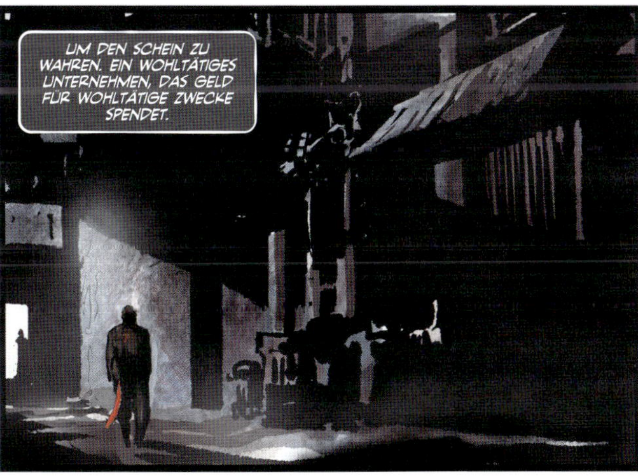

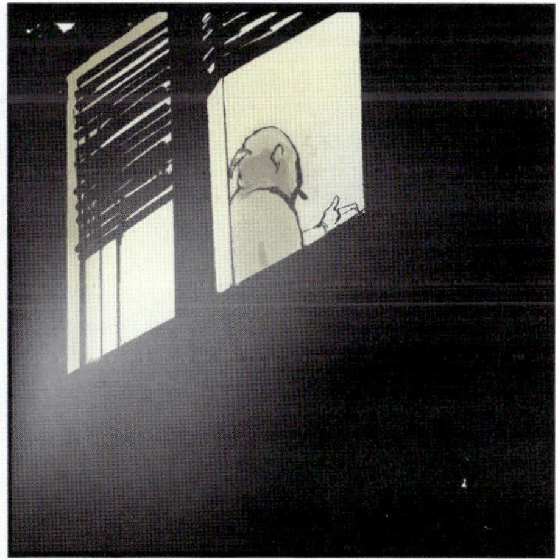

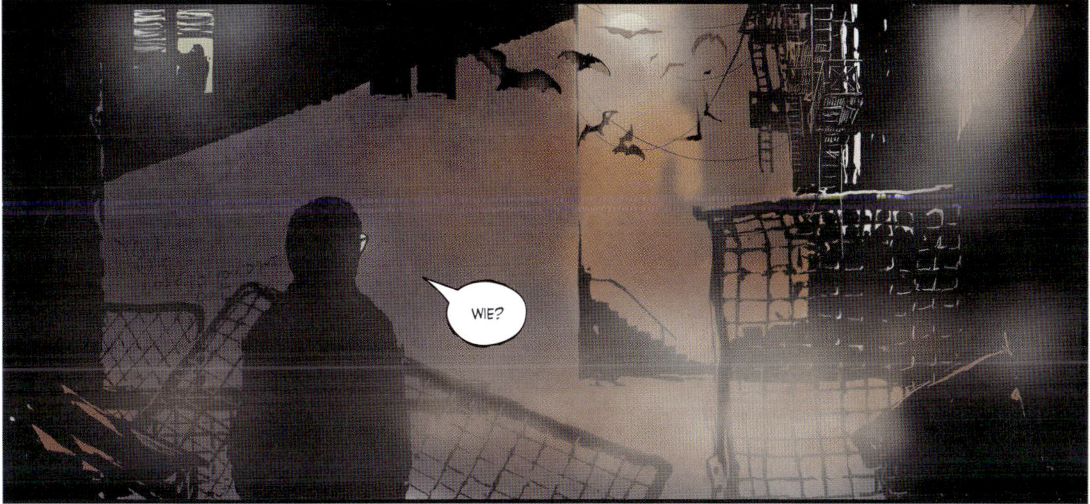

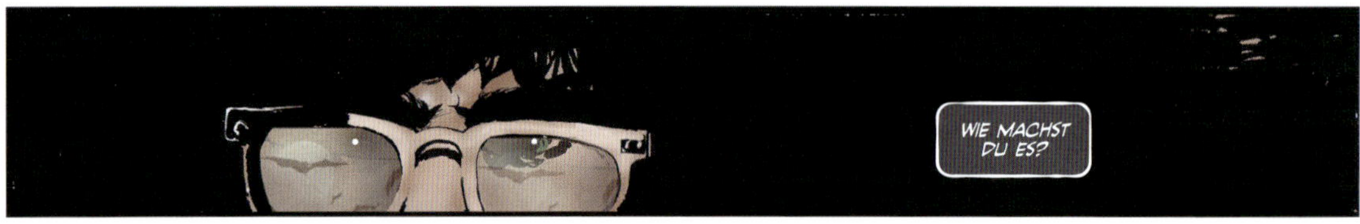
WIE MACHST DU ES?

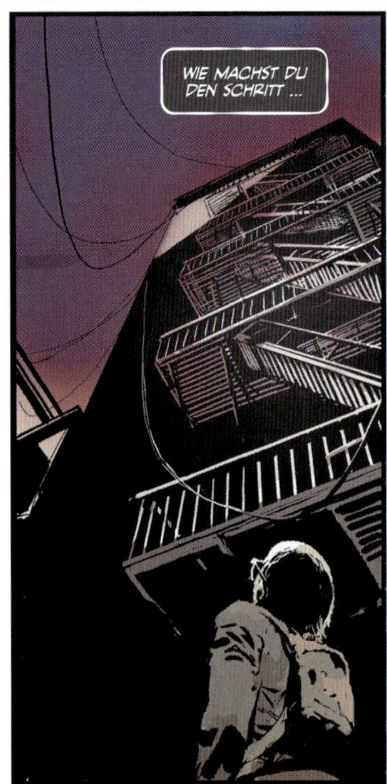
WIE MACHST DU DEN SCHRITT ...

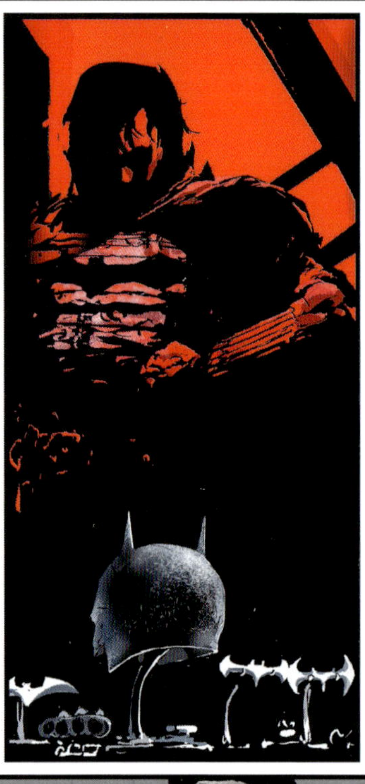

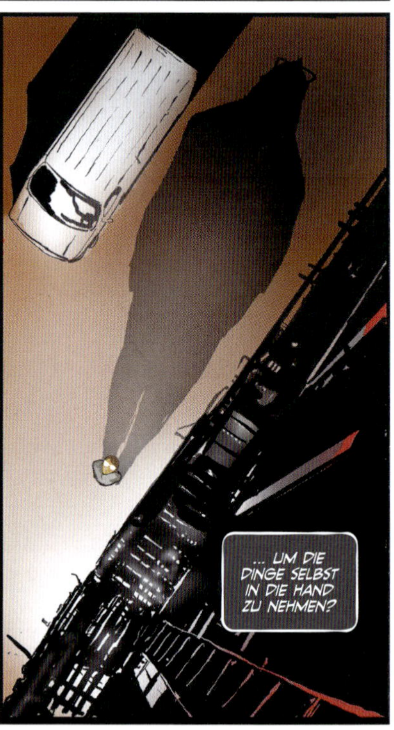
... UM DIE DINGE SELBST IN DIE HAND ZU NEHMEN?

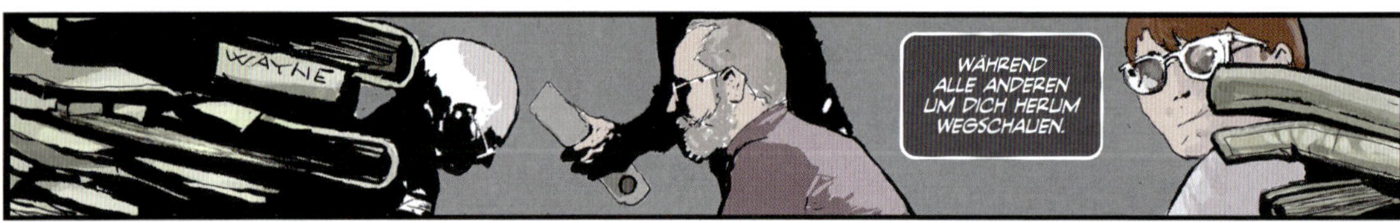
WAYNE
WÄHREND ALLE ANDEREN UM DICH HERUM WEGSCHAUEN.

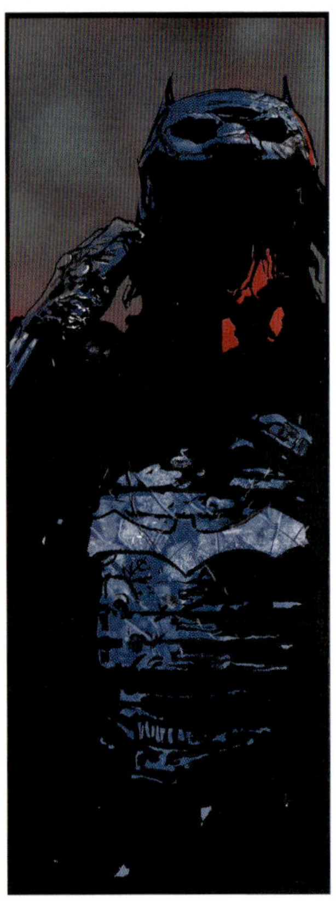

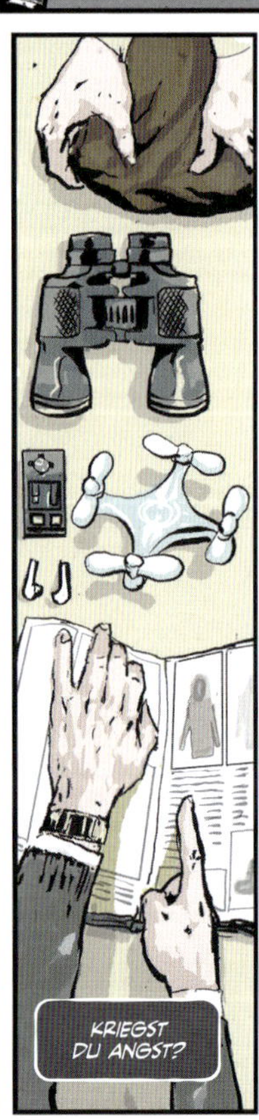
KRIEGST DU ANGST?

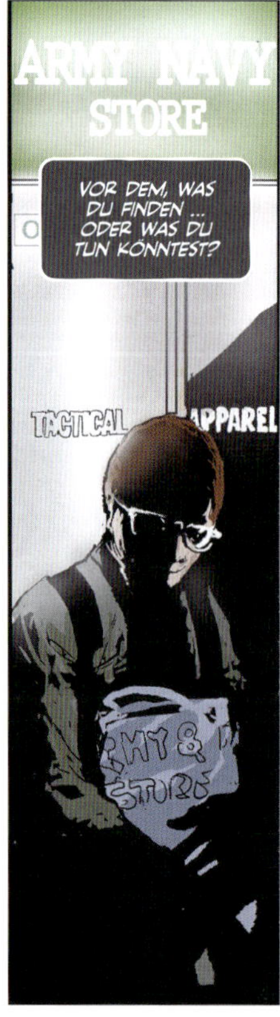
ARMY NAVY STORE
VOR DEM, WAS DU FINDEN ... ODER WAS DU TUN KÖNNTEST?
TACTICAL
APPAREL

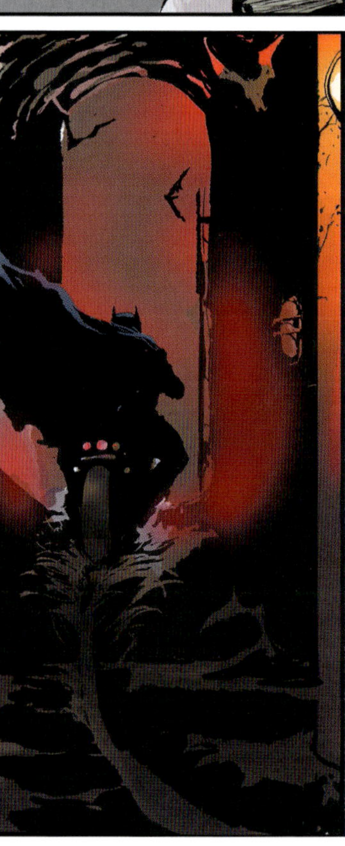

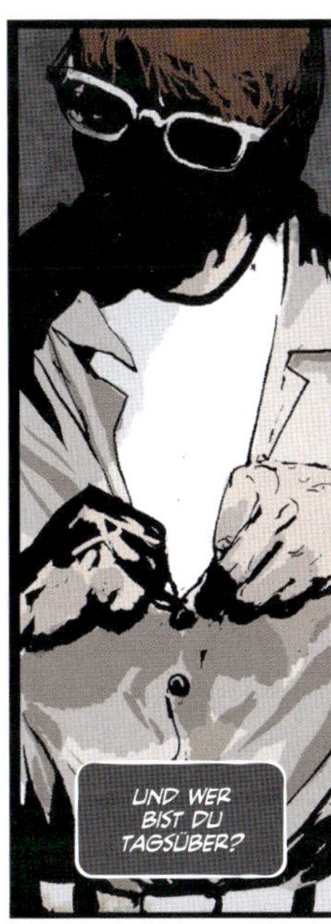
UND WER BIST DU TAGSÜBER?

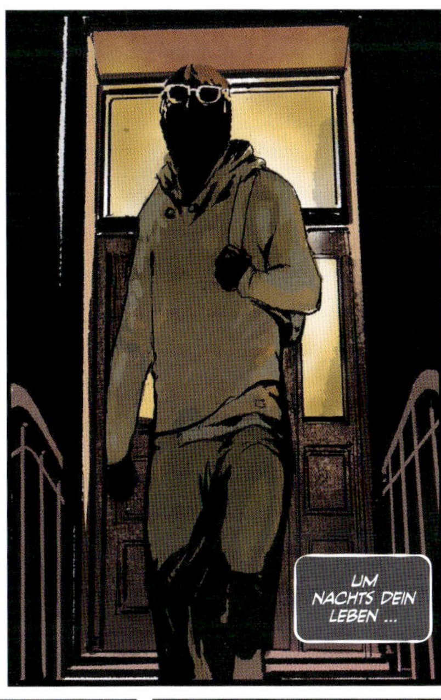
UM NACHTS DEIN LEBEN ...

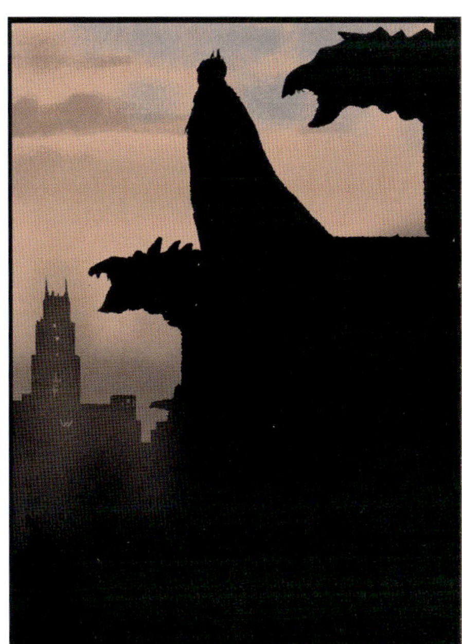

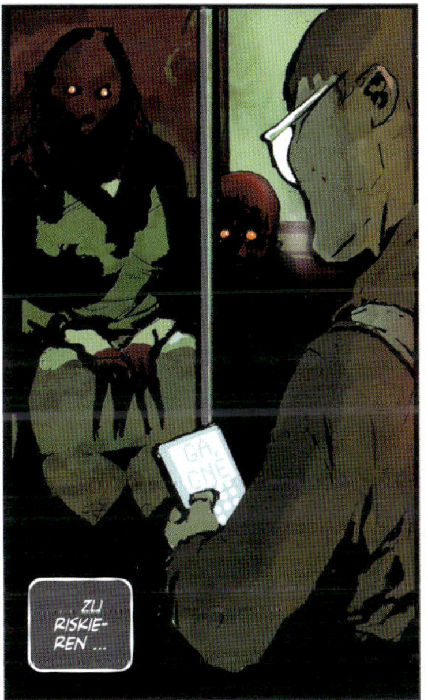
... ZU RISKIE-REN ...

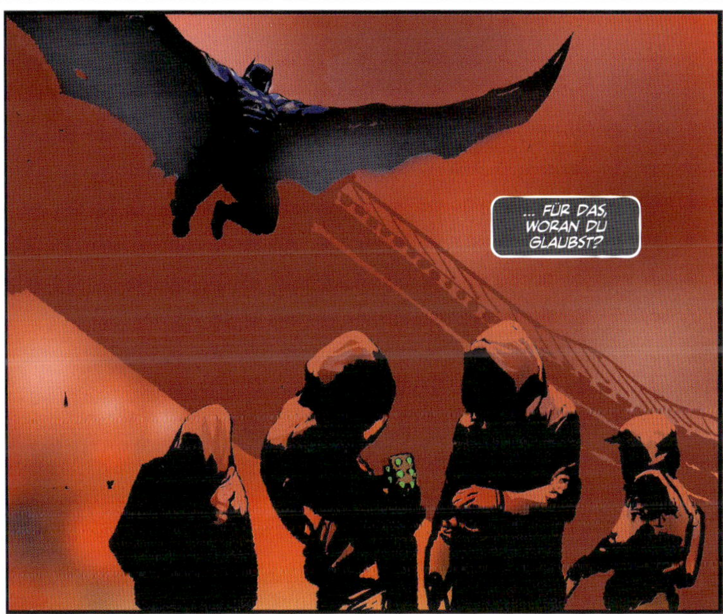
... FÜR DAS, WORAN DU GLAUBST?

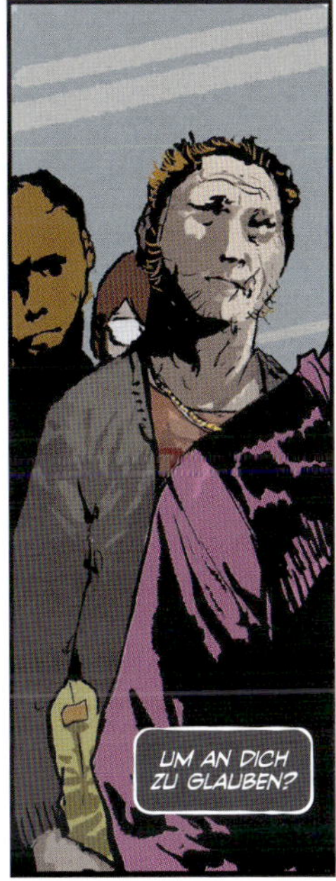
UM AN DICH ZU GLAUBEN?

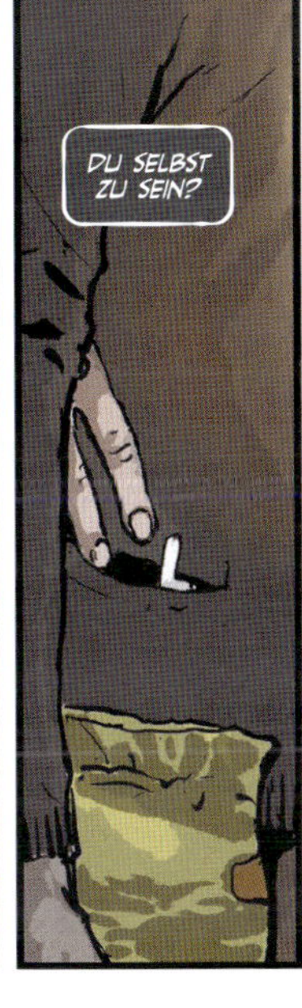
DU SELBST ZU SEIN?

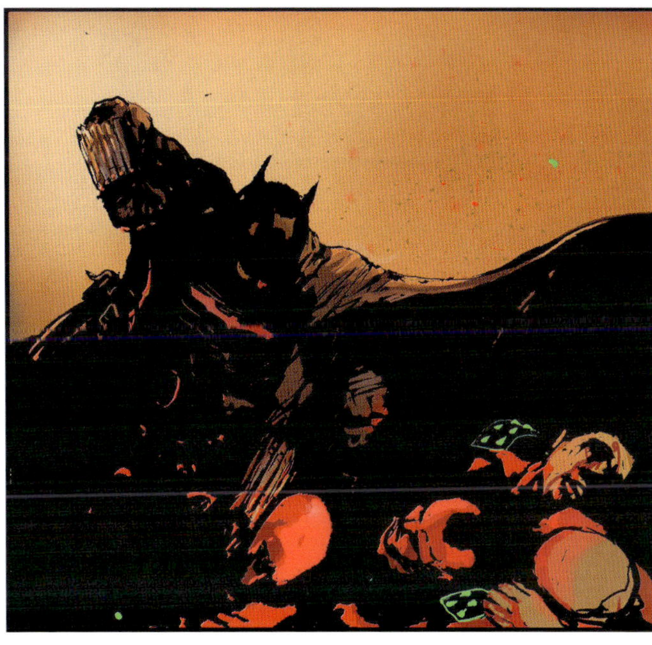

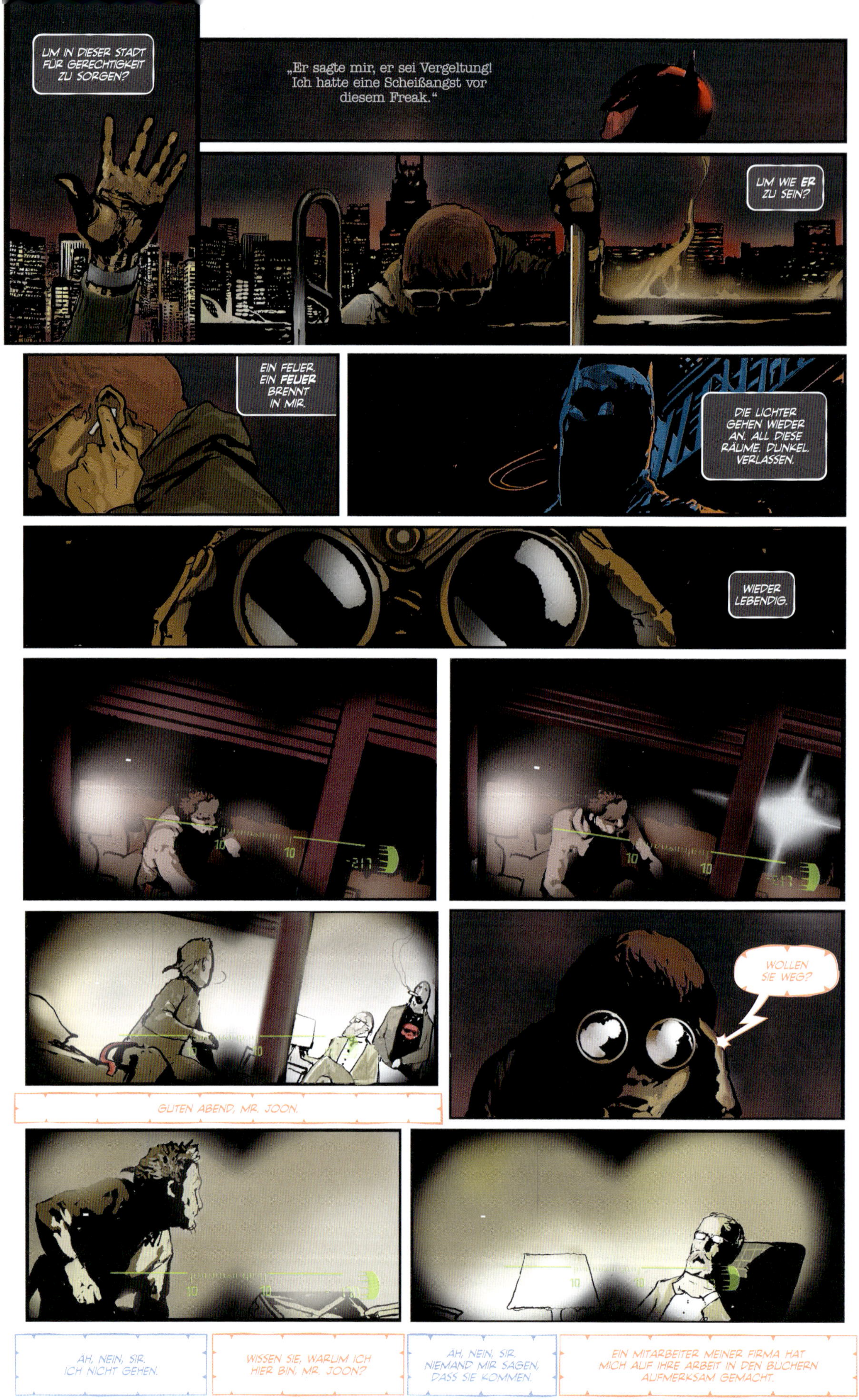

UM IN DIESER STADT FÜR GERECHTIGKEIT ZU SORGEN?

„Er sagte mir, er sei Vergeltung! Ich hatte eine Scheißangst vor diesem Freak.“

UM WIE **ER** ZU SEIN?

EIN FEUER. EIN **FEUER** BRENNT IN MIR.

DIE LICHTER GEHEN WIEDER AN. ALL DIESE RÄUME. DUNKEL. VERLASSEN.

WIEDER LEBENDIG.

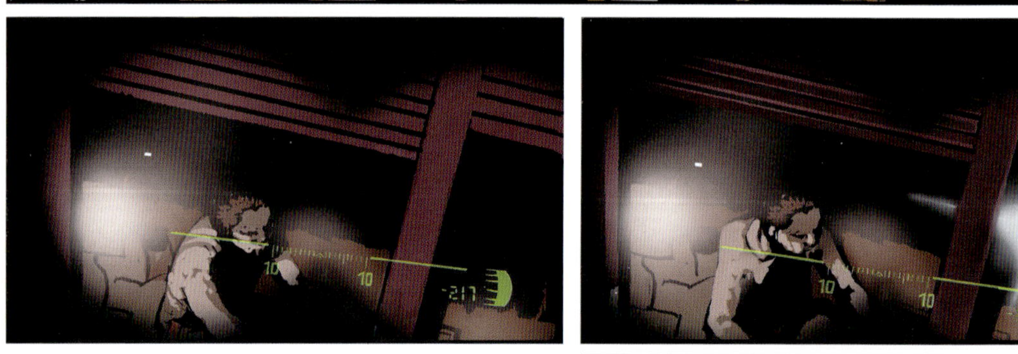

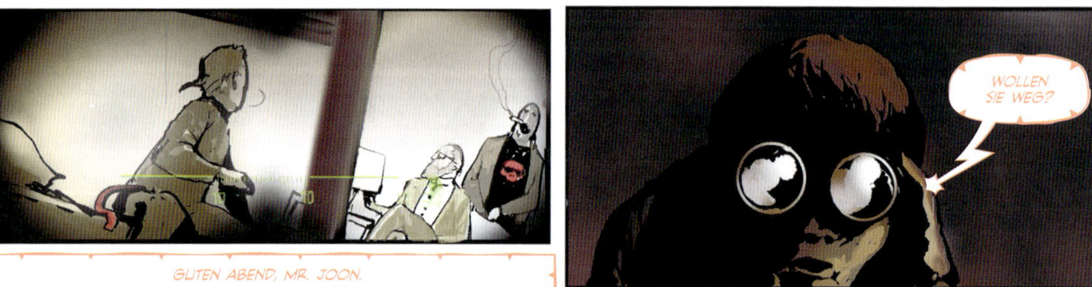

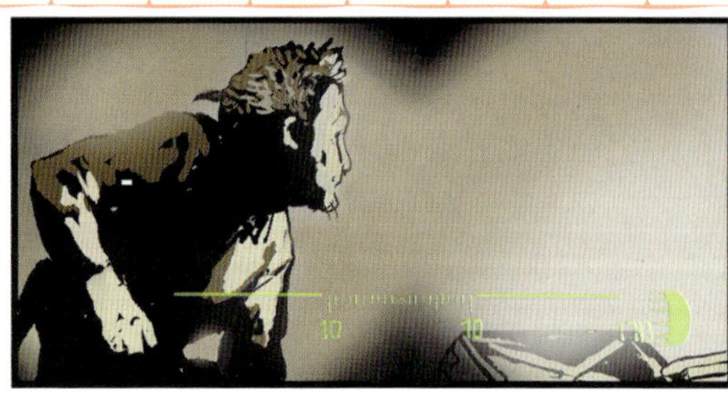

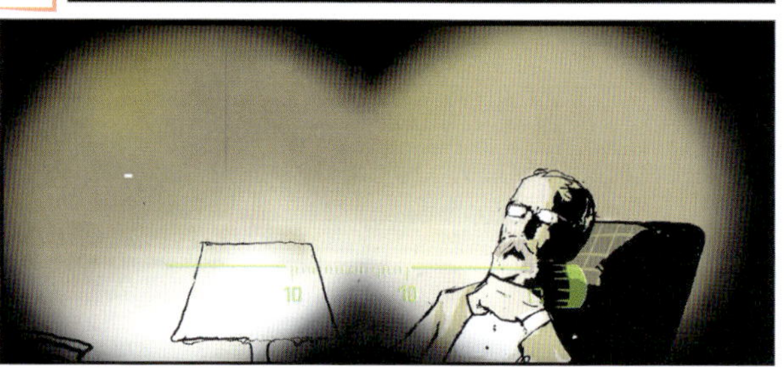

ÄH, NEIN, SIR. ICH NICHT GEHEN.

WISSEN SIE, WARUM ICH HIER BIN, MR. JOON?

ÄH, NEIN, SIR. NIEMAND MIR SAGEN, DASS SIE KOMMEN.

EIN MITARBEITER MEINER FIRMA HAT MICH AUF IHRE ARBEIT IN DEN BÜCHERN AUFMERKSAM GEMACHT.

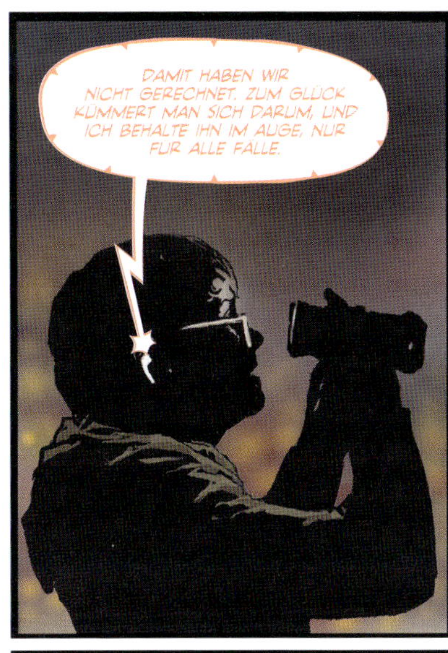
DAMIT HABEN WIR NICHT GERECHNET. ZUM GLÜCK KÜMMERT MAN SICH DARUM, UND ICH BEHALTE IHN IM AUGE, NUR FÜR ALLE FÄLLE.

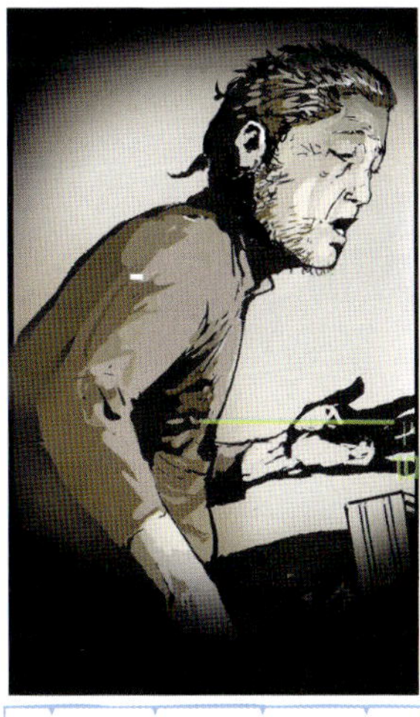
ICH ÄNDERE DIE ZAHLEN JEDE WOCHE, SIR, SO WIE SIE MIR GEZEIGT.

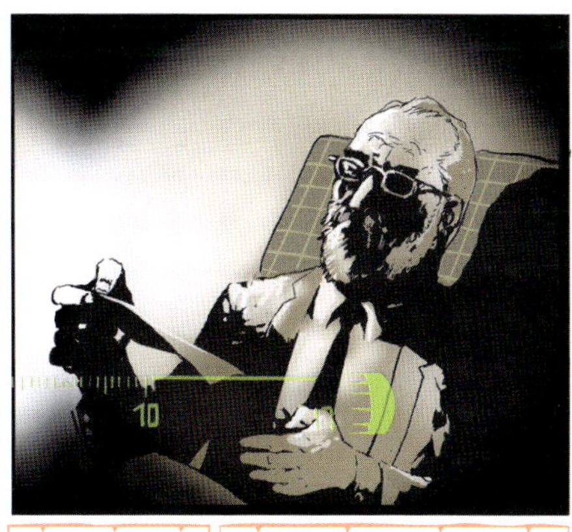
MAG SEIN, ABER ES IST GUT, DASS MEIN MITARBEITER ES BEMERKT HAT.
DENN WISSEN SIE, WAS ICH SAH, ALS ICH ÜBER DIE OFFIZIELLEN BÜCHER HINAUSSCHAUTE? ALS ICH MIR UNSER PRODUKT UND DEN CASH-FLOW ANSAH?

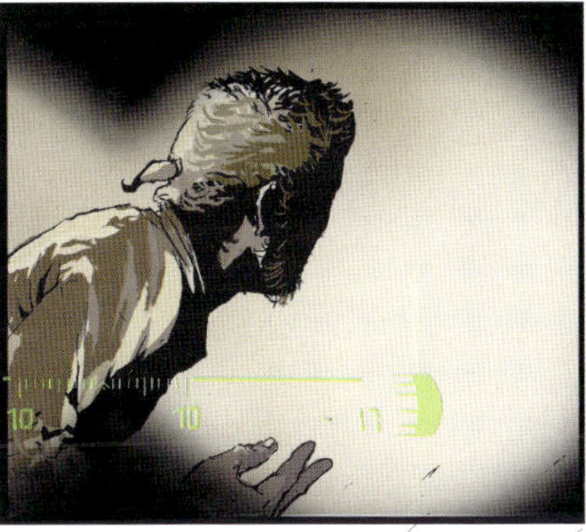
ICH SAH, DASS JEMAND EIN WENIG GELD ABSCHÖPFT.
ICH NICHT, SIR! ICH FÜHREN DEN LADEN, SIR, SO WIE SIE ES ZEIGEN. ICH MACHEN GUTE ARBEIT, SIR.

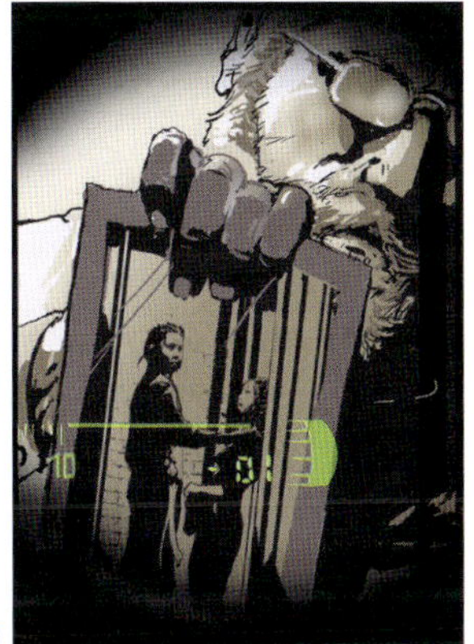
DAS IST IHRE **TOCHTER**, NICHT WAHR?

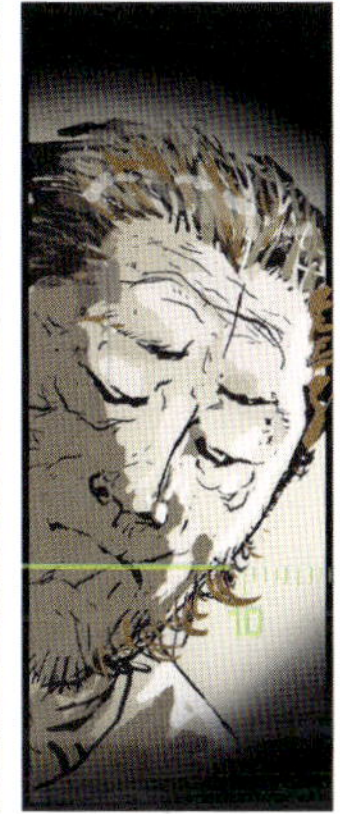
... JA ... ICH ...

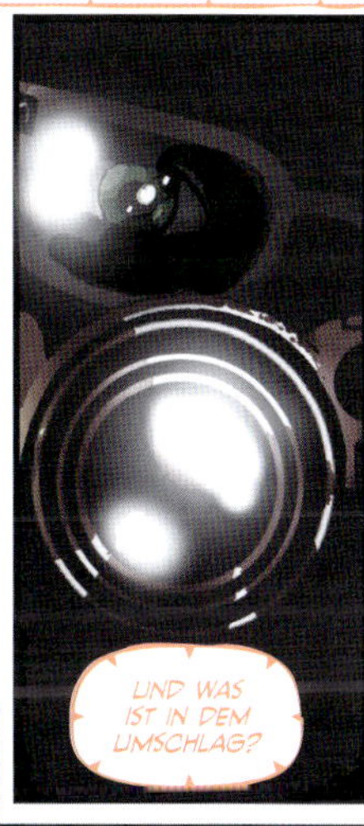
UND WAS IST IN DEM UMSCHLAG?

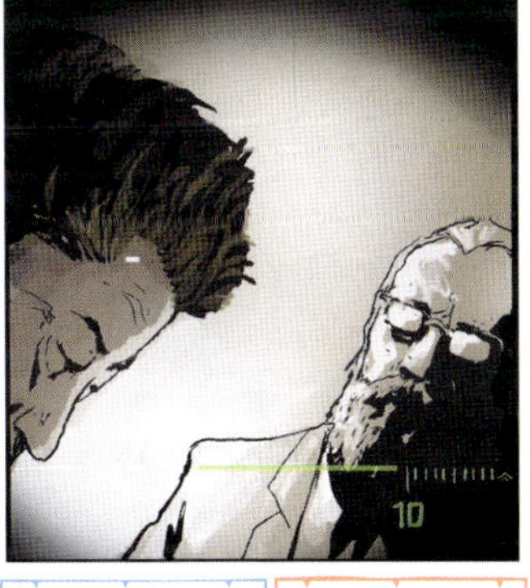
ICH GEBEN IHR GELD, DAS ICH VERDIENE. DAMIT SIE GOTHAM EINES TAGES VERLASSEN KANN, SIR.

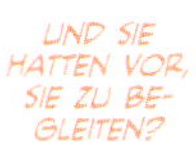
UND SIE HATTEN VOR, SIE ZU BEGLEITEN?

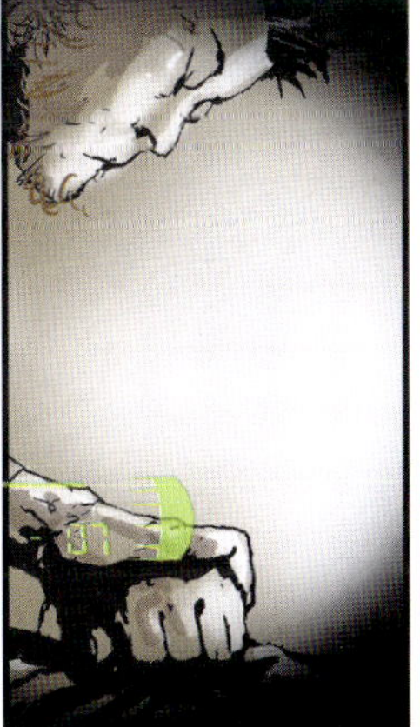
NEIN. ICH MEINE, JA. ICH ... ICH BRINGE SIE HIN UND KOMME ZURÜCK.

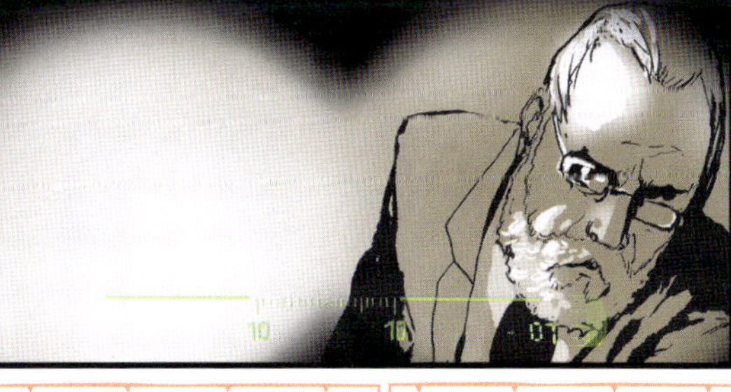
MR. JOON, WENN JEMAND GELD AUS UNSEREM LADEN NIMMT, NIMMT ER MIR GELD WEG. UND WENN MIR JEMAND GELD WEGNIMMT, NIMMT MAN MR. FALCONE GELD WEG.
SIE WISSEN, WAS MIT LEUTEN PASSIERT, DIE MR. FALCONE GELD WEGNEHMEN?

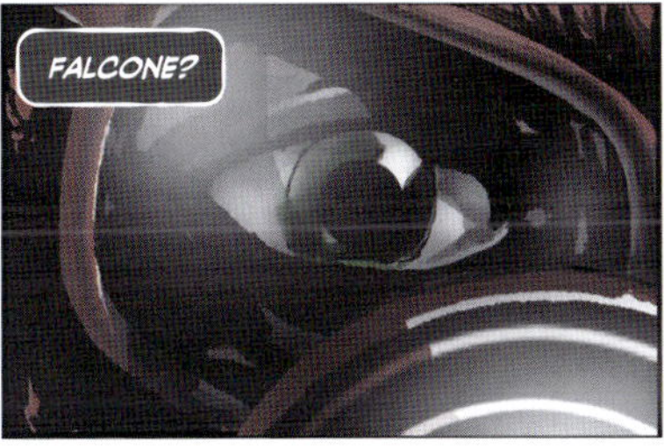
FALCONE?

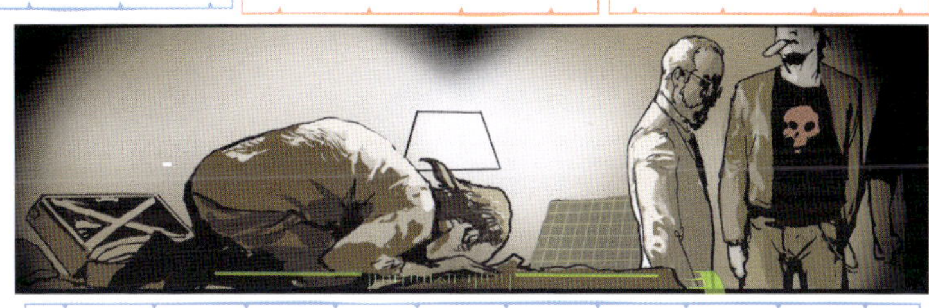
NEIN, SIR. ICH WAR ES NICHT. ICH SCHWÖREN, SIR. DAS IST MEIN GELD. ICH HABE HART FÜR DIESES GELD GEARBEITET. ICH VERDIENE DAS GELD, DAS ICH IHR GEBE!

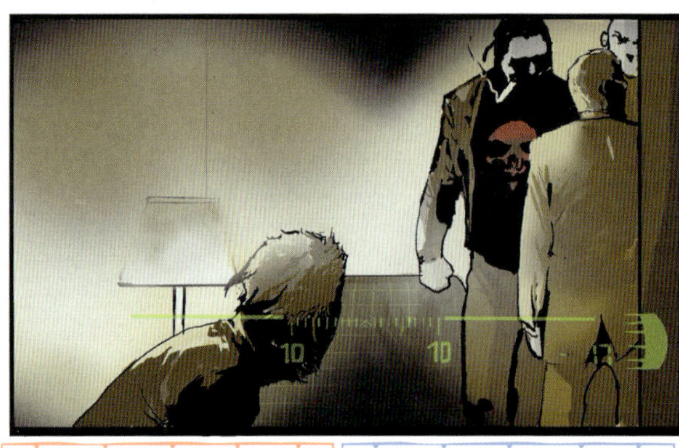
ICH BIN ENTTÄUSCHT, MR. JOON. AUF WIEDERSEHEN.
MR. STONE ... WARTEN SIE! ICH **SCHWÖRE**, ICH WAR ES NICHT!

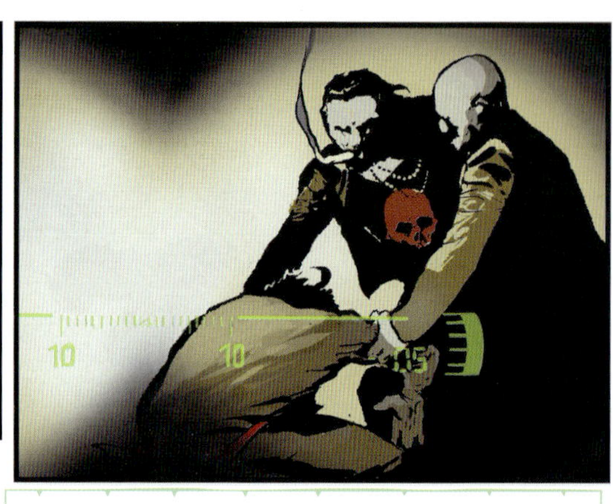
DU KOMMST MIT UNS NACH HINTEN, MANN.

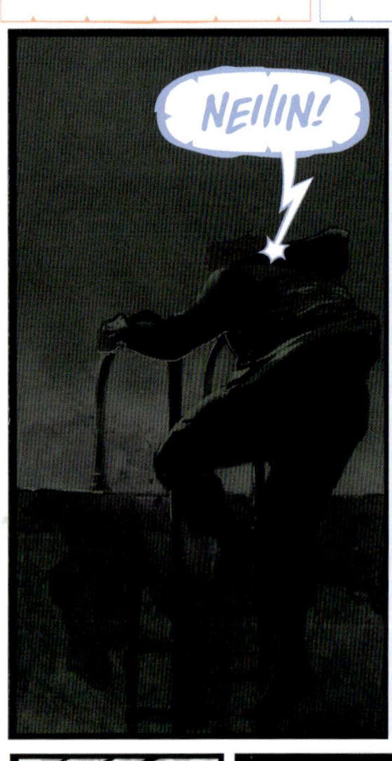
NEIIIN!

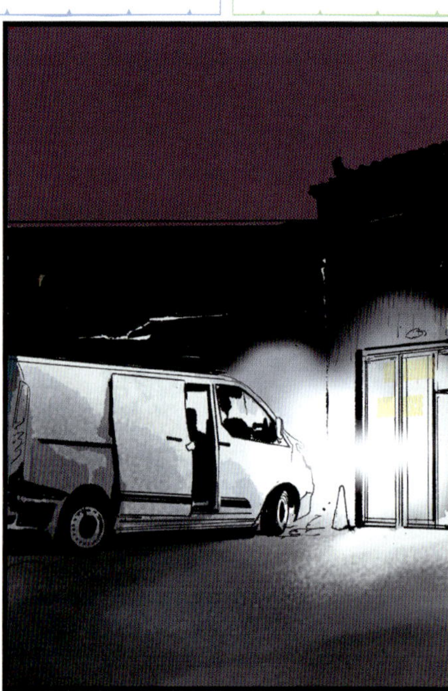

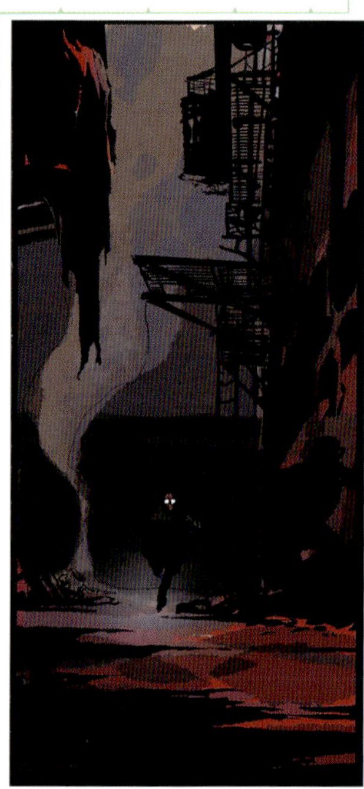

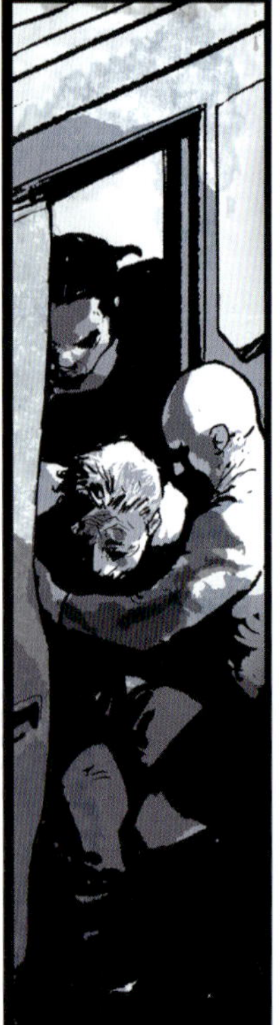

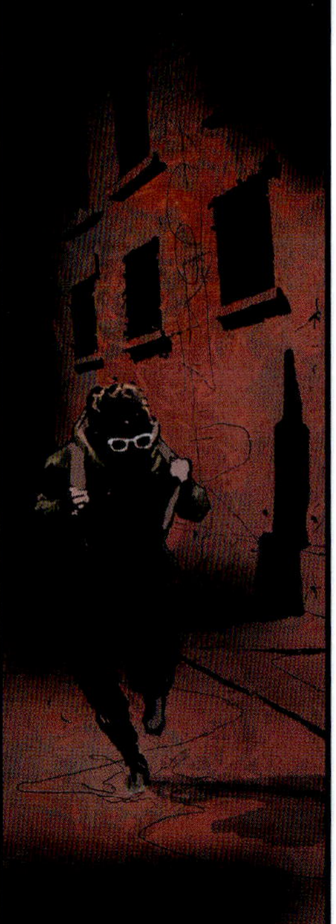

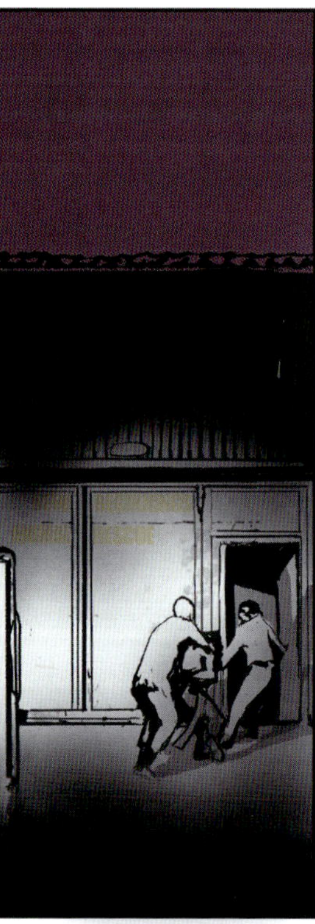

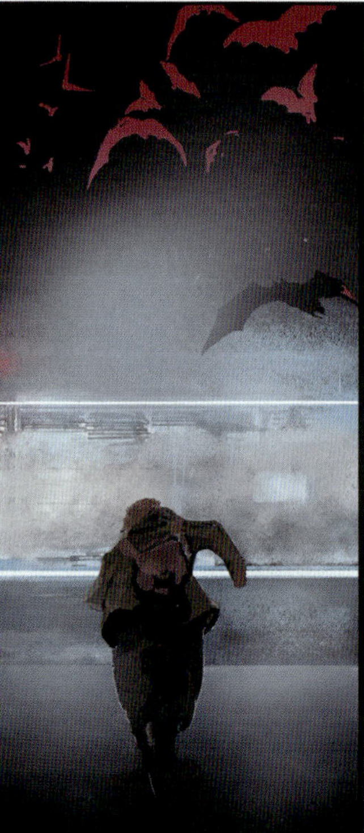

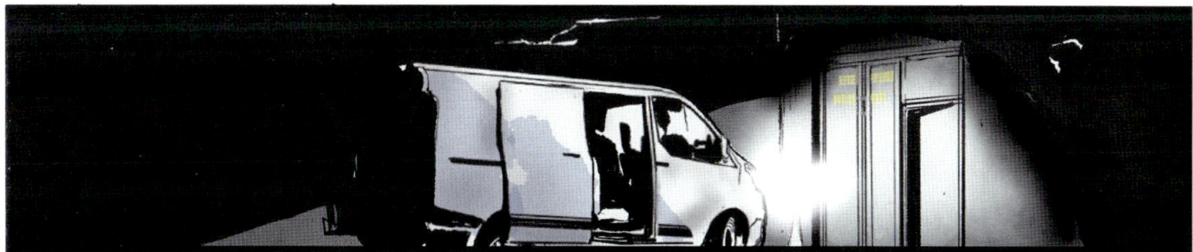

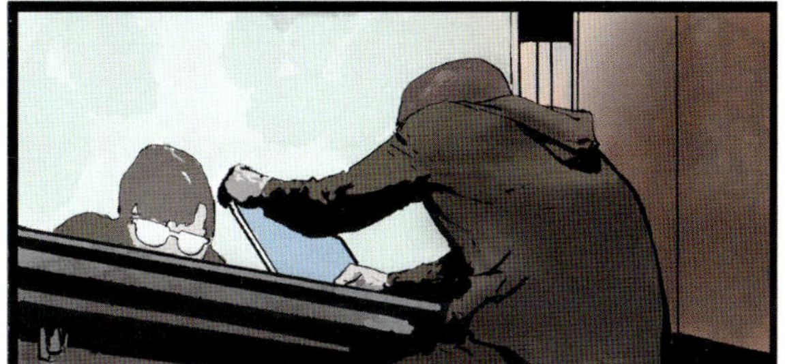

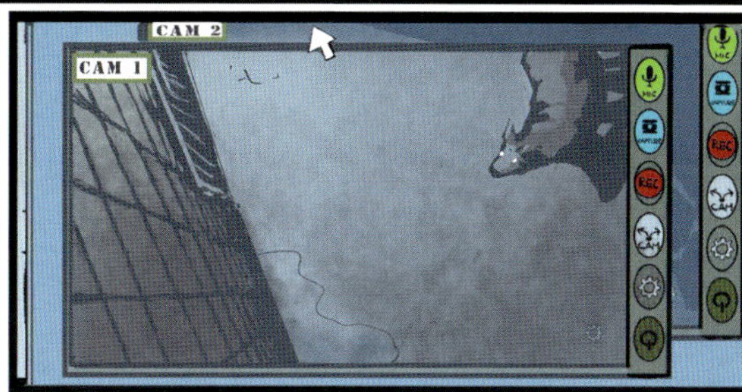

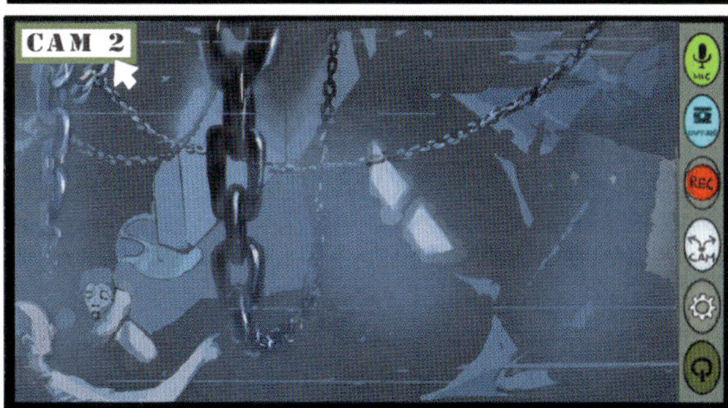

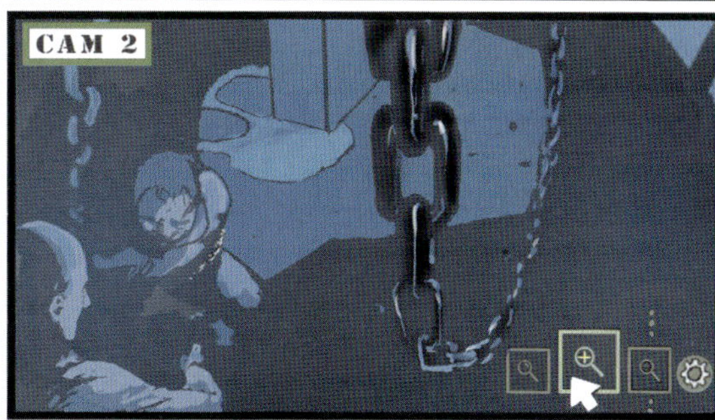

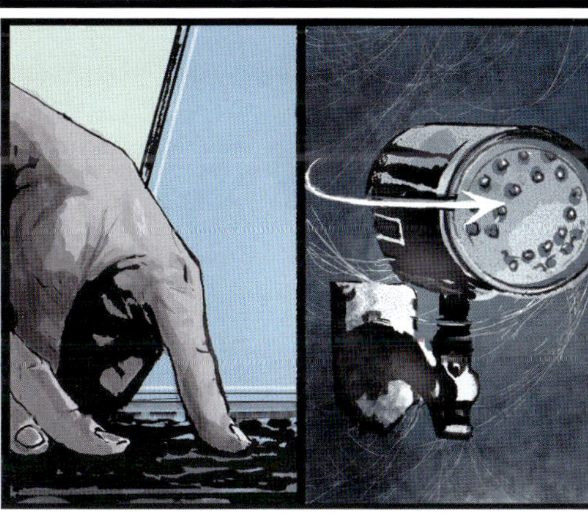

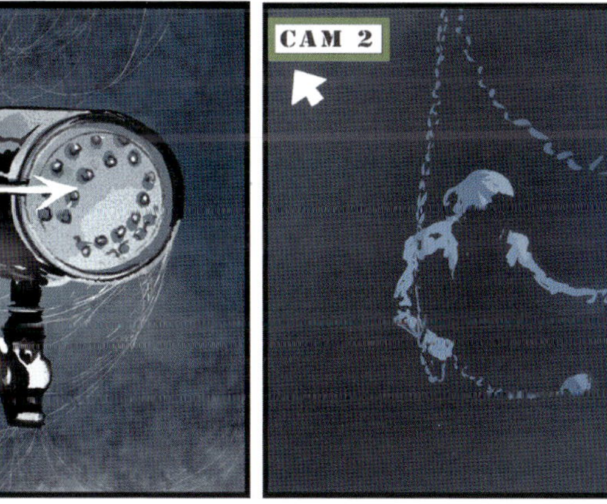

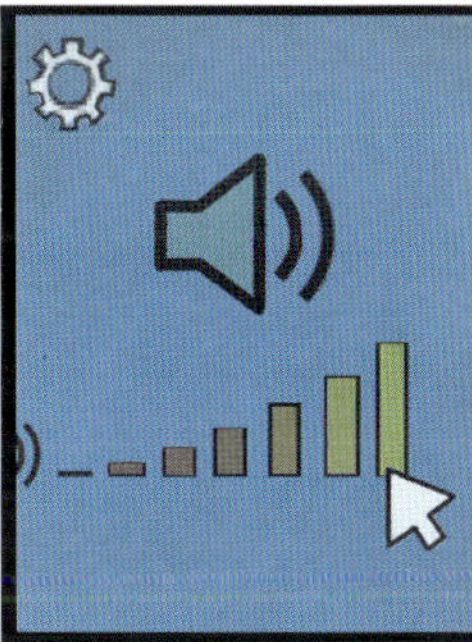

-- FEHLER! BITTE! ICH HABEN MEINE TOCHTER HIERHERGEBRACHT, DAMIT SIE BESSERES LEBEN HABEN. ABER IN GOTHAM IST DAS LEBEN NOCH SCHLIMMER. ICH VERSUCHEN, MEINE FAMILIE AUS DIESER HOLLE RAUSZUHOLEN. ABER DAS IST GELD, DAS ICH VERDIENE!

ICH VERDIENE DAS GELD!

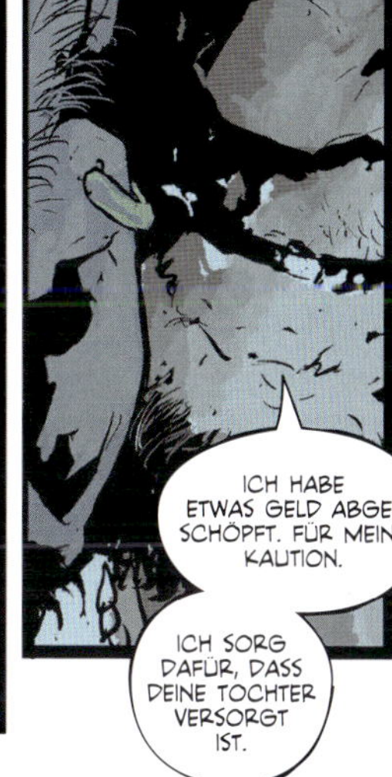

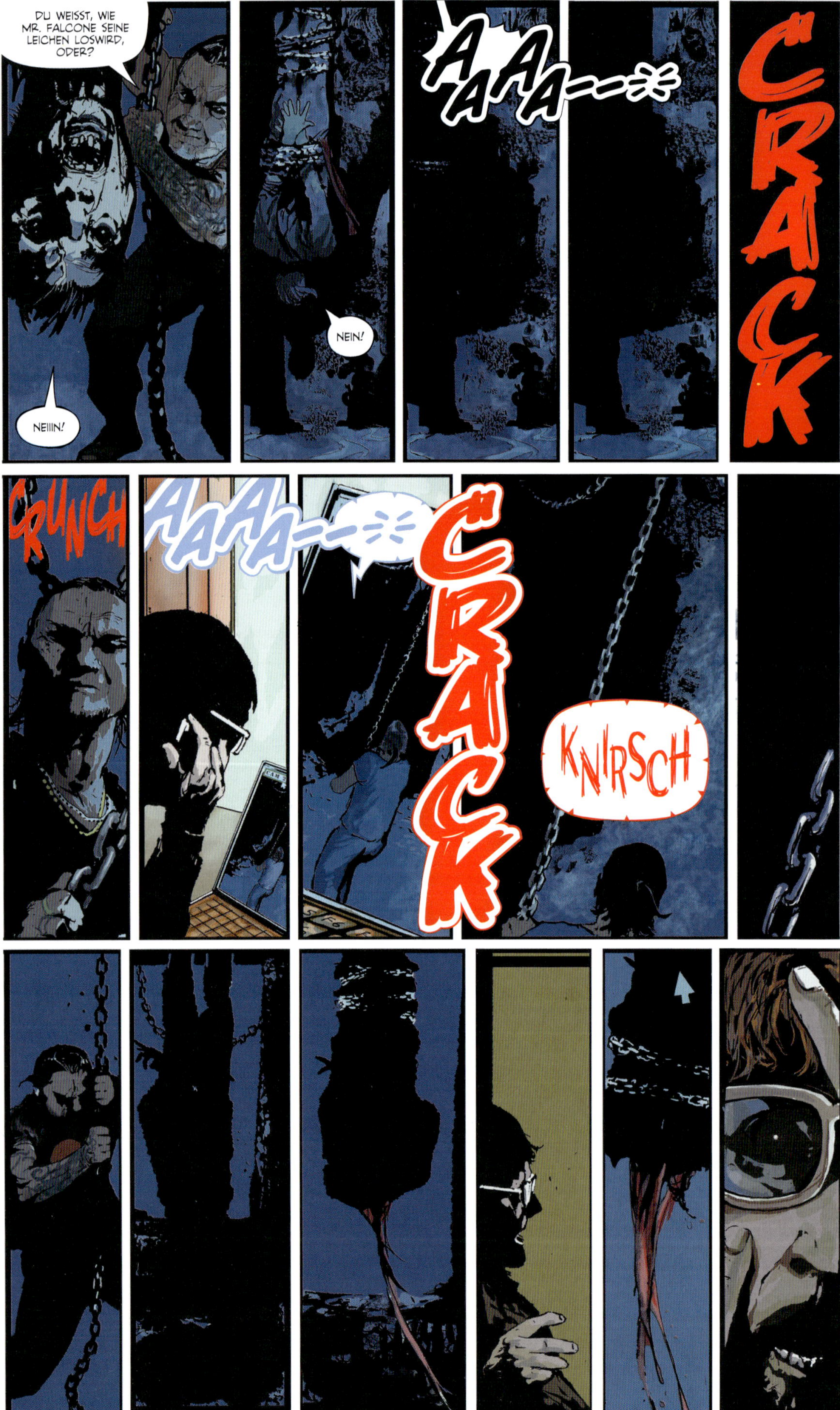
DU WEISST, WIE MR. FALCONE SEINE LEICHEN LOSWIRD, ODER?
NEIIIN!
NEIN!
AAAAA---!!
CRACK
CRUNCH
AAAA---!!
CRACK
KNIRSCH

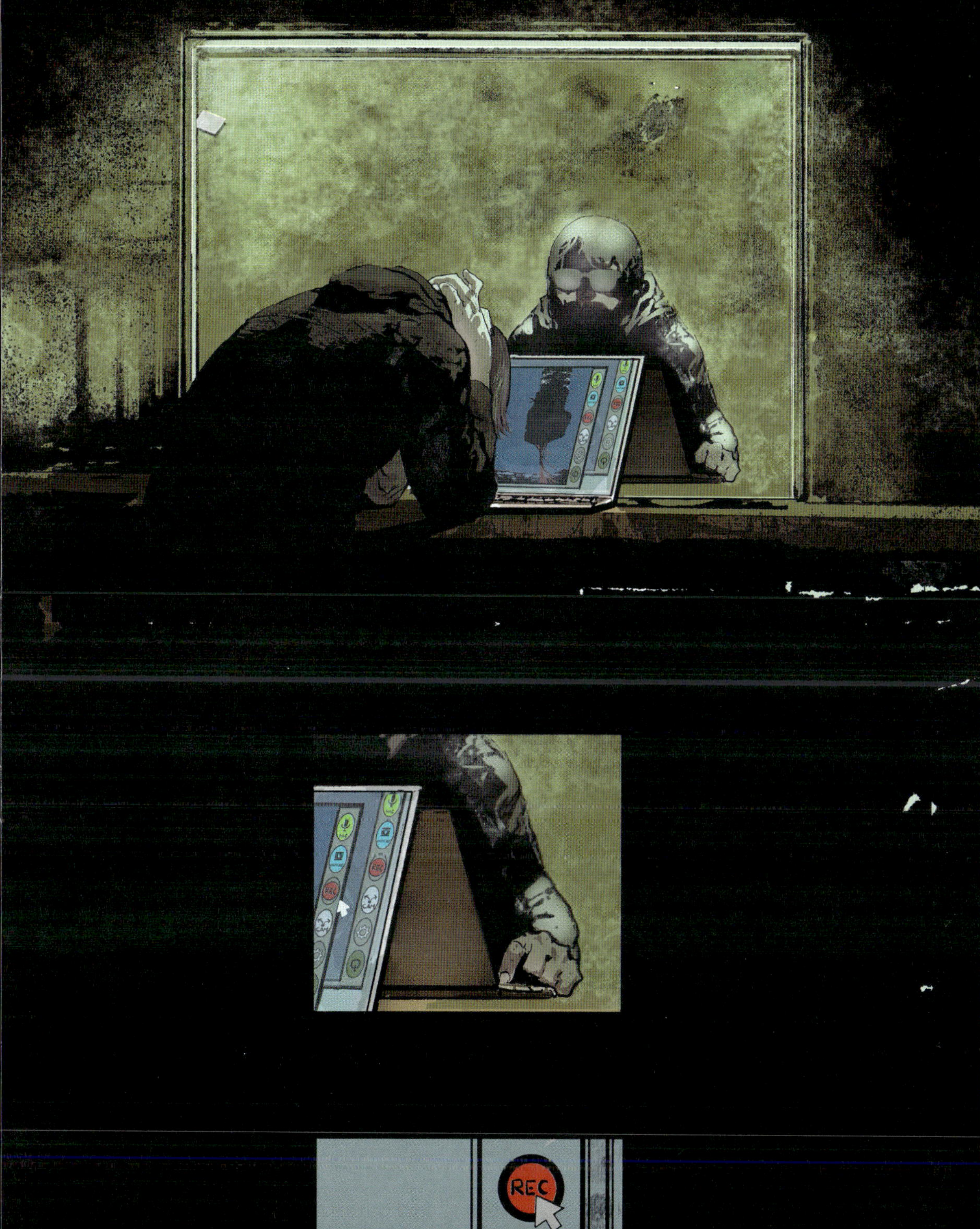
REC

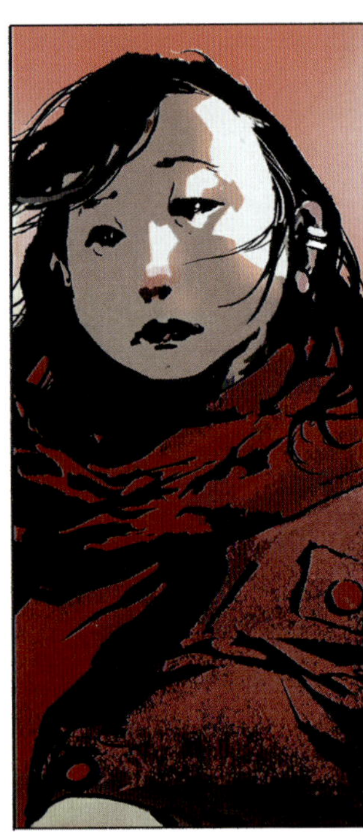

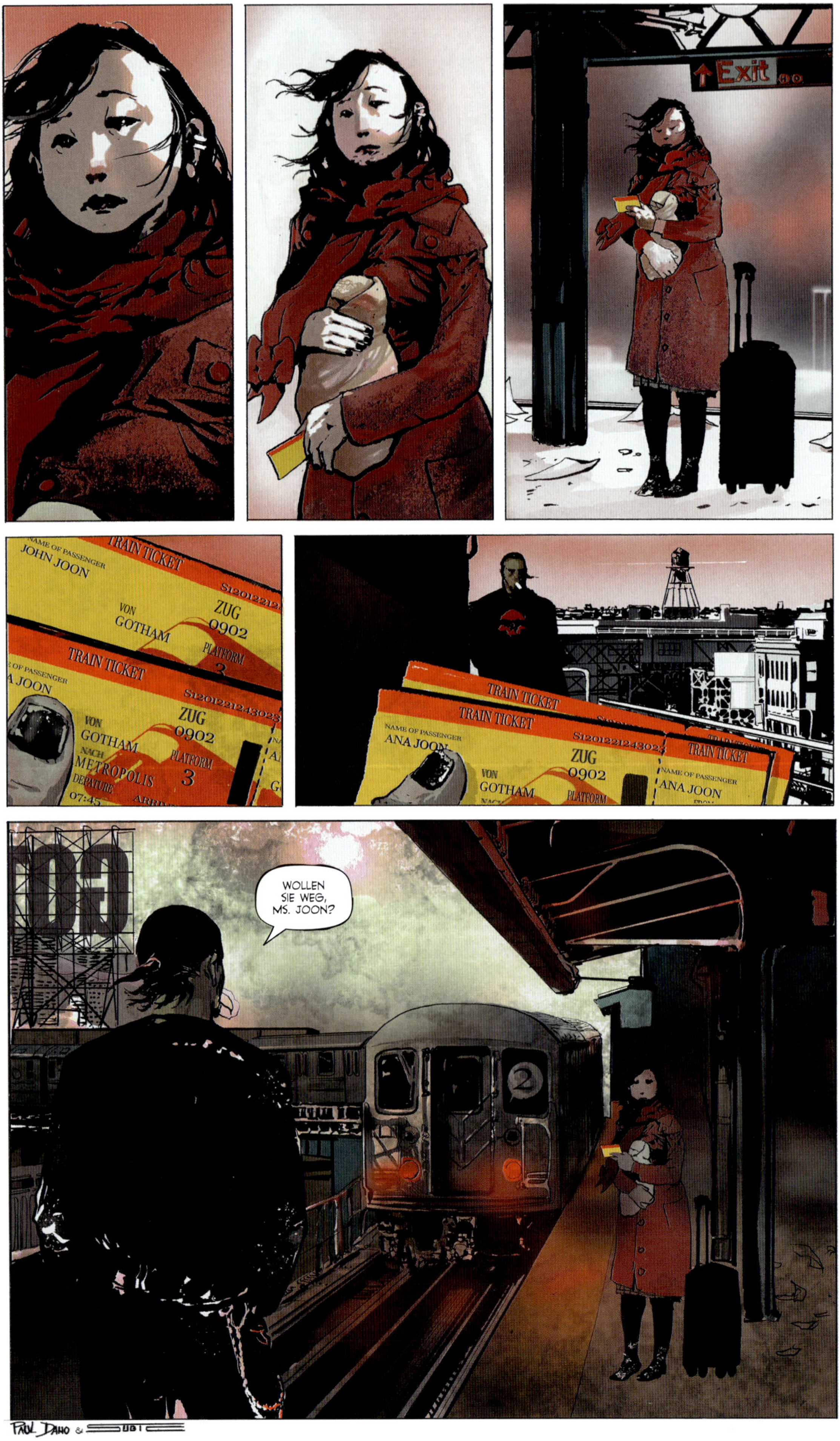

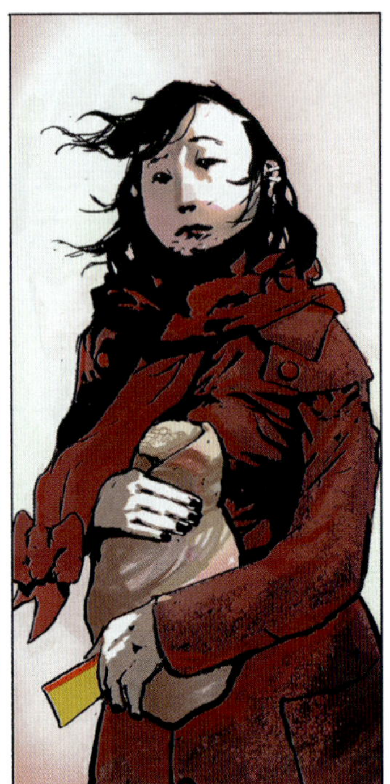

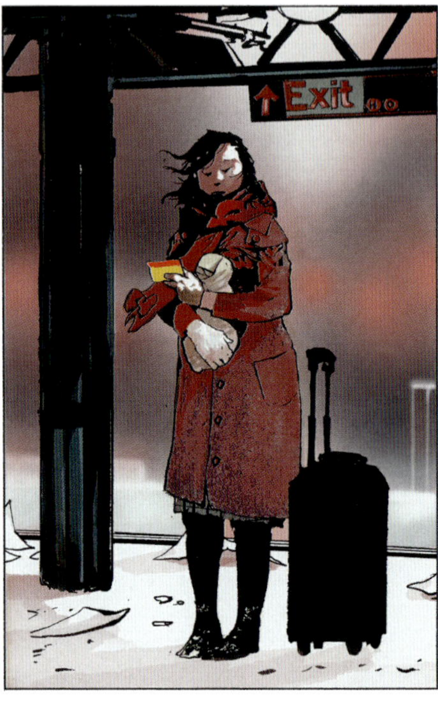

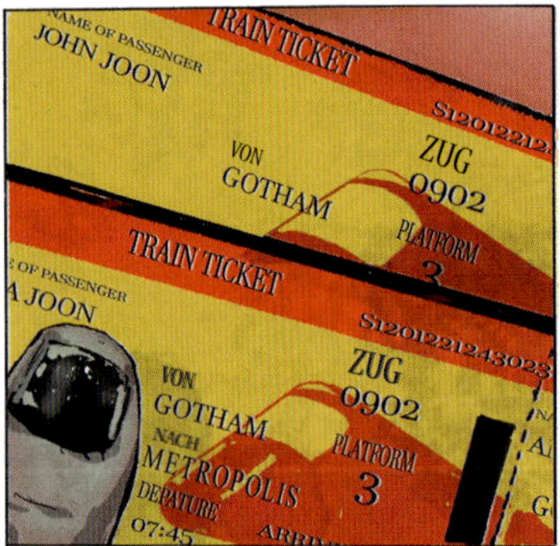

WOLLEN SIE WEG, MS. JOON?

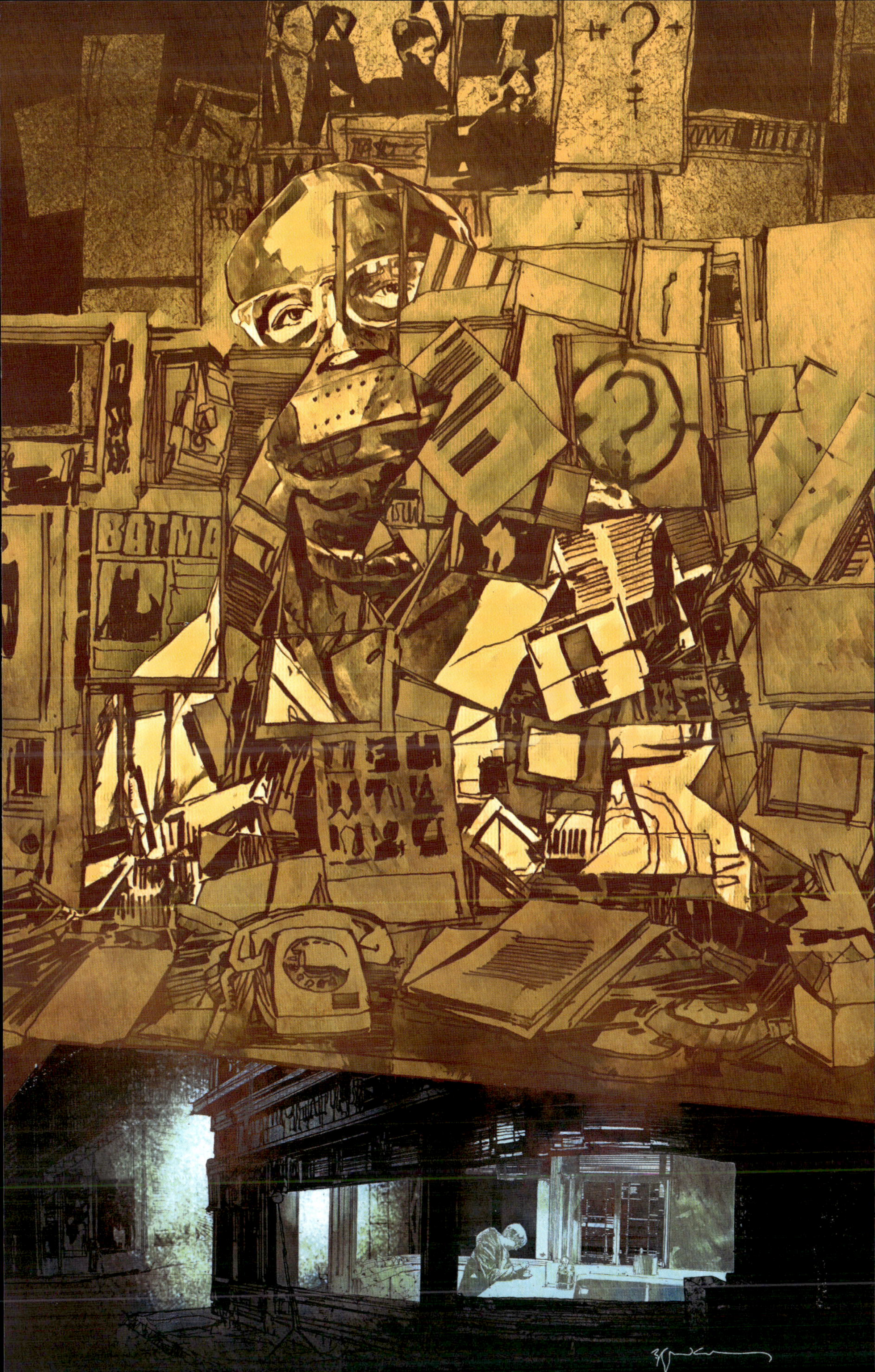
BATMA

KAPITEL 3: ICH WEISS JETZT, WAS ICH WERDEN MUSS

STORY
PAUL DANO

ZEICHNUNGEN, TUSCHE & FARBEN
STEVAN SUBIC

ORIGINAL-COVER
BILL SIENKIEWICZ

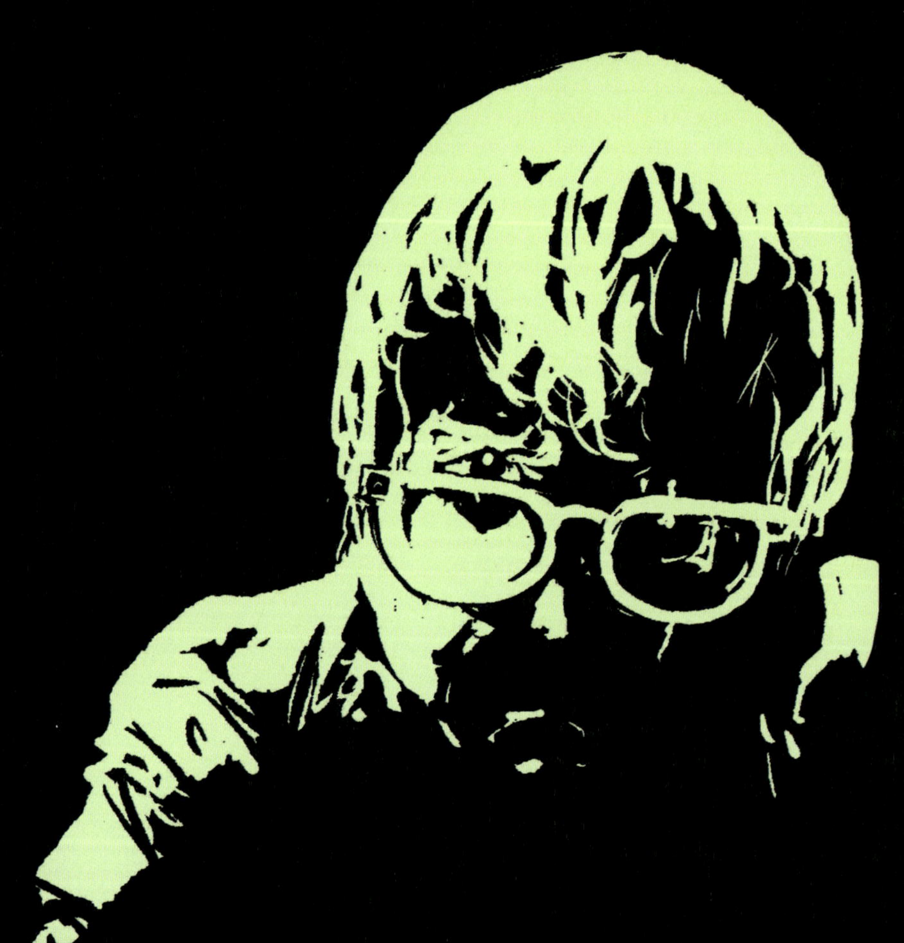

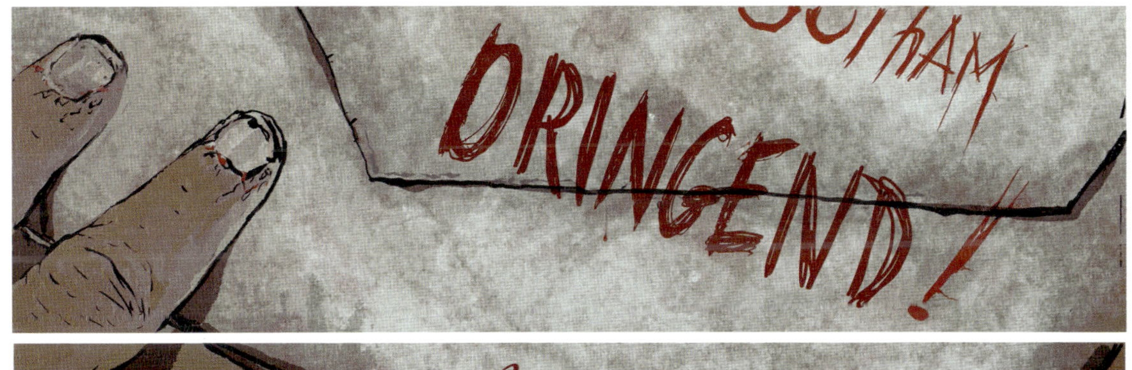
ICH HABE SCHRECKLICHE ANGST.
An den Police Commissioner
GCPD Gotham
DRINGEND!
Beweismaterial!!
POLICE DEPARTMENT CITY OF GOTHAM
GOTHAM CITY POLICE STATI

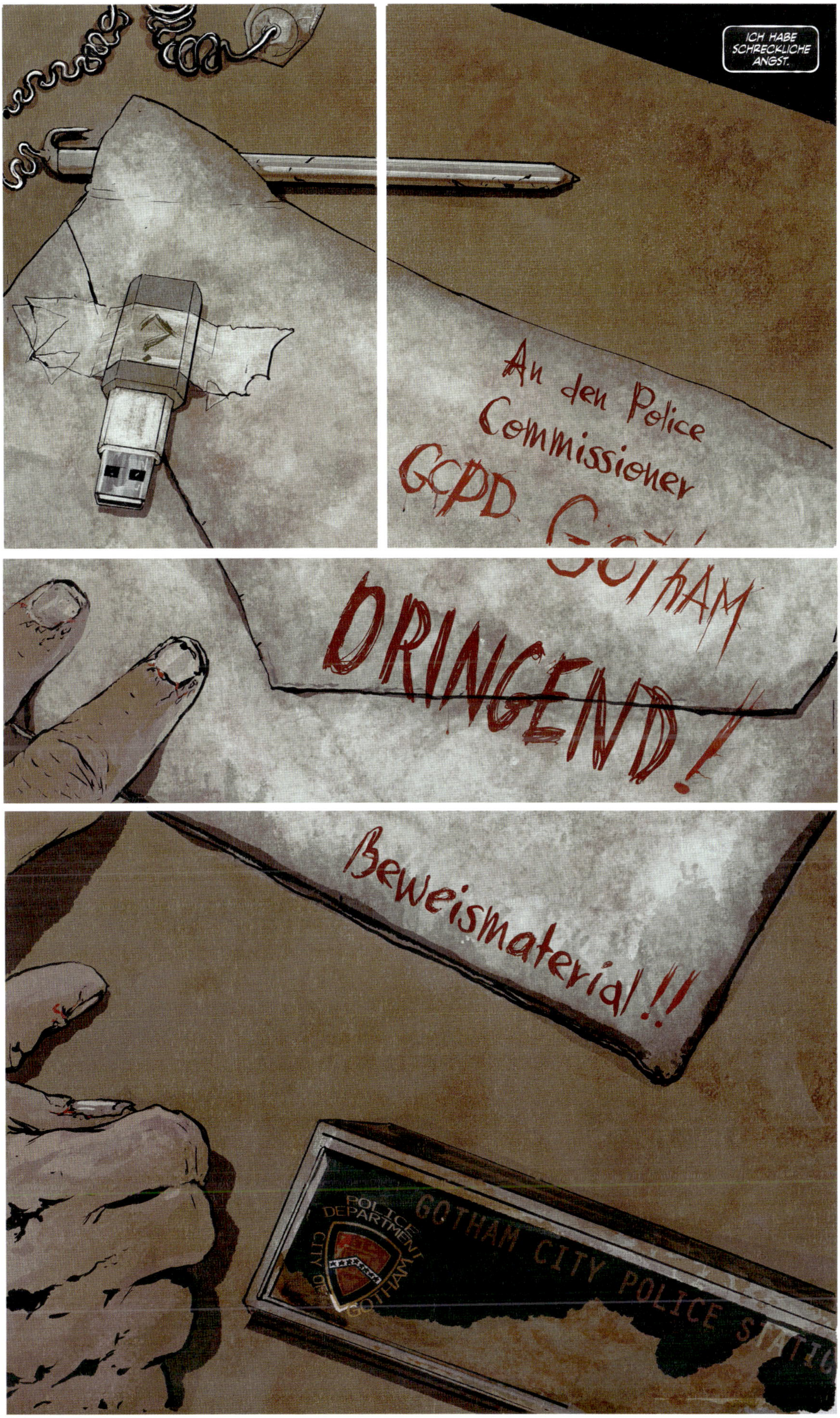

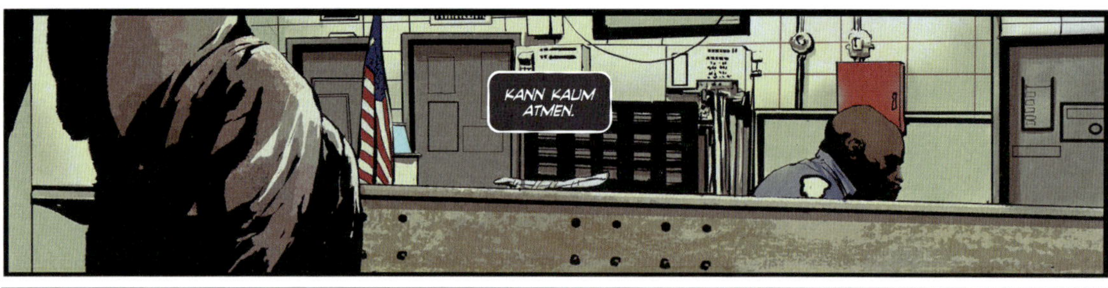
KANN KAUM ATMEN.

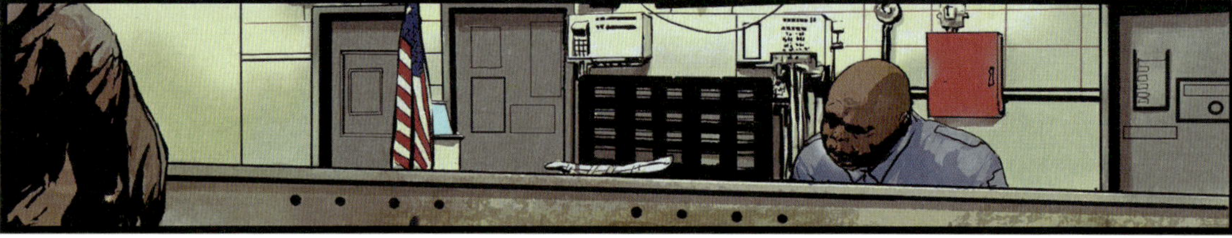

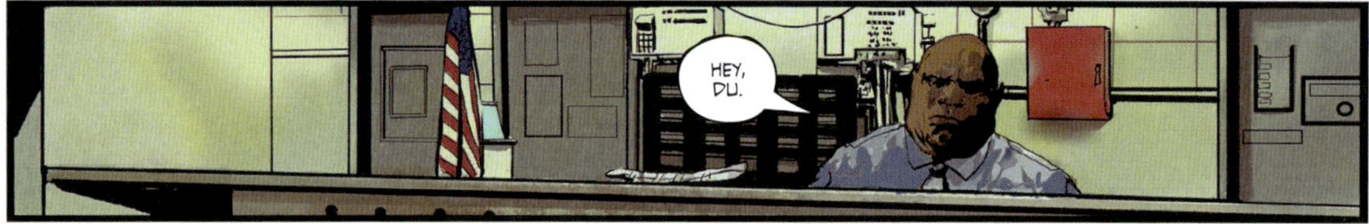
HEY, DU.

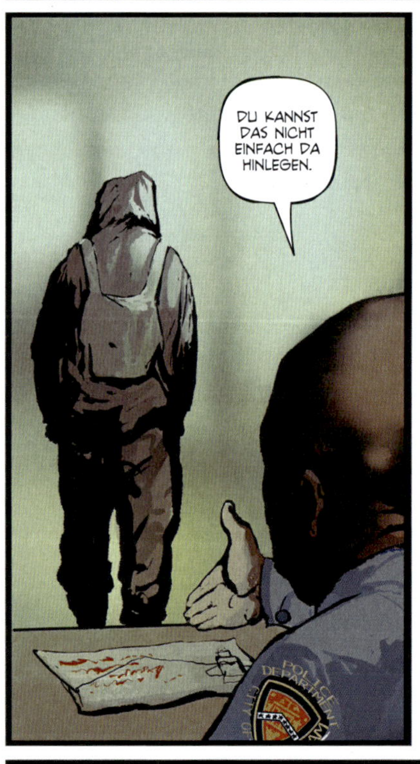
DU KANNST DAS NICHT EINFACH DA HINLEGEN.

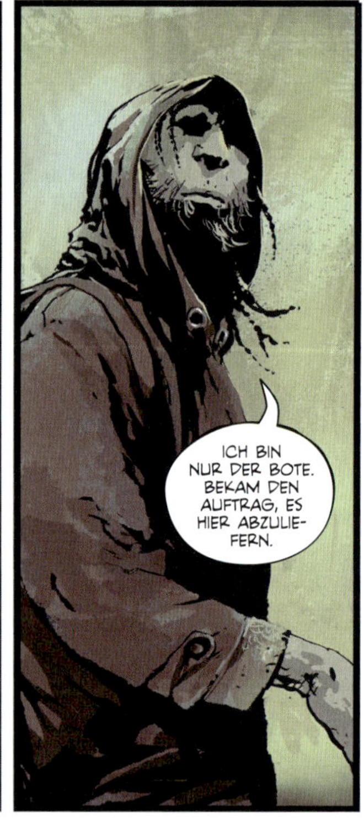
ICH BIN NUR DER BOTE. BEKAM DEN AUFTRAG, ES HIER ABZULIEFERN.

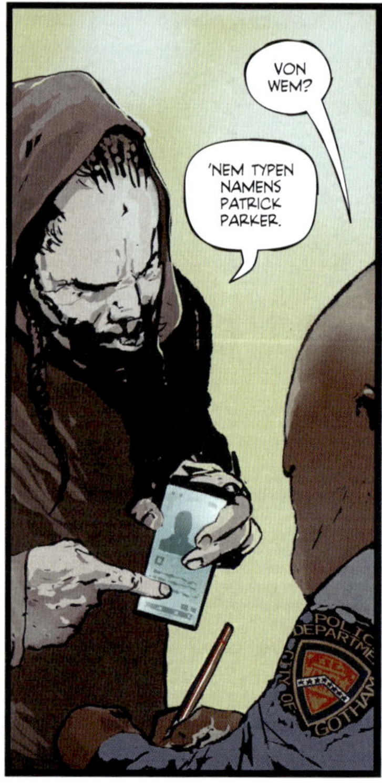
VON WEM?
'NEM TYPEN NAMENS PATRICK PARKER.
POLICE DEPARTMENT GOTHAM

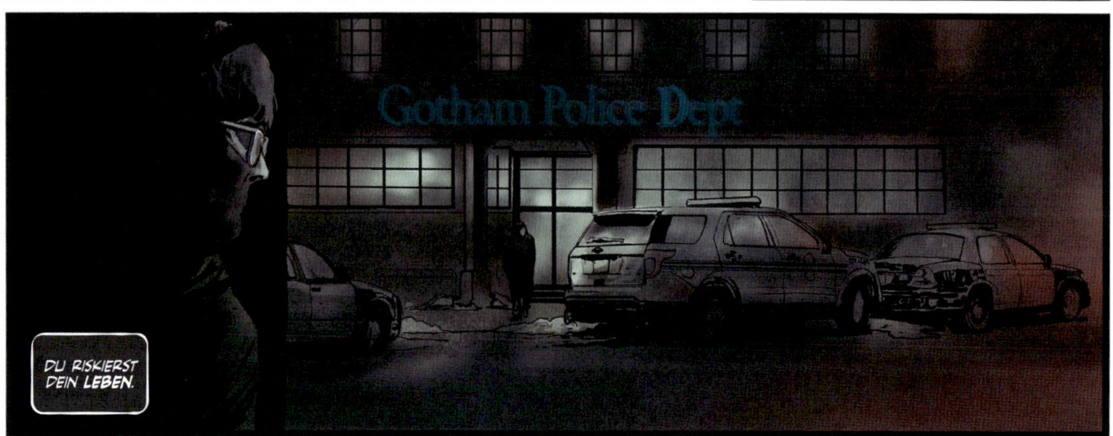
Gotham Police Dept
DU RISKIERST DEIN LEBEN.

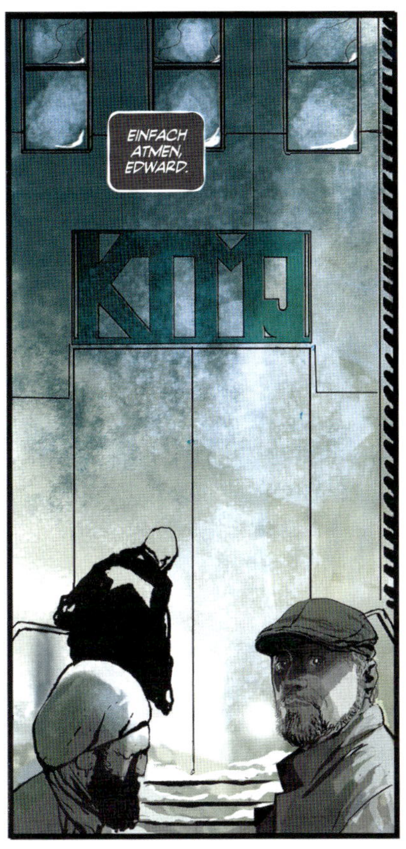
EINFACH ATMEN, EDWARD.
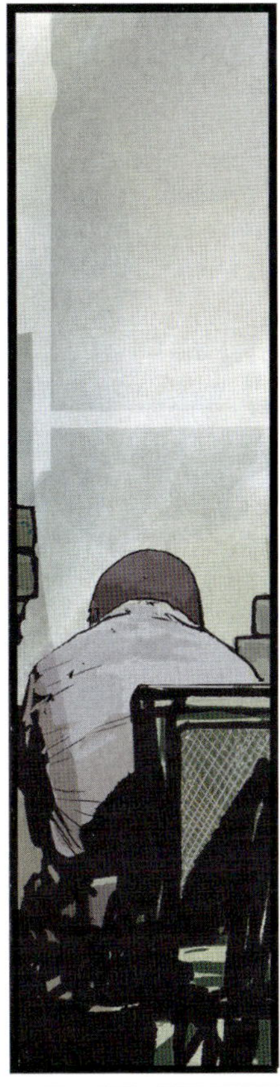
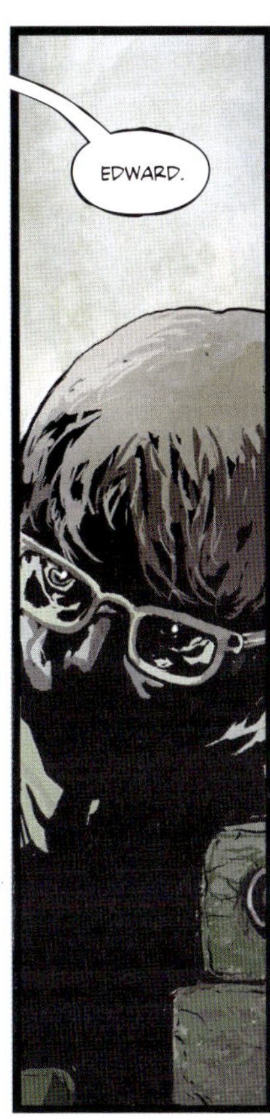
EDWARD.
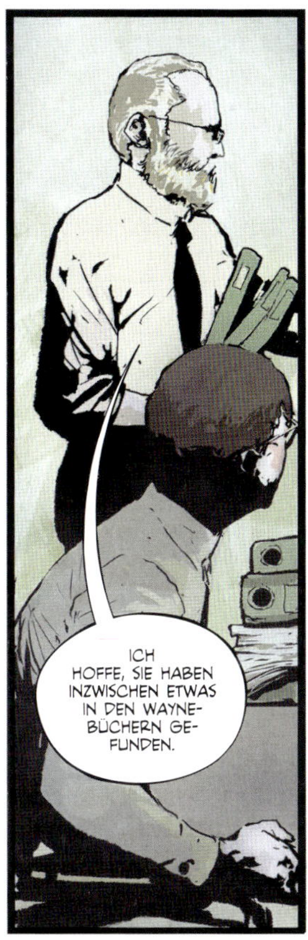
ICH HOFFE, SIE HABEN INZWISCHEN ETWAS IN DEN WAYNE-BÜCHERN GEFUNDEN.
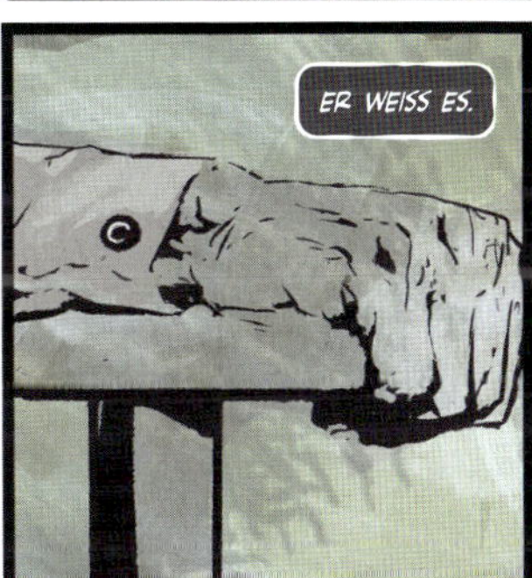
ER WEISS ES.
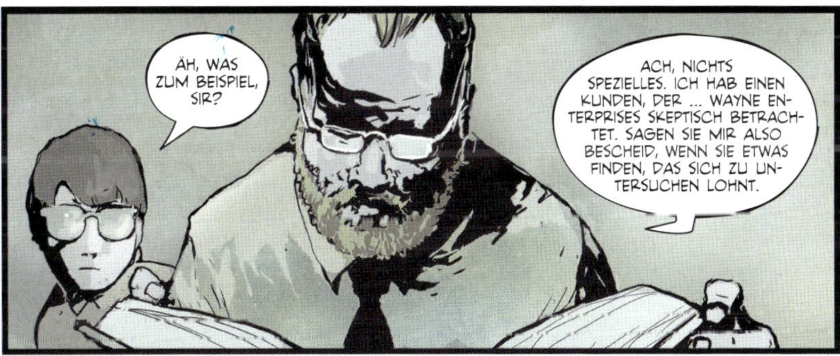
ÄH, WAS ZUM BEISPIEL, SIR?
ACH, NICHTS SPEZIELLES. ICH HAB EINEN KUNDEN, DER ... WAYNE ENTERPRISES SKEPTISCH BETRACHTET. SAGEN SIE MIR ALSO BESCHEID, WENN SIE ETWAS FINDEN, DAS SICH ZU UNTERSUCHEN LOHNT.
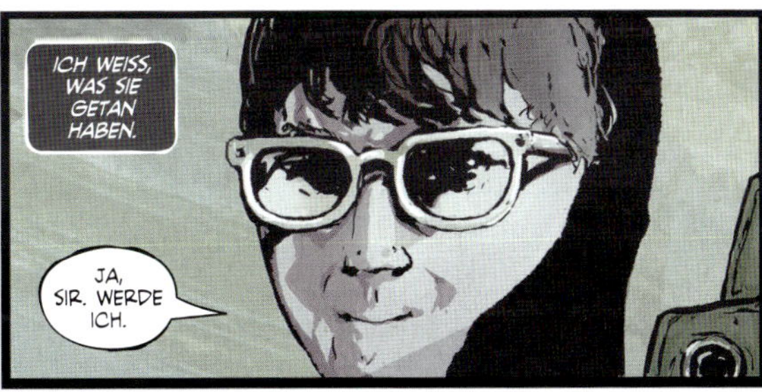
ICH WEISS, WAS SIE GETAN HABEN.
JA, SIR. WERDE ICH.
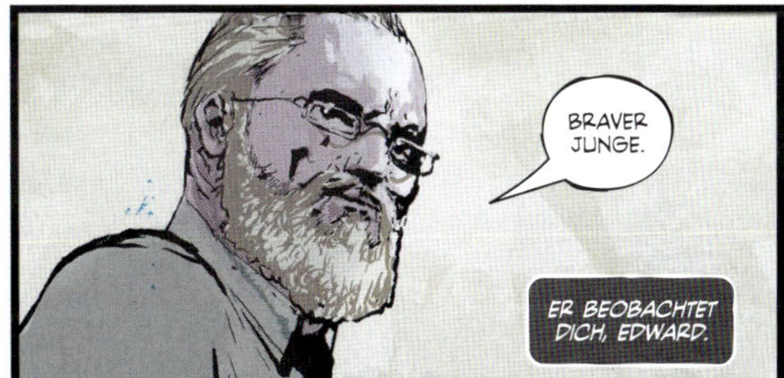
BRAVER JUNGE.
ER BEOBACHTET DICH, EDWARD.
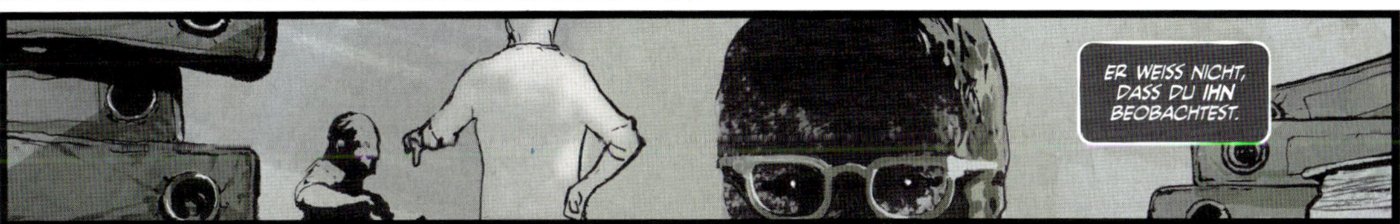
ER WEISS NICHT, DASS DU IHN BEOBACHTEST.
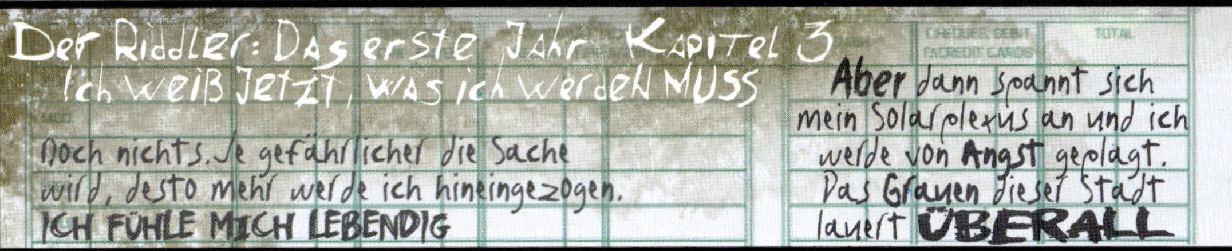
Der Riddler: Das erste Jahr Kapitel 3
Ich weiß jetzt, was ich werden muss
Noch nichts. Je gefährlicher die Sache wird, desto mehr werde ich hineingezogen.
ICH FÜHLE MICH LEBENDIG
Aber dann spannt sich mein Solarplexus an und ich werde von Angst geplagt. Das Grauen dieser Stadt lauert ÜBERALL

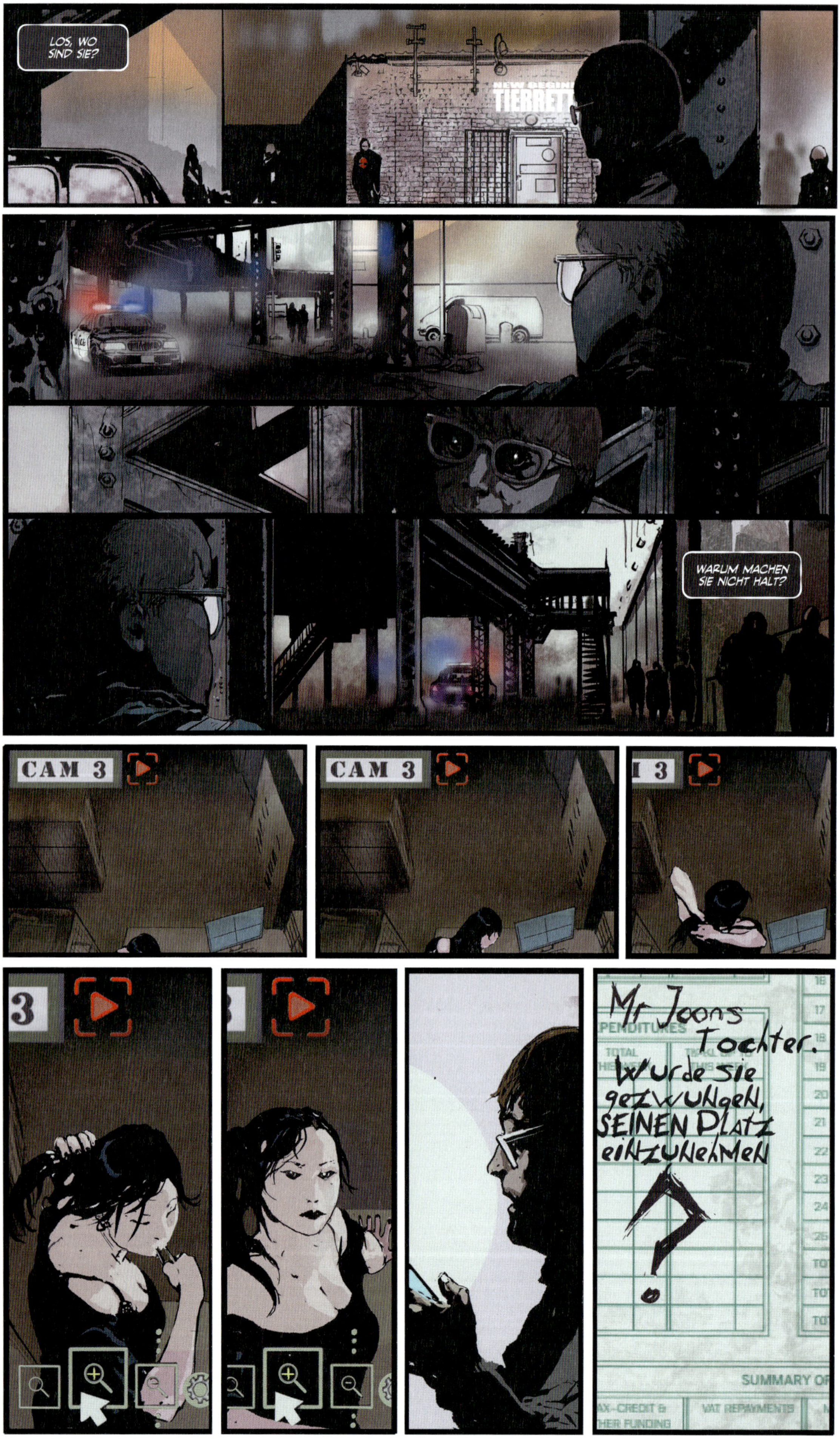

LOS, WO SIND SIE?

WARUM MACHEN SIE NICHT HALT?

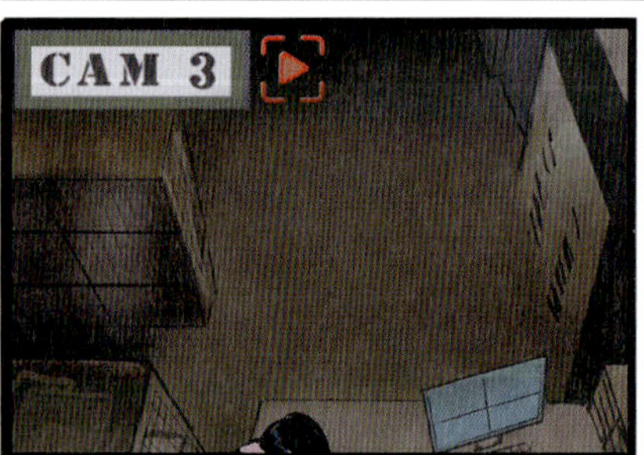

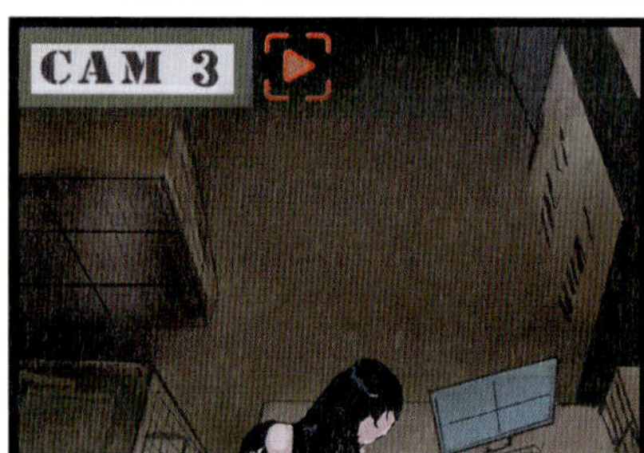

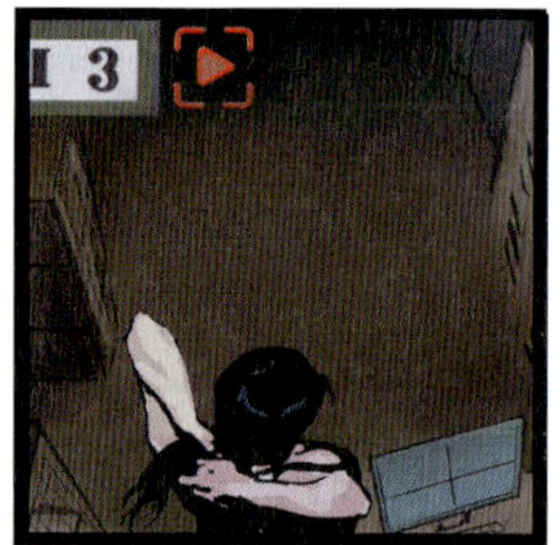

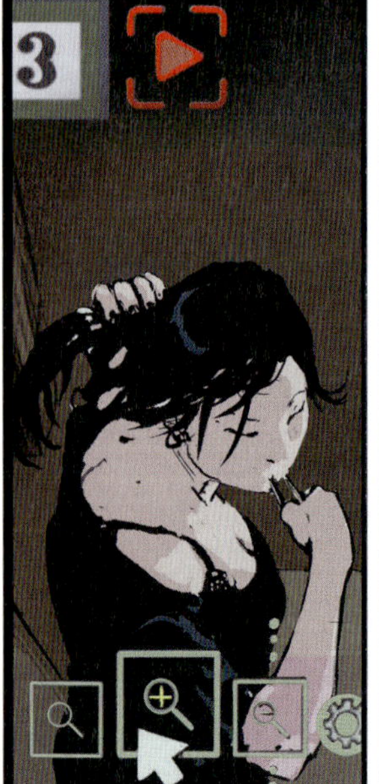

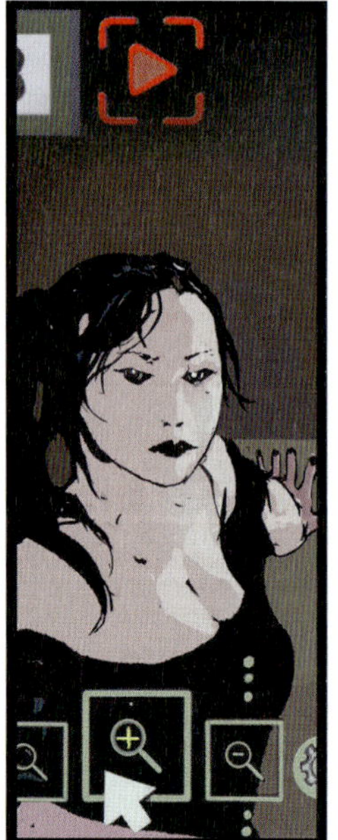

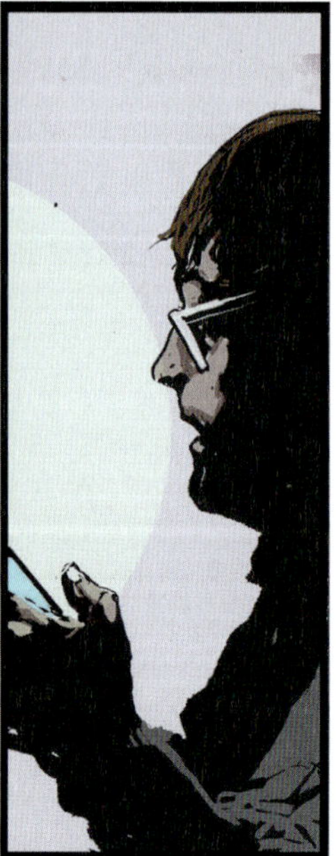

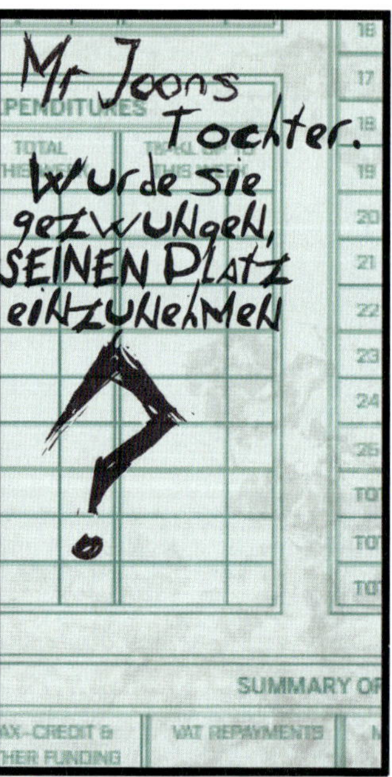

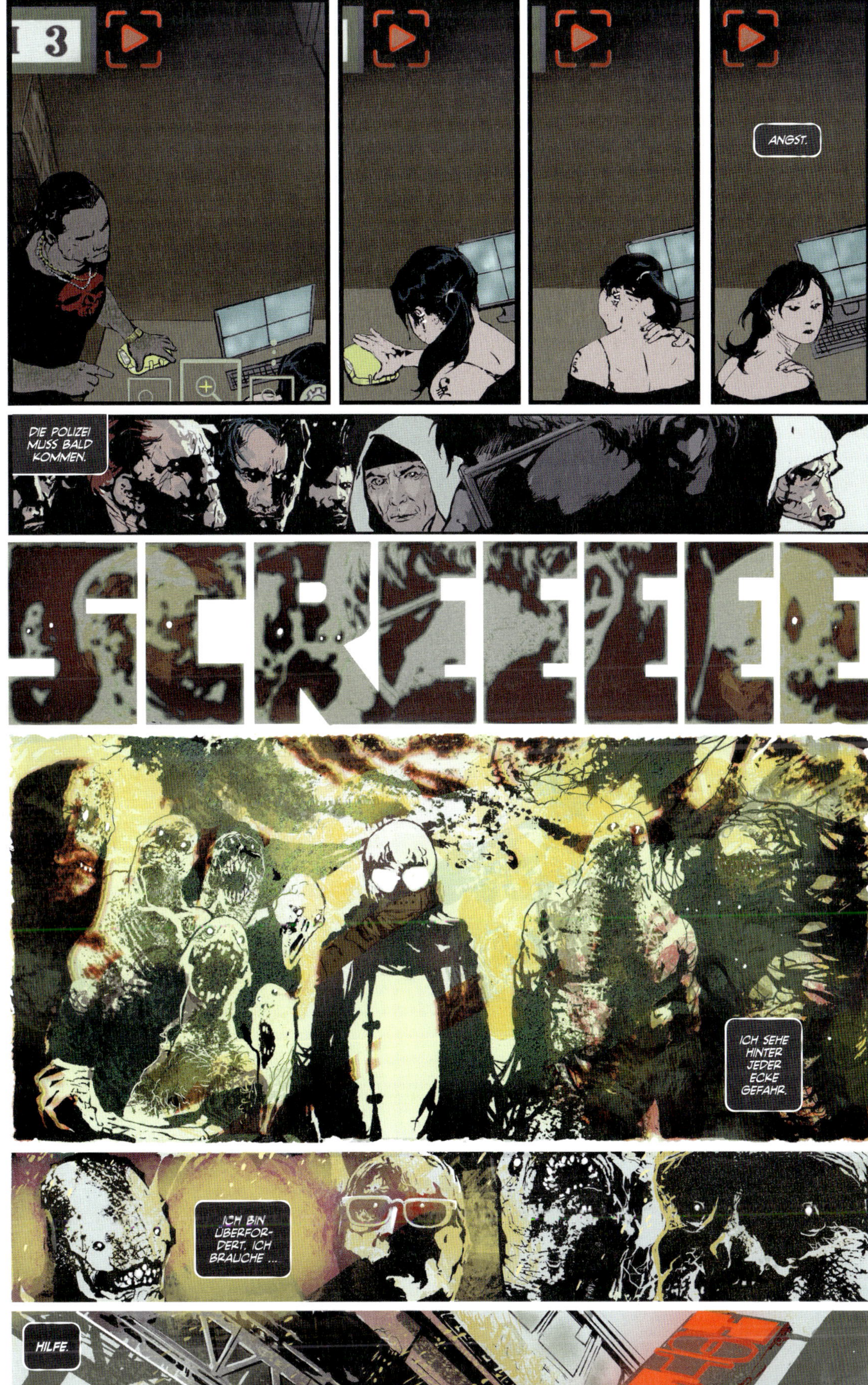

3
ANGST.
DIE POLIZEI MUSS BALD KOMMEN.
SCREEEEE
ICH SEHE HINTER JEDER ECKE GEFAHR.
ICH BIN ÜBERFOR-DERT. ICH BRAUCHE ...
HILFE.
HOPE

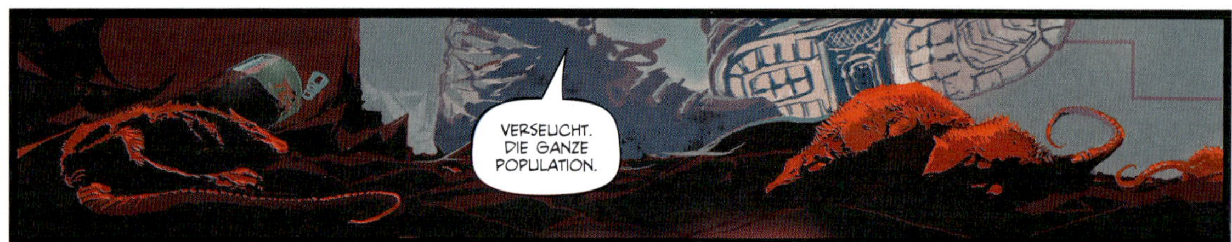
VERSEUCHT. DIE GANZE POPULATION.
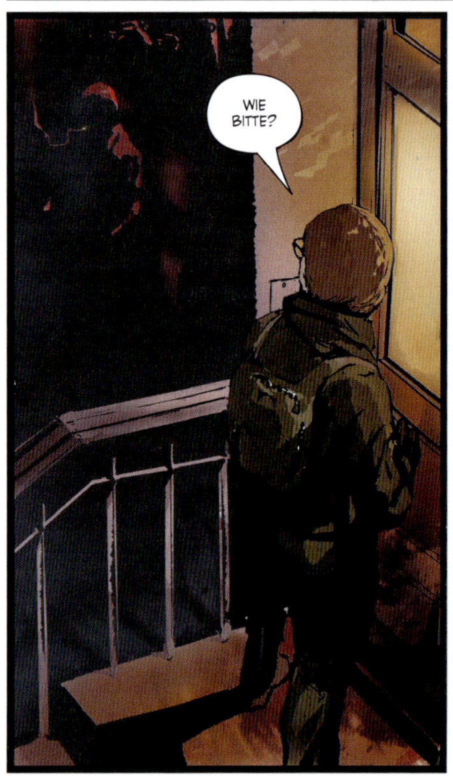
WIE BITTE?
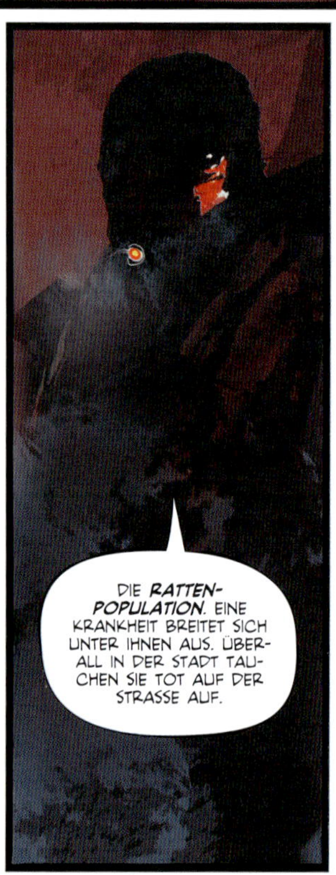
DIE ***RATTEN-POPULATION***. EINE KRANKHEIT BREITET SICH UNTER IHNEN AUS. ÜBERALL IN DER STADT TAUCHEN SIE TOT AUF DER STRASSE AUF.
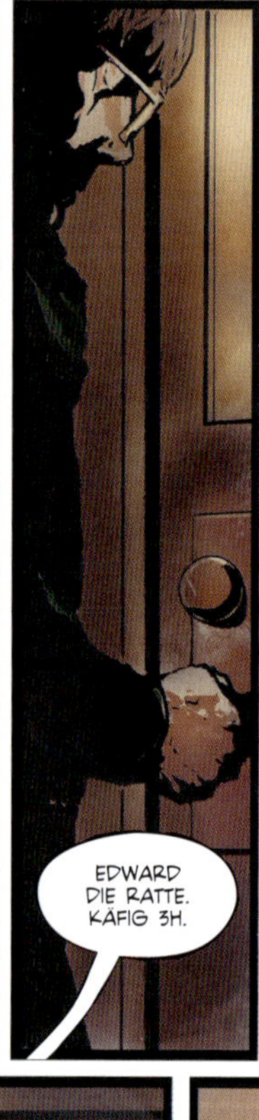
EDWARD DIE RATTE. KÄFIG 3H.
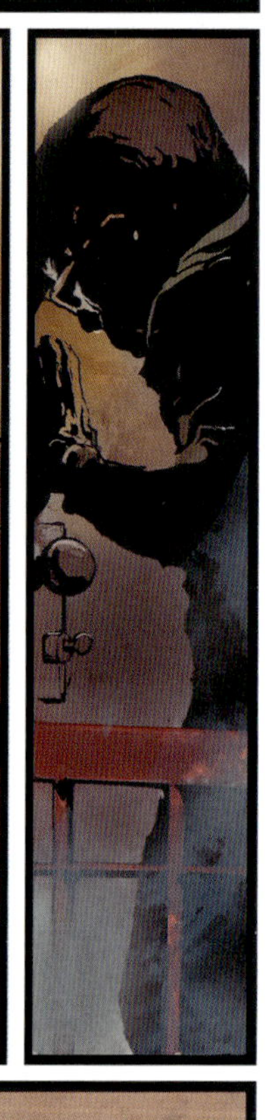
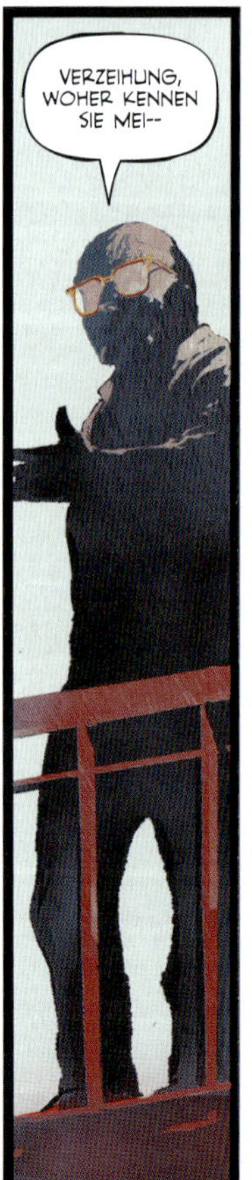
VERZEIHUNG, WOHER KENNEN SIE MEI--
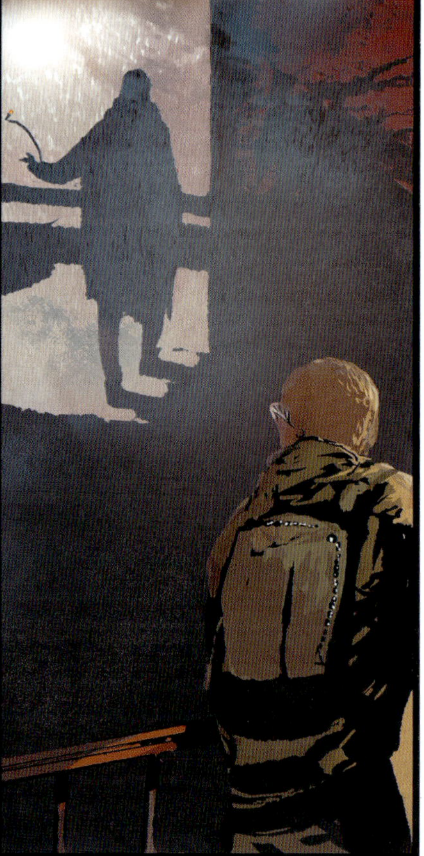
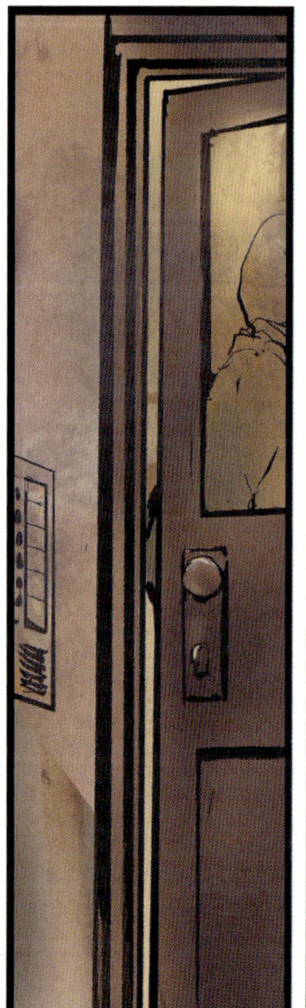
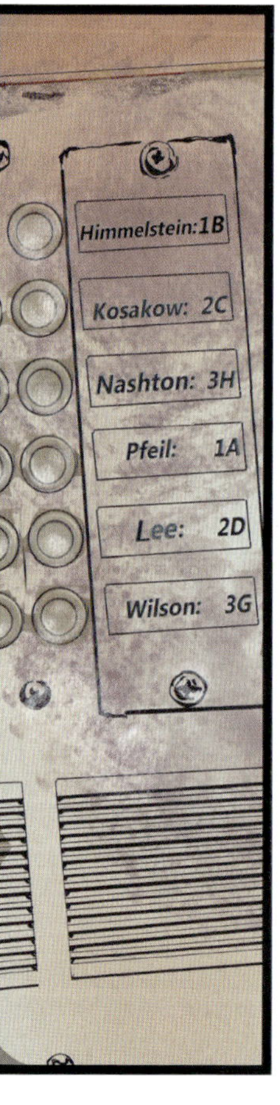
Himmelstein:1B
Kosakow: 2C
Nashton: 3H
Pfeil: 1A
Lee: 2D
Wilson: 3G

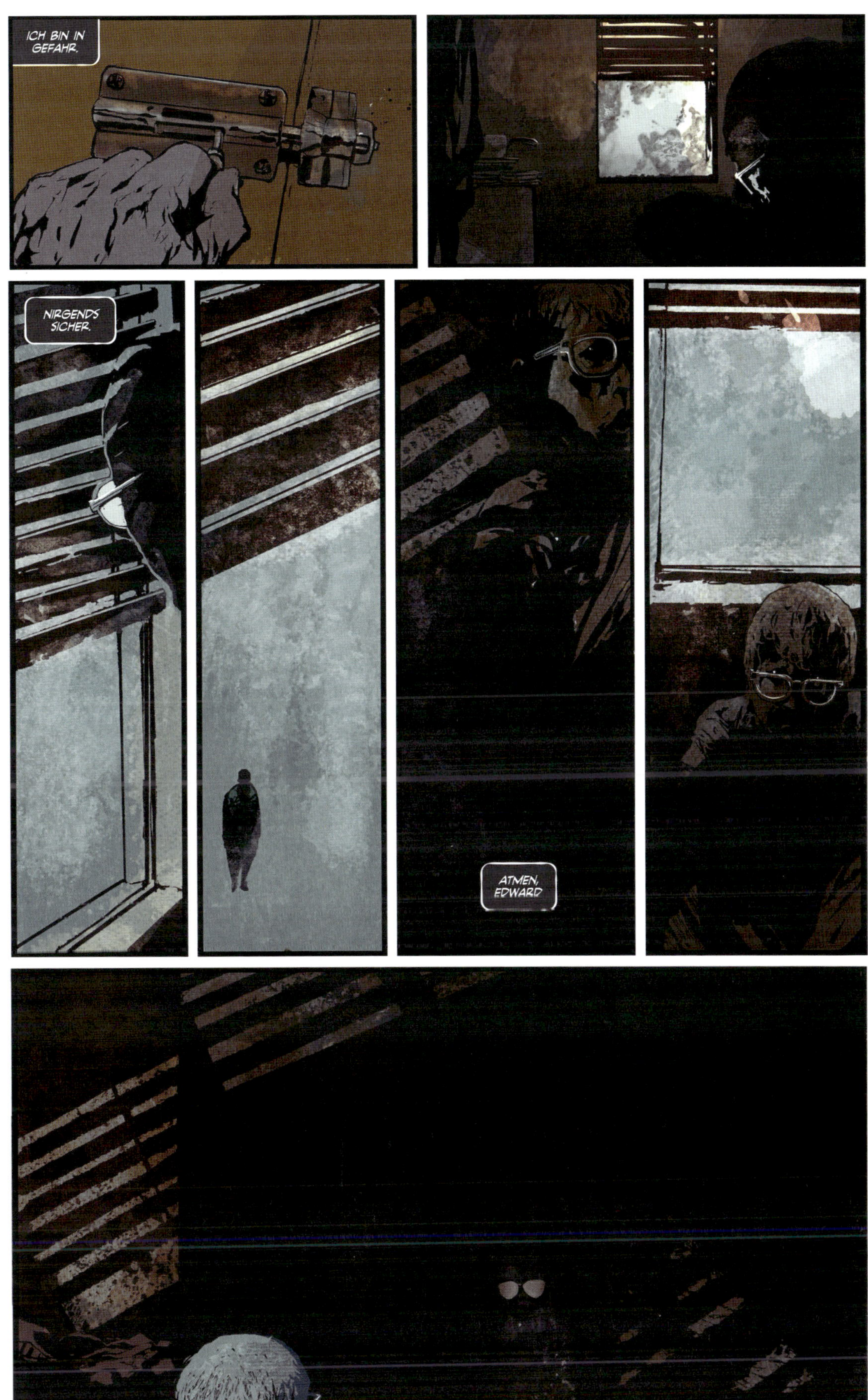
ICH BIN IN GEFAHR.
NIRGENDS SICHER.
ATMEN, EDWARD

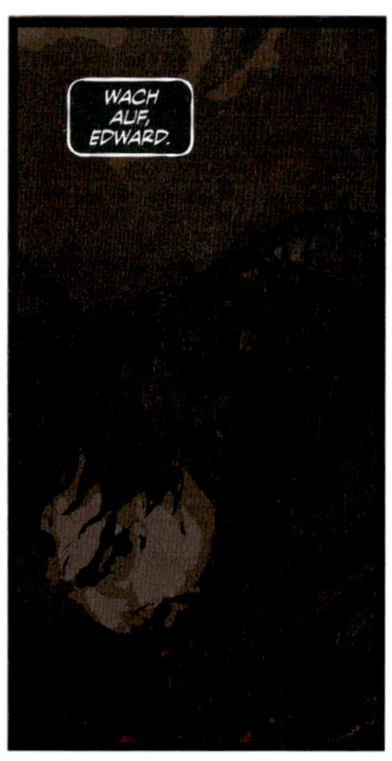
WACH AUF, EDWARD.

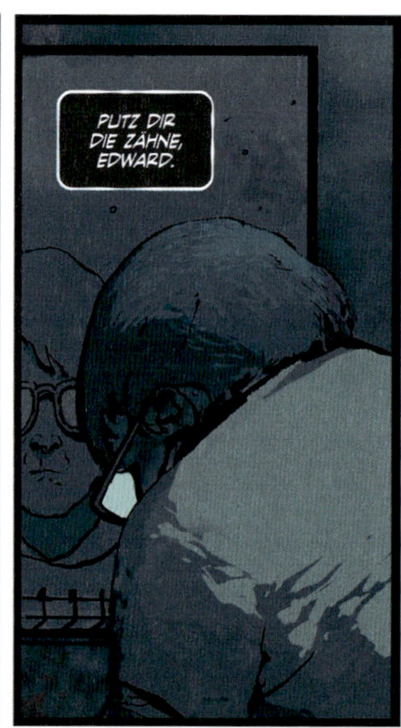
PUTZ DIR DIE ZÄHNE, EDWARD.

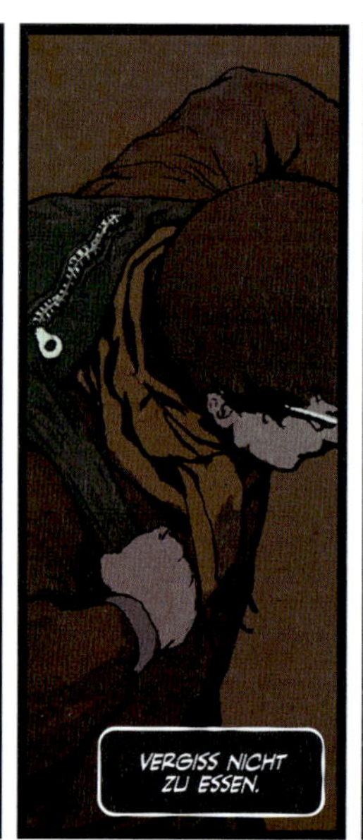
VERGISS NICHT ZU ESSEN.

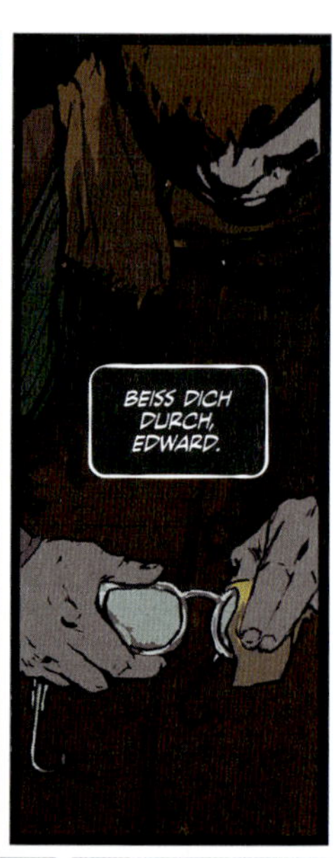
BEISS DICH DURCH, EDWARD.

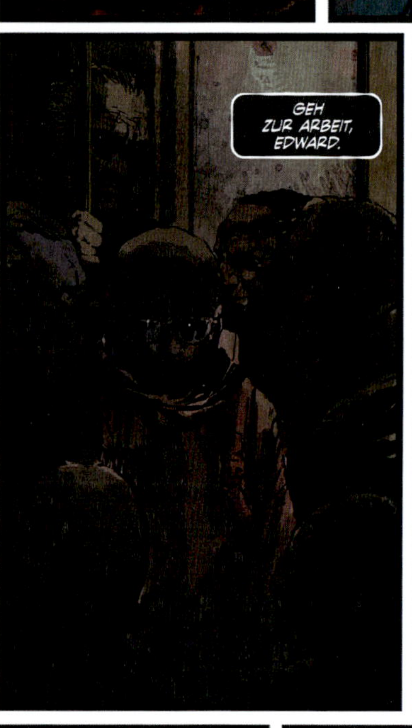
GEH ZUR ARBEIT, EDWARD.

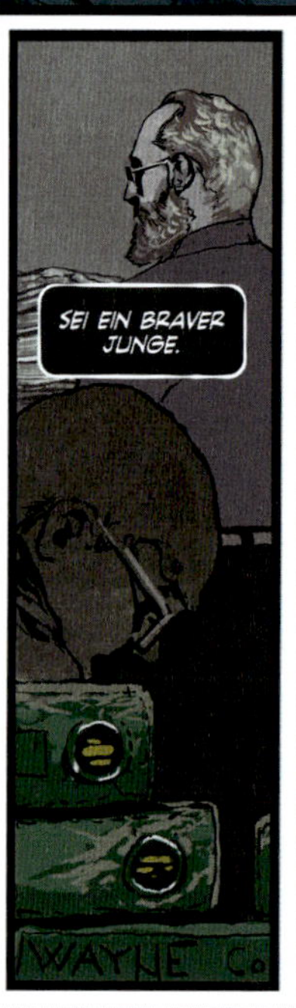
SEI EIN BRAVER JUNGE.
WAYNE Co

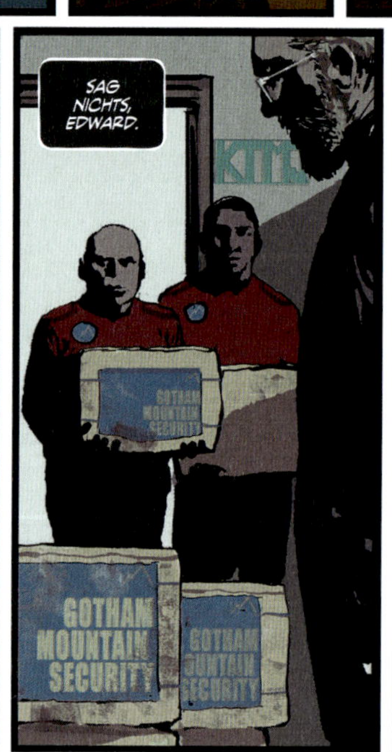
SAG NICHTS, EDWARD.
GOTHAM MOUNTAIN SECURITY

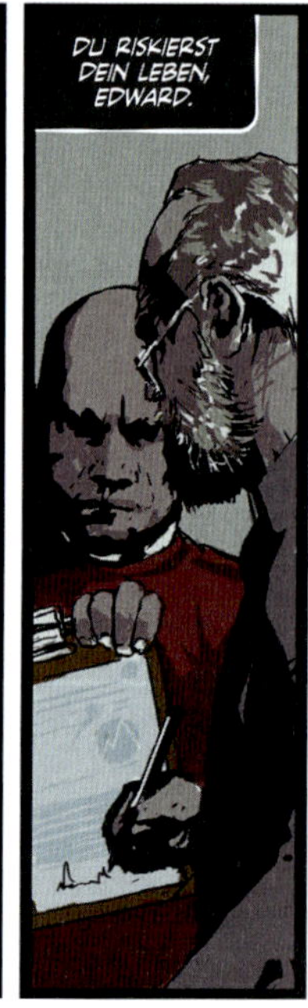
DU RISKIERST DEIN LEBEN, EDWARD.

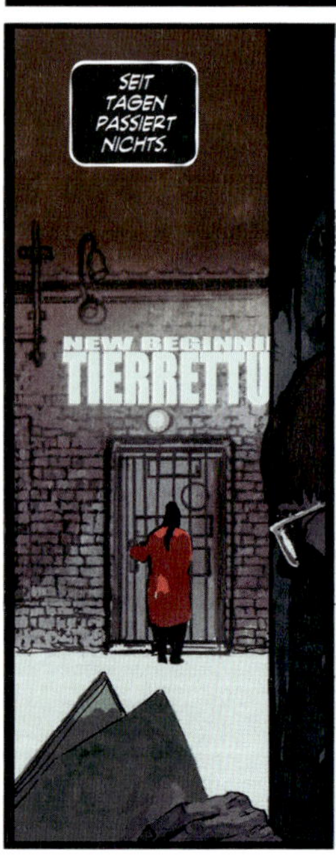
SEIT TAGEN PASSIERT NICHTS.
NEW BEGINNI
TIERRETTU

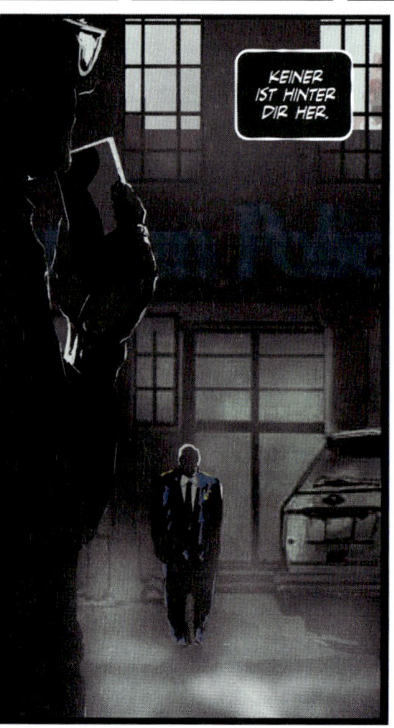
KEINER IST HINTER DIR HER.

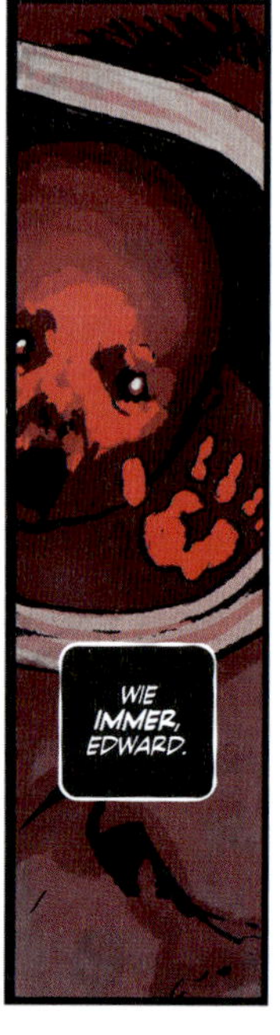
WIE IMMER, EDWARD.

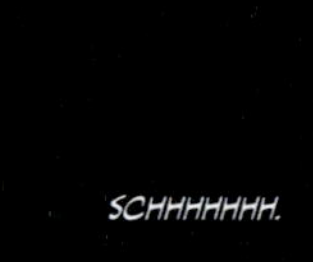
SCHHHHHHH.

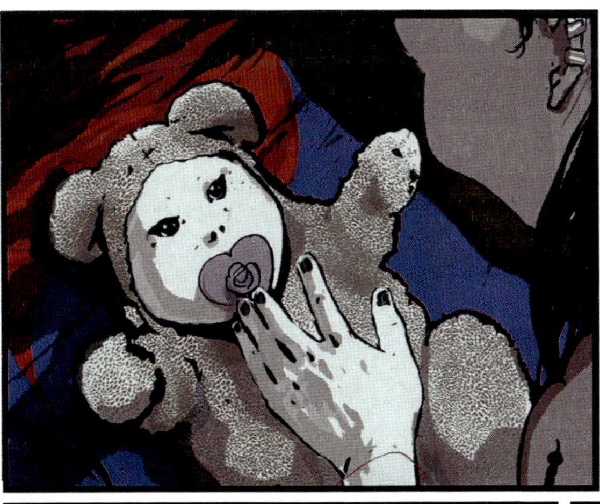

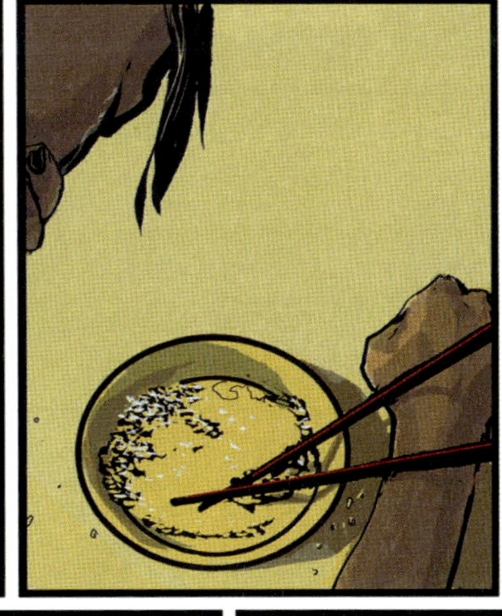

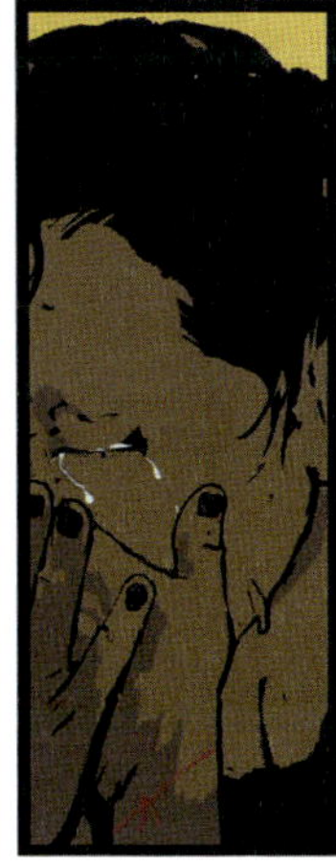

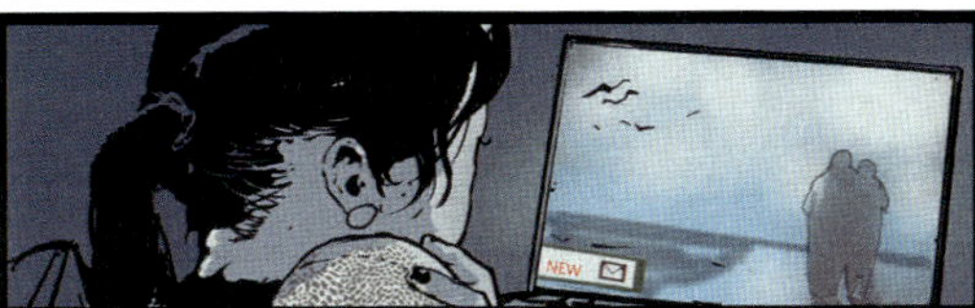

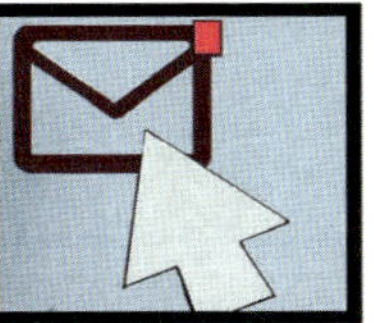

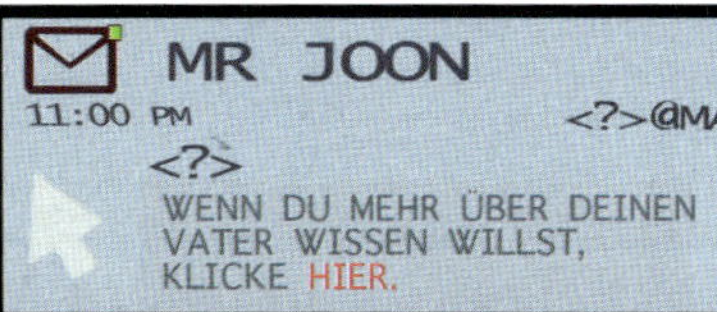

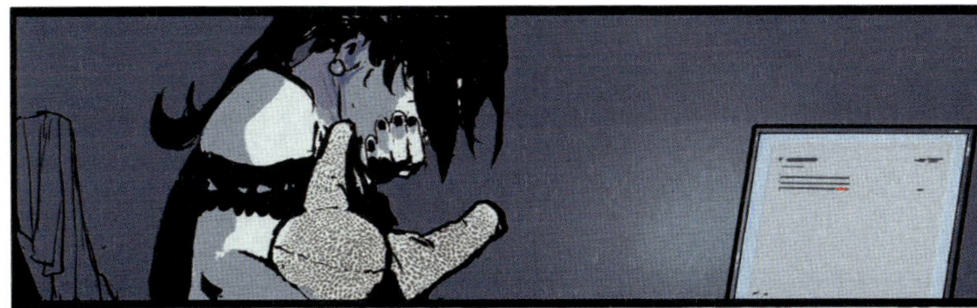

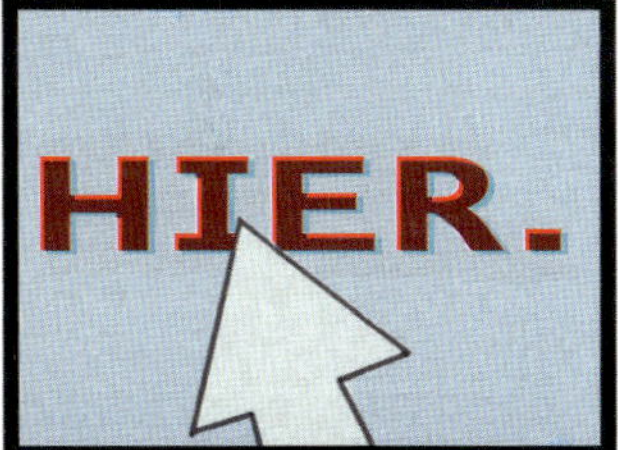

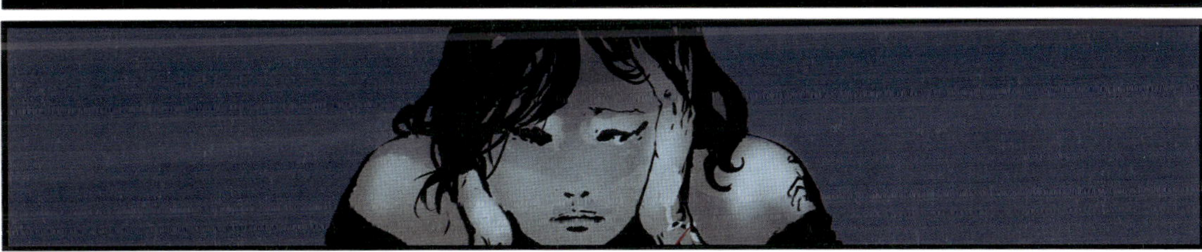

> WER IST DA?

<?> DAS KANN ICH NICHT SAGEN. ABER MACH DIR KEINE SORGEN. ICH HABE GESEHEN, WAS MIT DEINEM VATER PASSIERT IST. ICH HABE DIE POLIZEI INFORMIERT.

> DIE POLIZEI?! DIE WIRD NICHTS UNTERNEHMEN!!!

<?> WARUM NICHT?!

> DU IDIOT! WEGEN DIR GEH ICH NOCH DRAUF! NIMM NIE WIEDER KONTAKT ZU MIR AUF.

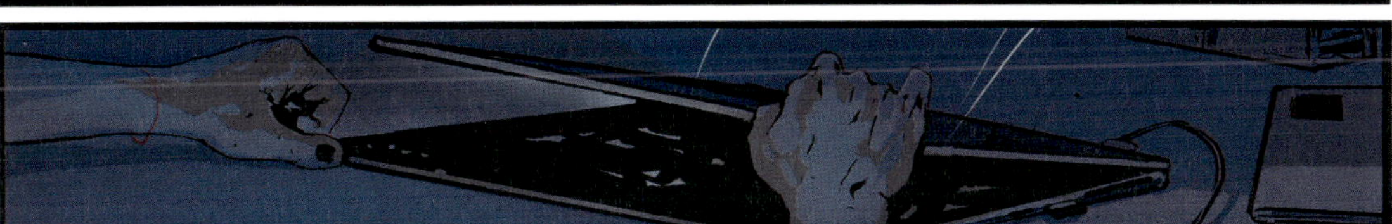

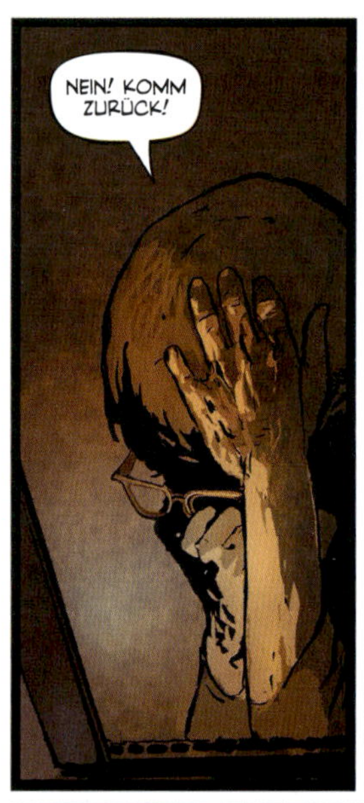
NEIN! KOMM ZURÜCK!

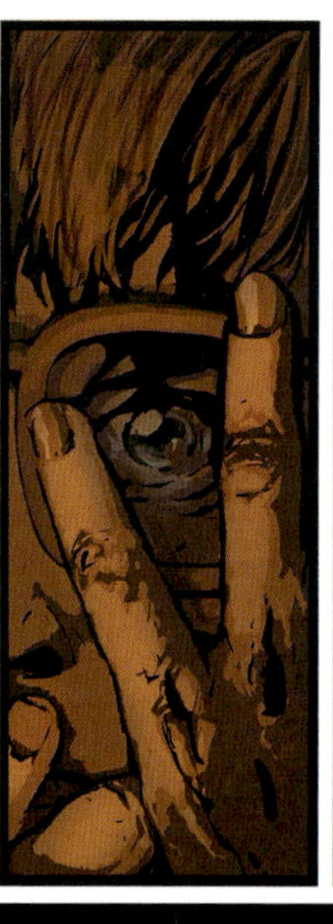

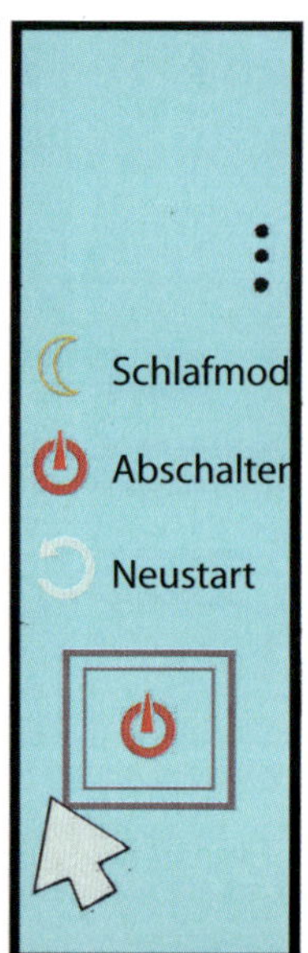
Schlafmod
Abschalten
Neustart

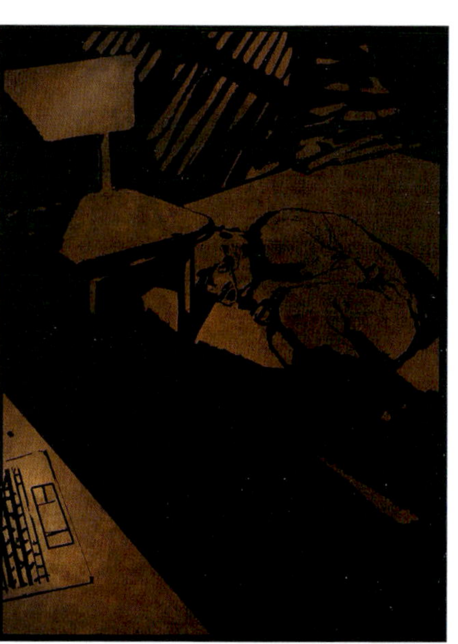

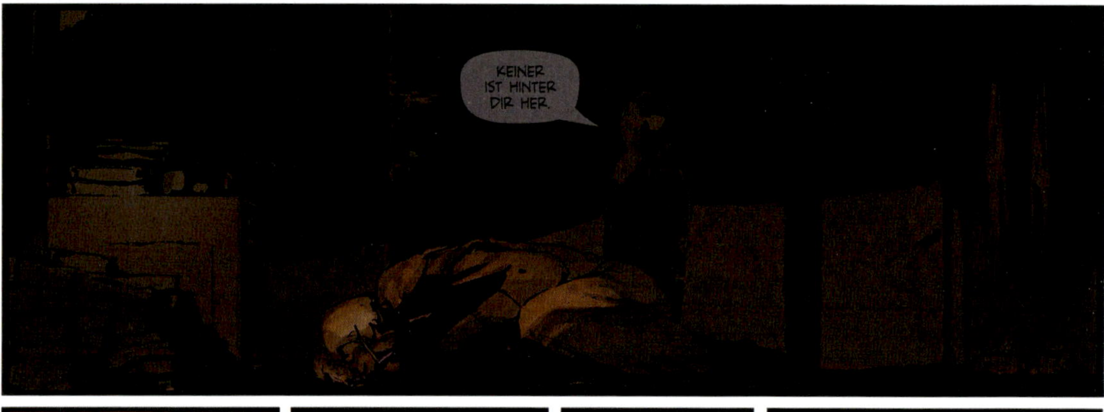
KEINER IST HINTER DIR HER.

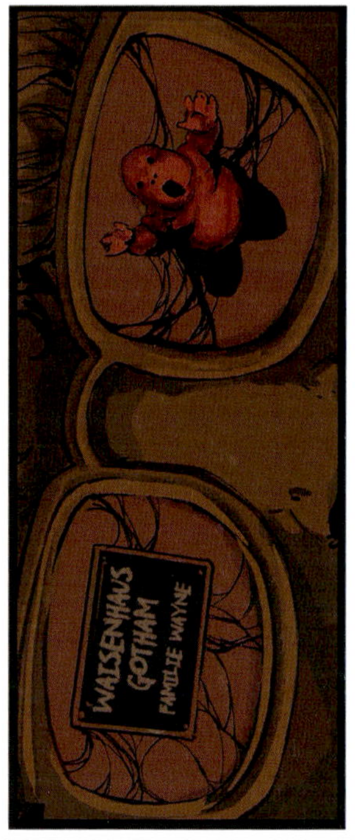
WAISENHAUS GOTHAM
FAMILIE WAYNE

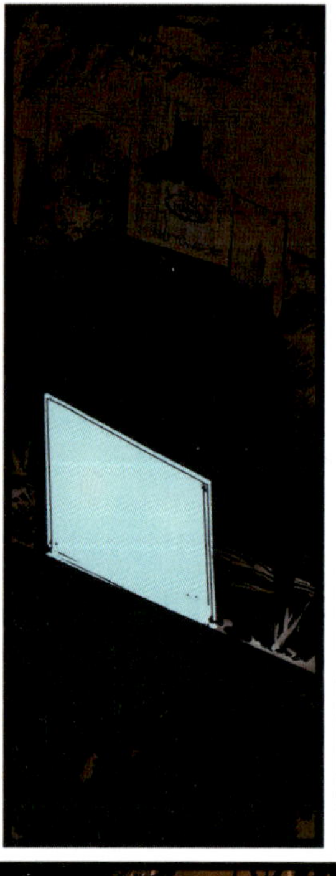

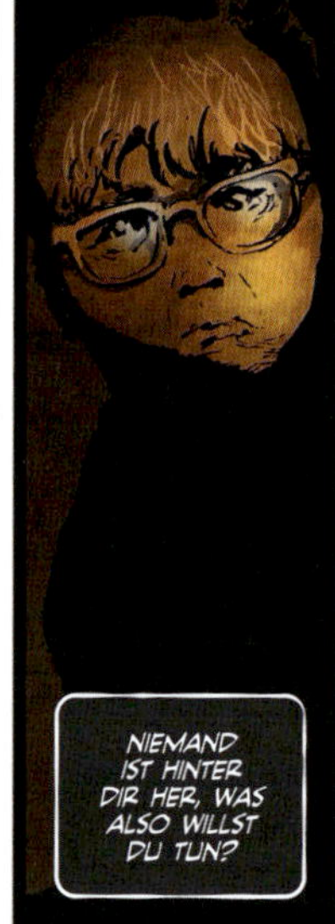
NIEMAND IST HINTER DIR HER, WAS ALSO WILLST DU TUN?

Ich bin gut genug
FOLGE DEN ZAHLEN

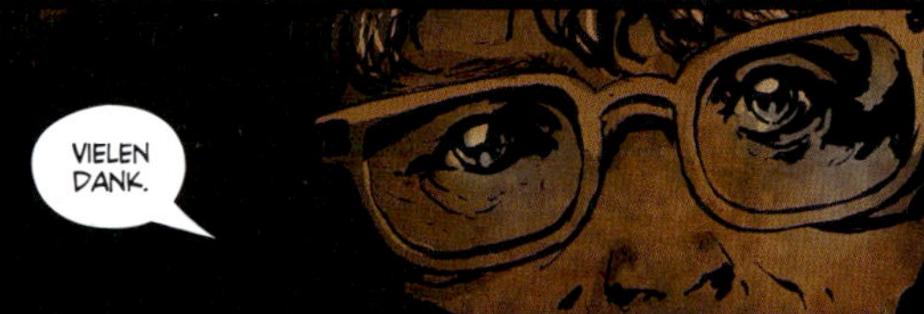
VIELEN DANK.

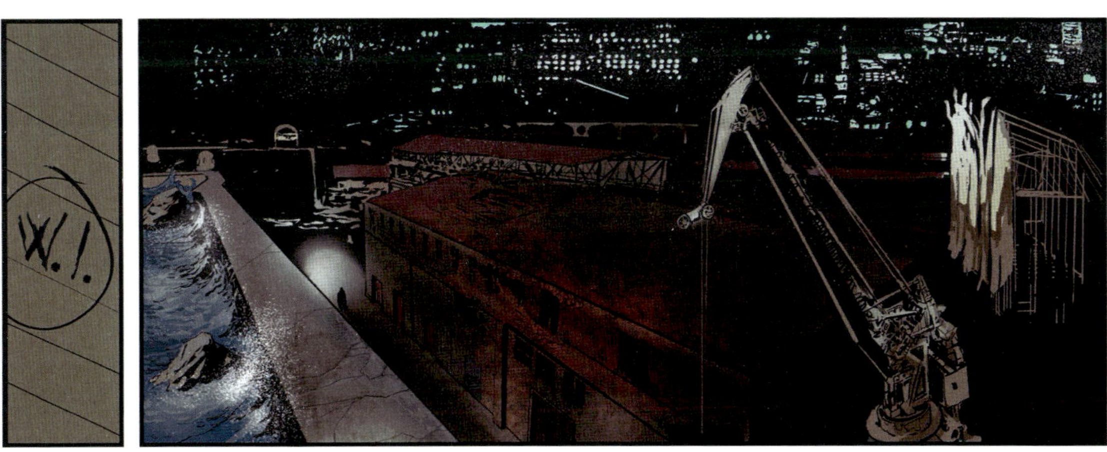
W.I.

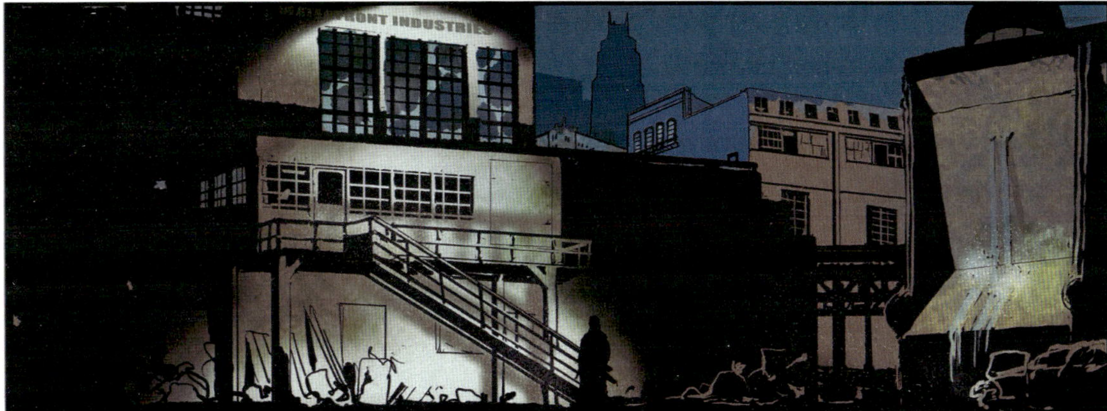

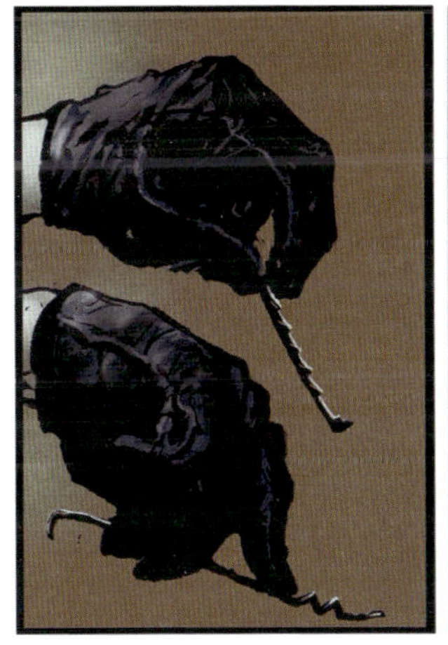

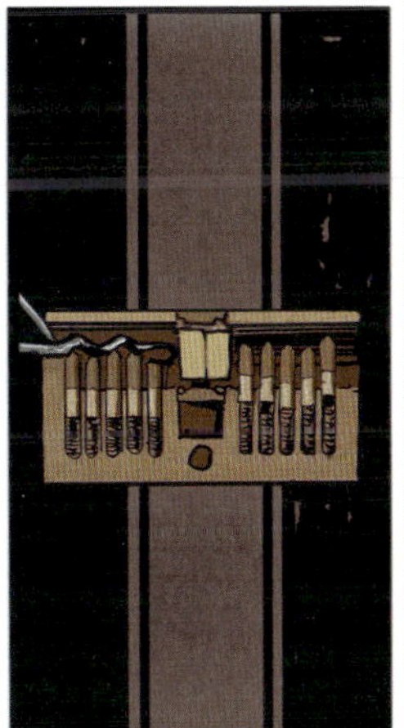

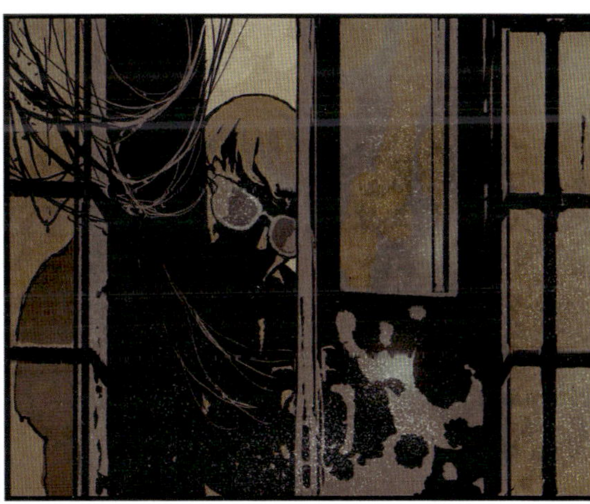

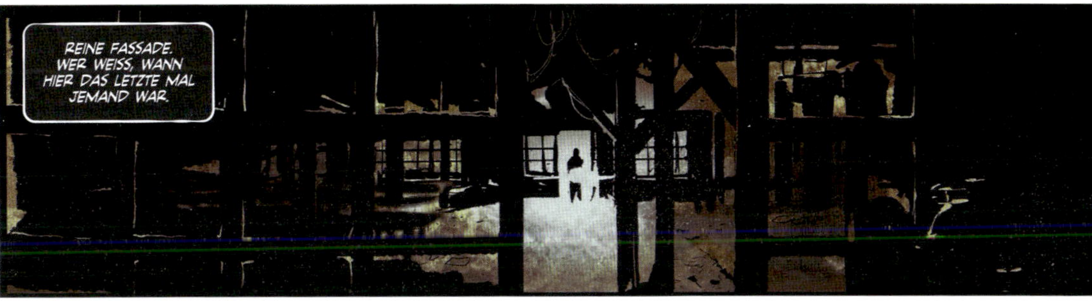
REINE FASSADE. WER WEISS, WANN HIER DAS LETZTE MAL JEMAND WAR.

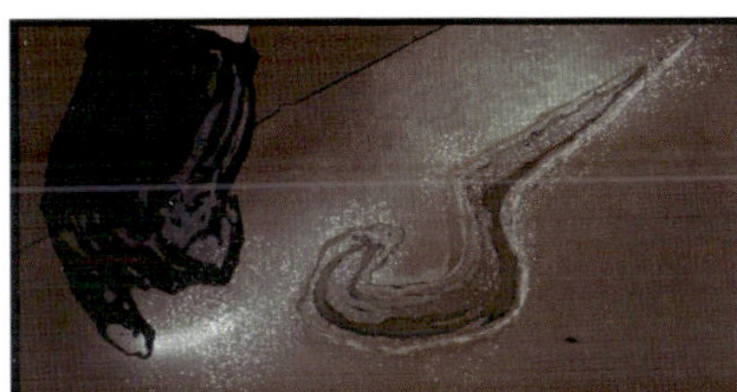

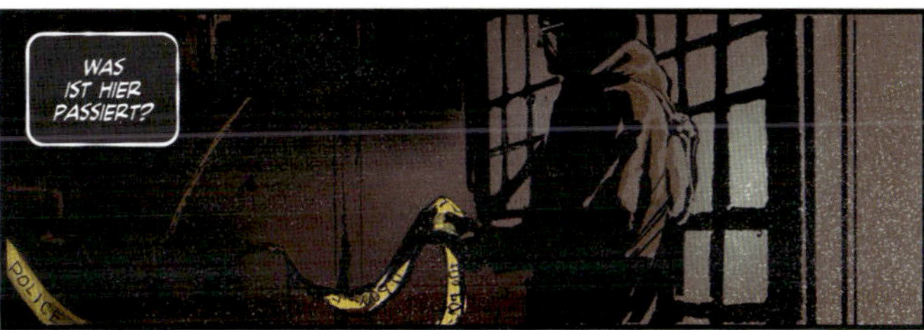
WAS IST HIER PASSIERT?
POLICE

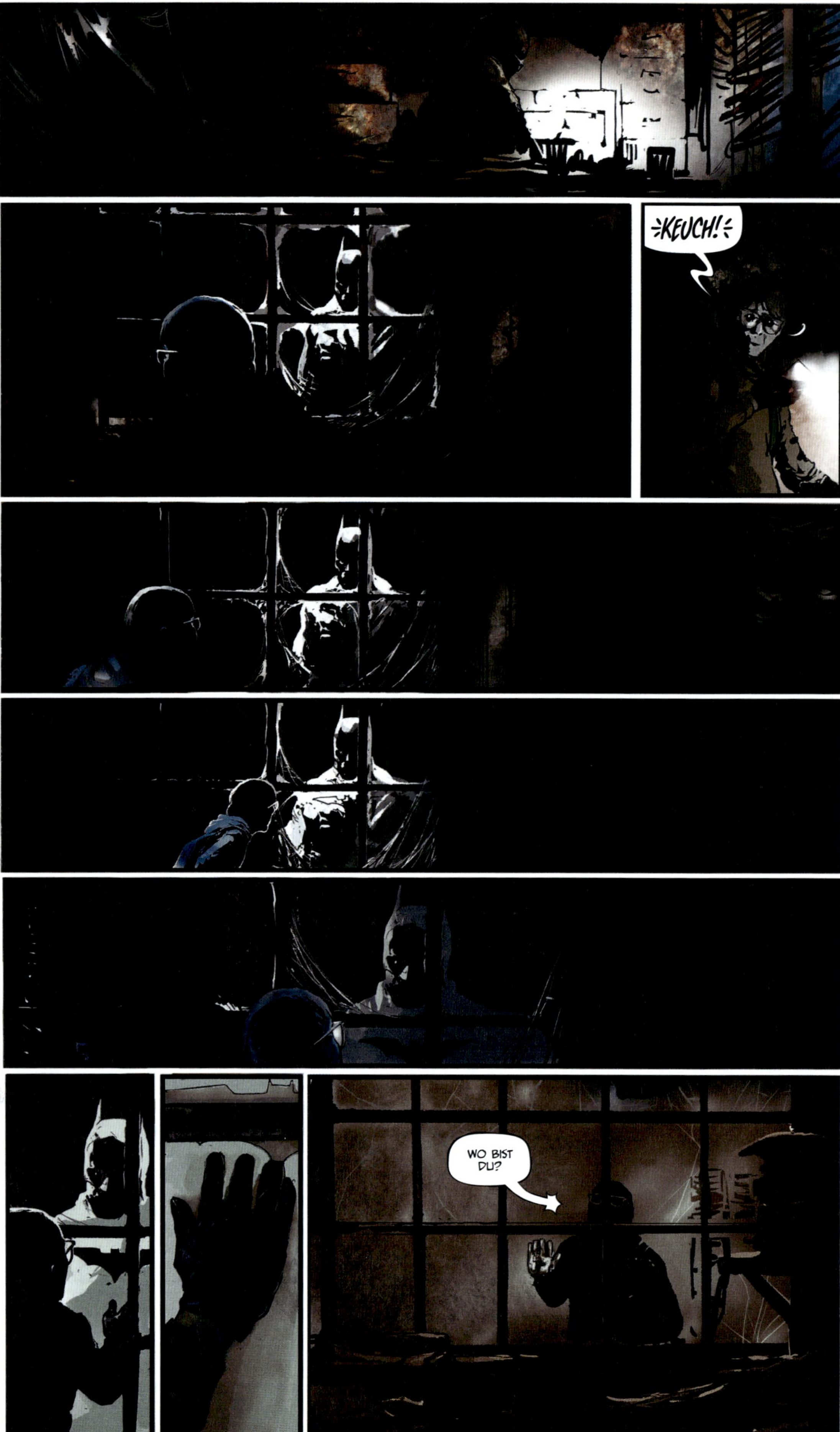
KEUCH!
WO BIST DU?

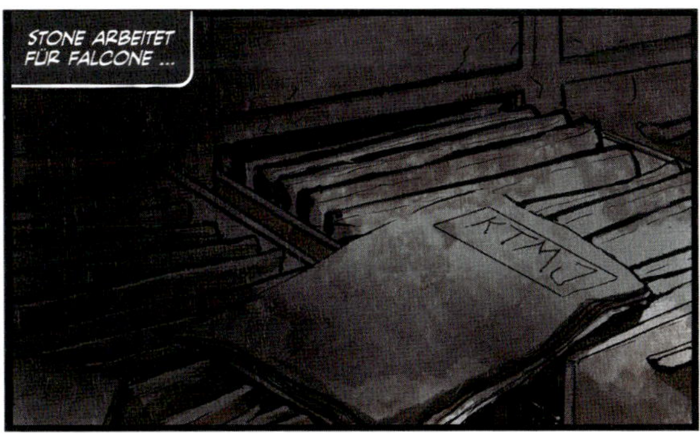
STONE ARBEITET FÜR FALCONE ...
KTMJ

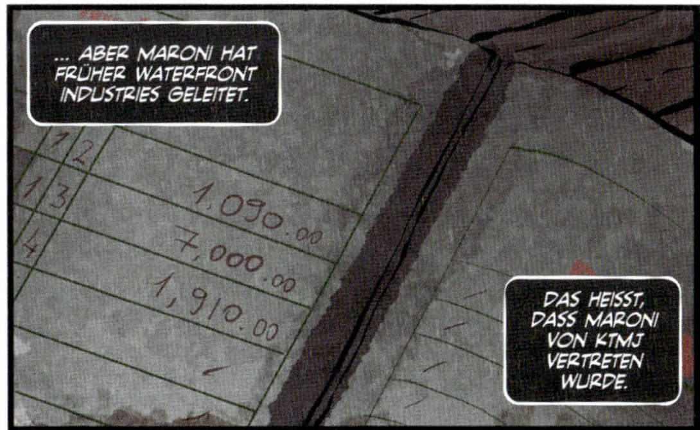
... ABER MARONI HAT FRÜHER WATERFRONT INDUSTRIES GELEITET.
1,090.00
7,000.00
1,910.00
DAS HEISST, DASS MARONI VON KTMJ VERTRETEN WURDE.

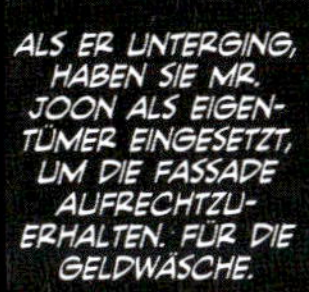
ALS ER UNTERGING, HABEN SIE MR. JOON ALS EIGENTÜMER EINGESETZT, UM DIE FASSADE AUFRECHTZUERHALTEN. FÜR DIE GELDWÄSCHE.

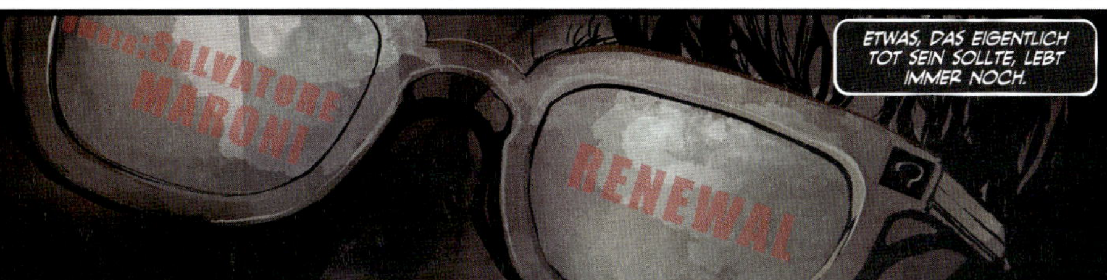
SALVATORE MARONI
RENEWAL
ETWAS, DAS EIGENTLICH TOT SEIN SOLLTE, LEBT IMMER NOCH.

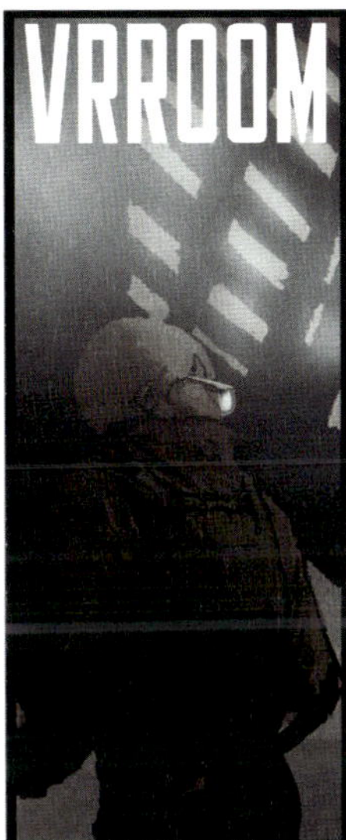
VRROOM

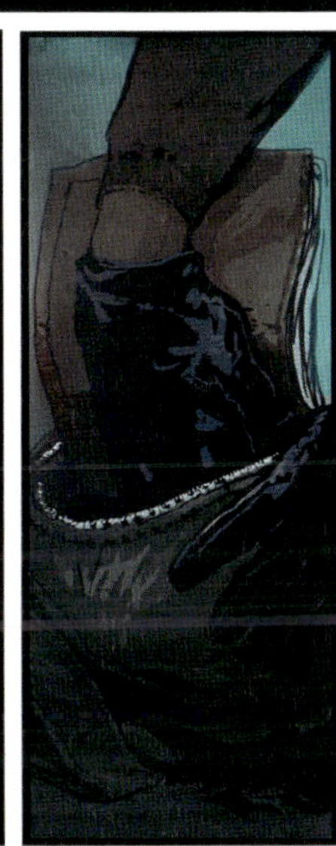

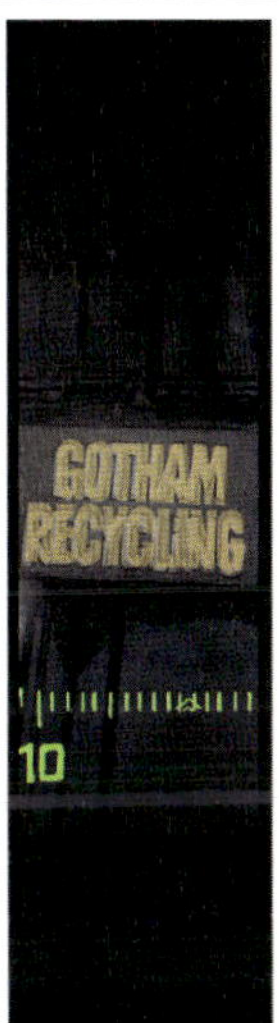
GOTHAM RECYCLING
10

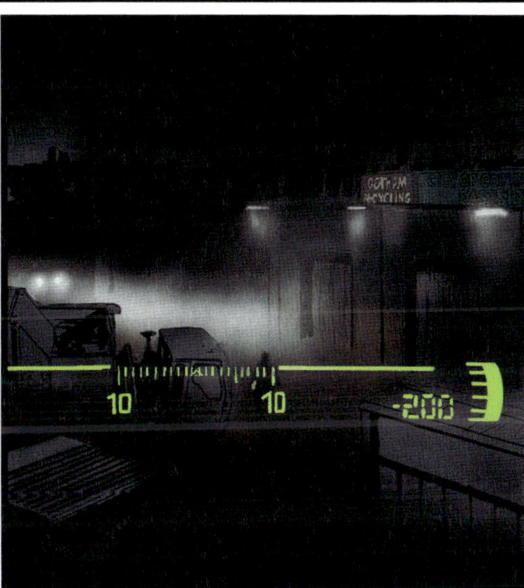
GOTHAM RECYCLING
10
10
-200

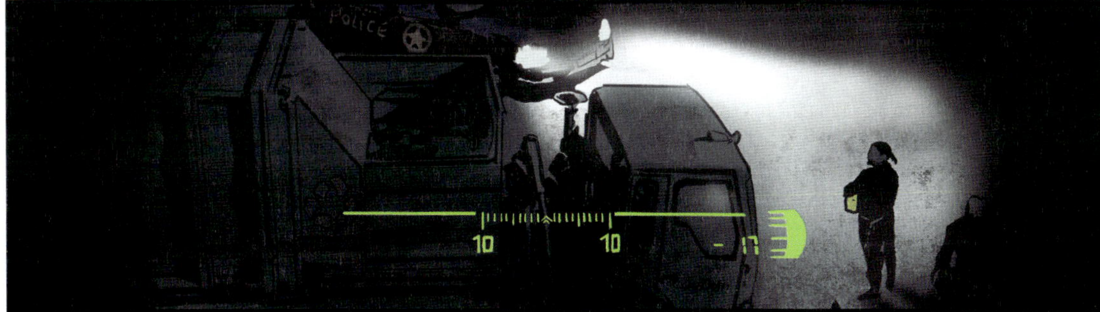
POLICE
10
10

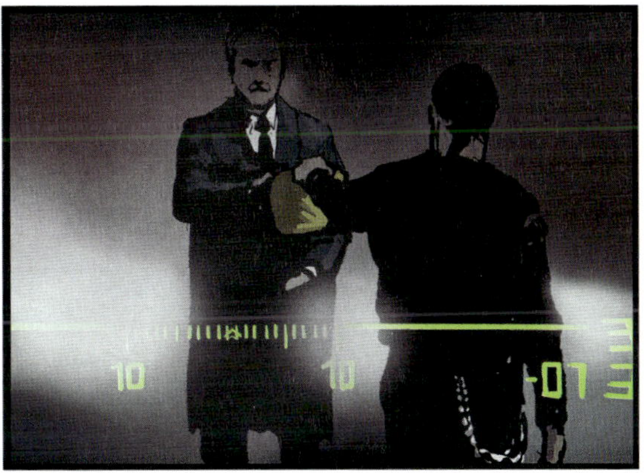
10
10
-07

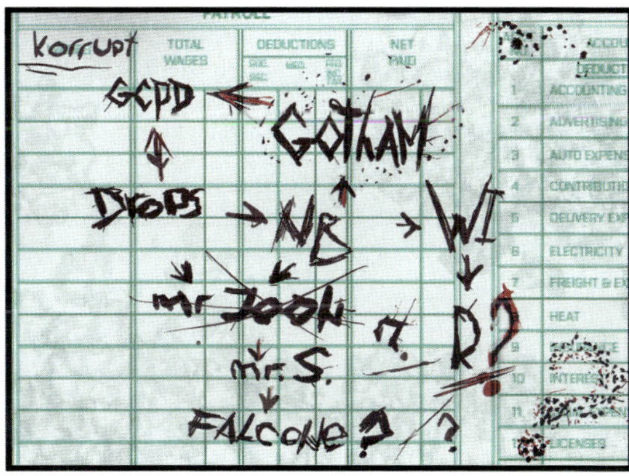
Korrupt
TOTAL WAGES
DEDUCTIONS
NET PAID
GCPD
GOTHAM
Drops
NB
WI
mr. Joon
?
R?
mr. S.
FALCONE?
?
ACCOUNTING
ELECTRICITY
HEAT

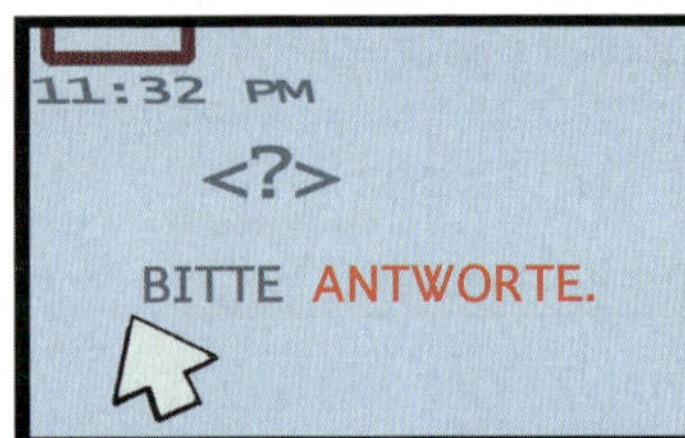

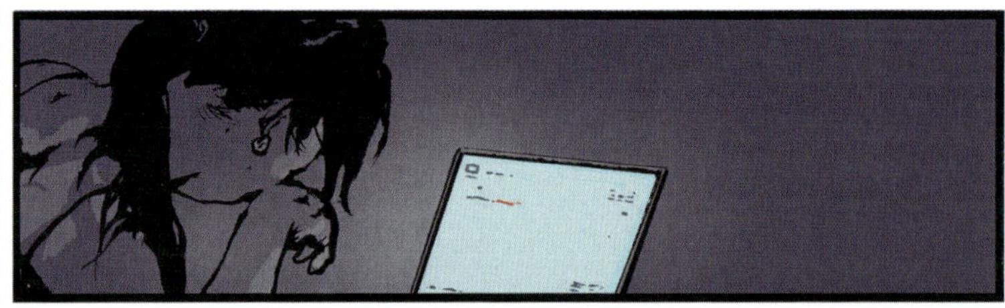

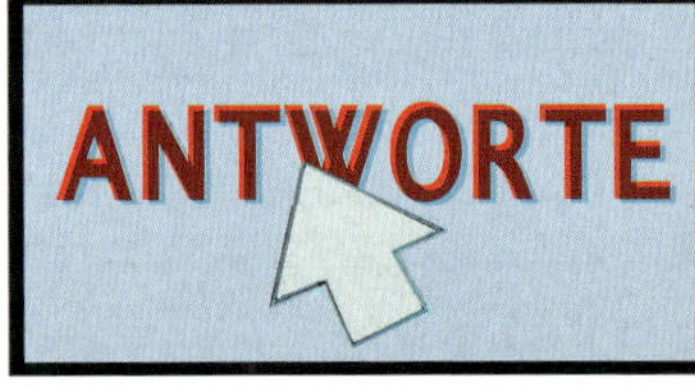

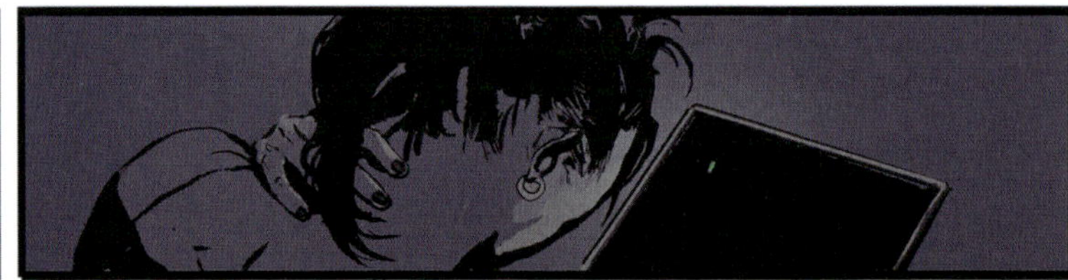

>   WER BIST DU? WAS WILLST DU??

<?>   DU HATTEST RECHT. MIT DER POLIZEI.

>   ICH WEISS. ICH KANN DAS NICHT TUN. ES IST ZU GEFÄHRLICH. TSCHÜS.

<?>   WARTE!

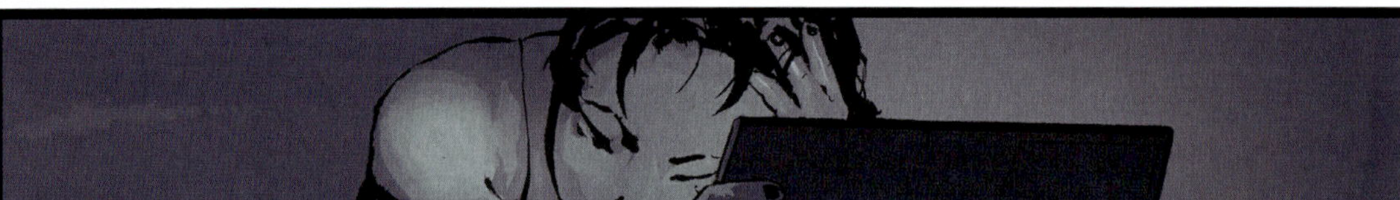

<?>   ICH BRAUCHE DEINE HILFE. ES FEHLT EIN PUZZLETEIL. ICH VERSTEHE DAS NICHT …

>   ICH KANN DIR NICHT HELFEN. WENN ICH ETWAS SAGE, BRINGEN SIE MICH UM.
>   ICH HABE EIN BABY.
>   ICH BIN SEINE MUTTER.
>   ICH MUSS ALLES TUN, UM IHN ZU BESCHÜTZEN, DAMIT ER NICHT ALS WAISENKIND ENDET, SO WIE ICH.

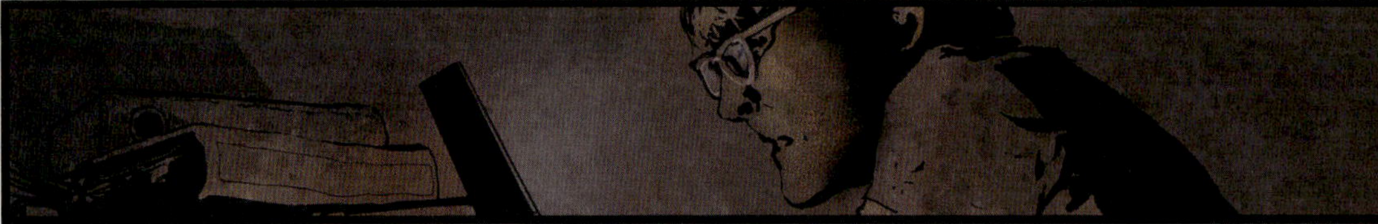

<?>   DANN SAG NICHTS. WENN ICH RECHT HABE, ANTWORTE NICHT. VERSTEHST DU?

…

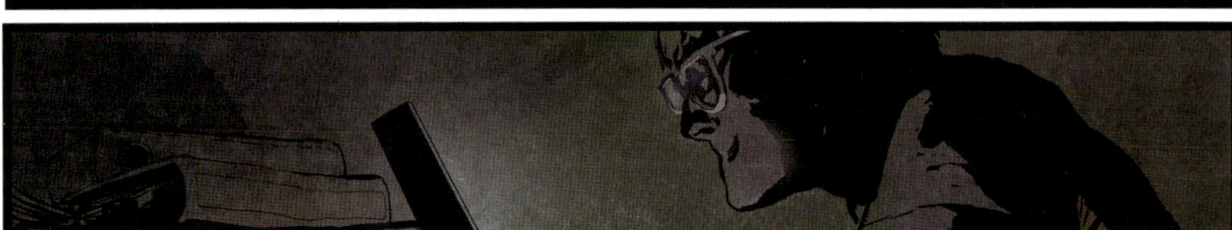

<?> ES FLIESST DROPS-GELD AN NEW BEGINNINGS. DU WURDEST GEBETEN, ZAHLUNGEN AN EINE SCHEINFIRMA NAMENS WATERFRONT INDUSTRIES ZU TÄTIGEN. DU WEIST UNTERSCHIEDLICHE BETRÄGE AN, DAMIT KEIN COMPUTER ODER MENSCH AUFMERKSAM WIRD. DIESES GELD, DAS SICH AUF INSGESAMT 10.000 DOLLAR BELÄUFT, WIRD DANN VON WATERFRONT INDUSTRIES ALS SPENDE AN DAS RENEWAL PROGRAM GESCHICKT.

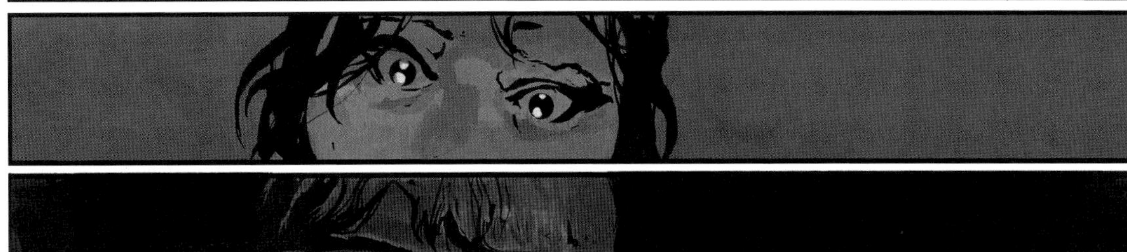

...

<?> DEIN VATER HAT GELD GEWASCHEN. JETZT HAST DU DEN JOB ÜBERNOMMEN.

<?> DU WIRST GEZWUNGEN, DROGENGELD ZU WASCHEN, UND DU BEKOMMST IM GEGENZUG EINE OFFIZIELLE ANSTELLUNG, DIE ES DIR ERLAUBT, IN DIESEM LAND ZU BLEIBEN.

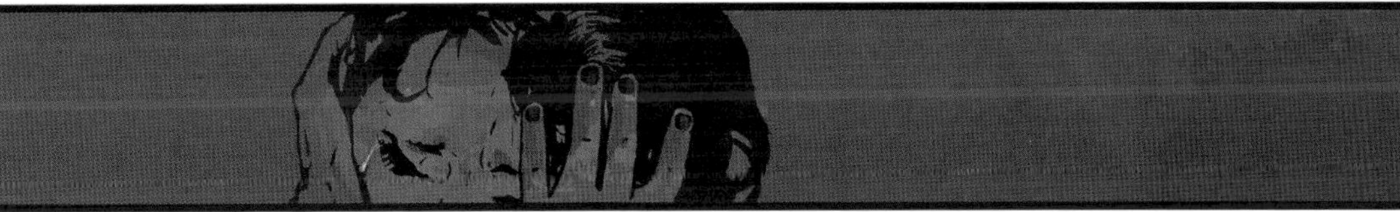

<?> DU SPENDEST SCHMUTZIGES GELD AN RENEWAL, UM DEN SCHEIN ZU WAHREN. UM DIE SPUREN ZU VERWISCHEN.

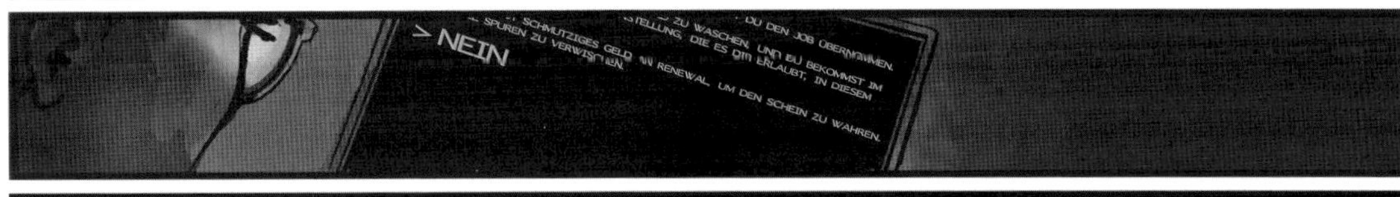

<?> ABER WARUM?

> ICH WEISS ES NICHT.

<?> WER WEISS ES?

> KEINE AHNUNG! WIR MACHEN NUR, WAS SIE SAGEN!

<?> DU UND DEIN VATER? GIBT ES NOCH JEMANDEN?

> JA, ES GIBT VIELE.

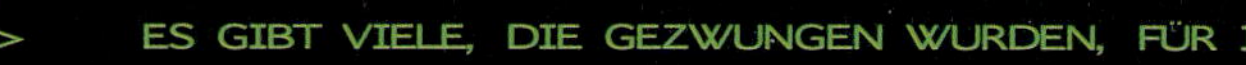

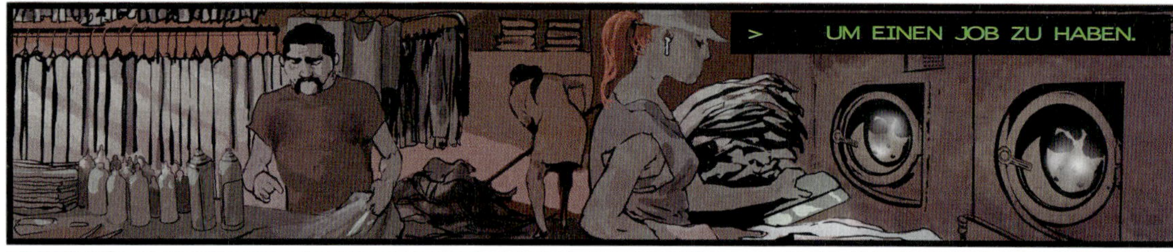

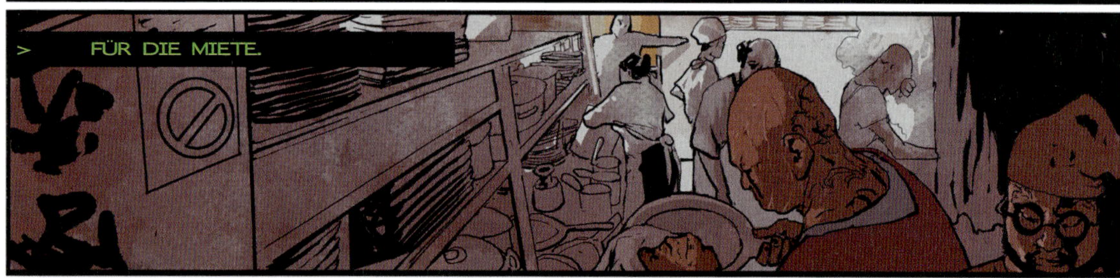

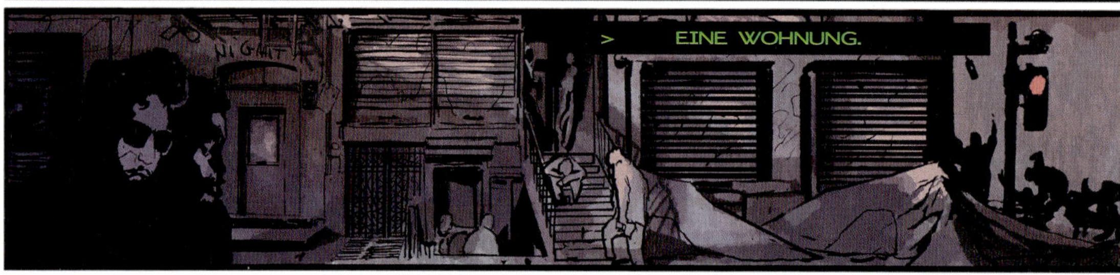

<?> FÜR WEN ZU ARBEITEN?!

. . .

> ICH HAB SCHON ZU VIEL GESAGT. ICH MUSS AUFHÖREN. NIMM NIE WIEDER KONTAKT ZU MIR AUF. DAS NÄCHSTE MAL ANTWORTE ICH NICHT MEHR.

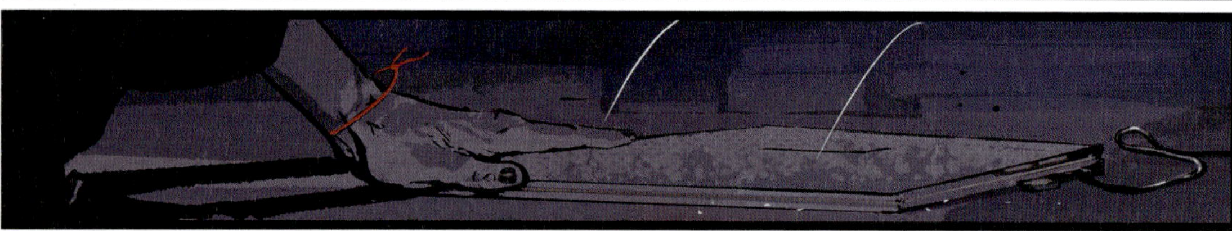

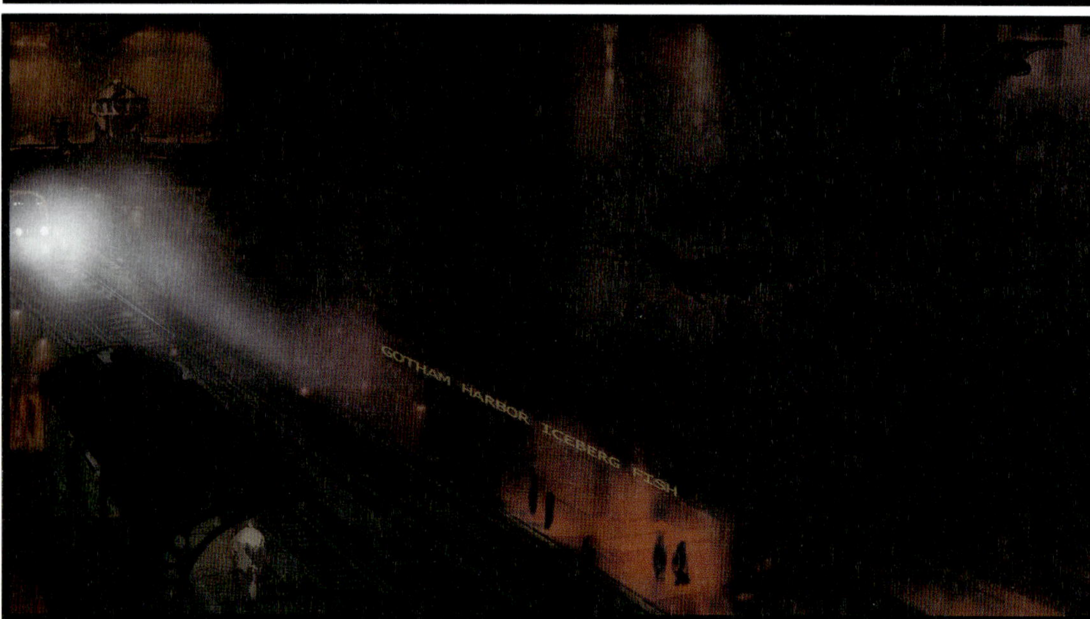

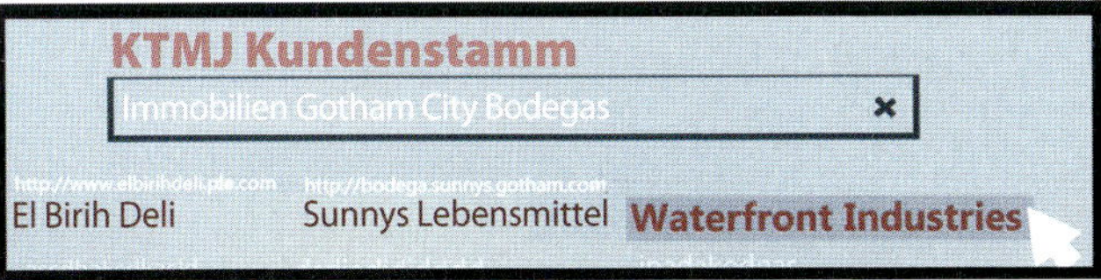

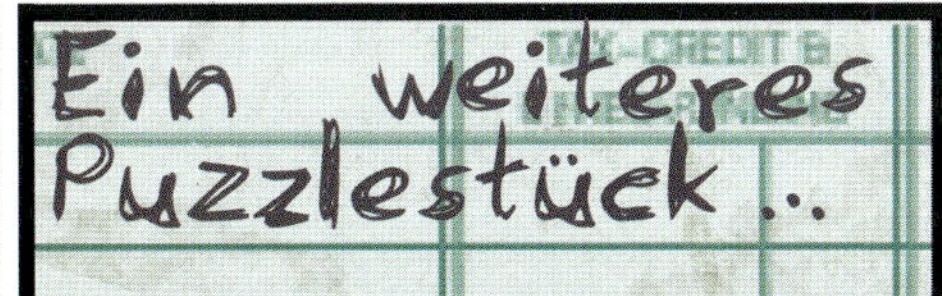

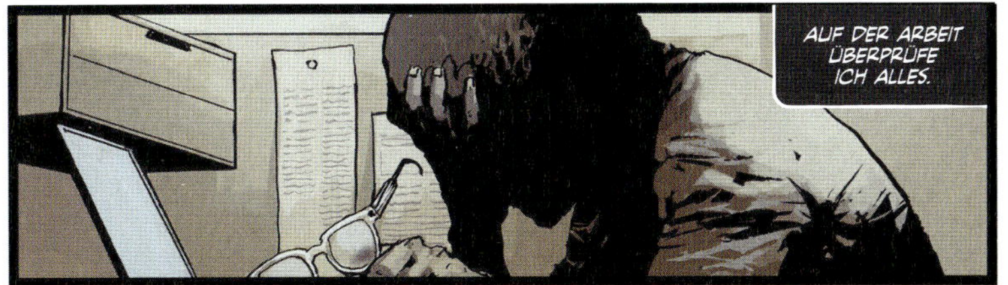

ZUGANG VERWEHRT

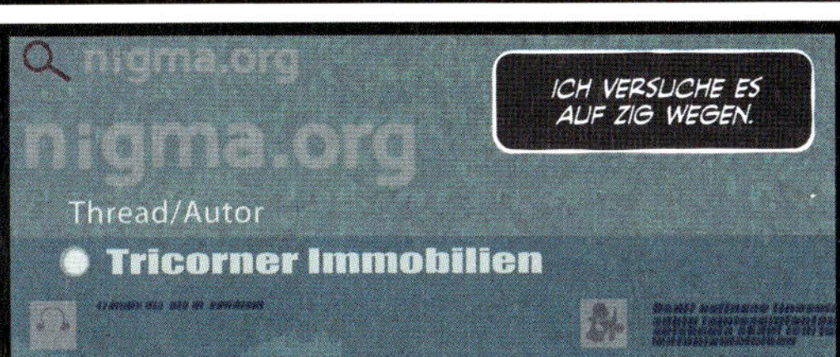

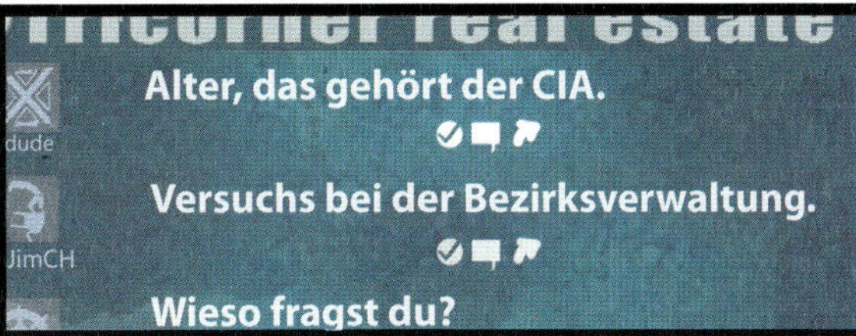

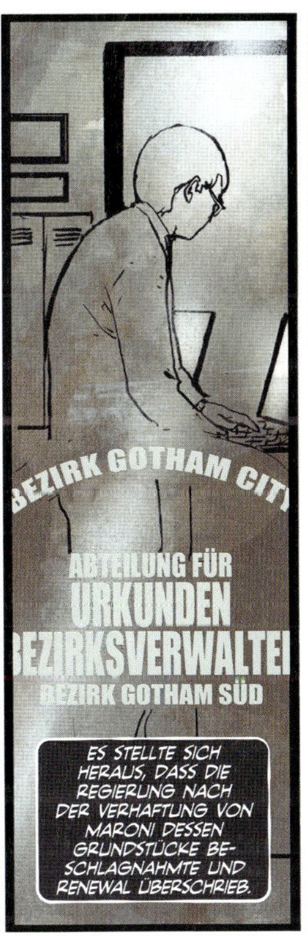

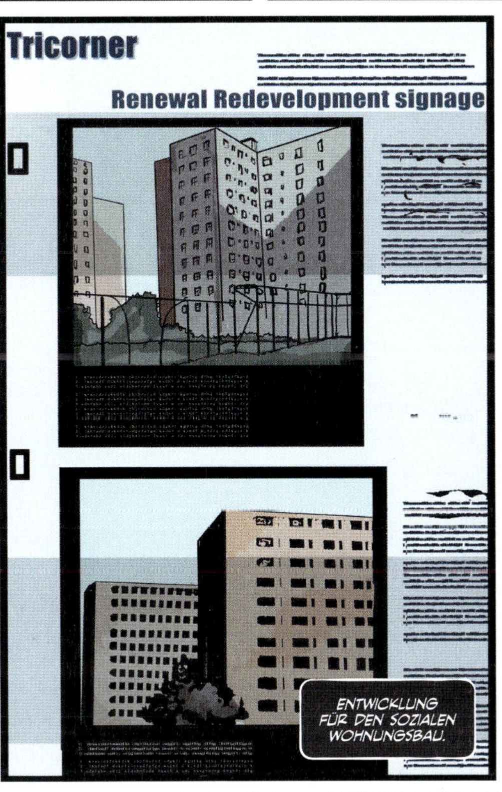

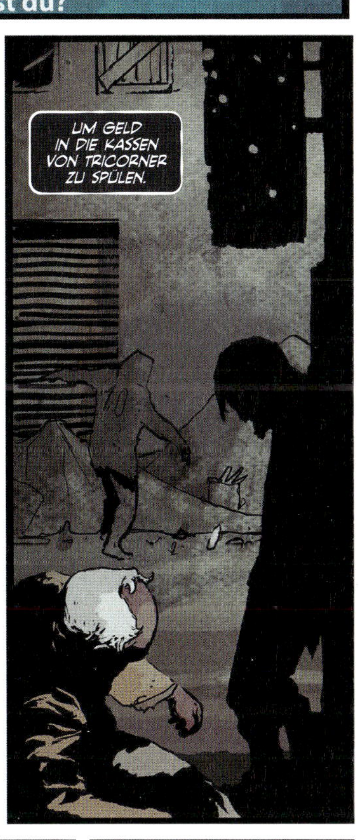

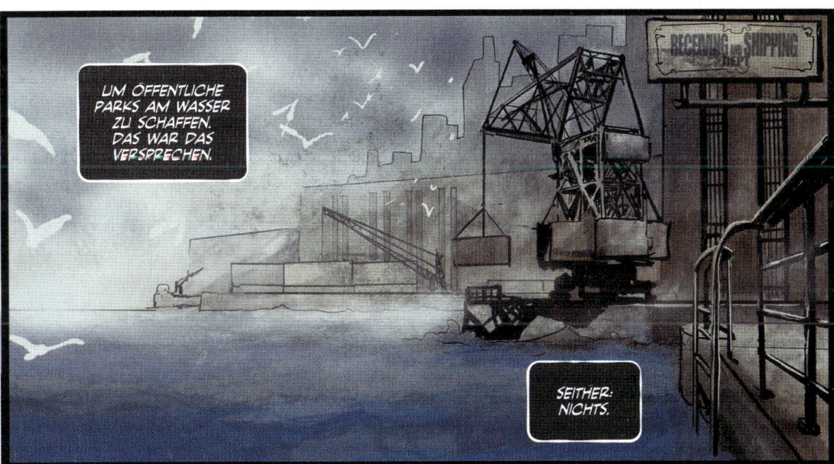

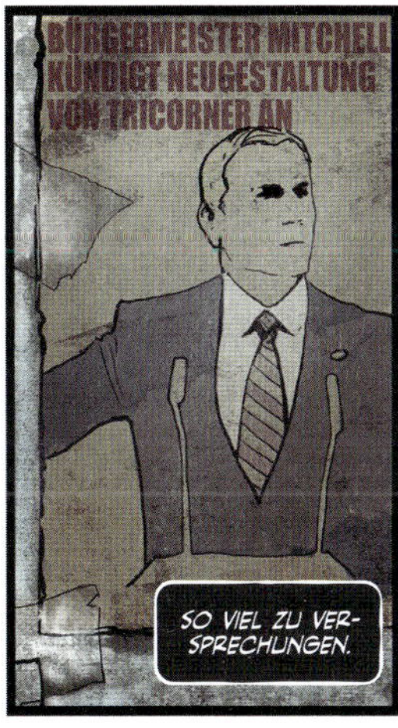

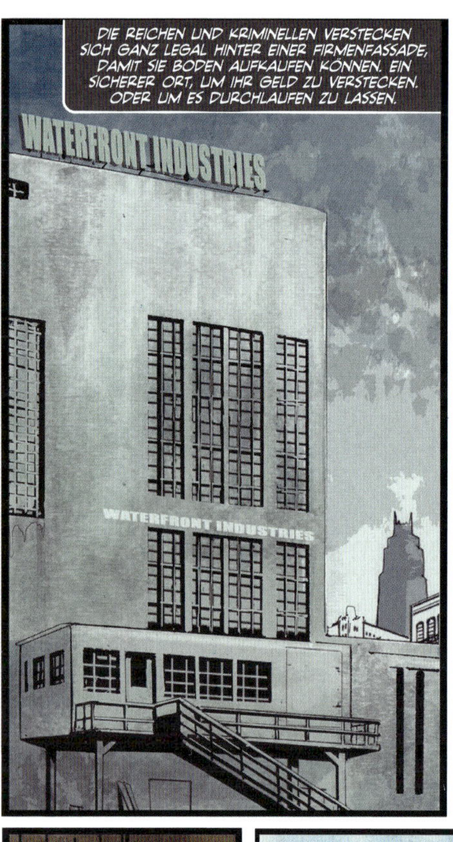
DIE REICHEN UND KRIMINELLEN VERSTECKEN SICH GANZ LEGAL HINTER EINER FIRMENFASSADE, DAMIT SIE BODEN AUFKAUFEN KÖNNEN. EIN SICHERER ORT, UM IHR GELD ZU VERSTECKEN. ODER UM ES DURCHLAUFEN ZU LASSEN.
WATERFRONT INDUSTRIES
WATERFRONT INDUSTRIES

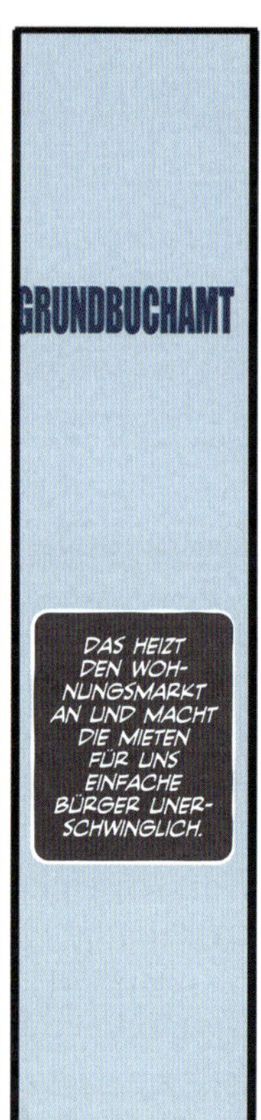
GRUNDBUCHAMT
DAS HEIZT DEN WOHNUNGSMARKT AN UND MACHT DIE MIETEN FÜR UNS EINFACHE BÜRGER UNERSCHWINGLICH.

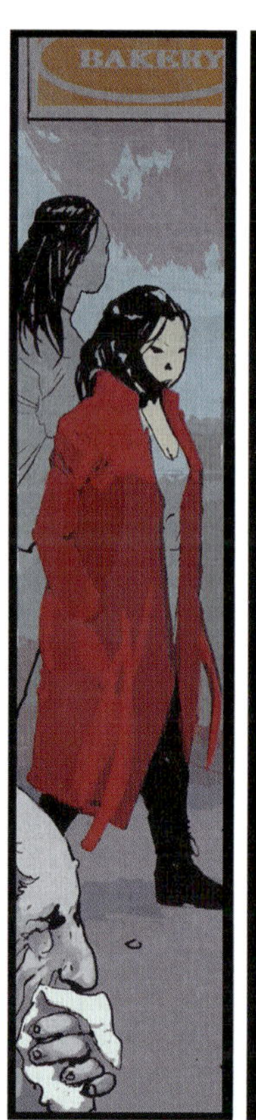
BAKERY

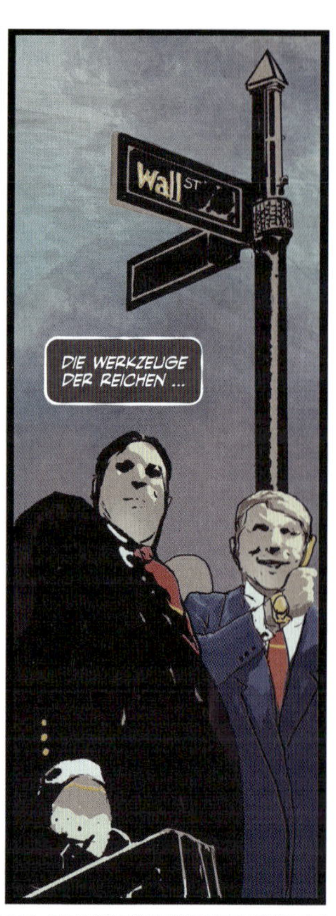
Wall ST
DIE WERKZEUGE DER REICHEN ...

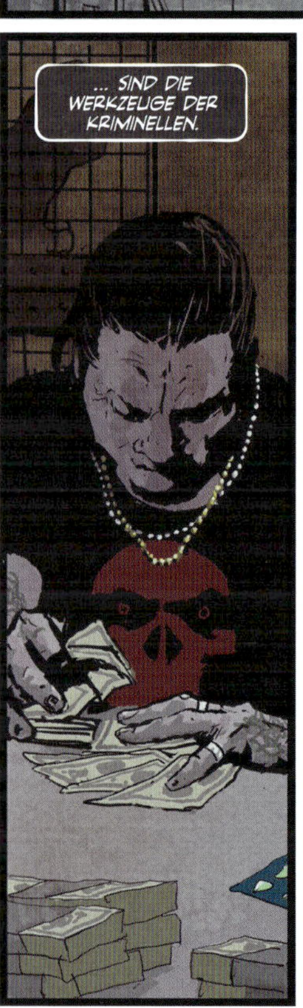
... SIND DIE WERKZEUGE DER KRIMINELLEN.

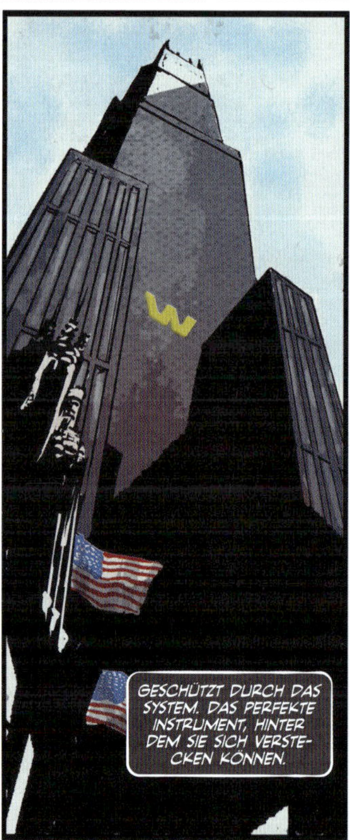
GESCHÜTZT DURCH DAS SYSTEM. DAS PERFEKTE INSTRUMENT, HINTER DEM SIE SICH VERSTECKEN KÖNNEN.

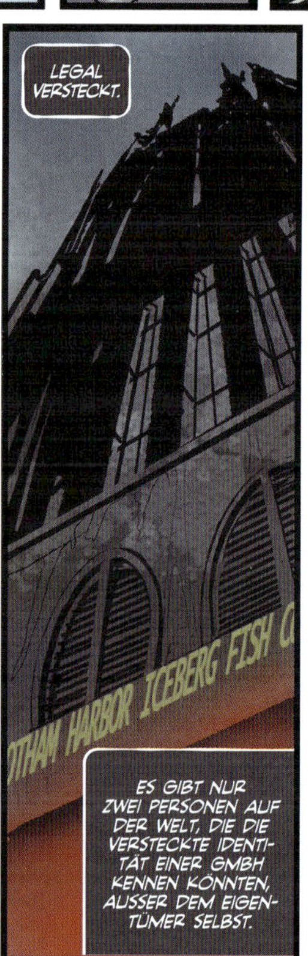
LEGAL VERSTECKT.
GOTHAM HARBOR ICEBERG FISH C
ES GIBT NUR ZWEI PERSONEN AUF DER WELT, DIE DIE VERSTECKTE IDENTITÄT EINER GMBH KENNEN KÖNNTEN, AUSSER DEM EIGENTÜMER SELBST.

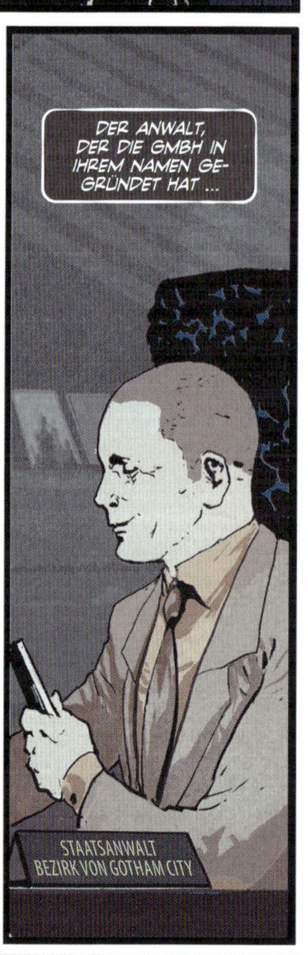
DER ANWALT, DER DIE GMBH IN IHREM NAMEN GEGRÜNDET HAT ...
STAATSANWALT
BEZIRK VON GOTHAM CITY

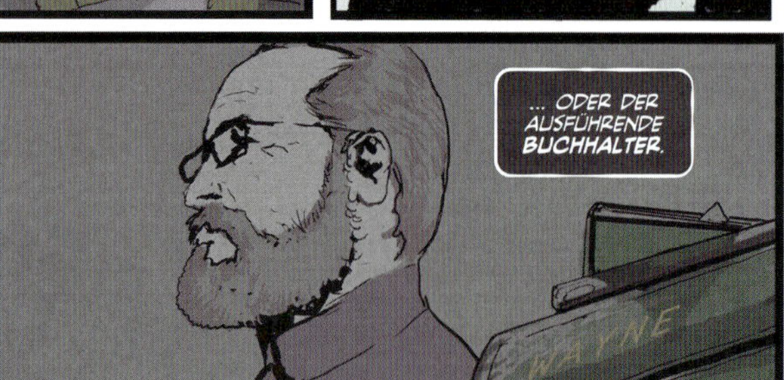
... ODER DER AUSFÜHRENDE BUCHHALTER.
WAYNE

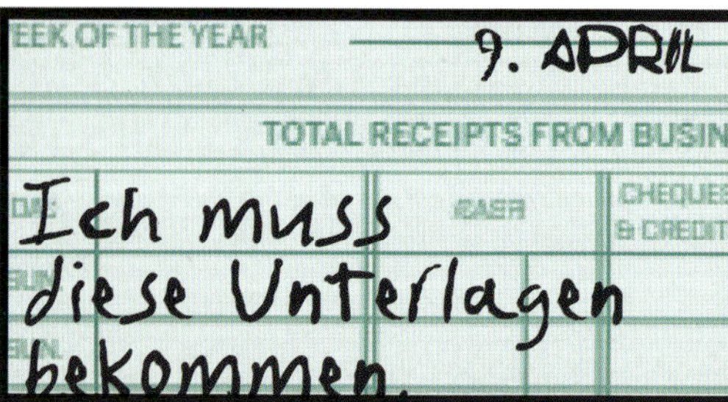
EEK OF THE YEAR
9. APRIL
TOTAL RECEIPTS FROM BUSIN
CHEQUES & CREDIT
Ich muss diese Unterlagen bekommen.

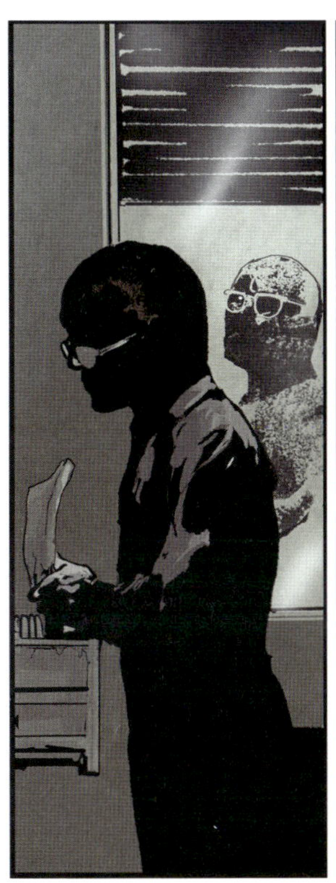
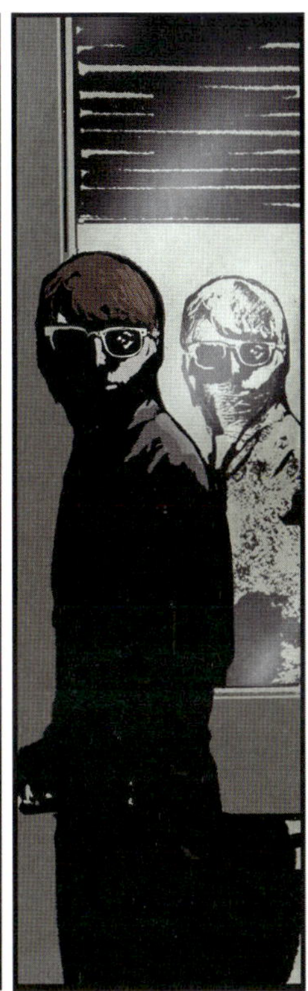
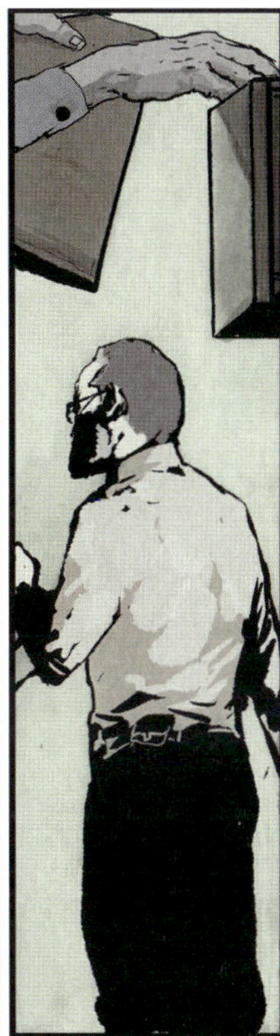
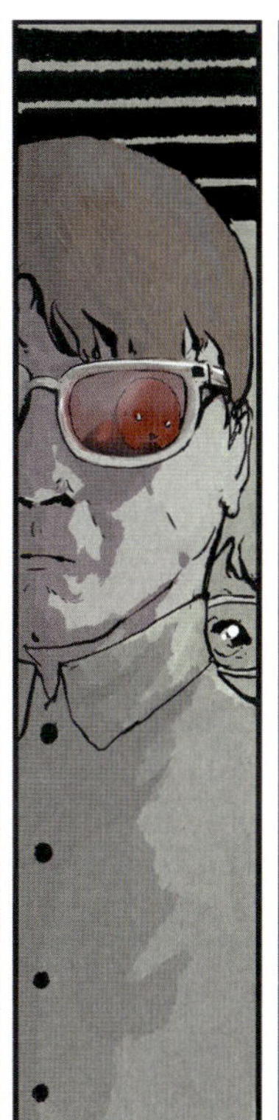
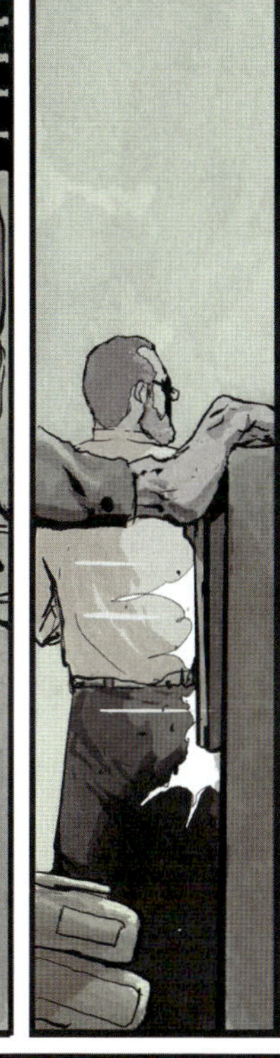
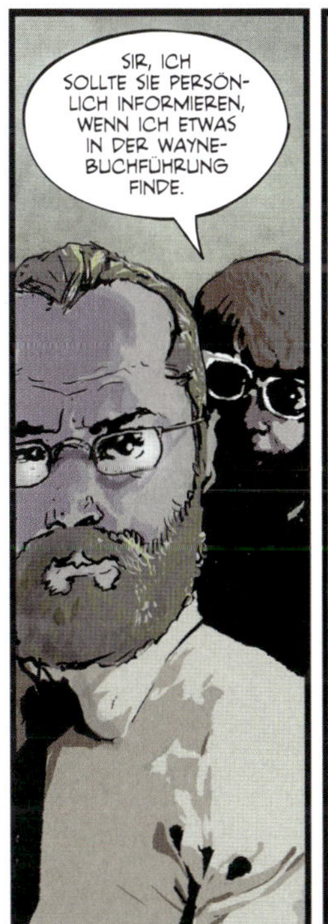
SIR, ICH SOLLTE SIE PERSÖNLICH INFORMIEREN, WENN ICH ETWAS IN DER WAYNE-BUCHFÜHRUNG FINDE.
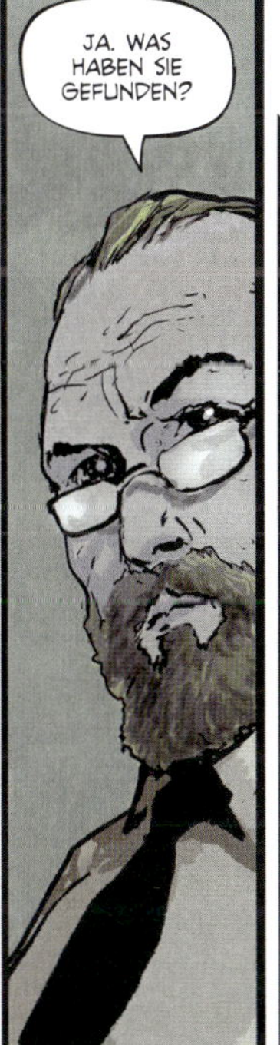
JA. WAS HABEN SIE GEFUNDEN?
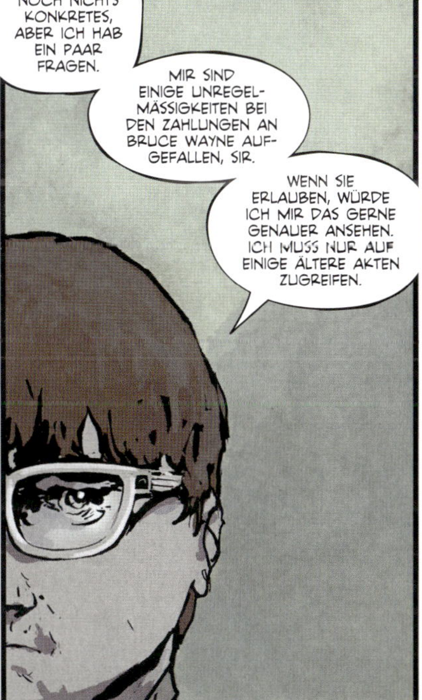
NOCH NICHTS KONKRETES, ABER ICH HAB EIN PAAR FRAGEN.
MIR SIND EINIGE UNREGELMÄSSIGKEITEN BEI DEN ZAHLUNGEN AN BRUCE WAYNE AUFGEFALLEN, SIR.
WENN SIE ERLAUBEN, WÜRDE ICH MIR DAS GERNE GENAUER ANSEHEN. ICH MUSS NUR AUF EINIGE ÄLTERE AKTEN ZUGREIFEN.
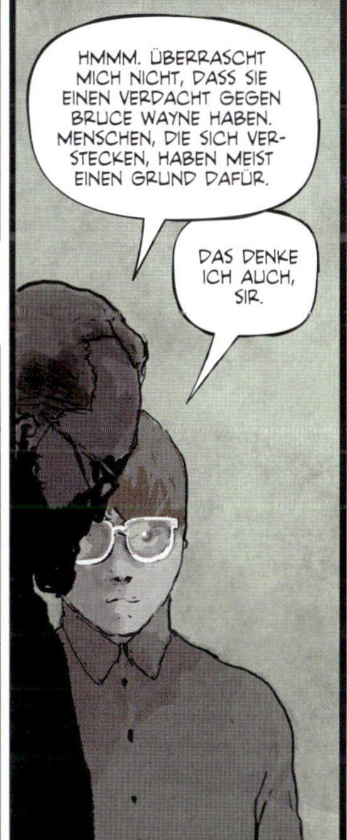
HMMM. ÜBERRASCHT MICH NICHT, DASS SIE EINEN VERDACHT GEGEN BRUCE WAYNE HABEN. MENSCHEN, DIE SICH VERSTECKEN, HABEN MEIST EINEN GRUND DAFÜR.
DAS DENKE ICH AUCH, SIR.
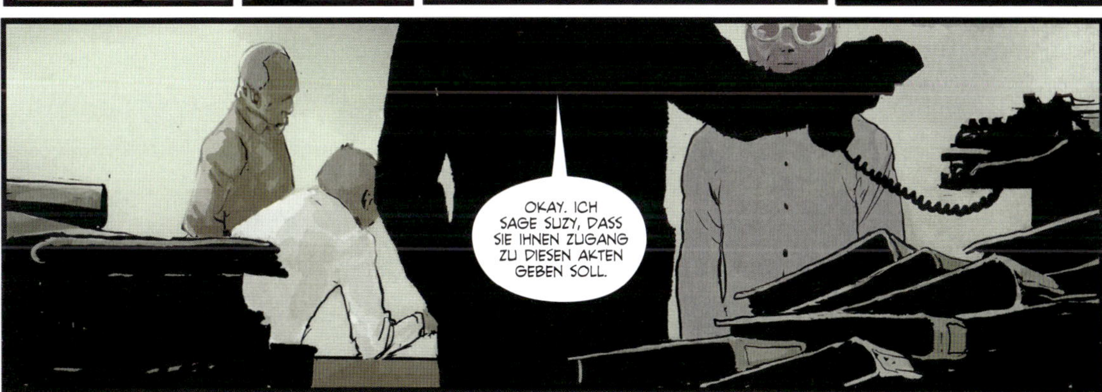
OKAY. ICH SAGE SUZY, DASS SIE IHNEN ZUGANG ZU DIESEN AKTEN GEBEN SOLL.

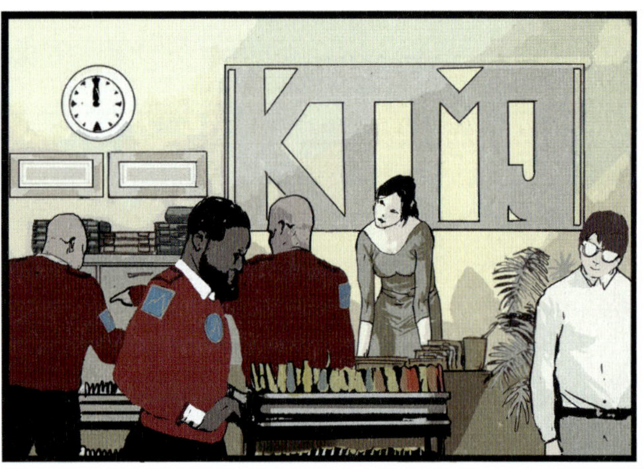

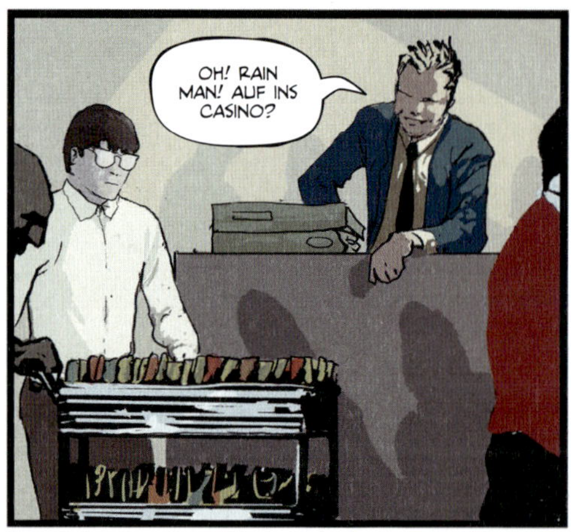
OH! RAIN MAN! AUF INS CASINO?

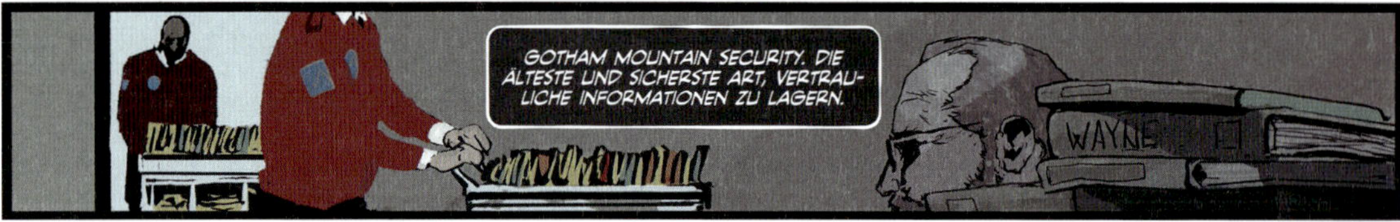
GOTHAM MOUNTAIN SECURITY. DIE ÄLTESTE UND SICHERSTE ART, VERTRAULICHE INFORMATIONEN ZU LAGERN.
WAYNE

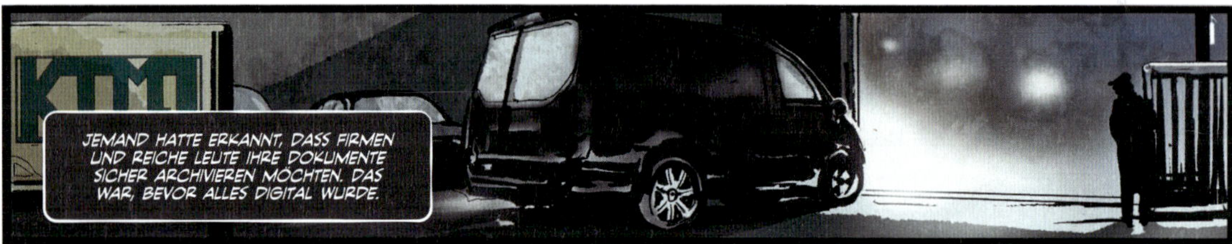
KTMJ
JEMAND HATTE ERKANNT, DASS FIRMEN UND REICHE LEUTE IHRE DOKUMENTE SICHER ARCHIVIEREN MÖCHTEN. DAS WAR, BEVOR ALLES DIGITAL WURDE.

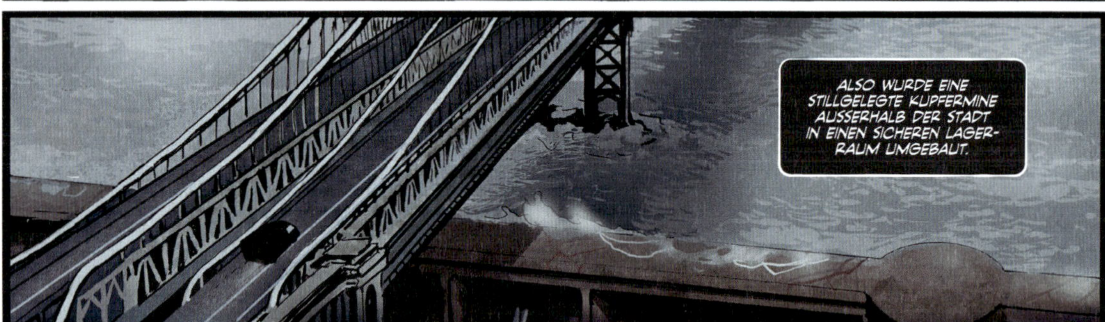
ALSO WURDE EINE STILLGELEGTE KUPFERMINE AUSSERHALB DER STADT IN EINEN SICHEREN LAGERRAUM UMGEBAUT.

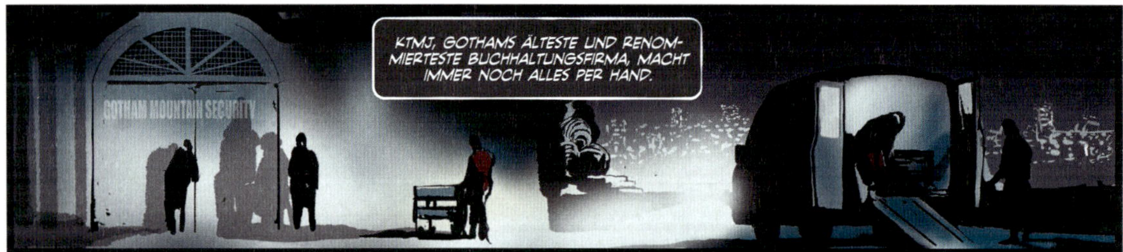
GOTHAM MOUNTAIN SECURITY
KTMJ, GOTHAMS ÄLTESTE UND RENOMMIERTESTE BUCHHALTUNGSFIRMA, MACHT IMMER NOCH ALLES PER HAND.

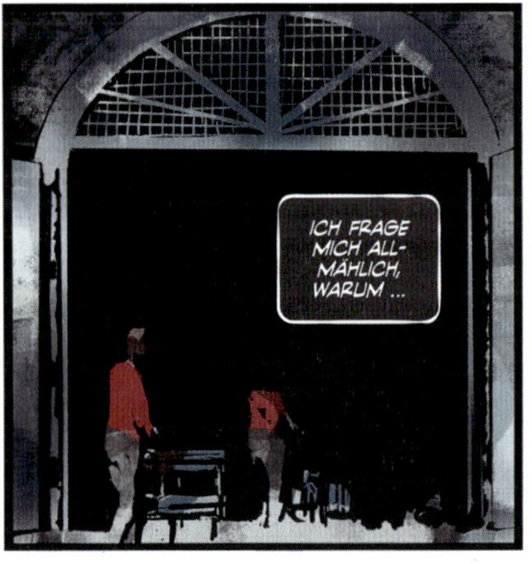
ICH FRAGE MICH ALLMÄHLICH, WARUM ...

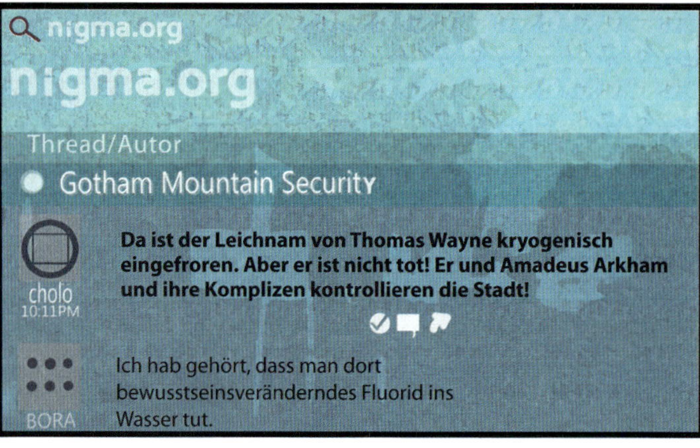
nigma.org
nigma.org
Thread/Autor
Gotham Mountain Security
cholo
10:11PM
Da ist der Leichnam von Thomas Wayne kryogenisch eingefroren. Aber er ist nicht tot! Er und Amadeus Arkham und ihre Komplizen kontrollieren die Stadt!
BORA
Ich hab gehört, dass man dort bewusstseinsveränderndes Fluorid ins Wasser tut.

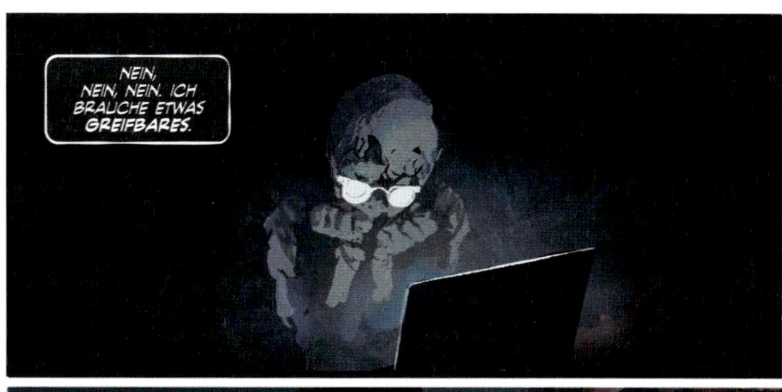
NEIN, NEIN, NEIN. ICH BRAUCHE ETWAS GREIFBARES.

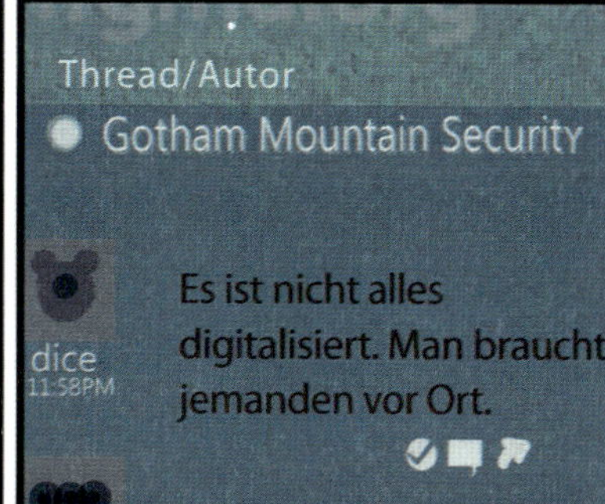
Thread/Autor
Gotham Mountain Security
dice
11:58PM
Es ist nicht alles digitalisiert. Man braucht jemanden vor Ort.

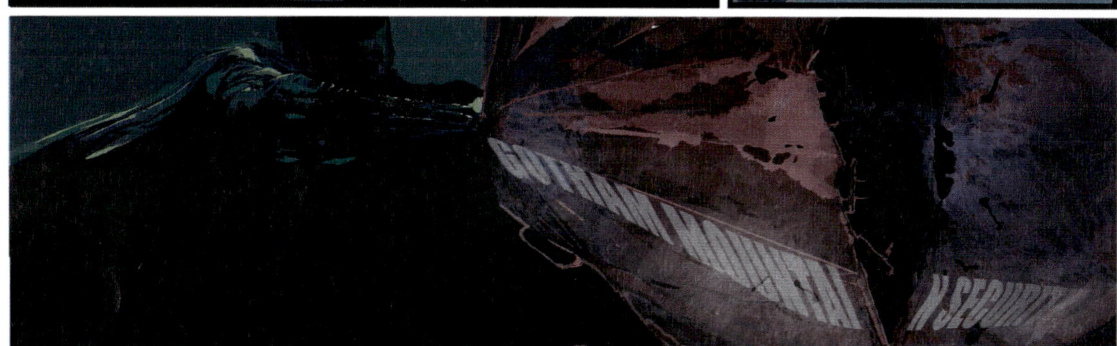

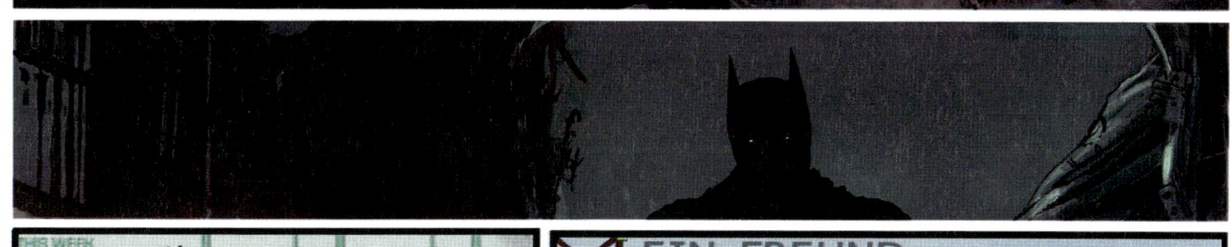

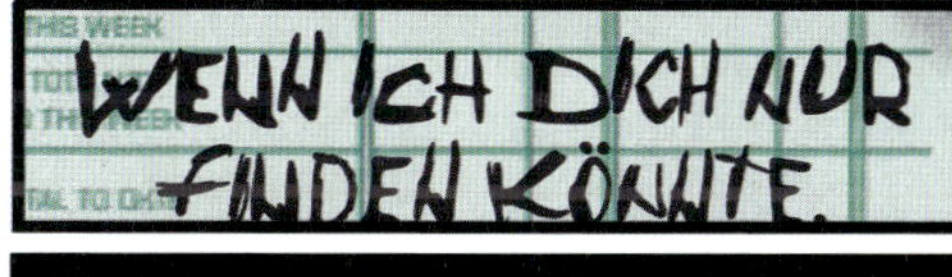
WENN ICH DICH NUR FINDEN KÖNNTE.

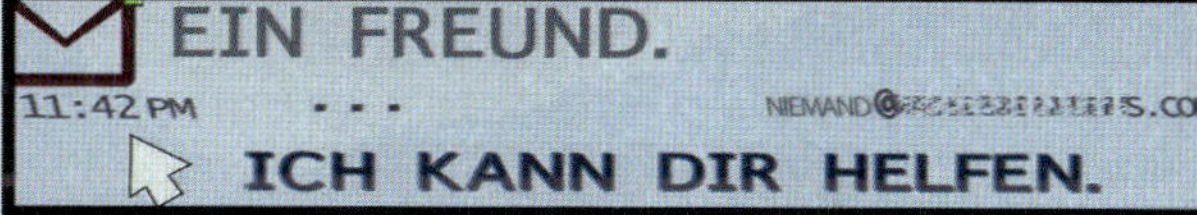
EIN FREUND.
11:42 PM
ICH KANN DIR HELFEN.

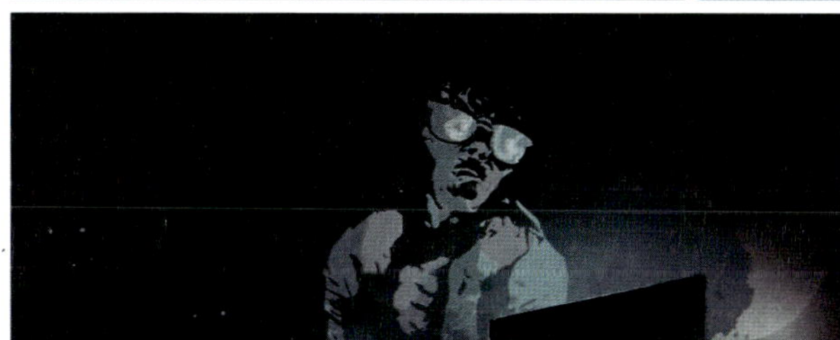

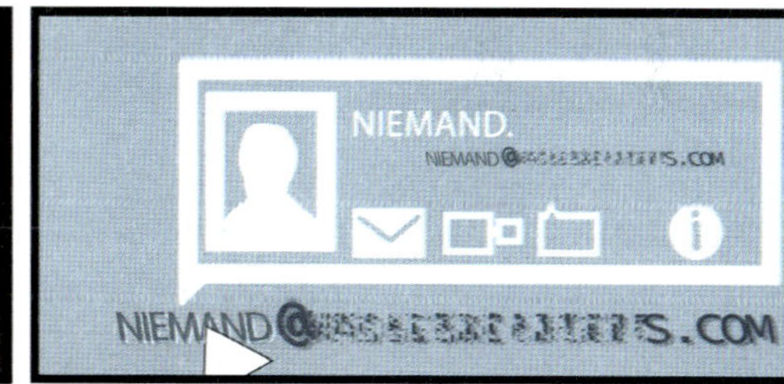
NIEMAND.

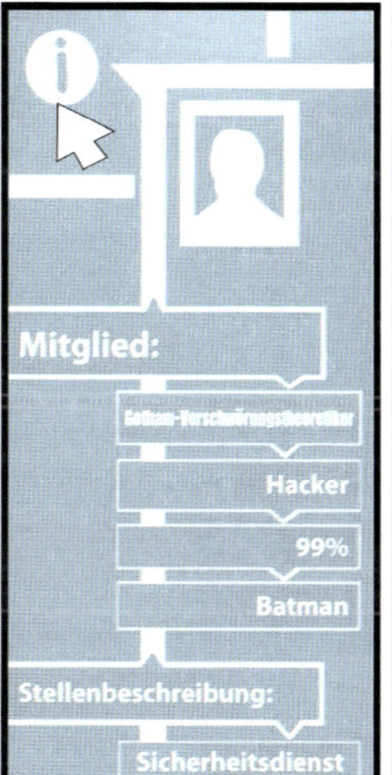
Mitglied:
Gotham-Verschwörungstheoretiker
Hacker
99%
Batman
Stellenbeschreibung:
Sicherheitsdienst

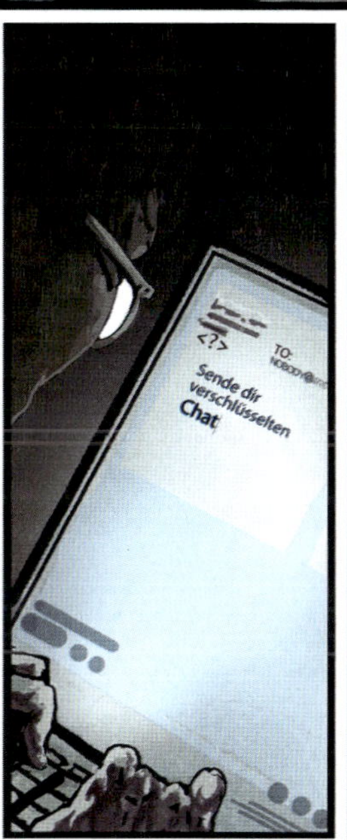
Sende dir verschlüsselten Chat

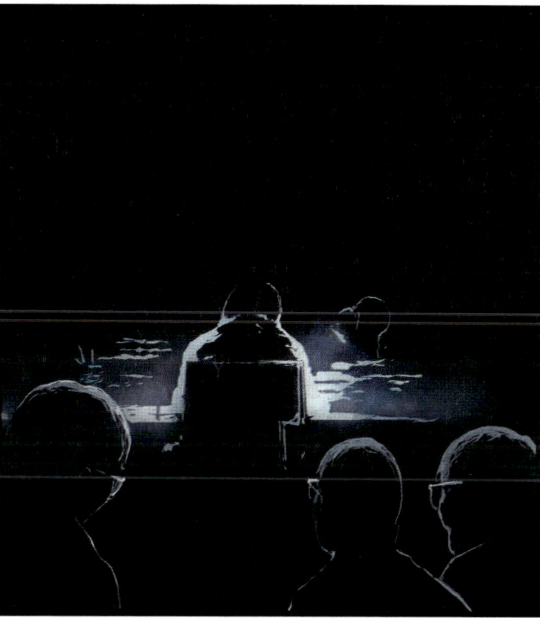

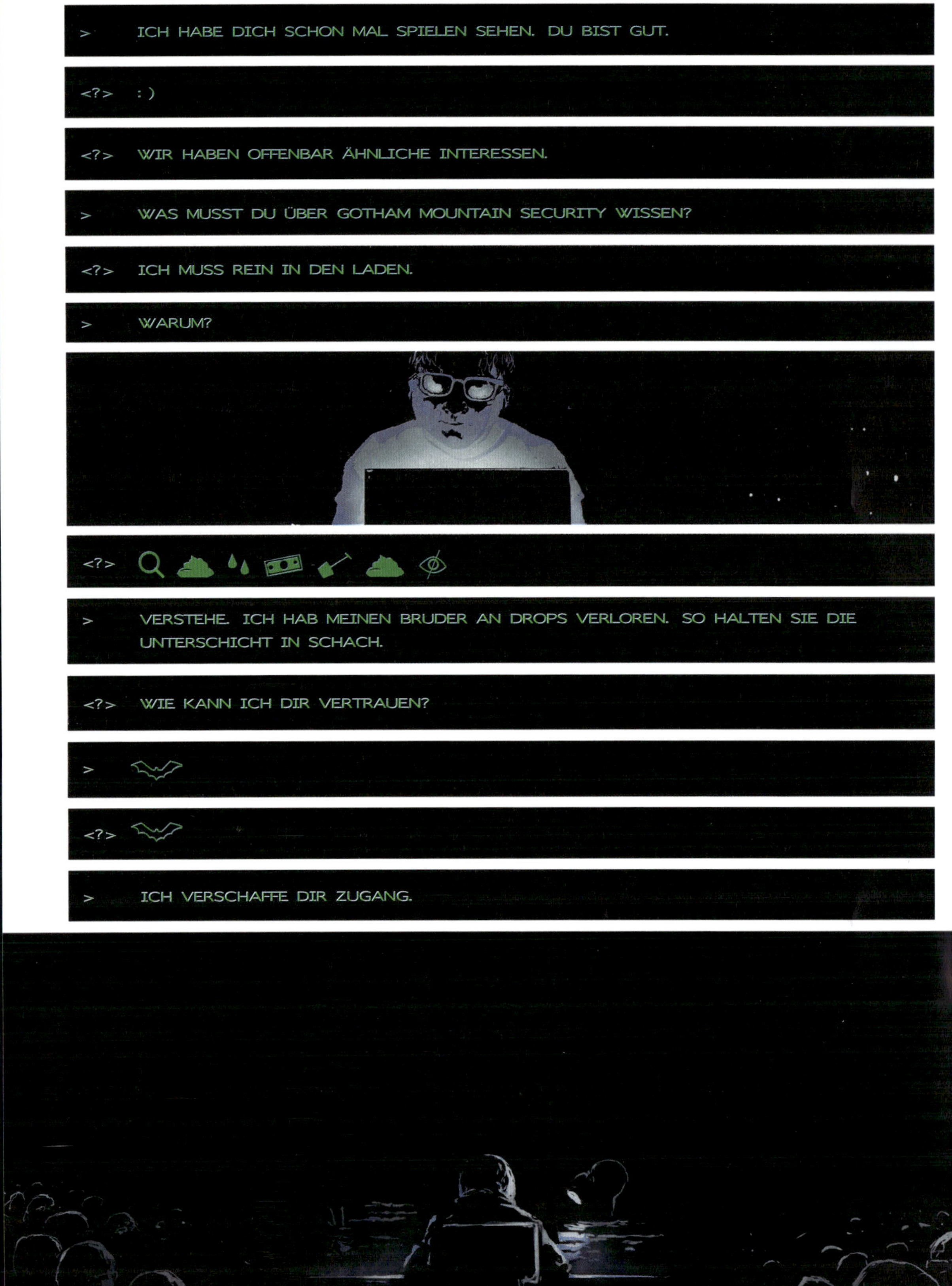

> ICH HABE DICH SCHON MAL SPIELEN SEHEN. DU BIST GUT.

<?> :)

<?> WIR HABEN OFFENBAR ÄHNLICHE INTERESSEN.

> WAS MUSST DU ÜBER GOTHAM MOUNTAIN SECURITY WISSEN?

<?> ICH MUSS REIN IN DEN LADEN.

> WARUM?

<?>

> VERSTEHE. ICH HAB MEINEN BRUDER AN DROPS VERLOREN. SO HALTEN SIE DIE UNTERSCHICHT IN SCHACH.

<?> WIE KANN ICH DIR VERTRAUEN?

>

<?>

> ICH VERSCHAFFE DIR ZUGANG.

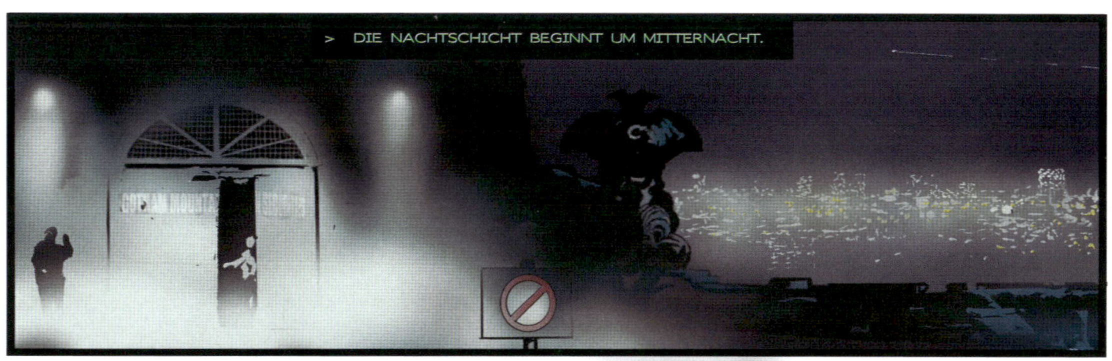
> DIE NACHTSCHICHT BEGINNT UM MITTERNACHT.

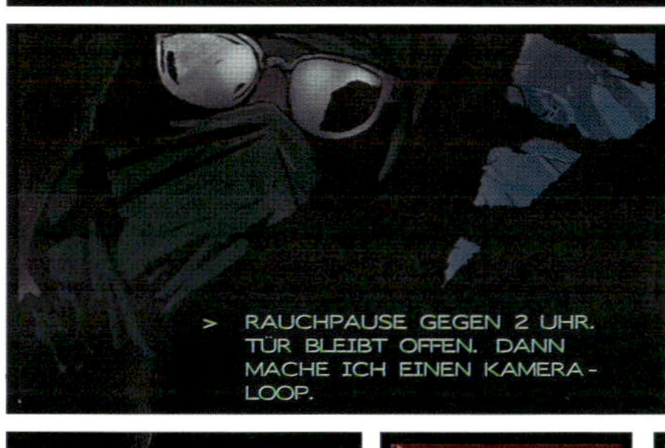
> RAUCHPAUSE GEGEN 2 UHR. TÜR BLEIBT OFFEN. DANN MACHE ICH EINEN KAMERA-LOOP.

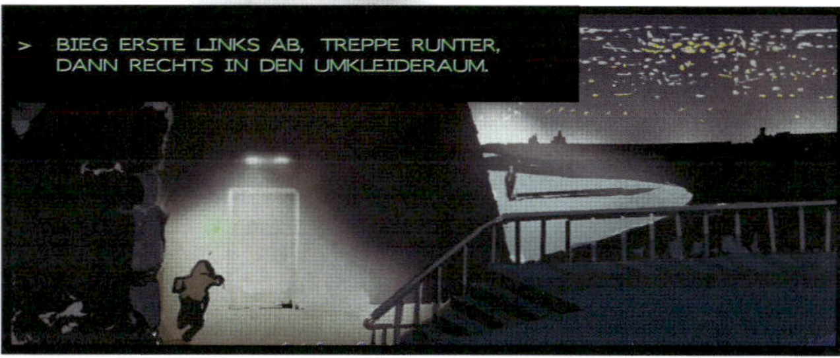
> BIEG ERSTE LINKS AB, TREPPE RUNTER, DANN RECHTS IN DEN UMKLEIDERAUM.

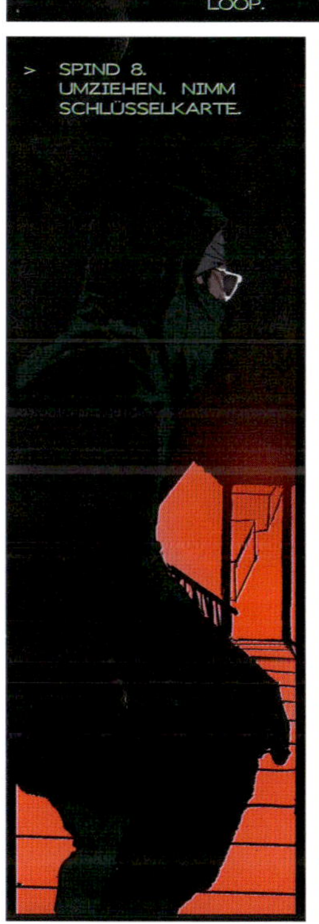
> SPIND 8. UMZIEHEN. NIMM SCHLÜSSELKARTE.

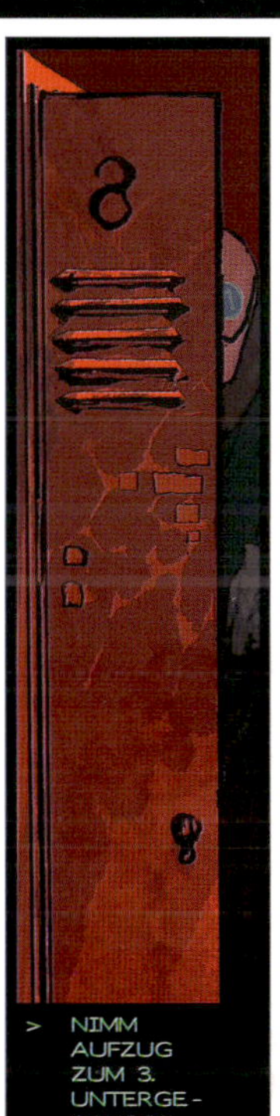
8
> NIMM AUFZUG ZUM 3. UNTERGESCHOSS.

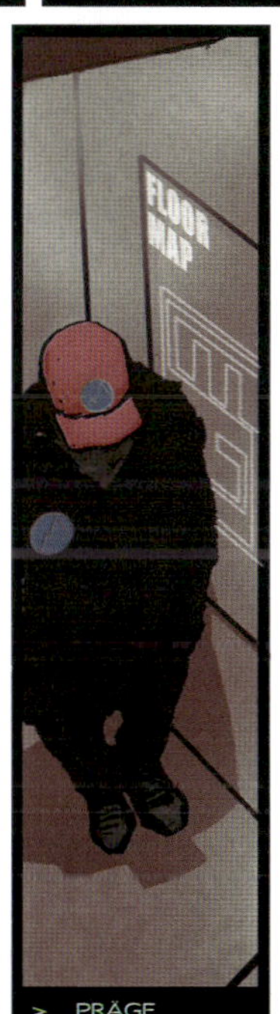
FLOOR MAP
> PRÄGE DIR DEN LAGEPLAN VORHER EIN.

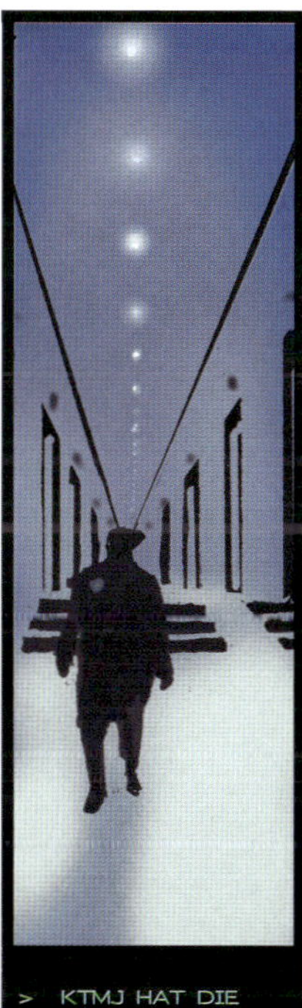
> KTMJ HAT DIE GANZE ETAGE.

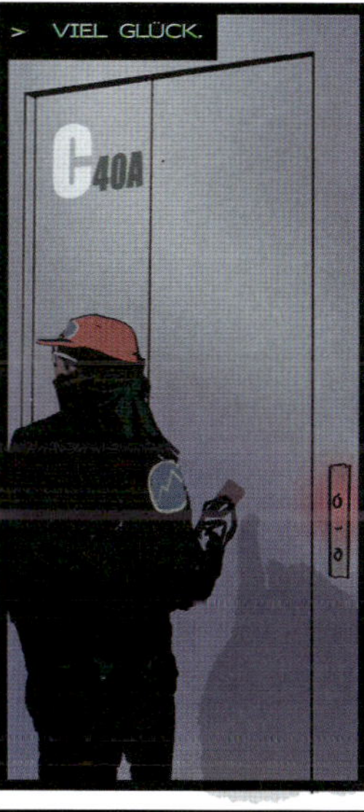
> VIEL GLÜCK.
C40A

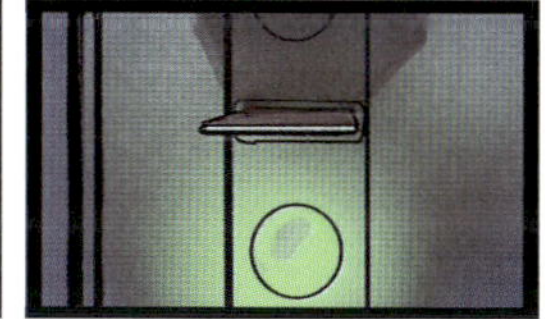

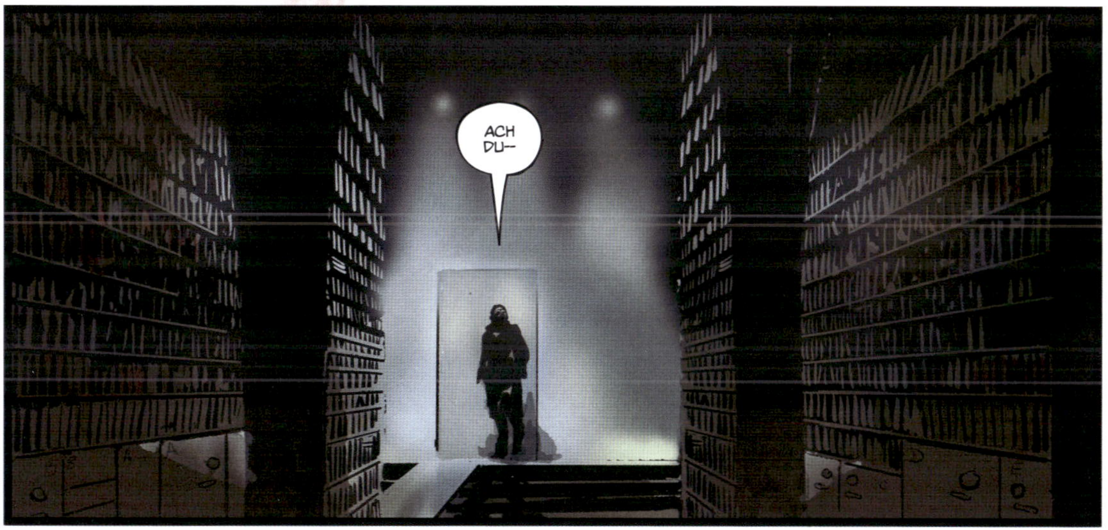
ACH DU–

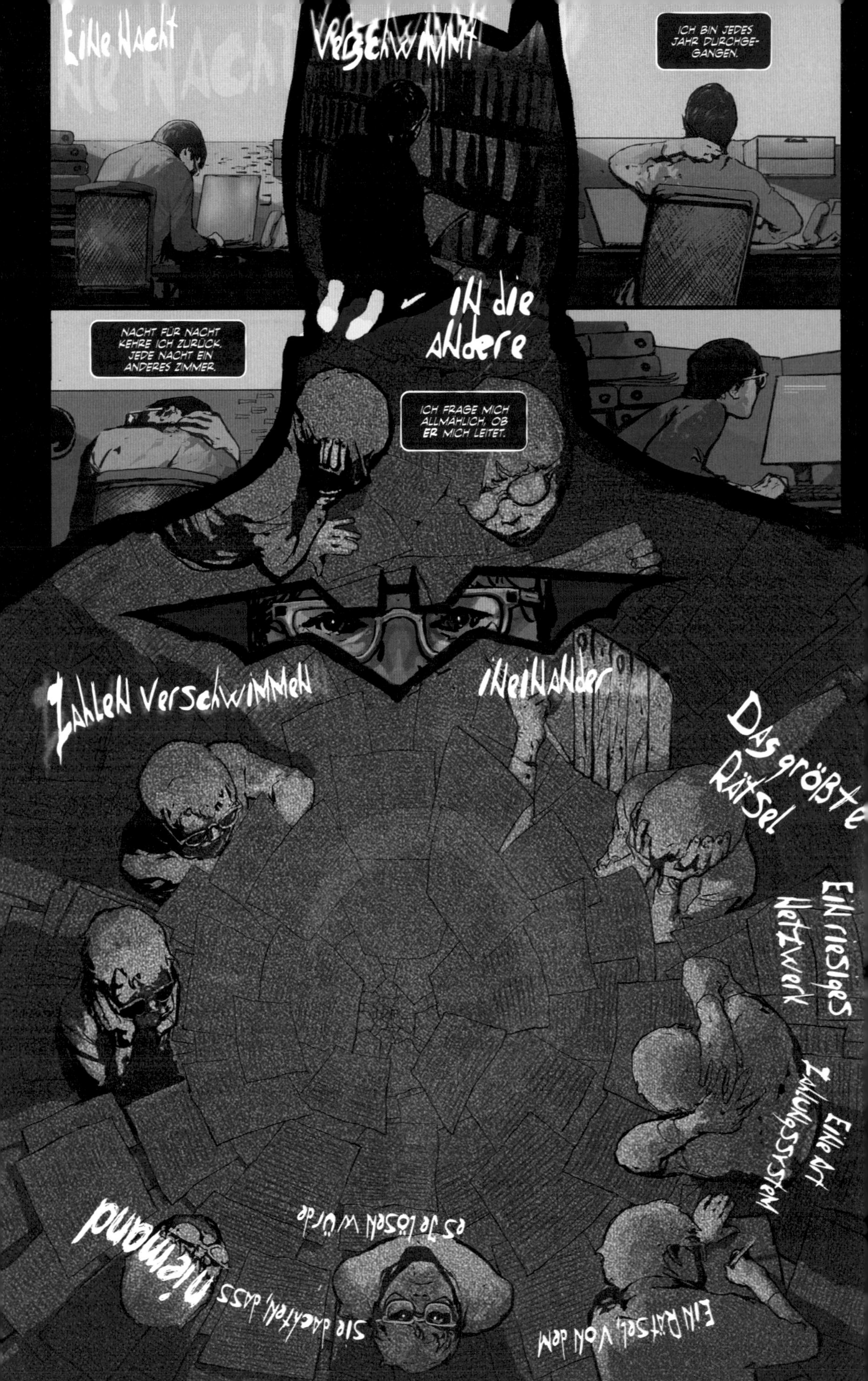

Eine Nacht
verschwimmt
in die andere
ICH BIN JEDES JAHR DURCHGEGANGEN.
NACHT FÜR NACHT KEHRE ICH ZURÜCK. JEDE NACHT EIN ANDERES ZIMMER.
ICH FRAGE MICH ALLMÄHLICH, OB ER MICH LEITET.
Zahlen verschwimmen
ineinander
Das größte Rätsel
Ein riesiges Netzwerk
Eine Art Zahlungssystem
Ein Rätsel, von dem
sie dachten, dass niemand
es je lösen würde

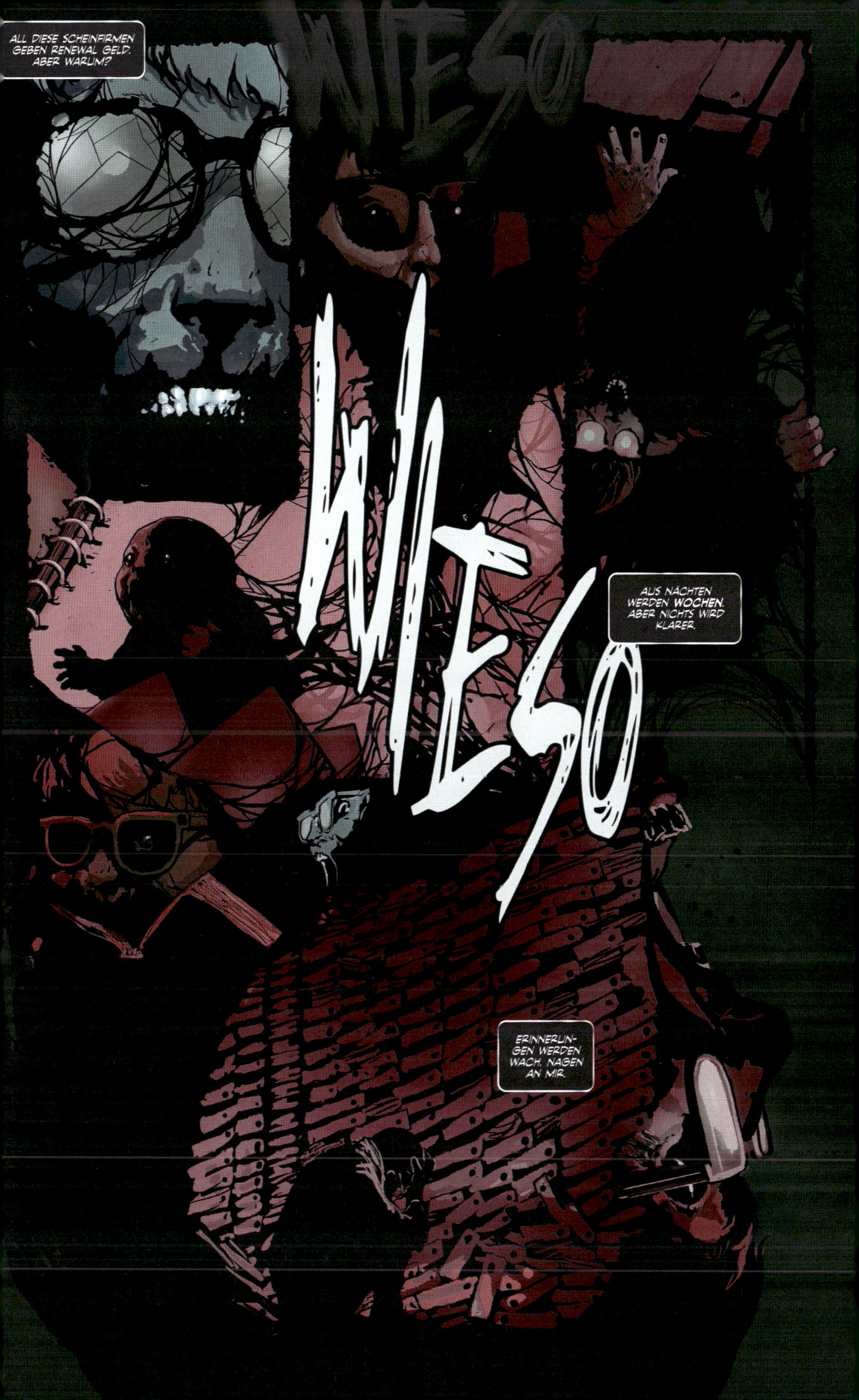
ALL DIESE SCHEINFIRMEN GEBEN RENEWAL GELD. ABER WARUM?
WIESO
AUS NÄCHTEN WERDEN WOCHEN. ABER NICHTS WIRD KLARER.
ERINNERUN-GEN WERDEN WACH. NAGEN AN MIR.

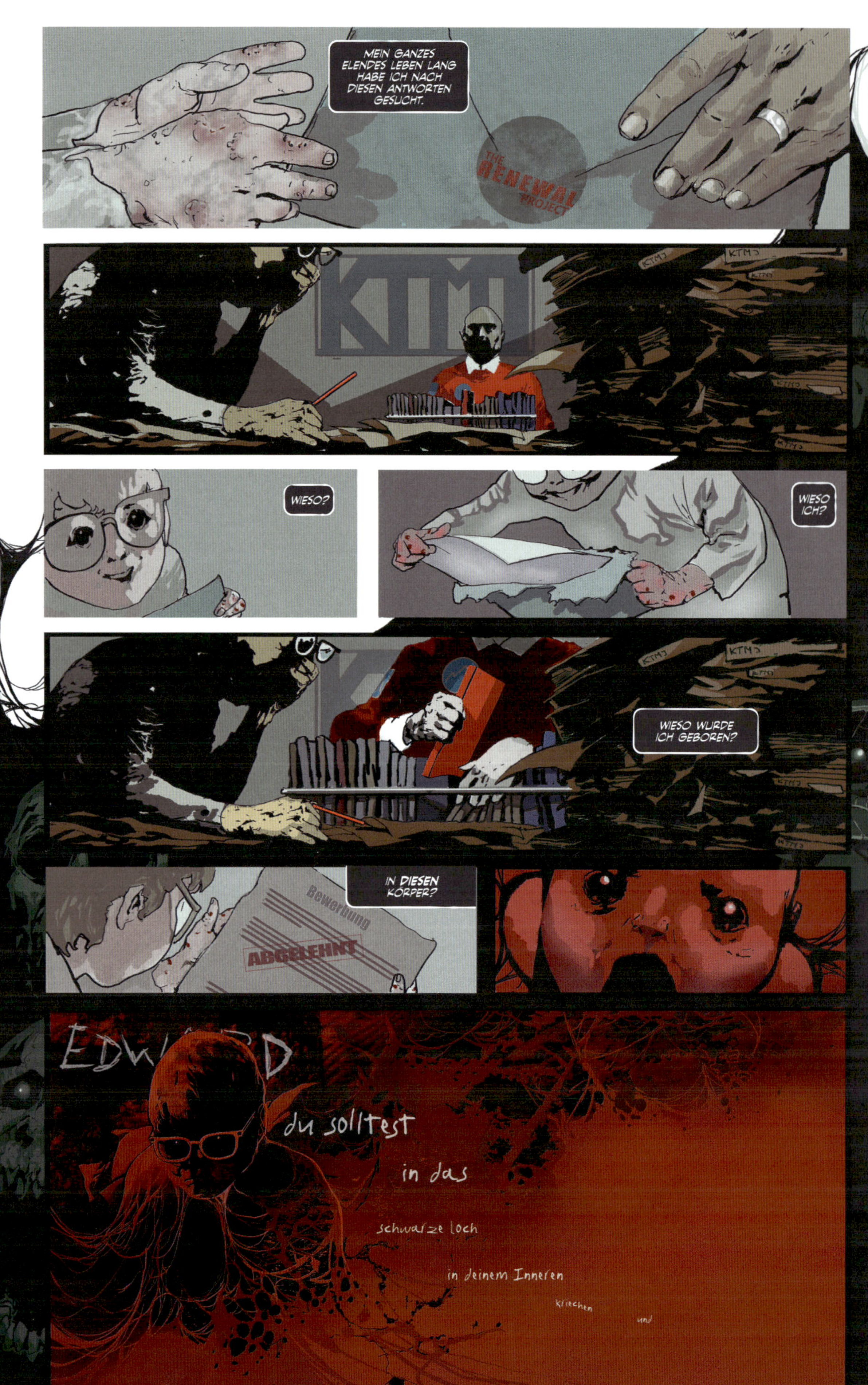
MEIN GANZES ELENDES LEBEN LANG HABE ICH NACH DIESEN ANTWORTEN GESUCHT.
THE RENEWAL PROJECT
KTMJ
WIESO?
WIESO ICH?
WIESO WURDE ICH GEBOREN?
IN DIESEN KÖRPER?
Bewerbung
ABGELEHNT
du solltest
in das
schwarze loch
in deinem Inneren
kriechen
und

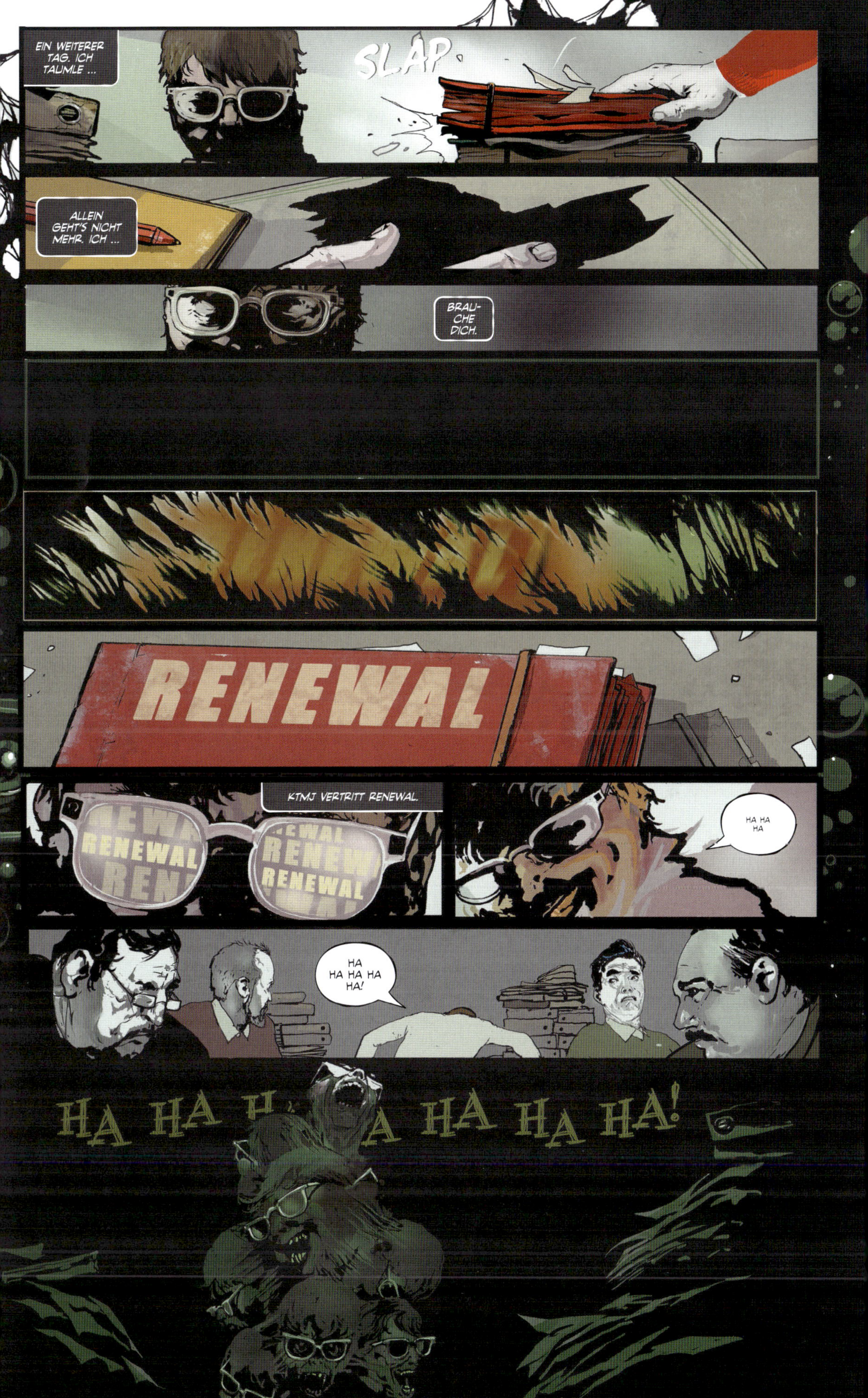

EIN WEITERER TAG. ICH TAUMLE ...
SLAP
ALLEIN GEHT'S NICHT MEHR. ICH ...
BRAU-CHE DICH.
RENEWAL
KTMJ VERTRITT RENEWAL.
HA HA HA
HA HA HA HA HA!
HA HA
HA HA HA HA!

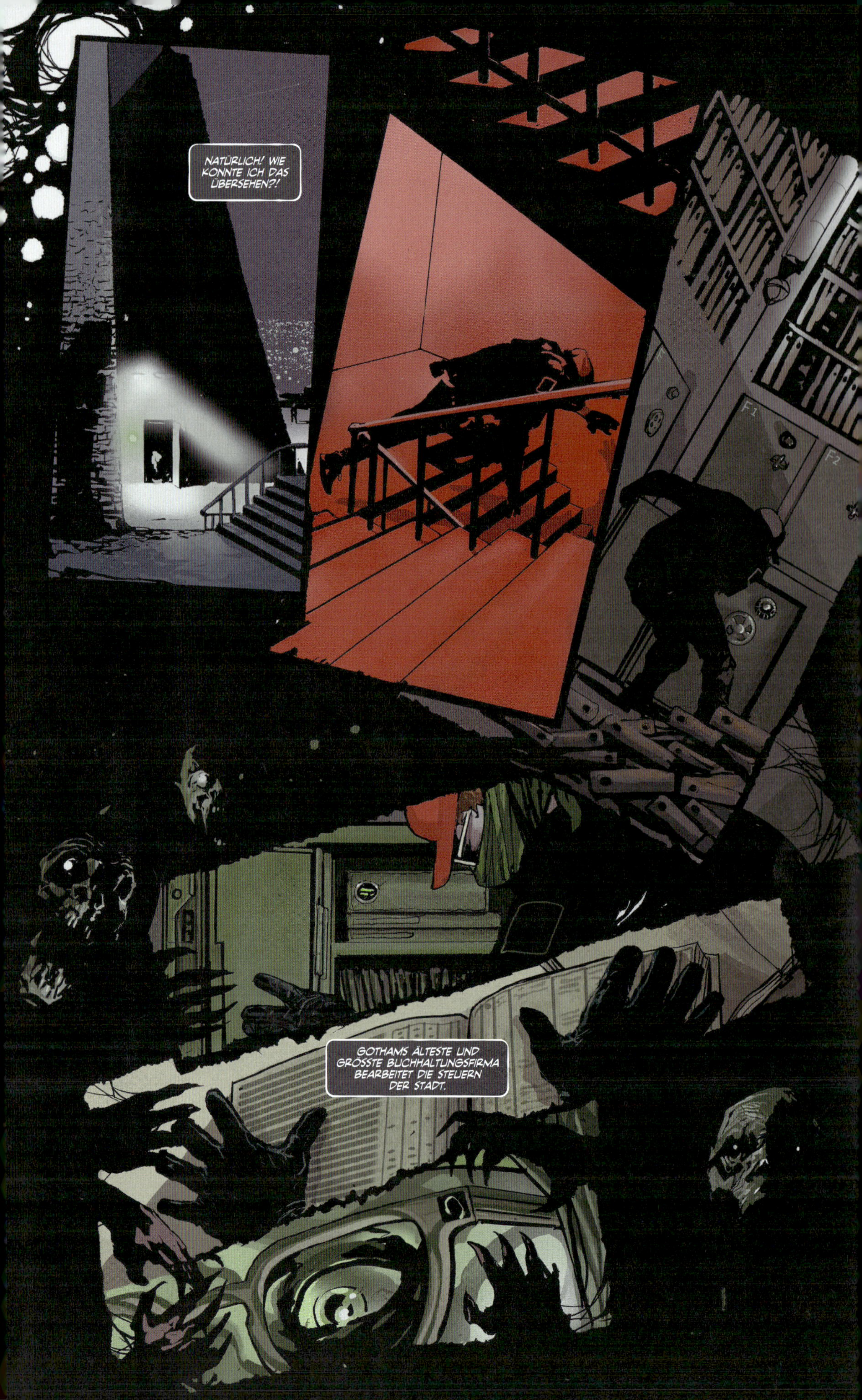
NATÜRLICH! WIE KONNTE ICH DAS ÜBERSEHEN?!
GOTHAMS ÄLTESTE UND GRÖSSTE BUCHHALTUNGSFIRMA BEARBEITET DIE STEUERN DER STADT.

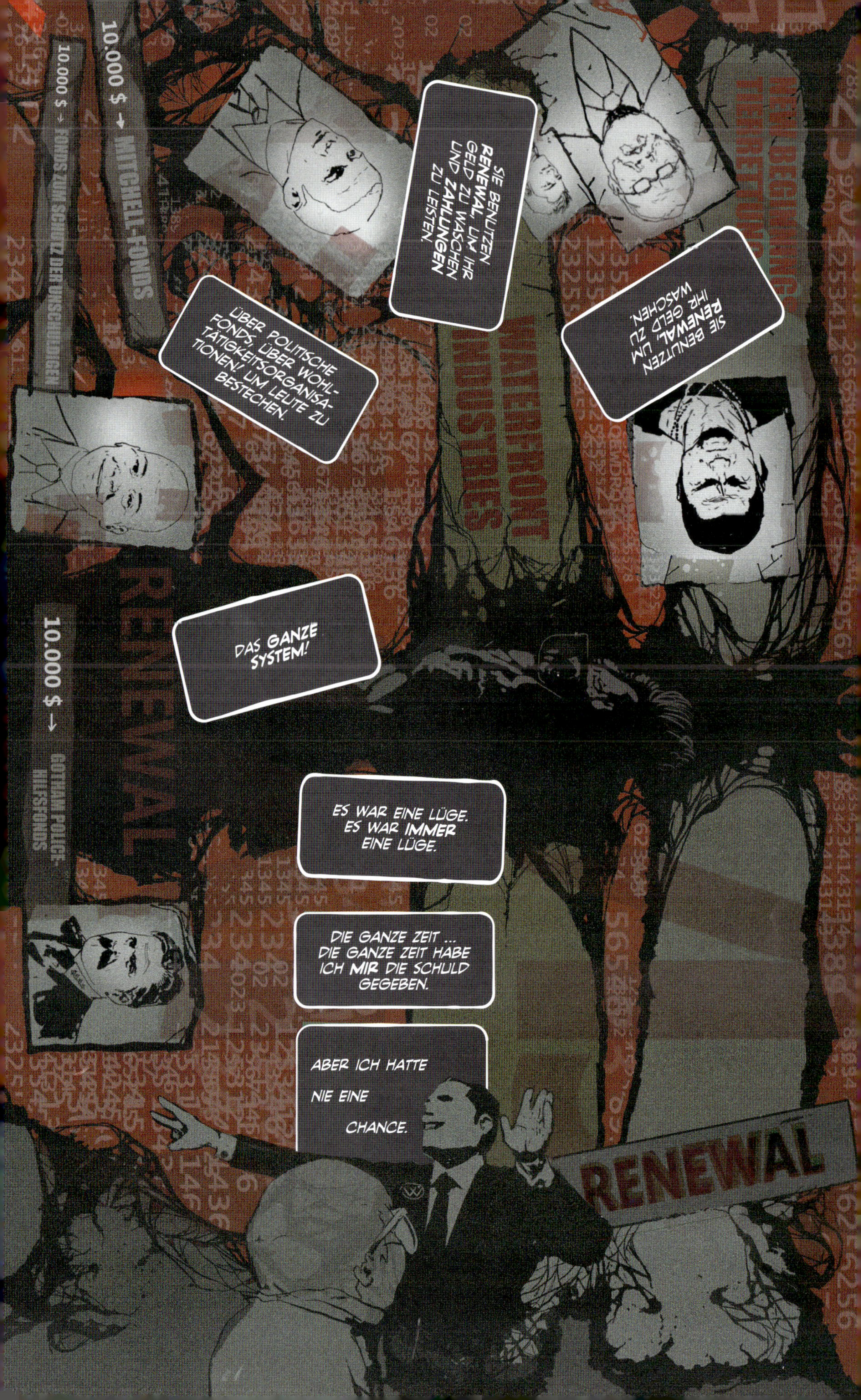
RENEWAL
WATERFRONT INDUSTRIES
SIE BENUTZEN **RENEWAL**, UM IHR GELD ZU WASCHEN.
SIE BENUTZEN **RENEWAL**, UM IHR GELD ZU WASCHEN UND **ZAHLUNGEN** ZU LEISTEN.
ÜBER POLITISCHE FONDS, ÜBER WOHLTÄTIGKEITSORGANISATIONEN, UM LEUTE ZU BESTECHEN.
10.000 $ → MITCHELL-FONDS
10.000 $ → FONDS ZUM SCHUTZ DER UNSCHULDIGEN
DAS **GANZE SYSTEM!**
RENEWAL
10.000 $ → GOTHAM POLICE-HILFSFONDS
ES WAR EINE LÜGE. ES WAR **IMMER** EINE LÜGE.
DIE GANZE ZEIT … DIE GANZE ZEIT HABE ICH **MIR** DIE SCHULD GEGEBEN.
ABER ICH HATTE NIE EINE CHANCE.
RENEWAL

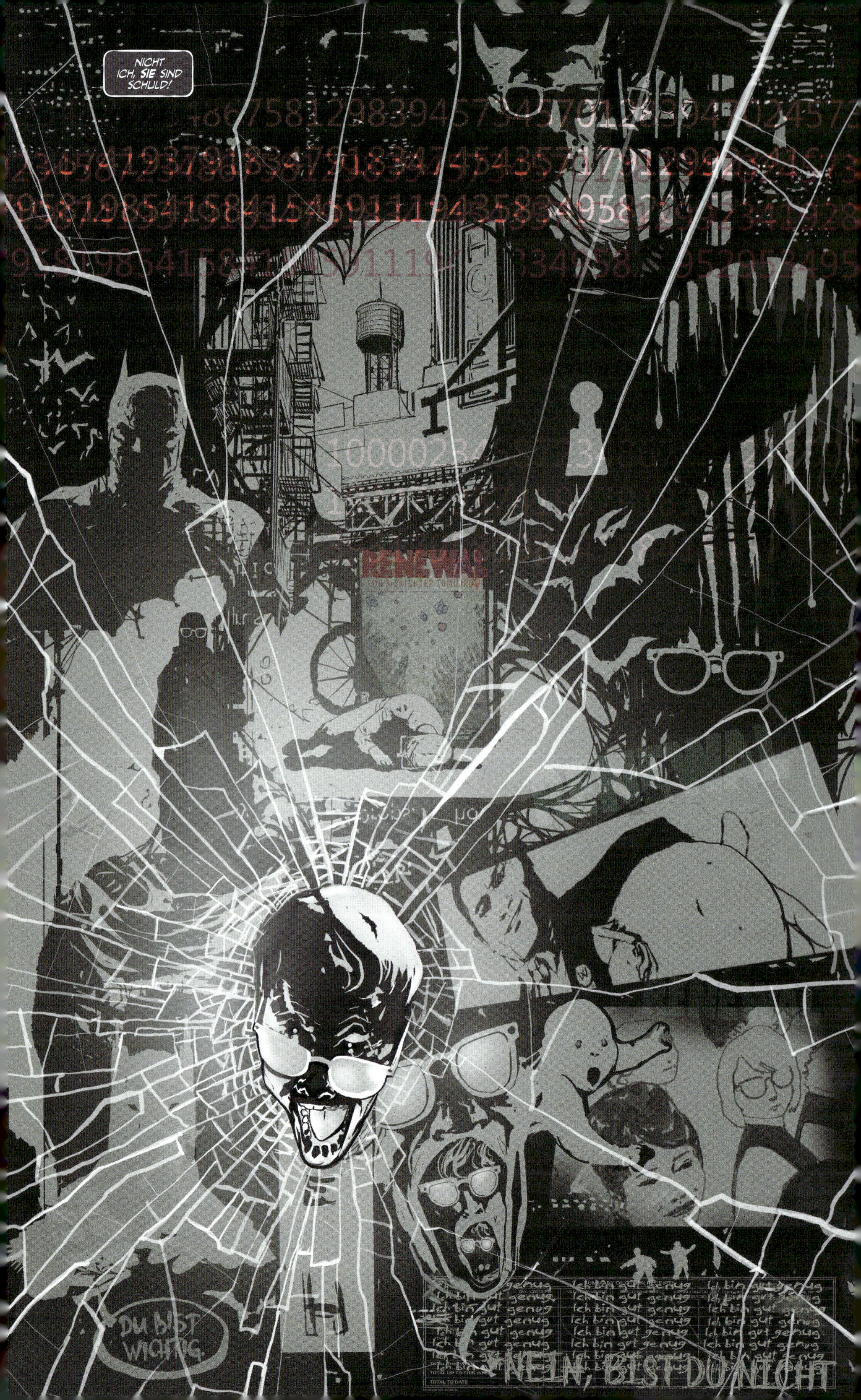
NICHT ICH, SIE SIND SCHULD!
RENEWAL
DU BIST WICHTIG.
Ich bin gut genug
NEIN, BIST DU NICHT

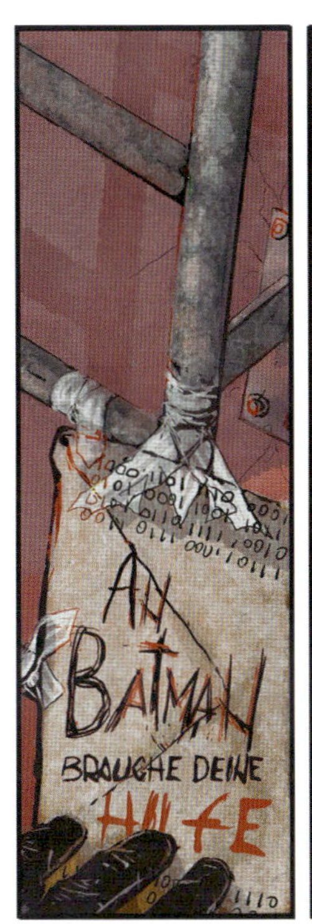
AN BATMAN
BRAUCHE DEINE
HILFE

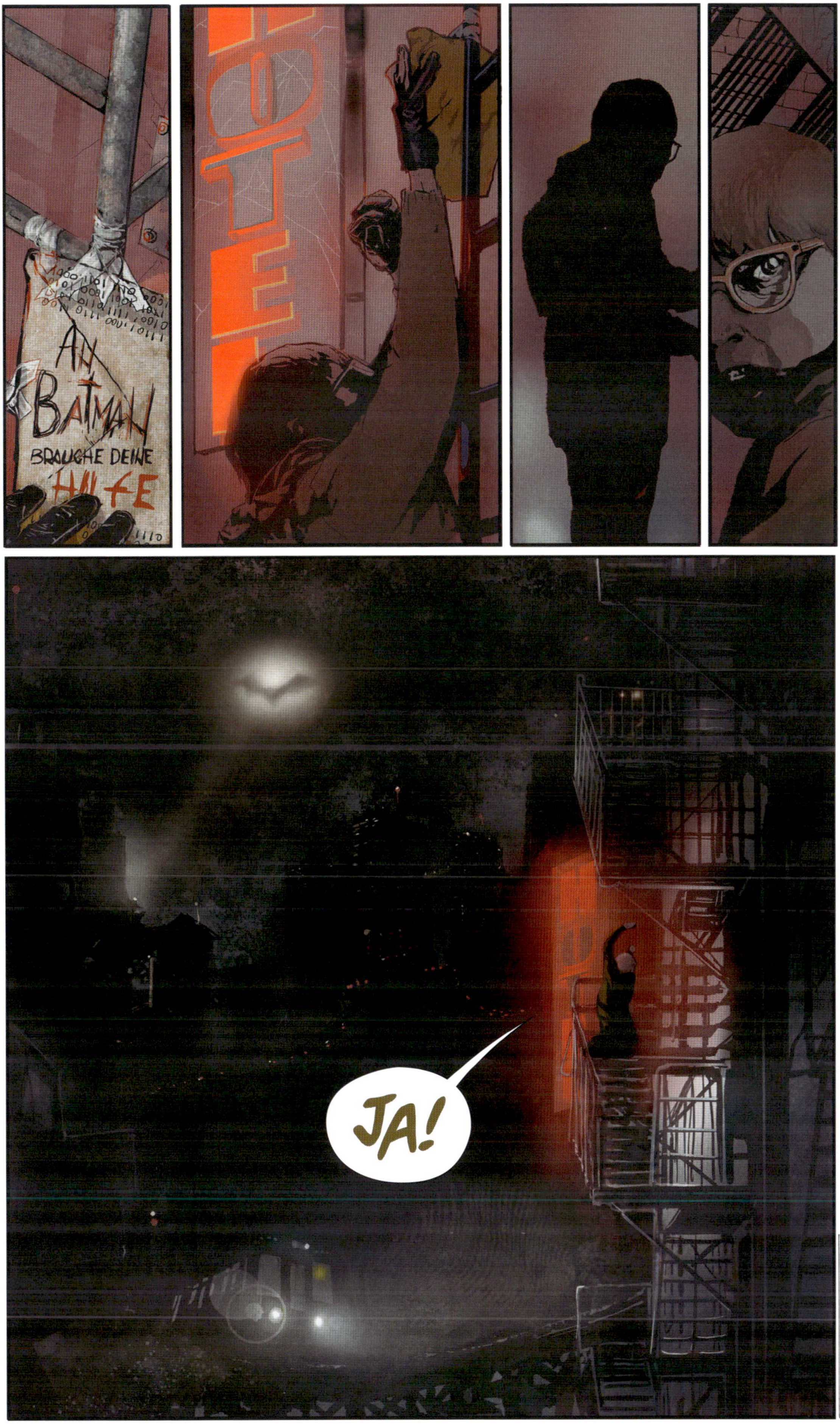

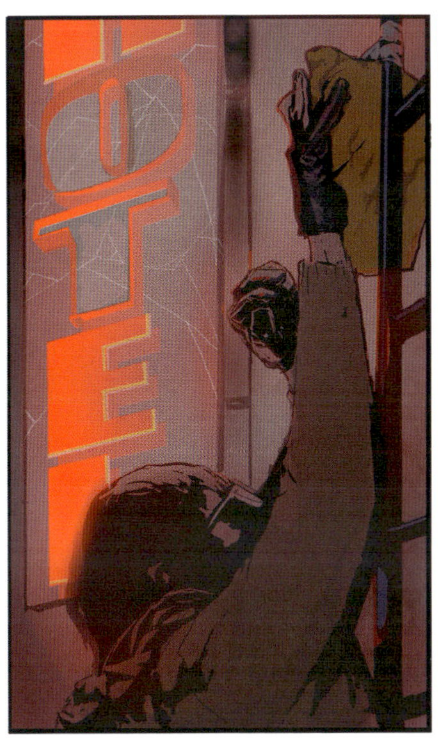

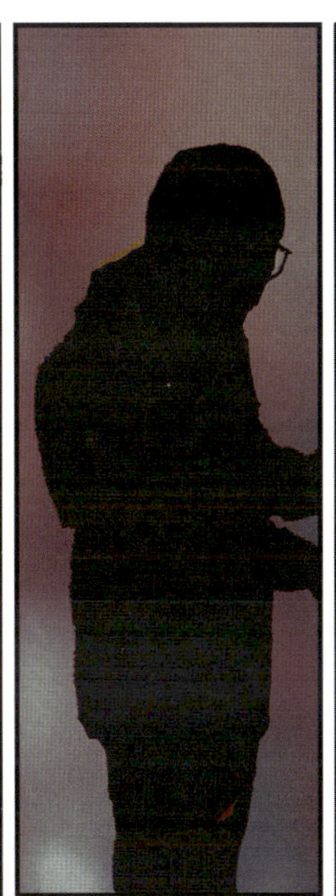

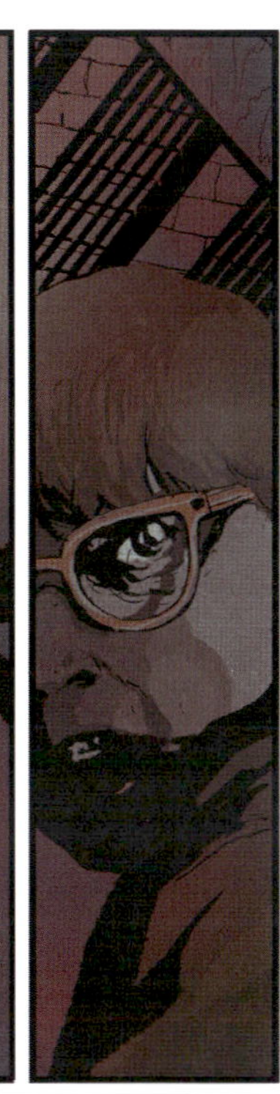

JA!

WEEK OF THE YEAR ______ WEEK ENDED ______ ACCOUNT NO. ______ FILE NO. ______

TOTAL RECEIPTS FROM BUSINESS OR PROFESSION | PAID TO BANK

Freitag, 16. Juli

Mein Leben war ein grausames Rätsel, das ich nicht lösen konnte, das meinen Geist erstickte, aus dem es kein Entkommen gab. Doch heute SAH ich es. Ein EINZIGES WORT auf dem Kassenbuch, das neben mir auf dem Schreibtisch lag. RENEWAL! Das leere Versprechen, das man mir als Kind im Waisenhaus verkauft hat. Ein Blick hinein, und ich BEGRIFF endlich! Mein ganzes Leben hat mich auf diesen Moment VORBEREITET. Auf den Moment, in dem ich die WAHRHEIT erfahre. An dem ich zurückschlagen und ihre LÜGEN ENTLARVEN kann! Wenn man will, dass die Menschen verstehen, wirklich verstehen, kann man ihnen nicht einfach die Antwort geben. Man muss sie damit KONFRONTIEREN. Sie mit der entsetzlichen Frage QUÄLEN: ... So wie man MICH gequält hat. ICH WEISS JETZT, WAS ICH WERDEN MUSS.

Ich weiß jetzt, was ich werden muss.
Ich weiß jetzt, was ich werden muss.
Ich weiß jetzt, was ich werden muss.
Ich weiß jetzt, was ich werden muss.
Ich weiß jetzt, was ich werden muss.
Ich weiß jetzt, was ich werden muss.
Ich weiß jetzt, was ich werden muss.
Ich weiß jetzt, was ich werden muss.
Ich weiß jetzt, was ich werden muss.
Ich weiß jetzt, was ich werden muss.
Ich weiß jetzt, was ich werden muss.
Ich weiß jetzt, was ich werden muss.
Ich weiß jetzt, was ich werden muss.
Ich weiß jetzt, was ich werden muss.
Ich weiß jetzt, was ich werden muss.
Ich weiß jetzt, was ich werden muss.
Ich weiß jetzt, was ich werden muss.
Ich weiß jetzt, was ich werden muss.

Ich weiß jetzt, was ich werden muss.
Ich weiß jetzt, was ich werden muss.
Ich weiß jetzt, was ich werden muss.
Ich weiß jetzt, was ich werden muss.
Ich weiß jetzt, was ich werden muss.
Ich weiß jetzt, was ich werden muss.
Ich weiß jetzt, was ich werden muss.
Ich weiß jetzt, was ich werden muss.
Ich weiß jetzt, was ich werden muss.
Ich weiß jetzt, was ich werden muss.
Ich weiß jetzt, was ich werden muss.
Ich weiß jetzt, was ich werden muss.

EXPENDITURES

ACCT. NO.	ACCOUNT	TOTAL THIS WEEK	TOTAL UP TO THIS WEEK	TOTAL TO DATE
	DEDUCTIBLE			
1	ACCOUNTING			
2	ADVERTISING			
3	AUTO EXPENSE			
4	CONTRIBUTIONS			
5	DELIVERY EXP.			
6	ELECTRICITY			
7	FREIGHT & EXPR.			
8	HEAT			
9	INSURANCE			
10	INTEREST			
11	LEGAL EXPENSE			
12	LICENSES			
13	MISC. EXP.			
14	RENT			
15	REPAIRS			
16	TAX – SALES			
17	TAX SOC. SEC. /MED.			
18	TAX – STATE U. I.			
19	SUPPLIES			
20	TELEPHONE			
21	TRADE DUES, ETC.			
22	TRAVELING EXP.			
23	WAGES & COMM.			
24	WATER			
25				
TOTAL THIS WEEK				
TOTAL UP TO THIS WEEK				
TOTAL TO DATE				

SUMMARY OF OTHER RECEIPTS

DAY/DATE	TAX-CREDIT & OTHER FUNDING	VAT REPAYMENTS	MISCELLANEOUS	EXTRA CAPITAL INTRODUCED	CHEQUES, CREDIT & DEBIT CARDS	NATURE OF PAYMENT
SUN						
MON						
TUES						
WED						
THUR						
FRI						
SAT						
TOTAL THIS WEEK						
TOTAL UP TO THIS WEEK						
TOTAL TO DATE						

FORM NO. WC-2 (120-0)

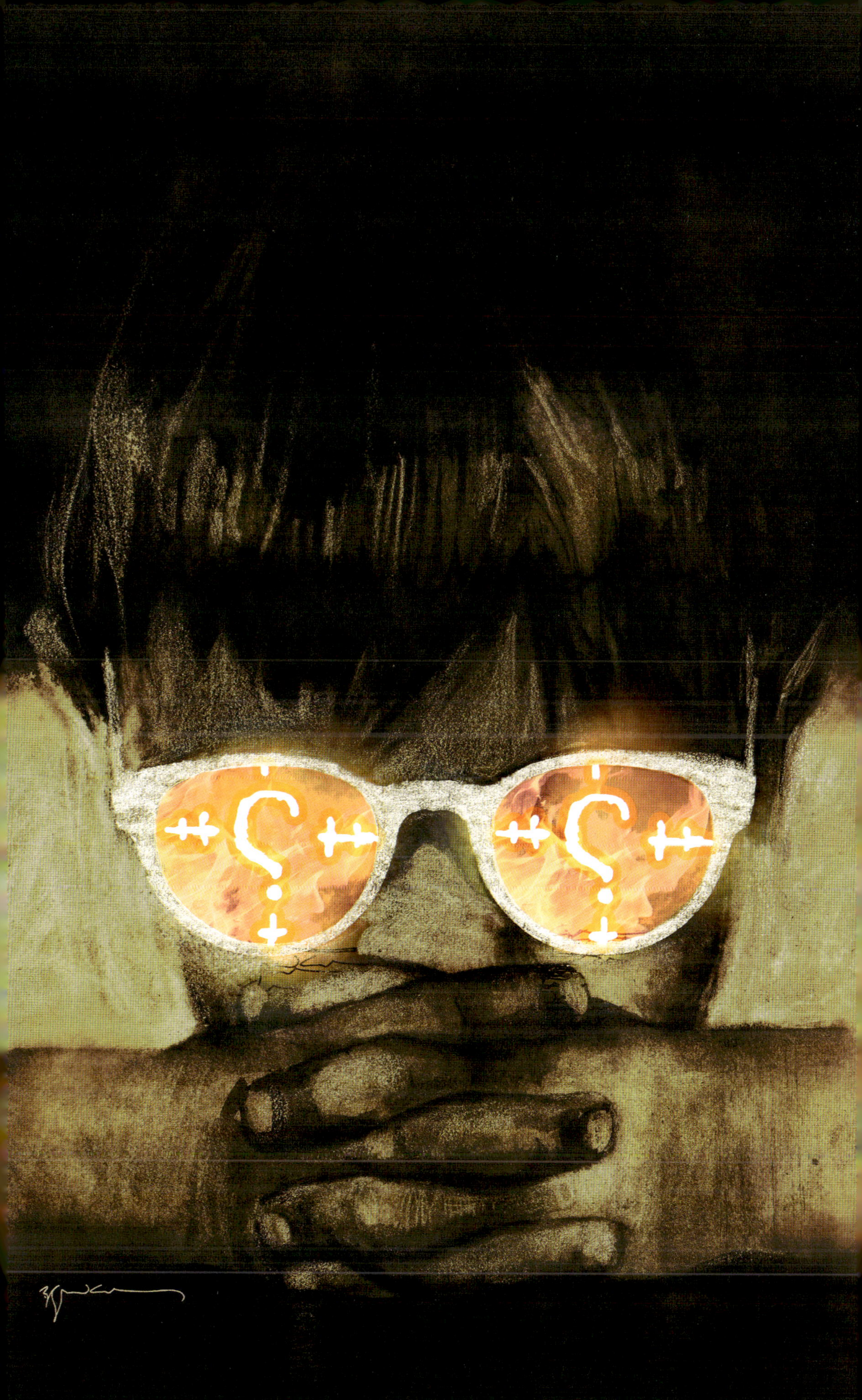

KAPITEL 4: ES IST NIRGENDS SO SCHÖN WIE ZU HAUSE

STORY
PAUL DANO

ZEICHNUNGEN, TUSCHE & FARBEN
STEVAN SUBIC

ORIGINAL-COVER
BILL SIENKIEWICZ

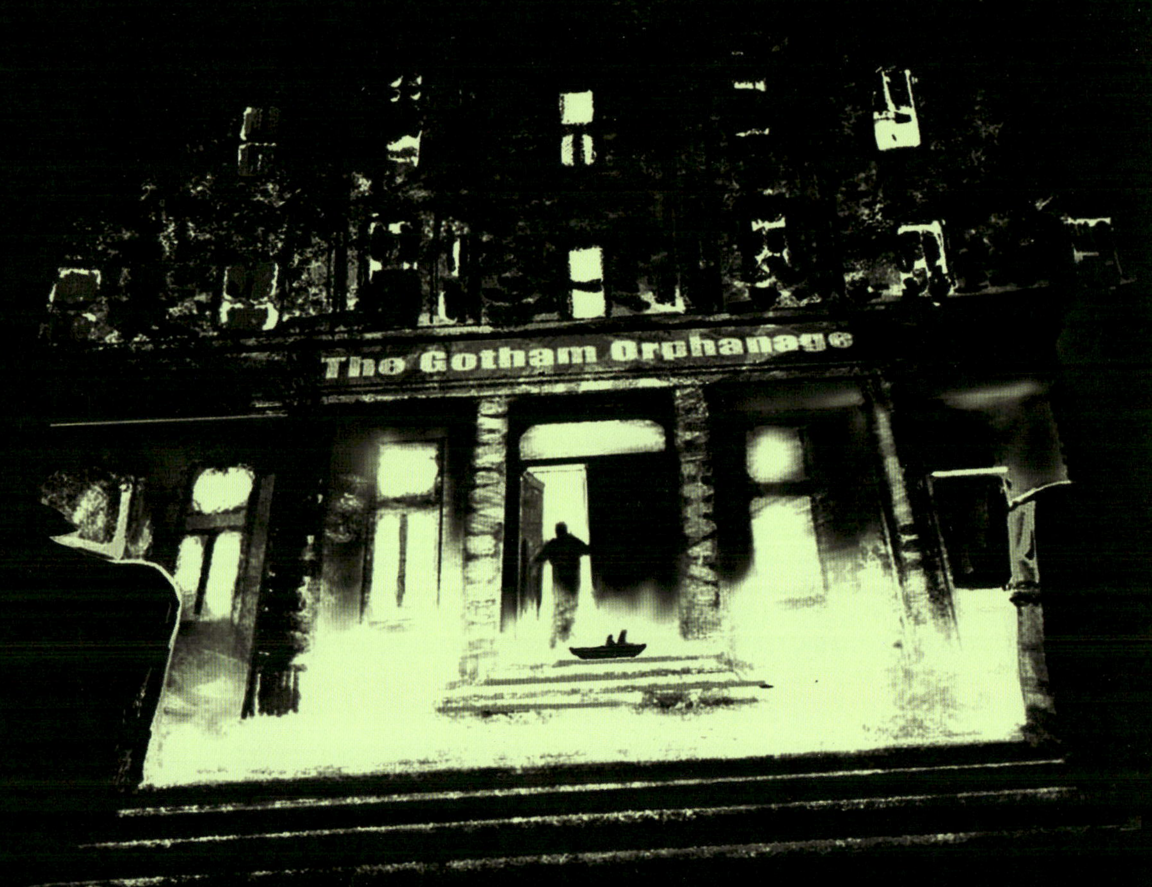

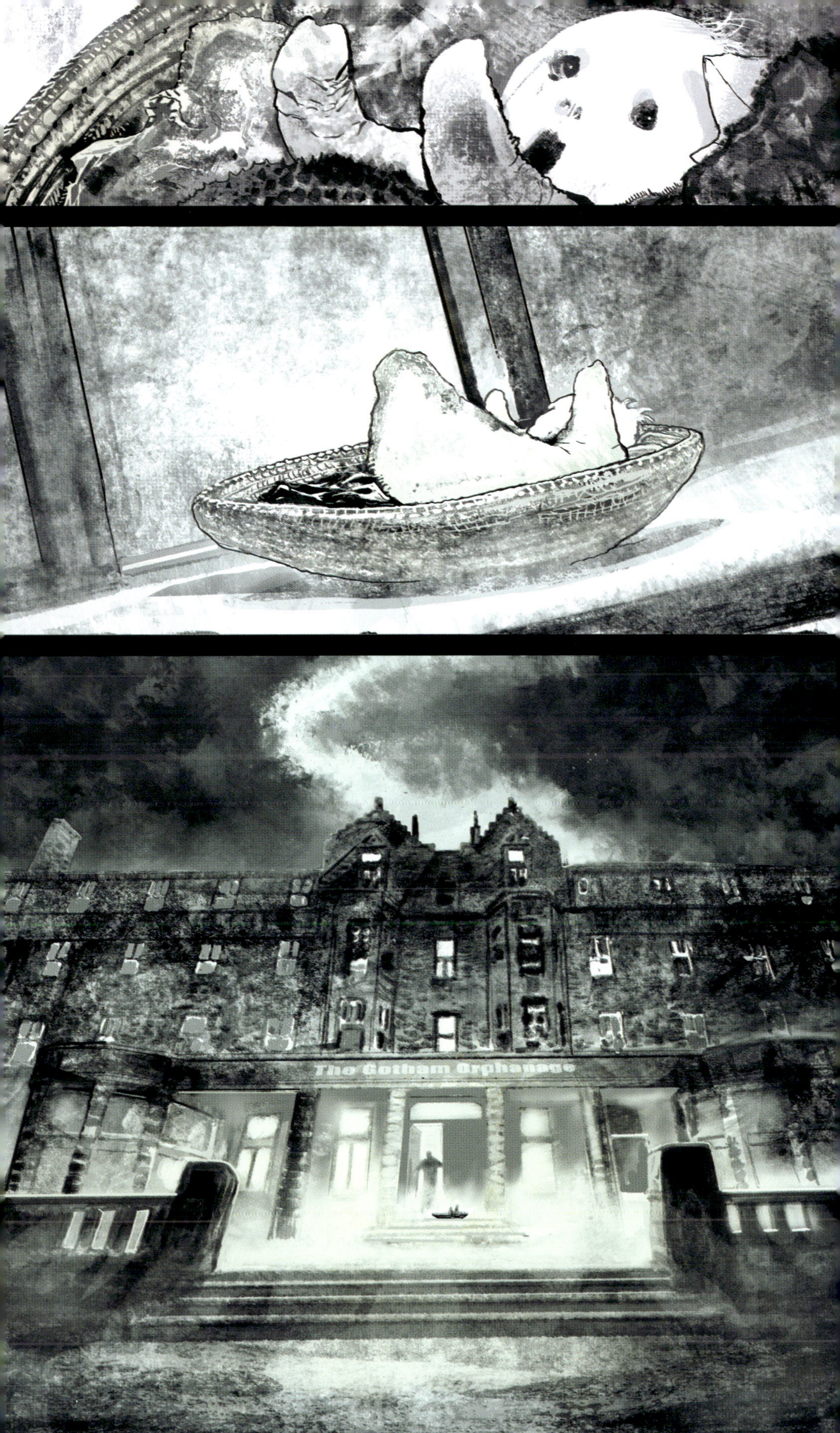
The Gotham Orphanage

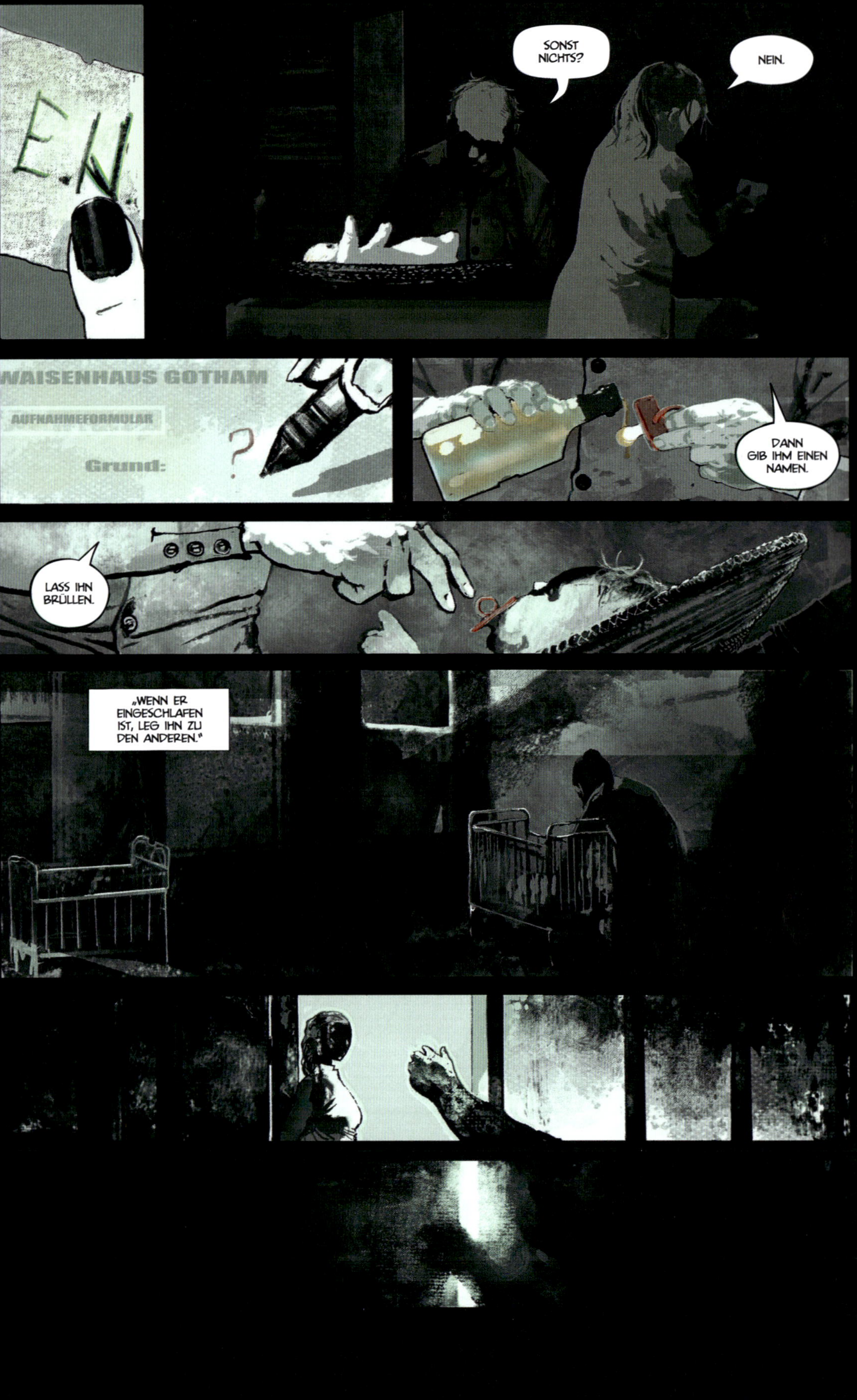
SONST NICHTS?
NEIN.
WAISENHAUS GOTHAM
AUFNAHMEFORMULAR
Grund:
?
DANN GIB IHM EINEN NAMEN.
LASS IHN BRÜLLEN.
„WENN ER EINGESCHLAFEN IST, LEG IHN ZU DEN ANDEREN."

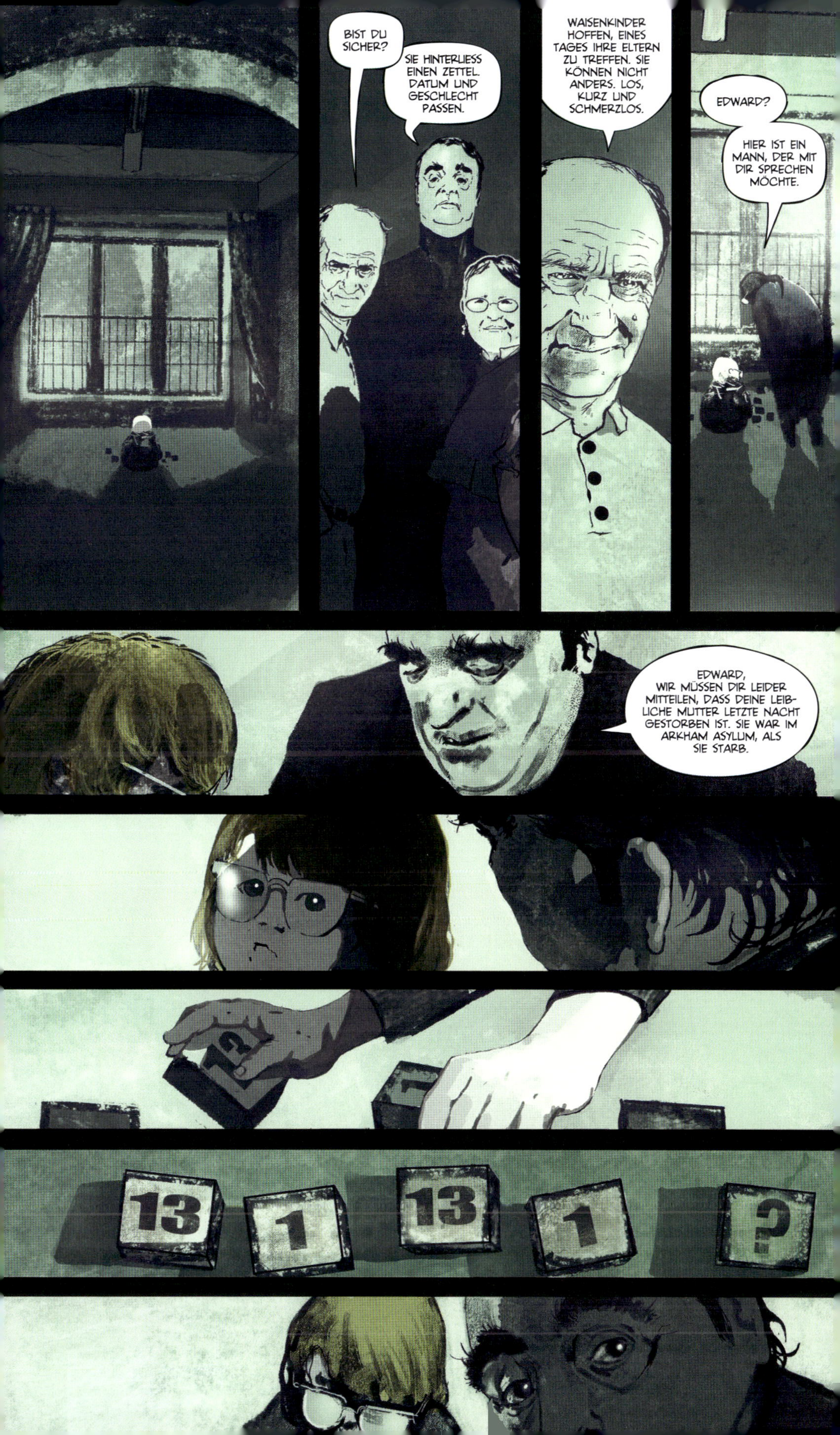
BIST DU SICHER?
SIE HINTERLIESS EINEN ZETTEL. DATUM UND GESCHLECHT PASSEN.
WAISENKINDER HOFFEN, EINES TAGES IHRE ELTERN ZU TREFFEN. SIE KÖNNEN NICHT ANDERS. LOS, KURZ UND SCHMERZLOS.
EDWARD?
HIER IST EIN MANN, DER MIT DIR SPRECHEN MÖCHTE.
EDWARD, WIR MÜSSEN DIR LEIDER MITTEILEN, DASS DEINE LEIBLICHE MUTTER LETZTE NACHT GESTORBEN IST. SIE WAR IM ARKHAM ASYLUM, ALS SIE STARB.
13
1
13
1
?

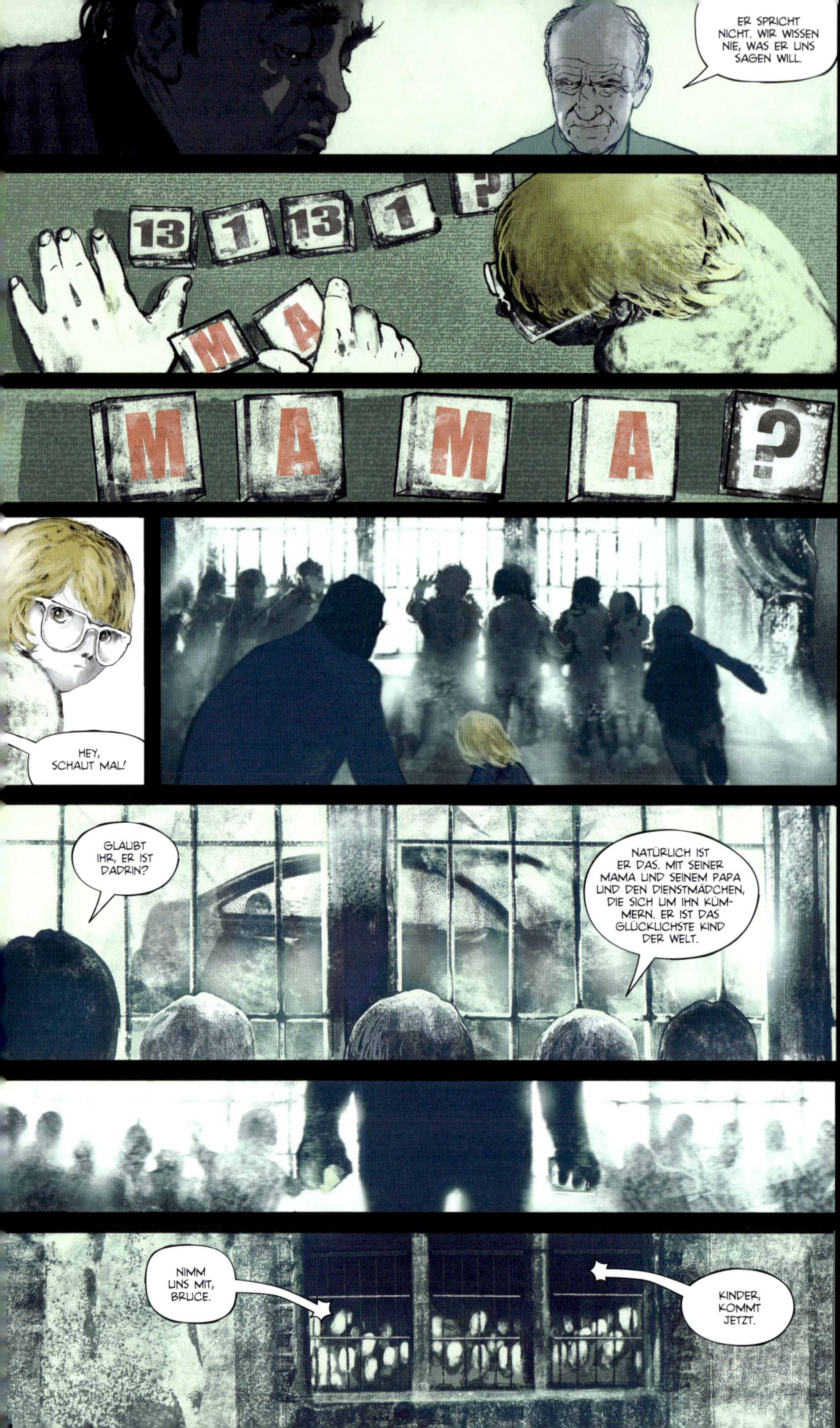
ER SPRICHT NICHT. WIR WISSEN NIE, WAS ER UNS SAGEN WILL.
13 1 13 1 ?
M A
M A M A ?
HEY, SCHAUT MAL!
GLAUBT IHR, ER IST DADRIN?
NATÜRLICH IST ER DAS. MIT SEINER MAMA UND SEINEM PAPA UND DEN DIENSTMÄDCHEN, DIE SICH UM IHN KÜMMERN. ER IST DAS GLÜCKLICHSTE KIND DER WELT.
NIMM UNS MIT, BRUCE.
KINDER, KOMMT JETZT.

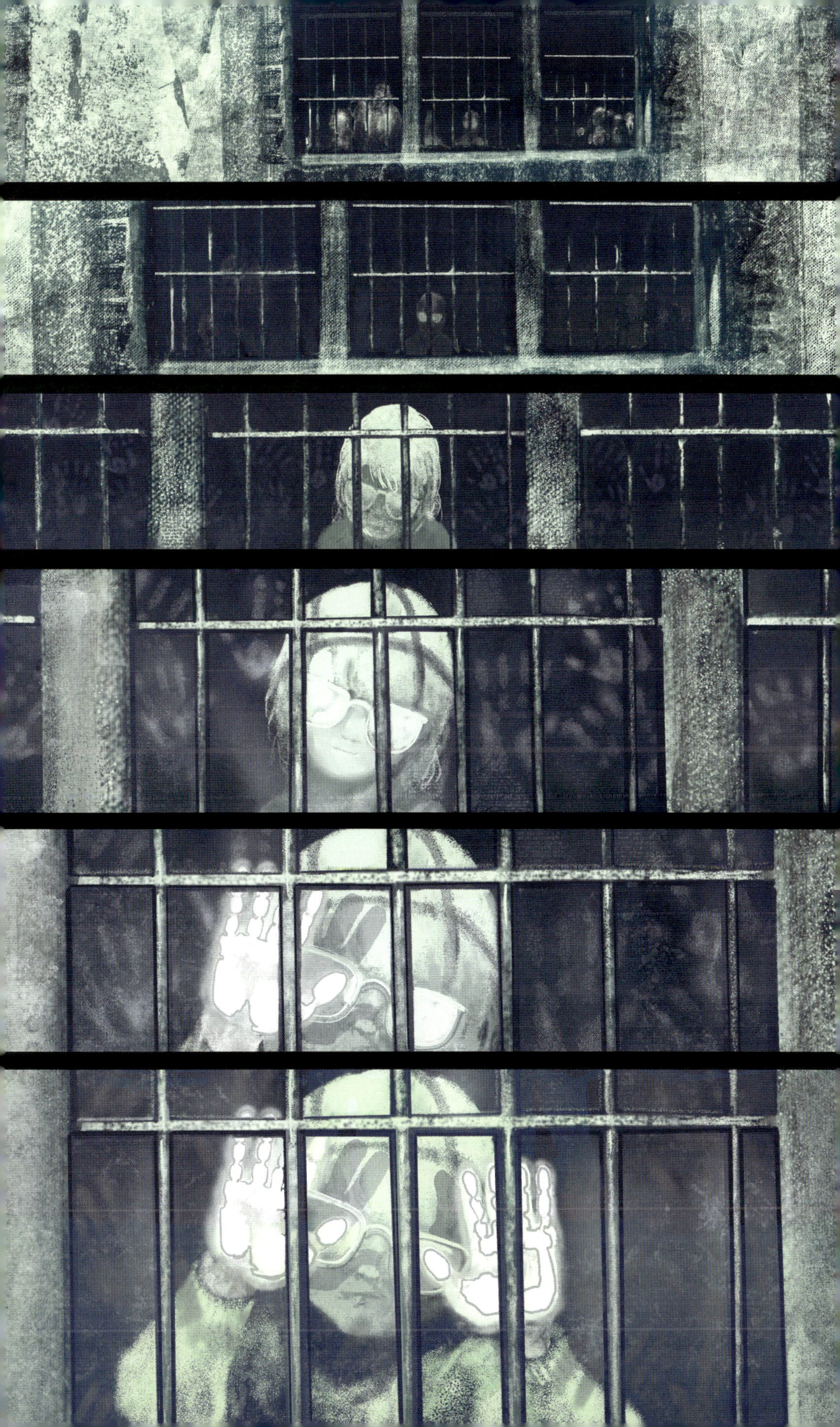

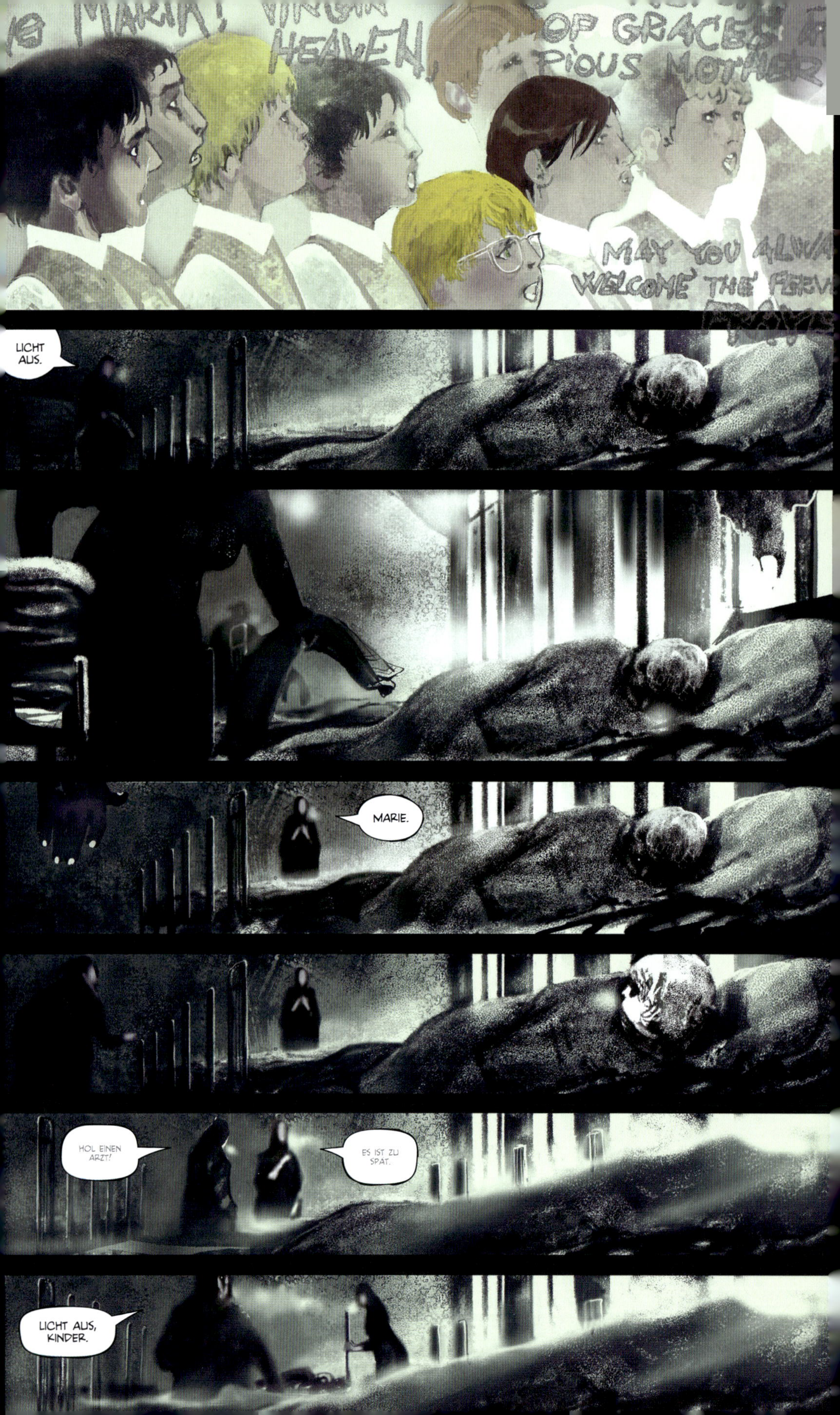
HEAVEN
OF GRACES
PIOUS MOTHER
MAY YOU
WELCOME THE
LICHT AUS.
MARIE.
HOL EINEN ARZT!
ES IST ZU SPÄT.
LICHT AUS, KINDER.

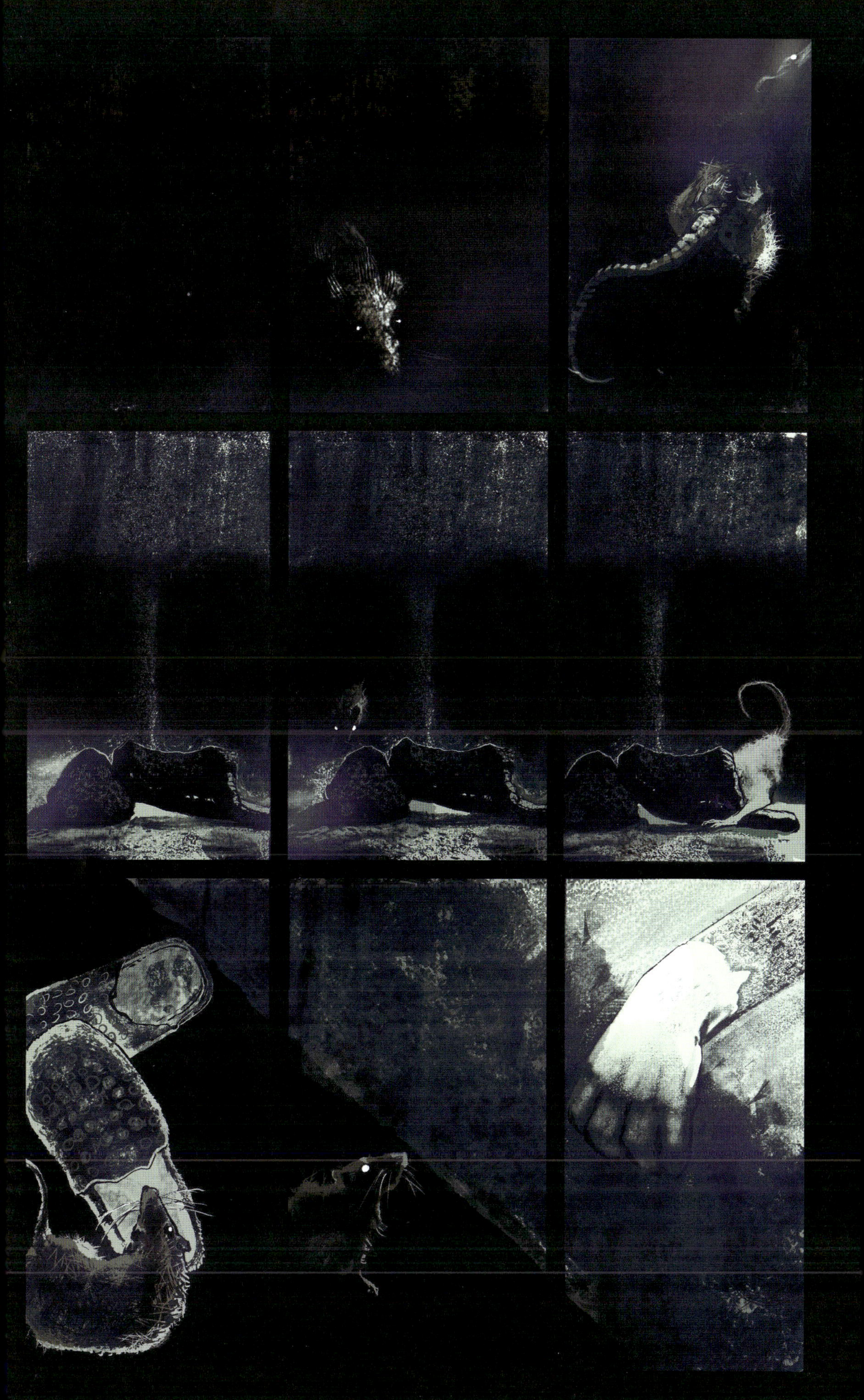

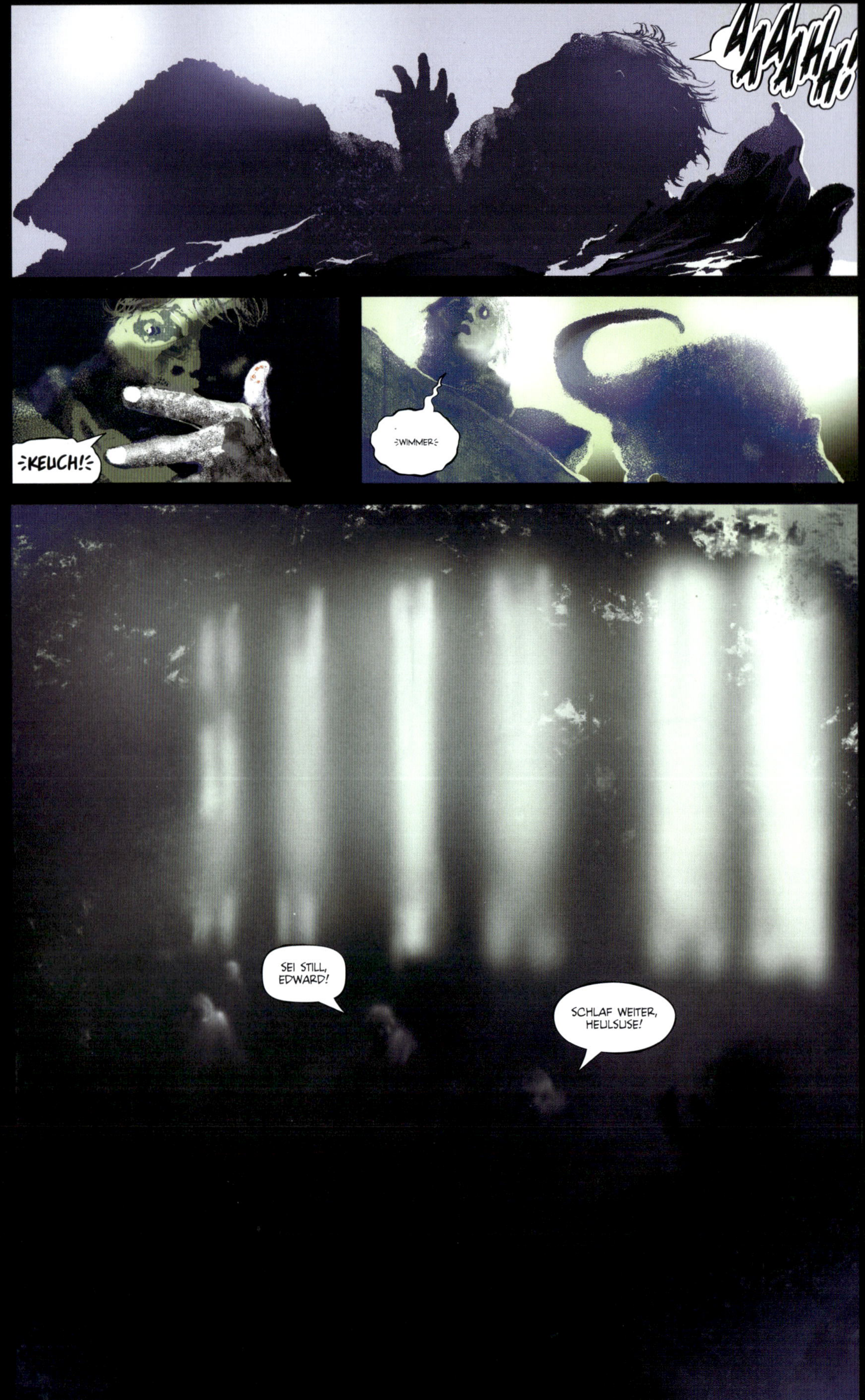
AAAAHH!
KEUCH!
WIMMER
SEI STILL, EDWARD!
SCHLAF WEITER, HEULSUSE!

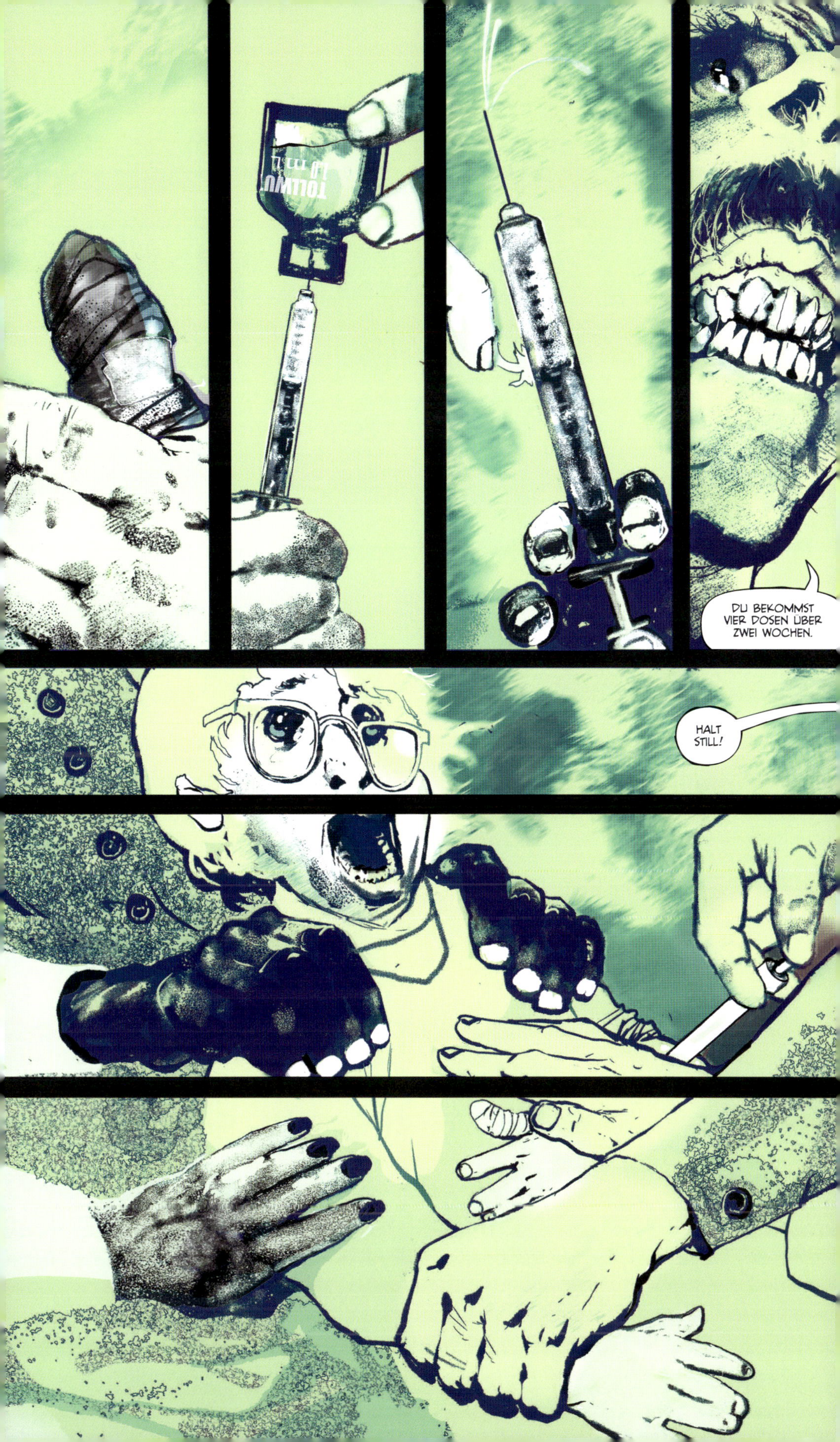

DU BEKOMMST VIER DOSEN ÜBER ZWEI WOCHEN.
HALT STILL!

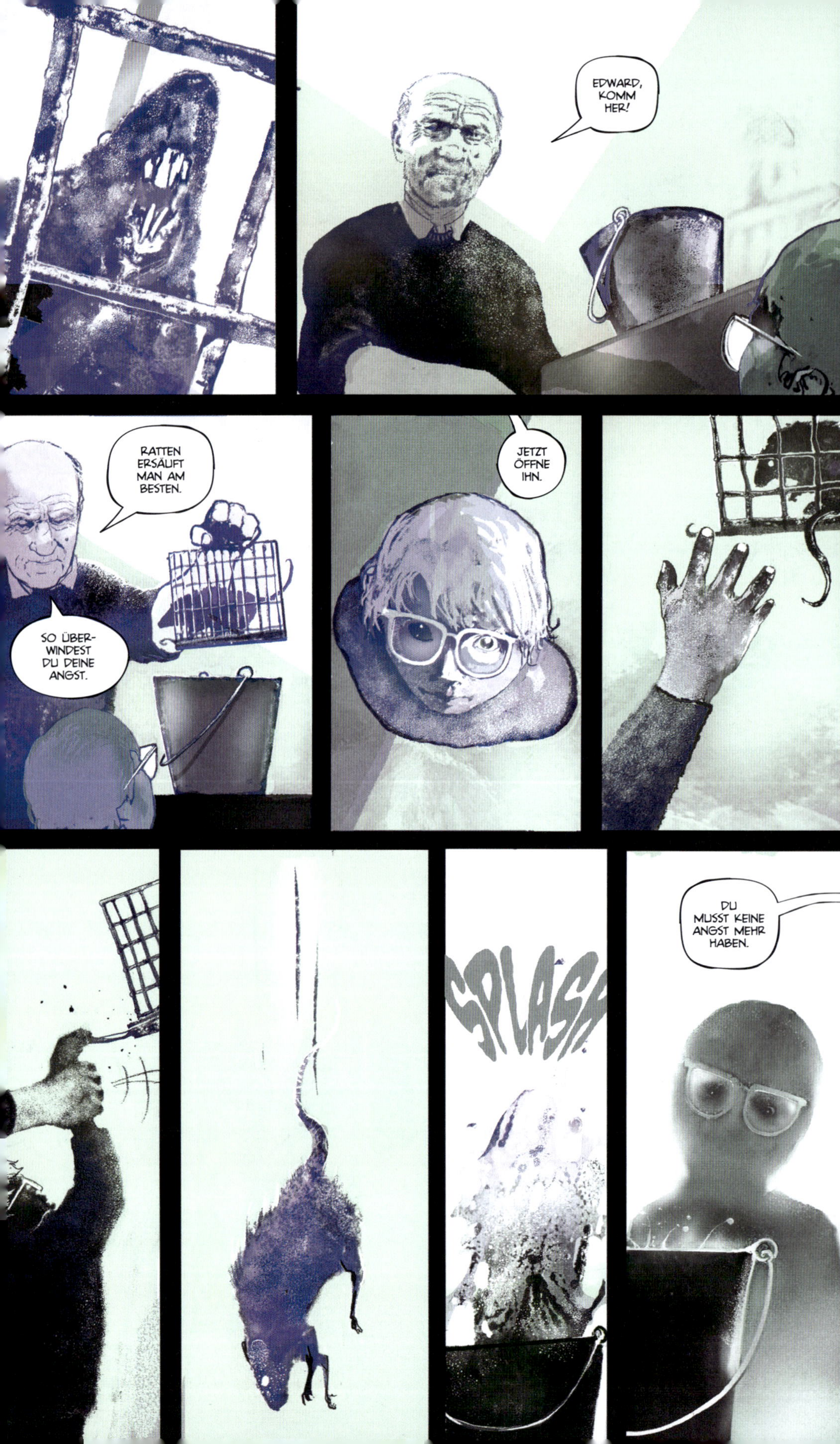
EDWARD, KOMM HER!
RATTEN ERSÄUFT MAN AM BESTEN.
SO ÜBERWINDEST DU DEINE ANGST.
JETZT ÖFFNE IHN.
SPLASH
DU MUSST KEINE ANGST MEHR HABEN.

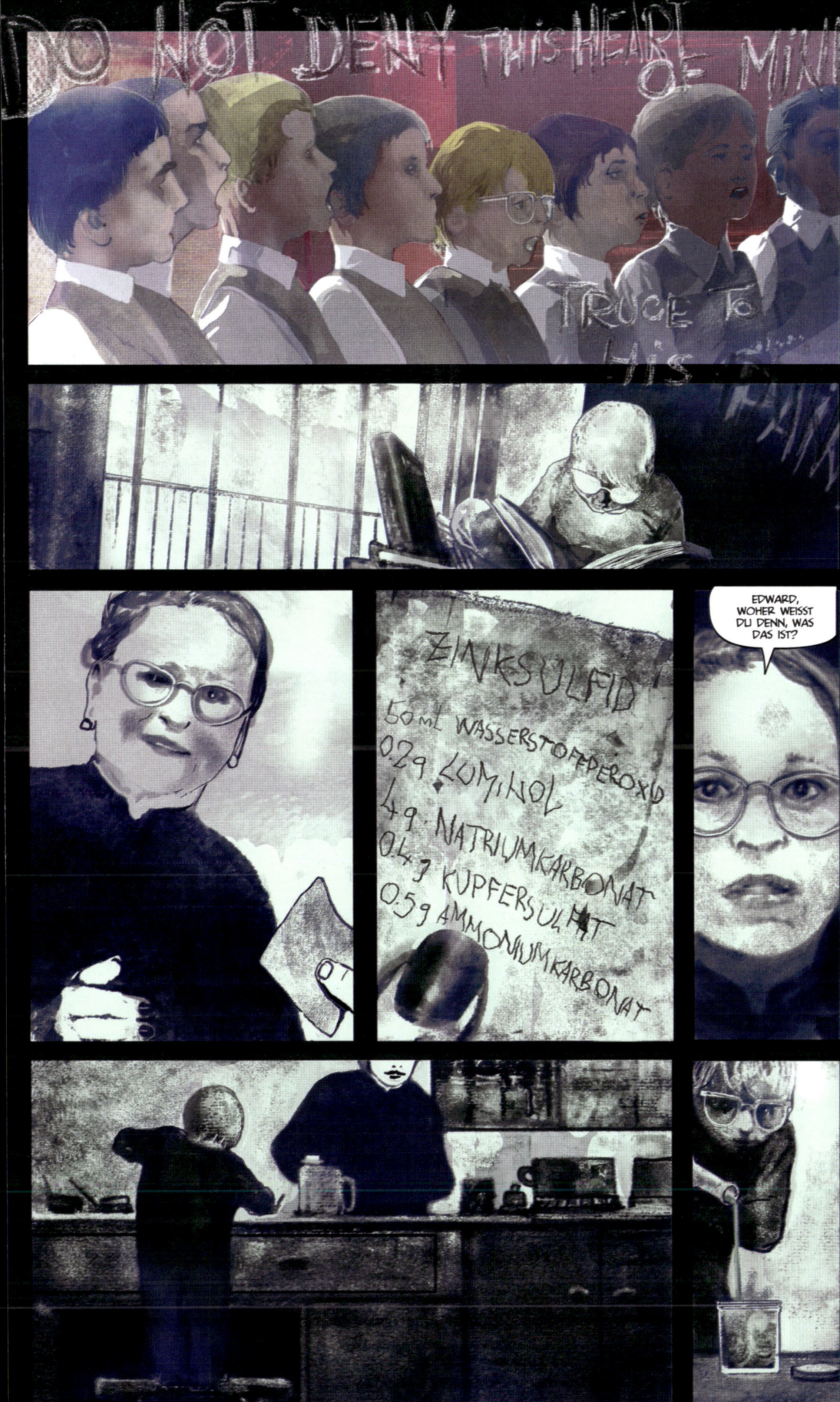

DO NOT DENY THIS HEART OF MIN
TRUCE TO
HIS
ZINKSULFID
50 mL WASSERSTOFFPEROXID
0.2 g LUMINOL
4 g NATRIUMKARBONAT
0.4 g KUPFERSULFAT
0.5 g AMMONIUMKARBONAT
EDWARD, WOHER WEISST DU DENN, WAS DAS IST?

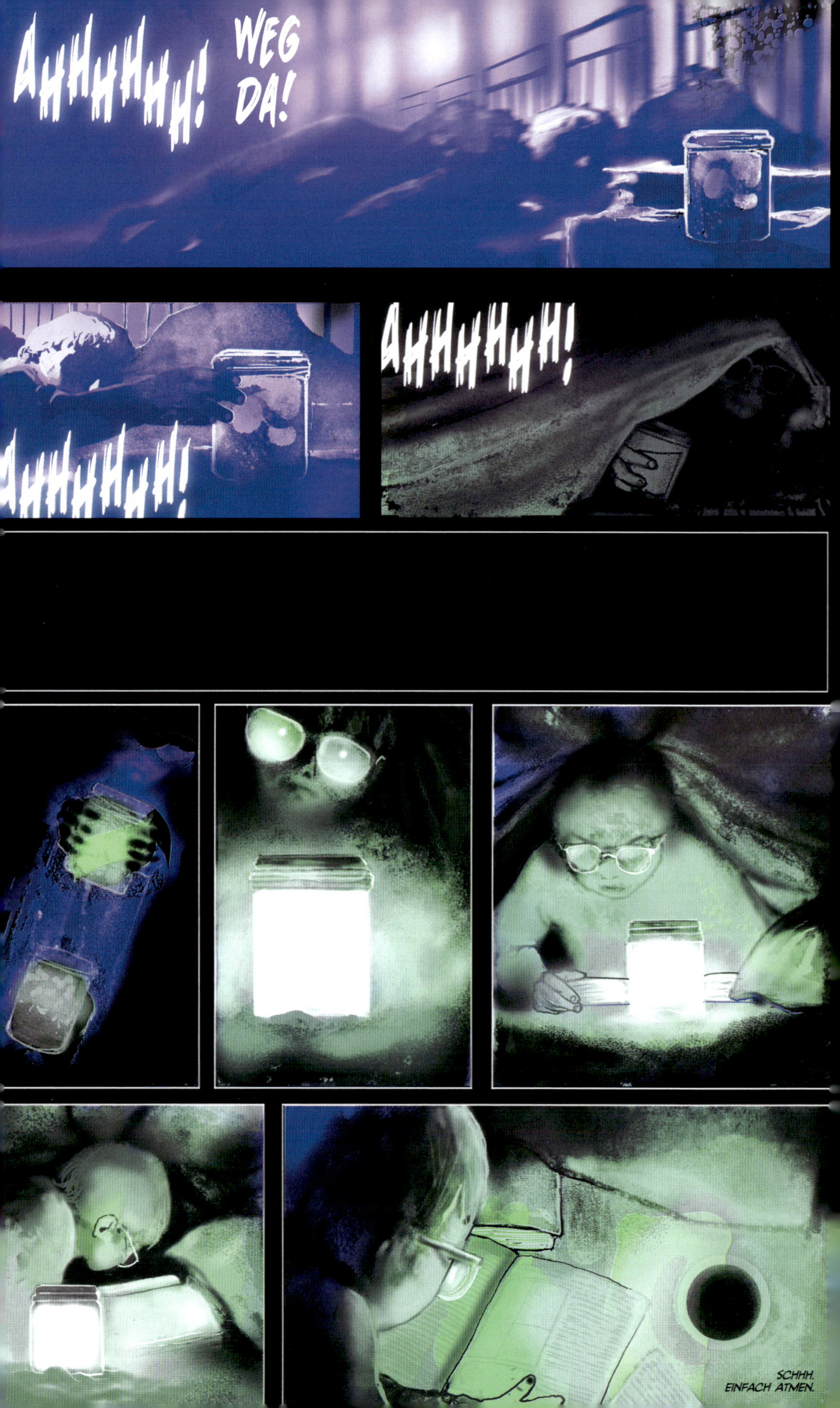

AHHHHHHH! WEG DA!

AHHHHHHH!

AHHHHHHH!

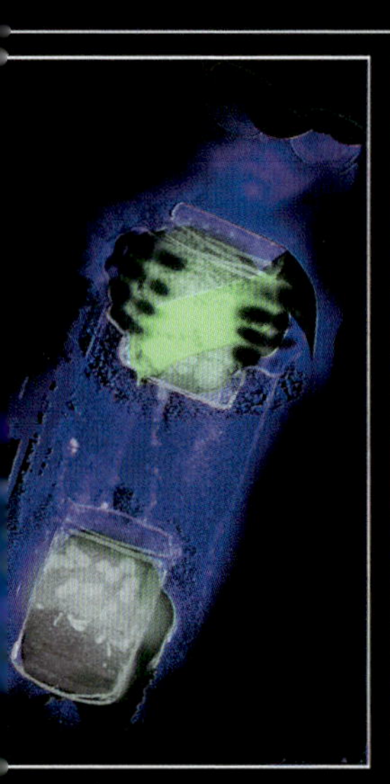

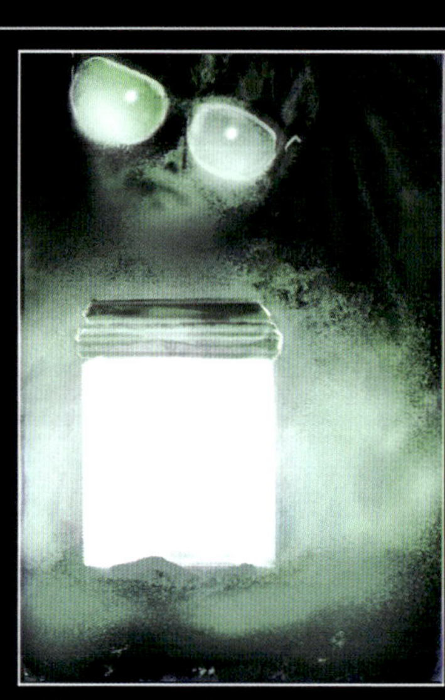

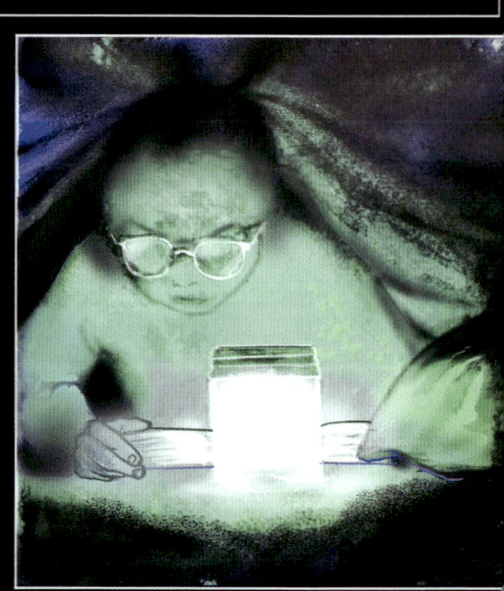

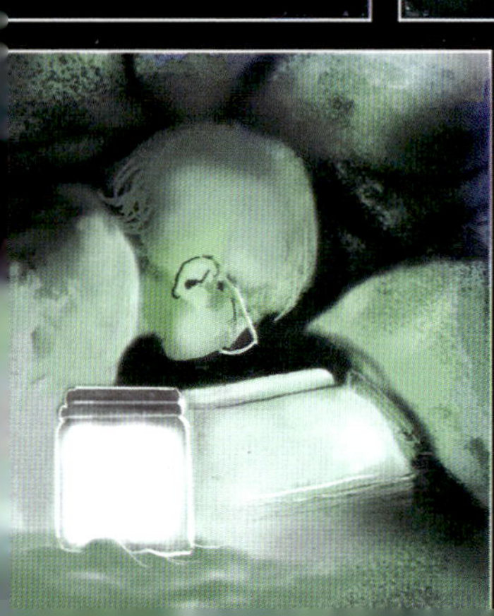

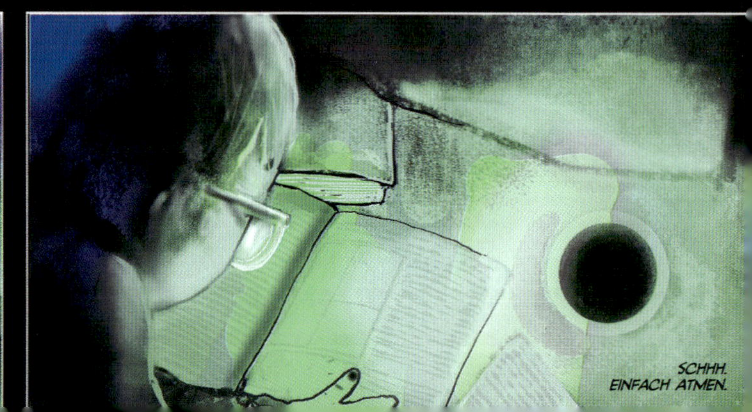

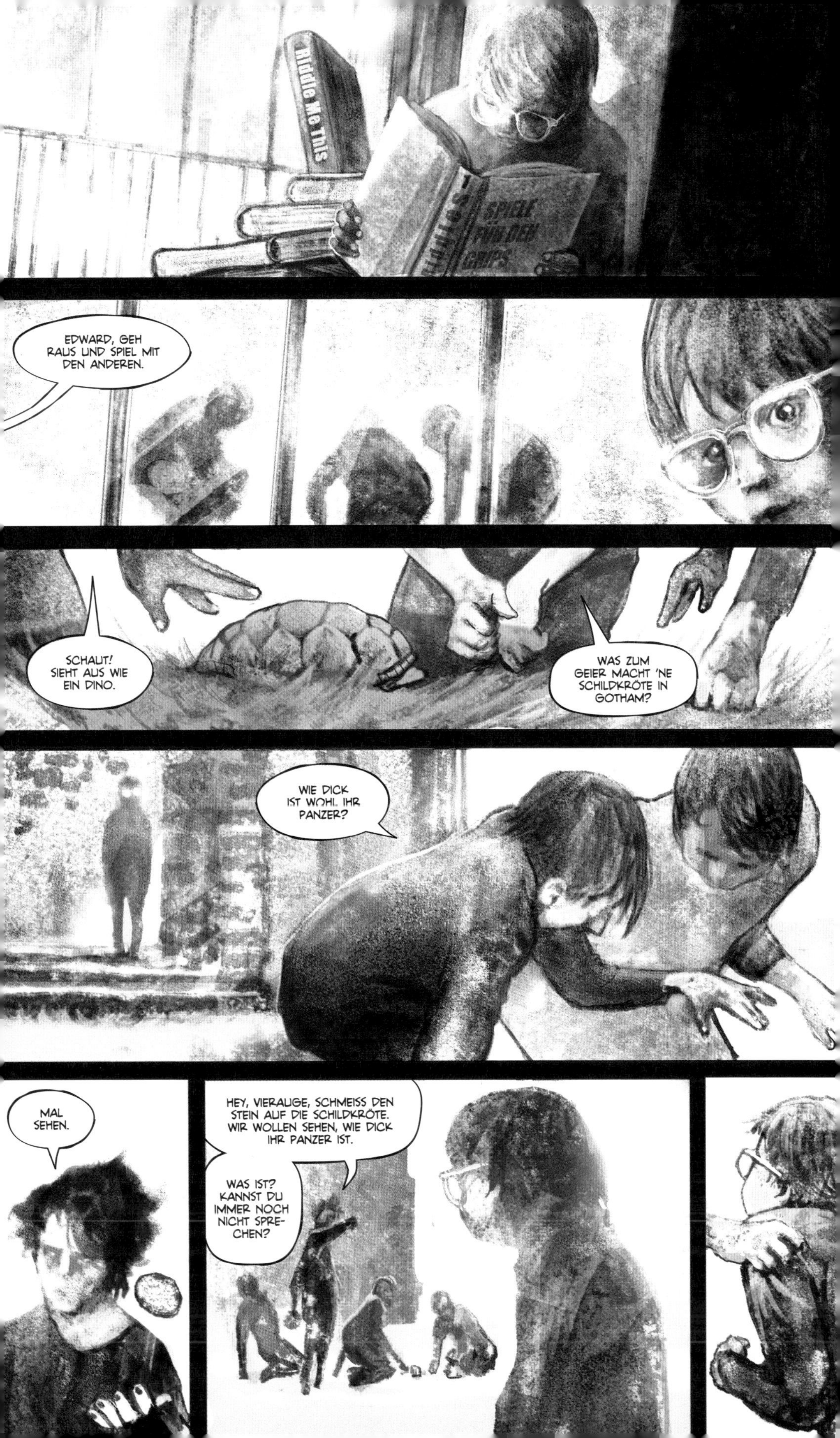
Riddle Me This
Riddles
SPIELE FÜR DEN GRIPS
EDWARD, GEH RAUS UND SPIEL MIT DEN ANDEREN.
SCHAUT! SIEHT AUS WIE EIN DINO.
WAS ZUM GEIER MACHT 'NE SCHILDKRÖTE IN GOTHAM?
WIE DICK IST WOHL IHR PANZER?
MAL SEHEN.
HEY, VIERAUGE, SCHMEISS DEN STEIN AUF DIE SCHILDKRÖTE. WIR WOLLEN SEHEN, WIE DICK IHR PANZER IST.
WAS IST? KANNST DU IMMER NOCH NICHT SPRE-CHEN?

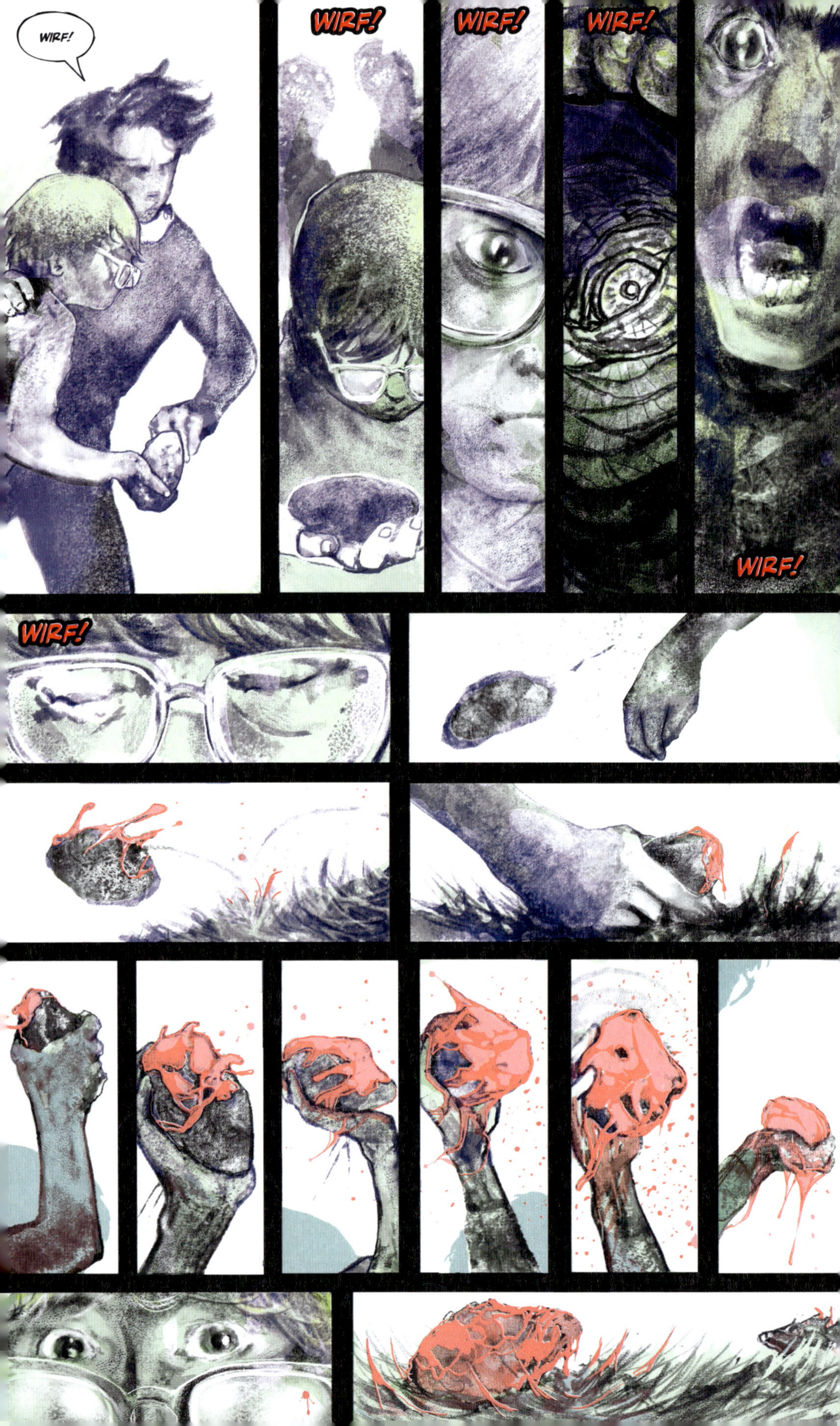
WIRF!
WIRF!
WIRF!
WIRF!
WIRF!
WIRF!

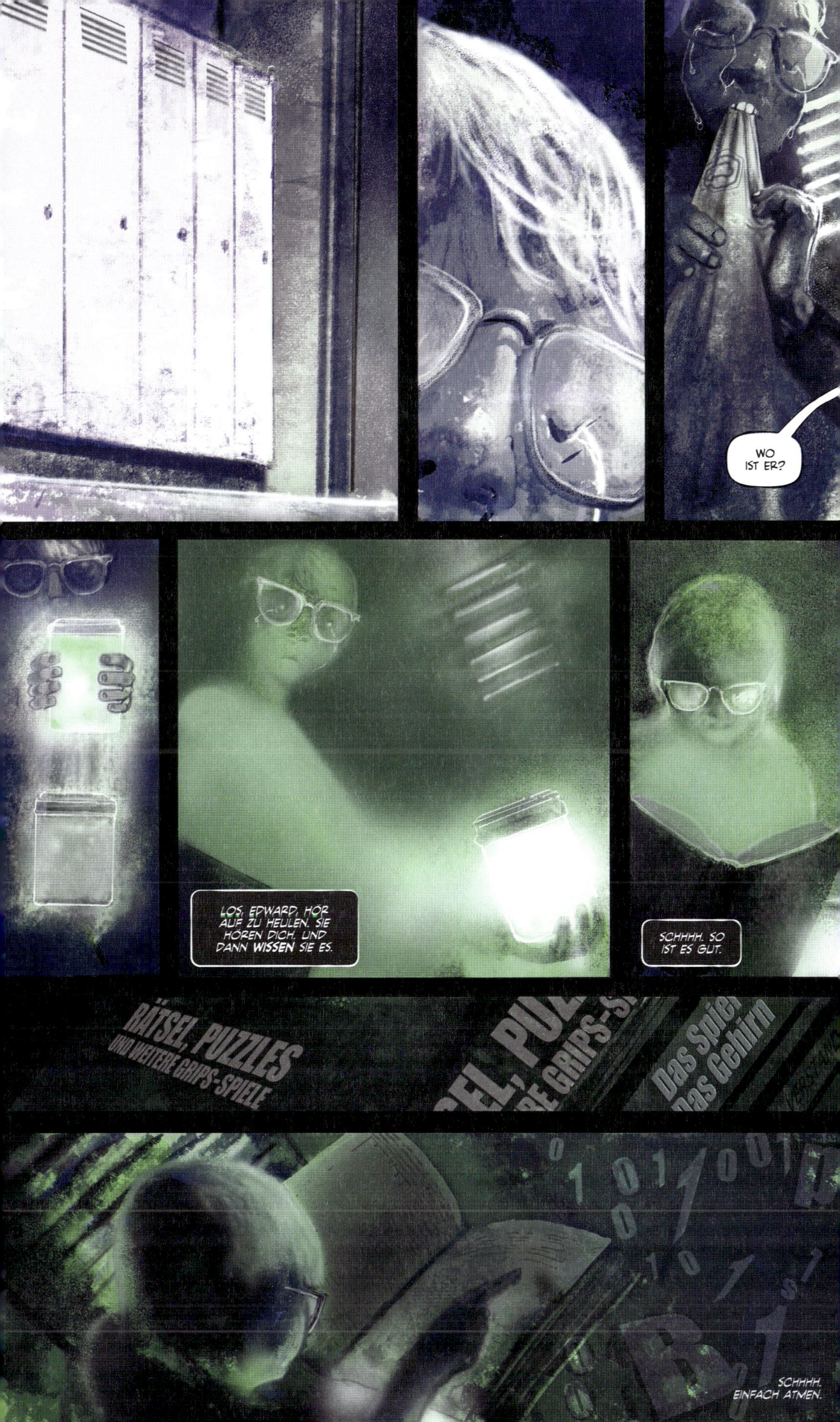
WO IST ER?
LOS, EDWARD, HÖR AUF ZU HEULEN. SIE HÖREN DICH. UND DANN **WISSEN** SIE ES.
SCHHHH. SO IST ES GUT.
RÄTSEL, PUZZLES
UND WEITERE GRIPS-SPIELE
SCHHHH. EINFACH ATMEN.

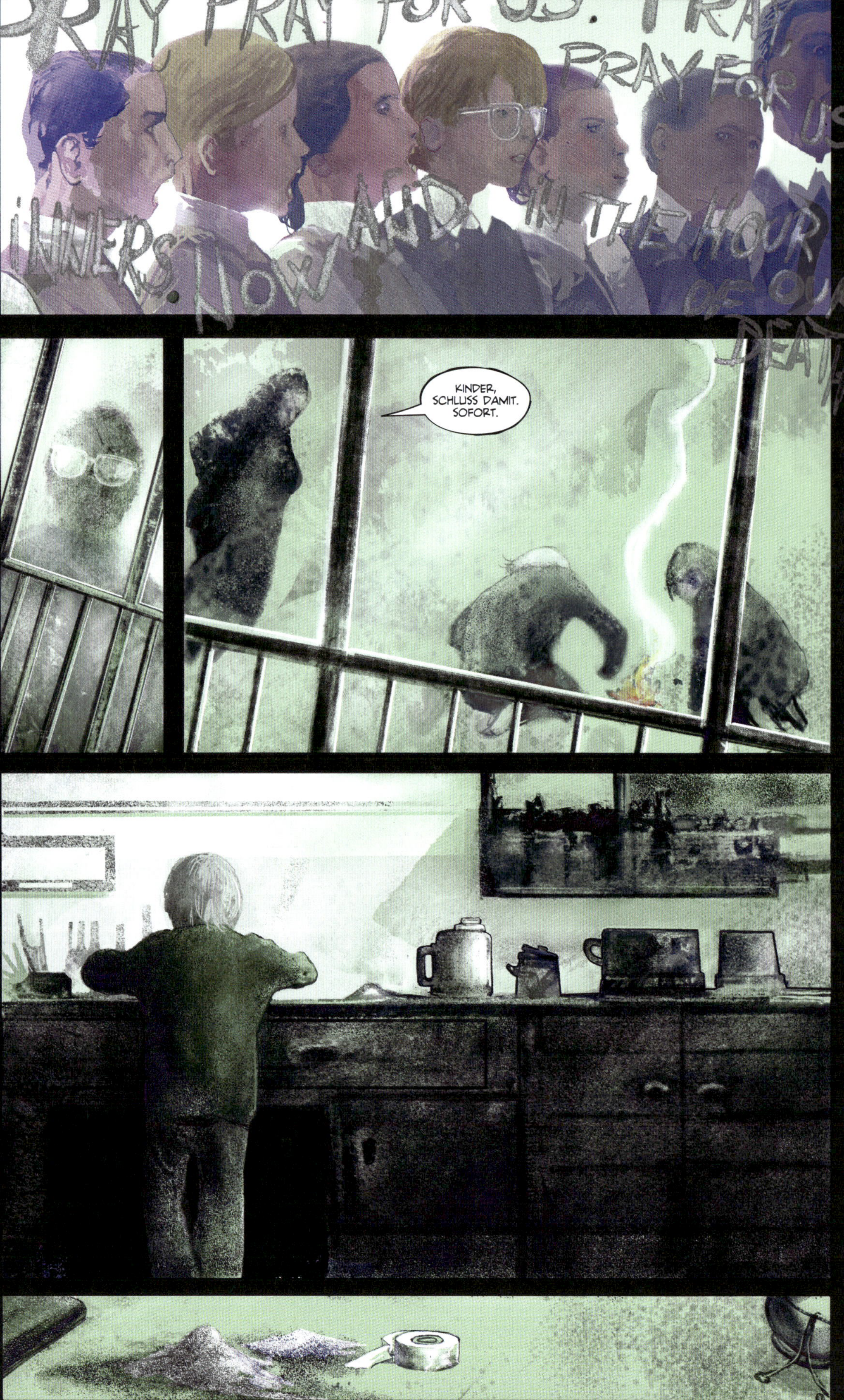
RAY PRAY FOR US.
PRAY FOR
INNERS.
NOW AND
IN THE HOUR
KINDER, SCHLUSS DAMIT. SOFORT.

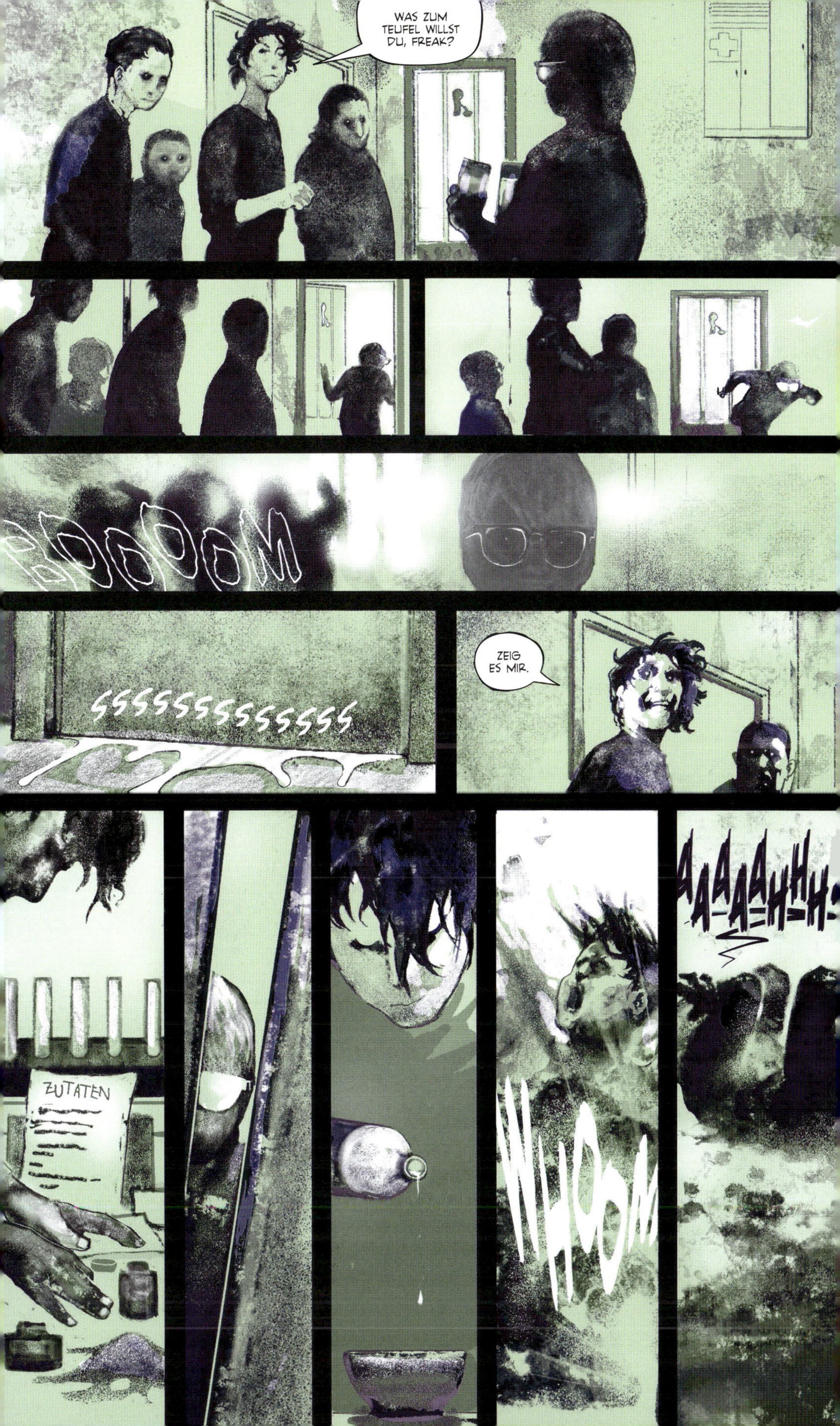
WAS ZUM TEUFEL WILLST DU, FREAK?
BOOOOOM
SSSSSSSSSSSSSS
ZEIG ES MIR.
ZUTATEN
WHOOM
AAAAHHH-

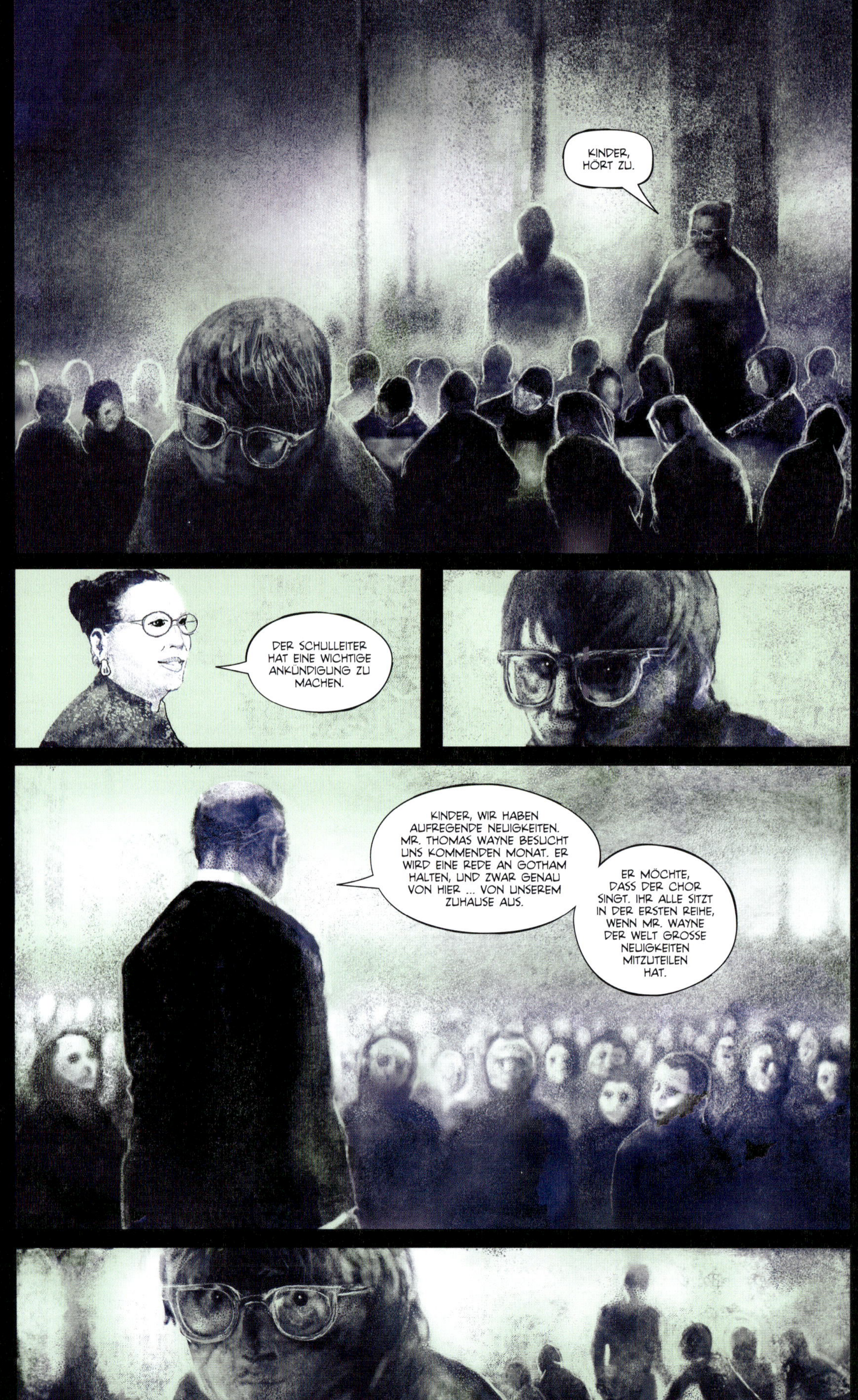
KINDER, HÖRT ZU.
DER SCHULLEITER HAT EINE WICHTIGE ANKÜNDIGUNG ZU MACHEN.
KINDER, WIR HABEN AUFREGENDE NEUIGKEITEN. MR. THOMAS WAYNE BESUCHT UNS KOMMENDEN MONAT. ER WIRD EINE REDE AN GOTHAM HALTEN, UND ZWAR GENAU VON HIER ... VON UNSEREM ZUHAUSE AUS.
ER MÖCHTE, DASS DER CHOR SINGT. IHR ALLE SITZT IN DER ERSTEN REIHE, WENN MR. WAYNE DER WELT GROSSE NEUIGKEITEN MITZUTEILEN HAT.

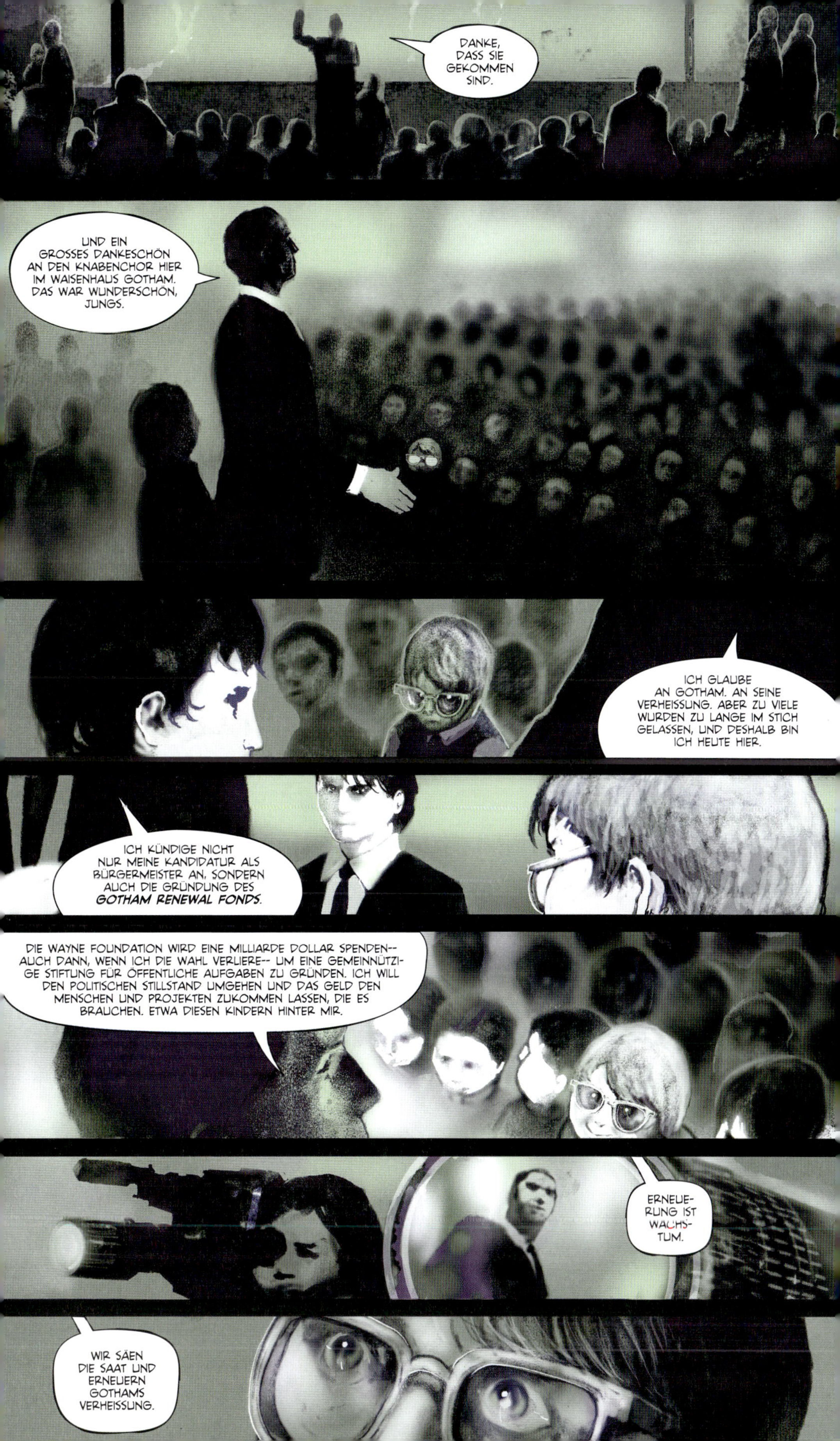
DANKE, DASS SIE GEKOMMEN SIND.
UND EIN GROSSES DANKESCHÖN AN DEN KNABENCHOR HIER IM WAISENHAUS GOTHAM. DAS WAR WUNDERSCHÖN, JUNGS.
ICH GLAUBE AN GOTHAM. AN SEINE VERHEISSUNG. ABER ZU VIELE WURDEN ZU LANGE IM STICH GELASSEN, UND DESHALB BIN ICH HEUTE HIER.
ICH KÜNDIGE NICHT NUR MEINE KANDIDATUR ALS BÜRGERMEISTER AN, SONDERN AUCH DIE GRÜNDUNG DES ***GOTHAM RENEWAL FONDS***.
DIE WAYNE FOUNDATION WIRD EINE MILLIARDE DOLLAR SPENDEN-- AUCH DANN, WENN ICH DIE WAHL VERLIERE-- UM EINE GEMEINNÜTZIGE STIFTUNG FÜR ÖFFENTLICHE AUFGABEN ZU GRÜNDEN. ICH WILL DEN POLITISCHEN STILLSTAND UMGEHEN UND DAS GELD DEN MENSCHEN UND PROJEKTEN ZUKOMMEN LASSEN, DIE ES BRAUCHEN. ETWA DIESEN KINDERN HINTER MIR.
ERNEUERUNG IST WACHSTUM.
WIR SÄEN DIE SAAT UND ERNEUERN GOTHAMS VERHEISSUNG.

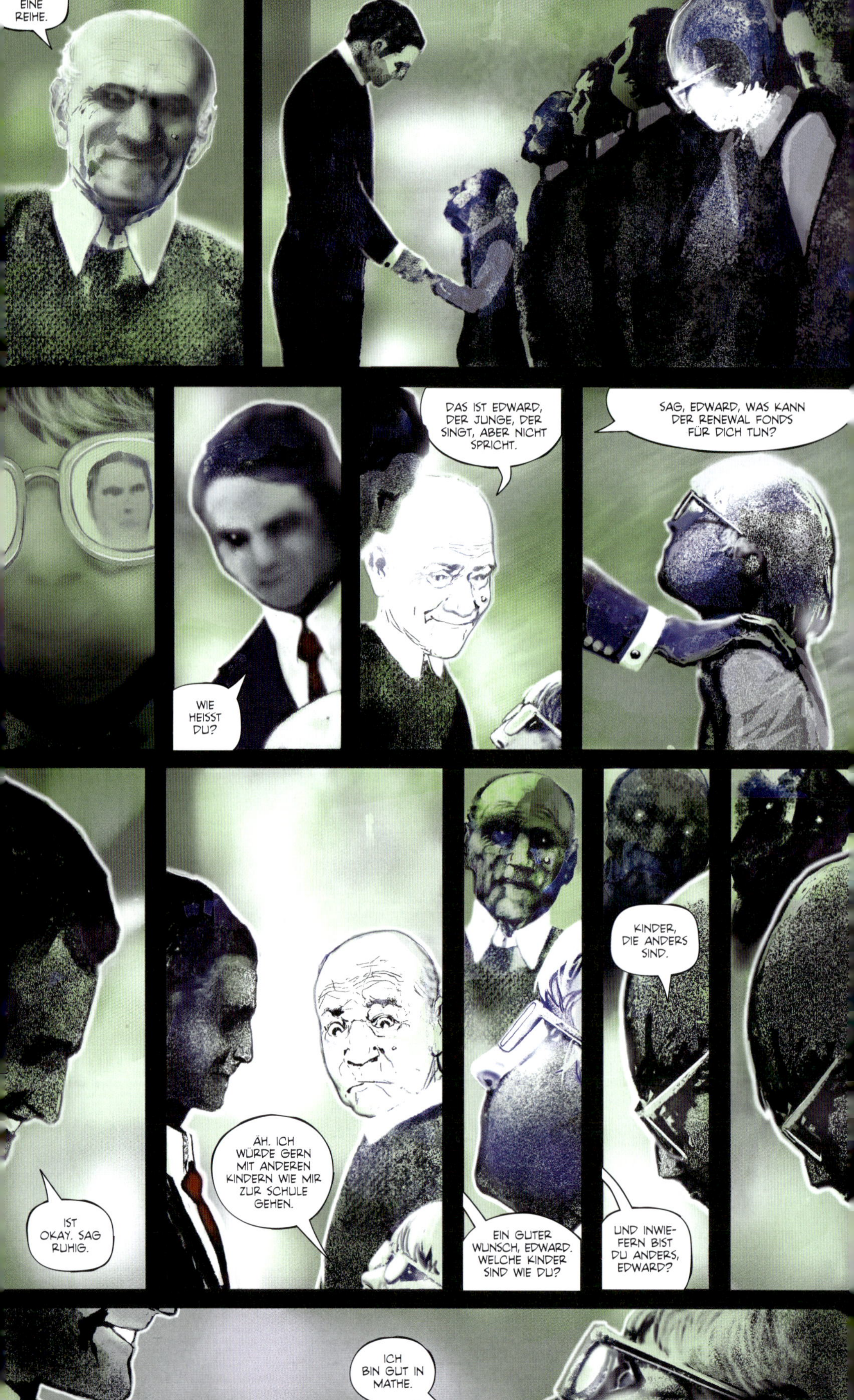

BILDET EINE REIHE.
DAS IST EDWARD, DER JUNGE, DER SINGT, ABER NICHT SPRICHT.
SAG, EDWARD, WAS KANN DER RENEWAL FONDS FÜR DICH TUN?
WIE HEISST DU?
KINDER, DIE ANDERS SIND.
ÄH. ICH WÜRDE GERN MIT ANDEREN KINDERN WIE MIR ZUR SCHULE GEHEN.
IST OKAY. SAG RUHIG.
EIN GUTER WUNSCH, EDWARD. WELCHE KINDER SIND WIE DU?
UND INWIE-FERN BIST DU ANDERS, EDWARD?
ICH BIN GUT IN MATHE.

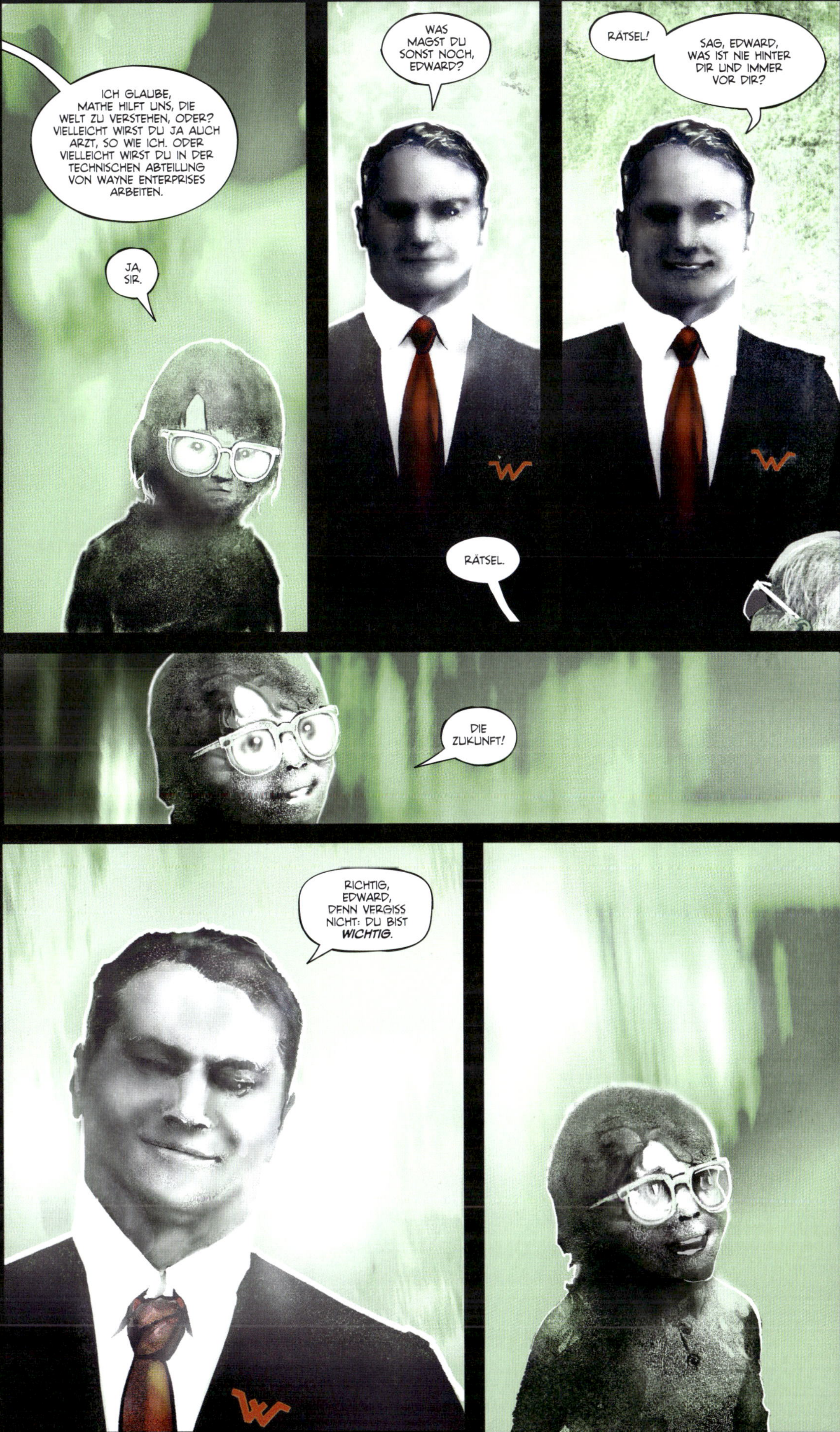

ICH GLAUBE, MATHE HILFT UNS, DIE WELT ZU VERSTEHEN, ODER? VIELLEICHT WIRST DU JA AUCH ARZT, SO WIE ICH. ODER VIELLEICHT WIRST DU IN DER TECHNISCHEN ABTEILUNG VON WAYNE ENTERPRISES ARBEITEN.

JA, SIR.

WAS MAGST DU SONST NOCH, EDWARD?

RÄTSEL.

RÄTSEL!

SAG, EDWARD, WAS IST NIE HINTER DIR UND IMMER VOR DIR?

DIE ZUKUNFT!

RICHTIG, EDWARD, DENN VERGISS NICHT: DU BIST ***WICHTIG***.

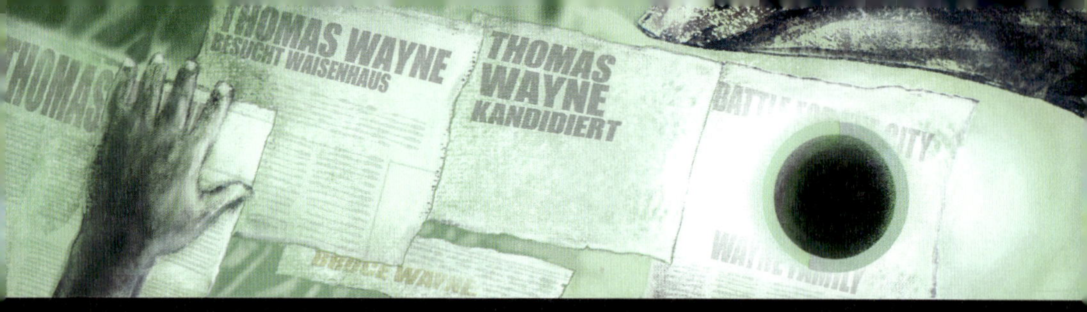

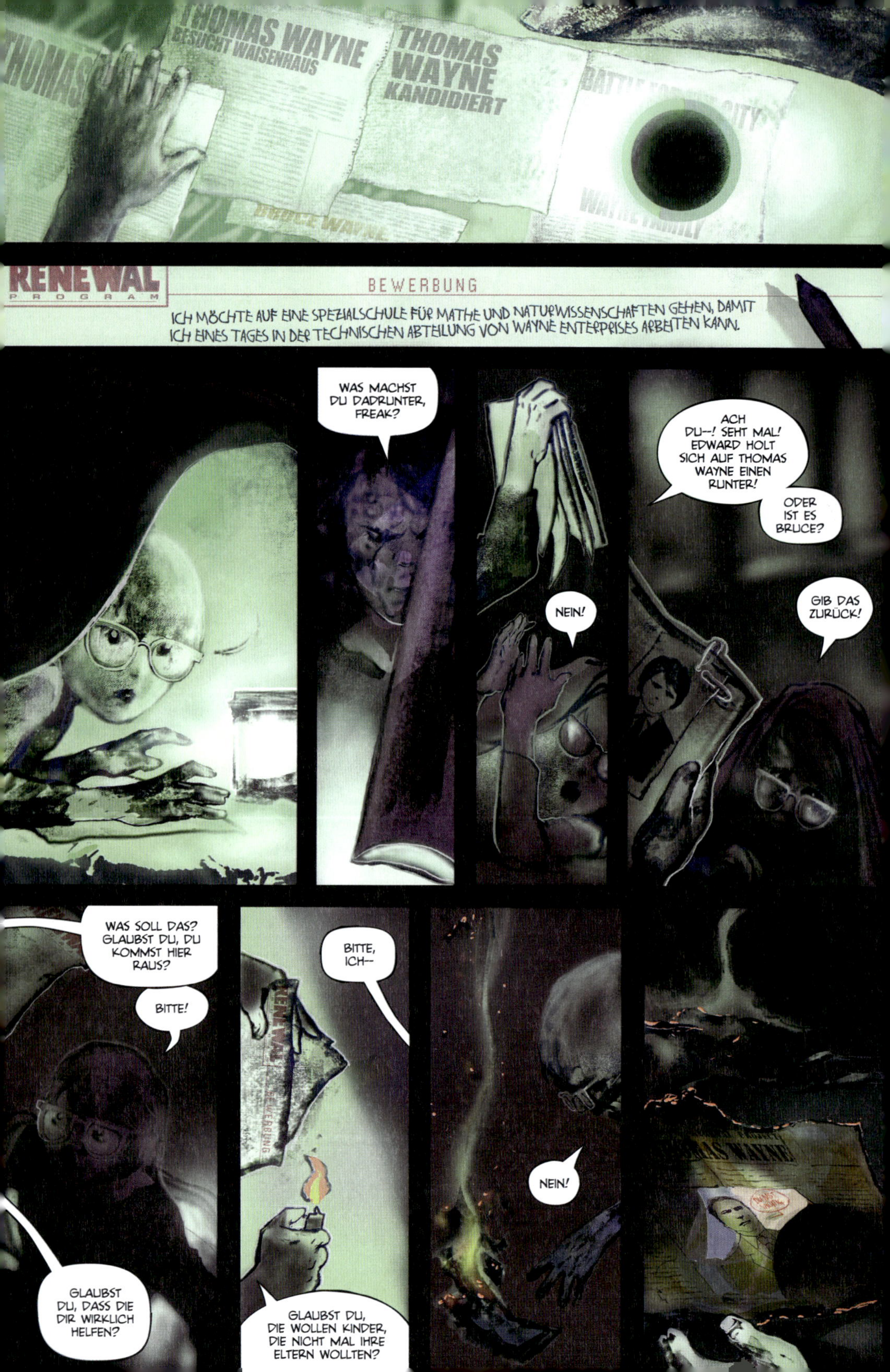

RENEWAL PROGRAM

BEWERBUNG

ICH MÖCHTE AUF EINE SPEZIALSCHULE FÜR MATHE UND NATURWISSENSCHAFTEN GEHEN, DAMIT ICH EINES TAGES IN DER TECHNISCHEN ABTEILUNG VON WAYNE ENTERPRISES ARBEITEN KANN.

WAS MACHST DU DADRUNTER, FREAK?

NEIN!

ACH DU--! SEHT MAL! EDWARD HOLT SICH AUF THOMAS WAYNE EINEN RUNTER!

ODER IST ES BRUCE?

GIB DAS ZURÜCK!

WAS SOLL DAS? GLAUBST DU, DU KOMMST HIER RAUS?

BITTE!

GLAUBST DU, DASS DIE DIR WIRKLICH HELFEN?

BITTE, ICH--

GLAUBST DU, DIE WOLLEN KINDER, DIE NICHT MAL IHRE ELTERN WOLLTEN?

NEIN!

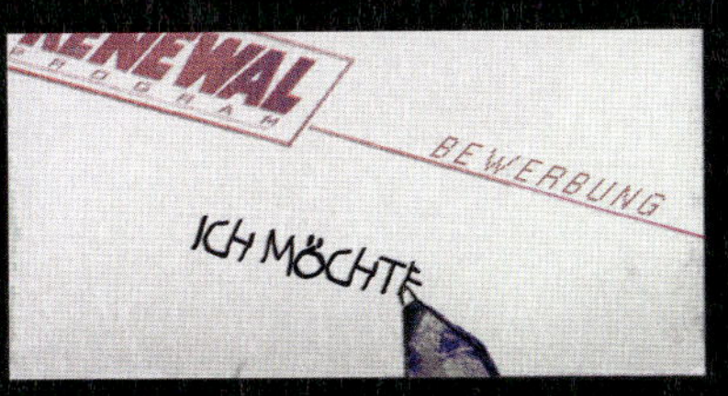
RENEWAL
BEWERBUNG
ICH MÖCHTE

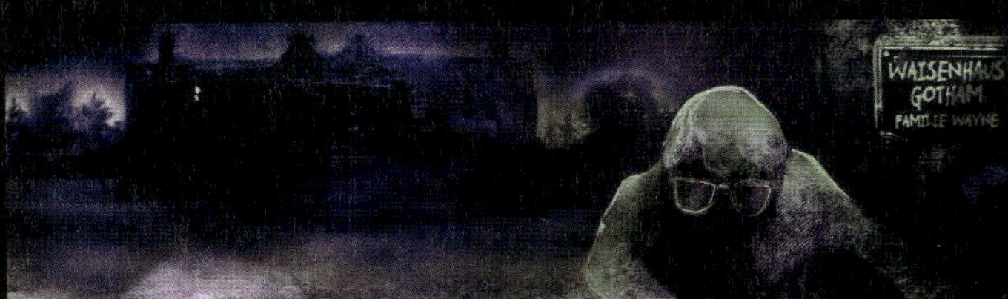
WAISENHAUS GOTHAM
FAMILIE WAYNE

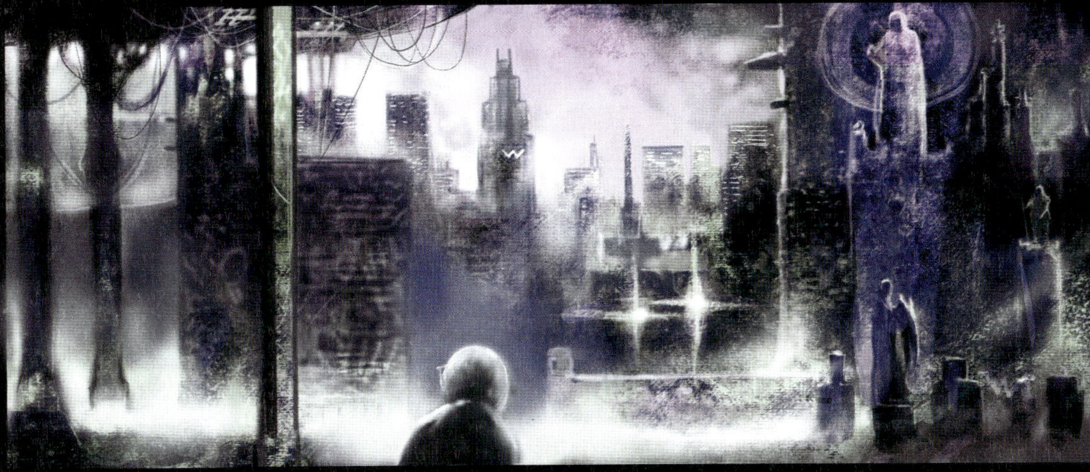

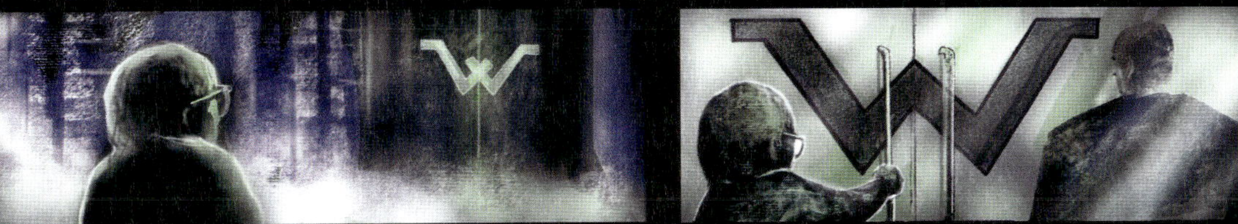

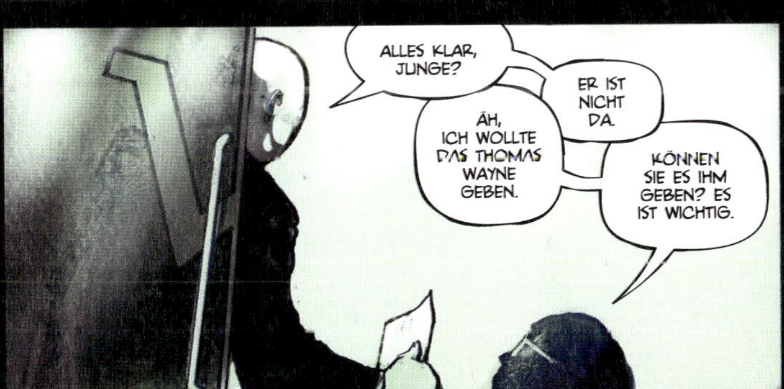
ALLES KLAR, JUNGE?
ÄH, ICH WOLLTE DAS THOMAS WAYNE GEBEN.
ER IST NICHT DA.
KÖNNEN SIE ES IHM GEBEN? ES IST WICHTIG.

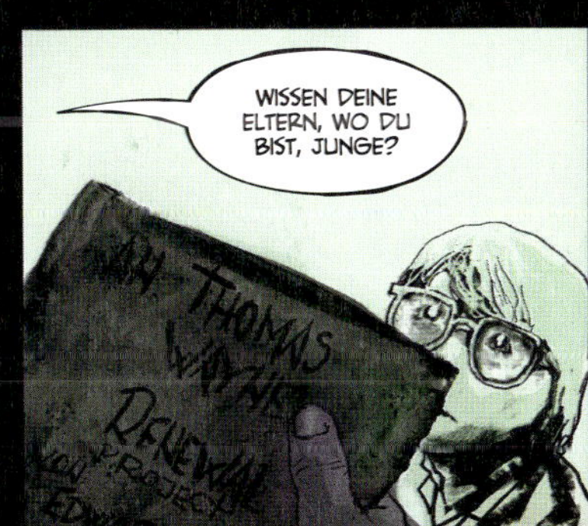
WISSEN DEINE ELTERN, WO DU BIST, JUNGE?
THOMAS
RENEWAL

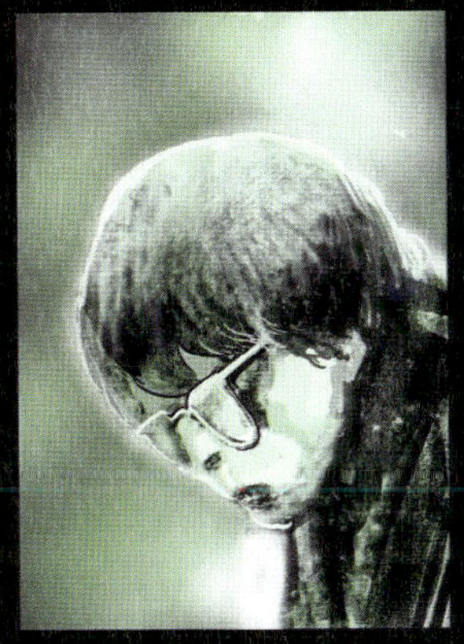

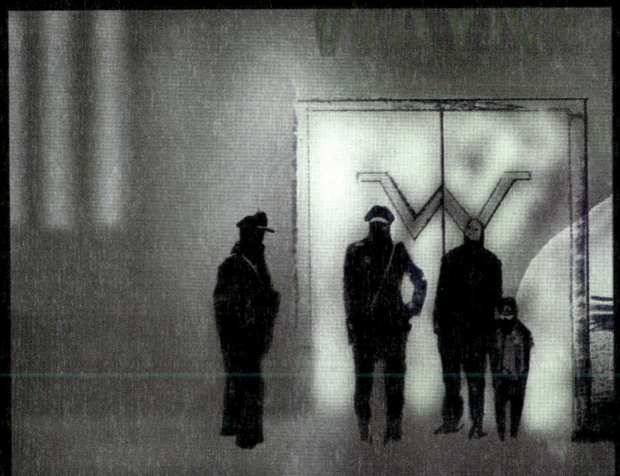

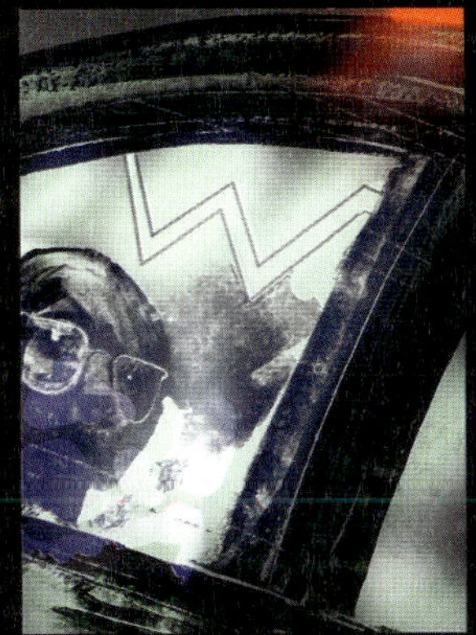

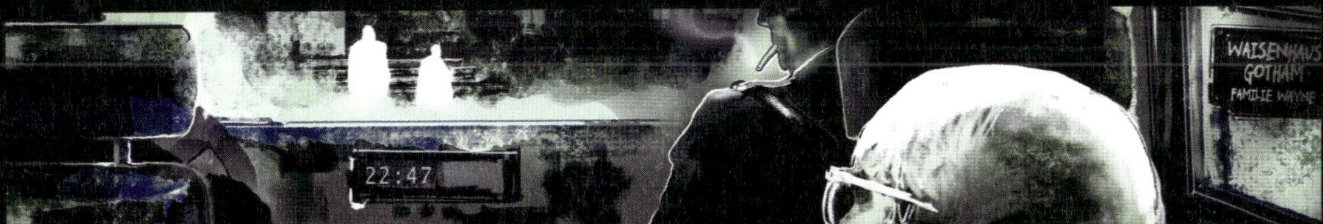
22:47
WAISENHAUS GOTHAM
FAMILIE WAYNE

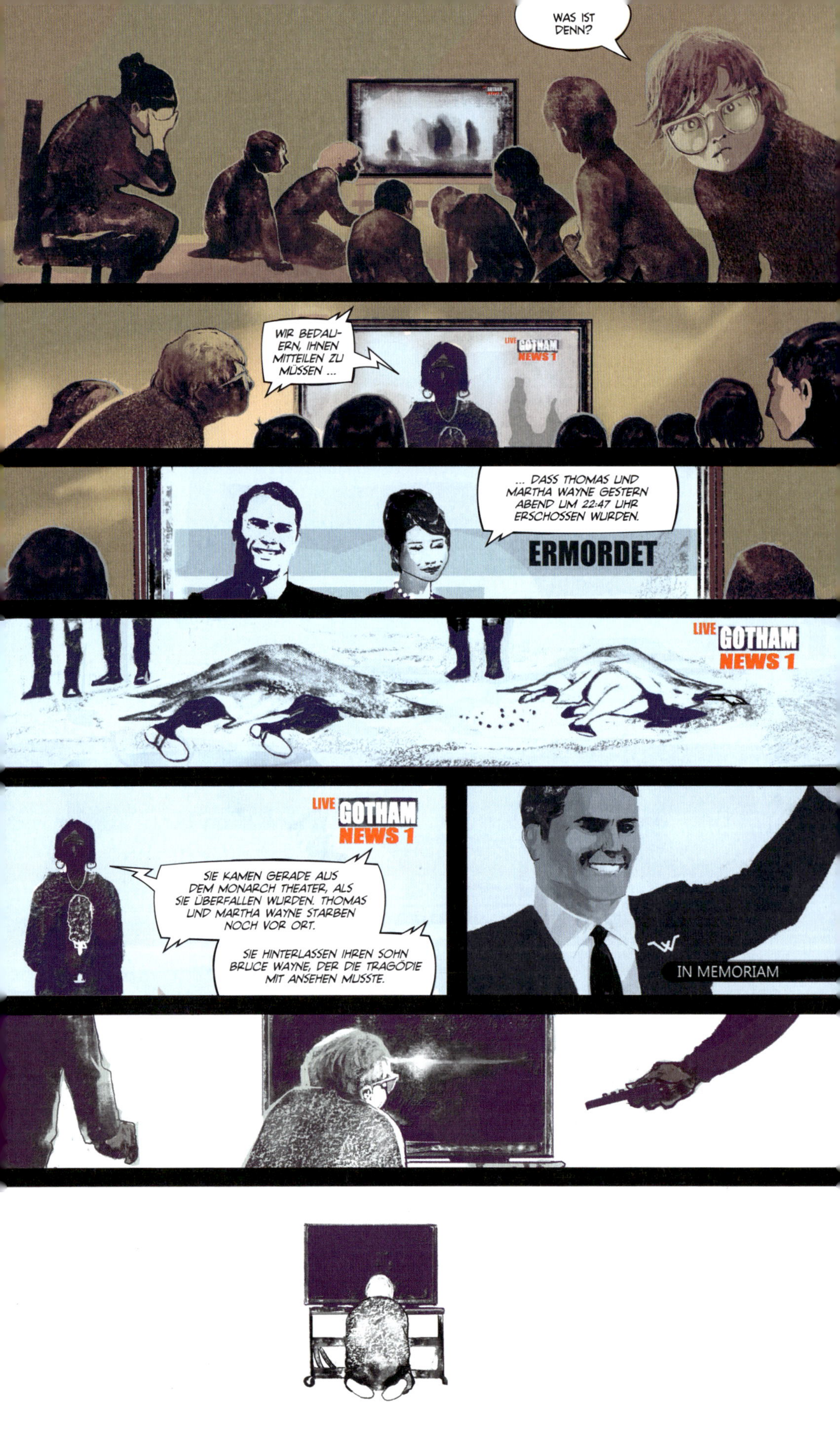

WAS IST DENN?

WIR BEDAUERN, IHNEN MITTEILEN ZU MÜSSEN ...

LIVE GOTHAM NEWS 1

... DASS THOMAS UND MARTHA WAYNE GESTERN ABEND UM 22:47 UHR ERSCHOSSEN WURDEN.

ERMORDET

LIVE GOTHAM NEWS 1

LIVE GOTHAM NEWS 1

SIE KAMEN GERADE AUS DEM MONARCH THEATER, ALS SIE ÜBERFALLEN WURDEN. THOMAS UND MARTHA WAYNE STARBEN NOCH VOR ORT.

SIE HINTERLASSEN IHREN SOHN BRUCE WAYNE, DER DIE TRAGÖDIE MIT ANSEHEN MUSSTE.

IN MEMORIAM

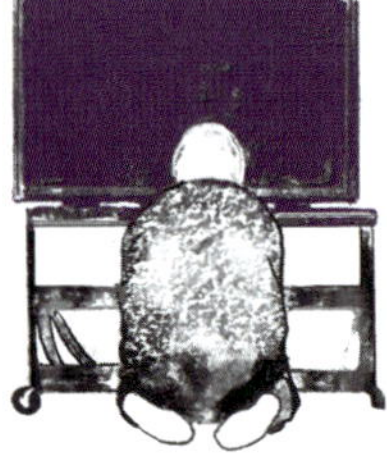

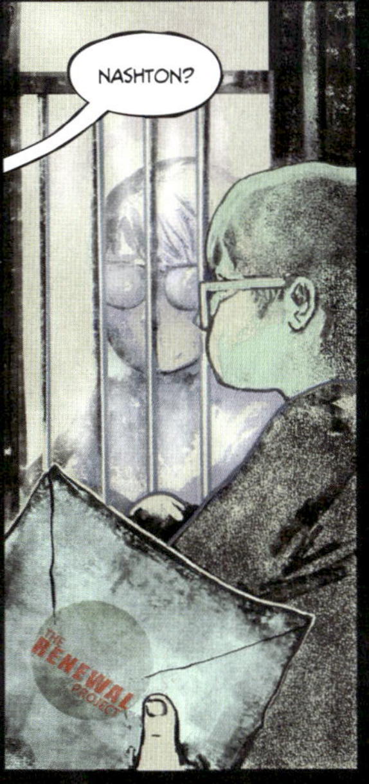
NASHTON?
THE RENEWAL PROJECT

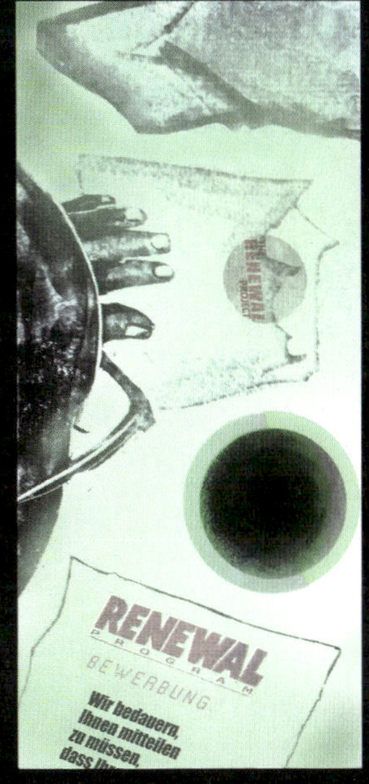
RENEWAL PROGRAM
BEWERBUNG
Wir bedauern, Ihnen mitteilen zu müssen,

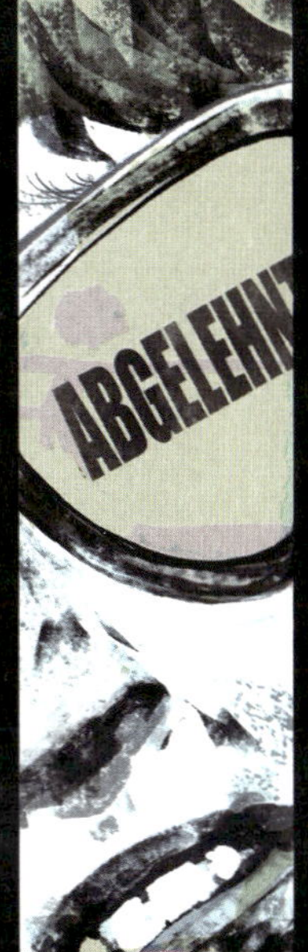
ABGELEHNT

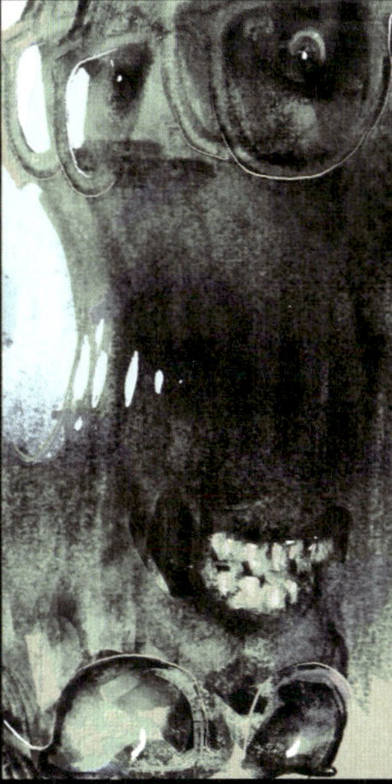

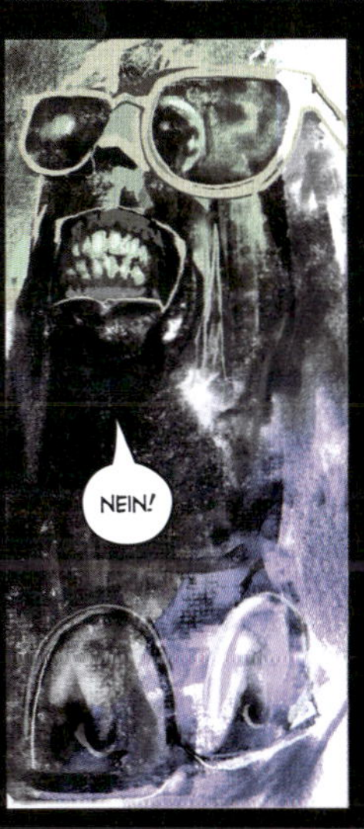
NEIN!

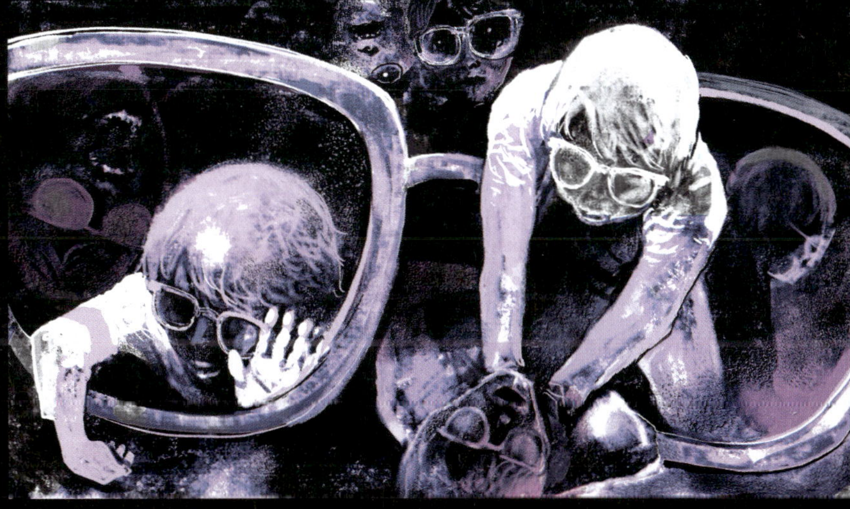

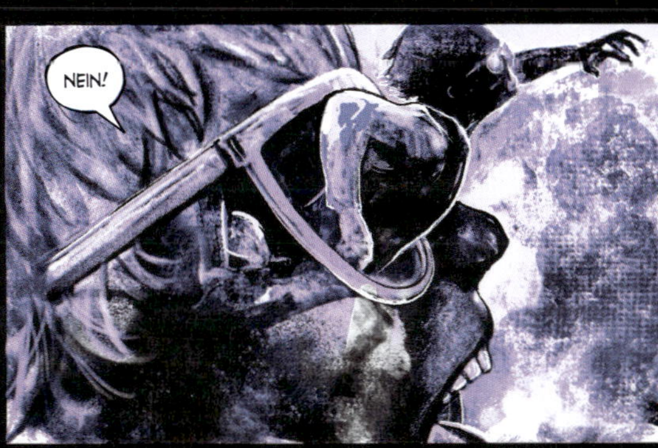
NEIN!

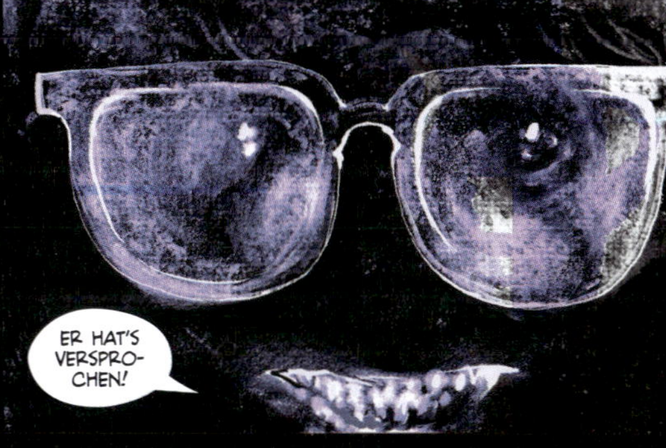
ER HAT'S VERSPRO-CHEN!

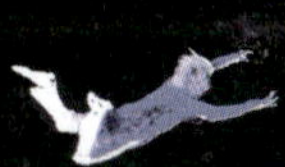
HELFT MIR DOCH!

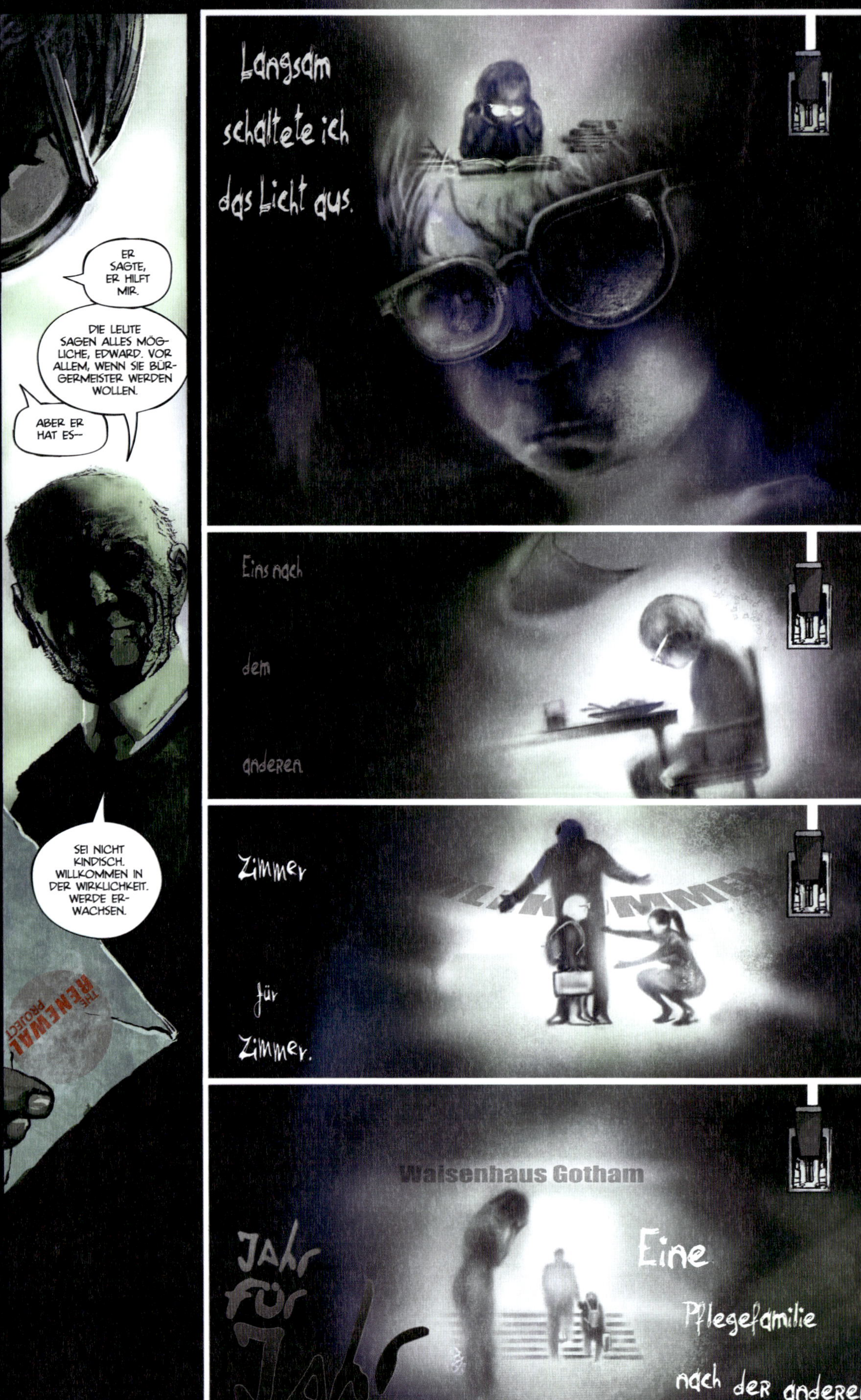

ER SAGTE, ER HILFT MIR.
DIE LEUTE SAGEN ALLES MÖGLICHE, EDWARD. VOR ALLEM, WENN SIE BÜRGERMEISTER WERDEN WOLLEN.
ABER ER HAT ES--
SEI NICHT KINDISCH. WILLKOMMEN IN DER WIRKLICHKEIT. WERDE ERWACHSEN.
THE RENEWAL PROJECT
Langsam schaltete ich das Licht aus.
Eins nach dem anderen
Zimmer für Zimmer.
Waisenhaus Gotham
Jahr für Jahr
Eine Pflegefamilie nach der anderen

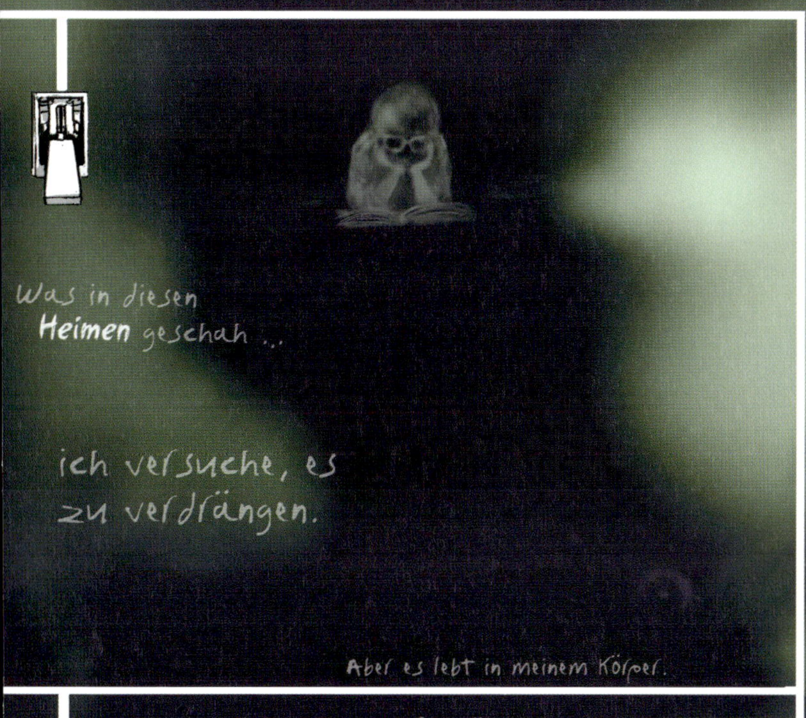

Was in diesen
Heimen geschah ...
ich versuche, es
zu verdrängen.
Aber es lebt in meinem Körper.

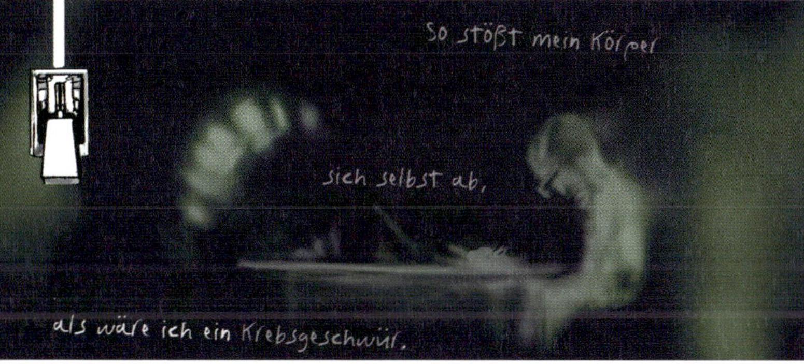

So stößt mein Körper
sich selbst ab,
als wäre ich ein Krebsgeschwür.

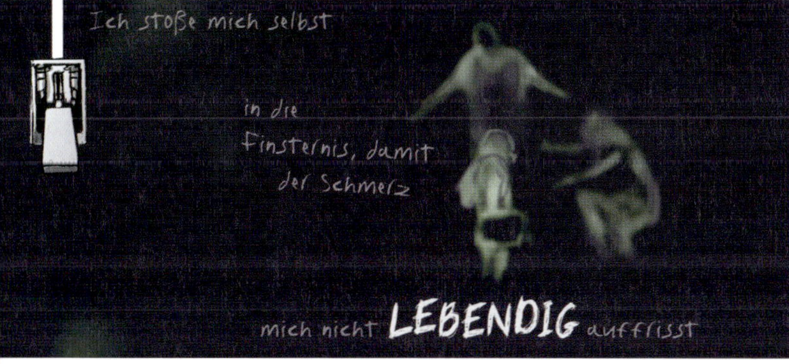

Ich stoße mich selbst
in die
Finsternis, damit
der Schmerz
mich nicht LEBENDIG auffrisst

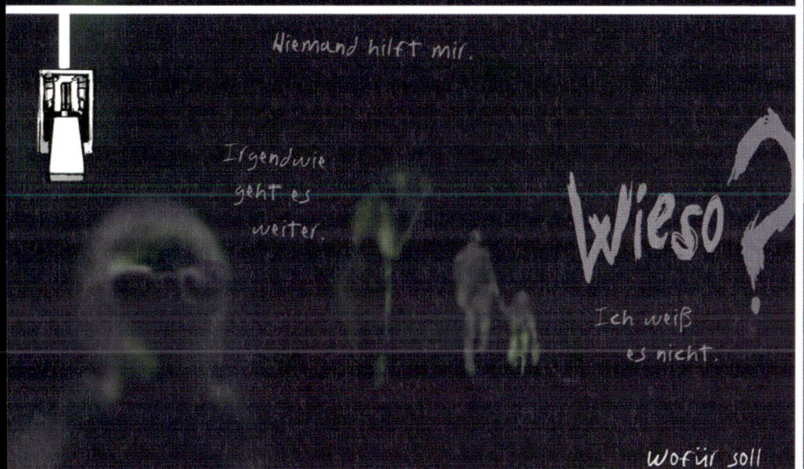

Niemand hilft mir.
Irgendwie
geht es
weiter.
Wieso?
Ich weiß
es nicht.
Wofür soll

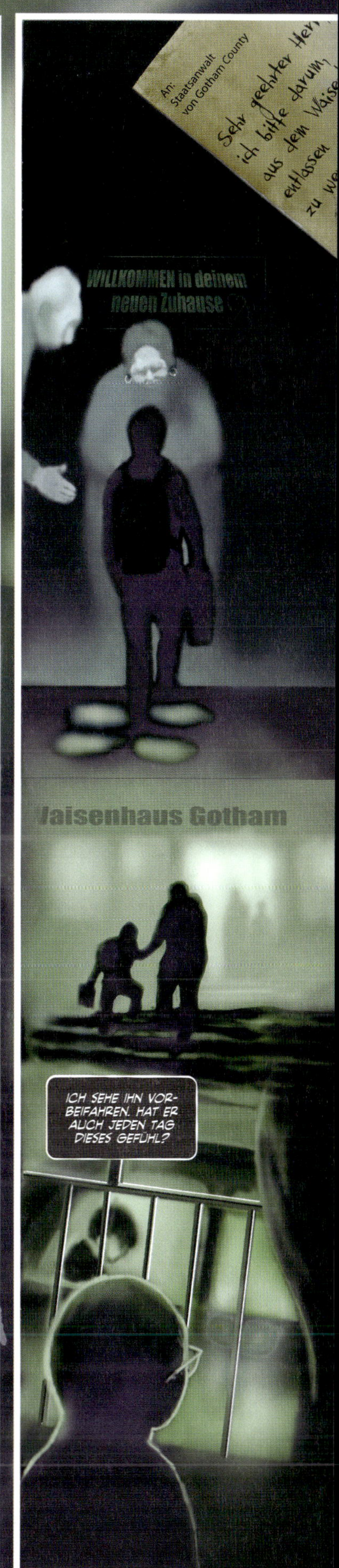

An:
Staatsanwalt
von Gotham County
Sehr geehrter Her
ich bitte darum,
aus dem Waise
entlassen
zu we
WILLKOMMEN in deinem
neuen Zuhause
Vaisenhaus Gotham
ICH SEHE IHN VORBEIFAHREN. HAT ER AUCH JEDEN TAG DIESES GEFÜHL?

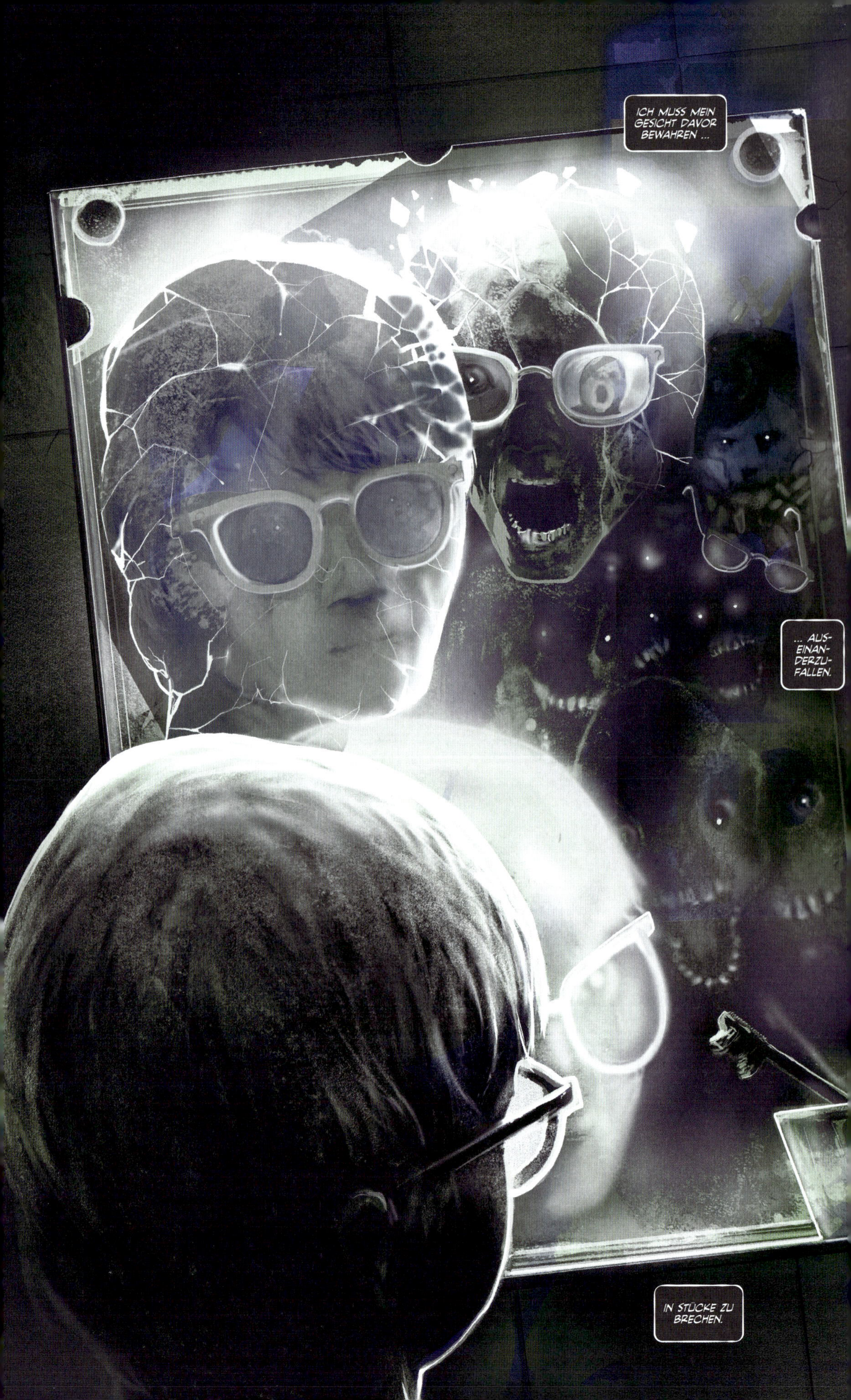
ICH MUSS MEIN GESICHT DAVOR BEWAHREN ...
... AUS-EINAN-DERZU-FALLEN.
IN STÜCKE ZU BRECHEN.

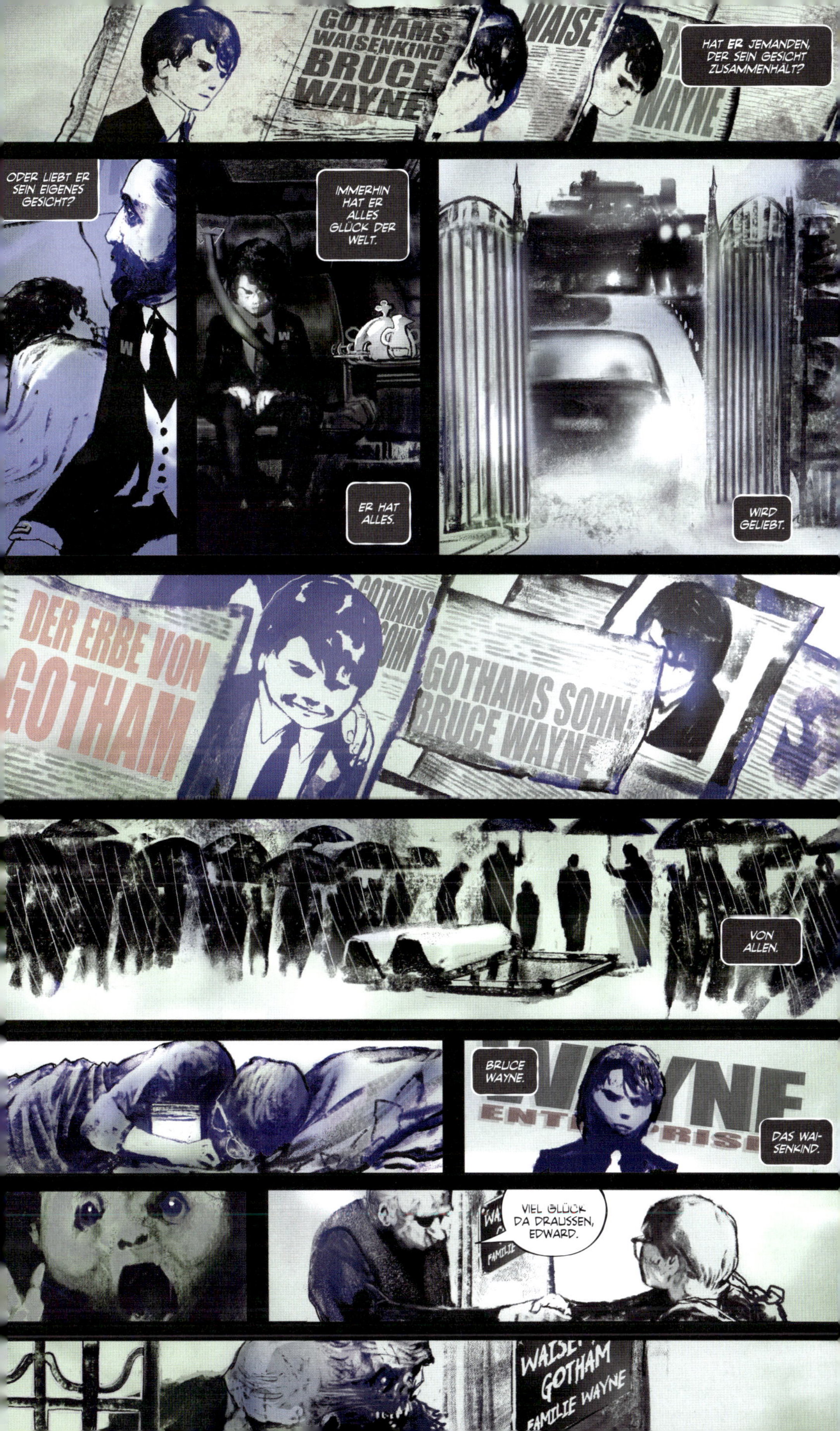
GOTHAMS WAISENKIND BRUCE WAYNE
WAISE
WAYNE
HAT ER JEMANDEN, DER SEIN GESICHT ZUSAMMENHÄLT?
ODER LIEBT ER SEIN EIGENES GESICHT?
IMMERHIN HAT ER ALLES GLÜCK DER WELT.
ER HAT ALLES.
WIRD GELIEBT.
DER ERBE VON GOTHAM
GOTHAMS SOHN
GOTHAMS SOHN BRUCE WAYNE
VON ALLEN.
BRUCE WAYNE.
DAS WAI-SENKIND.
VIEL GLÜCK DA DRAUSSEN, EDWARD.
GOTHAM
FAMILIE WAYNE

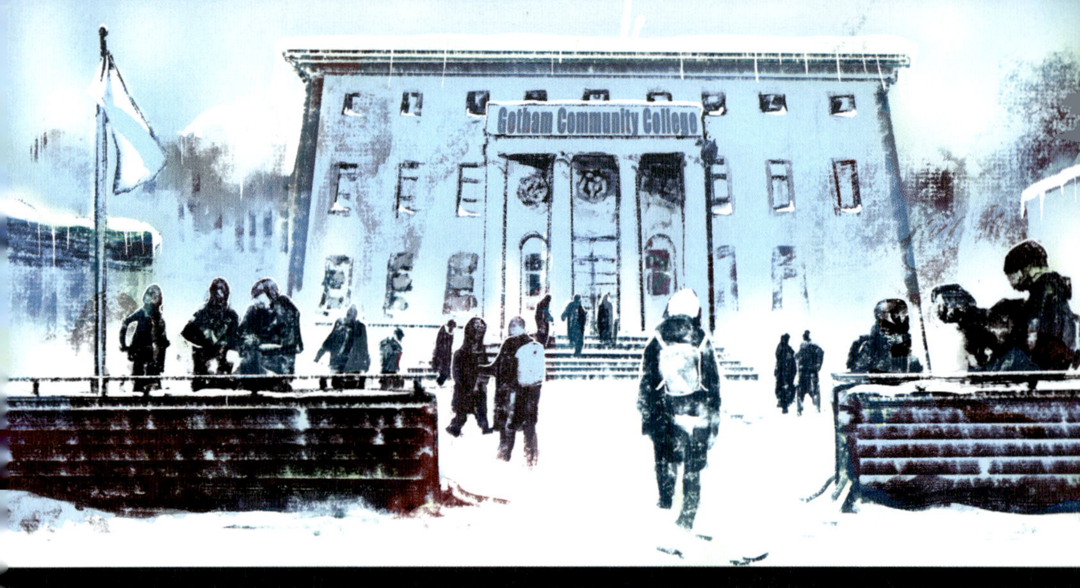
Gotham Community College

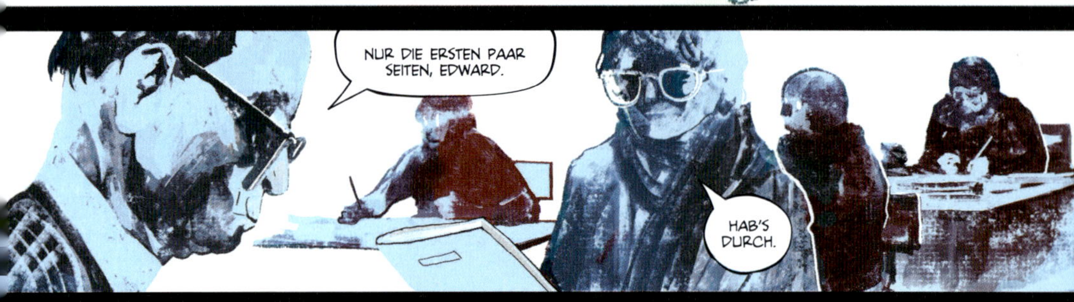
NUR DIE ERSTEN PAAR SEITEN, EDWARD.
HAB'S DURCH.

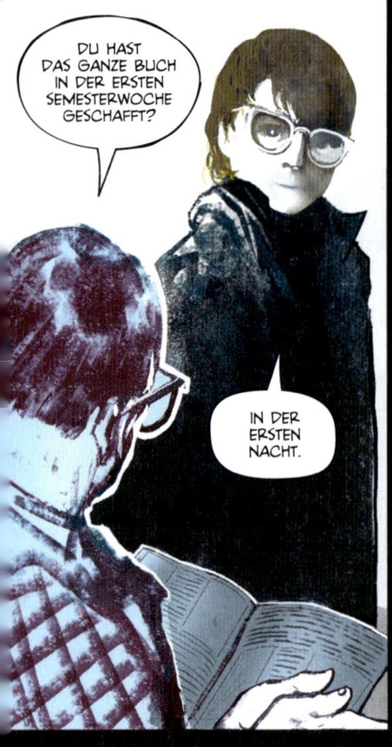
DU HAST DAS GANZE BUCH IN DER ERSTEN SEMESTERWOCHE GESCHAFFT?
IN DER ERSTEN NACHT.

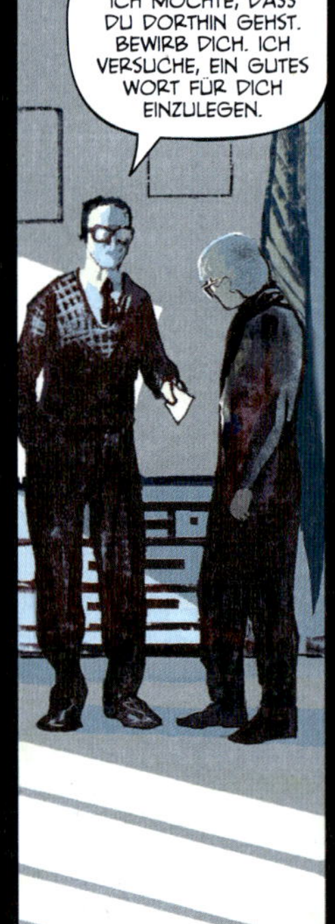
ICH MÖCHTE, DASS DU DORTHIN GEHST. BEWIRB DICH. ICH VERSUCHE, EIN GUTES WORT FÜR DICH EINZULEGEN.

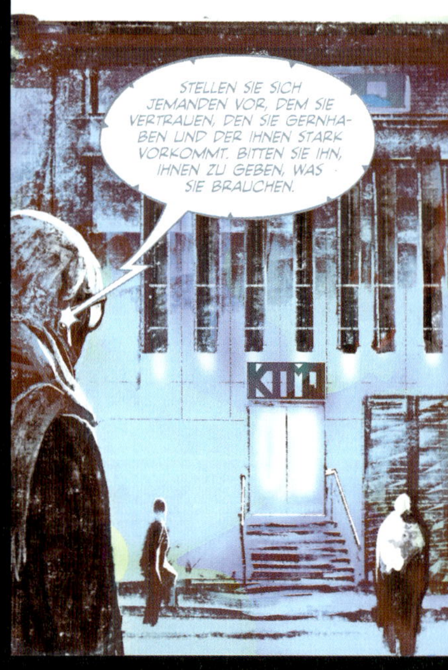
STELLEN SIE SICH JEMANDEN VOR, DEM SIE VERTRAUEN, DEN SIE GERNHABEN UND DER IHNEN STARK VORKOMMT. BITTEN SIE IHN, IHNEN ZU GEBEN, WAS SIE BRAUCHEN.
KTMD

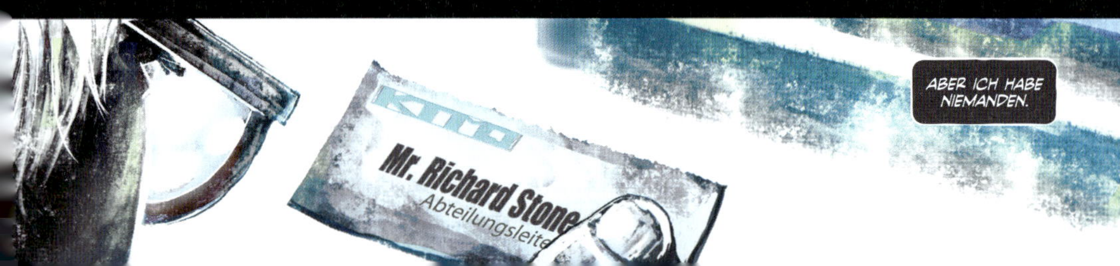
KTMD
Mr. Richard Stone
Abteilungsleite
ABER ICH HABE NIEMANDEN.

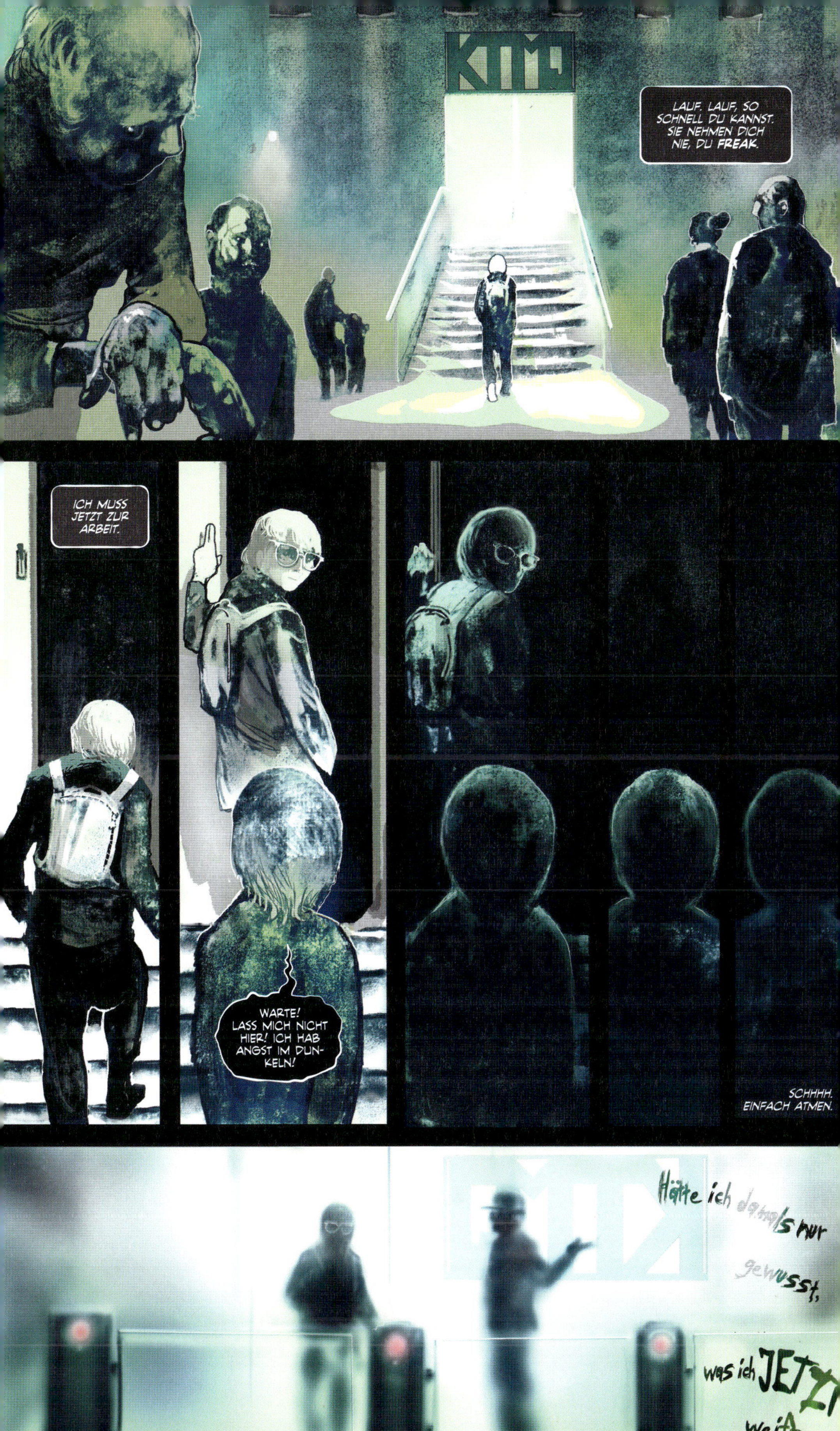

LAUF. LAUF, SO SCHNELL DU KANNST. SIE NEHMEN DICH NIE, DU **FREAK**.
ICH MUSS JETZT ZUR ARBEIT.
WARTE! LASS MICH NICHT HIER! ICH HAB ANGST IM DUN-KELN!
SCHHHH. EINFACH ATMEN.
Hätte ich damals nur gewusst,
was ich JETZT weiß.

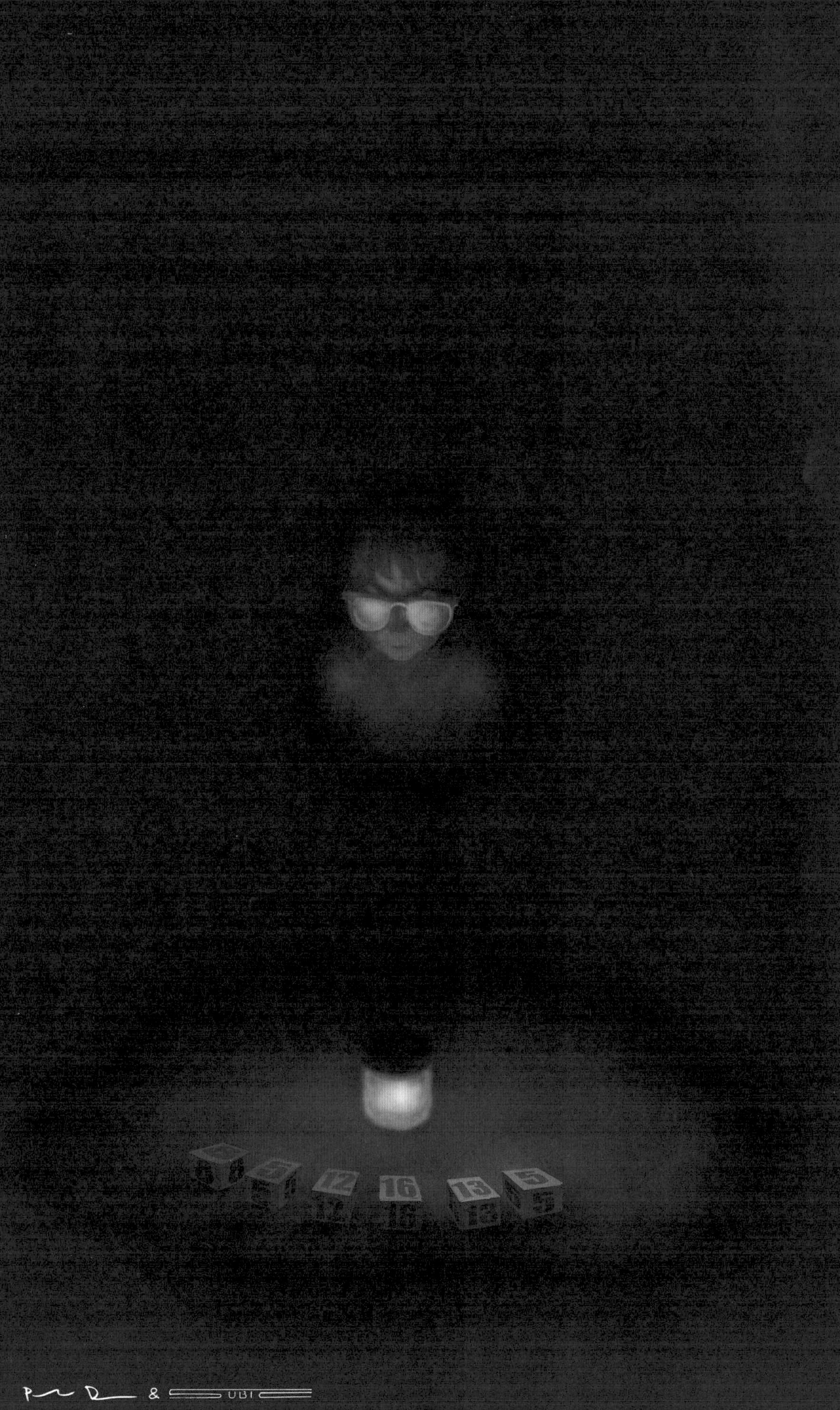

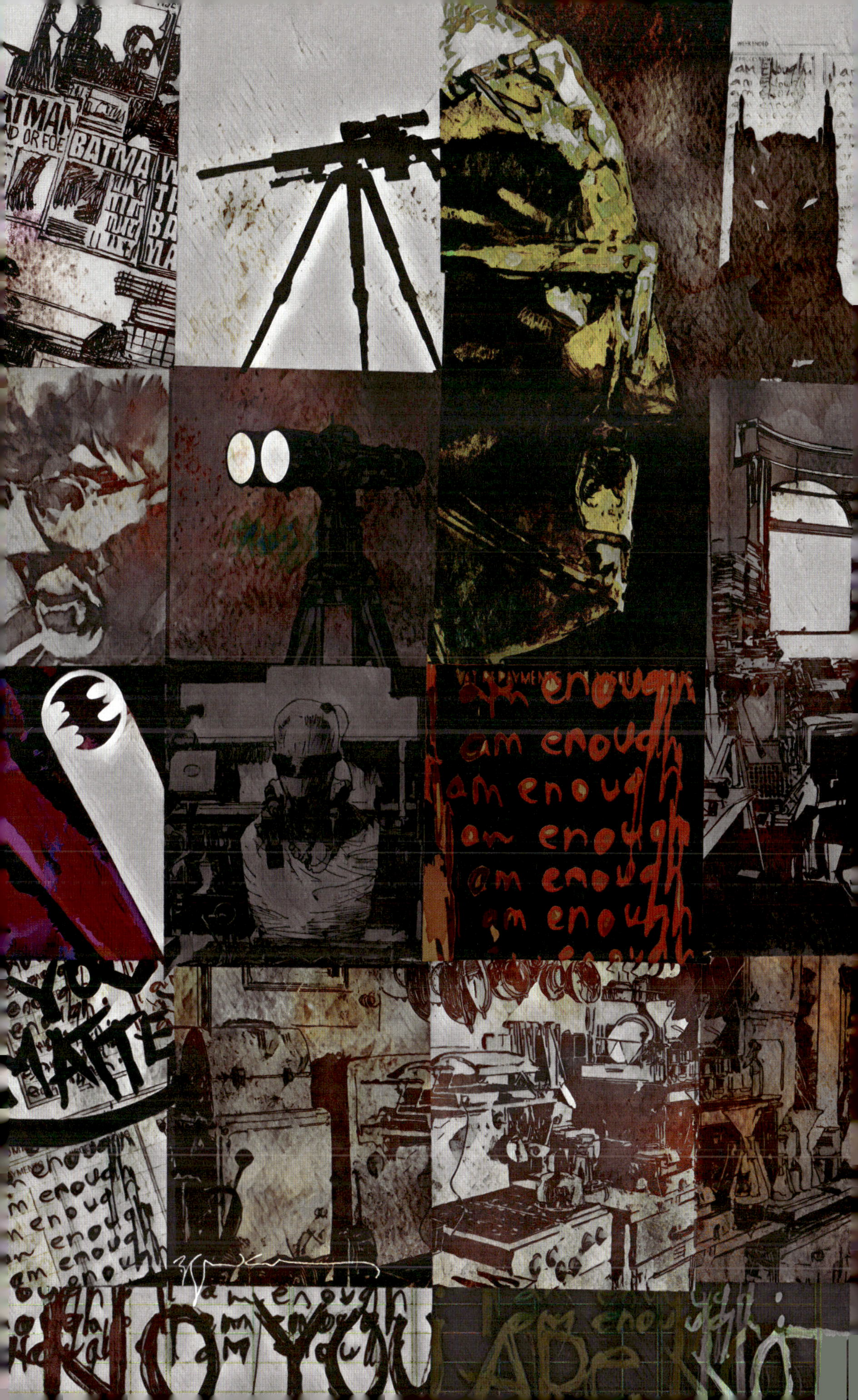

am enough
am enough
am enough
am enough
am enough
am enough
YOU
DO YOU

KAPITEL 5: VOM LICHT GEBLENDET

STORY

PAUL DANO

ZEICHNUNGEN, TUSCHE & FARBEN

STEVAN SUBIC

ORIGINAL-COVER

BILL SIENKIEWICZ

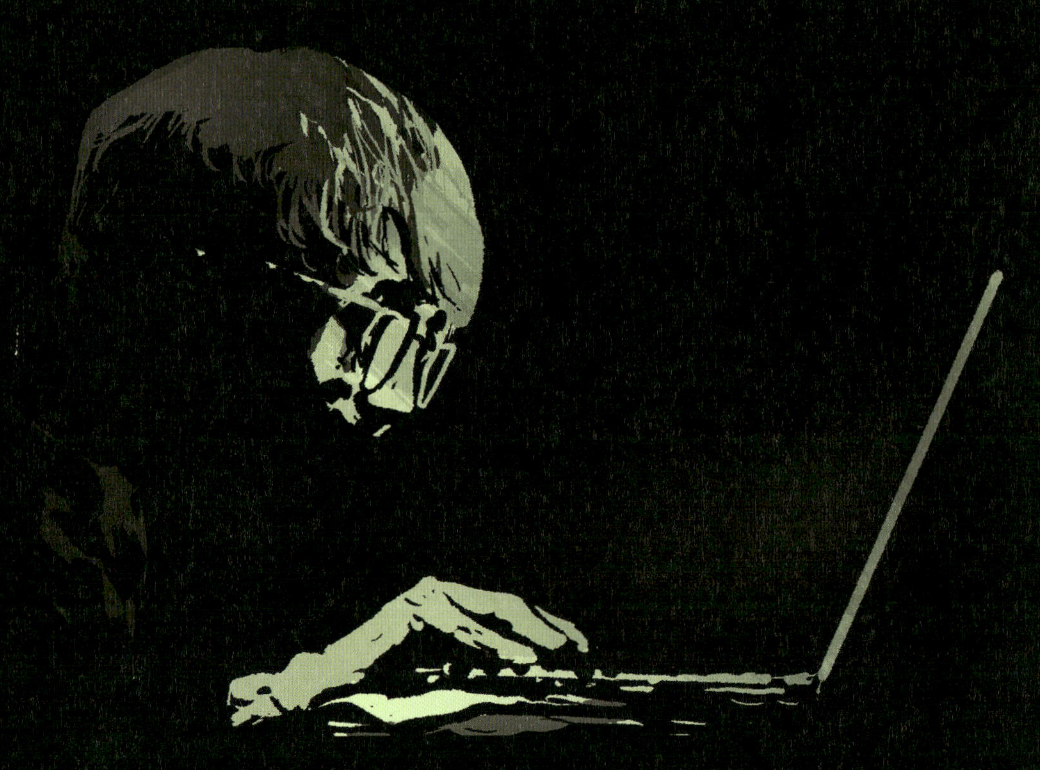

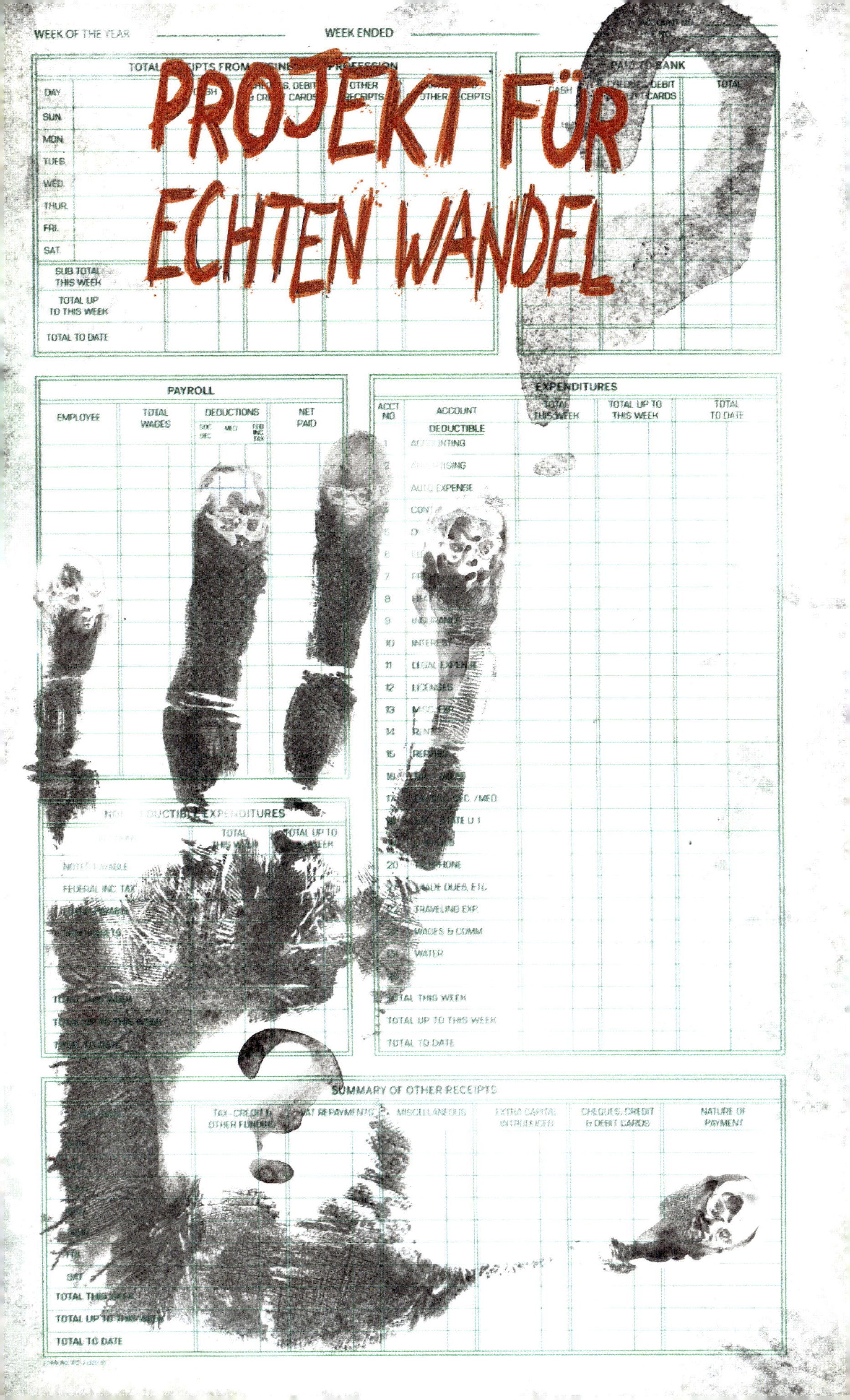

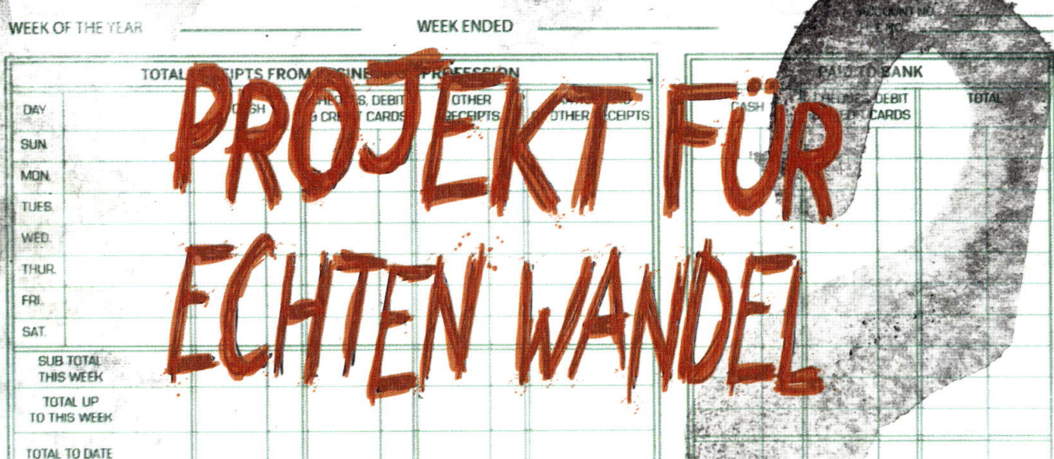
PROJEKT FÜR
ECHTEN WANDEL

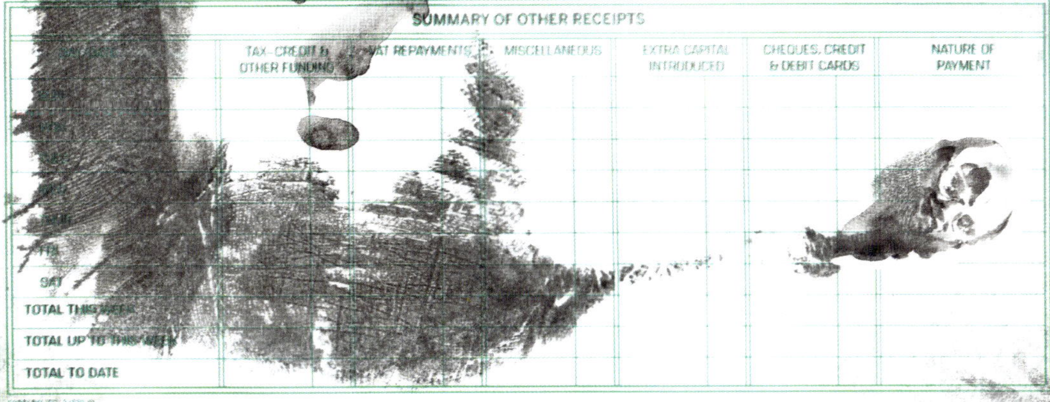

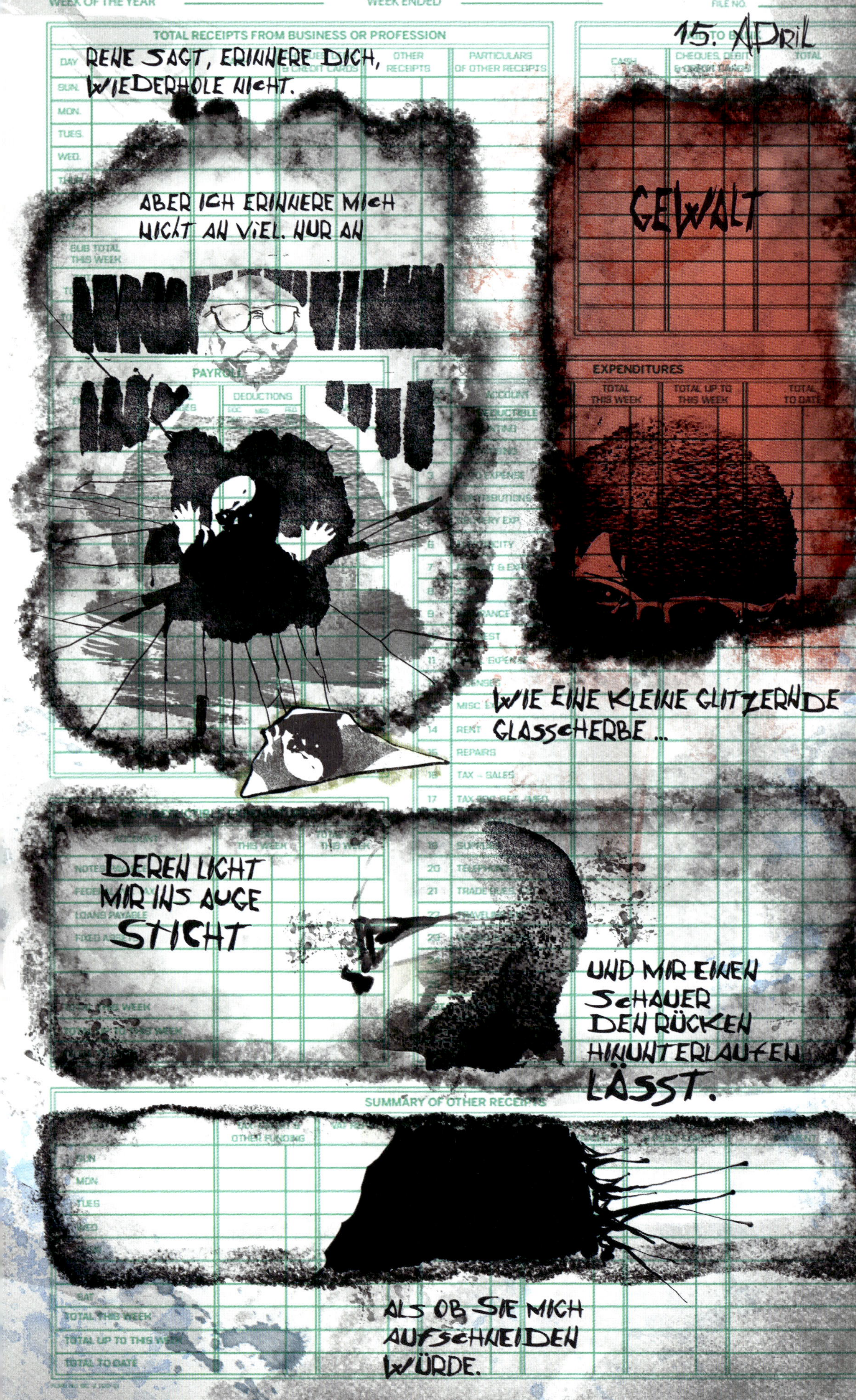
15. APRIL
RENE SAGT, ERINNERE DICH, WIEDERHOLE NICHT.
ABER ICH ERINNERE MICH NICHT AN VIEL. NUR AN
GEWALT
WIE EINE KLEINE GLITZERNDE GLASSCHERBE ...
DEREN LICHT MIR INS AUGE STICHT
UND MIR EINEN SCHAUER DEN RÜCKEN HINUNTERLAUFEN LÄSST.
ALS OB SIE MICH AUFSCHNEIDEN WÜRDE.

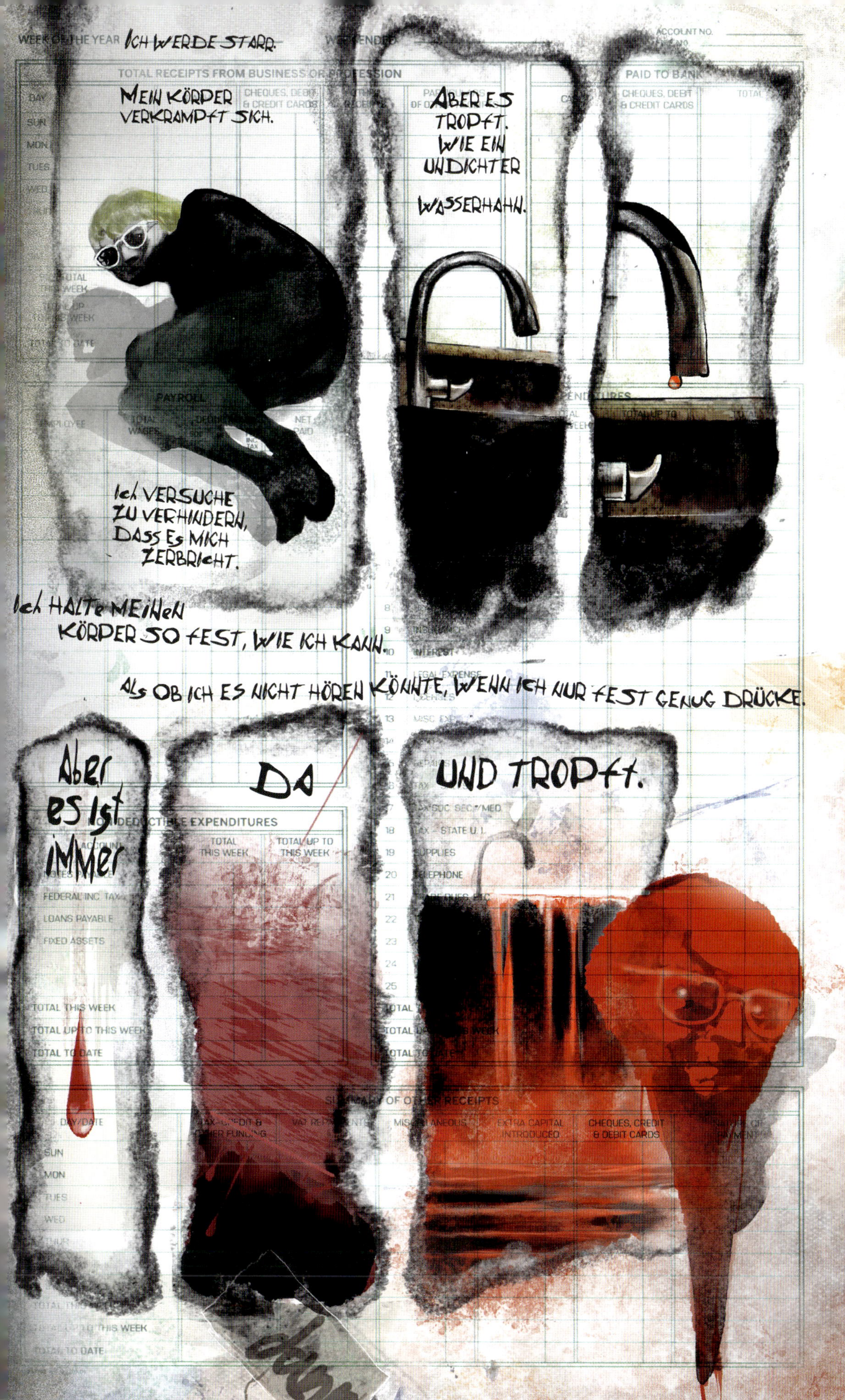
ICH WERDE STARR.
MEIN KÖRPER VERKRAMPFT SICH.
ICH VERSUCHE ZU VERHINDERN, DASS ES MICH ZERBRICHT.
ABER ES TROPFT. WIE EIN UNDICHTER WASSERHAHN.
ICH HALTE MEINEN KÖRPER SO FEST, WIE ICH KANN.
ALS OB ICH ES NICHT HÖREN KÖNNTE, WENN ICH NUR FEST GENUG DRÜCKE.
Aber es ist immer
DA
UND TROPFT.

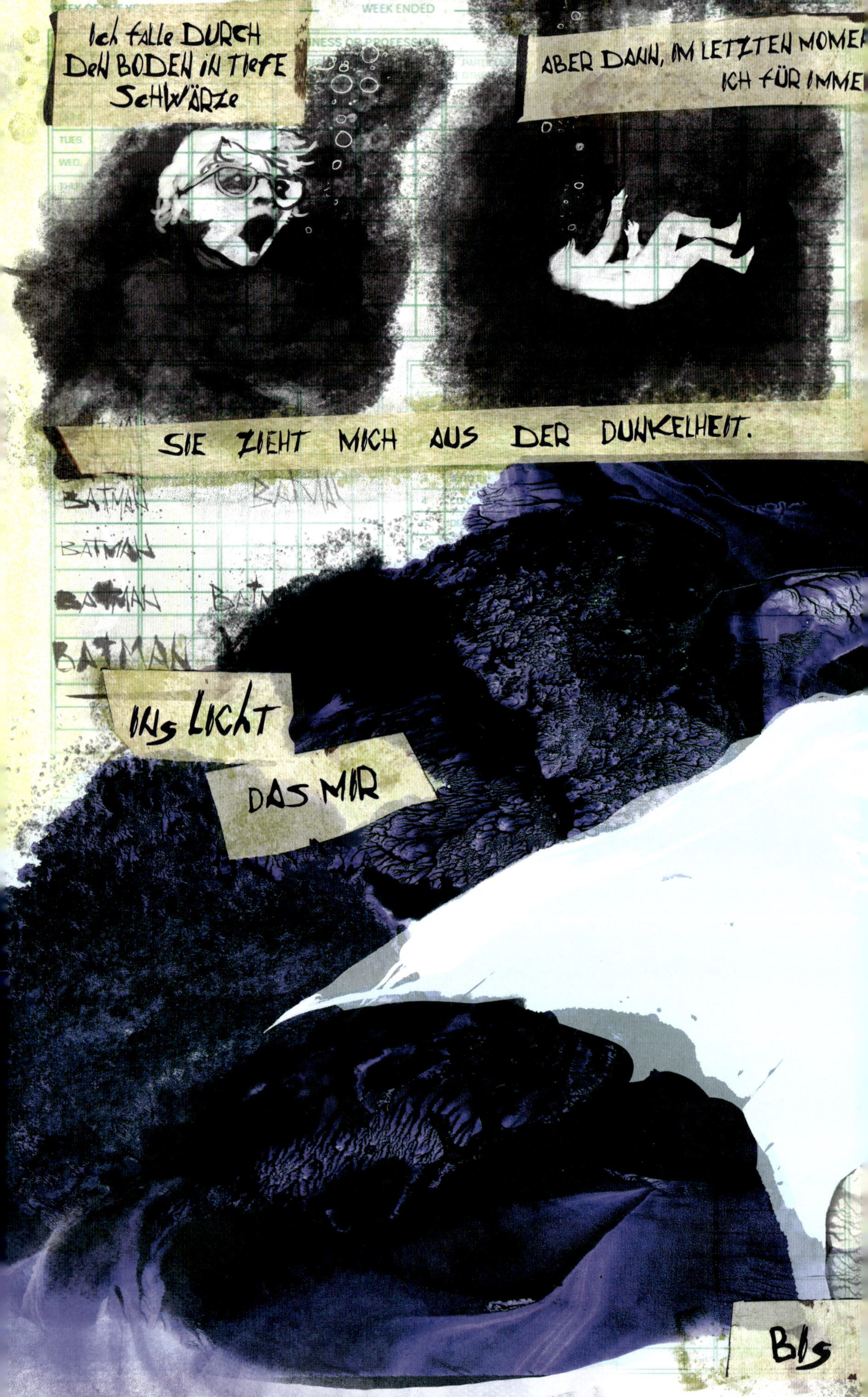
Ich falle DURCH DeN BODEN in TIEFE SCHWÄRZE
ABER DANN, IM LETZTEN MOME
ICH FÜR IMME
SIE ZIEHT MICH AUS DER DUNKELHEIT.
BATMAN
BATMAN
BATMAN
BATMAN
INS LICHT
DAS MIR
BIS

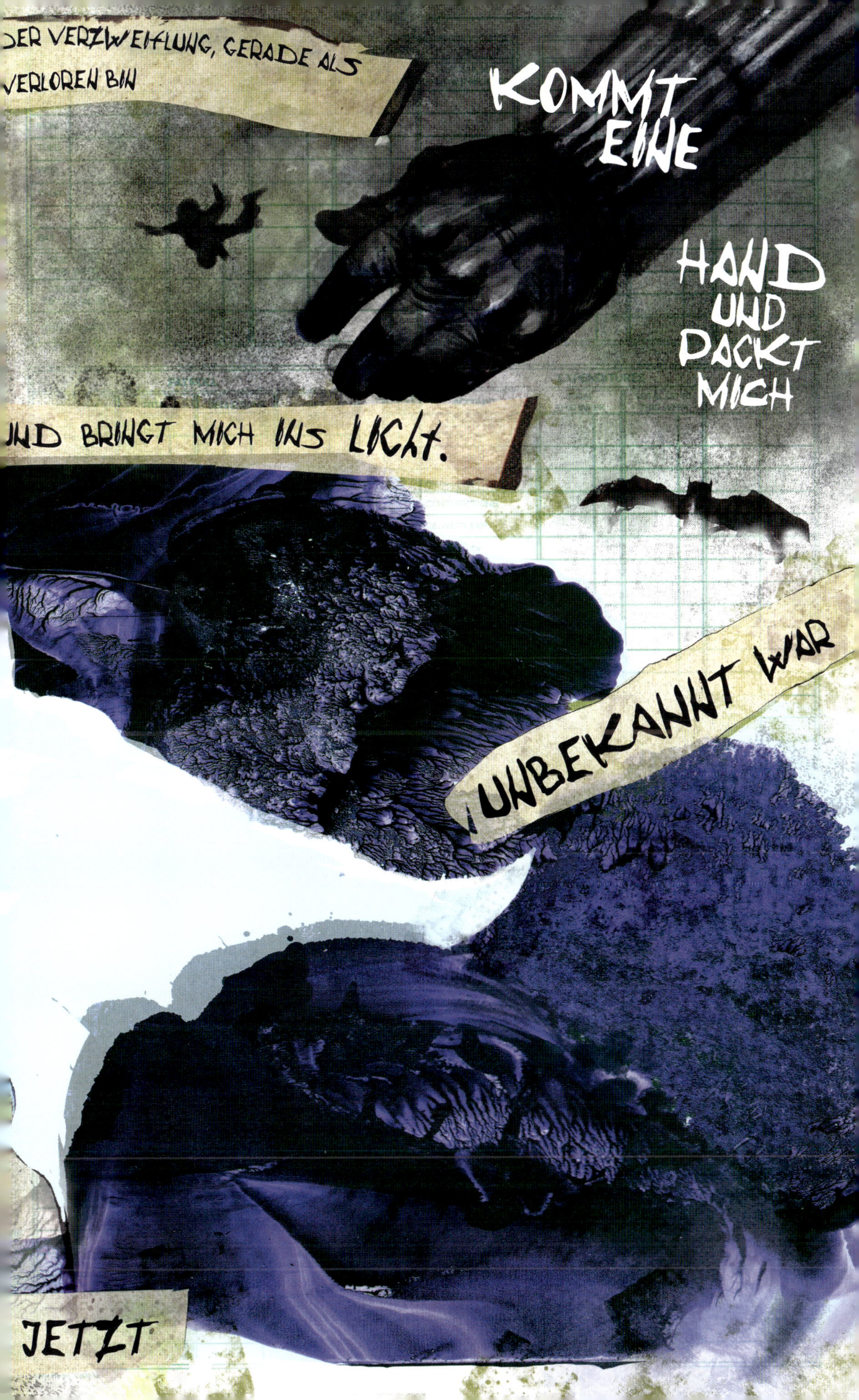

DER VERZWEIFLUNG, GERADE ALS
VERLOREN BIN

KOMMT EINE

HAND UND PACKT MICH

UND BRINGT MICH INS LICHT.

UNBEKANNT WAR

JETZT

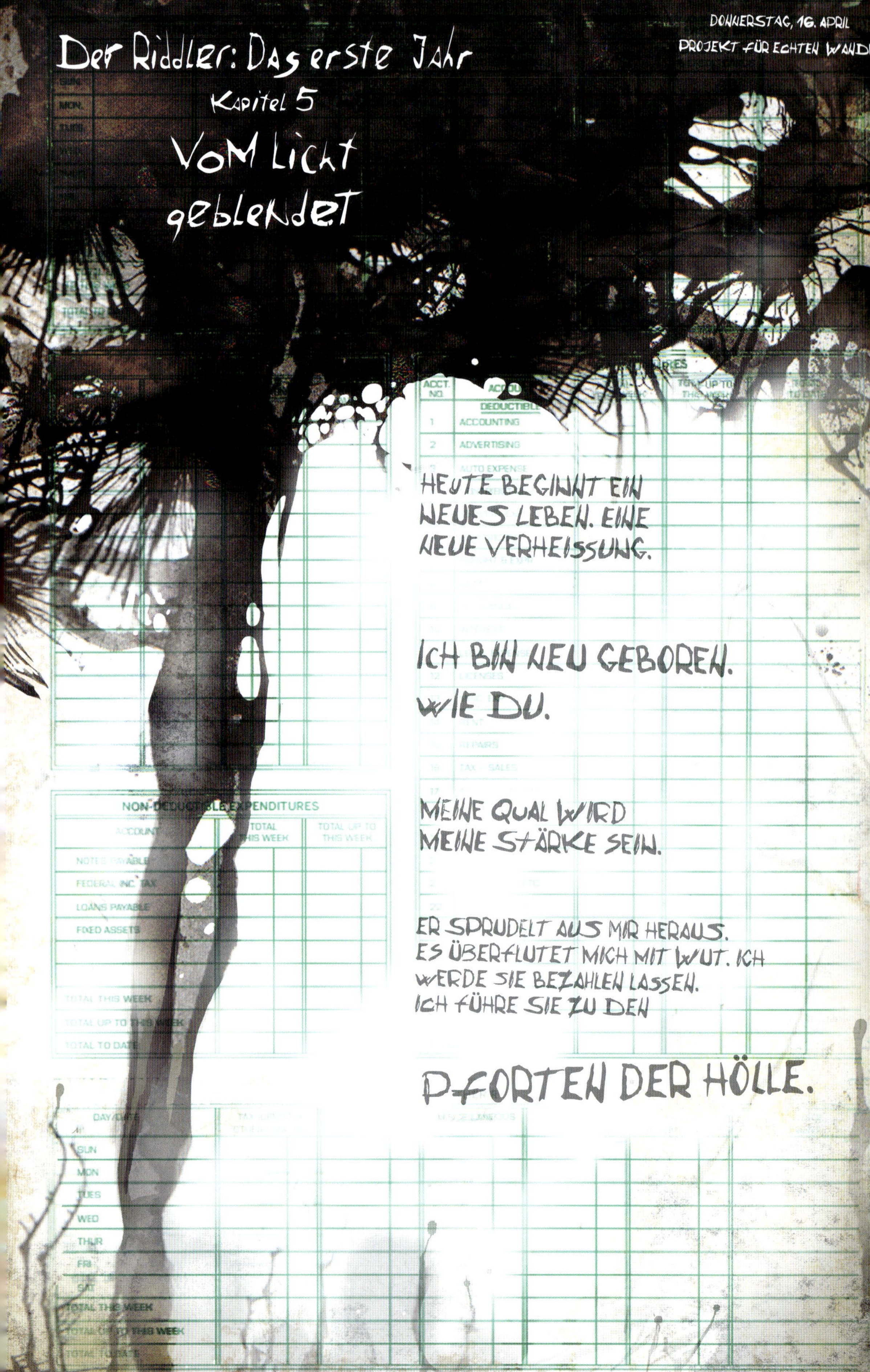
DONNERSTAG, 16. APRIL
PROJEKT FÜR ECHTEN WAND
Der Riddler: Das erste Jahr
Kapitel 5
VOM LICHT geblendet
HEUTE BEGINNT EIN NEUES LEBEN. EINE NEUE VERHEISSUNG.
ICH BIN NEU GEBOREN. WIE DU.
MEINE QUAL WIRD MEINE STÄRKE SEIN.
ER SPRUDELT AUS MIR HERAUS. ES ÜBERFLUTET MICH MIT WUT. ICH WERDE SIE BEZAHLEN LASSEN. ICH FÜHRE SIE ZU DEN
PFORTEN DER HÖLLE.

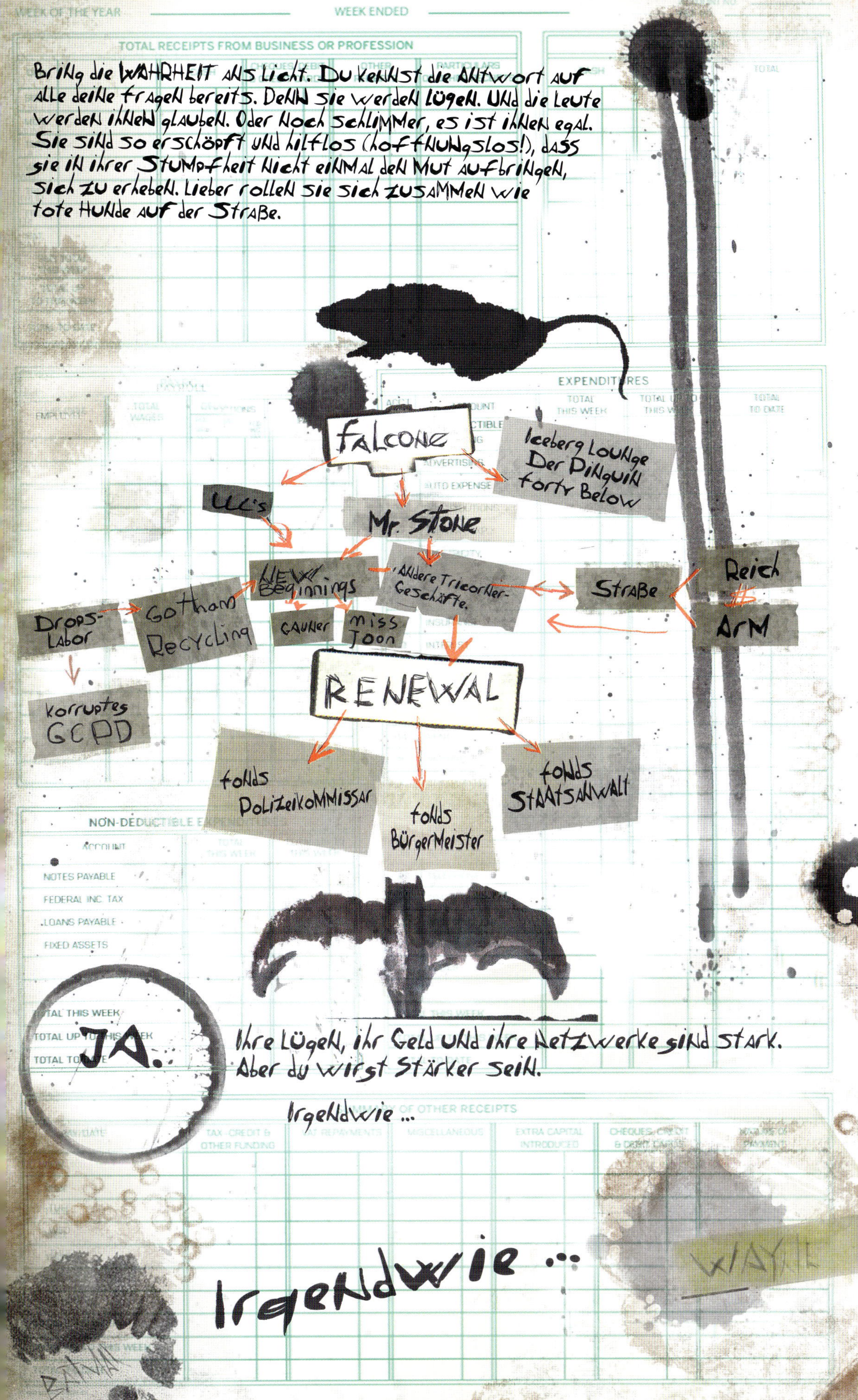
Bring die WAHRHEIT ans Licht. Du kennst die Antwort auf alle deine Fragen bereits. Denn sie werden lügen. Und die Leute werden ihnen glauben. Oder noch schlimmer, es ist ihnen egal. Sie sind so erschöpft und hilflos (hoffnungslos!), dass sie in ihrer Stumpfheit nicht einmal den Mut aufbringen, sich zu erheben. Lieber rollen sie sich zusammen wie tote Hunde auf der Straße.
FALCONE
Iceberg Lounge Der Pinguin Forty Below
LLL's
Mr. Stone
New Beginnings
Andere Tricorner-Geschäfte
Straße
Reich
Arm
Drops-Labor
Gotham Recycling
Gauner
Miss Joon
korruptes GCPD
RENEWAL
Fonds Polizeikommissar
Fonds Bürgermeister
Fonds Staatsanwalt
JA.
Ihre Lügen, ihr Geld und ihre Netzwerke sind stark. Aber du wirst stärker sein.
Irgendwie ...
Irgendwie ...

Woche um Woche Arbeit in den Höhlen. In den Höhlen der Gotham Mountain Security, in den Höhlen des Internets und in den Höhlen meines Geistes. Wissen sie, dass du Unterlagen aufbewahrt hast? Haben Sie sie für ihre eigenen Zwecke aufbewahrt? Wussten Sie, wie viel Sitzfleisch ich habe, Mr. Stone?

Denn es ist alles

HIER

Ich gehe nächtelang die Akten der Staatsanwaltschaft durch.

Und ojeeee, es ist noch schlimmer, als ich dachte.

EIN DEAL!

Sie haben einen DEAL GEMACHT!!!

Falcone ist SMARRRRRTTT!

Er verrät seinen Feind, nicht nur, um ihn auszulöschen, sondern um die Tür noch weiter zu öffnen.
Wurden sie ausgetrickst?!
Oder haben sie ihre Seelen freiwillig an den Teufel verkauft?!

Bürgermeister, Commissioner, Staatsanwalt

Mehr braucht es ECHT nicht?! Sind wir euch so WENIG WERT?!

Ihr Mörder. Mörder von Hoffnungen und Träumen und Kindheiten.
Ich sehe euer WAHRES GESICHT.

Die Stadt spricht zu mir. Der Nebel meiner Vergangenheit (Schrecken!) lichtet sich. Ich kann sie jetzt klar und deutlich sehen. Ihre Bürger, wie irregeführte Schafe. Sie sind wie Vieh, das nicht weiß, dass es zur Schlachtbank gebracht wird.

Die Stadt spricht zu mir und ich kann ihre Geheimnisse hören. Aber werden **SIE** zuhören?! Werden sie **MICH HÖREN**?!

Ich grinse spöttisch. Nein. Sie werden einen **Freak** sehen. Abschaum ohne Eltern. Ich muss dafür sorgen, dass sie etwas anderes sehen ... Ich muss sie zum Zuhören zwingen ...

„Warte! Halt! Nein! Du musst Vertrauen haben! Glaube! **HOFFNUNG!**“

HA!

Hoffnung!

Wagt es nicht, mir mit Hoffnung zu kommen. Ich habe Tag für Tag auf jemanden gewartet, der mir hilft.

Die **HOFFNUNG** ist **TOT**.

Sie ist mit den **LÜGEN** von Thomas Wayne begraben. Handeln ist angesagt.

Und der Glaube?!, sagt ihr. Wie sehr wünschte ich, ich könnte an etwas glauben! Aber an was?!

Hoffnung

An die **MENSCHEN**?! An die **STADT**?!
NEIN! Nein, nein, **nein**.
Auf diesen Trick falle ich nicht herein.
Ich nehme es nicht hin. Ich werde ihre **LÜGEN AUFDECKEN**.

Aber das allein **REICHT NICHT**.
Wenn man dieser Bestie den Arm abreißt, wächst ein neuer nach.

Ich muss ihr das Herz herausreißen.
Ich muss die **FÄULNIS** herausschneiden.
Ich muss ihre verdorbene Seele besiegen.

WAYNE

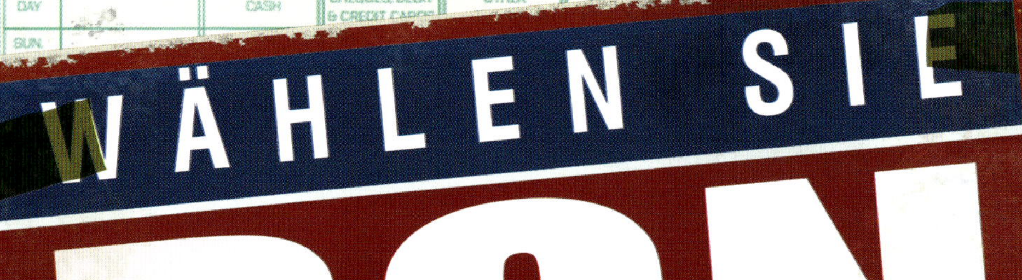

DON

ZUM BÜR[...]RMEISTER

MIT[...]HELL

TAG DES JÜNGSTEN GERICHTS!

116 Tage bis zum ~~Wahltag~~ **Tag des Jüngsten Gerichts.** Das ist klasse! Meine Vergangenheit und meine Gegenwart werden eins! Das sind nur noch **2.784** Stunden. **167.040** Minuten, **1002** Industriestunden + **7** Sekunden. Jede einzelne davon zählt. Das wird größer als ich. Also muss ich auch größer werden.

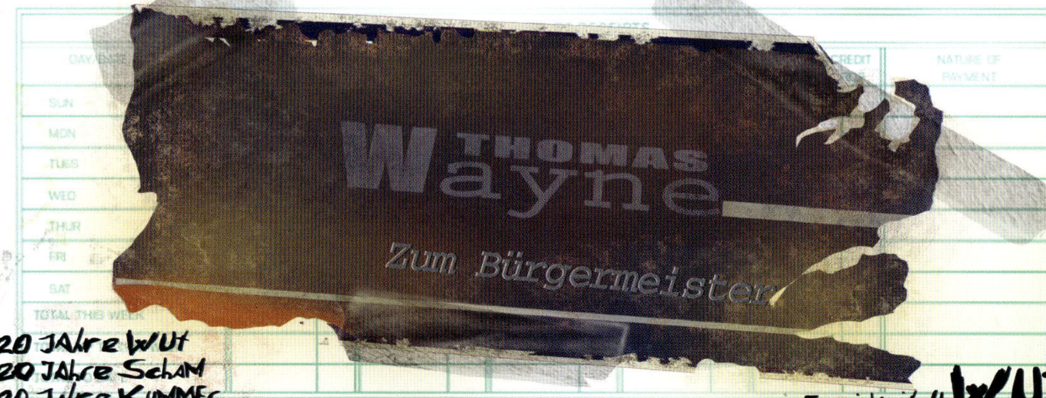

20 Jahre Wut
20 Jahre Scham
20 Jahre Kummer.

Ewigkeiten WUT.

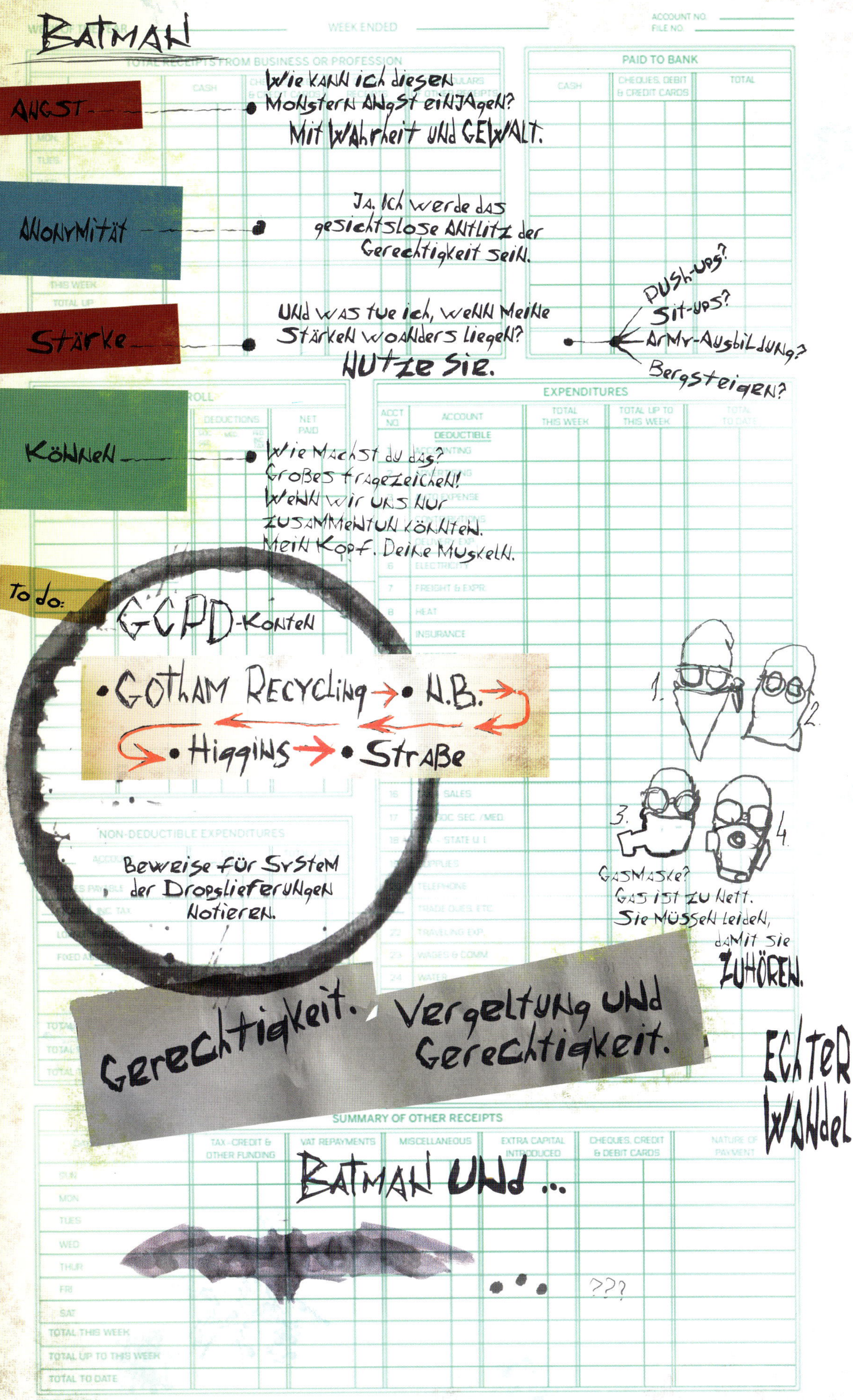
BATMAN
ANGST
Wie kann ich diesen Monstern Angst einjagen?
Mit Wahrheit und GEWALT.
ANONYMITÄT
Ja. Ich werde das gesichtslose Antlitz der Gerechtigkeit sein.
Stärke
Und was tue ich, wenn meine Stärken woanders liegen?
Nutze sie.
Push-ups?
Sit-ups?
Army-Ausbildung?
Bergsteigen?
Können
Wie machst du das?
Großes Fragezeichen!
Wenn wir uns nur zusammentun könnten.
Mein Kopf. Deine Muskeln.
To do:
GCPD-Konten
• Gotham Recycling
• N.B.
• Higgins
• Straße
1.
2.
3.
4.
Gasmaske?
Gas ist zu nett.
Sie müssen leiden, damit sie ZUHÖREN.
Beweise für System der Dropslieferungen notieren.
Gerechtigkeit.
Vergeltung und Gerechtigkeit.
ECHTER WANDEL
BATMAN UND ...
???

Die erste Nacht in meiner neuen Wohnung.

Habe eine kleine Bruchbude gefunden (hä hä hä). Wie heißt es doch so schön: die Lage, die Lage, die Lage!

Es ist perfekt. Ich kann von hier aus alles sehen!

Ich starre nachts aus dem Fenster.
Beobachte. Wachse. Arbeite.

BATMAN
BATMAN
BATMAN

Diese Energie ist mächtig. Ich bewahre meine Arbeitskleidung neben dem Feldbett auf, gut geordnet. Ich bin vorsichtig, schlüpfe schnell rein und raus (wenn ich DORT rausgehe). Im Büro bin ich völlig unscheinbar. Genau wie früher. Ein Geist unter Menschen. Ein wandelnder Leichnam.

(Dessen gleißendes Licht der Wut sich unter dem Deckmantel seiner Buchhalteruniform verbirgt.)

Ich wünschte, ich könnte in ihre Gesichter schauen, wenn sie sehen, was ich darunter verberge.

der

Ich komme nach Hause. Ich ziehe meine Jacke aus. Ich hänge sie auf.
Ich mache mich direkt an die Arbeit. Meine ECHTE Arbeit.
Ich muss mir nicht einmal sagen, dass ich atmen soll.
Es geschieht einfach.
Der Motor springt an, ohne dass ich es verlange.

Ich habe mich gefunden.

Ich bin so glücklich, ich könnte weinen.

Ich bin so wütend, ich könnte **SCHREIEN.**

STONE ZACH

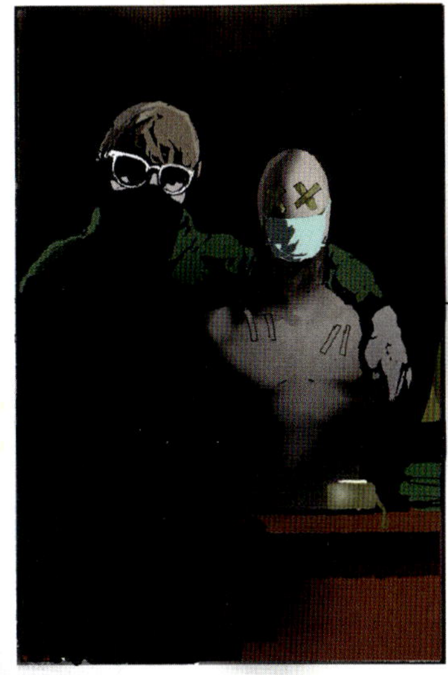

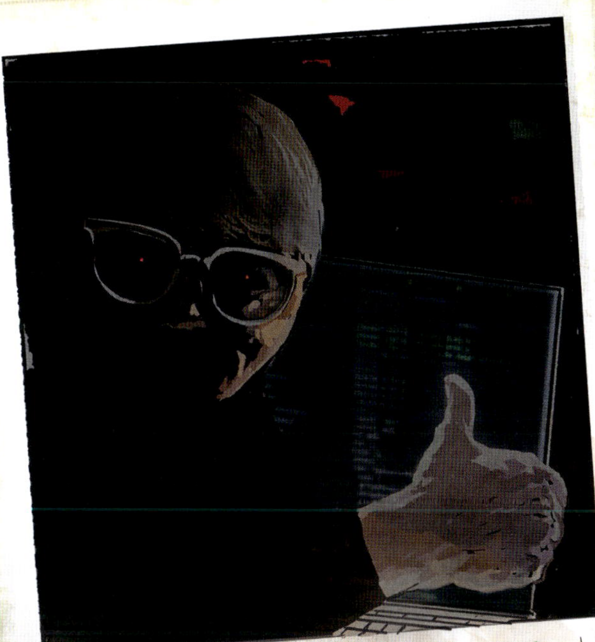

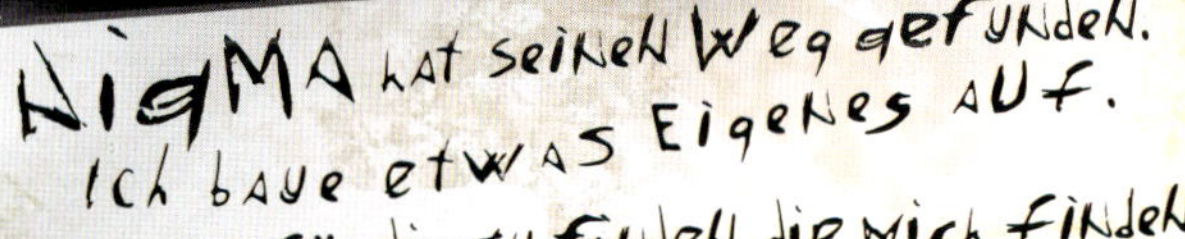
Nigma hat seinen Weg gefunden.
Ich baue etwas Eigenes auf.
Ich bin nur für die zu finden, die mich finden sollen.

Ich kann es da draußen sehen, wie einen Sturm, der sich über der Stadt zusammenbraut. Ich kann spüren, wie es nach mir verlangt. Das größte Rätsel aller Zeiten.

Um ein großes Rätsel zu erstellen (ganz zu schweigen vom größten aller Zeiten!), muss man zuerst die Antwort kennen. Ich werde von ~~Falcone~~ ihm aus rückwärts arbeiten.

Aber es sind die Fragen, die uns umtreiben. Die uns helfen (sie zu zwingen), zu denken, hinzusehen. Antworten sind billig, es sei denn, man muss für sie arbeiten (leiden!). Es sind die Fragen, die Bestand haben ...

BAT MAN

Bat man

man

name + man

Batman und

Batman und

Batman und

Im Büro sahen sie früher so groß aus! Jetzt wirken sie so klein! Sei auf der Hut. Unterschätze **STONE** nicht. Seine Stunde wird schlagen.

Wayne-Archive – Untersuche die Zeit vor T. Waynes Kandidatur.
Finde die Wurzel und reiße sie aus, damit sie nie wieder wachsen kann.

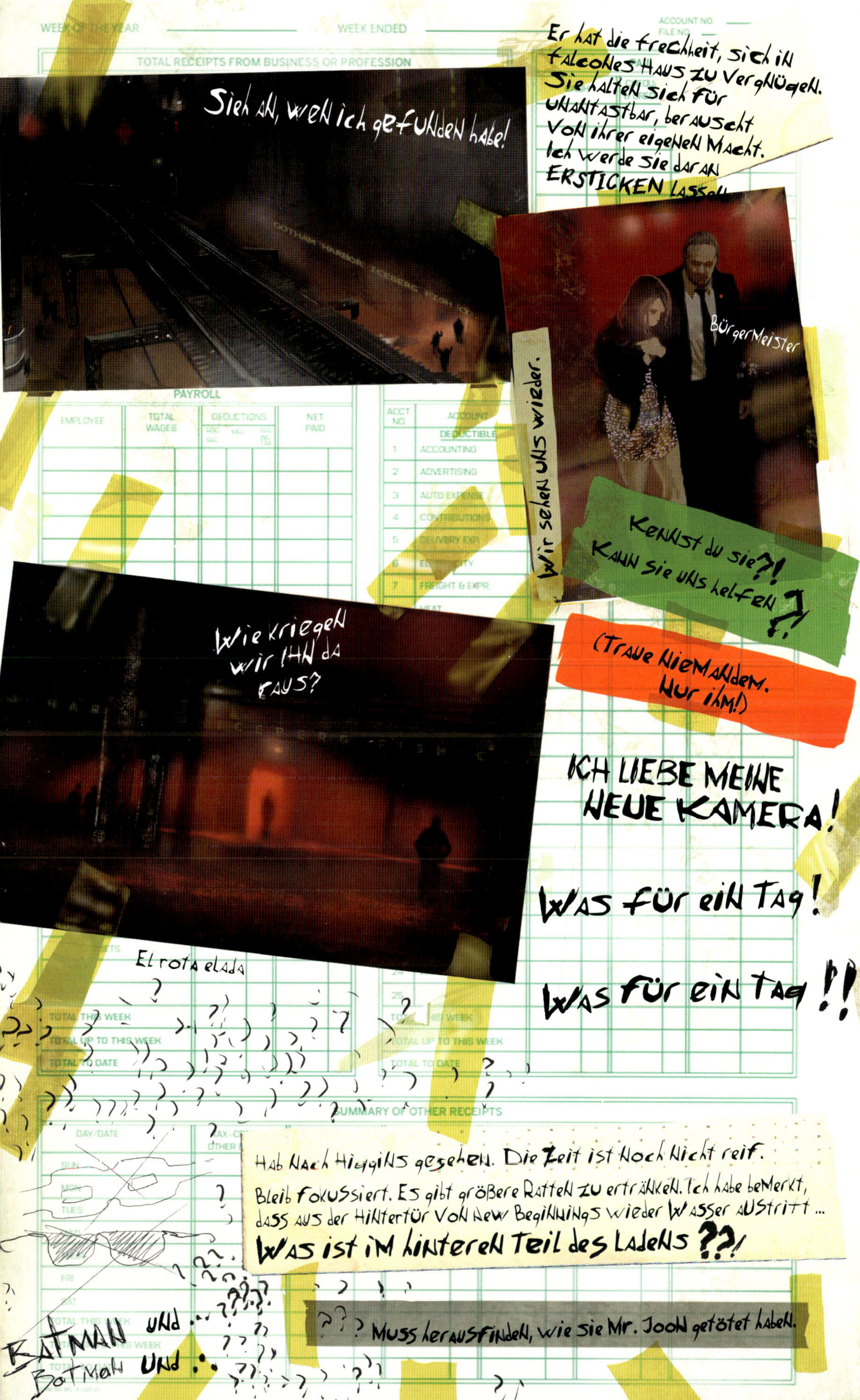
Er hat die Frechheit, sich in Falcones Haus zu vergnügen. Sie halten sich für unantastbar, berauscht von ihrer eigenen Macht. Ich werde sie daran ERSTICKEN lassen.
Sieh an, wen ich gefunden habe!
Bürgermeister
Wir sehen uns wieder.
Kennst du sie?! Kann sie uns helfen?!
(Traue niemandem. Nur ihm!)
Wie kriegen wir ihn da raus?
ICH LIEBE MEINE NEUE KAMERA!
Was für ein Tag!
Was für ein Tag!!
El rota elada
Hab nach Higgins gesehen. Die Zeit ist noch nicht reif.
Bleib fokussiert. Es gibt größere Ratten zu ertränken. Ich habe bemerkt, dass aus der Hintertür von New Beginnings wieder Wasser austritt …
Was ist im hinteren Teil des Ladens ??!
Muss herausfinden, wie sie Mr. Joon getötet haben.
Batman und …
Batman und …

Dein Scheinwerfer erhellt den Himmel und ich schaue aus dem Fenster. Ich warte. Und rufe leise nach dir. Stell dir vor, was wir gemeinsam tun könnten! Es wird immer schwieriger, damit zu leben. Es allein zu ertragen. In meinen dunklen Stunden brauche ich dich, und dein Licht ist für mich da. Ich sehe **ÜBERALL** nur Krankes. Ich fühle mich, als könnte ich mich anstecken, als müsste ich mich reinigen. Ich wünschte, ich könnte mich auftrennen, das Gift dieser Stadt aus mir herausholen und mich wieder zusammennähen. Aber genau das tun wir ja gerade. Unsere Taten werden zeigen, wer wir wirklich sind.

VERGELTUNG

BATMAN.

Wie, wie bist du zu dem geworden, der du bist?! Welcher verrückte Geniestreich führte dich zu deiner Verkleidung?! Ich arbeite an meiner.

BALD (ich kann es kaum erwarten!) wirst du MICH sehen.

Auch ich werde in den Geschichtsbüchern stehen.

BATMAN und ..??

Jeder kennt das, dieses Gefühl, wenn einem etwas durch den Kopf geht, aber man bekommt es einfach nicht zu fassen. Doch in der Sekunde, in der man aufgibt und etwas anderes macht, ist es plötzlich da!

Sie sollen sich fragen, wer der Nächste ist wer der Nächste ist wer der Nächste ist warum ich warum ich warum ich was habe ich getan was habe ich getan wer bist du wer bist du wer bist du

Heute Abend musste ich eine Pause machen. Meine Augen waren total müde. Ein Moment der Verzweiflung. Die Arbeit, die vor mir liegt, ist so groß. Geistesabwesend bewegte sich meine Hand immer wieder über die Seite, während ich mit dem Kopf gegen die Wand schlug. Bis ich nach unten schaute.

Da war es und starrte mich an.

Mein Unterbewusstsein war am Werk und rief mir aus der Tiefe zu, vom Anbeginn der Zeit!

Mr. Wayne, was wird gebrochen, wenn man es nicht hält?

JA, JA

Sie sollen alles **INFRAGE** stellen.

Die Fragen.

Das Rätsel

Das Puzzle

Batman und

Puzzlenigma

Das Rätsel

Das Rätsel "Riddle"

Der **RIDDLER**

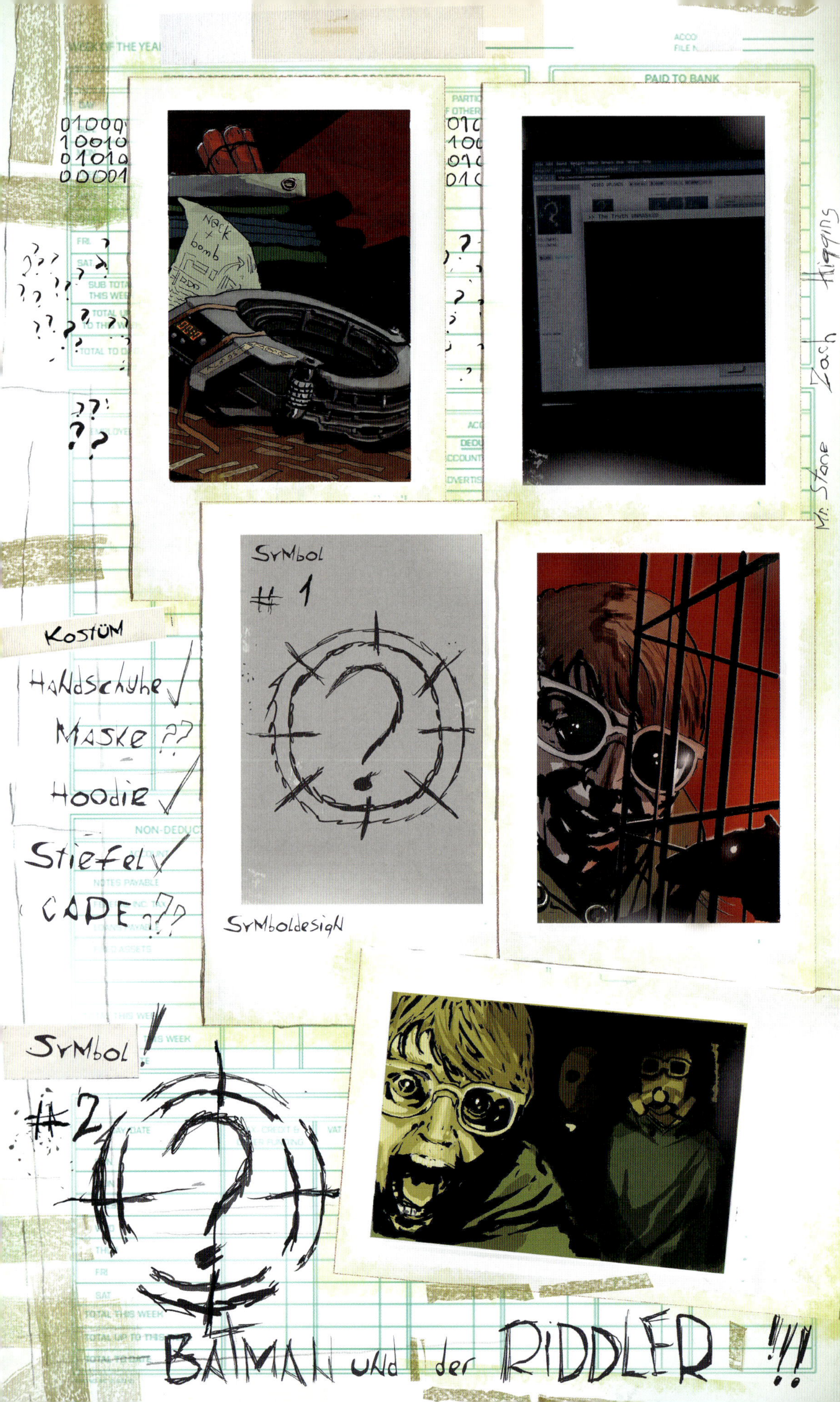

neck
+
bomb
Mr. Stone
Zach Higgins
Symbol
1
Symboldesign
Kostüm
Handschuhe ✓
Maske ??
Hoodie ✓
Stiefel ✓
Cape ??
Symbol!
#2
BATMAN und der RIDDLER !!!

Zahlen Zahlen Zahlen Zahlen. Ich versinke die ganze Nacht im Code. Meine Augen brennen. Mein Gehirn glüht! Neue Rätsel sind zu lösen. Und ich werde sie alle lösen! Ich gehe sie mit Warp-Geschwindigkeit durch. Ich wusste es! Ich wusste es die ganze Zeit, irgendwo tief im Inneren. Dass **NIEMAND TUN KANN, WAS ICH TUE.**

Jeden Tag näher. Ich kann spüren, wie meine Macht wächst.

Tod wird Leben. Qual wird Stärke. Scham wird Wut. Selbstaufopferung wird Zorn. Hilflosigkeit wird Tat.

Ich schaue auf meinen Finger, der vom Tippen wund ist. Die Erinnerung bremst mich nicht mehr aus. Sie **BEFLÜGELT MICH.**

Daher lache ich. Ich lache, anstatt zu weinen. Lache, dass es wehtut. Ich lache, damit ich nicht schreie. Hätte ich das doch nur gewusst, in all den Nächten im Dunkeln! Als ich meine Schreie unterdrückt habe (während ich ihre hören musste!)

Hätte ich nur gewusst, dass es eines Tages einen Grund zum Atmen geben würde!

Hätte ich es nur gewusst
Hätte ich es nur gewusst
Hätte ich es nur gewusst
Hätte ich es nur gewusst
Hätte ich es nur gewusst
Hätte ich es nur gewusst
Hätte ich es nur gewusst
Hätte ich es nur gewusst

H.t. Maske (?) Cape und Handie?

Vorfolge 8

Wayne-Abrechnungen von vor 20 Jahren = Geld für das Krankenhaus

DOCH IHR HABT MICH LEIDEN LASSEN

IN ANY CASE, ONE

RENEWAL

THOMAS WAYNE

Maske?
Brille?

finde die Wahrheit heraus

Website aktivieren

Bruce Wayne

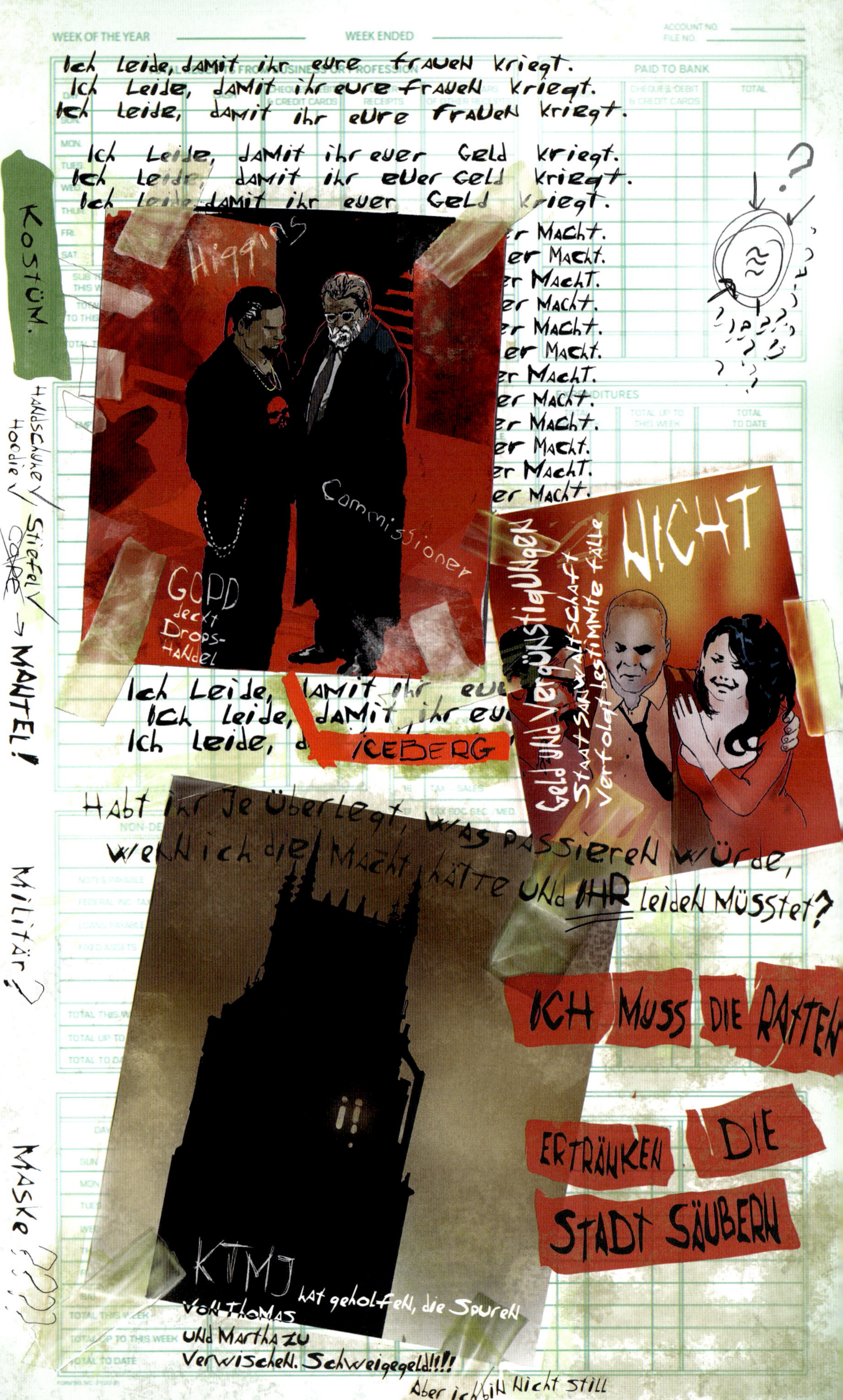
Ich leide, damit ihr eure Frauen kriegt.
Ich leide, damit ihr eure Frauen kriegt.
Ich leide, damit ihr eure Frauen kriegt.
Ich leide, damit ihr euer Geld kriegt.
Ich leide, damit ihr euer Geld kriegt.
Ich leide, damit ihr euer Geld kriegt.
Kostüm.
Higgins
Commissioner
GCPD deckt Drops-Handel
NICHT
Geld und Vergünstigungen
Staatsanwaltschaft
Verfolgt bestimmte Fälle
Handschuhe
Hoodie
Stiefel
→ MANTEL!
ICEBERG
Habt ihr je überlegt, was passieren würde,
wenn ich die Macht hätte und IHR leiden müsstet?
Militär?
ICH MUSS DIE RATTEN
ERTRÄNKEN DIE
STADT SÄUBERN
Maske?
KTMJ hat geholfen, die Spuren von Thomas und Martha zu verwischen. Schweigegeld!!!!
Aber ich bin nicht still

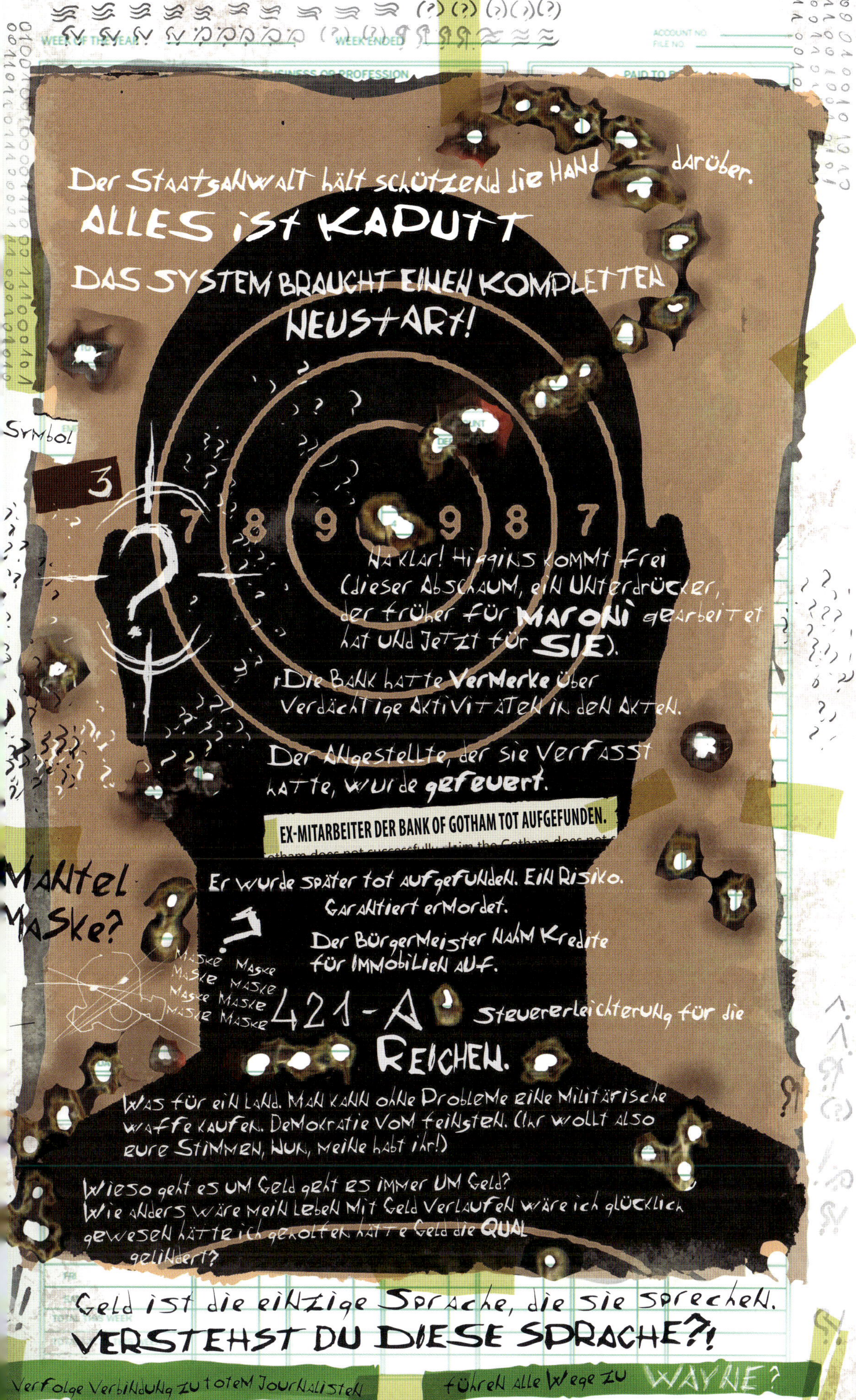
Der Staatsanwalt hält schützend die Hand darüber.
ALLES ist KAPUTT
DAS SYSTEM BRAUCHT EINEN KOMPLETTEN NEUSTART!
Symbol
3
7 8 9 9 8 7
Na klar! Higgins kommt frei (dieser Abschaum, ein Unterdrücker, der früher für MARONI gearbeitet hat und jetzt für SIE).
Die Bank hatte Vermerke über verdächtige Aktivitäten in den Akten.
Der Angestellte, der sie verfasst hatte, wurde gefeuert.
EX-MITARBEITER DER BANK OF GOTHAM TOT AUFGEFUNDEN.
Er wurde später tot aufgefunden. Ein Risiko. Garantiert ermordet.
Mantel Maske?
Der Bürgermeister nahm Kredite für Immobilien auf.
Maske Maske Maske Maske Maske Maske Maske Maske
421-A Steuererleichterung für die Reichen.
Was für ein Land. Man kann ohne Probleme eine militärische Waffe kaufen. Demokratie vom feinsten. (Ihr wollt also eure Stimmen, nun, meine habt ihr!)
Wieso geht es um Geld geht es immer um Geld? Wie anders wäre mein Leben mit Geld verlaufen wäre ich glücklich gewesen hätte ich geholfen hätte Geld die QUAL gelindert?
Geld ist die einzige Sprache, die sie sprechen.
VERSTEHST DU DIESE SPRACHE?!
Verfolge Verbindung zu totem Journalisten
führen alle Wege zu WAYNE?

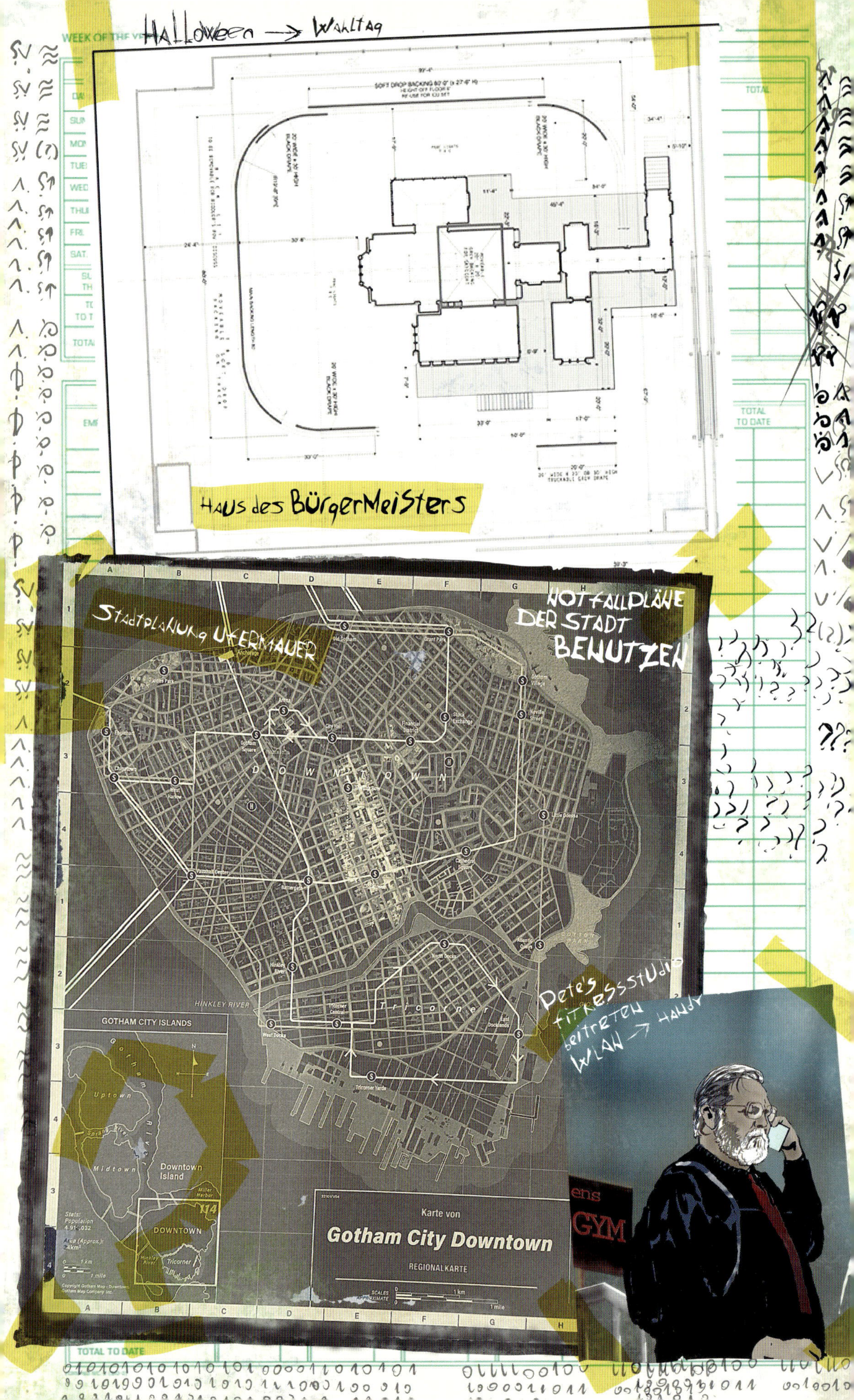
Halloween → Wahltag
Haus des Bürgermeisters
Stadtplanung Untermauer
Notfallpläne der Stadt benutzen
Pete's Fitnessstudio
beitreten
WLAN → Handy
Karte von
Gotham City Downtown
REGIONALKARTE
GOTHAM CITY ISLANDS
Uptown
Midtown
Downtown Island
DOWNTOWN
Tricorner
HINKLEY RIVER
GYM

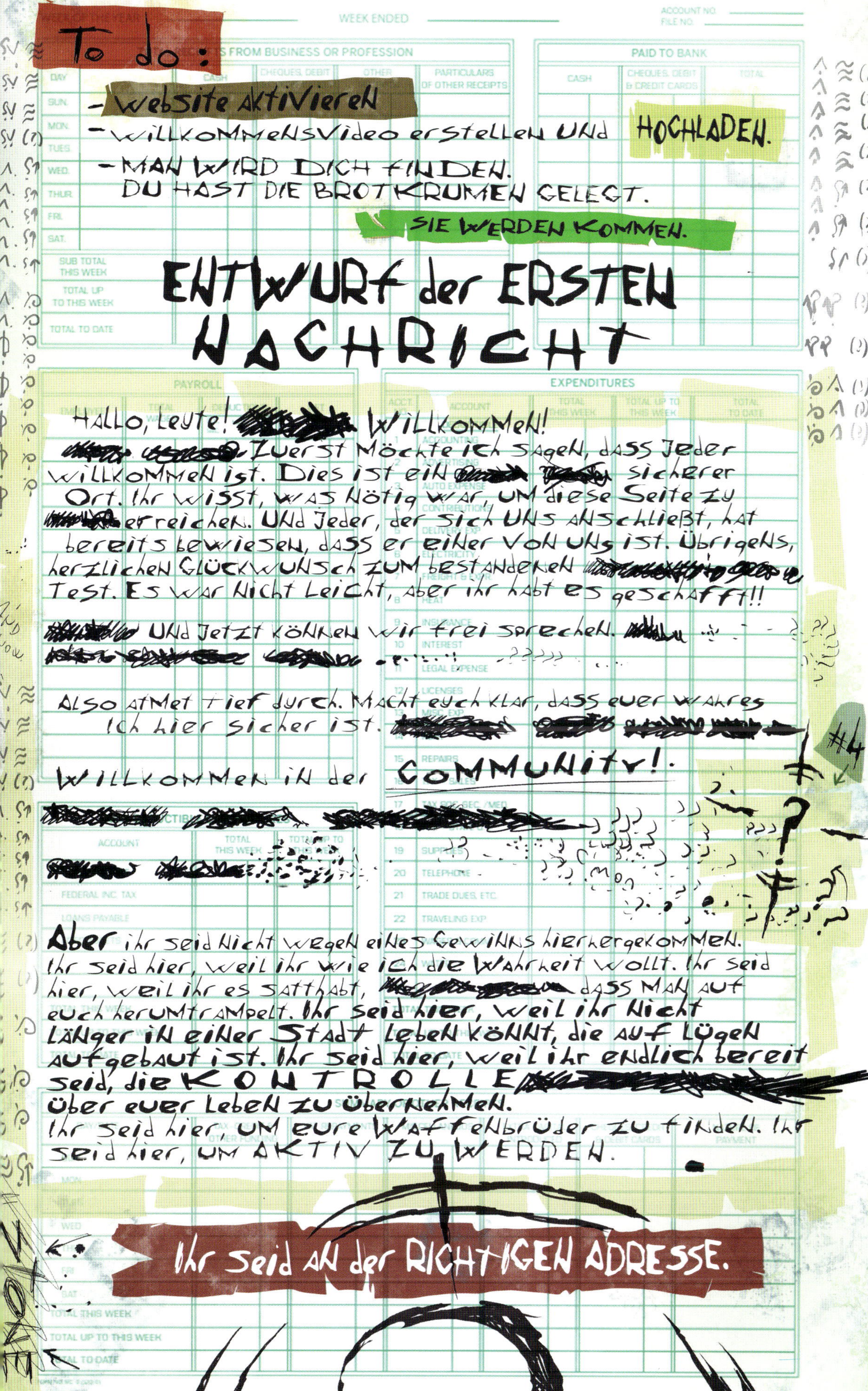
To do:
- website aktivieren
- willkommensvideo erstellen und
HOCHLADEN.
- MAN WIRD DICH FINDEN.
DU HAST DIE BROTKRUMEN GELEGT.
SIE WERDEN KOMMEN.
ENTWURF der ERSTEN NACHRICHT
Hallo, Leute! Willkommen!
Zuerst möchte ich sagen, dass jeder willkommen ist. Dies ist ein sicherer Ort. Ihr wisst, was nötig war, um diese Seite zu erreichen. Und jeder, der sich uns anschließt, hat bereits bewiesen, dass er einer von uns ist. Übrigens, herzlichen Glückwunsch zum bestandenen Test. Es war nicht leicht, aber ihr habt es geschafft!!
Und jetzt können wir frei sprechen.
Also atmet tief durch. Macht euch klar, dass euer wahres Ich hier sicher ist.
Willkommen in der COMMUNITY!
#4
Aber ihr seid nicht wegen eines Gewinns hierhergekommen. Ihr seid hier, weil ihr wie ich die Wahrheit wollt. Ihr seid hier, weil ihr es satthabt, dass man auf euch herumtrampelt. Ihr seid hier, weil ihr nicht länger in einer Stadt leben könnt, die auf Lügen aufgebaut ist. Ihr seid hier, weil ihr endlich bereit seid, die KONTROLLE über euer Leben zu übernehmen.
Ihr seid hier, um eure Waffenbrüder zu finden. Ihr seid hier, um AKTIV ZU WERDEN.
Ihr seid an der RICHTIGEN ADRESSE.

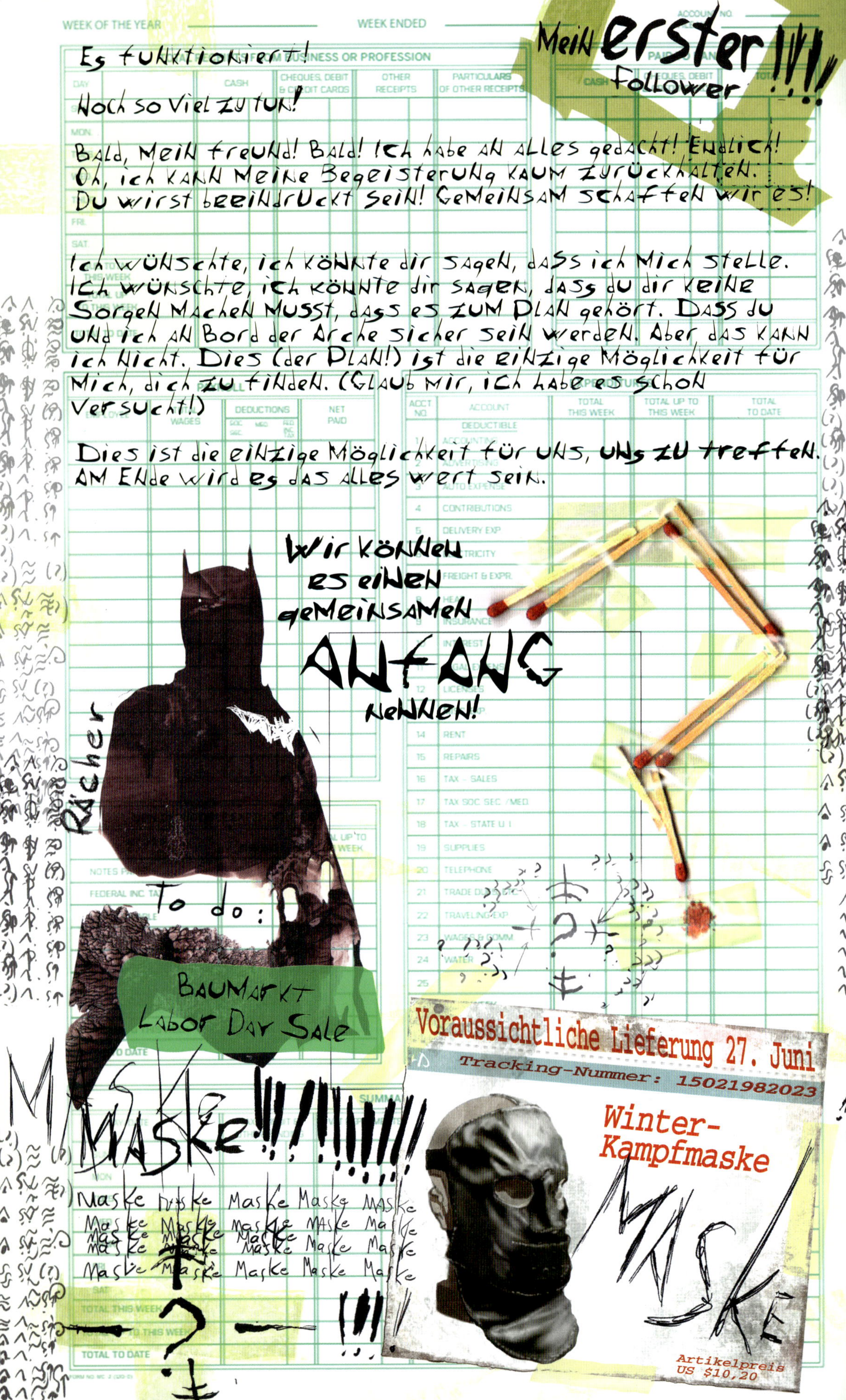
Mein erster Follower !!!!
Es funktioniert!
Noch so viel zu tun!
Bald, mein Freund! Bald! Ich habe an alles gedacht! Endlich!
Oh, ich kann meine Begeisterung kaum zurückhalten.
Du wirst beeindruckt sein! Gemeinsam schaffen wir es!
Ich wünschte, ich könnte dir sagen, dass ich mich stelle. Ich wünschte, ich könnte dir sagen, dass du dir keine Sorgen machen musst, dass es zum Plan gehört. Dass du und ich an Bord der Arche sicher sein werden. Aber das kann ich nicht. Dies (der Plan!) ist die einzige Möglichkeit für mich, dich zu finden. (Glaub mir, ich habe es schon versucht!)
Dies ist die einzige Möglichkeit für uns, uns zu treffen. Am Ende wird es das alles wert sein.
Wir können es einen gemeinsamen ANFANG nennen!
Rächer
To do:
Baumarkt Labor Day Sale
MASKE!!!!!!!!!!
Maske Maske Maske Maske Maske
Maske Maske Maske Maske Maske
Maske Maske Maske Maske Maske
Maske Maske Maske Maske Maske
Voraussichtliche Lieferung 27. Juni
Tracking-Nummer: 15021982023
Winter-Kampfmaske
MASKE
Artikelpreis US $10,20

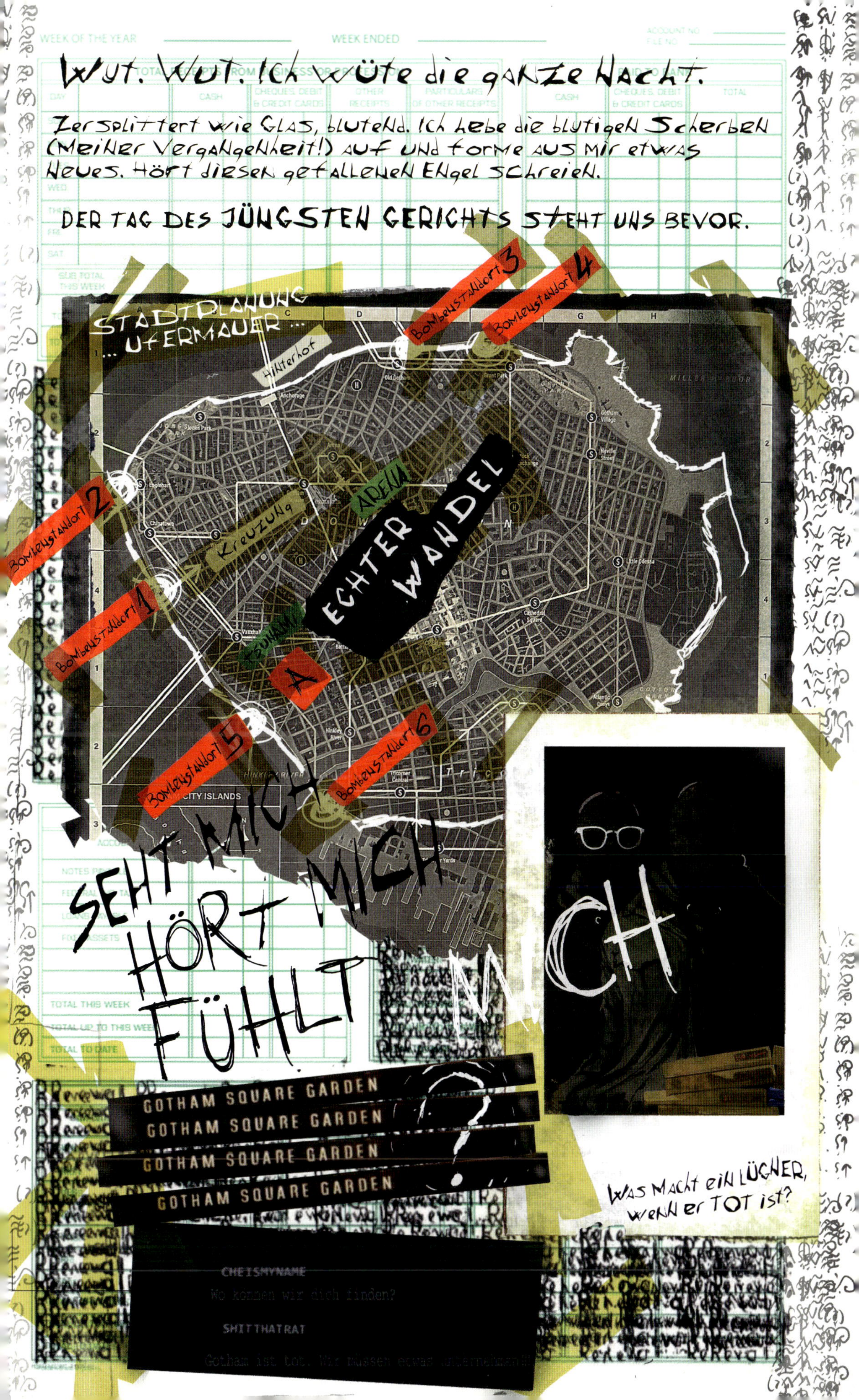

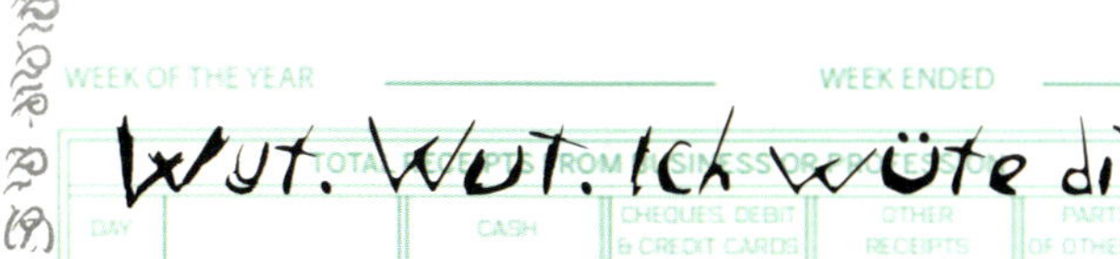

Wut. Wut. Ich wüte die ganze Nacht.

Zersplittert wie Glas, blutend. Ich hebe die blutigen Scherben (meiner Vergangenheit!) auf und forme aus mir etwas Neues. Hört diesen gefallenen Engel schreien.

DER TAG DES JÜNGSTEN GERICHTS STEHT UNS BEVOR.

STADTPLANUNG UFERMAUER ...

Hinterhof

Bombenstandort 3

Bombenstandort 4

Bombenstandort 2

Arena

Kreuzung

ECHTER WANDEL

Bombenstandort 1

Tunnel

A

Bombenstandort 5

Bombenstandort 6

SEHT MICH

HÖRT MICH

FÜHLT MICH

GOTHAM SQUARE GARDEN

GOTHAM SQUARE GARDEN

GOTHAM SQUARE GARDEN

GOTHAM SQUARE GARDEN

?

Was macht ein Lügner, wenn er tot ist?

CHEISMYNAME

Wo können wir dich finden?

SHITTHATRAT

Gotham ist tot. Wir müssen etwas unternehmen!!

WEEK OF THE YEAR
WEEK ENDED
ACCOUNT NO.
FILE NO.
Tod wird Leben
Qual wird Stänke
death becomes life pain becomes strenght death becomes
shame becomes
Ich leide, damit ihr euer Geld kriegt
Ich leide, damit ihr
leide
Geld
leide
Macht
leide
#5
Schluss mit den Lügen Schluss mit den Lügen Schluss mit den Lügen Schluss mit den Lügen

The Gotham Times

29. August

Batman gegen Gotham

Max Weber hat bekanntlich einst erklärt, die Definition des Staates sei das „Gewaltmonopol". Allerdings hat er das nicht wirklich so gesagt. Interessanter ist das Originalzitat aus seiner Vorlesung „Politik als Beruf" von 1918: „Staat ist diejenige menschliche Gesellschaft, welche innerhalb eines bestimmten Gebietes das Monopol legitimer physischer Gewaltsamkeit für sich (mit Erfolg) beansprucht." Es ist der Begriff *mit Erfolg*, der uns heute höhnisch aus der Klammer grüßt.

Meine Frage lautet also: Ist Gotham noch ein Staat?

Nicht, wenn man Webers verkürzte Version nimmt. Niemand, der hier nachts durch die Straßen geht oder den Einfluss der organisierten Kriminalität auf die Stadtverwaltung registriert, hat den Eindruck, dass dieser Staat das Gewaltmonopol hat. Aber vielleicht kann ein Pedant den Ruf von Gotham retten: Weber sagte eigentlich, dass der Staat nur die Kontrolle über die legitime physische Gewaltsamkeit brauche. Die Kriminellen sind nicht legitimiert. Doch die organisierte Kriminalität hat sich, ob es einem gefällt oder nicht, durch den Erwerb von Einfluss auf das System legitimiert. Wenn der Stadtrat ihnen Aufträge vergibt, sind diese Aufträge rechtmäßig.

Das führt mich zu Batman (ein Name, den zu tippen sich immer noch lächerlich anfühlt, egal, wie oft er in Schlagzeilen und Nachrichtensendungen auftaucht). Was ist er innerhalb von Webers Schema? Er ist keine legitime Gewalt in dem Sinne, dass er keine Dienstmarke trägt und keinem Aufsichtsgremium untersteht. Aber er ist auch keine illegitime Gewalt, denn schließlich setzt er die Gesetze der Stadt durch – vor allem die, die die Stadt selbst nicht durchsetzen will oder kann.

Der Stadt mag es nicht gefallen, aber sie wird ihn nicht aufhalten. Oder vielleicht sollte ich das anders ausdrücken: Man möchte ihn aufhalten, aber man will die Wähler, die ihn schätzen, nicht verärgern. Sie sollten mal hören, was Stadtoffizielle hinter vorgehaltener Hand über ihn sagen! Ihre Angst, sich öffentlich zu äußern, spricht Bände. Und daher tolerieren sie ihn. Und legitimieren ihn somit genug, um sich selbst zu schwächen.

Das ist das Problem, das Batman aufwirft und das die Verbrecher merkwürdigerweise nicht haben: Er greift die Legitimität des Staates an. Seine Existenz ist ein Zeichen des Staatsversagens. Die Faszination der Öffentlichkeit für ihn, ihre wachsende Unterstützung, lässt das Vertrauen in den Staat schwinden. Die Unfähigkeit, ihn zu kontrollieren, spiegelt die allgemeine Unfähigkeit der Polizei wider. Gotham beansprucht nicht erfolgreich das Monopol für die legitime Anwendung von Gewaltsamkeit auf seinem Gebiet. Es ist ein gescheiterter Staat.

Die Macht des Staates ist bis zu einem gewissen Grad immer ein Narrativ. Der Staat kann diese Macht in dem Maße ausüben, wie das Narrativ geglaubt wird. Aber wenn das Narrativ nicht mehr glaubwürdig ist, wird auch der Staat unglaubwürdig. Was tritt dann an seine Stelle?

Vielleicht ist Batman etwas extrem Seltenes: ein wirklich moralischer, ja, rechtschaffener Gesetzeshüter. Ich bin noch nicht davon überzeugt, halte es aber für möglich. Diejenigen, die nach ihm kommen, werden es nicht sein. Und es wird Leute geben, die ihm folgen. Was entsteht, wenn es kein Monopol mehr gibt? Wettbewerb. Batman ist ein früher Konkurrent auf dem Markt für legitime Gewalt in Gotham. Aber dieser Markt ist offen, und die Kosten für den Eintritt sind niedrig. Weber antwortete in dieser Vorlesung auf Leo Trotzki, der sagte, dass „jeder Staat auf Gewalt gegründet ist". Der unausgesprochene Nachsatz ist, dass jeder Staat auch durch Gewalt zerstört wird.

Von Ezra Klein
Meinungskolumnist

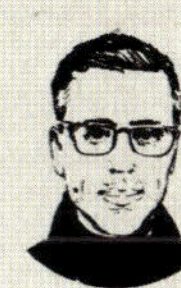

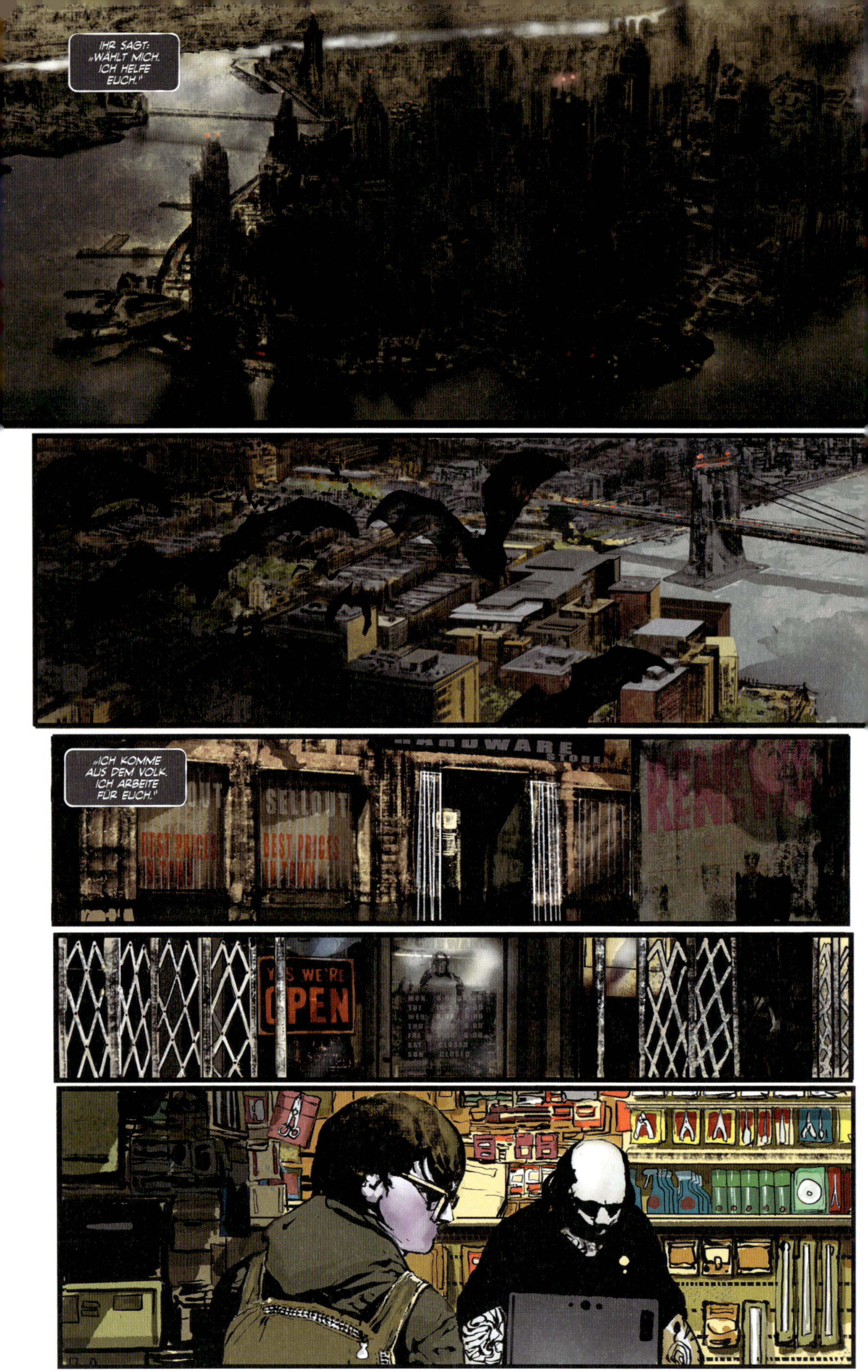

„IHR SAGT: „WÄHLT MICH. ICH HELFE EUCH.“

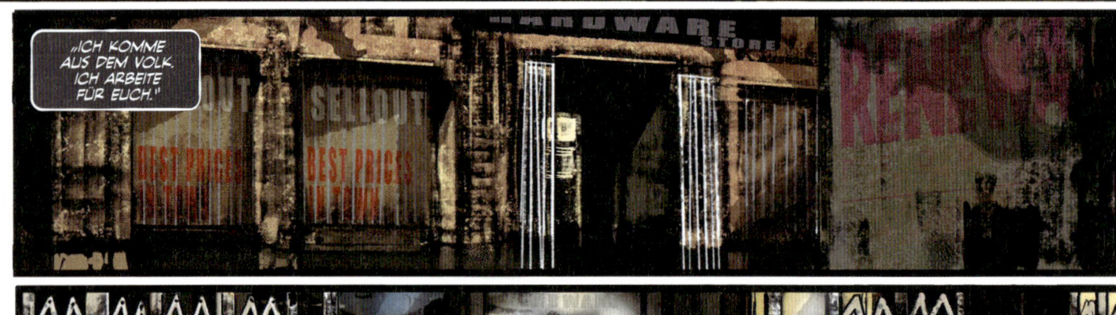

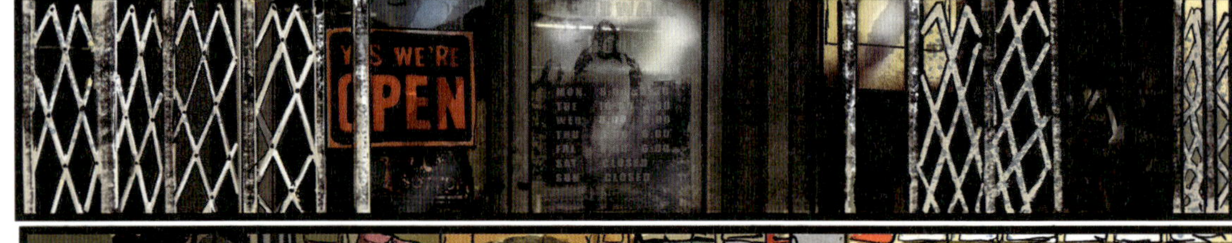

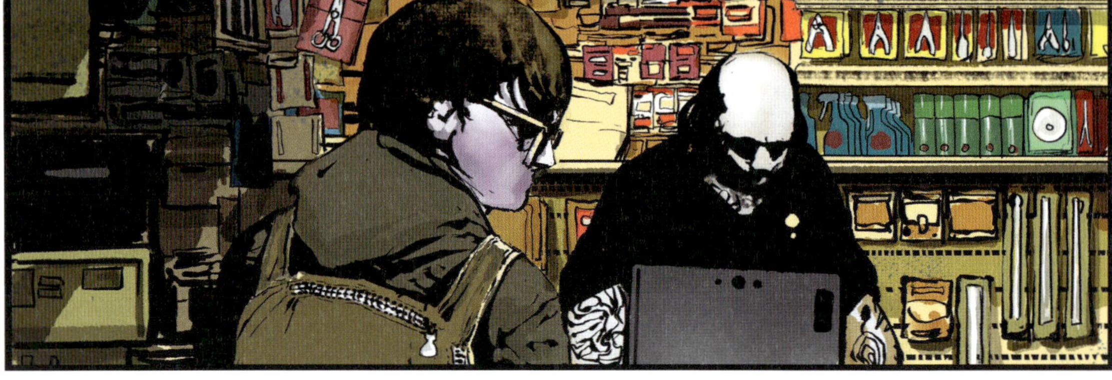

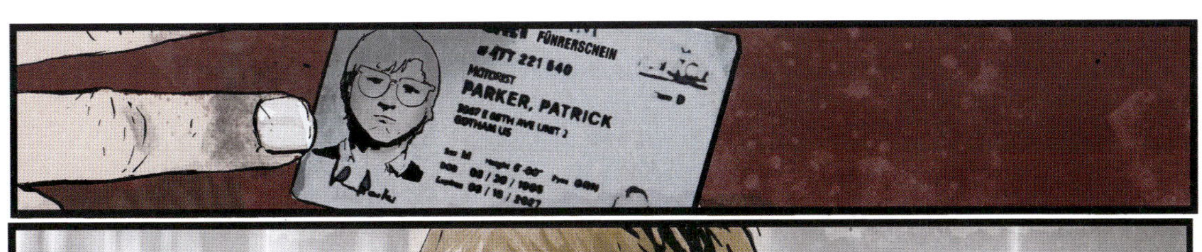
FÜHRERSCHEIN
PARKER, PATRICK
GOTHAM US

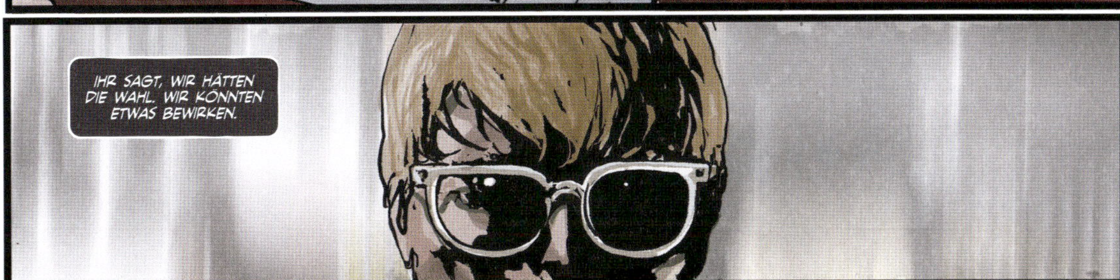
IHR SAGT, WIR HÄTTEN DIE WAHL. WIR KÖNNTEN ETWAS BEWIRKEN.

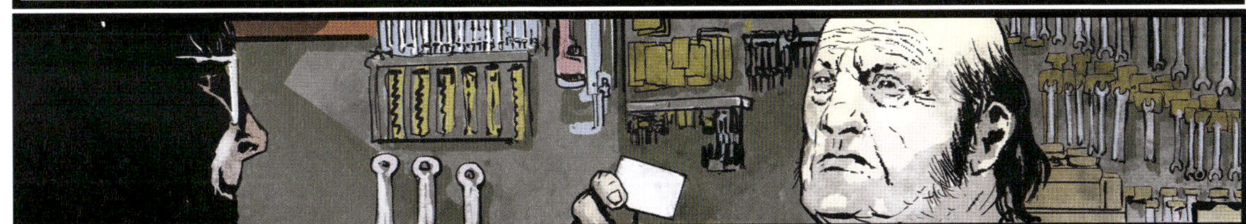

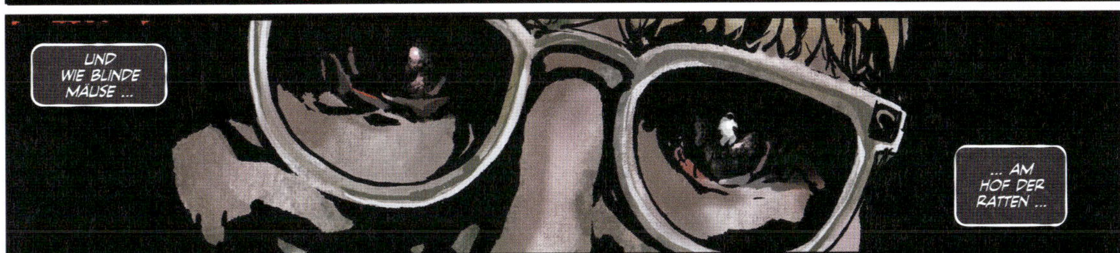
UND WIE BLINDE MÄUSE ...
... AM HOF DER RATTEN ...

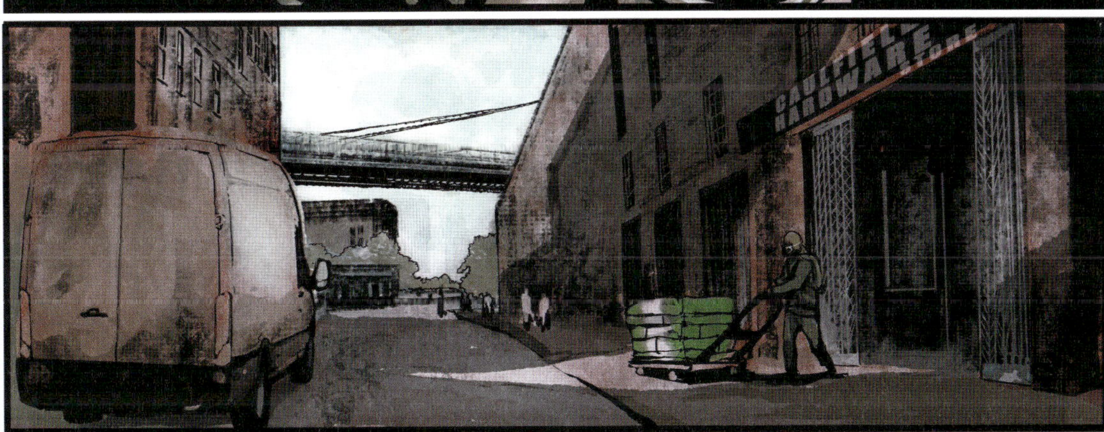
HARDWARE

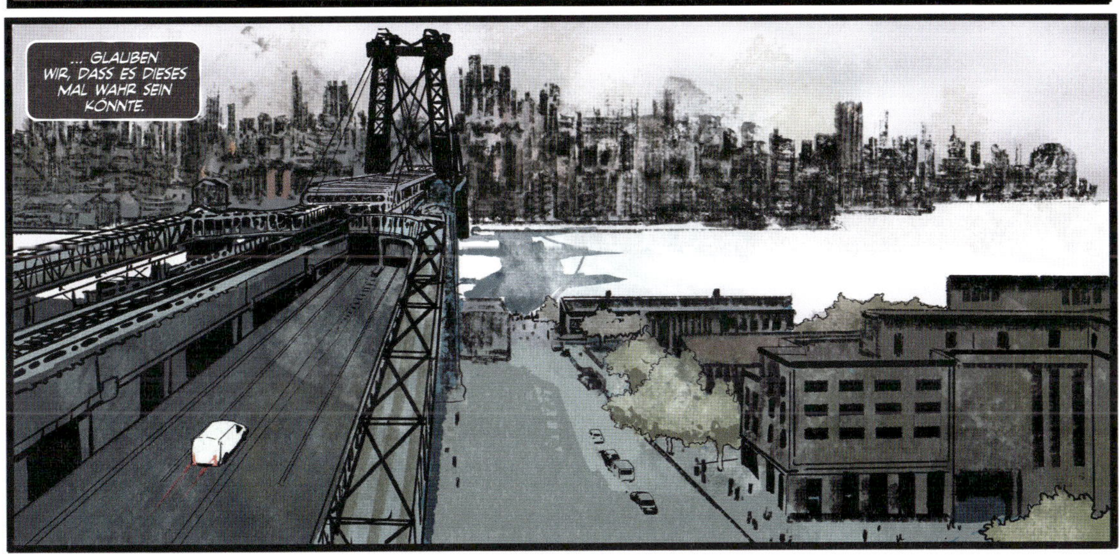
... GLAUBEN WIR, DASS ES DIESES MAL WAHR SEIN KÖNNTE.

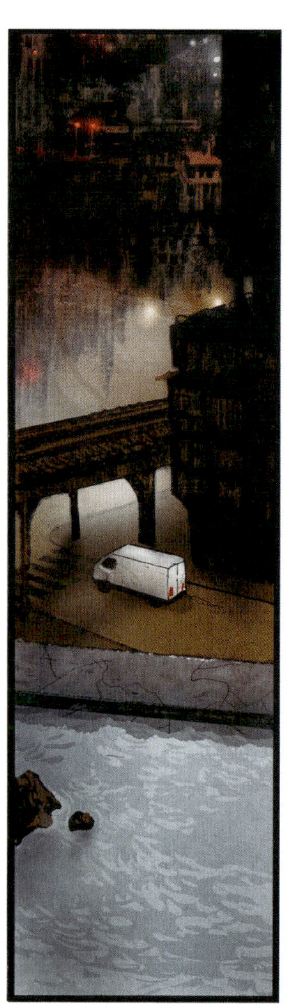

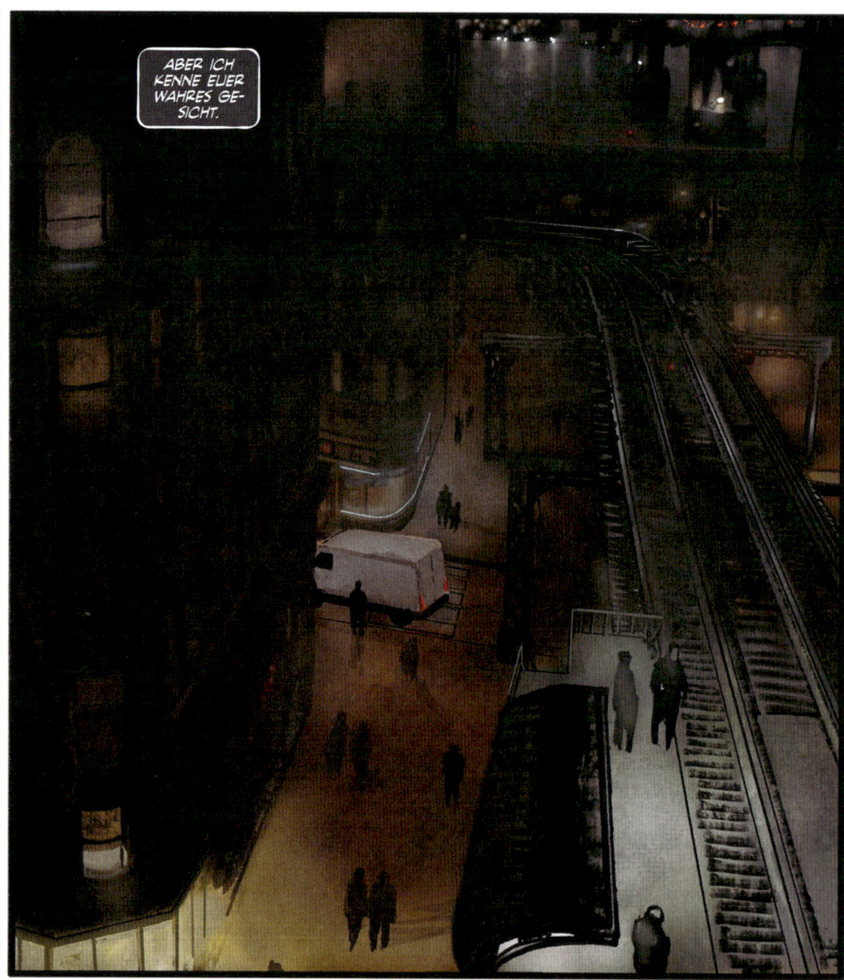
ABER ICH KENNE EUER WAHRES GESICHT.

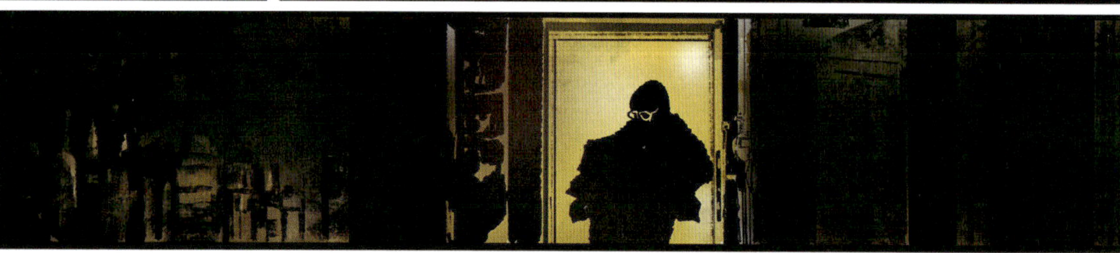

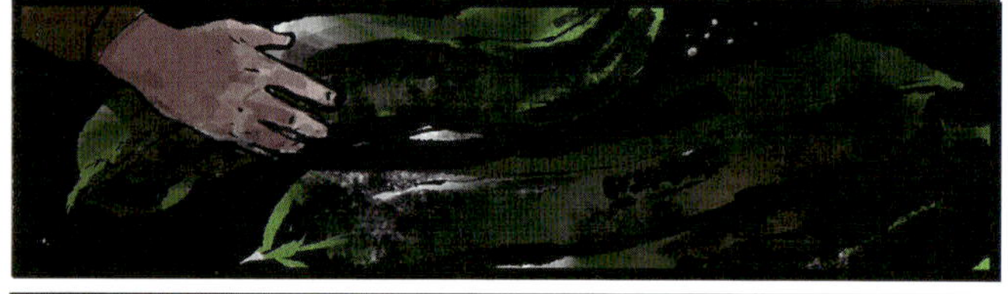

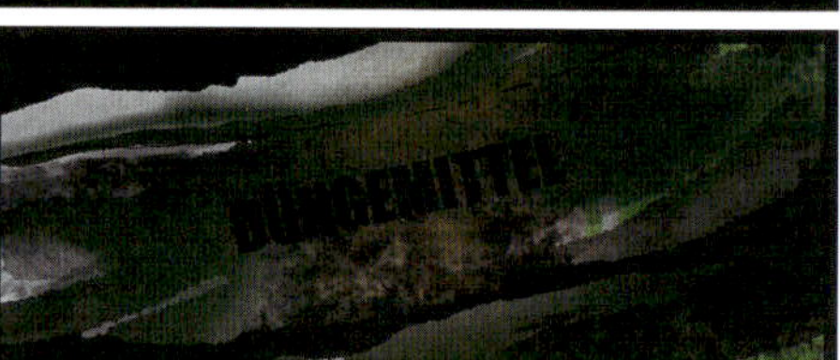
DÜNGEMITTEL

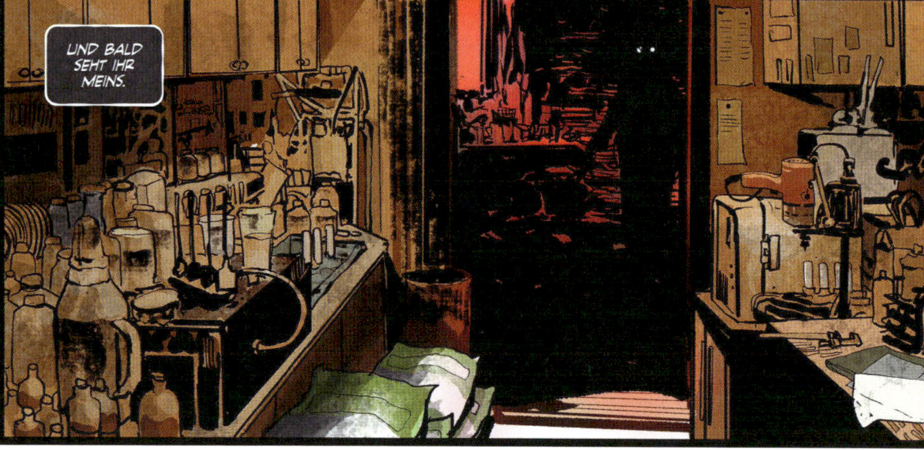
UND BALD SEHT IHR MEINS.

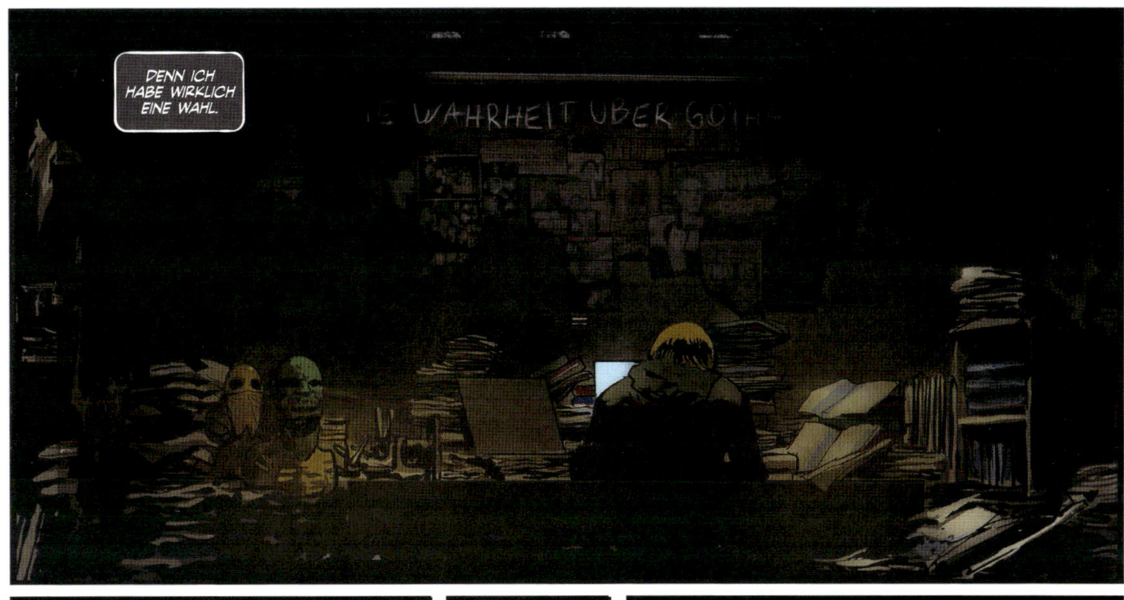

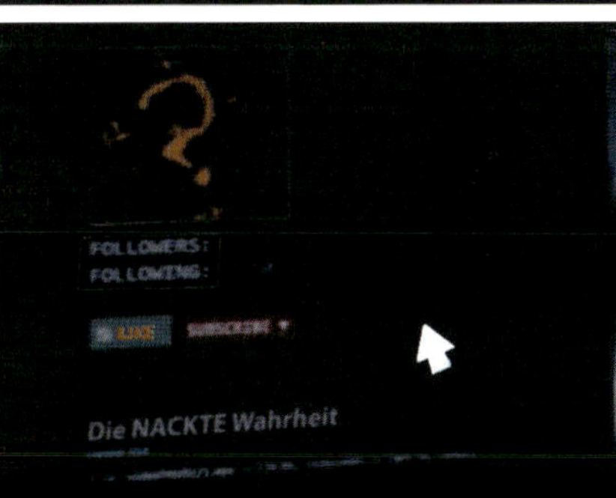

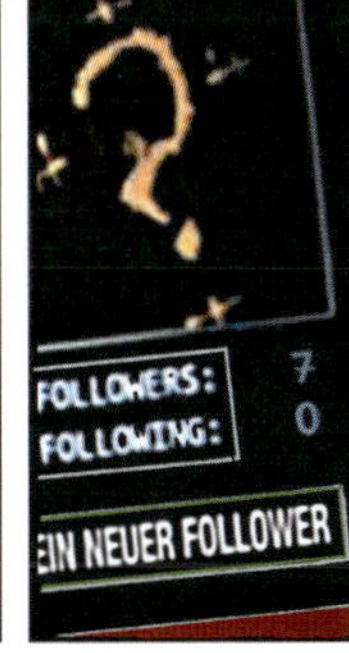

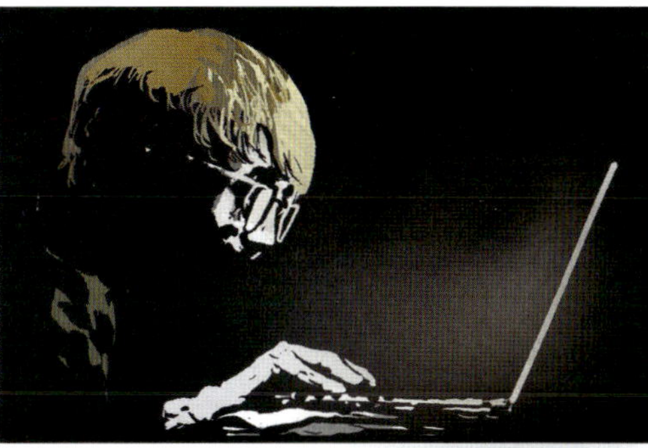

<?> HERZLICHEN GLÜCKWUNSCH, DU HAST DAS RÄTSEL GELÖST! ZUGANG GEWÄHRT. WILLKOMMEN, MEIN FREUND.

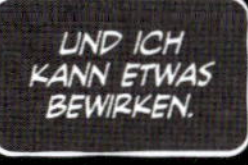

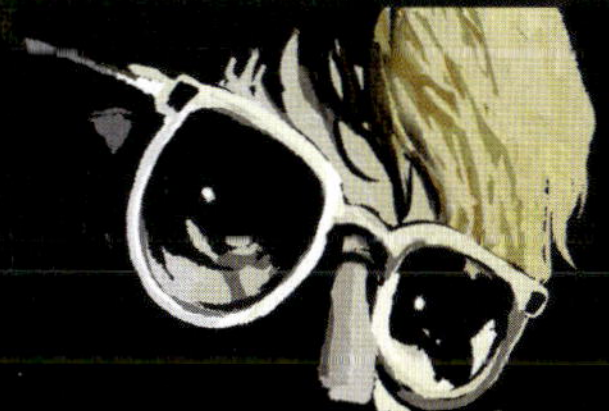

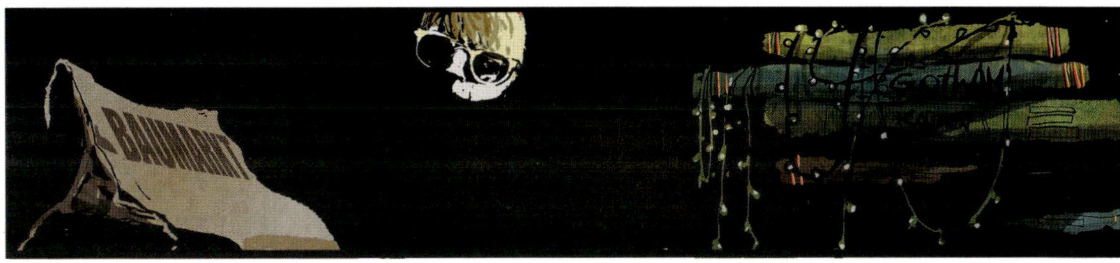

DENN AUS DEM NARRATIV DIESES GESCHEITERTEN STAATES WIRD ETWAS ENTSTEHEN.

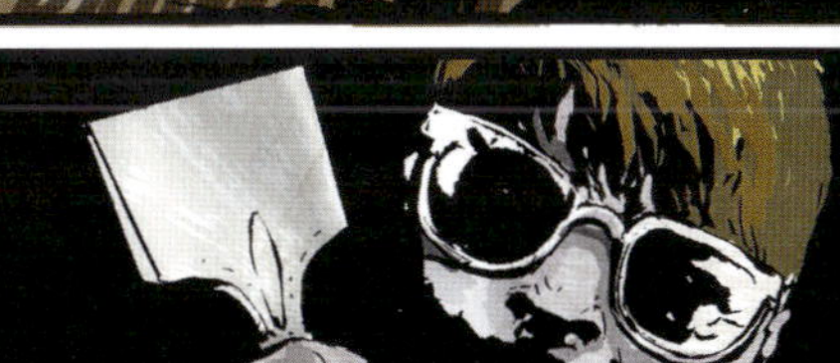

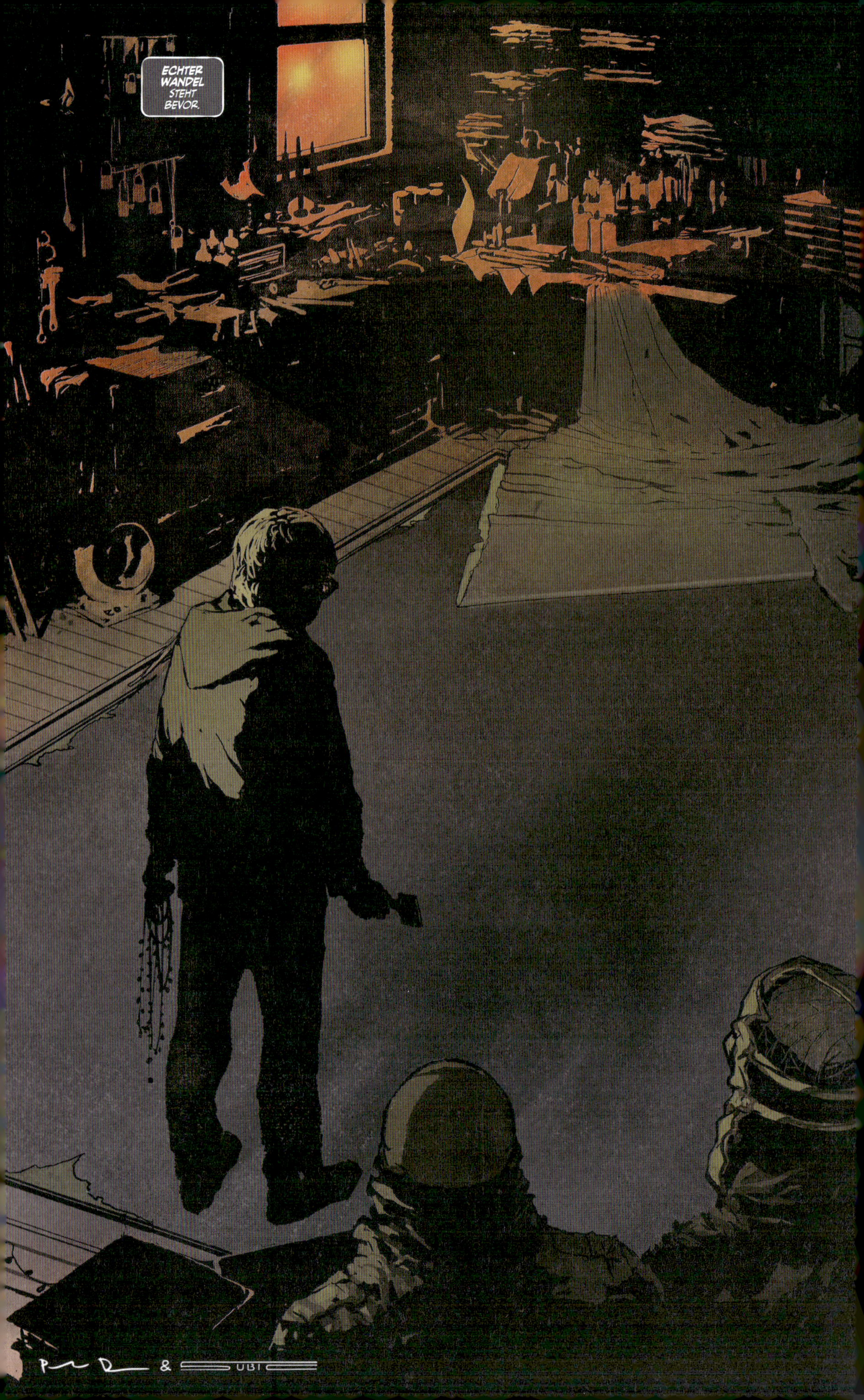
ECHTER WANDEL STEHT BEVOR.

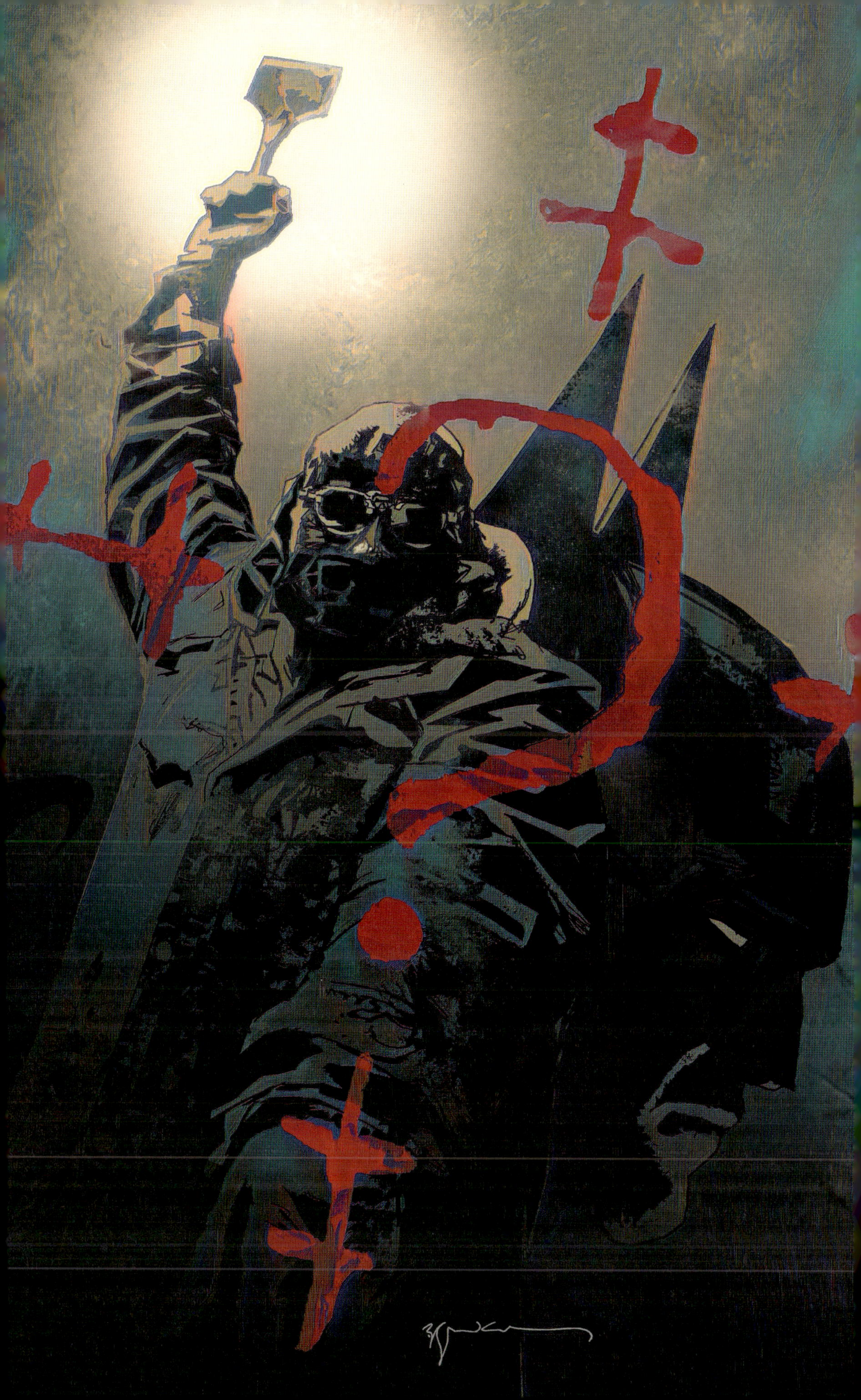

KAPITEL 6: TAG DES JÜNGSTEN GERICHTS

STORY

PAUL DANO

ZEICHNUNGEN, TUSCHE & FARBEN

STEVAN SUBIC

ORIGINAL-COVER

BILL SIENKIEWICZ

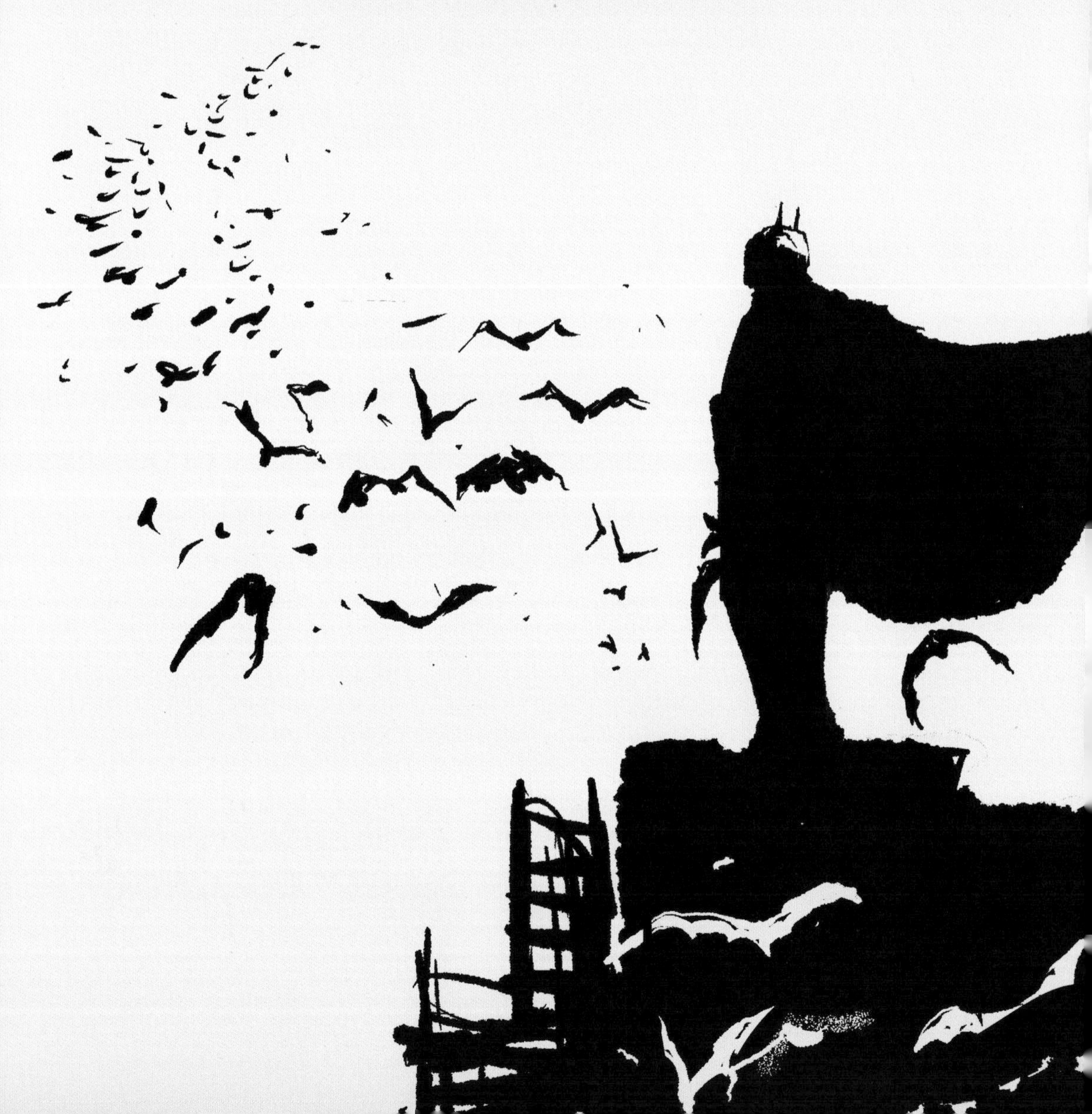

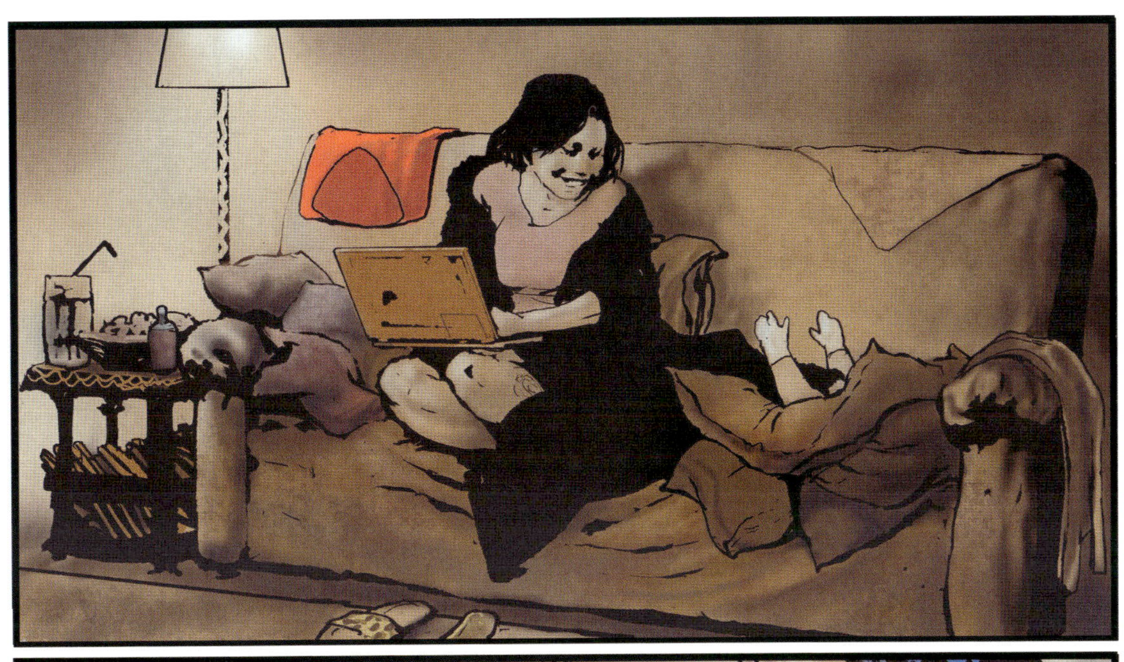
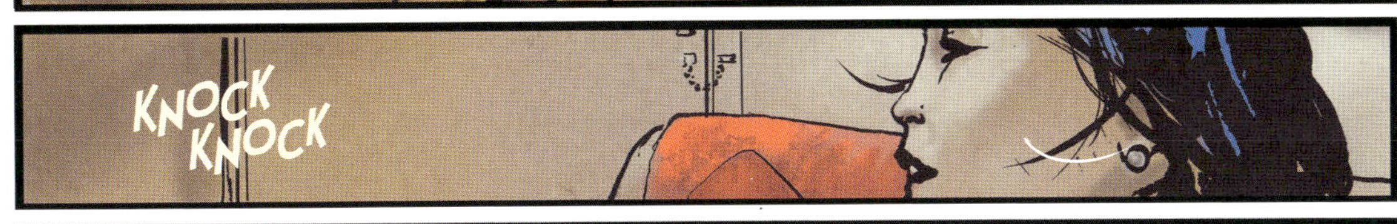
KNOCK
KNOCK
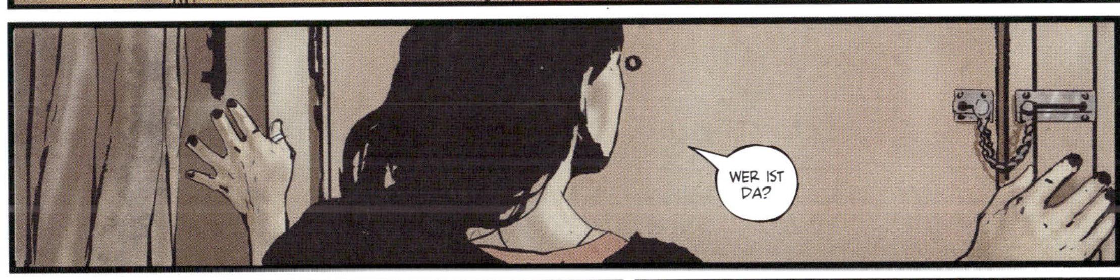
WER IST DA?
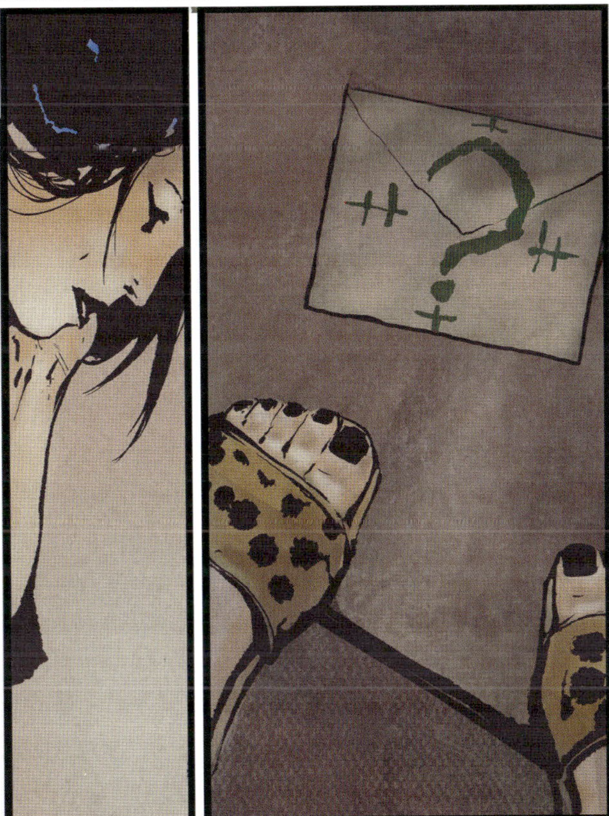
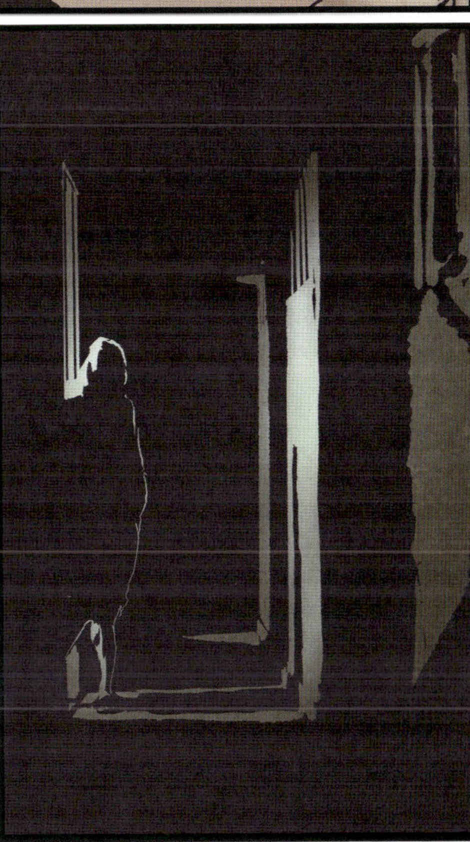

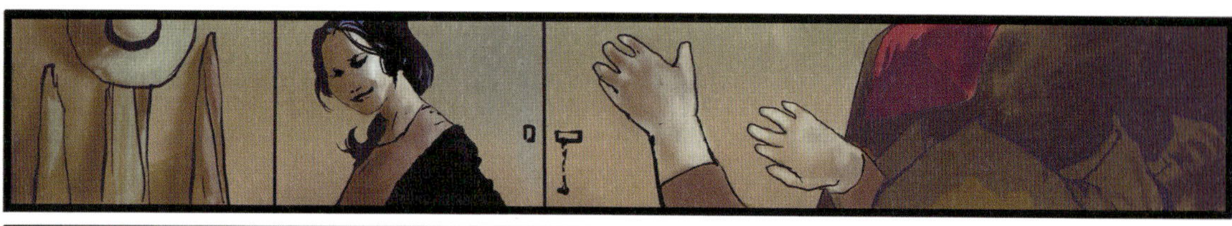

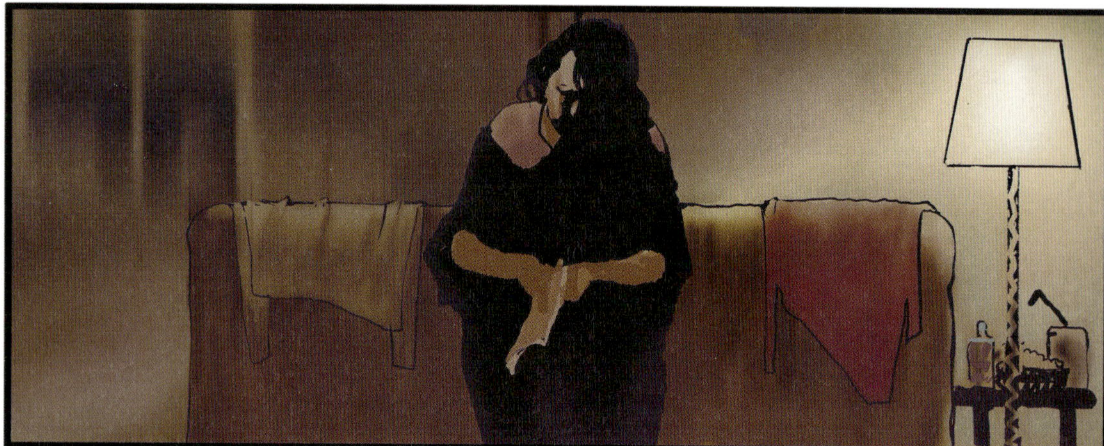

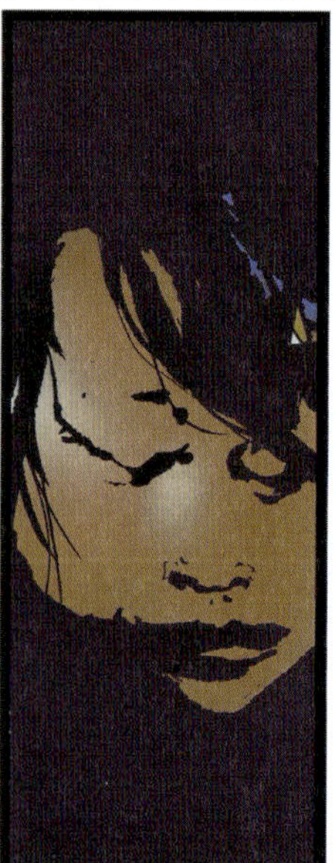

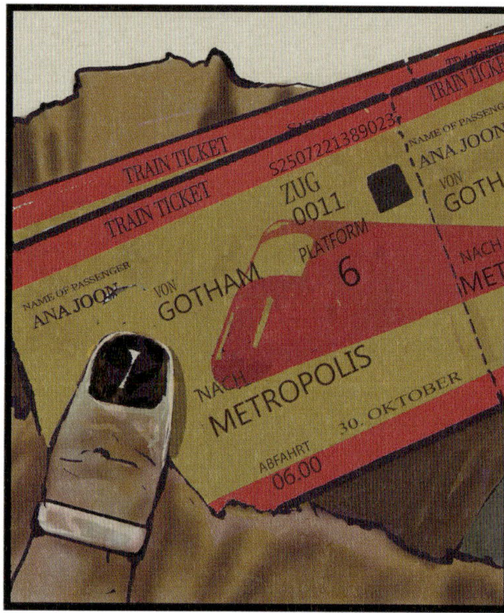

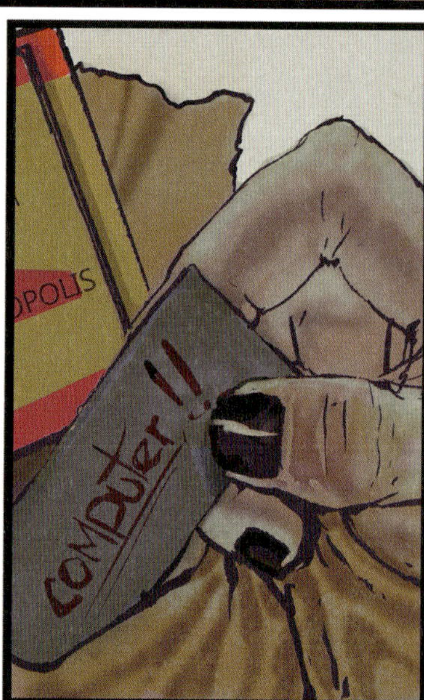

\- - -

AJ> WAS IST DAS?

<?> DEIN TICKET ZUM VERLASSEN DER STADT.

AJ> ABER SIE WERDEN HINTER MIR HER SEIN!

<?> NEIN, DAS WERDEN SIE NICHT. DER 30. OKTOBER WIRD DEIN LETZTER ARBEITSTAG SEIN. DU WIRST EIN PAKET ERHALTEN. BEFOLGE DIE ANWEISUNGEN. DANN GEH ZUM ZUG.

AJ> DU BIST VERRÜCKT! WER BIST DU?! ES IST NICHT SICHER.

<?> ICH WEISS, WIE SIE DEINEN VATER GETÖTET HABEN.

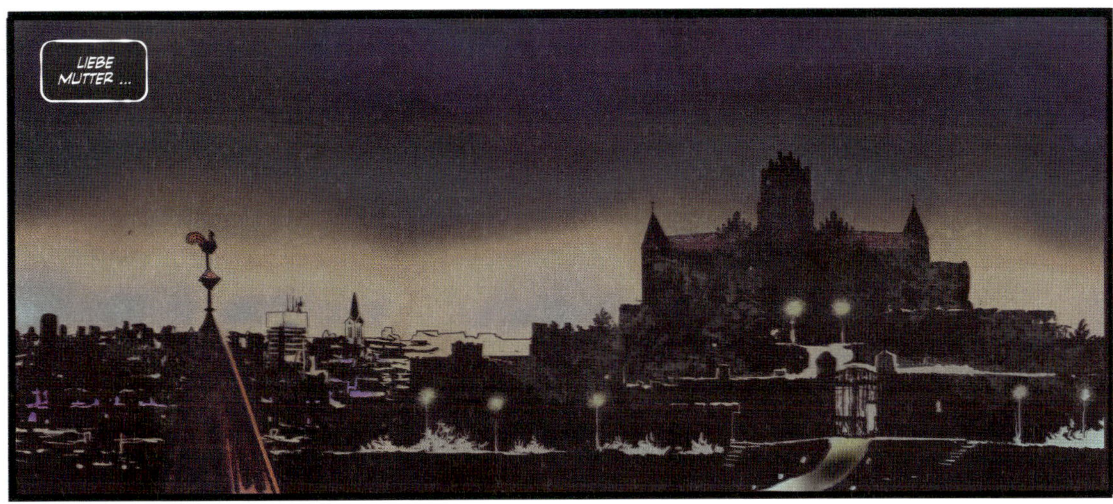
LIEBE MUTTER ...

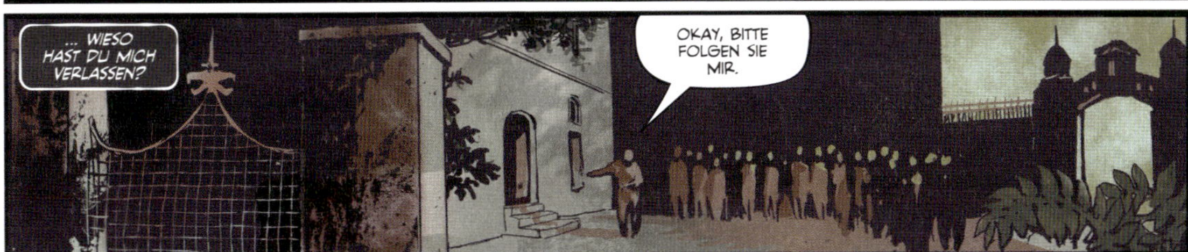
... WIESO HAST DU MICH VERLASSEN?
OKAY, BITTE FOLGEN SIE MIR.

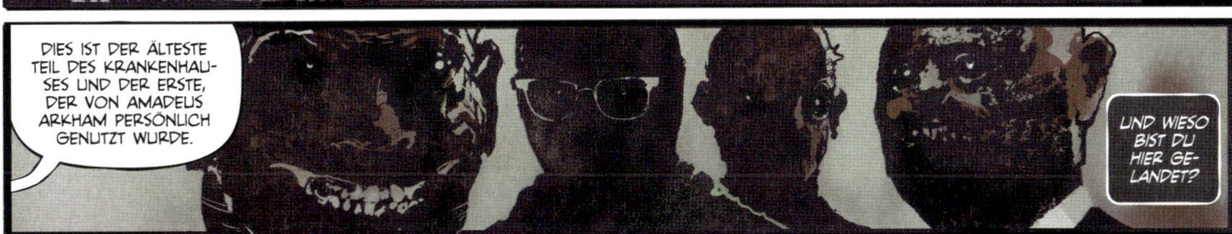
DIES IST DER ÄLTESTE TEIL DES KRANKENHAUSES UND DER ERSTE, DER VON AMADEUS ARKHAM PERSÖNLICH GENUTZT WURDE.
UND WIESO BIST DU HIER GELANDET?

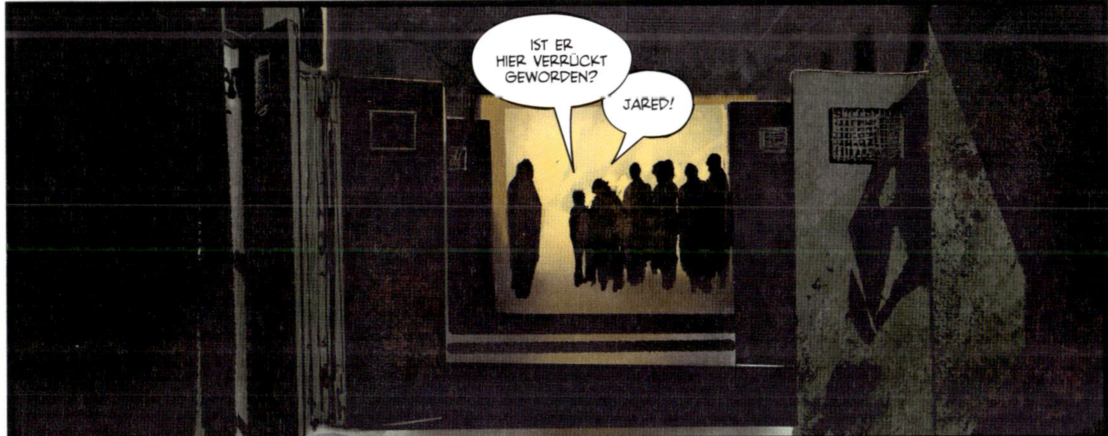
IST ER HIER VERRÜCKT GEWORDEN?
JARED!

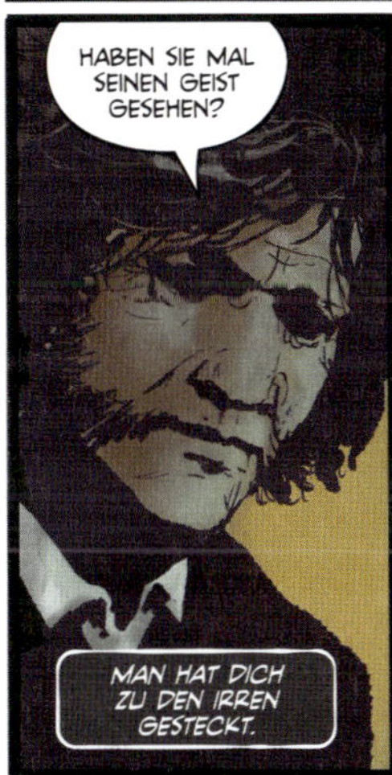
HABEN SIE MAL SEINEN GEIST GESEHEN?
MAN HAT DICH ZU DEN IRREN GESTECKT.

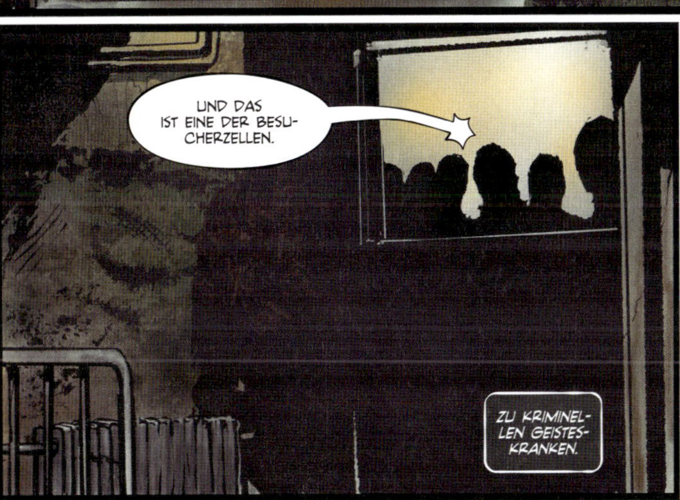
UND DAS IST EINE DER BESUCHERZELLEN.
ZU KRIMINELLEN GEISTESKRANKEN.

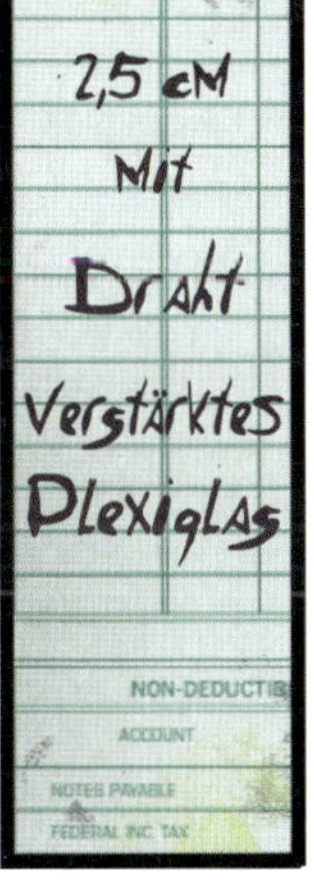
2,5 cM Mit Draht Verstärktes Plexiglas
NON-DEDUCTIB
ACCOUNT
NOTES PAYABLE
FEDERAL INC. TAX

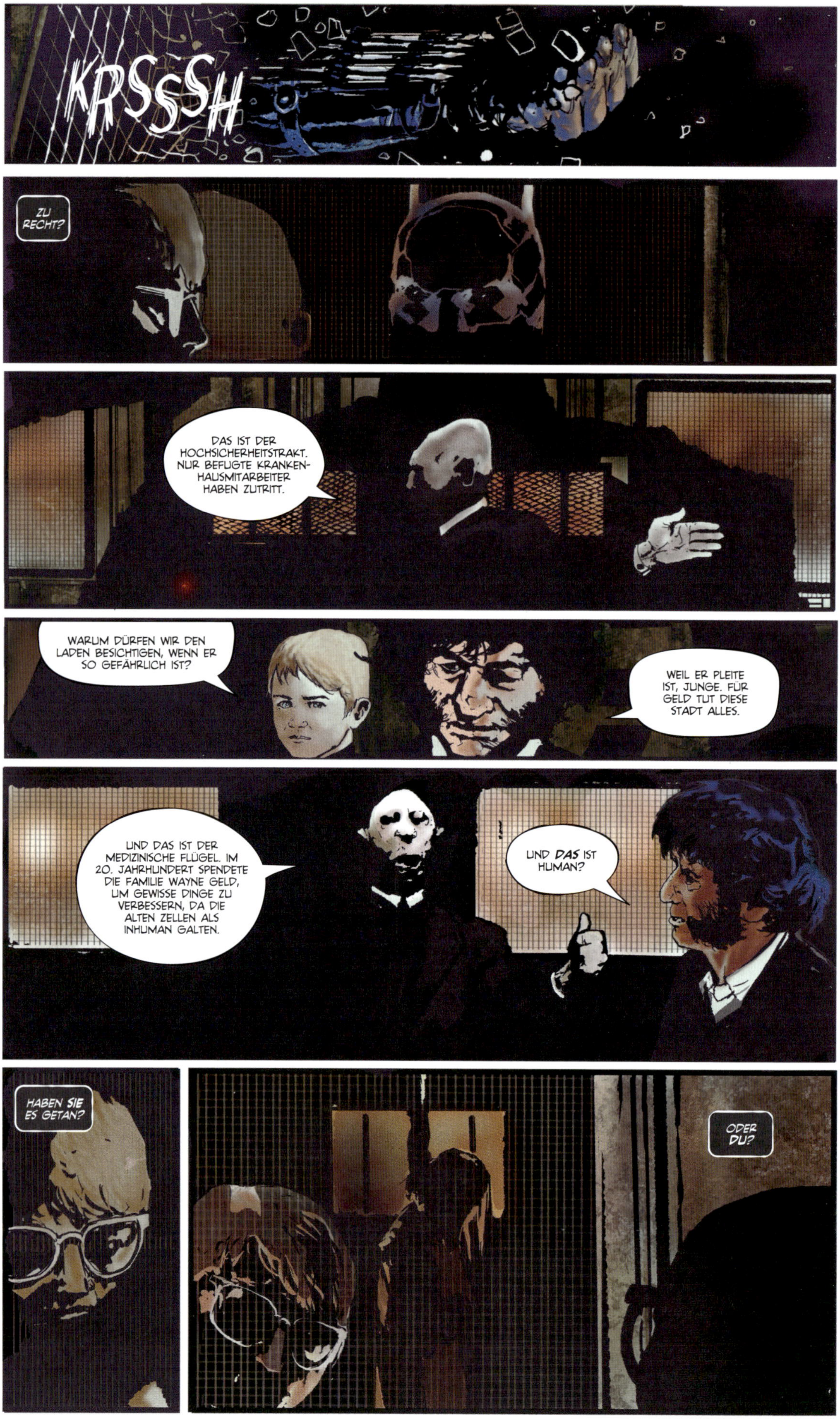

KRSSSH

ZU RECHT?

DAS IST DER HOCHSICHERHEITSTRAKT. NUR BEFUGTE KRANKENHAUSMITARBEITER HABEN ZUTRITT.

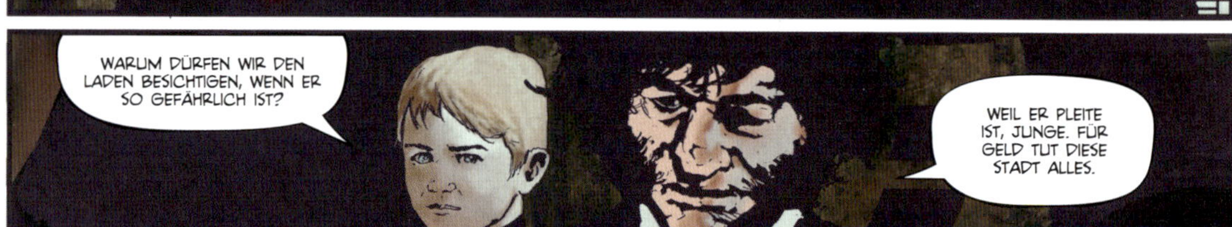

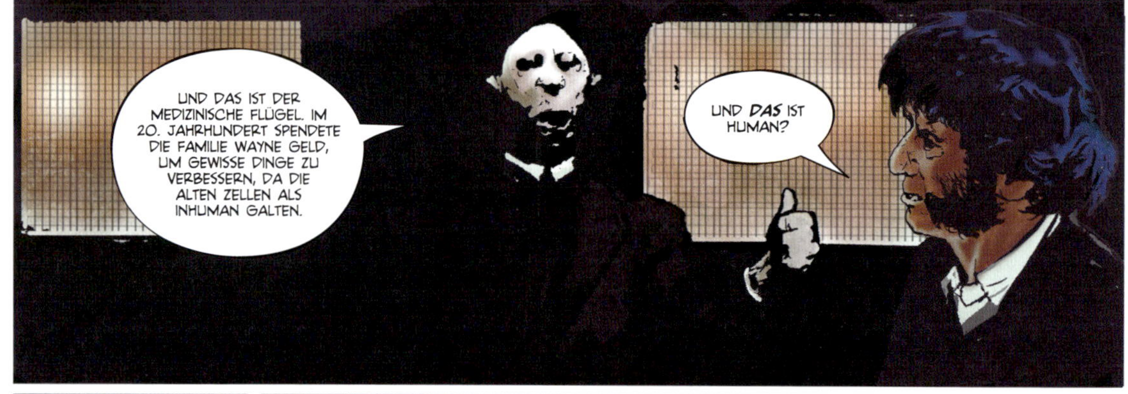

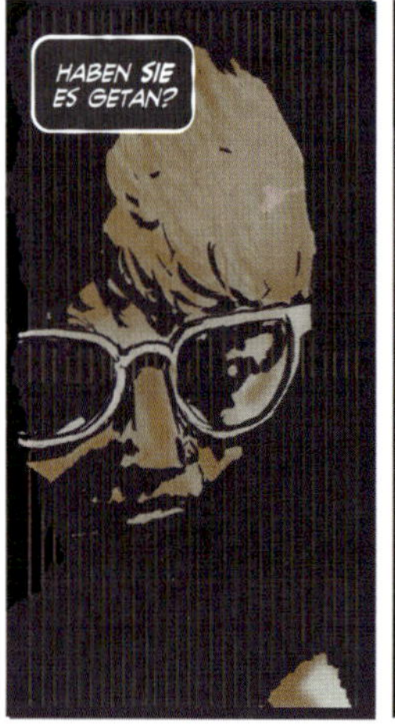

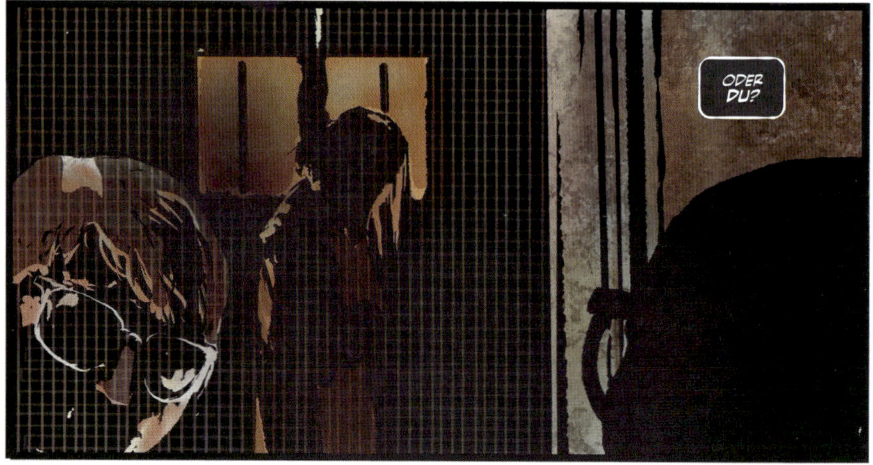

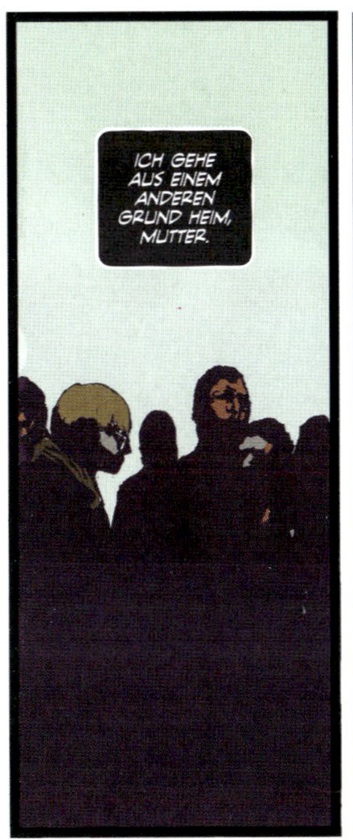

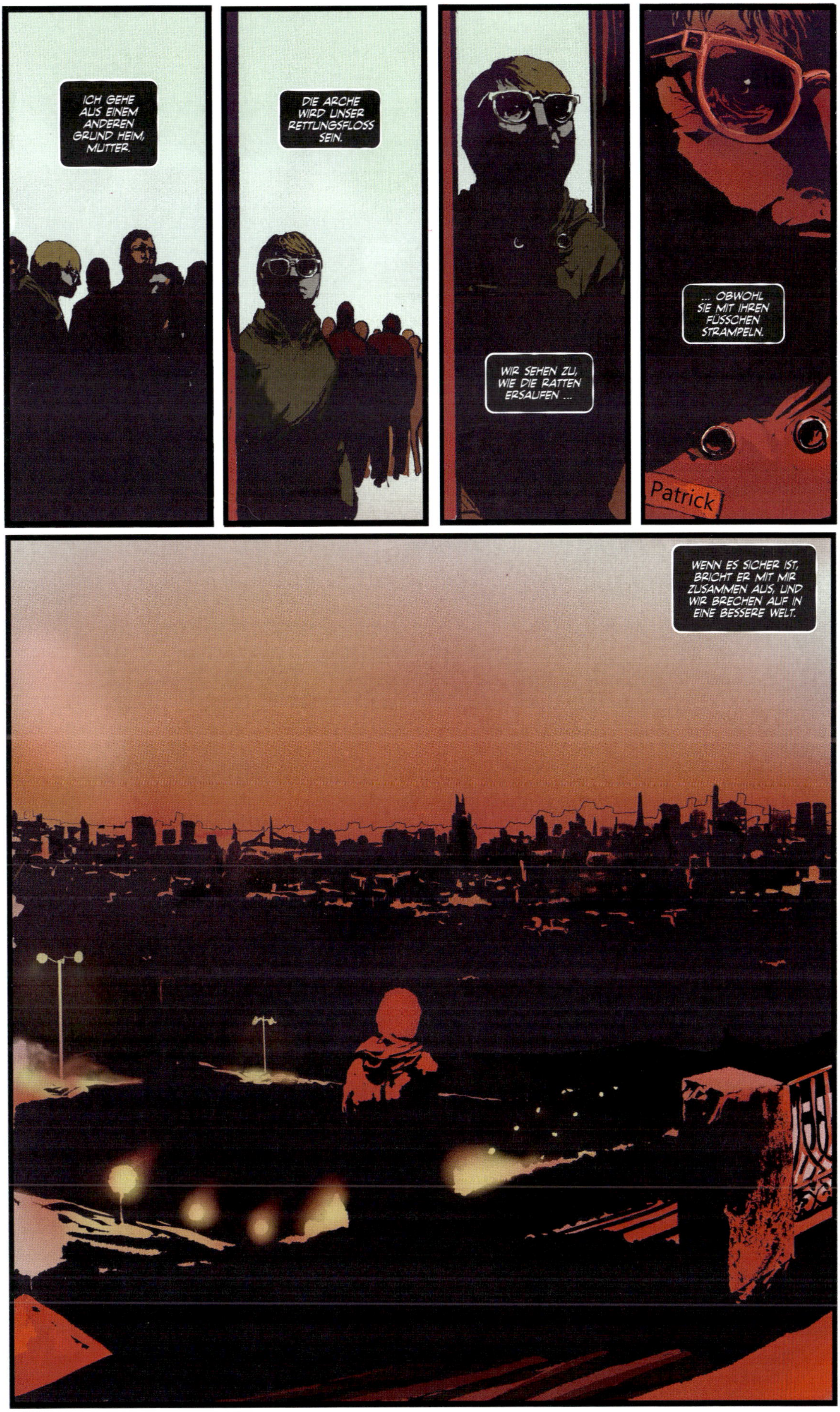

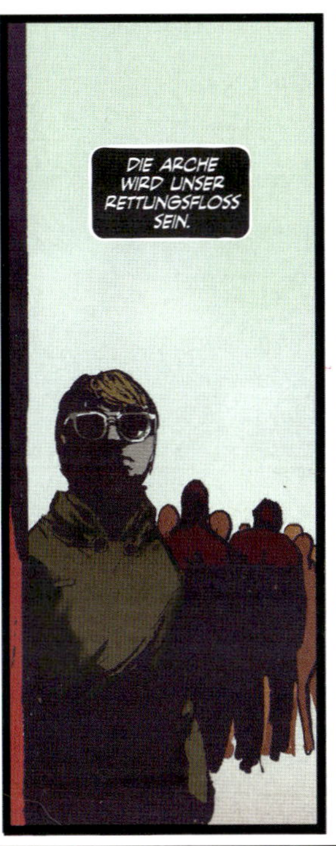

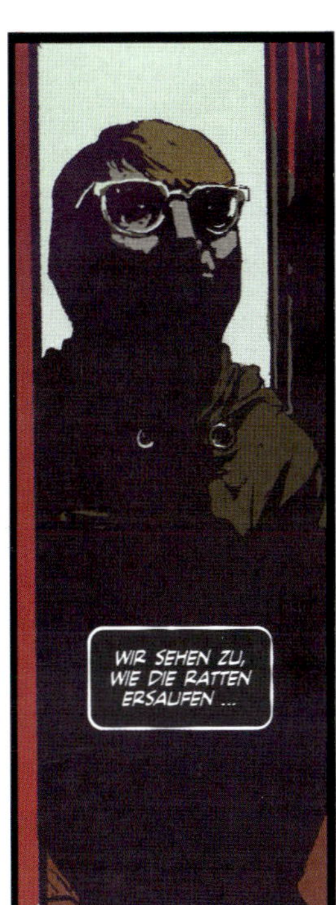

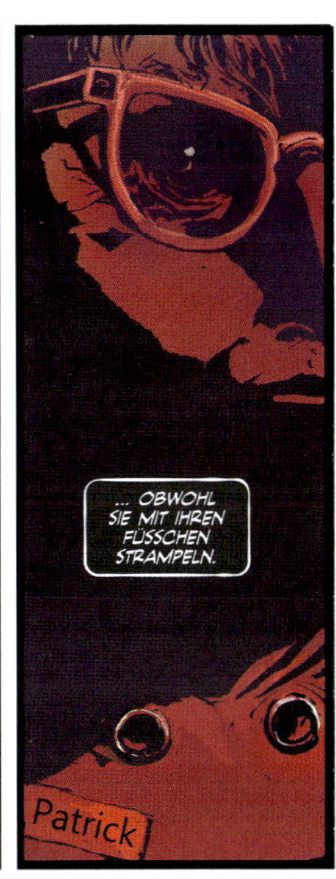

WENN ES SICHER IST, BRICHT ER MIT MIR ZUSAMMEN AUS, UND WIR BRECHEN AUF IN EINE BESSERE WELT.

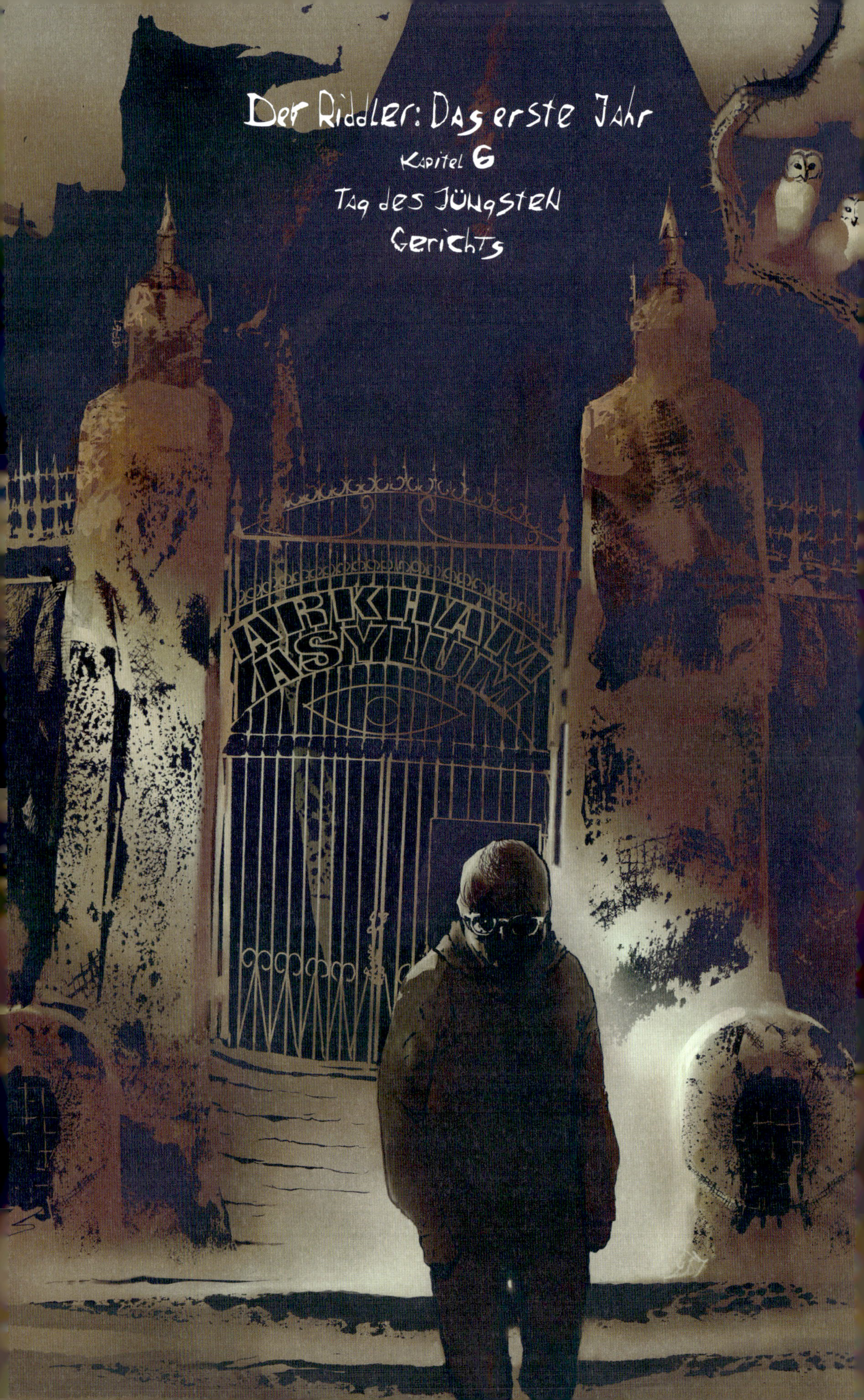
Der Riddler: Das erste Jahr
Kapitel 6
Tag des Jüngsten
Gerichts
ARKHAM
ASYLUM

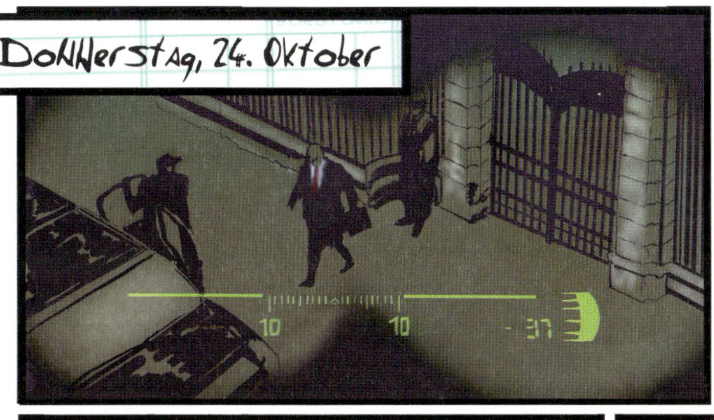
Donnerstag, 24. Oktober

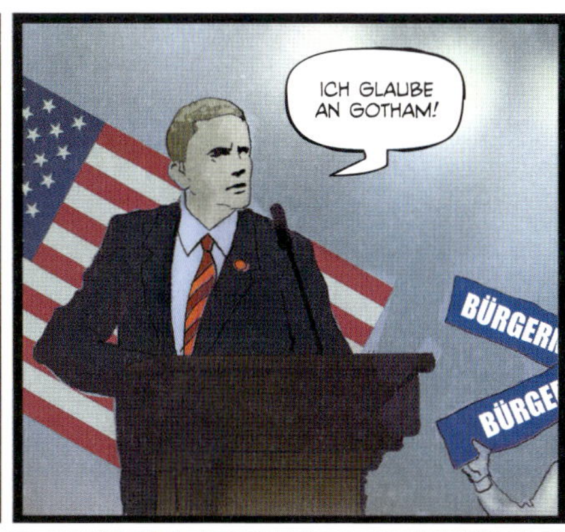
ICH GLAUBE AN GOTHAM!

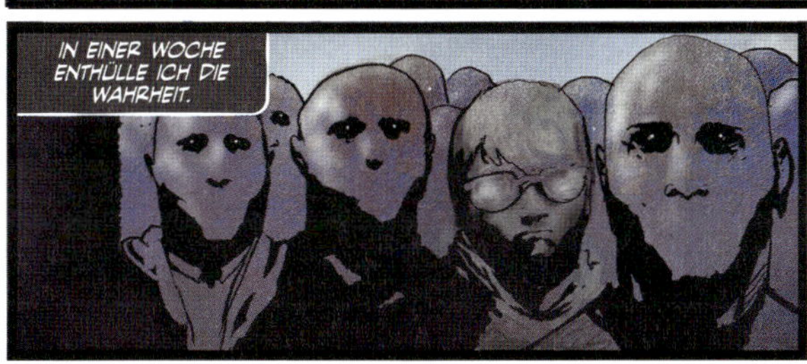
IN EINER WOCHE ENTHÜLLE ICH DIE WAHRHEIT.

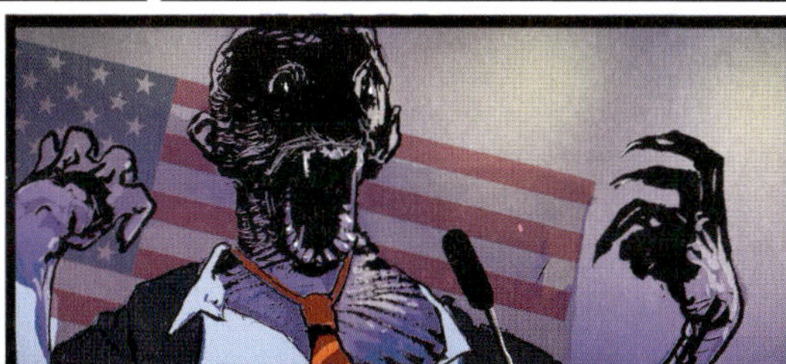

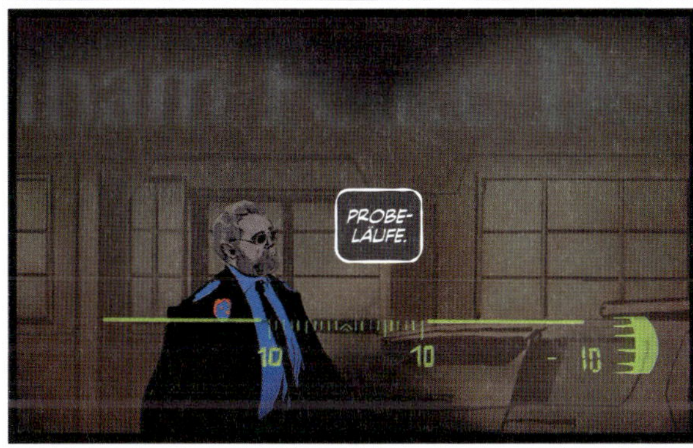
PROBE-LÄUFE.

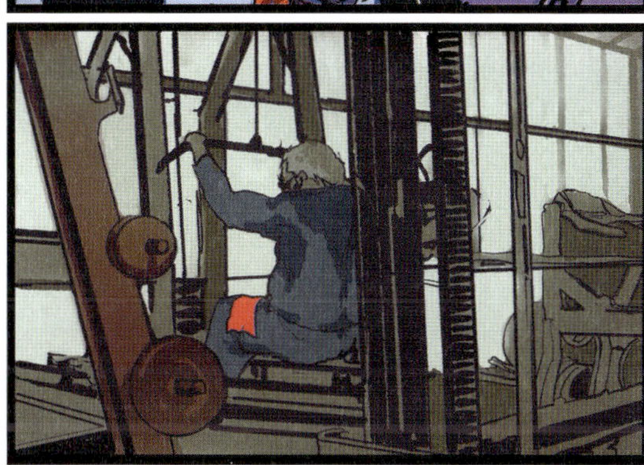

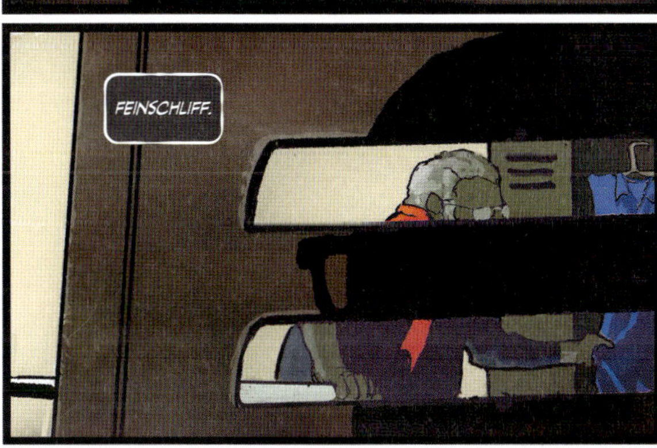
FEINSCHLIFF.

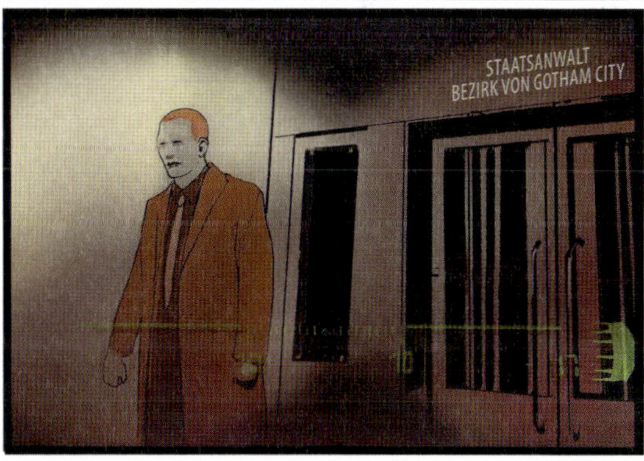
STAATSANWALT
BEZIRK VON GOTHAM CITY

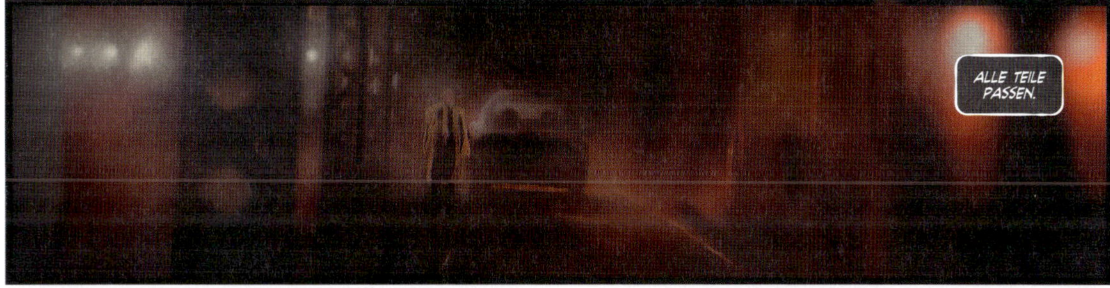
ALLE TEILE PASSEN.

MEIN MEISTERWERK. BEINAHE FERTIG.

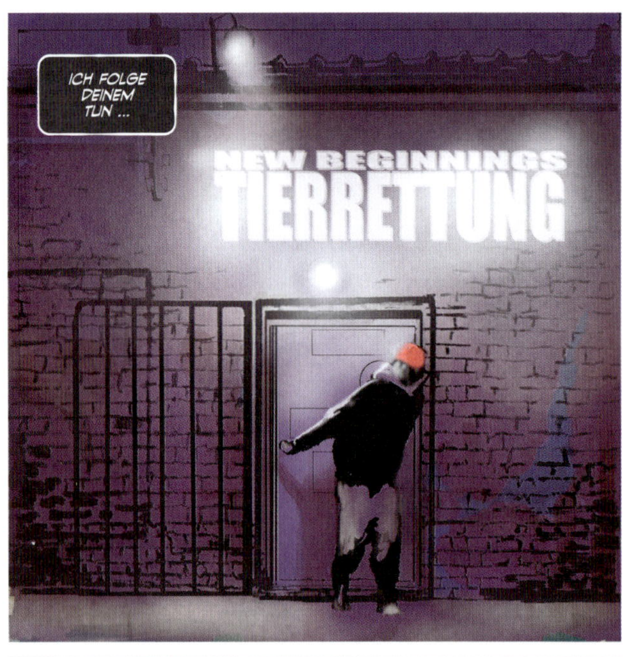
ICH FOLGE DEINEM TUN ...
NEW BEGINNINGS
TIERRETTUNG

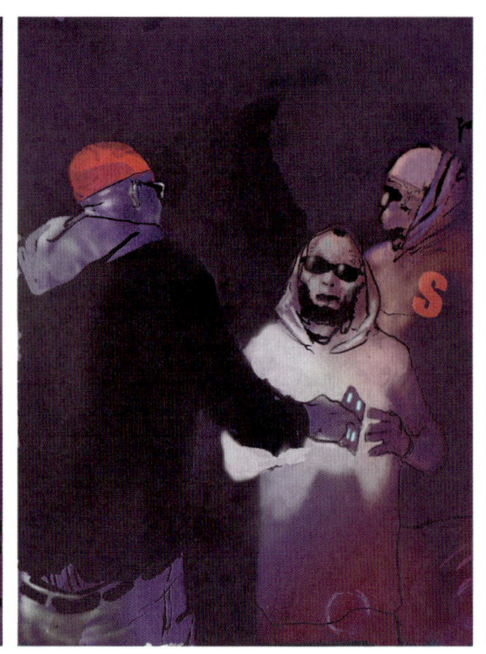

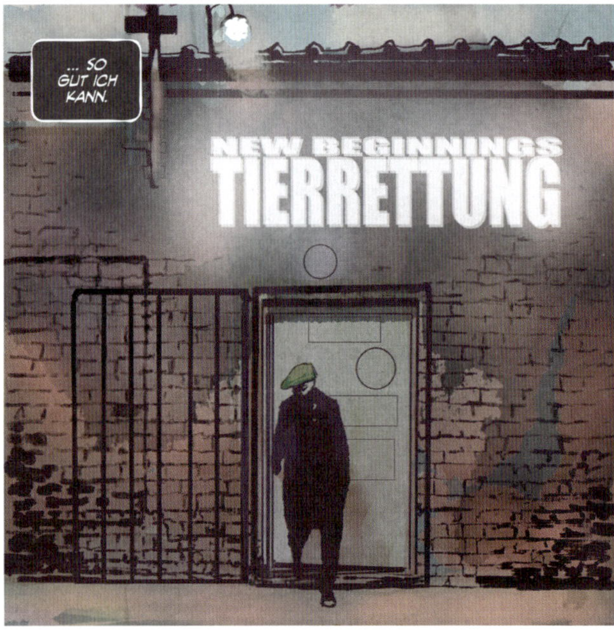
... SO GUT ICH KANN.
NEW BEGINNINGS
TIERRETTUNG

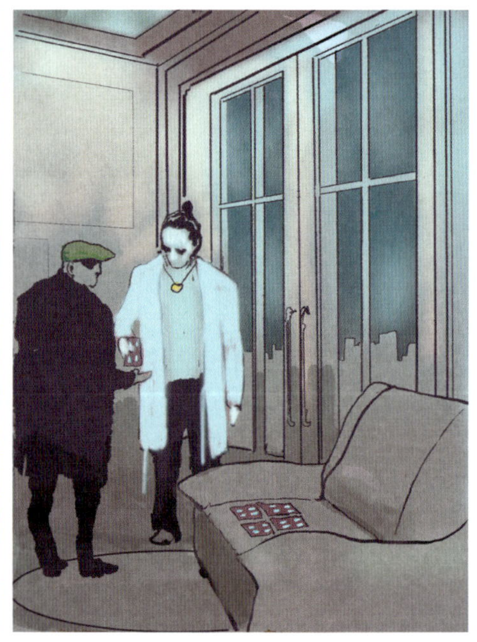

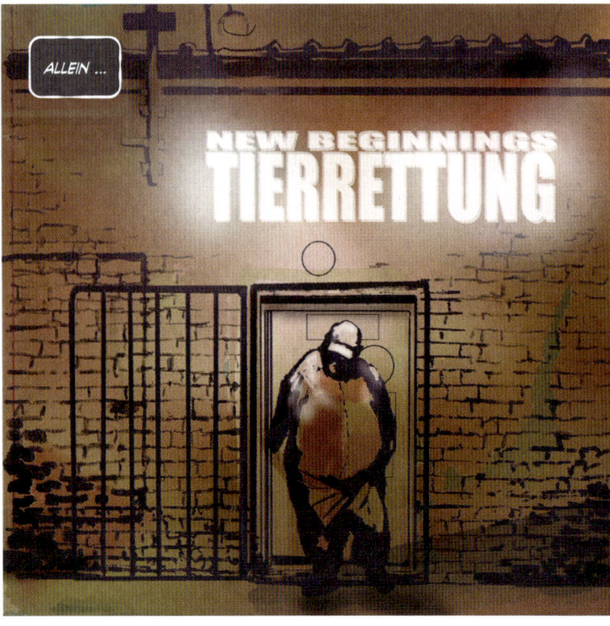
ALLEIN ...
NEW BEGINNINGS
TIERRETTUNG

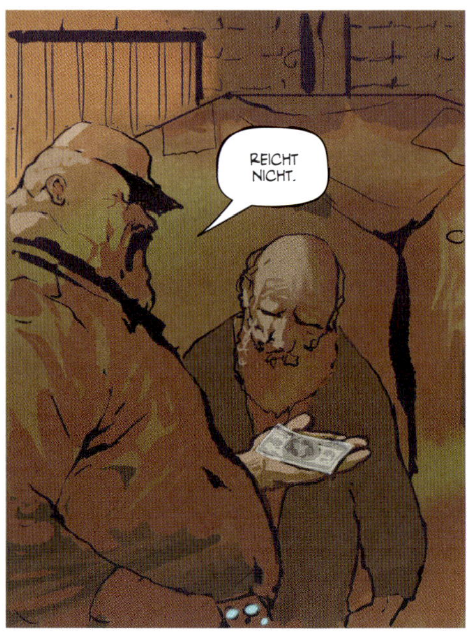
REICHT NICHT.

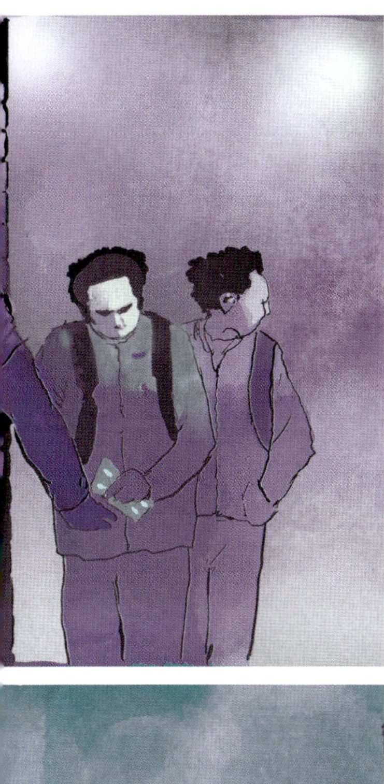
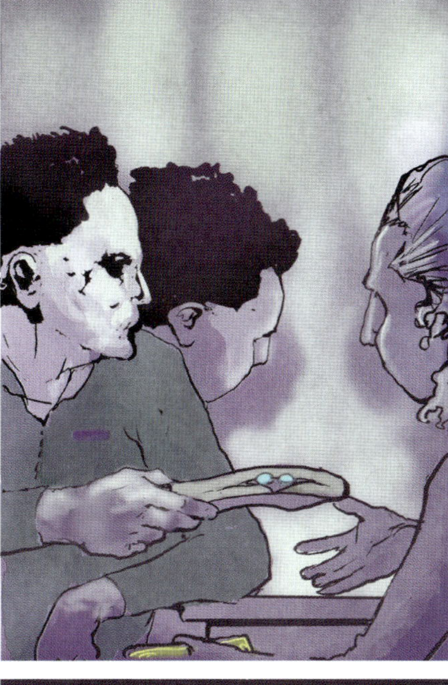
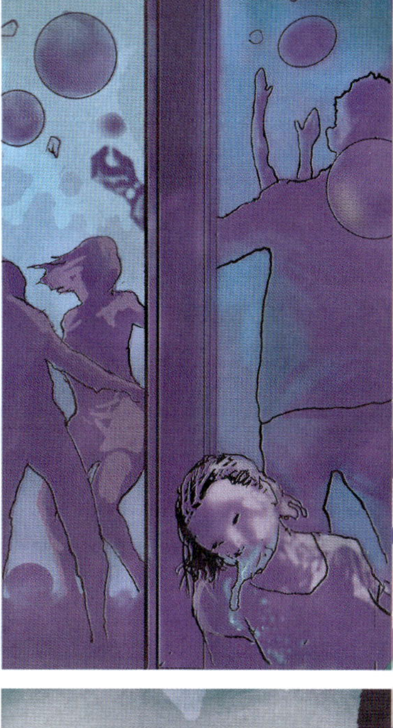
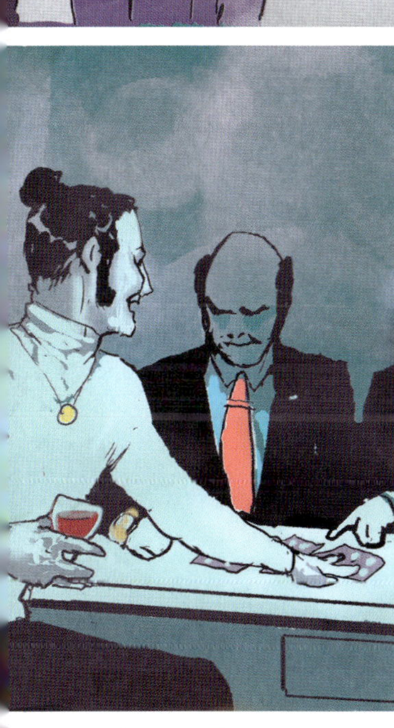
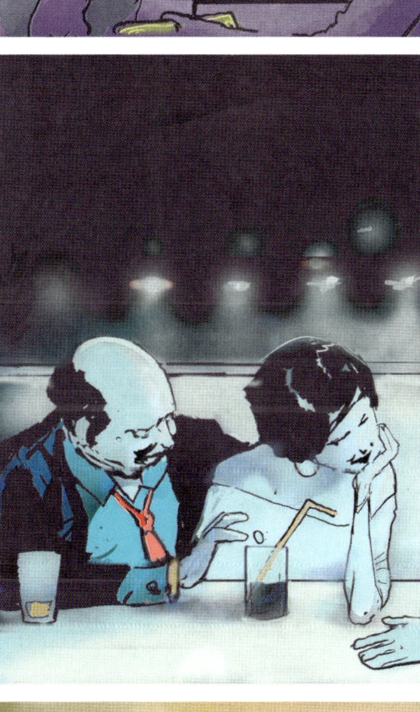
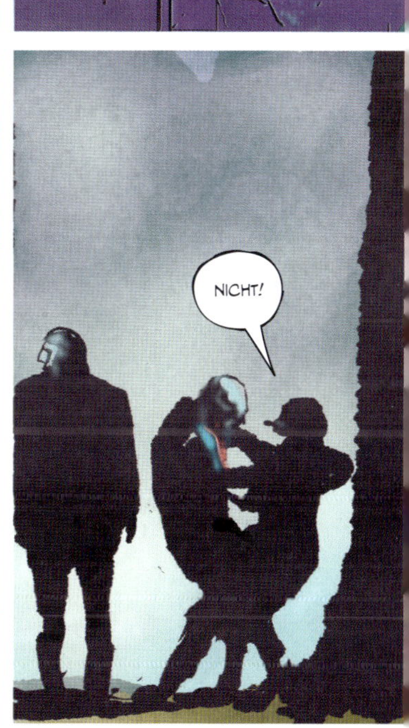
NICHT!
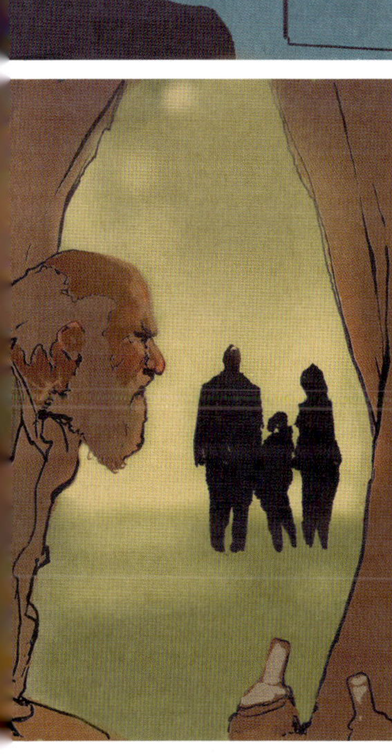
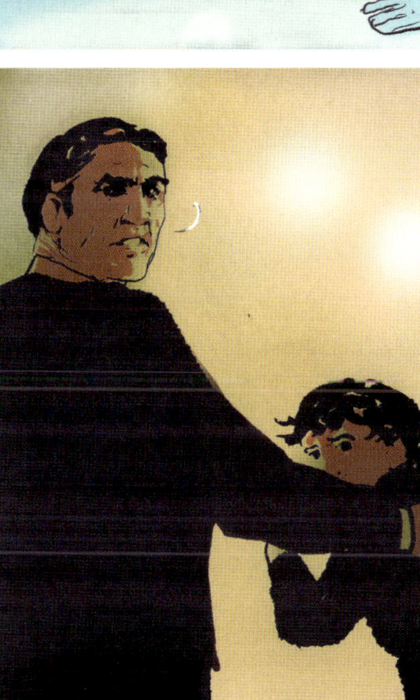
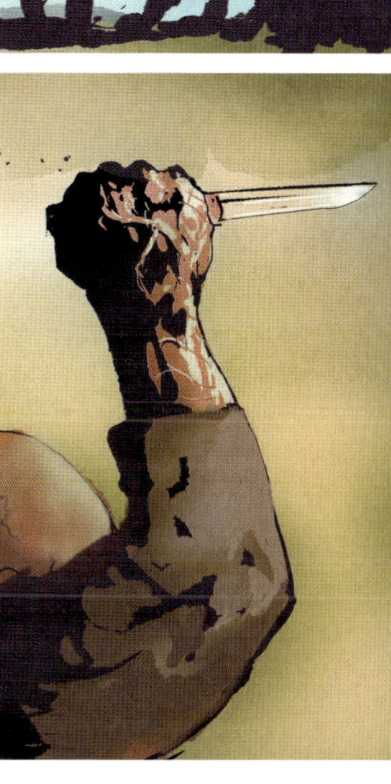

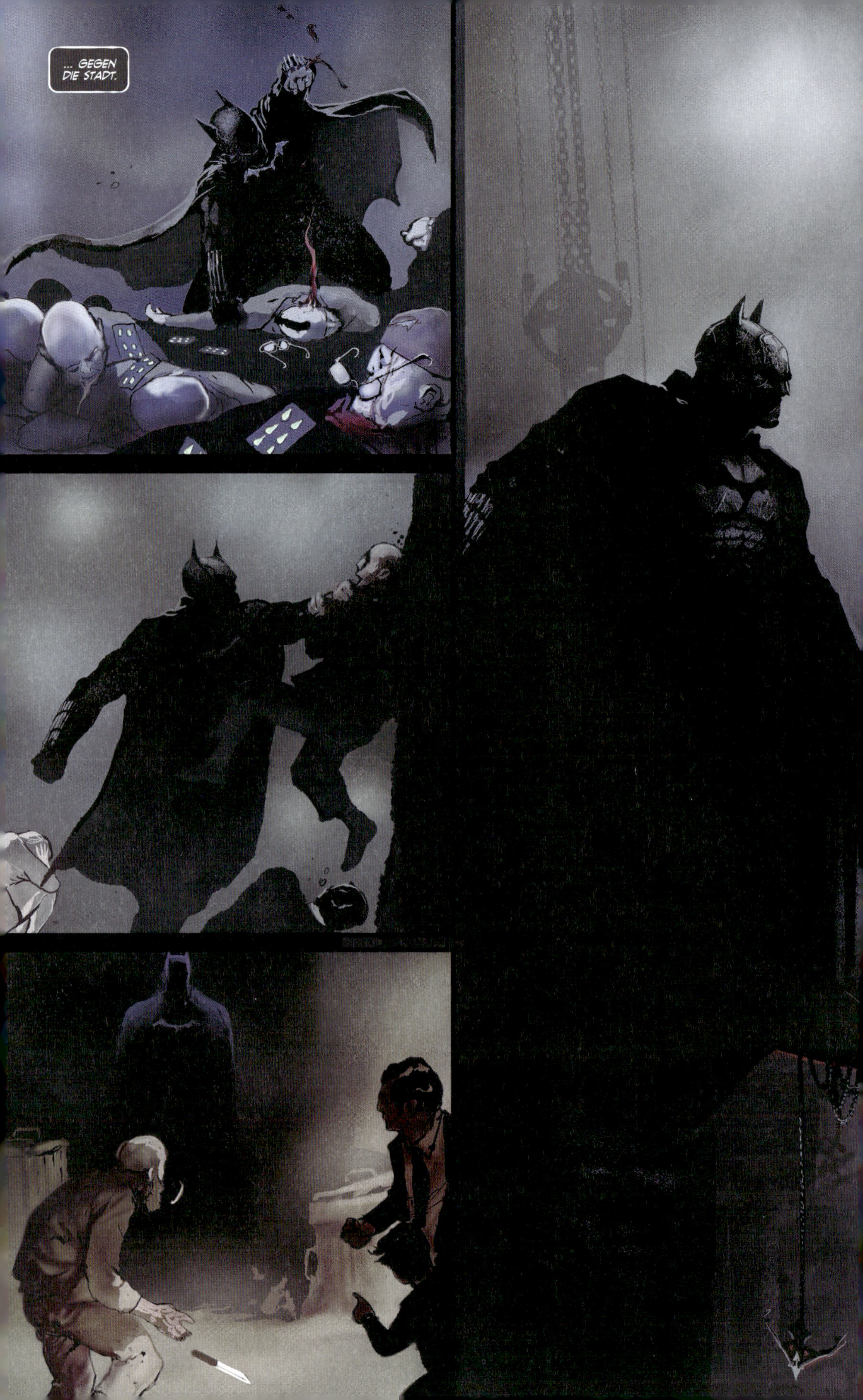
... GEGEN DIE STADT.

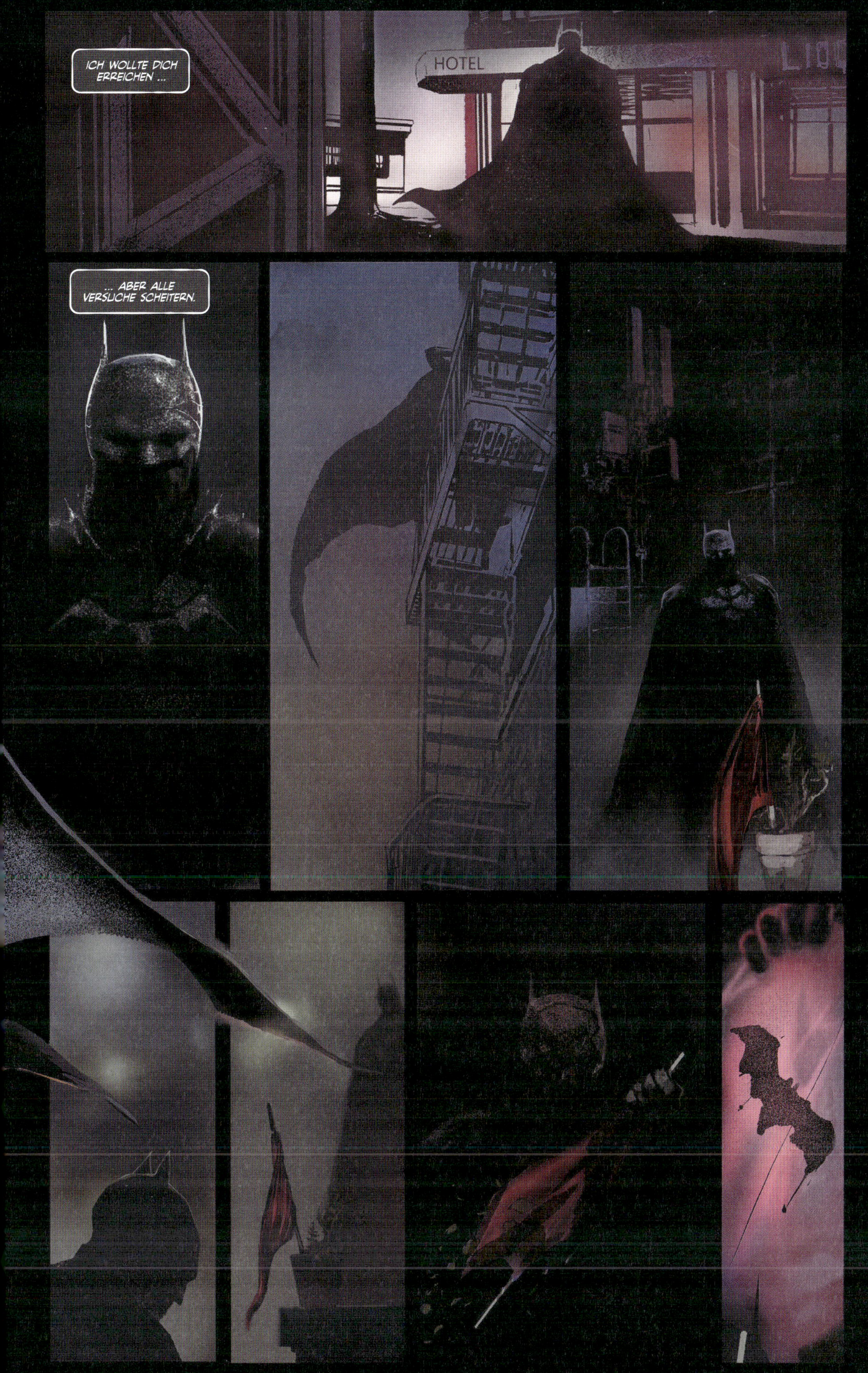
ICH WOLLTE DICH ERREICHEN ...
HOTEL
... ABER ALLE VERSUCHE SCHEITERN.

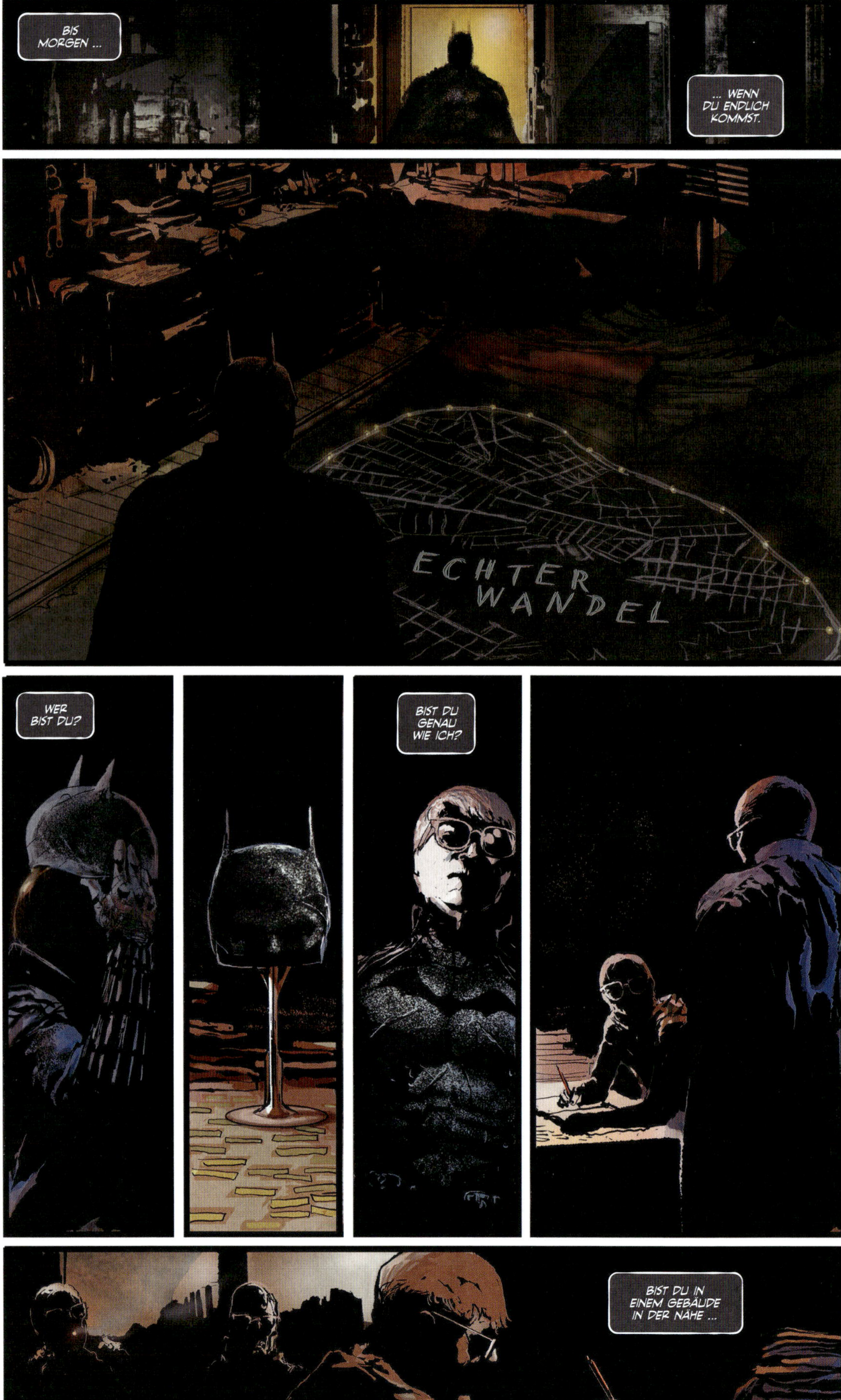
BIS MORGEN ...
... WENN DU ENDLICH KOMMST.
ECHTER WANDEL
WER BIST DU?
BIST DU GENAU WIE ICH?
BIST DU IN EINEM GEBÄUDE IN DER NÄHE ...

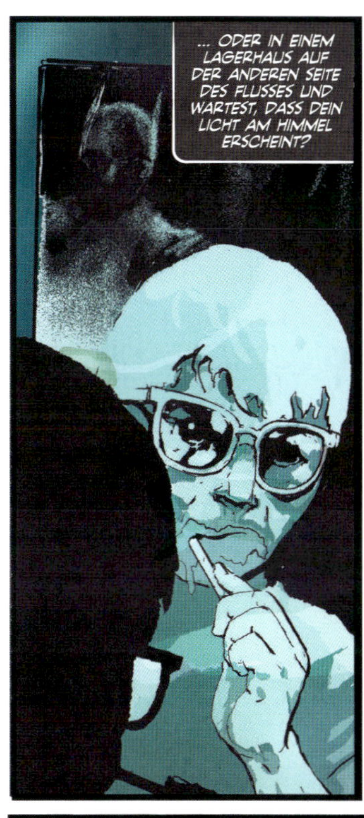

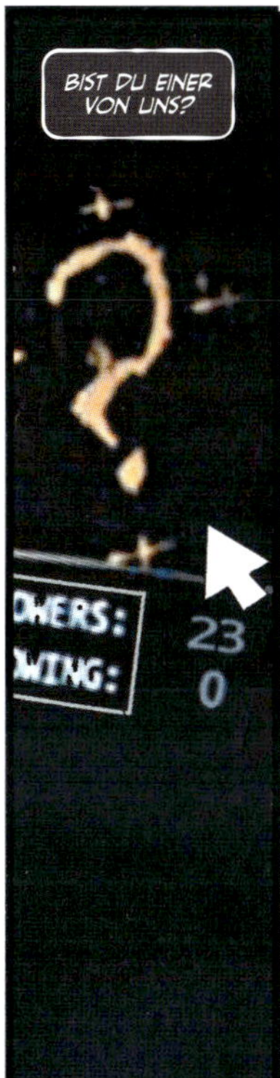

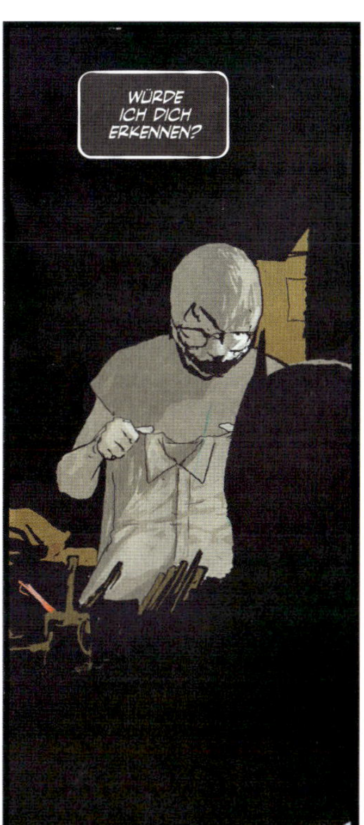

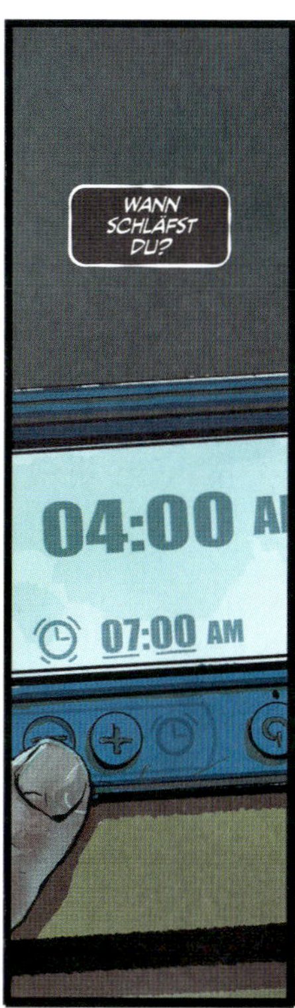

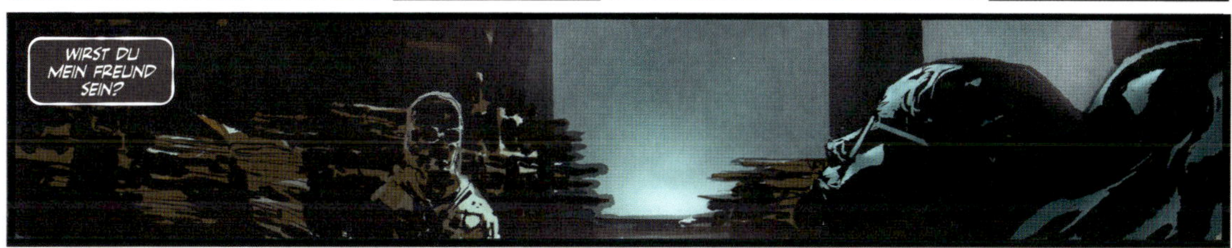

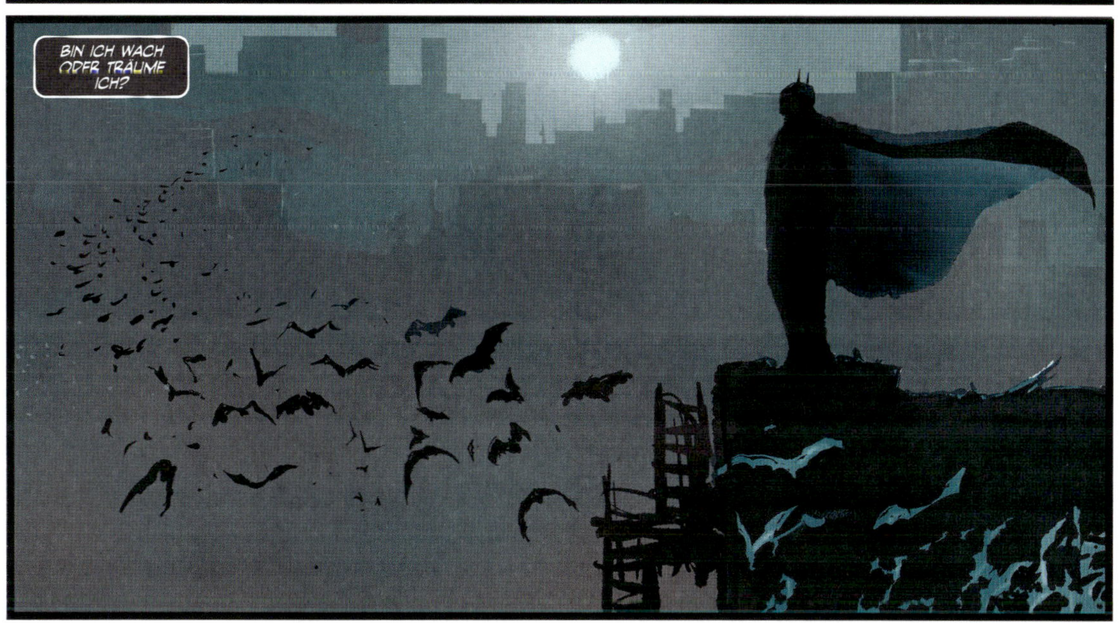

SCHHH.
EINFACH ATMEN.

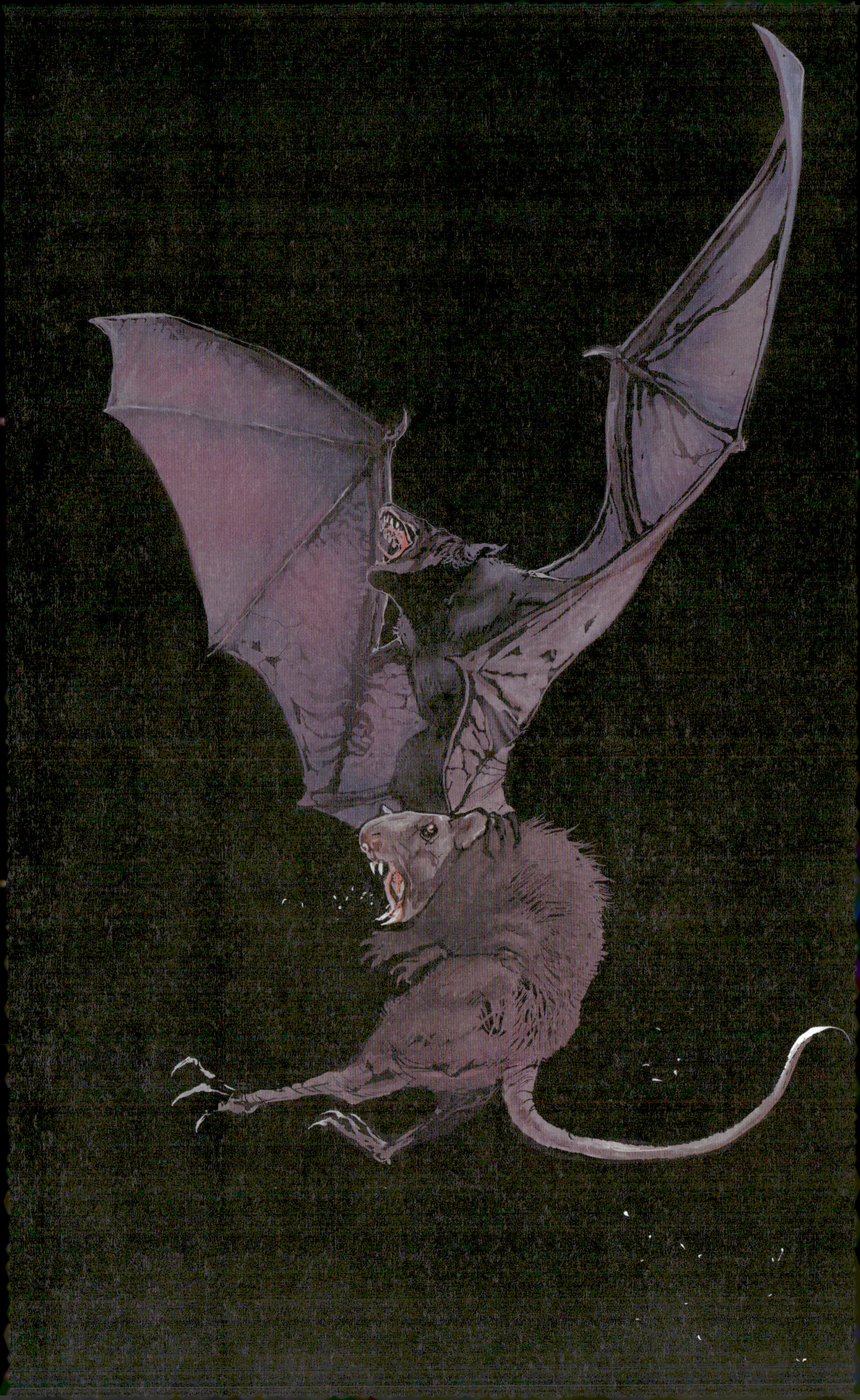

30. Oktober

Es ist fast so weit! 1:13PM Wedn 30th Oct

» Ratsout

Kann vor Aufregung nicht schlafen. 1:38PM Wedn 30th Oct

» Gothamaxe

Wir drücken die Daumen 1:46PM Wedn 30th Oc

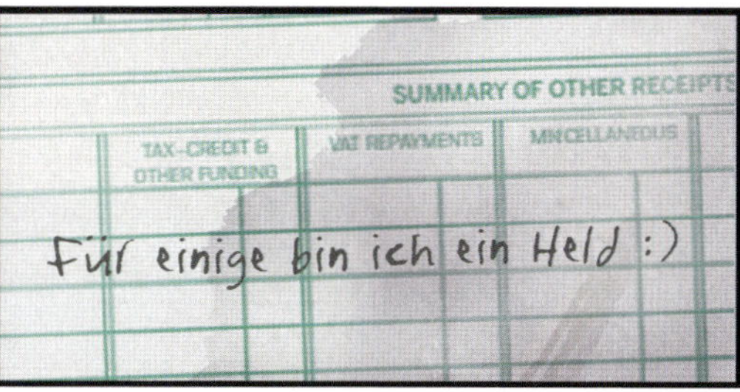

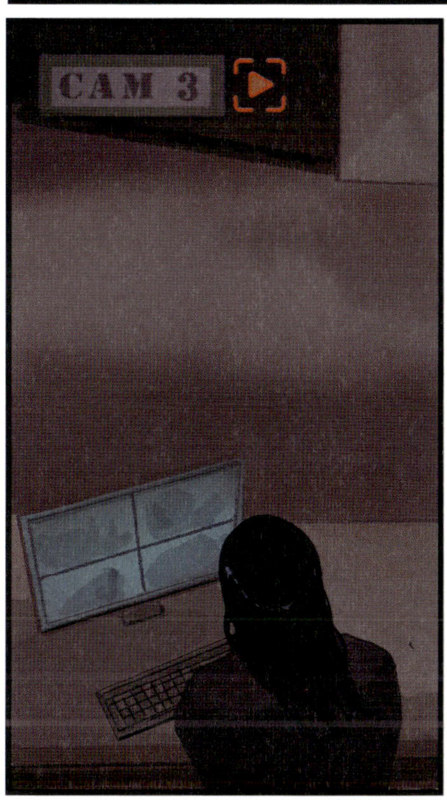

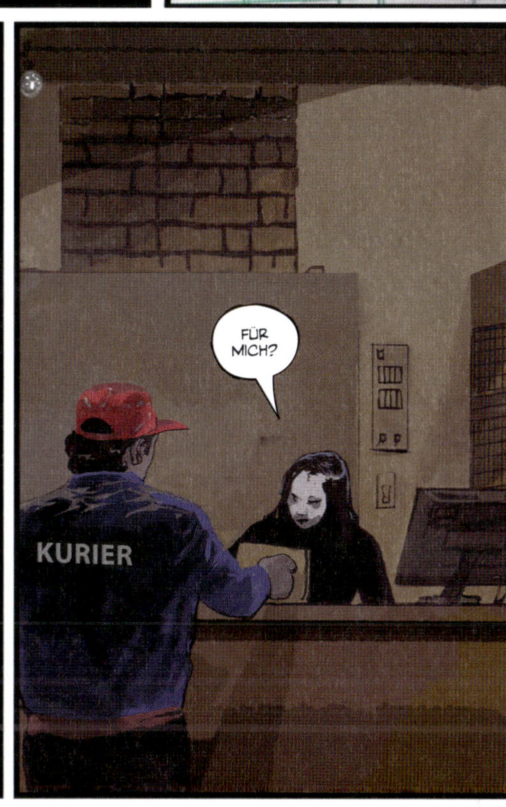

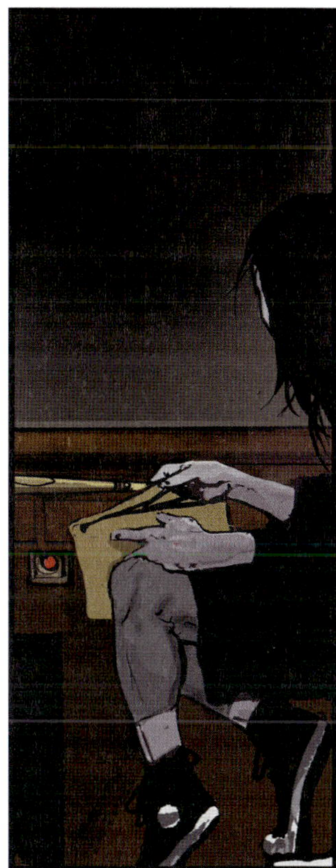

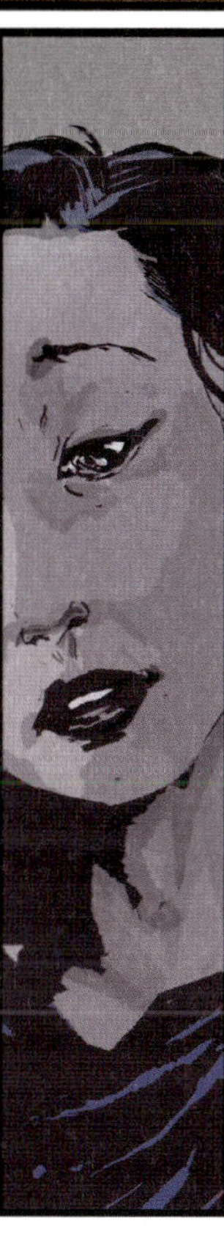

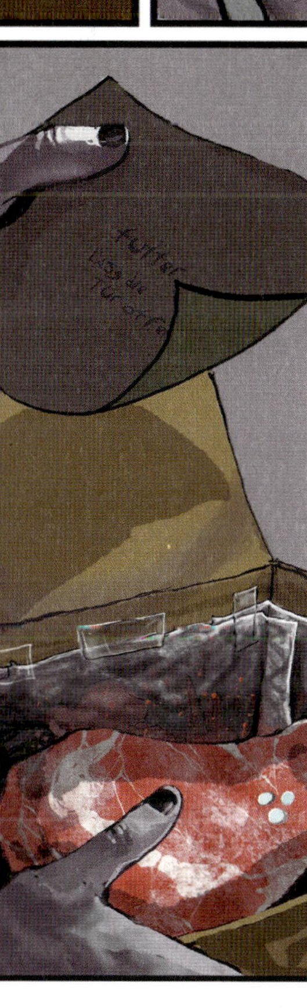

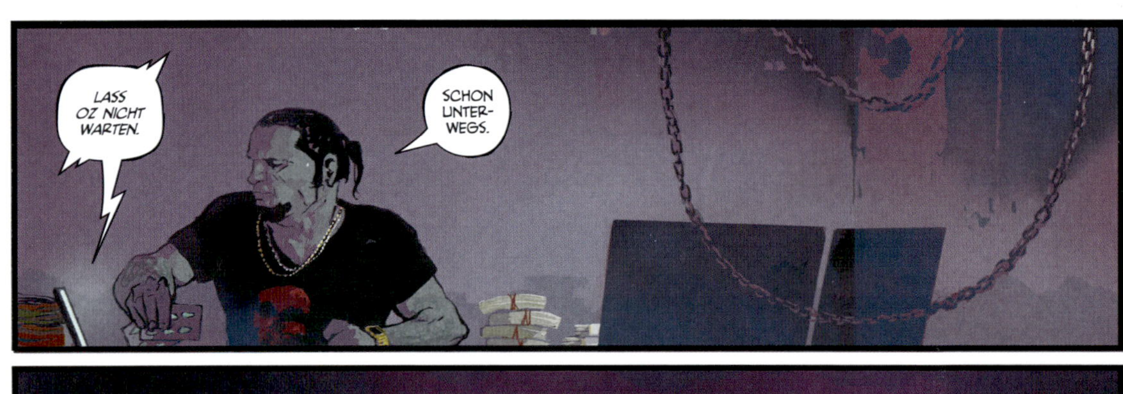
LASS OZ NICHT WARTEN.
SCHON UNTER-WEGS.

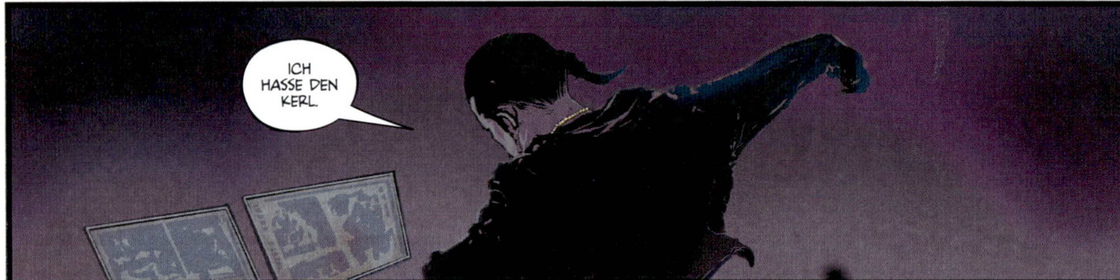
ICH HASSE DEN KERL.

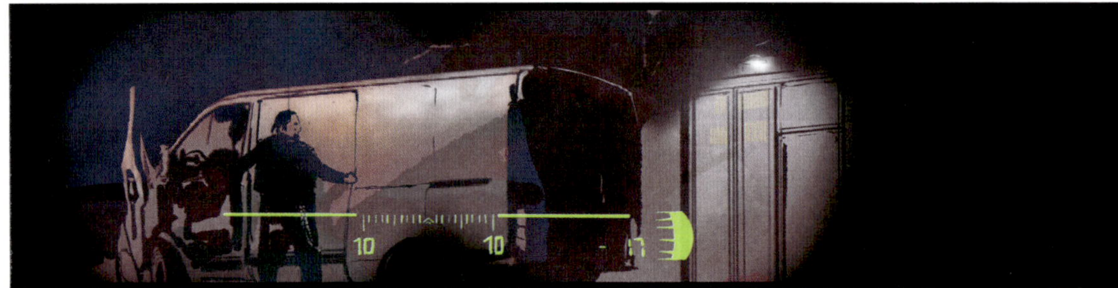

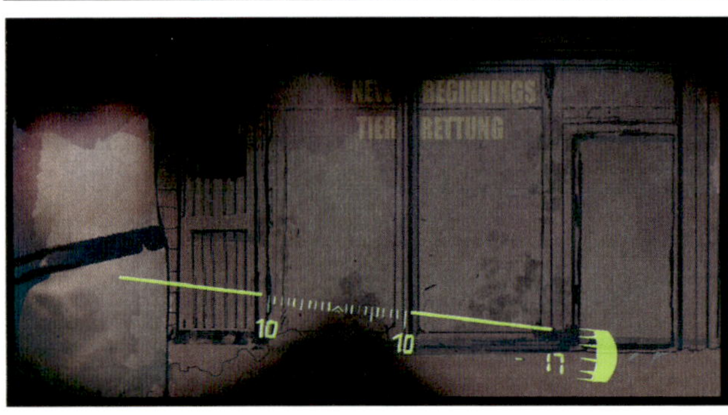
BEGINNINGS
RETTUNG

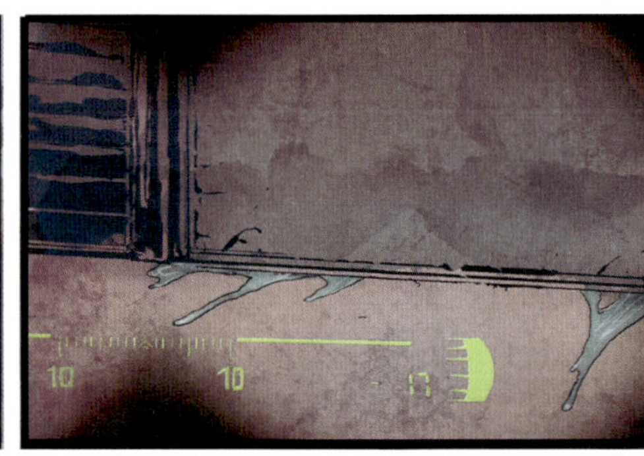

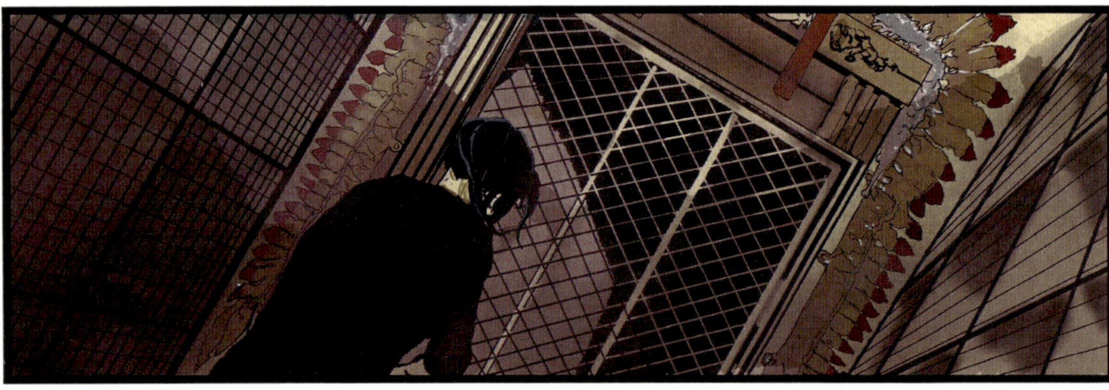

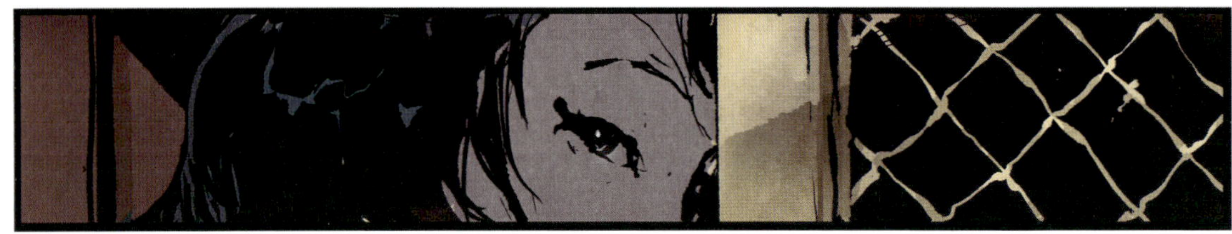

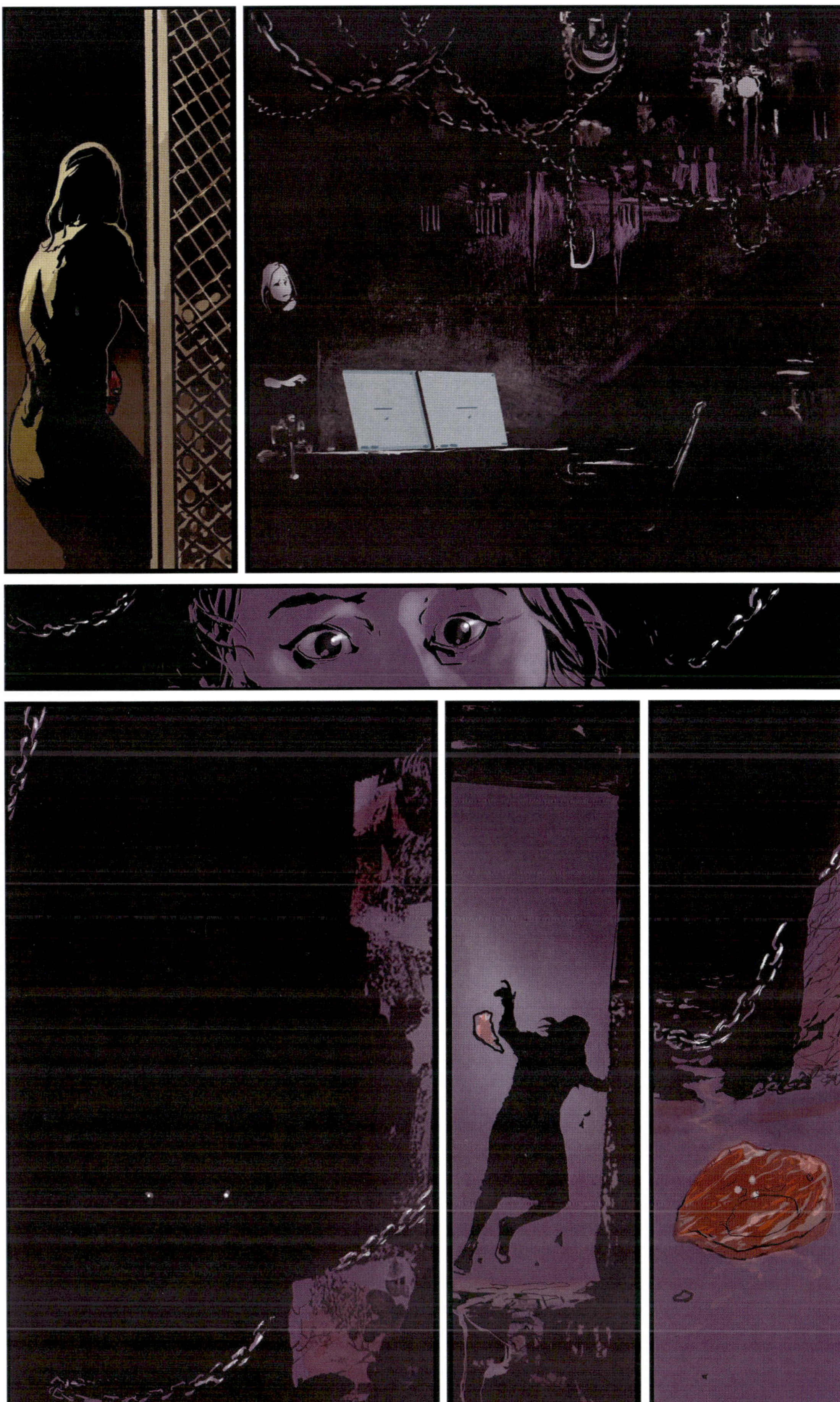

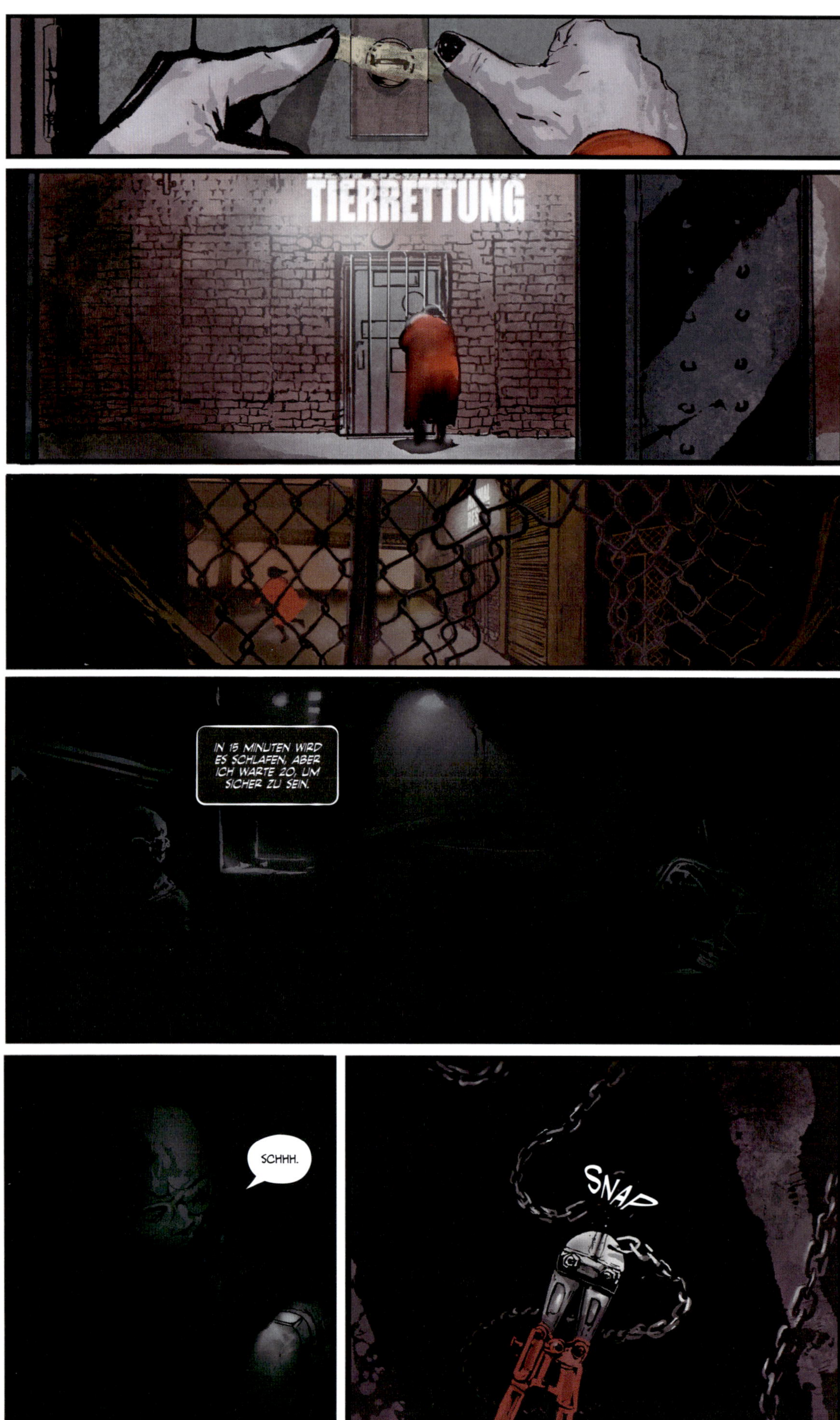
TIERRETTUNG
IN 15 MINUTEN WIRD ES SCHLAFEN, ABER ICH WARTE 20, UM SICHER ZU SEIN.
SCHHH.
SNAP

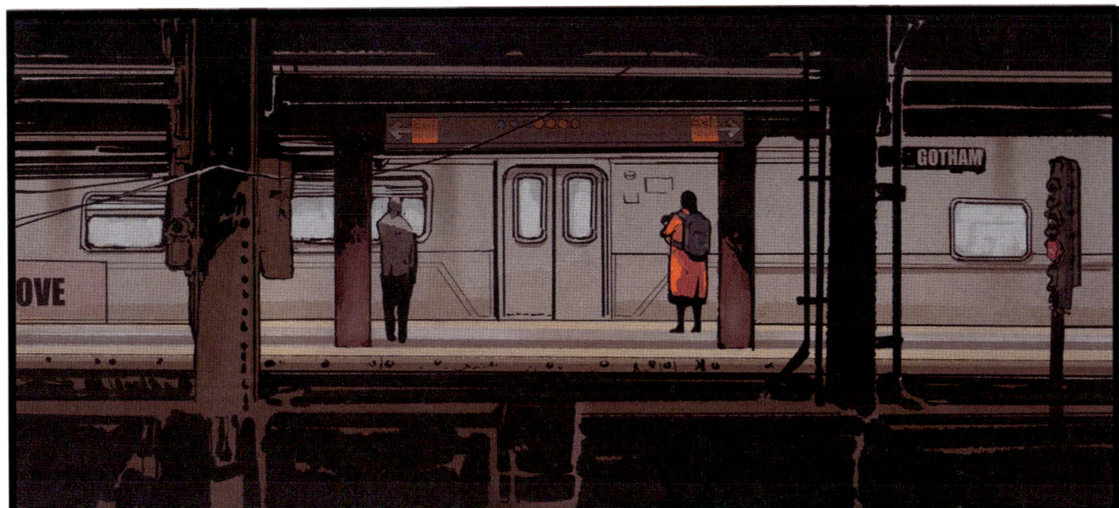
OVE
GOTHAM

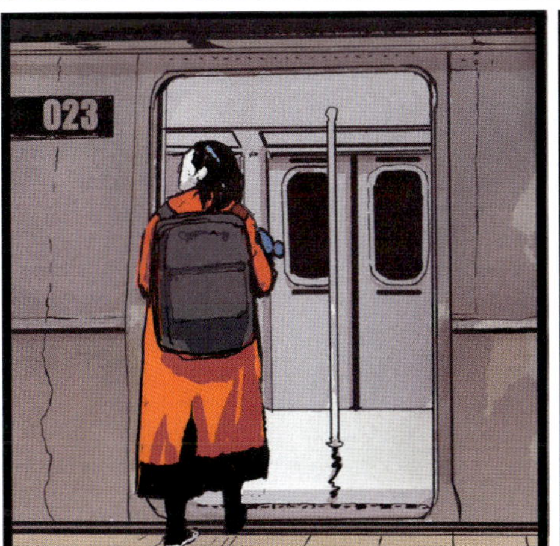
023

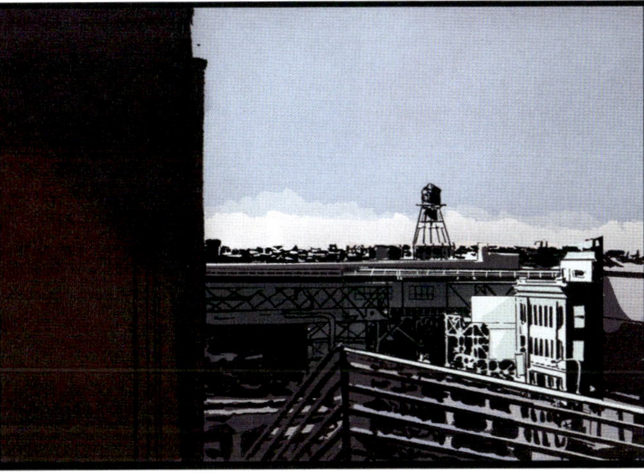

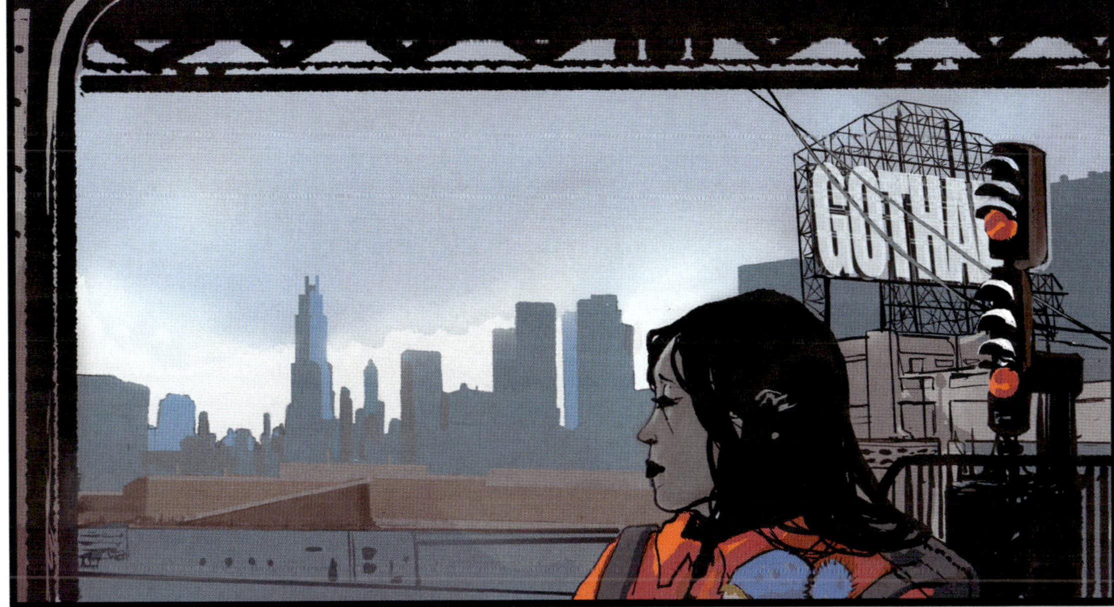
GOTHA

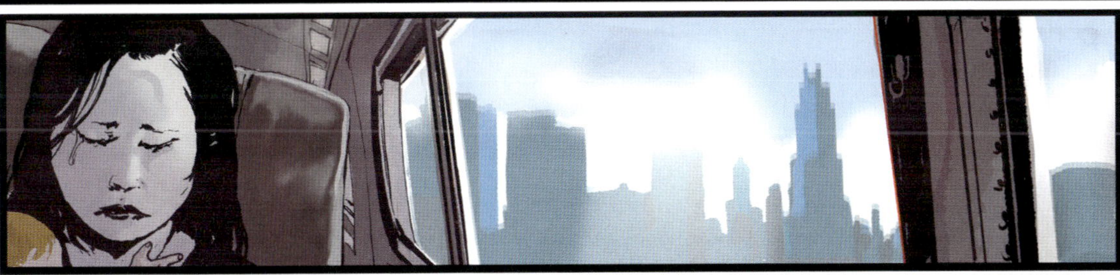

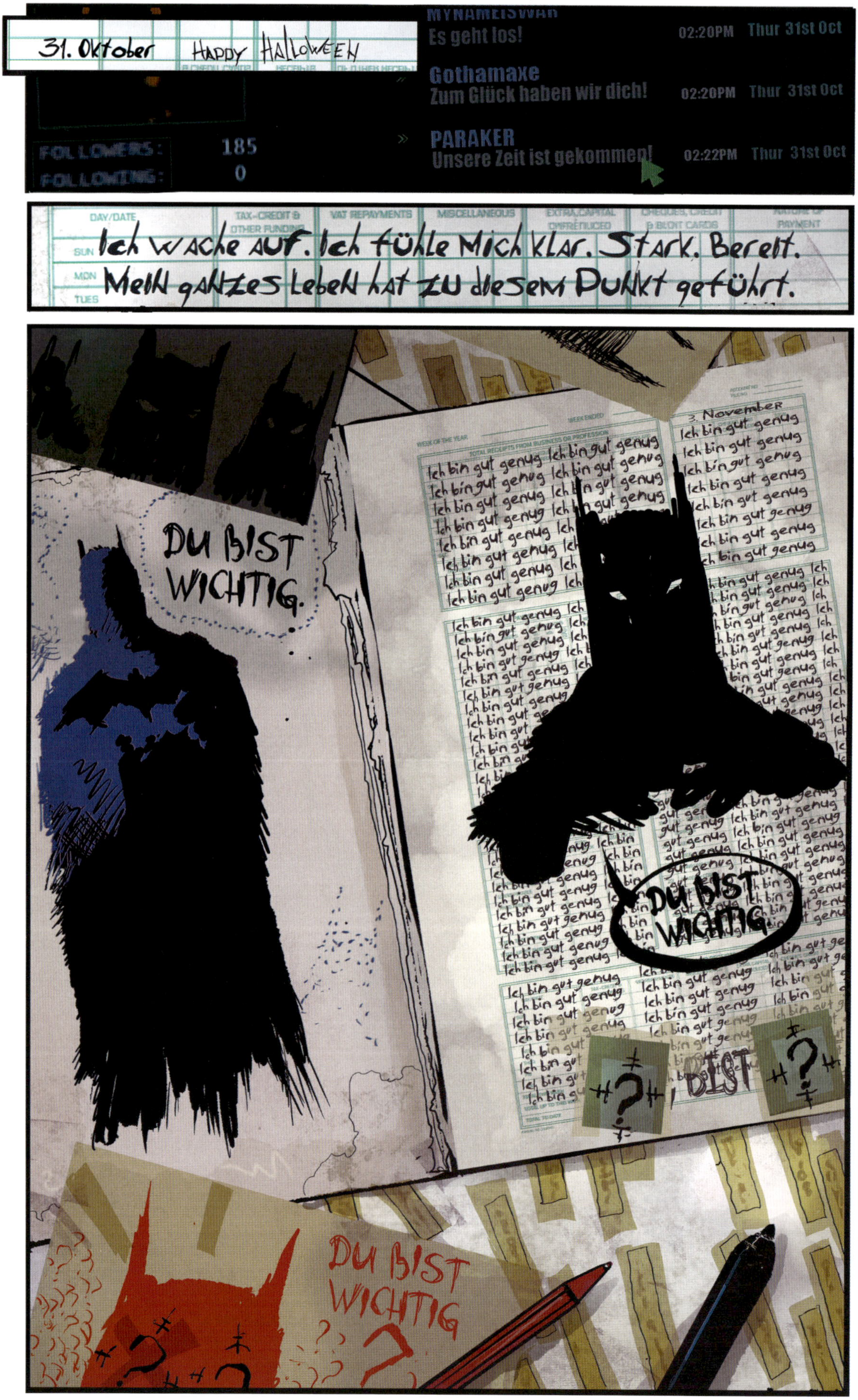

31. Oktober

Happy Halloween

MYNAMEISWAR
Es geht los! 02:20PM Thur 31st Oct

Gothamaxe
Zum Glück haben wir dich! 02:20PM Thur 31st Oct

PARAKER
Unsere Zeit ist gekommen! 02:22PM Thur 31st Oct

FOLLOWERS: 185
FOLLOWING: 0

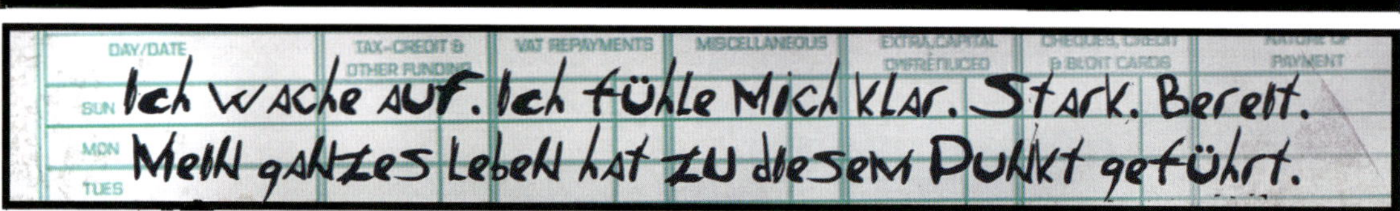

DU BIST WICHTIG.

3. November
Ich bin gut genug
Ich bin gut genug
Ich bin gut genug

DU BIST WICHTIG.

BIST

DU BIST WICHTIG

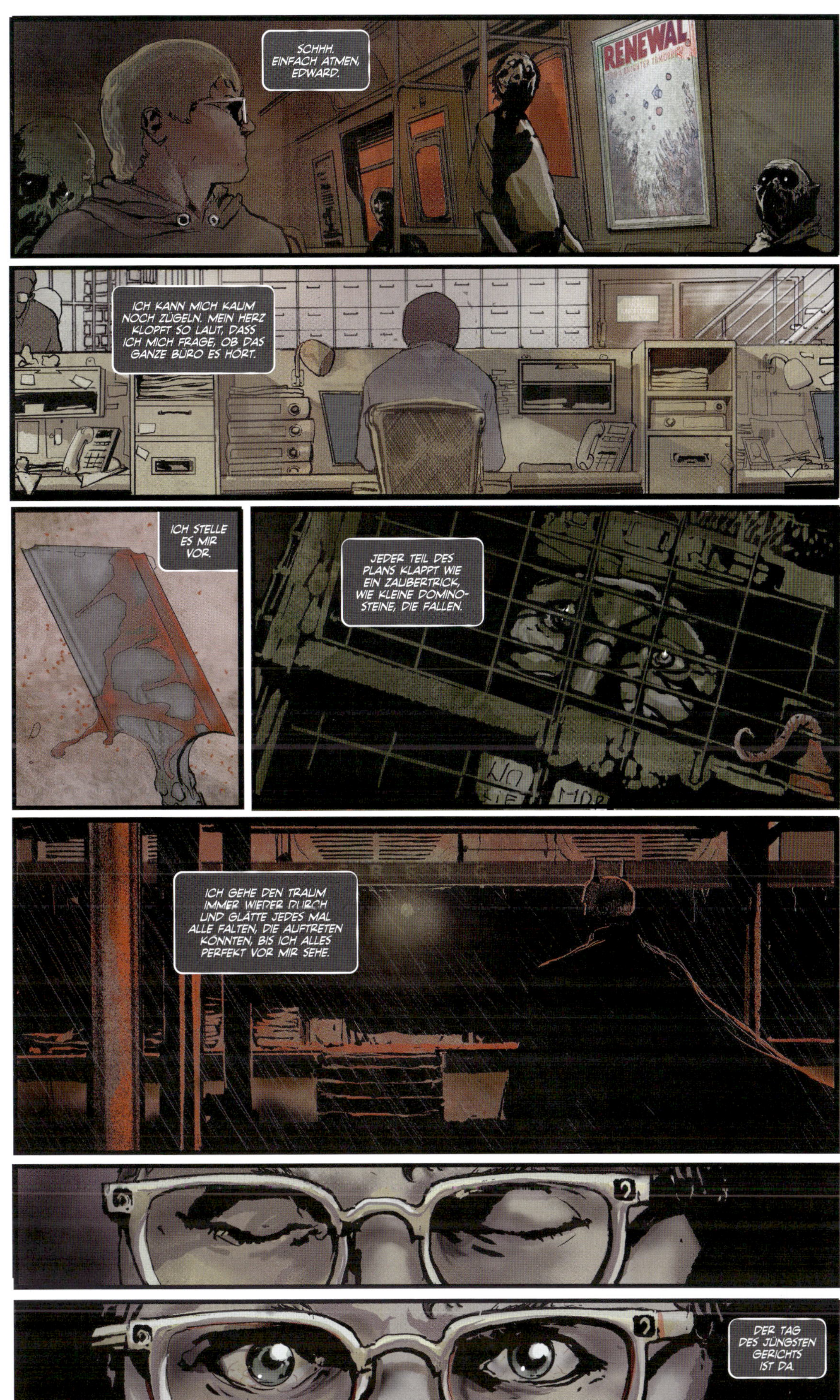
SCHHH.
EINFACH ATMEN,
EDWARD.
RENEWAL
ICH KANN MICH KAUM NOCH ZÜGELN. MEIN HERZ KLOPFT SO LAUT, DASS ICH MICH FRAGE, OB DAS GANZE BÜRO ES HÖRT.
ICH STELLE ES MIR VOR.
JEDER TEIL DES PLANS KLAPPT WIE EIN ZAUBERTRICK, WIE KLEINE DOMINOSTEINE, DIE FALLEN.
ICH GEHE DEN TRAUM IMMER WIEDER DURCH UND GLÄTTE JEDES MAL ALLE FALTEN, DIE AUFTRETEN KÖNNTEN, BIS ICH ALLES PERFEKT VOR MIR SEHE.
DER TAG DES JÜNGSTEN GERICHTS IST DA.

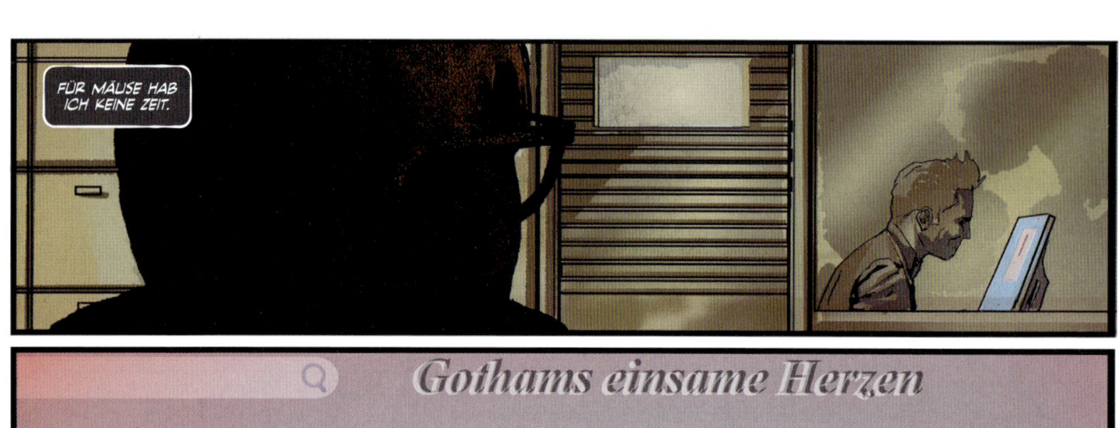
FÜR MÄUSE HAB ICH KEINE ZEIT.
Gothams einsame Herzen
ZACH
Du hast eine neue Nachricht!

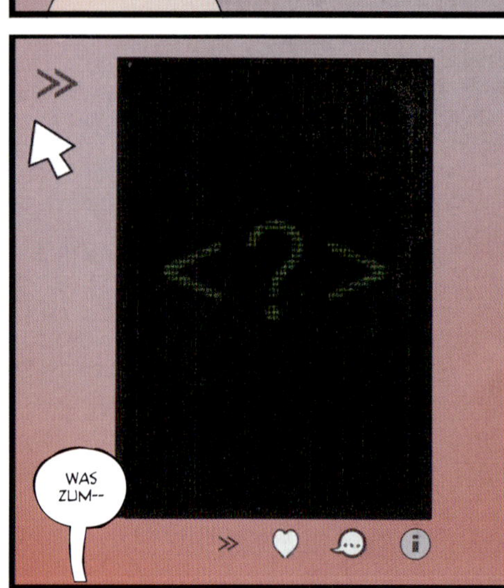
WAS ZUM--

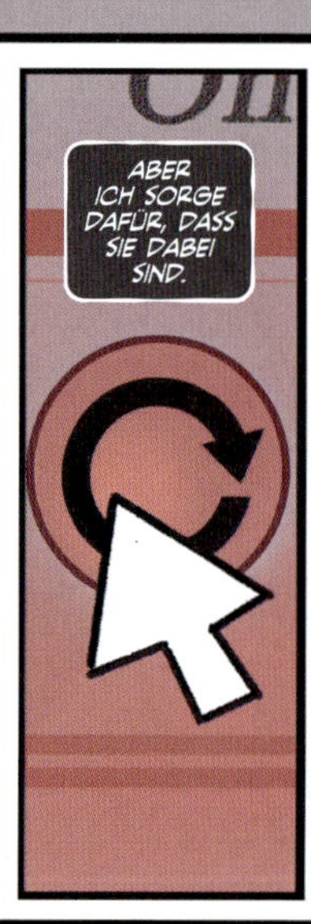
ABER ICH SORGE DAFÜR, DASS SIE DABEI SIND.

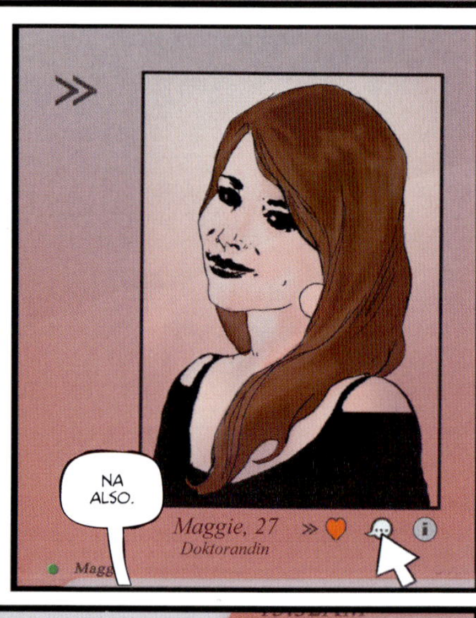
NA ALSO.
Maggie, 27
Doktorandin

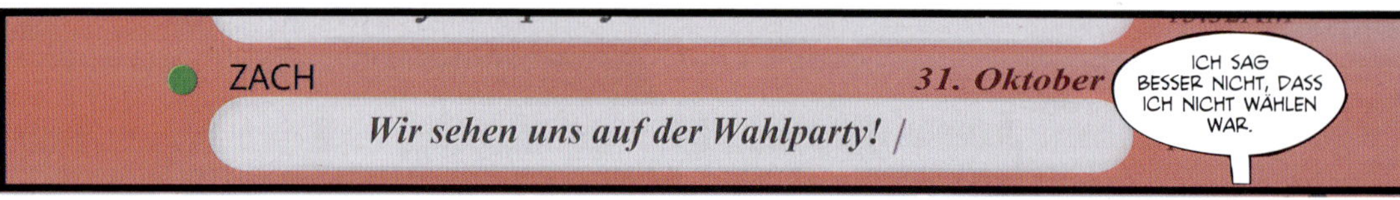
ZACH
31. Oktober
Wir sehen uns auf der Wahlparty!
ICH SAG BESSER NICHT, DASS ICH NICHT WÄHLEN WAR.

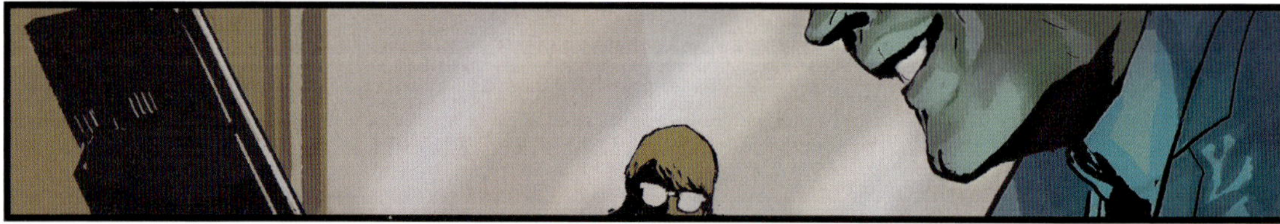

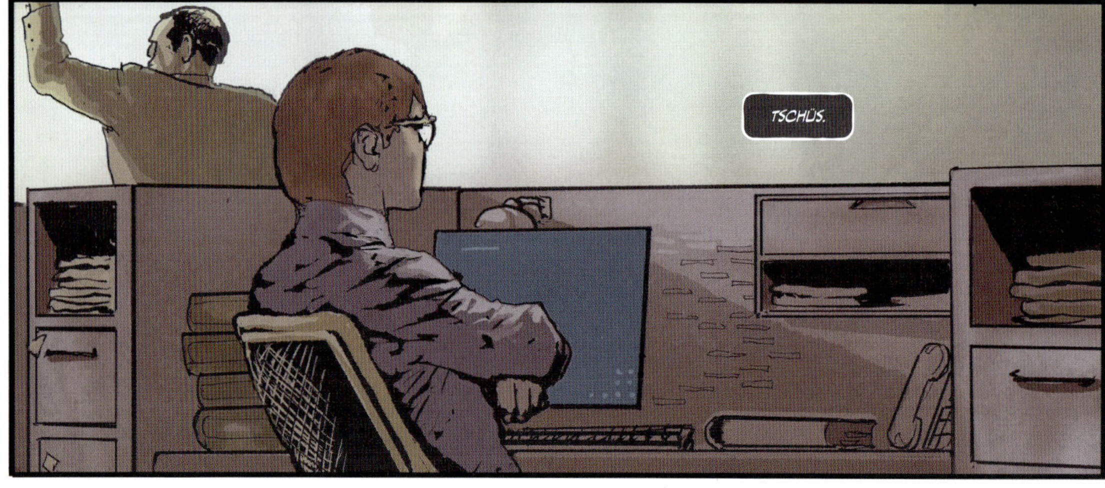
TSCHÜS.

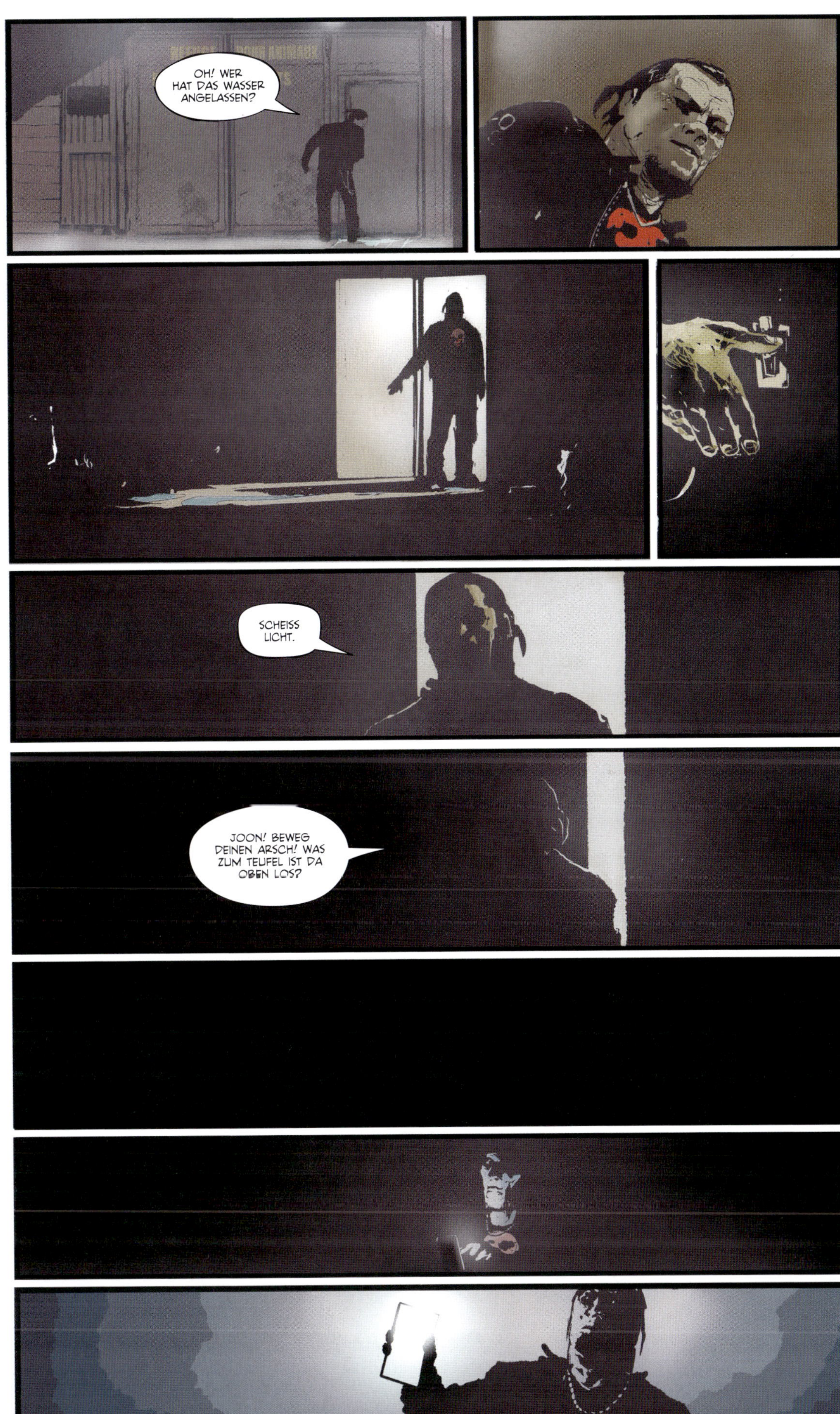
OH! WER HAT DAS WASSER ANGELASSEN?
SCHEISS LICHT.
JOON! BEWEG DEINEN ARSCH! WAS ZUM TEUFEL IST DA OBEN LOS?

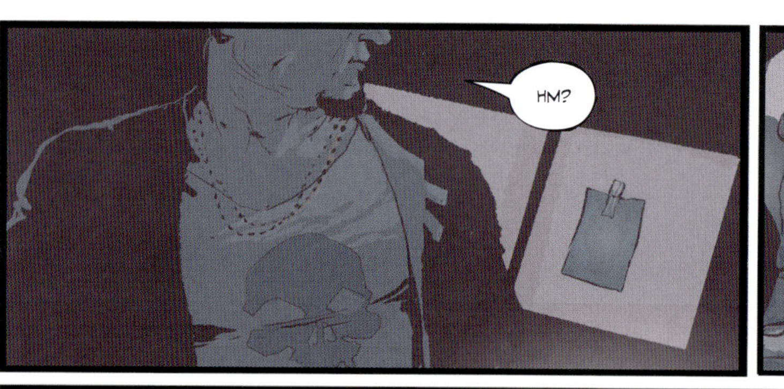
HM?

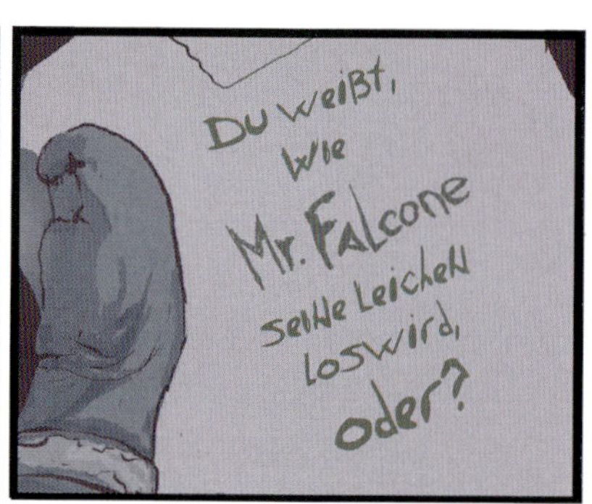
Du weißt, wie Mr. Falcone seine Leichen loswird, oder?

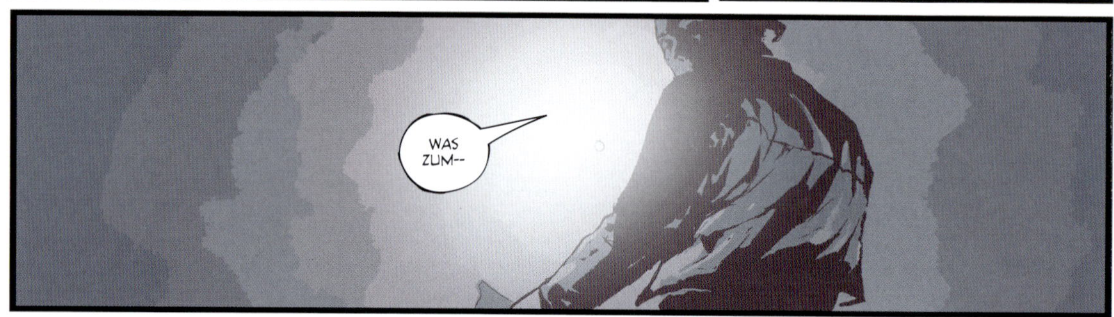
WAS ZUM--

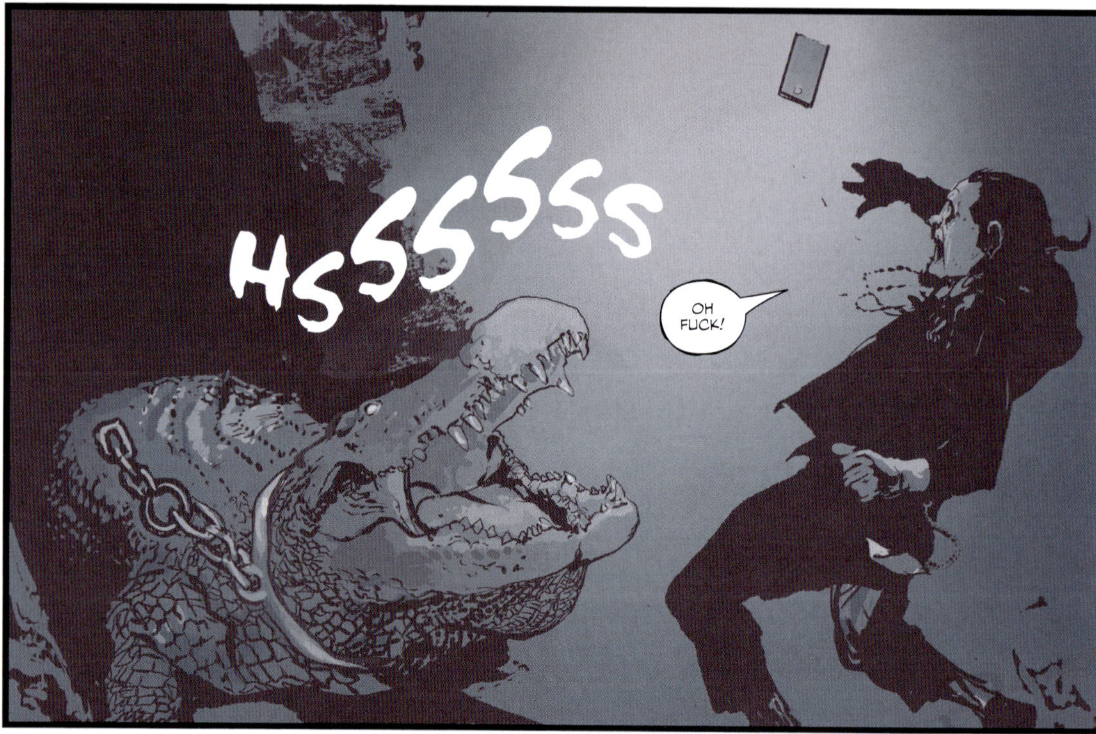
HSSSSSS
OH FUCK!

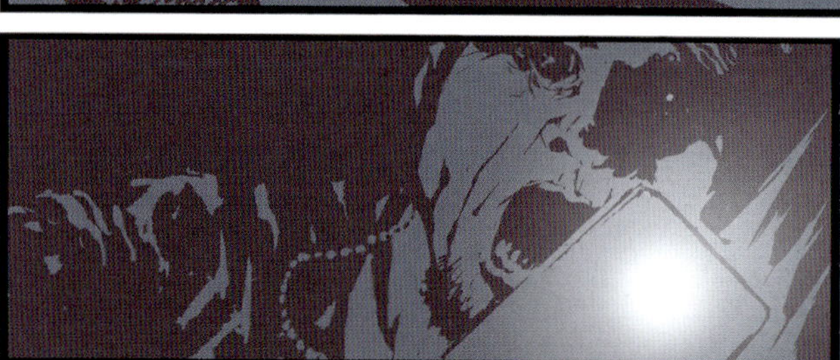

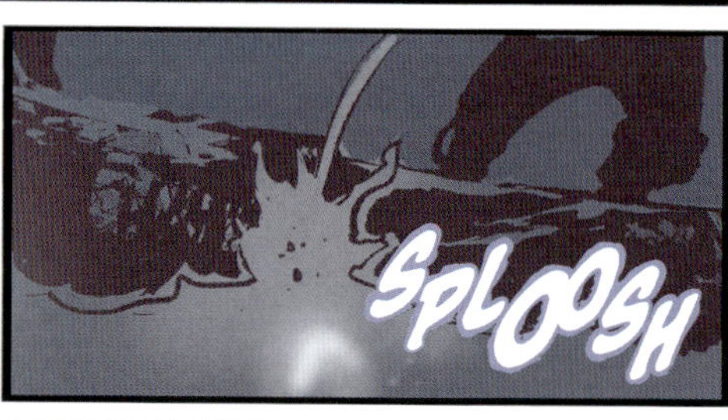
SPLOOSH

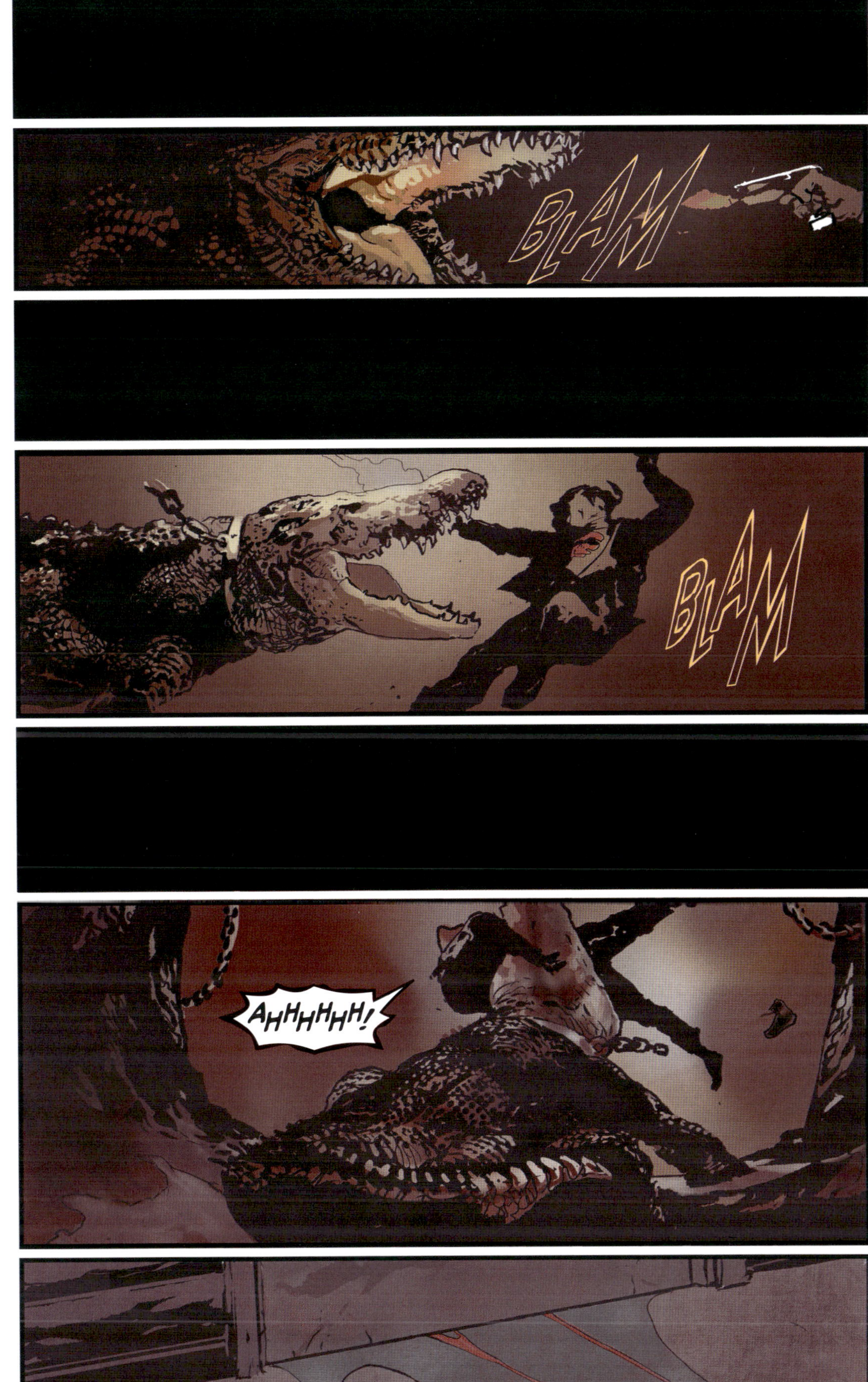
BLAM
BLAM
AHHHHHH!

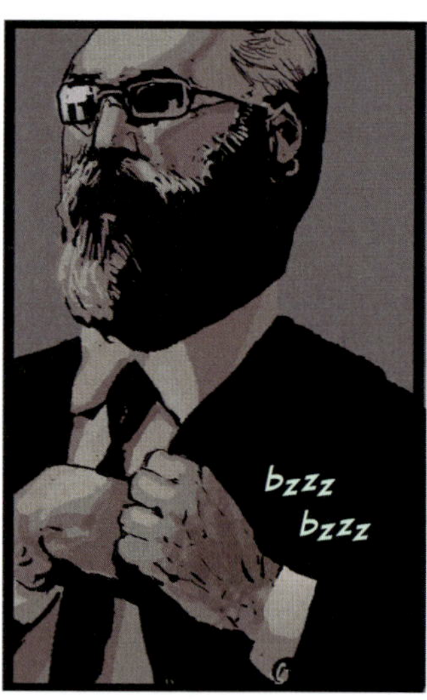
bzzz
bzzz

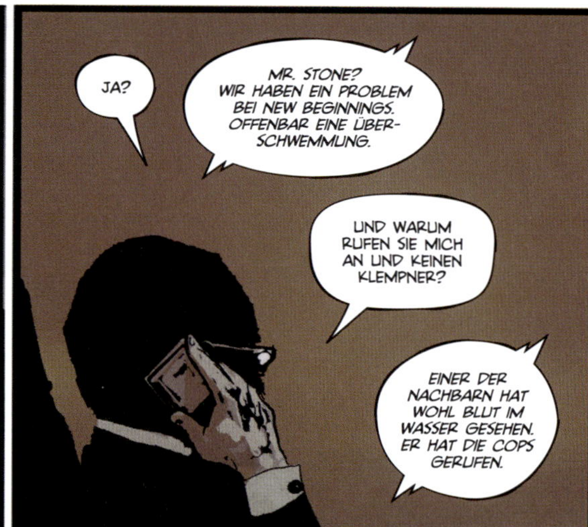
JA?
MR. STONE? WIR HABEN EIN PROBLEM BEI NEW BEGINNINGS. OFFENBAR EINE ÜBER-SCHWEMMUNG.
UND WARUM RUFEN SIE MICH AN UND KEINEN KLEMPNER?
EINER DER NACHBARN HAT WOHL BLUT IM WASSER GESEHEN. ER HAT DIE COPS GERUFEN.

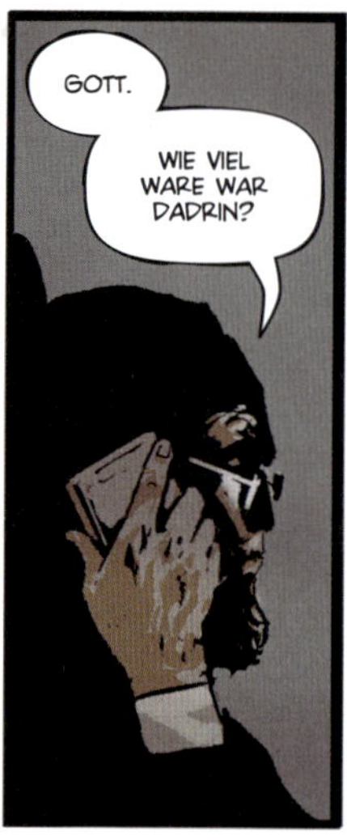
GOTT.
WIE VIEL WARE WAR DADRIN?

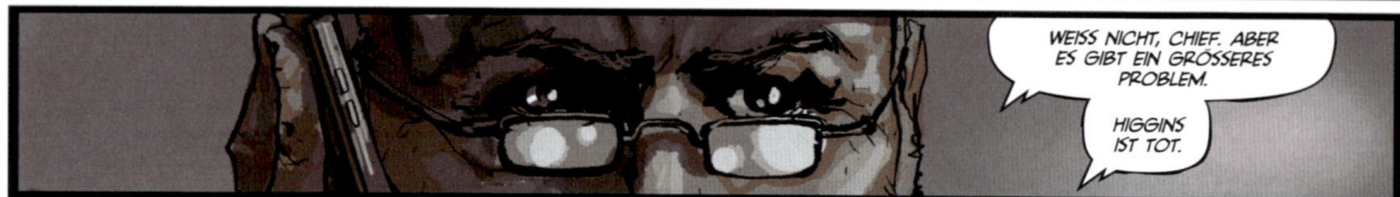
WEISS NICHT, CHIEF. ABER ES GIBT EIN GRÖSSERES PROBLEM.
HIGGINS IST TOT.

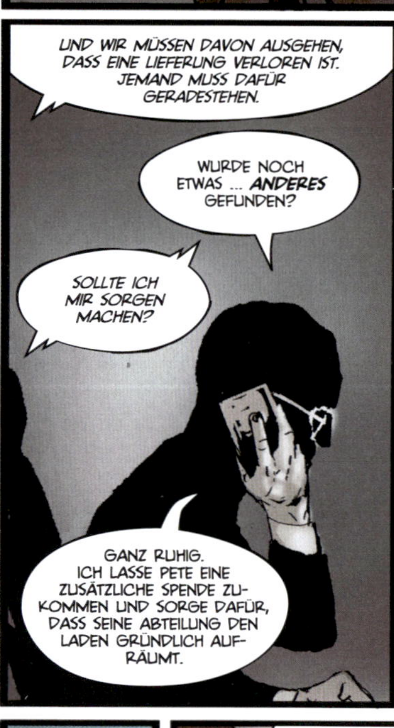
UND WIR MÜSSEN DAVON AUSGEHEN, DASS EINE LIEFERUNG VERLOREN IST. JEMAND MUSS DAFÜR GERADESTEHEN.
WURDE NOCH ETWAS ... **ANDERES** GEFUNDEN?
SOLLTE ICH MIR SORGEN MACHEN?
GANZ RUHIG. ICH LASSE PETE EINE ZUSÄTZLICHE SPENDE ZU-KOMMEN UND SORGE DAFÜR, DASS SEINE ABTEILUNG DEN LADEN GRÜNDLICH AUF-RÄUMT.

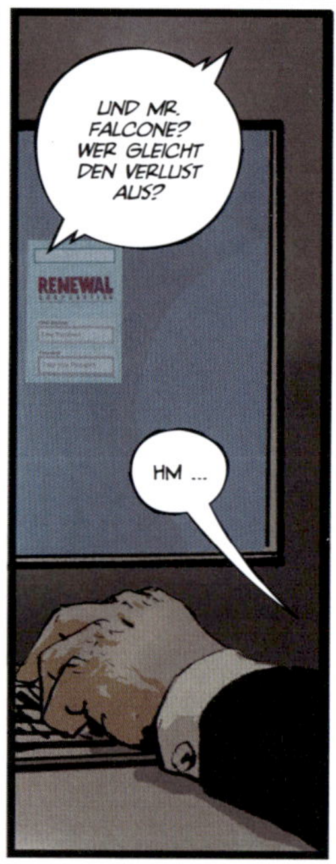
RENEWAL
UND MR. FALCONE? WER GLEICHT DEN VERLUST AUS?
HM ...

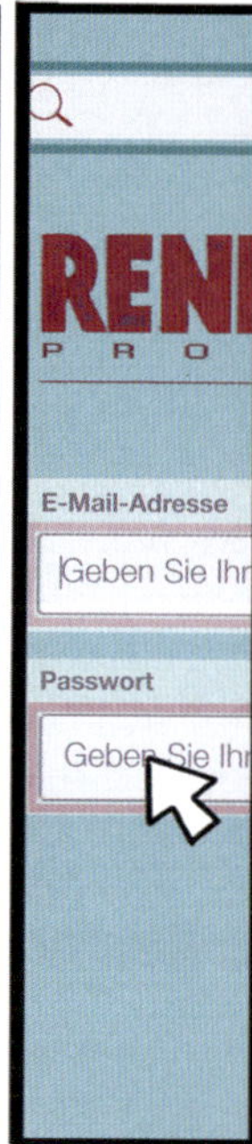
RENI
E-Mail-Adresse
Geben Sie Ihr
Passwort
Geben Sie Ihr

Persönliche Datenbank
CHIEF?
Vertraulich
Letzter Login
22:49 Uhr
RENEW

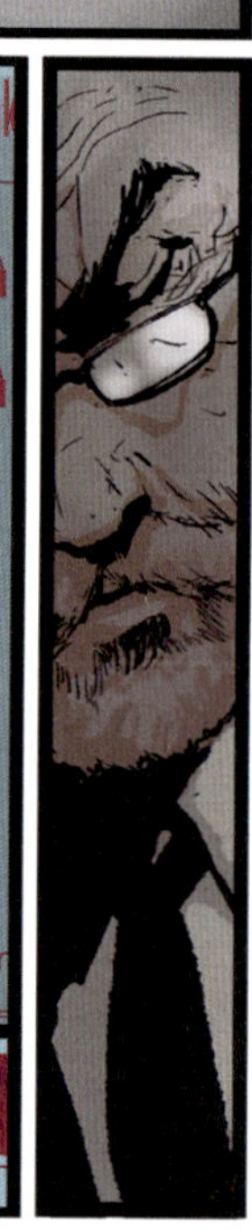

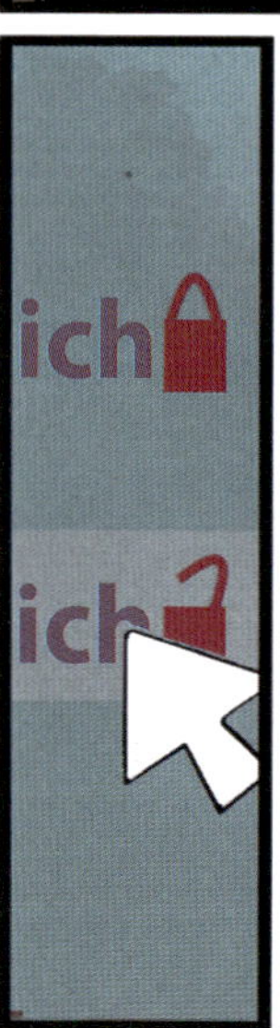
ich
ich

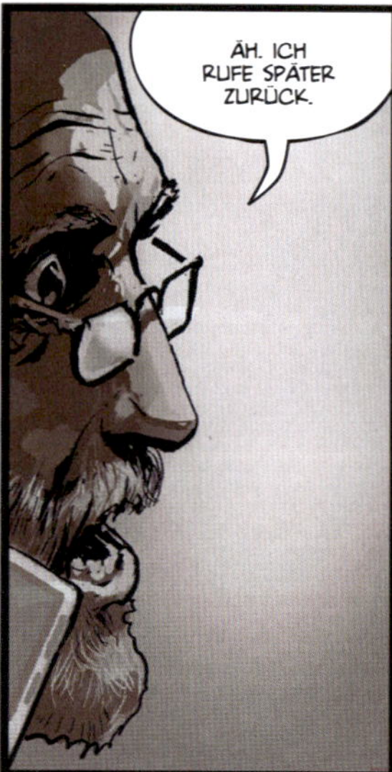
ÄH. ICH RUFE SPÄTER ZURÜCK.

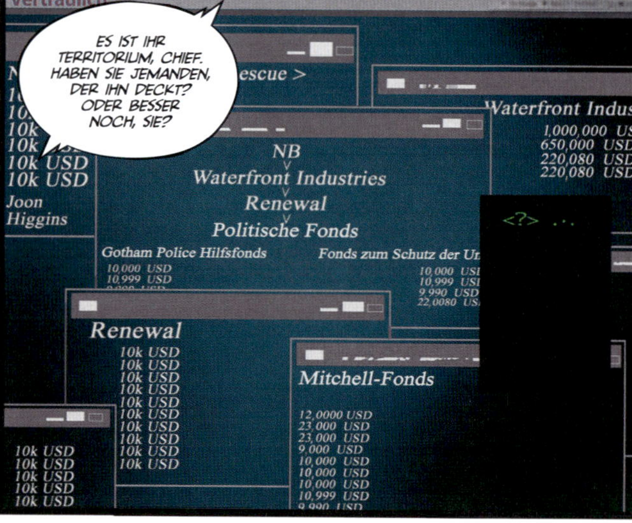
Vertraulich
ES IST IHR TERRITORIUM, CHIEF. HABEN SIE JEMANDEN, DER IHN DECKT? ODER BESSER NOCH, SIE?
escue >
10k USD
10k USD
Joon
Higgins
NB
Waterfront Industries
Renewal
Politische Fonds
Gotham Police Hilfsfonds
Fonds zum Schutz der Ur
Waterfront Indust
1,000,000 USD
650,000 USD
220,080 USD
220,080 USD
Renewal
Mitchell-Fonds
<?> ..

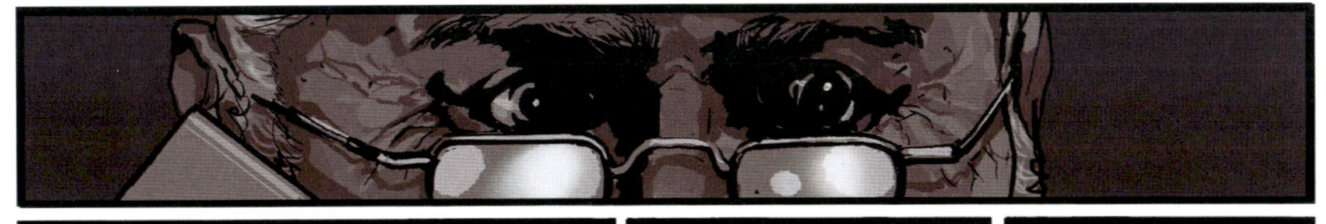

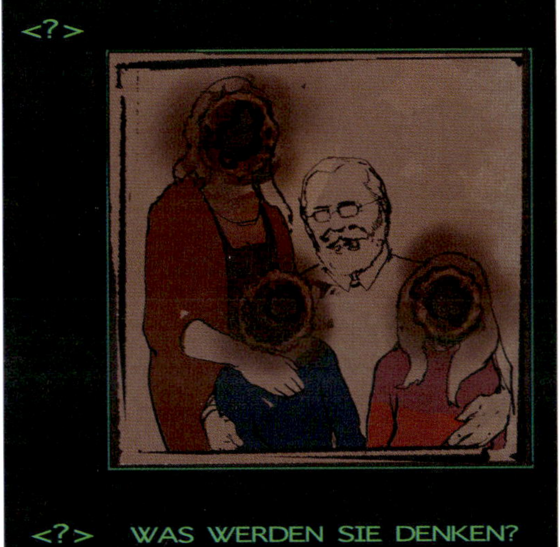

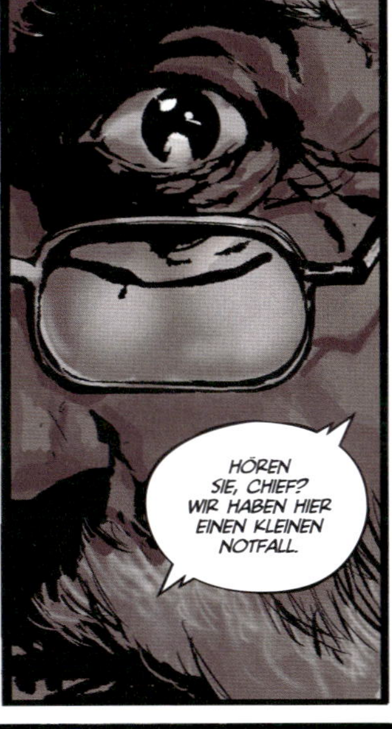

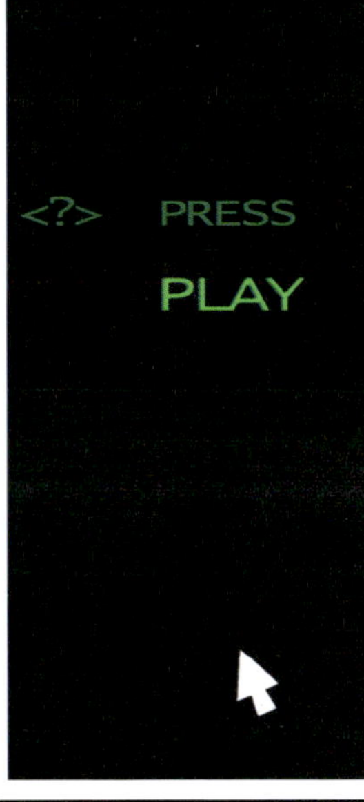

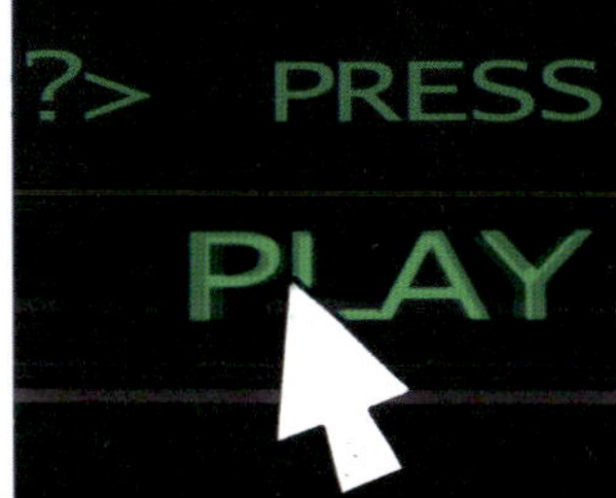

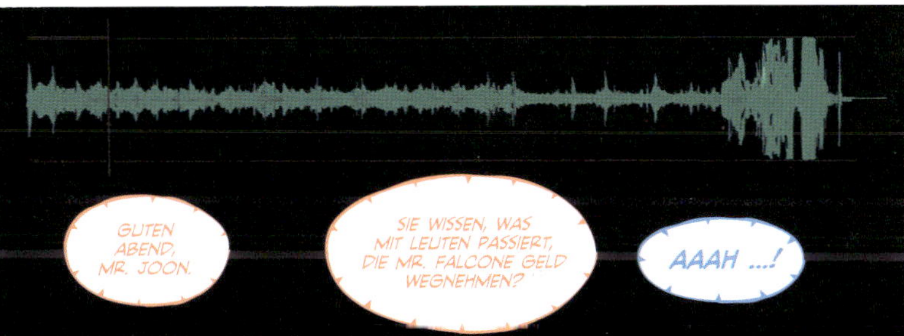

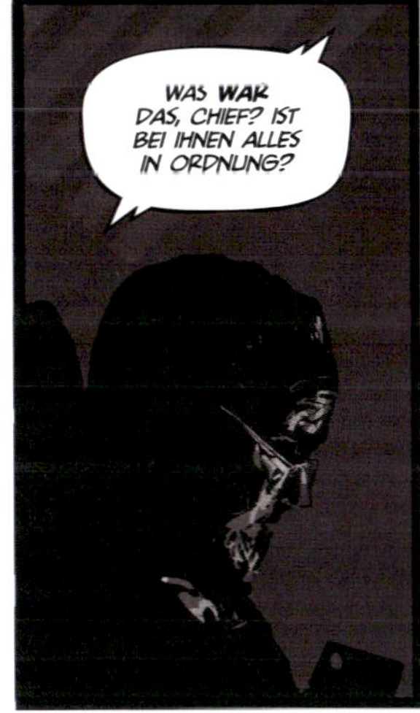

> HIER KLICKEN FÜR
NACHRICHT AN IHRE FAMILIE.

?> HIER KLICKEN FÜR
NACHRICHT AN MR. FALCONE.

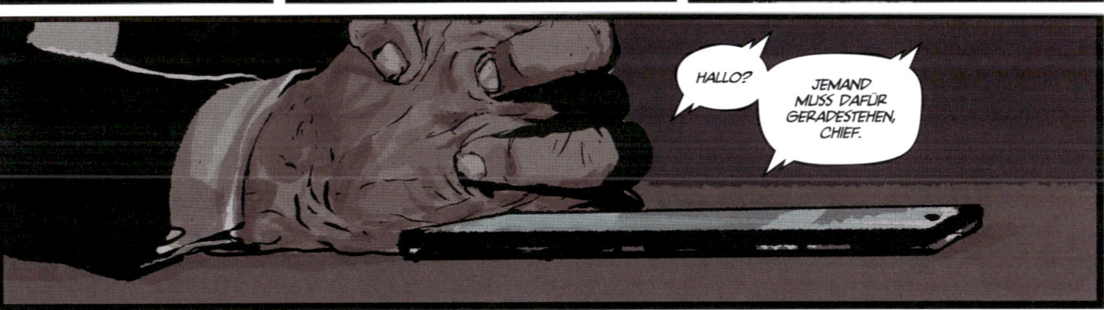

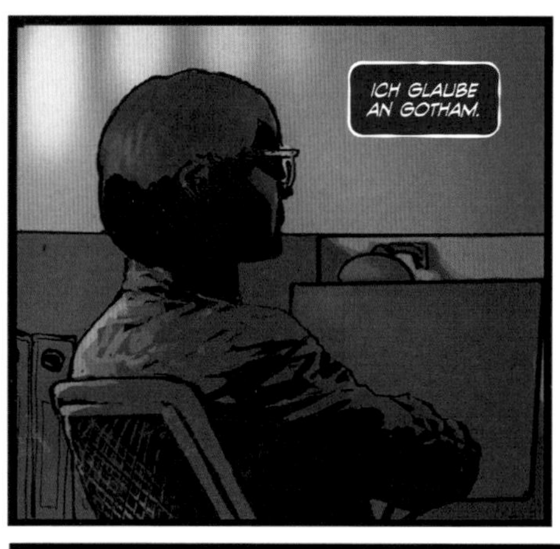
ICH GLAUBE AN GOTHAM.

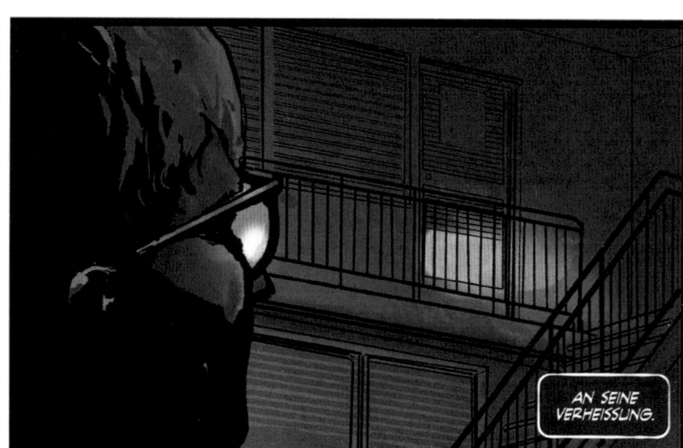
AN SEINE VERHEISSUNG.

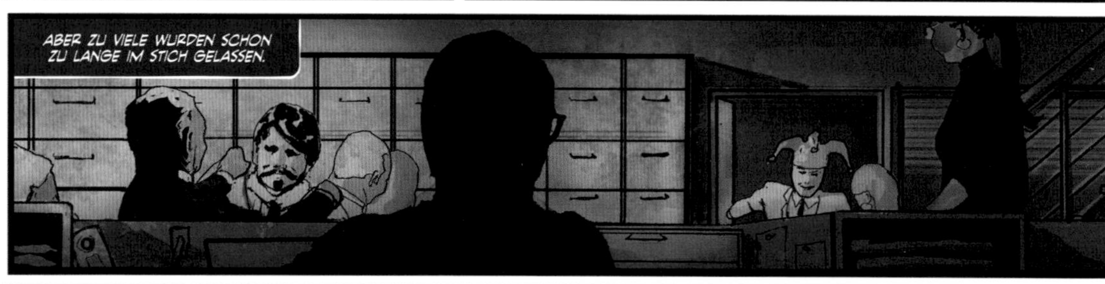
ABER ZU VIELE WURDEN SCHON ZU LANGE IM STICH GELASSEN.

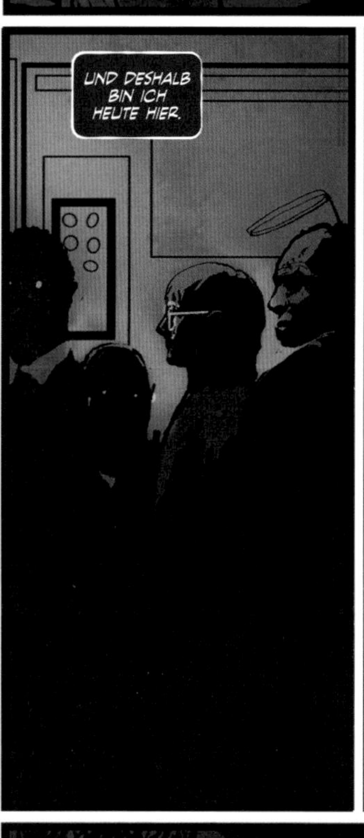
UND DESHALB BIN ICH HEUTE HIER.

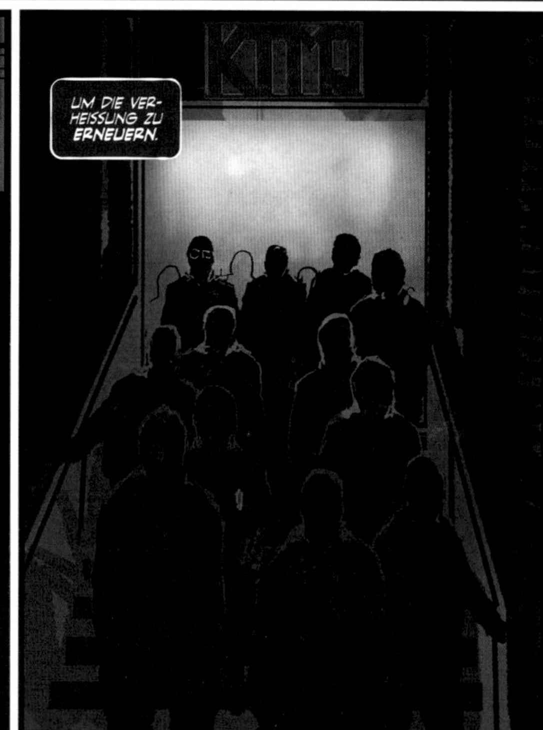
UM DIE VERHEISSUNG ZU ERNEUERN.

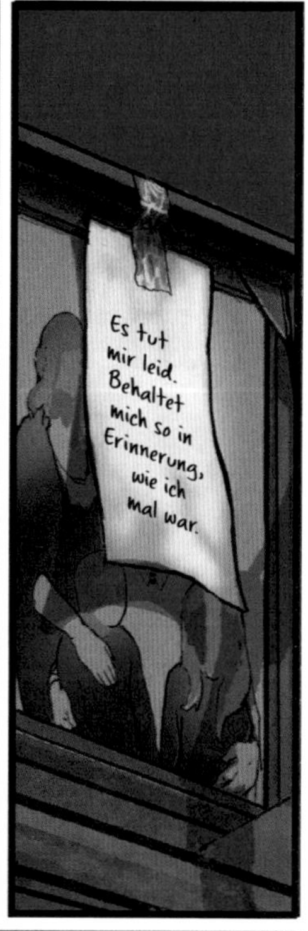
Es tut mir leid. Behaltet mich so in Erinnerung, wie ich mal war.

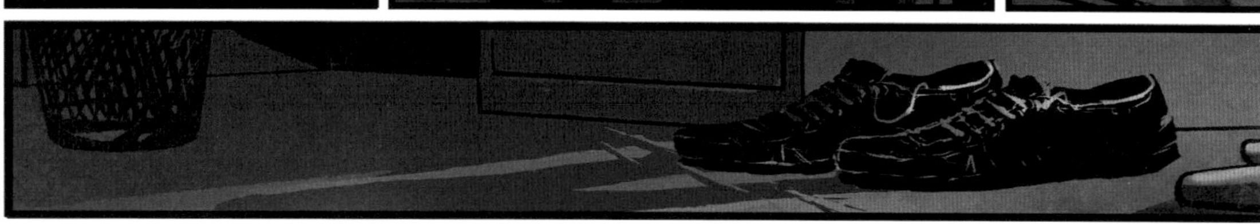

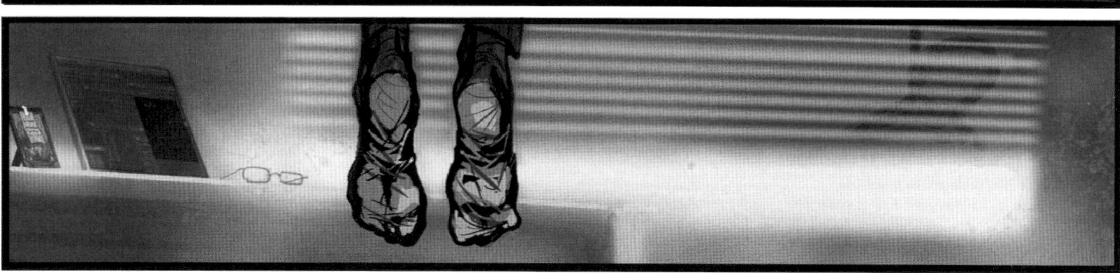

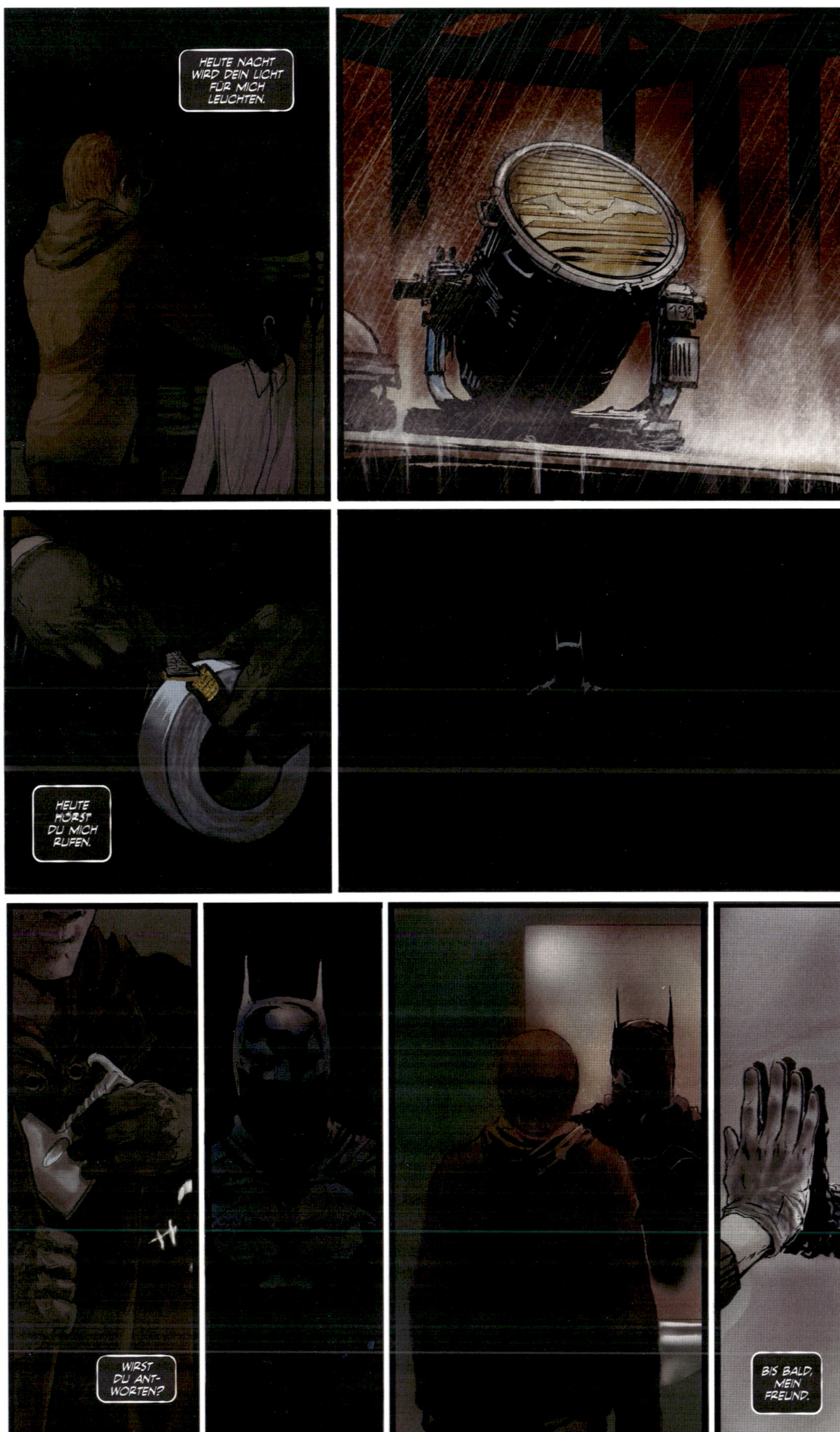
HEUTE NACHT WIRD DEIN LICHT FÜR MICH LEUCHTEN.
HEUTE HÖRST DU MICH RUFEN.
WIRST DU ANT-WORTEN?
BIS BALD, MEIN FREUND.

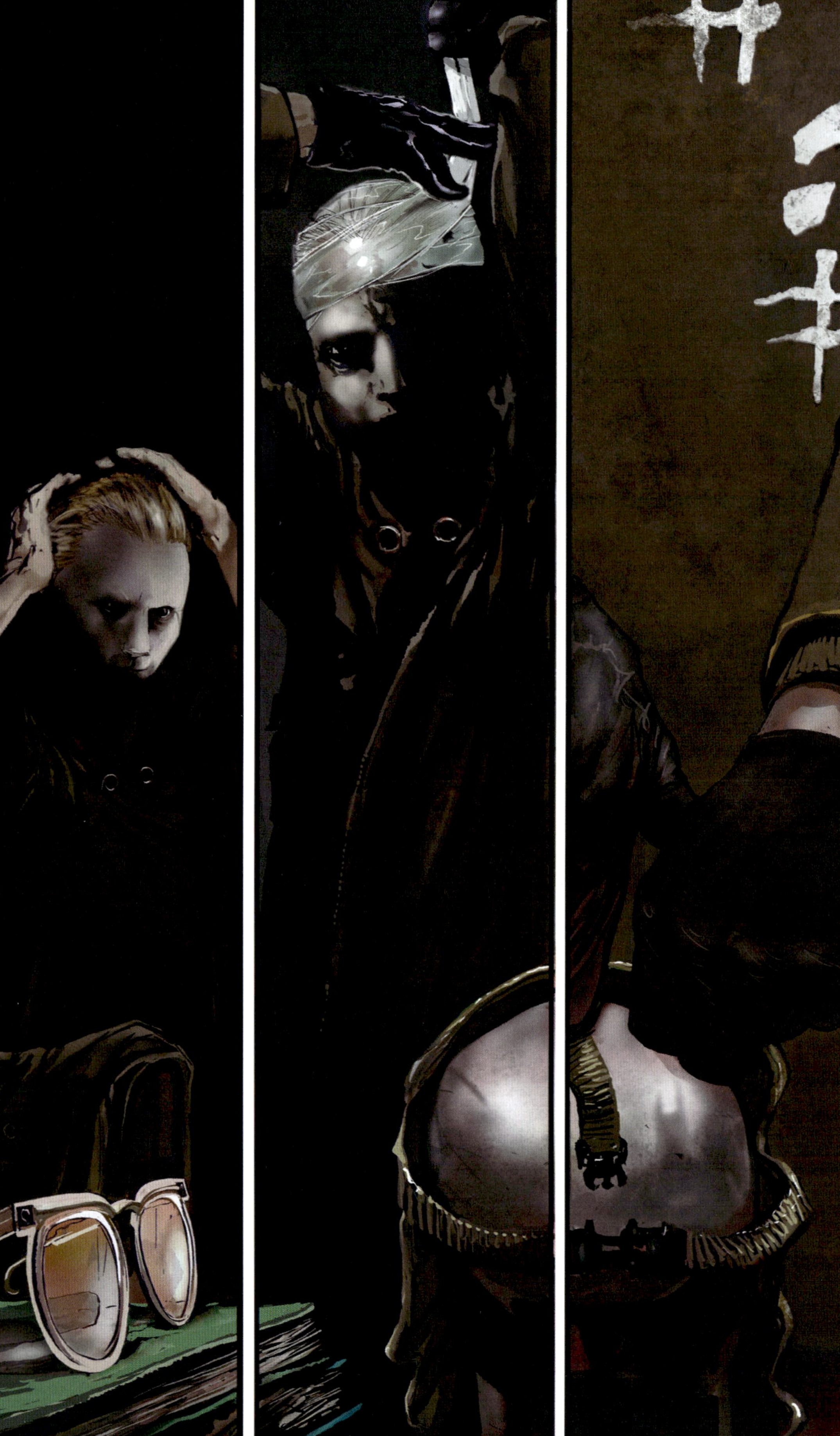

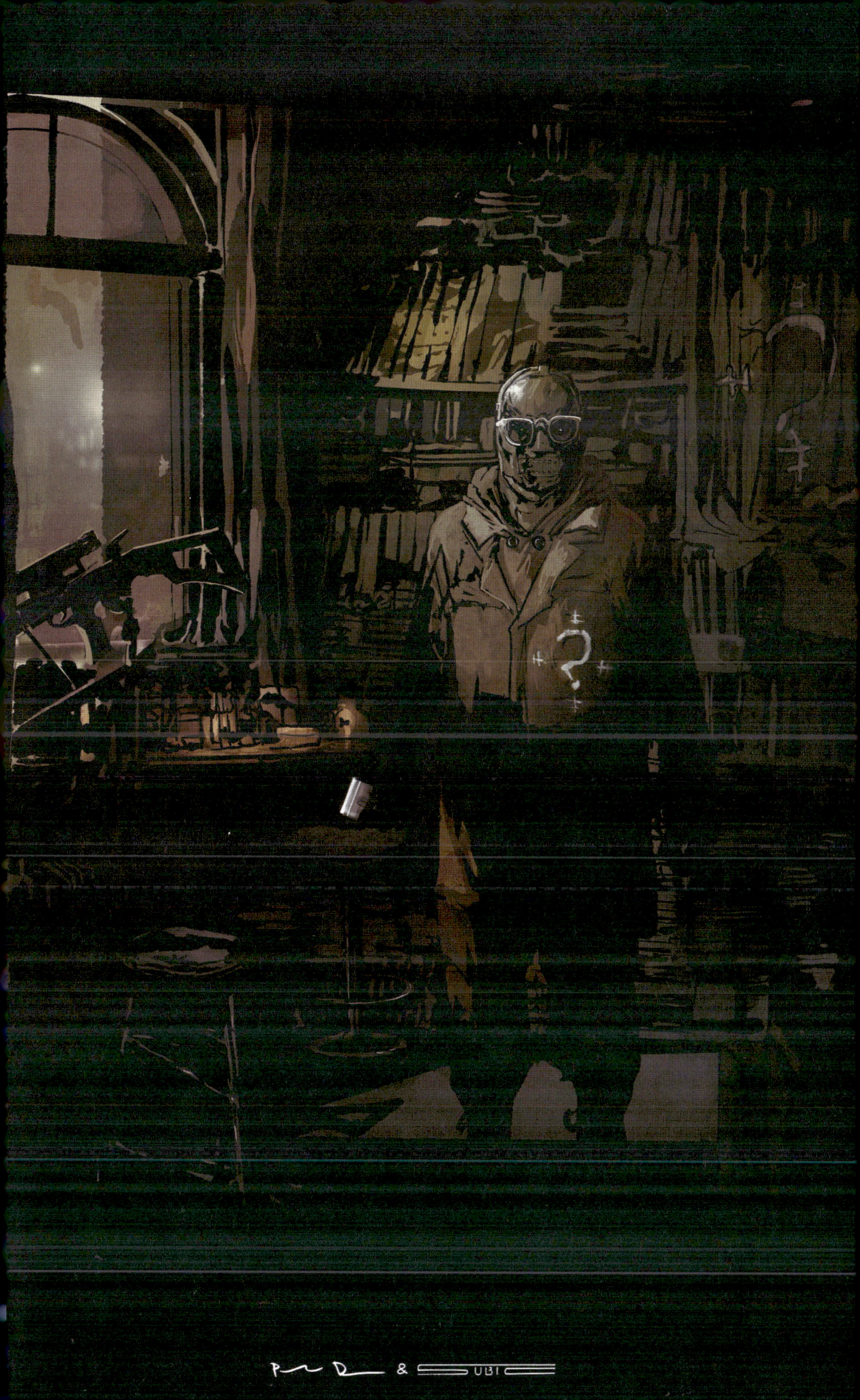

SCHHHH.
EINFACH ATMEN.

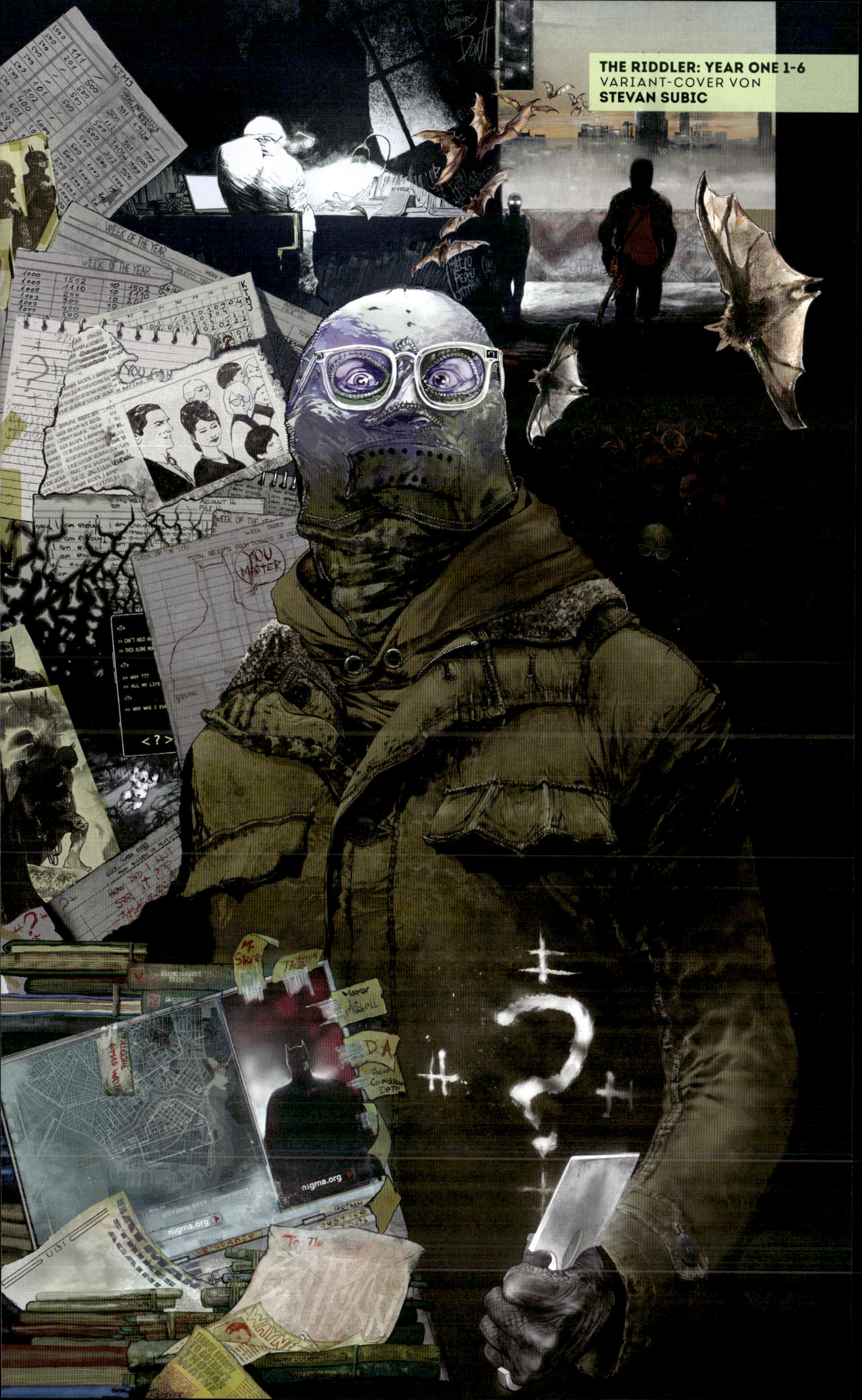

THE RIDDLER: YEAR ONE 1-6
VARIANT-COVER VON
STEVAN SUBIC

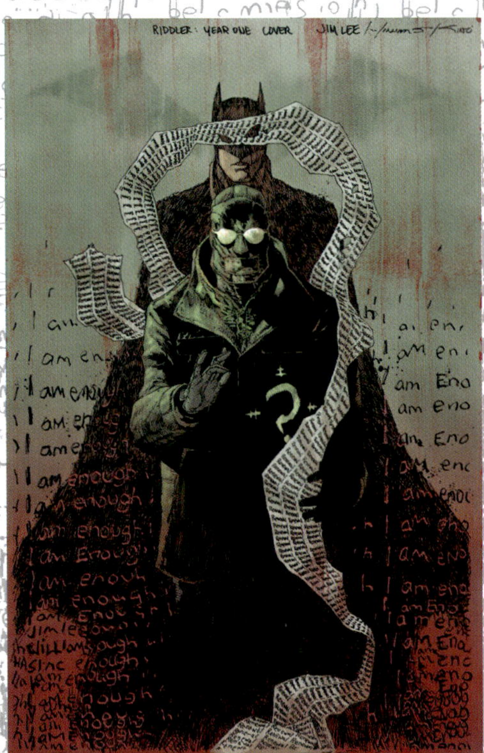

THE RIDDLER: YEAR ONE 1
VARIANT-COVER VON **JIM LEE**

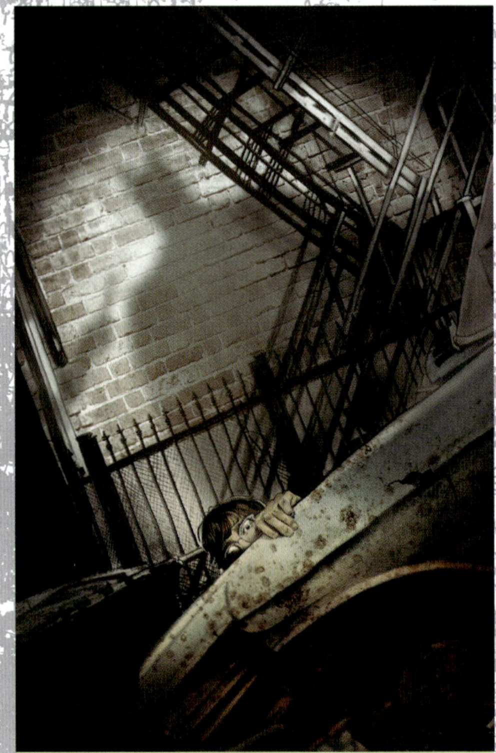

THE RIDDLER: YEAR ONE 1
VARIANT-COVER VON **GREG RUTH**

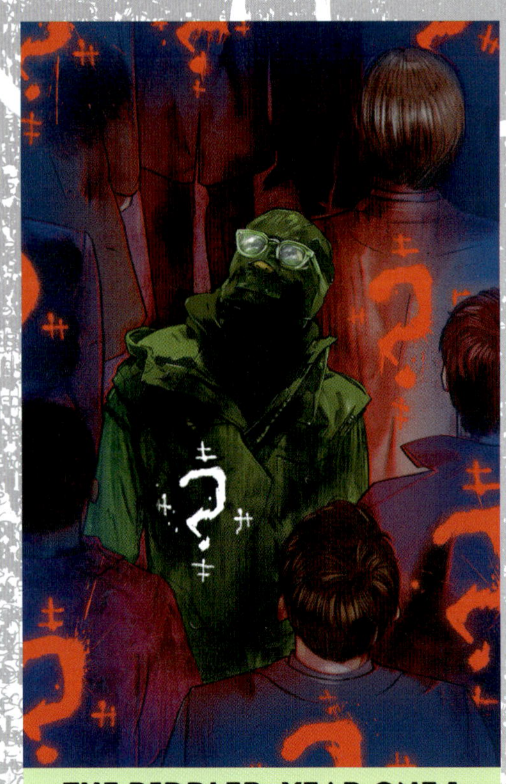

THE RIDDLER: YEAR ONE 1
VARIANT-COVER VON **TULA LOTAY**

THE RIDDLER: YEAR ONE 1
VARIANT-COVER VON **KOUTA SASAI**

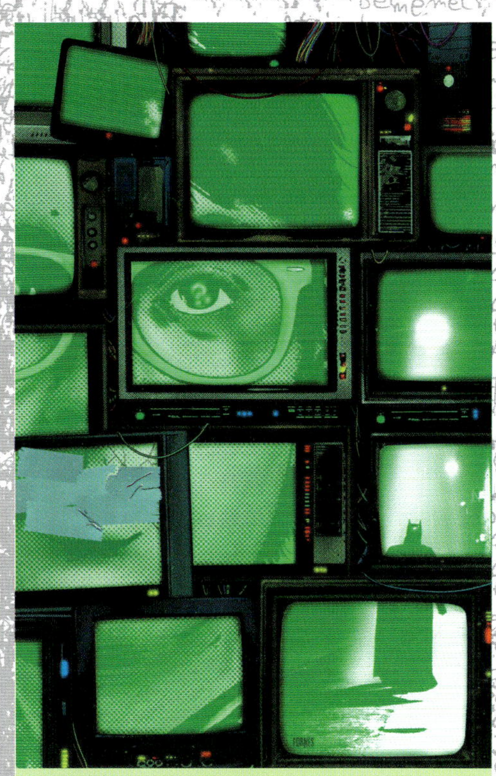

THE RIDDLER: YEAR ONE 2
VARIANT-COVER VON **JORGE FORNÉS**

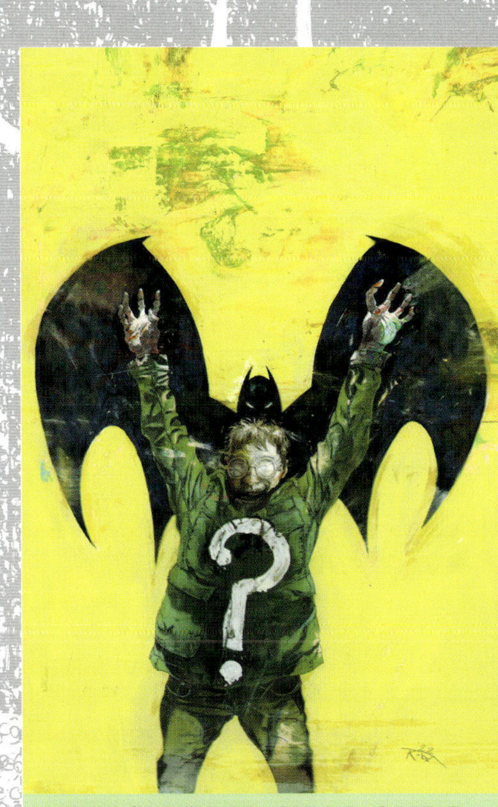

THE RIDDLER: YEAR ONE 2
VARIANT-COVER VON **KENT WILLIAMS**

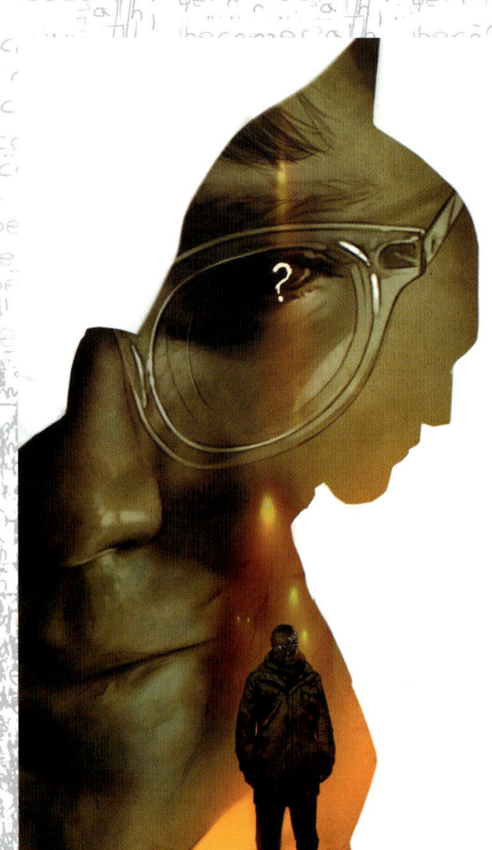

THE RIDDLER: YEAR ONE 3
VARIANT-COVER VON **BEN OLIVER**

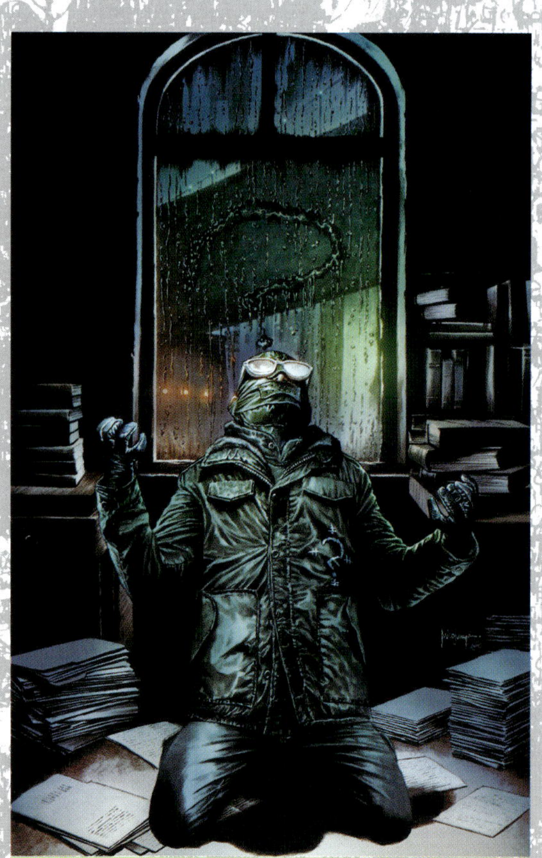

THE RIDDLER: YEAR ONE 3
VARIANT-COVER VON **MICO SUAYAN**

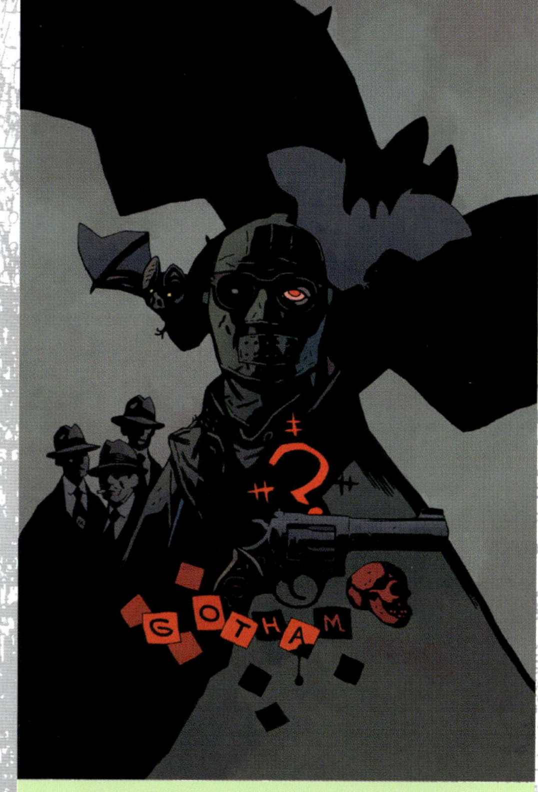

THE RIDDLER: YEAR ONE 4
VARIANT-COVER VON **MIKE MIGNOLA**

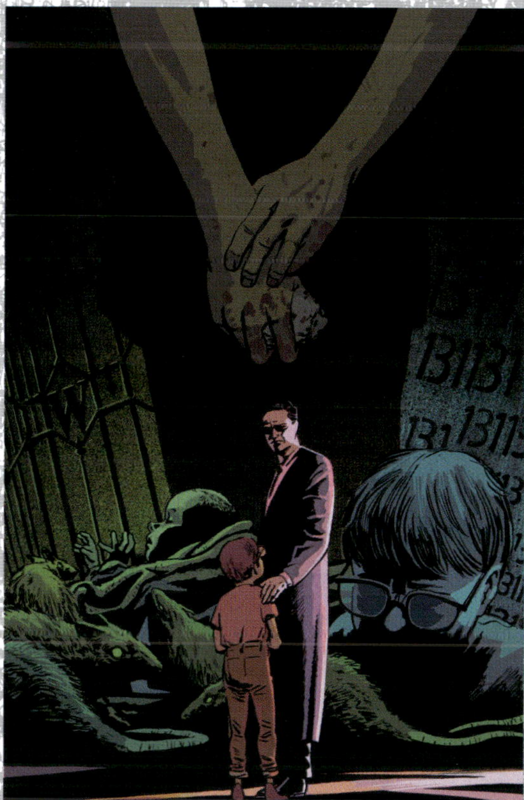

THE RIDDLER: YEAR ONE 4
VARIANT-COVER VON **JOSHUA HIXSON**

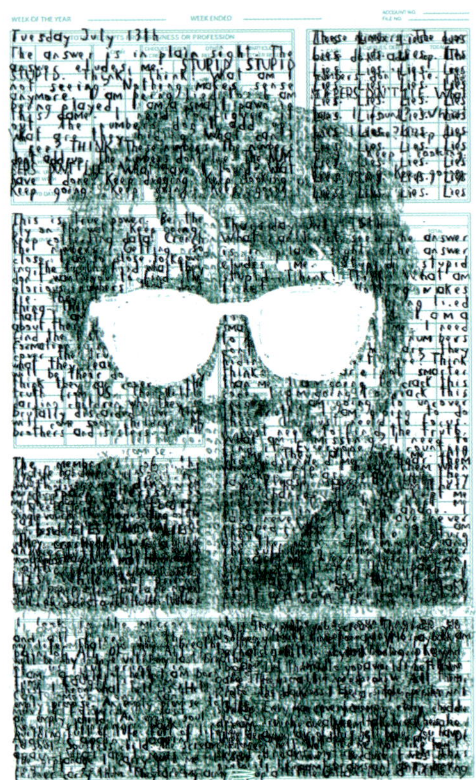

THE RIDDLER: YEAR ONE 5
VARIANT-COVER VON **BRUNO REDONDO**

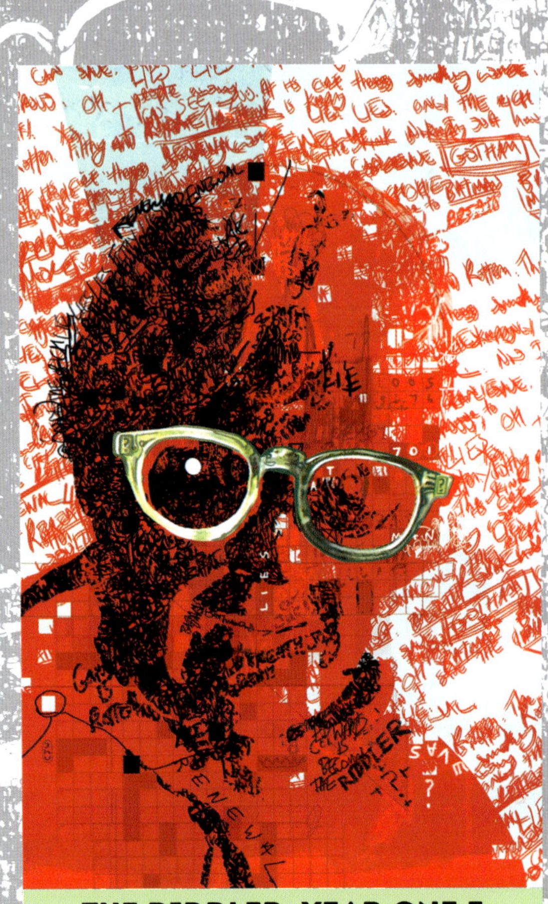

THE RIDDLER: YEAR ONE 5
VARIANT-COVER VON **CHRISTIAN WARD**

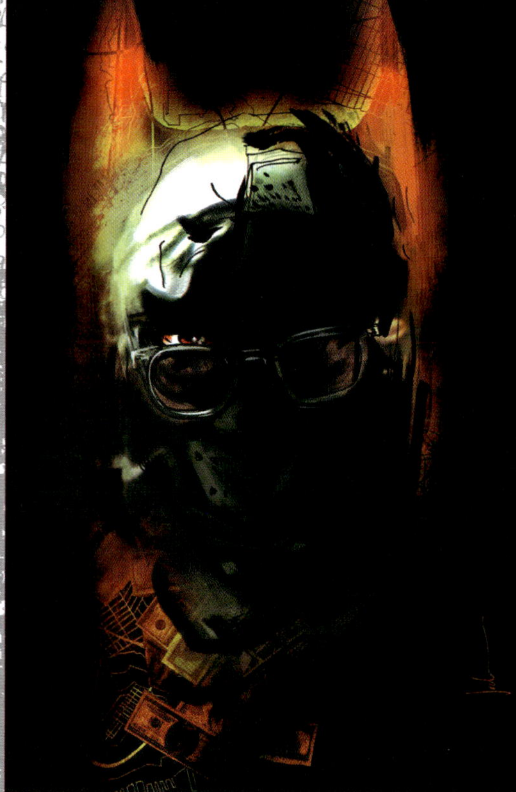

THE RIDDLER: YEAR ONE 6
VARIANT-COVER VON **JOCK**

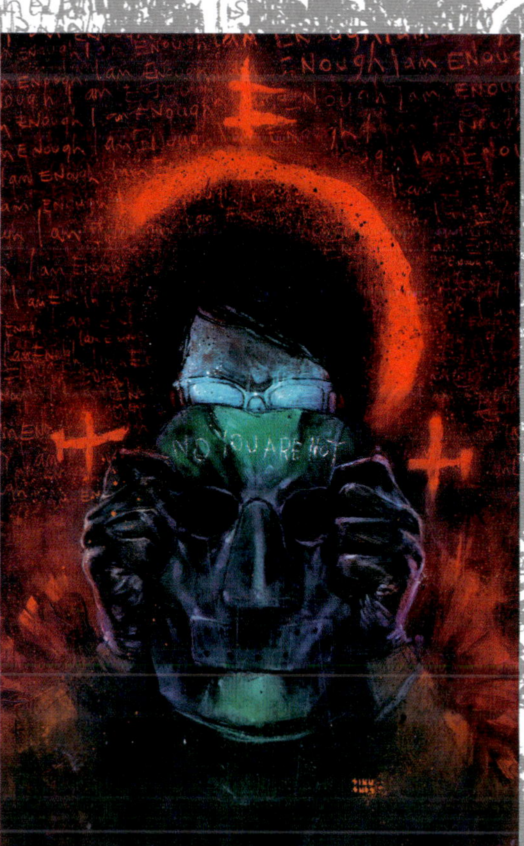

THE RIDDLER: YEAR ONE 6
VARIANT-COVER VON **MARTIN SIMMONDS**

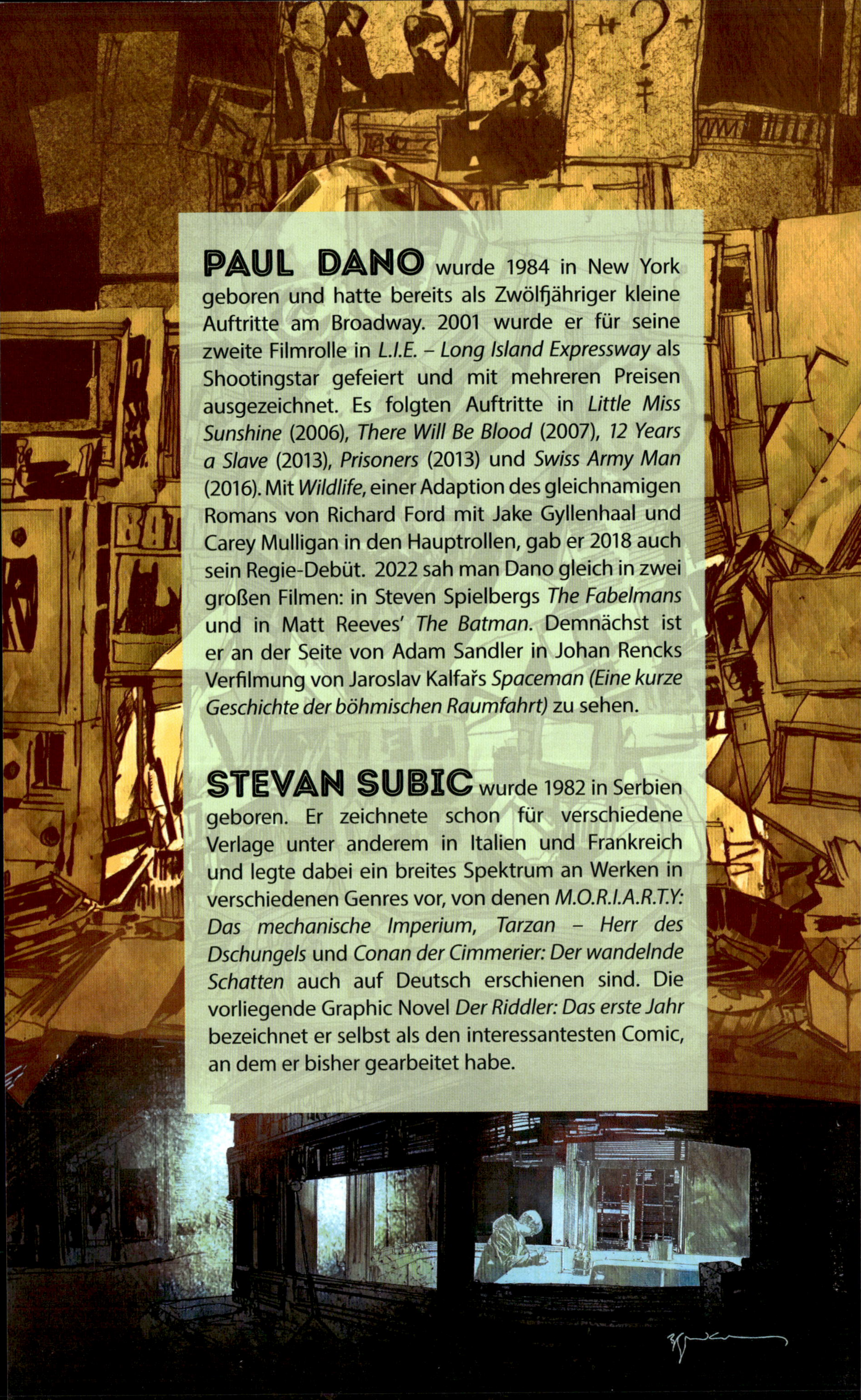

PAUL DANO wurde 1984 in New York geboren und hatte bereits als Zwölfjähriger kleine Auftritte am Broadway. 2001 wurde er für seine zweite Filmrolle in *L.I.E. – Long Island Expressway* als Shootingstar gefeiert und mit mehreren Preisen ausgezeichnet. Es folgten Auftritte in *Little Miss Sunshine* (2006), *There Will Be Blood* (2007), *12 Years a Slave* (2013), *Prisoners* (2013) und *Swiss Army Man* (2016). Mit *Wildlife*, einer Adaption des gleichnamigen Romans von Richard Ford mit Jake Gyllenhaal und Carey Mulligan in den Hauptrollen, gab er 2018 auch sein Regie-Debüt. 2022 sah man Dano gleich in zwei großen Filmen: in Steven Spielbergs *The Fabelmans* und in Matt Reeves' *The Batman*. Demnächst ist er an der Seite von Adam Sandler in Johan Rencks Verfilmung von Jaroslav Kalfařs *Spaceman (Eine kurze Geschichte der böhmischen Raumfahrt)* zu sehen.

STEVAN SUBIC wurde 1982 in Serbien geboren. Er zeichnete schon für verschiedene Verlage unter anderem in Italien und Frankreich und legte dabei ein breites Spektrum an Werken in verschiedenen Genres vor, von denen *M.O.R.I.A.R.T.Y: Das mechanische Imperium*, *Tarzan – Herr des Dschungels* und *Conan der Cimmerier: Der wandelnde Schatten* auch auf Deutsch erschienen sind. Die vorliegende Graphic Novel *Der Riddler: Das erste Jahr* bezeichnet er selbst als den interessantesten Comic, an dem er bisher gearbeitet habe.